Les Grandes Civilisations

POUR LES NULS

Photographies de couverture (de gauche à droite et de haut en bas) :
Sculpture d'Alexandre le Grand (Grèce) © Sandro Vannini / Corbis
Machu Picchu (Pérou) © Laurie Chamberlain / Corbis
Temple d'Angkor Vat (Cambodge) © Kevin R. Morris / Corbis
Bateau de Gokstad (Norvège) © Richard T. Nowitz / Corbis
Sphinx (Égypte) © Roger Wood / Corbis
Mosquée d'Ispahan (Iran) © Leonard de Raemy / Corbis
Rano Raraku Moai (île de Pâques) © Ric Ergenbright / Corbis
Cercle des druides à Gwynedd (pays de Galles) © Homer Sykes / Corbis
Masques dogons (Mali) © Gavin Hellier / Robert Harding World Imagery / Corbis

ISBN : 978-2-7540-0605-7
Dépôt légal : 4e trimestre 2008

Ouvrage dirigé par Benjamin Arranger
Correction : Jacqueline Rouzet
Mise en page : ReskatoЯ
Cartographie : De Visu
Dessins humoristiques : Marc Chalvin
Couverture : KN Conception
Fabrication : Antoine Paolucci
Production : Emmanuelle Clément

Imprimé en France par CPI - Hérissey à Évreux

Nous nous efforçons de publier des ouvrages qui correspondent à vos attentes et votre satisfaction est pour nous une priorité. Alors, n'hésitez pas à nous faire part de vos commentaires :

Éditions First
60, rue Mazarine
75006 Paris – France
Tél. : 01 45 49 60 00
Fax : 01 45 49 60 01
E-mail : firstinfo@efirst.com
Site internet : www.efirst.com

Les Grandes Civilisations POUR LES NULS

Florence Braunstein
Jean-François Pépin

FIRST
Editions

À propos des auteurs

Florence Braunstein, docteur ès lettres, conférencière des Musées nationaux et spécialiste en arts martiaux, est professeur en classes préparatoires aux grandes écoles scientifiques et économiques. Auteur de nombreux ouvrages publiés aux éditions Armand Colin, Bréal, Ellipses, L'Harmattan, Vuibert et des Presses universitaires de France, ainsi que d'un roman, *Le Roi Scorpion*, paru au Mercure de France, elle dirige la collection « Le corps en question » aux éditions L'Harmattan.

Jean-François Pépin, professeur agrégé d'histoire, docteur ès lettres et docteur en égyptologie, enseigne en classes préparatoires aux grandes écoles de commerce. Auteur de nombreux ouvrages parus aux éditions Armand Colin, Bréal, Ellipses, L'Harmattan, Vuibert et des Presses universitaires de France, il a consacré plusieurs essais à l'œuvre de Romain Gary.

Ils sont notamment les auteurs du best-seller *La Culture générale pour les Nuls*, paru chez First en 2006 et maintes fois réédité depuis.

Sommaire

Introduction

La découverte des grandes civilisations est une aventure moderne. De la Renaissance au Siècle des lumières, la géographie légendaire se combine bien souvent à la géographie savante. Au nom d'un *eldorado* ou d'une *reconquista*, explorateurs, missionnaires aventuriers naviguent jusqu'aux confins du monde. Christophe Colomb, Marco Polo, les Jésuites découvrent l'énigmatique Cathay, la Chine, ou la « Cipangu aux toits d'or », le Japon. Et Cortés parle de Tenochtitlán, au Mexique, comme d'une « Venise aztèque » avec ses milliers de canaux.

Dérivant du latin *civis* (civil, citoyen), le mot « civilisation » est aussi récent que les réalités qu'il désigne sont anciennes. Le terme apparaît durant la seconde moitié du XVIIIe siècle, dans *L'Ami des hommes ou Traité sur la population* (1756), du marquis Victor de Mirabeau, père du révolutionnaire, et désigne l'évolution historique d'une société vers le progrès. Dans ce schéma, il y a peu de place pour l'idée de variation culturelle. On parle de civilisations mais on l'écrit au singulier, avec un C majuscule, pour désigner l'Occident chrétien. Chaque peuple a encore sa place sur une échelle allant de la sauvagerie à la modernité. Le mythe du « bon sauvage » heureux et innocent domine.

Les mentalités se transforment aux XIXe et XXe siècles. Le travail conjoint des archéologues et des ethnologues remet alors la supériorité de l'Europe en question. Même si les premières découvertes archéologiques ont comme motivation la recherche d'un Éden biblique et la confirmation de légendes, les découvertes d'Ur en Chaldée, patrie d'Abraham, de Babylone la maudite dans la Bible, de Santorin, peut-être l'Atlantide de Platon, ou de la sépulture de Roy Mata en Mélanésie, un siècle plus tard, permettent d'élargir le sens du mot civilisation au genre de vie, aux procédés de travail, aux techniques, aux croyances – bref, à tout ce qui constitue l'originalité d'un peuple.

Le pas est enfin franchi : on commence à reconnaître que la somme des réalisations humaines, même si elles semblent disparates, forme un système : « La société des hommes, écrivait Montaigne, se tient et se coud à quelque prix que ce soit. »

À propos de ce livre

Par civilisation, nous entendons ici l'ensemble des croyances, des activités intellectuelles et artistiques, des organisations sociales qui fondent l'originalité d'un peuple. En ce sens, la culture de l'empire du Ghana, entre le

VIe et le IXe siècle, n'est pas moins « grande » que celle du monde athénien du Ve siècle av. J.-C.

Il s'agit ni plus ni moins d'offrir un panorama d'ensemble des grandes civilisations du monde. C'est dire si le propos de ce livre est vaste, tout comme la curiosité qui nous anime !

Le plan choisi sert de fil rouge à nos lecteurs. Pour chaque civilisation présentée, nous évoquerons les grandes étapes de l'histoire, les principaux sites et monuments, les grands personnages, les religions, mythes et légendes, pour finir par ce que nous leur devons. Il sera ainsi facile d'accéder à une information particulière, par exemple les dieux égyptiens ou l'art maya, et de comparer toutes ces civilisations thème par thème, point par point.

Car notre ambition est de faire découvrir, au-delà de la multiplicité des formes prises par les grandes civilisations, l'unicité des aspirations de l'homme à ce qui est grand et beau, à ce qui le pousse, et l'a toujours poussé, en tout temps et en tout lieu, à se dépasser pour laisser une trace plus grande que lui-même.

Les conventions utilisées dans ce livre

Dans un souci de simplicité, nous avons utilisé un certain nombre de conventions qui faciliteront votre lecture.

Les titres d'œuvres sont indiqués en *italique* (comme *Le Dit du Genji*). De même, lorsqu'un terme technique ou spécialisé est mentionné pour la première fois (nous expliquerons ainsi ce qu'est un *pictogramme*). C'est aussi le cas pour les mots étrangers ou termes latins ou grecs (par exemple, la *gens*) dont la traduction française est donnée entre parenthèses (dans ce cas précis, la famille).

Les siècles sont indiqués en caractères romains (le VIIIIe siècle), contrairement aux dates (753 av. J.-C. pour la fondation de Rome). Les dates qui suivent le nom d'un personnage, d'une dynastie, d'un œuvre d'art, etc. indiquent l'année de sa naissance et celle de sa mort, l'étendue de son règne ou l'époque de sa création.

Comment ce livre est organisé

Évoquer toutes ces civilisations ne peut se faire sans un ordre établi. Six grandes parties ont donc été choisies en rapport avec leurs principaux lieux d'émergence : le Proche et le Moyen-Orient, l'Asie, le nord et l'est de l'Europe et une partie de l'Asie Mineure, le Bassin méditerranéen, l'Amérique centrale et du Sud, ainsi que les grands oubliés – Indiens d'Amérique, peuples d'Afrique, gens d'Océanie. Ce classement ne reflète pas une hiérarchie particulière : le but poursuivi ici n'est que celui de la clarté.

Le principe d'organisation retenu à l'intérieur de chaque partie est le suivant : une civilisation par chapitre avec, à chaque fois, l'histoire, les principaux monuments et sites, les grands personnages, les religions, mythes et légendes. La rubrique « L'héritage » évoque enfin ce qui, essentiel ou amusant, a été retenu par l'homme au travers du temps.

Selon un principe cher aux Nuls, la « partie des dix » complète cette très riche documentation en opérant des regroupements thématiques.

Première partie : Le soleil se lève à l'est : le Proche et le Moyen-Orient

La première partie est dédiée aux plus anciennes civilisations du Proche-Orient. La Mésopotamie, terre des Sumériens, des Akkadiens, des Chaldéens, monde riche de dieux, de puissants souverains parfois assoiffés de sang. L'Égypte, terre éternelle qui fascine, non seulement par l'exceptionnelle longévité de son histoire, mais aussi pour avoir résisté longuement aux assauts des Grecs et des Romains sans jamais rien perdre de sa spécificité. Le monde hébraïque, simple petite tribu perdue à l'origine dans le désert, qui pendant trois mille ans a su survivre grâce à un équilibre entre monde extérieur et respect de la Loi.

Deuxième partie : Il était une fois l'Asie

La deuxième partie s'ouvre sur les mythiques civilisations d'Asie. La Perse des bronzes et des palais prestigieux à Babylone, Suse, Khorsabad où meurtres politiques et raffinement se combinent de façon fertile dans une histoire mouvementée. L'Inde, terre de paradoxes, mêlant religions, sectes, dans la recherche d'un Absolu toujours plus grand. Ses palais, ses temples d'or, ses grottes décorées, le moindre sanctuaire, le moindre geste y sont sacrés. La Chine, vaste empire qui ne cesse d'osciller entre éclatement et unité et s'enrichit pourtant de tant de découvertes fondamentales. Le Japon dont l'insularité permet de préserver, pendant des siècles, l'expression spécifique d'une culture écartelée entre guerre et spiritualité.

Troisième partie : Un monde de conquérants : la Méditerranée

La troisième partie débute par une odyssée, celle du Bassin méditerranéen. La Grèce tournée vers l'Orient féconde ses apports et donne de nouvelles formes d'expression à l'art, la science, la littérature, les jours de l'existence, pendant une période qui s'étend jusqu'à sa conquête par la République romaine. Les Étrusques, illustres devanciers en tout point des Romains, maîtres du mystère qui fortement s'illustrent par leurs nécropoles, villes des morts éclatantes des couleurs de la vie. Rome, la glorieuse dont le nom résonne dans tout le monde antique et laisse, à l'image de ses ambitions exceptionnelles, des réalisations spectaculaires. Carthage dont la civilisation embrasse un temps les deux rives de la Méditerranée occidentale entre le VIIIe siècle et 146 av. J.-C., à mi-chemin entre le mythe, la fin tragique de la reine Didon et la dure réalité de la domination maritime et commerciale.

Quatrième partie : Les peuples « barbares » du Nord et de l'Est

La quatrième partie fait une place aux vagues de peuples conquérants, appelés Barbares, venus du Nord et de l'Est à partir du VIIe siècle av. J.-C. Les Celtes occupent la France, la Suisse, l'Espagne, l'Allemagne et déploient jusqu'en Asie Mineure une civilisation d'une extrême complexité. Les Germains, bien loin de n'être que des hordes dévastatrices, contribuent à fonder les bases de notre société. Les Vikings dont le nom *vig* signifie « combat », navigateurs intrépides, deviennent la garde varangienne de l'empereur romain d'Orient. Les Huns, avec à leur tête le légendaire Attila, s'illustrent entre victoires et défaites avant de s'éteindre au Ve siècle av. J.-C.

Cinquième partie : Filles du Soleil : les civilisations d'Amérique centrale et du Sud

La cinquième partie évoque les civilisations d'Amérique centrale et du Sud. En Amérique centrale brillent les cultures maya, toltèque qui nous révèlent un monde inquiet, en proie à l'angoisse permanente du renouvellement, cherchant à concilier les dieux par des réalisations architecturales spectaculaires comme celles de Chichén Itza, Copán, Uxmal. Les Aztèques, peuple du cinquième soleil sombrent sous le joug brutal de Cortés en 1519 après la *Noche triste*. Au Sud, les Nazcas s'adressent aux dieux par des images géantes, les Incas, un immense empire consolidé par 25 000 km de routes dominé par la personnalité royale et divine de l'*Inca* qui l'incarne, avec la cité cachée du Machu Picchu.

Sixième partie : Les grands oubliés

La sixième partie est consacrée aux grands oubliés de l'histoire humaine. L'Afrique aux cent royaumes, juxtaposition de civilisations d'une exceptionnelle richesse, telles celles du Ghana, des Nok, les cités-États des Yorubas. Les Indiens d'Amérique aux deux mille dialectes différents connaissent des périodes de troubles, de guerres jusqu'à la naissance des premières confédérations. L'Océanie où les innombrables communautés ne connaissent ni l'écriture ni le fer mais dont la complexité sociale est extrême. Les nomades, Bédouins, Touaregs, Mongols, isolés dans des conditions géographiques extrêmes, savent néanmoins en tirer un mode de vie propre, propice à l'émergence de fortes personnalités.

Septième partie : La partie des dix

Rendez-vous incontournable de la collection « pour les Nuls », la « partie des dix » s'ouvre sur les dix grandes reines pour aborder ensuite dix rites funéraires insolites. Elle s'achève sur dix textes sacrés, monuments de spiritualité.

Les icônes utilisées dans ce livre

Des icônes placées dans la marge tout au long de ce livre vous permettront de repérer en un clin d'œil le type d'informations proposées selon les passages du texte. Elles orientent votre lecture au gré de vos envies ou vous aident à revenir sur tel ou tel point précis.

En voici la liste :

Ce symbole signale des faits insolites, drolatiques ou méconnus. Le meilleur moyen de tester vos connaissances avant d'épater les autres.

L'essentiel est dit, mais cette icône vous invite à une poursuite du voyage de la connaissance, d'évoquer un point précis.

Tout n'est pas toujours clair et évident. Les civilisations aussi ont leurs petits secrets, plus ou moins bien gardés. Cette icône vous permet de les percer à jour.

Et maintenant, par où commencer ?

Un univers s'ouvre à vous. L'exploration peut se faire selon le goût de chacun : par aire géographique, par époque ou encore par thème. Chaque chapitre abordant un point particulier, le lecteur intéressé par un dossier précis trouvera dans le sommaire et l'index le moyen d'accéder directement à l'information recherchée.

Si vous souhaitez découvrir l'Égypte des pharaons, commencez par le chapitre 2. Si la seule chose qui vous intéresse est la Chine, penchez-vous sur le chapitre 6. Si vous avez entendu parler de la roche Tarpéienne et que vous voulez savoir de quoi il s'agit, allez au chapitre consacré à la Rome antique. Et si vous avez lu sur Internet que les Vikings avaient découvert l'Amérique cinq siècles avant Christophe Colomb, allez voir cette question de plus près au chapitre 14. Vous pourrez toujours revenir en arrière à un autre moment pour lire l'épopée de Gilgamesh, au chapitre 1, ou savoir qui était Musashi Miyamoto, une grande figure du Japon parmi d'autres, au chapitre 7. C'est un peu comme un buffet. Choisissez ce qui vous fait envie, dans l'ordre qui vous convient, et consommez-le à votre guise.

Première partie

Le soleil se lève à l'Est : le Proche et Moyen-Orient

Dans cette partie...

Le soleil se lève sur le pays d'entre les deux fleuves, la Mésopotamie, où naissent la première communication écrite entre les hommes, les premières villes, les *ziggourats* ou tours étagées dont le modèle à jamais demeure l'insolente tour de Babel, impensable défi à Dieu, les Enfers aussi. Un monde riche de dieux, de légendes, de puissants souverains.

Proche et différente est l'éternelle Égypte, où semble ne devoir régner que l'équilibre maintenu à bout de bras par Pharaon, dans la splendeur immobile des pyramides et des temples. L'immortalité est à portée de main, entre textes funéraires et rites savants de momification. Cinq mille ans d'histoire nous contemplent, de Gizeh à Karnak, du roi-scorpion à Cléopâtre VII, puis dans les étapes d'une science, l'égyptologie. Riche de la capacité de transcrire les idées par des signes, du calcul, de la foi en une possible survie de l'âme, l'espèce humaine est prête à affronter son plus grand défi, admettre l'existence d'un dieu unique.

Gardien des écritures et des lois, le monde hébraïque fournit cette révélation, l'honore dans le temple d'or et de bois précieux de Salomon, lui survit après sa destruction dans le don prodigieux des Dix Commandements et celui des fondements du christianisme et de l'islam.

Chapitre 1

Le pays d'entre les deux fleuves : la Mésopotamie

Dans ce chapitre :

- La naissance de l'écriture et des villes
- La tour de Babel et les jardins suspendus de Babylone
- Le tout premier récit du Déluge

La Mésopotamie, dont le nom signifie en grec « Pays entre les deux fleuves », se situe entre le cours moyen de deux grands fleuves, le Tigre et l'Euphrate, mais elle s'étend aussi sur les plaines voisines à l'est et à l'ouest. Elle est bordée par le désert de Syrie à l'ouest et le golfe Persique au sud. Elle désigne donc le sud de l'actuel Irak, qui n'a cessé de se développer au cours des millénaires dans une complexité toujours plus grande. L'on parlera de Syro-Mésopotamie pour le nord-ouest, qui s'étend jusqu'à la Turquie actuelle.

La Mésopotamie, c'est l'histoire des Sumériens, des Akkadiens, des Chaldéens, des Kassites, celle d'une terre où ne cessent de se rencontrer un grand nombre de peuples jusqu'au milieu du Ier millénaire av. J.-C. Les racines de la culture occidentale et judéo-chrétienne se nourrissent aussi de ce passé lointain. Les églises romanes retrouvent parfois dans leur chapiteau de vieux thèmes animaliers mésopotamiens, transmis par les croisades. La Bible nous donne la vision maudite de Babylone, la « Grande Prostituée » symbole du mal, Ninive, capitale des Assyriens qui tombe sous les coups des Néo-Babyloniens en 612 av. J.-C., Sémiramis, qui inspire Voltaire, Mozart ou Rossini.

Figure 1-1 : La Mésopotamie.

Les grandes étapes de l'histoire mésopotamienne

Depuis l'affirmation de Samuel Noah Kramer, en 1957, l'habitude est prise de dire que « l'histoire commence à Sumer » en raison de l'apparition du système comptable et des débuts de l'écriture au milieu du IVe millénaire. En fait, la Mésopotamie est largement habitée dix mille ans auparavant, date des tout premiers villages, vers 14000 av. J.-C. Les débuts de la sédentarisation s'observent effectivement dès la période du Natoufien (14000 av. J.-C.) et beaucoup mieux dès 12000 av. J.-C, sur des sites comme Mallaha, village de maisons rondes, en haute Mésopotamie, au nord, en Syrie actuelle.

Les premiers habitats

Un contexte climatique favorable a sans aucun doute facilité le passage du mode de vie des chasseurs-cueilleurs à celui d'agriculteurs-pasteurs. Une période humide aurait permis la conservation de céréales sauvages, ne nécessitant plus le besoin de ces recherches constantes et favorisant la sédentarisation des populations. Un des plus anciens villages reste celui de Mallaha dont les dates s'échelonnent entre 12000 et 10000 av. J.-C. Mais il y a aussi celui de Nahal-Oren en Palestine (10200-8800 av. J.-C.) ou celui de Jerf-el-Ahmar en Syrie (9200-8500 av. J.-C.).

Un certain nombre de traits communs les relient. D'abord la superficie. Les plus anciens ont une surface de 1 000 m^2 contre trois jusqu'à dix hectares même pour les plus récents. Les plus anciennes maisons sont à moitié enterrées et de forme circulaire. Elles ont plusieurs compartiments, destinés à différentes fonctions, comme les silos, lorsque les villages s'organisent. L'apparition de murs rectilignes dans les maisons va succéder aux formes arrondies des habitations, à Hassouna au sud de Mossoul en Irak, ou à Tell-es-Sawwan sur le cours moyen de l'Euphrate, avec leur immense grenier.

Mais chaque lieu se démarque aussi par des caractéristiques qui lui sont propres, ainsi à Nahal-Oren les maisons sont sur des terrasses, à Mureybet, les murs sont de briques crues. La merveille de l'époque reste sans conteste Jéricho, ville fortifiée entourée d'un fossé à même le roc, et ceinte d'un rempart de pierres de 5 m de haut, qui aurait été fondée vers 9000 av. J.-C.

POUR ALLER PLUS LOIN

Çatal Hüyük

Situé en Anatolie centrale dans la plaine de Konya, Çatal Hüyük est connu comme l'un des sites néolithiques les plus importants. La cité fondée aux alentours du VIIIe millénaire devient un centre important deux mille ans plus tard. D'une superficie d'au moins 15 hectares, ce qui fait sa réputation est le développement d'un art très poussé, statuettes de pierre ou hauts-reliefs muraux de déesses-mères, représentation du Taureau sous forme de *bucrânes*, objets en forme de crâne de bœuf, d'argile saillant des murs ou représenté sur des fresques peintes. Chaque maison est un sanctuaire domestique. L'une des pratiques funéraires les plus curieuses reste celle qui consiste à faire décharner leurs morts par les vautours avant de les ensevelir. Ils sont ensuite enroulés dans des tissus ou des nattes. Les crânes sont peints de couleurs, en rouge ou en bleu.

La période de fondation

Plusieurs nouveautés caractérisent cette période (VIe au IVe millénaire) : l'usage du cuivre se généralise, l'artisanat se développe, l'irrigation se répand. Les plus anciens objets métalliques ont été découverts dans des couches archéologiques datées du VIIIe millénaire, mais ce sont des objets isolés, leur nombre ne dépasse pas quelques unités. Il faudra attendre environ quatre millénaires de plus pour voir un réel changement et un vrai travail de métallurgie, à Uruk.

Pendant ce laps de temps, quatre périodes se succèdent, très proches dans leurs caractéristiques les unes des autres.

- **La période d'Hassouna (6500 à 6000 av. J.-C.) :** Hassouna est le nom donné à une communauté villageoise en Irak qui offre une architecture en briques, une poterie de grande taille et des sceaux-cachets, les plus anciens à ce jour.
- **La période de Samarra (6200 à 5700 av. J.-C.) :** Cette période se distingue de la précédente par sa céramique fine et élégante façonnée à la *tournette*, plateau tournant sur un axe. Mais ce qui la marque surtout est le recours pour la première fois à l'irrigation, la faiblesse des précipitations empêchant le développement des cultures. C'est à Tell-es-Sawwan ou Choga-Mami que sont mises au point ces techniques. En Mésopotamie du Sud à la même époque, d'autres villages découvrent aussi la pratique de l'irrigation, ainsi à Oueilli.
- **La période de Tell Halaf (6000-5300 av. J.-C.) :** Durant cette période, les maisons ont plusieurs pièces en pisé, circulaires, appelées *tholoï* de 5 ou 6 mètres de diamètre. Ces cultures sont regroupées dans le nord de l'Irak. La céramique est d'une technique plus habile, c'est de loin une des plus belles retrouvées.
- **La période d'Obeid (5000-3750 av. J.-C.) :** C'est à cette période que, pour la première fois, l'homme occupe la Mésopotamie du Sud. L'architecture se développe sur de hautes terrasses. Eridu en est le site le plus important, résidence terrestre du dieu Enki, seigneur des eaux et des techniques. Son temple se compose d'une salle centrale, entourée par des chambres annexes. C'est le prototype des temples plus récents. Les murs à redans font leur apparition. Les morts sont placés dans des coffres. La céramique est fine, stylisée par des formes animales ou géométriques.

LE SAVIEZ-VOUS ?

Eridu, la ville aux 19 niveaux

Eridu se trouve en Mésopotamie méridionale, actuellement en Irak. C'est l'une des plus antiques villes de Sumer, les sondages de son chantier principal révèlent dix-neuf niveaux d'occupation échelonnés entre la période d'Obeid (5000-3750 av. J.-C.) et celle de la période perse (550-330 av. J.-C.). Son importance est liée à son rôle de centre religieux de tout premier ordre. Elle est connue pour avoir reçu pour la toute première fois « la Royauté descendue du ciel », un roi légendaire qui figure sur la liste royale sumérienne. Eridu est aussi la cité du dieu Enki, le maître des eaux souterraines, l'*Apsu*. Son grand temple l'E-Apsu s'y trouve en même temps que d'autres constructions exceptionnelles en briques crues, temples et palais.

La période d'Uruk

Au début du IVe millénaire (3700-3000 av. J.-C.), de grandes mutations, des signes annonçant de nouvelles façons de vivre prennent place. Une architecture gigantesque apparaît à Uruk, civilisation qui donne naissance à Sumer mais aussi ailleurs, tout comme les *calculi* les premiers instruments des systèmes comptables se répandant dans l'ensemble du Proche-Orient. Ces innovations sont rendues nécessaires par de nouvelles conditions, de nouvelles formes de vie en communauté.

Fondée d'après le site éponyme, au sud de l'Irak, une civilisation connaît un développement important, jusqu'au IIIe millénaire, sous le nom de Djemdet Nasr. C'est là que l'on constate les progrès accomplis depuis la période d'Obeid, par la dimension plus imposante des temples et leur décoration intérieure considérablement enrichie. Les fouilles sur ce site et sur d'autres ont permis de supposer qu'après la mise en place des villes, celles-ci laissent place à des petits États gouvernés par des notables, inaugurant ainsi les débuts d'un système administratif.

C'est lors de cette période que se développent les outils de la comptabilité, perçus comme les premières formes de pré-écriture. Ces traits caractéristiques se retrouvent sur un territoire allant de la Syrie du Nord jusqu'au plateau iranien. Leur influence est visible sur de nombreux sites : Godin Tepe, Tepe Sialk en Iran, Arslantepe en Anatolie, et peut-être même jusqu'en Égypte, à la période prédynastique, à Bouto, d'après certains thèmes artistiques. Uruk préfigure aussi le culte de la déesse Inanna, déesse de l'abondance, protectrice de la cité. C'est en son honneur que les Sumériens élèvent les premiers temples monumentaux.

POUR ALLER PLUS LOIN

L'ancêtre de la calculette

Un *calculus*, au pluriel *calculi* (cailloux en latin), est un petit objet en terre cuite, une sorte de jeton, de bulle de forme sphérique. On y a d'abord apposé la marque d'un sceau puis gravé des encoches, ce qui en fait un véritable aide-mémoire. Pendant le IVe millénaire av. J.-C., le principe se généralise, on les retrouve à Uruk, Tello, à Tepe Sialk. Ce sont des petits objets aux formes variées : bâtonnets, billes, petits ou grands cônes perforés, sphère plus grosse perforée. Dans la numérotation de base 60, le petit cône vaut 1, la bille 10, le grand cône 60, le grand cône perforé 3600 et la sphère perforée 36000. La stratigraphie à Suse semble indiquer le passage de la bulle à la tablette, celle-ci portant à la fois la marque du sceau et des marques numérales. Mais les étapes qui vont mener à l'adoption de l'écriture sont très difficiles à préciser.

Sumériens et Akkadiens

Pour les historiens, la naissance de la royauté définit cette période (2900-2600 av. J.-C.). Le processus d'urbanisation s'est abondamment développé et les villes ont surgi aussi bien dans le pays de Sumer, que dans les vallées du Tigre et de l'Euphrate, ainsi qu'en Syrie avec Ebla. Deux peuples se trouvent alors en basse Mésopotamie : les Sumériens aux alentours du golfe Persique, au sud, et les Akkadiens, peuples sémites, au nord. Leurs civilisations propres à son début se ressemblent : ils développent l'irrigation et l'écriture qui devient, de linéaire, *cunéiforme*. Réparties en cités-États, une ville et son territoire, il semble qu'elles soient entrées assez vite en lutte les unes contre les autres. À leur tête se trouvent un roi et une divinité protectrice de la cité. La prépondérance appartient d'abord aux Sumériens. Certaines de leurs cités, Uruk, puis Ur, exercent une hégémonie véritable.

POUR ALLER PLUS LOIN

La ziggourat d'Ur

C'est à Ur qu'apparaissent les grands temples à degrés appelés *ziggourats* sous le règne du roi Ur-Nammu (règne : v. 2112-v. 2094 av. J.-C.). On emploie d'énormes quantités de briques cuites posées sur un mortier d'asphalte, ce qui prête au bâtiment une grande solidité. De ce fait demeurent encore aujourd'hui non seulement les fondations, mais également les parties de la superstructure. La ziggourat d'Ur est un temple à trois degrés, trois cubes massifs de terre cuite placés l'un sur l'autre. Sa hauteur dépassait 21 m. Elle a été restaurée par Nabonide, dernier souverain de l'Empire néobabylonien aux alentours de 560 av. J.-C.

La période d'Akkad

Cette période s'étend de 2340 à 2180 av. J.-C. Sargon d'Akkad ou d'Agadé (règne : v. 2334-v. 2279 av. J.-C.), fils d'une prêtresse, promis au trône par la volonté de la déesse Ishtar, se révolte contre Lugal-Zagesi, puissant souverain qui contrôle la Mésopotamie en grande partie, s'empare de sa capitale et le défait. Il conquiert le reste de la Mésopotamie, assujettit Sumer et l'Élam, domine Mari. Le Bassin mésopotamien est unifié, mais non sans résistance. Le règne de son petit-fils Naram-Sin (v. 2255-v. 2219 av. J.-C.) marque l'apogée de la dynastie. Un document célèbre, la stèle de Naram-Sin, raconte ses exploits. Malheureusement miné par les révoltes intérieures, cet empire s'effondre, envahi par des montagnards venus du Zagros, les Gutis, qui sont à leur tour plus tard repoussés.

La période néosumérienne

Les cités sumériennes, durant cette période (2180-2004 av. J.-C.), plus ou moins ruinées par les événements précédents, retrouvent leur prospérité quand Ur-Nammu (règne : v. 2212-v. 2094 av. J.-C.) établit l'hégémonie de la ville d'Ur sur l'ensemble du pays sumérien. Après lui son fils Shoulgi (règne : v. 2094-v. 2047 av. J.-C.) assure l'équilibre de l'Empire en faisant reposer son pouvoir sur un système bureaucratique exceptionnel. Des dizaines de milliers de tablettes ont été retrouvées. Les arts et le commerce se développent aussi à Mari, Lagash, sous la protection de son *Patesi*, ou prince, Goudéa (règne : v. 2141-v. 2122 av. J.-C.).

LE SAVIEZ-VOUS ?

Mégalopolis-sur-Tigre

Vers le IIIe millénaire, sur l'Euphrate, dans un territoire grand comme la Suisse, le long des trois chenaux de l'Euphrate et du Tigre, existent environ une quinzaine d'États exploitant chacun une partie du réseau. Il s'agit en fait de micro-États avec plusieurs centres urbains. Ainsi un État comme celui de Lagash au milieu du IIe millénaire s'étend sur 65 km le long de plusieurs chenaux du Tigre. Il exploite environ 2000 km^2 de terres irriguées, présente 25 bourgs, 40 villages et pas moins de 3 villes importantes : une capitale religieuse, Girsu, une capitale politique, Lagash, et un port situé sur le Tigre.

Les dynasties des Amorrites

Cette nouvelle période (2003-1595 av. J.-C.) est marquée par l'apparition de populations parlant une langue sémitique différente de l'akkadien : l'*amorrite*, de *Amourrou* (occident). La Mésopotamie, sous influence amorrite, après la chute de la IIIe dynastie d'Ur, vers 2334 av. J.-C., est divisée. Les princes assyriens, au nord, tentent de s'imposer. Les cités de Mari, Eshnunna, Larsa et Babylone ne cessent de guerroyer. Mais grâce aux réelles qualités politiques et diplomatiques de son souverain, Hammourabi (règne : 1792-1750 av. J.-C.), Babylone finit par dominer. Pourtant un raid hittite, population guerrière originaire d'Anatolie, met fin en 1595 av. J.-C. à la suprématie de Babylone qui s'est imposée entre-temps comme la capitale religieuse et culturelle de la Mésopotamie.

Les grandes invasions

Les Hittites sont remplacés par de nouveaux conquérants, les Kassites qui fondent à Babylone une dynastie qui s'impose pendant plusieurs siècles. Cette période (1595-1080 av. J.-C.) est extrêmement troublée par des migrations de peuples. Les Hyksos envahissent l'Égypte, les Indo-Européens, l'Asie Mineure, les Élamites pillent Babylone et détrônent la dynastie kassite à leur tour. Grâce à Nabuchodonosor Ier (règne : v. 1124-v. 1103 av. J.-C.), la ville retrouve son rôle de centre politique et le dieu Marduk reprend sa place de dieu tutélaire, dans son sanctuaire l'Esagil. Mais ses successeurs doivent affronter la puissance montante de l'Assyrie.

LE SAVIEZ-VOUS ?

Le courrier des Kassites

Les rois kassites apparaissent sur la scène mésopotamienne en 1731 av. J.-C., le roi de Babylone Samsu-Iluna (règne : v. 1750-v. 1712 av. J.-C.), fils d'Hammourabi, venant de remporter une victoire sur eux. Ils occupent le trône de Babylone, vacant en 1595, jusqu'en 1155 av. J.-C. Les relations diplomatiques qui se déroulent au XIVe siècle av. J.-C. sont sans précédent autant par leur intensité que par leur ampleur géographique. Les archives de Tell-el-Amarna, rédigées en langue akkadienne, donnent une idée de la correspondance échangée entre Aménophis III (règne : v. 1391-v. 1353 av. J.-C.), son fils Aménophis IV (règne : v. 1353-v. 1335 av. J.-C.) et de nombreux rois et vassaux de Palestine et de Syrie. Parmi celles-ci figurent aussi les mariages convenus pour renforcer les liens diplomatiques, comme celui d'Aménophis III avec la fille du roi babylonien Kadashman Enlil (?-v. 1375 av. J.-C.).

La période néo-assyrienne

Lorsque le roi d'Assyrie Adad-Nirari (règne : v. 911-v. 891 av. J.-C.) monte sur le trône en 911 av. J.-C., le royaume néo-assyrien (911-609 av. J.-C.) se constitue. Ce dernier ne connaissant pas d'adversaires à sa mesure va se hisser au rang d'empire. Au cours du Ier millénaire av. J.-C., la puissance passe aux mains des Assyriens, qui jusqu'alors étaient tenus en sujétion. Leurs capitales successives sont Assur jusqu'en 879 av. J.-C., Kalkhu, actuelle Nimrud, jusqu'en 745 av. J.-C., puis Ninive détruite en 612 av. J.-C. par les Mèdes. Ils vont constituer un empire puissant grâce à l'énergie de leurs souverains : Assurnazirpal II (883-858 av. J.-C.), Salmanasar III (859-824 av. J.-C.), Sargon II (721-705 av. J.-C.) et Assurbanipal (668-627 av. J.-C.) qui se sont activement employés à mettre en place un outil militaire sans précédent.

Assurnazirpal II remporte de nombreuses victoires à l'ouest contre les royaumes araméen et néo-hittite. Il fait de Kalkhu, ville correspondant au site actuel de Nimrud, sa capitale. Salmanasar III s'illustre dans le combat contre les royaumes de Syrie du Nord. En mettant fin à l'indépendance des gouverneurs, Teglath-Phalasar III (règne : 745-727 av. J.-C.) usurpe le trône en 745 av. J.-C. et restaure la puissance assyrienne. Il attaque avec succès Damas, la capitale des Araméens. Il devient roi de Babylone sous le nom de Pulû. Sargon II rétablit les privilèges sacerdotaux et aristocratiques, soumet les derniers États hittites, combat les Mèdes et confirme son pouvoir sur Babylone. L'apogée de l'Empire se situe pourtant entre 668 et 626 av. J.-C. Assurbanipal détruit Thèbes, prend Babylone en 648 av. J.-C. et en 639 av. J.-C. détruit Suse. La Grande Bibliothèque est fondée à Ninive et conserve plus de 22 000 tablettes d'argile dont les textes portent sur la poésie, la littérature, l'histoire, la médecine. Les palais sont immenses avec des sculptures elles aussi gigantesques à Ninive, Kalkhu, Assur.

Pour aller plus loin

Khorsabad, un palais cinq étoiles

Sargon II (règne : 721-705 av. J.-C.), fait construire sa résidence sur l'emplacement de l'actuelle Khorsabad, au nord-est de Ninive. Un mur trapézoïdal entoure la ville elle-même, on y ménage sept portes, ornées de bas-reliefs et de briques multicolores vernies. La ziggourat qui s'y trouve présente une nouveauté architecturale. Au lieu d'un grand escalier, une rampe large de 2 m a été construite en spirale autour du bâtiment. Les portes du palais de Sargon sont flanquées de gigantesques taureaux ailés à figure humaine qui appartiennent aux rares hauts-reliefs de l'art assyrien. Le palais lui-même est décoré de nombreuses plaques en bas-relief et son intérieur aménagé avec une richesse suprême. Les murs sont incrustés d'ivoire, décorés de sculptures et de peintures murales.

La période néobabylonienne

L'Empire assyrien, après plusieurs siècles de domination, s'effondre sous les coups des Mèdes et des Babyloniens. Cyaxare Ier (655-585 av. J.-C.) est le fondateur de l'empire des Mèdes. Allié en 616 av. J.-C. avec le premier roi de l'Empire néobabylonien (625-539 av. J.-C.), Nabopolassar (625-605 av. J.-C.), il fait la guerre à l'Assyrie. Il conquiert Assur en 614 av. J.-C. et enlève Ninive en 612 av. J.-C. Tous les territoires assyriens à l'est du Tigre et en 610 av. J.-C., la Mésopotamie elle aussi tombe aux mains des Mèdes. Sous Nabuchodonosor II (605-562 av. J.-C.), la Mésopotamie méridionale et sa capitale Babylone retrouvent l'apogée de la prospérité et de l'activité culturelle. Ninive est prise en 612 av. J.-C. Les Babyloniens en 605 prennent alors la place de la puissance assyrienne. Ils dominent la Mésopotamie, la Syrie, la Palestine, l'Asie Mineure. Sous ce roi, la nouvelle puissance brille d'un éclat jamais égalé. Pourtant les Perses de Cyrus II (580-529 av. J.-C.) s'emparent de Babylone en 539 av. J.-C. La Babylonie devient province perse.

La période achéménide

Achéménès (700-675 av. J.-C.) est le fondateur de la dynastie achéménide (539-331 av. J.-C.). Les Achéménides sont alors tributaires des Assyriens. L'Empire achéménide ne dure que deux siècles, n'ayant pu résister aux armées macédoniennes. En 559 av. J.-C., Cyrus II (580-529 av. J.-C.) succède à son père Cambyse Ier (v. 600-559 av. J.-C.). C'est le fondateur de l'Empire perse. Ses conquêtes assurent la suprématie perse dans toute l'Asie occidentale. En 539 av. J.-C., il prend la ville de Babylone. La Mésopotamie connaît une période de grande prospérité.

Les principaux sites et monuments mésopotamiens

Les fouilles en Mésopotamie remontent au milieu du XIXe siècle. Là, pour la première fois, on arrache au sable une civilisation qui confirme l'existence des Assyriens. L'Égypte ou la Grèce ne sont plus alors les seules civilisations antiques. Avec les découvertes de Paul-Émile Botta (1802-1870), la Mésopotamie devient un champ d'investigation archéologique disputé entre Français et Anglais. La multiplication des résultats, la compréhension des textes cunéiformes mis au jour, permettent d'affiner considérablement notre connaissance de cette civilisation. On ne s'interroge plus seulement sur l'histoire même de celle-ci, mais sur son mode de vie, sa pratique intellectuelle, politique, religieuse.

Babylone

Hammourabi fait de Babylone, la « Porte des dieux », car tel est le sens de son nom, le centre intellectuel de l'Orient. La Bible y situe la tour de Babel, symbole de l'orgueil humain. Retracer l'histoire de la ville du point de vue archéologique n'est pas aisé, puisqu'elle a été détruite par les Assyriens en 689 av. J.-C. et une bonne partie en a été noyée sous la nappe phréatique. La dynastie de Babylone est fondée en 1894 av. J.-C. Elle ne devient la plus grande puissance politique de Mésopotamie que lorsque les royaumes voisins de Larsa, Eshnunna et Mari ont disparu.

Les fouilles nous ont surtout révélé la Babylone de Nabuchodonosor II (604-561 av. J.-C.). La ville est entourée d'une double muraille, les murs ont entre 6,50 m et 3,75 m d'épaisseur. Les deux parties de la ville, la ville neuve à l'ouest, la vieille ville à l'est, sont séparées par un pont de 115 m qui permet de relier les deux rives du fleuve. Des tours tous les 15 ou 20 m sur la muraille renforcent la sécurité. Au cœur de la cité s'élève le temple dédié au dieu Marduk, ainsi que sa ziggourat haute de 91 mètres. Plusieurs artères traversent la ville, menant aux différentes portes. La plus connue est celle qui conduit du temple de Marduk à la porte d'Ishtar, haute de 12 m. Les artistes y ont représenté leurs symboles, respectivement le dragon de Marduk, le lion d'Ishtar. Mais la ville, c'est aussi quelque 40 temples autour desquels s'étalent les maisons des notables, certaines atteignant 400 m^2. Dans ce secteur, les archéologues ont mis au jour un important bâtiment supposé être un centre commercial, probablement le plus ancien au monde.

Réputés pour leur luxuriance, les jardins suspendus de Babylone se trouvaient près du palais de Nabuchodonosor. Quinte-Curce (Ier s. apr. J.-C.) les dépeint comme une des merveilles de son temps. Le roi amoureux les aurait fait construire pour satisfaire les caprices d'une femme, Amytes, fille du roi de Médie. Elle regrettait les montagnes de son pays d'origine, l'Iran actuel. Ces jardins sont associés aussi à la reine Sémiramis par les auteurs grecs. Ils comptent parmi les sept merveilles du monde.

POUR ALLER PLUS LOIN

La tour de Babel

La tour de Babel, ou *Etemenanki* (maison du fondement du ciel et de la terre), est surtout connue par un épisode du premier livre de la Bible relatant la colère de Dieu contre les hommes qui ont eu l'arrogance de vouloir construire un édifice s'élevant jusqu'à Lui. Haute de 90 m, elle se trouve à côté de la voie processionnelle et du temple du dieu Marduk. Il s'agit peut-être d'une ziggourat, tour à étages composée d'une base surmontée de plates-formes superposées. Découverte en juin 1913, il n'en reste quasiment rien. Ses dimensions sont connues d'après un texte gravé sur une tablette d'argile conservée au musée du Louvre, *La tablette de l'Esagil*.

Mari

Si Mari a une histoire relativement brève, environ mille ans, entre le IIIe et le IIe millénaire av. J.-C., elle reste néanmoins une ville de référence pour la Mésopotamie. Situé à l'extrême sud-est de la Syrie, sur le moyen-Euphrate, le site est surtout connu pour son splendide palais du roi Zimri-Lim (règne : v. 1779-v. 1757 av. J.-C.) construit au IIe millénaire av. J.-C. Il convient également de mentionner les importants travaux d'irrigation qui y ont été faits. Un canal d'irrigation de 17 km était branché sur le fleuve directement et un second dispositif, plus étonnant encore, étendu sur 120 km, s'est avéré être un canal de navigation destiné à relier l'Euphrate à la rivière Khabur. Sa création permet de comprendre qu'il facilitait le transport des céréales de Syrie vers cette région quasiment désertique.

POUR ALLER PLUS LOIN

Le palais de Zimri-Lim

Le chef-d'œuvre de Mari est son palais daté de l'époque de Zimri-Lim. Gigantesque bâtiment aux trois cents salles, il couvre 2500 hectares. Il témoigne de la puissance de cette ville, devenue une plaque tournante entre l'Assyrie et la Babylonie. Dans ce palais, de magnifiques peintures murales ont été retrouvées. Beaucoup de statues ont été découvertes à Mari, dont celle d'Iddin-El, prince-gouverneur de Mari, conservée au Louvre, ou celle de *La Grande Chanteuse* Ur-Nanshé ou Ur-Nina, au musée de Damas. Près de 20000 tablettes, en akkadien, sont des sources d'informations inestimables sur la vie quotidienne, sur les événements politiques. À l'intérieur du palais, des aires bien délimitées ont permis de reconnaître la salle du trône, longue de 25 m sur 11,5 m de large et haute de 12 m, les écuries, les réserves, la maison du roi, la maison des femmes. Mari est détruite par Hammourabi (v. 1792-v. 1750 av. J.-C.) qui met ainsi fin à sa puissance en 1760 av. J.-C.

Ninive

Habitée dès le VIe millénaire av. J.-C., Ninive se trouve sur la rive orientale du Tigre. La Bible attribue sa création à Nemrod. Au IIIe millénaire av. J.-C., elle est dédiée à la déesse Ishtar, devient la capitale de l'Empire assyrien au VIIIe siècle av. J.-C. sous le règne de Sennachérib (704-681 av. J.-C.). Assurbanipal (règne : 669-627 av. J.-C.) continue les travaux d'urbanisation déjà bien entamés par ses prédécesseurs. Elle est détruite par les Mèdes et les Babyloniens en 612 av. J.-C. Lorsque l'archéologue Austen Henry Layard (1817-1894) la découvre, en 1847, il met au jour les palais, édifices impressionnants, ainsi que la bibliothèque d'Assurbanipal, qui contient 25 000 tablettes d'argile, témoignage unique sur la civilisation assyrienne. La ville s'étendait sur 750 hectares, entourée d'une enceinte longue de 12 km, d'une hauteur de 25 m, avec 15 portes dont la plus belle était celle de Nergal, dieu babylonien des Enfers.

POUR ALLER PLUS LOIN

La Grande Bibliothèque de Ninive

Le roi Assurbanipal fonde à Ninive une bibliothèque dans laquelle il recueille l'ensemble de la littérature cunéiforme. La première Grande Bibliothèque était ainsi née. Aujourd'hui, elle est conservée au British Museum et considérée comme le savoir culturel de toute la Mésopotamie. Parmi les textes de la bibliothèque du roi Assurbanipal, ces 25000 tablettes, figure tout ce qu'il jugeait digne d'être conservé par lui. Il existe une grande disproportion entre la masse énorme de textes relevant des activités des devins, des prêtres chargés d'exorcisme et les textes littéraires. Certains textes sont des dictionnaires. Les autres concernent des incantations, des conjurations qui devaient servir à ceux qui avaient en charge la sécurité du roi.

Suse

La ville de Suse nous est connue par la Bible, c'est le lieu où se déroule l'histoire d'Esther, et par la présence du tombeau du prophète Daniel. Située dans le sud de l'Iran, la période d'occupation du site fut fort longue, du IVe millénaire av. J.-C. jusqu'au XIVe siècle de notre ère. Sa situation géographique en a fait une plaque tournante du commerce entre la Mésopotamie et l'Iran. Dès le IIIe millénaire, l'art élamite y est le mieux représenté. C'est là qu'a été retrouvée la stèle du *Code de Hammourabi*, une des plus anciennes lois écrites (1750 av. J.-C.). Lors de son occupation pendant la période achéménide, le palais de Darius Ier (521-485 av. J.-C.) reste le monument le plus important avec ses 12 hectares.

POUR ALLER PLUS LOIN

Le Code de Hammourabi

Hammourabi, sixième roi de Babylone (v. 1792-v. 1750 av. J.-C.), manifeste son génie unificateur en faisant rédiger le premier code connu. Deux rédactions sont réalisées, recensant les décisions de justice du roi. On connaît néanmoins les fragments d'au moins trois codes, sumériens et akkadiens antérieurs à celui-ci, qui lui auraient servi de modèle. Le code est gravé sur une stèle de basalte et placé dans le temple de la ville de Sippar en basse Mésopotamie, au sud de l'Irak actuel. Il se présente comme une grande stèle de 2,5 m de haut, surmontée d'une sculpture figurant le roi Hammourabi, debout devant Shamash, dieu du Soleil. En dessous, 281 articles, rédigés en cunéiforme akkadien, fixent les règles de la vie courante : elles concernent les trois groupes sociaux d'alors, hommes libres, subalternes, esclaves ; le fonctionnement judiciaire, les salaires, les peines encourues. Hammourabi grâce à ce code entend bien unifier toutes les parties de son royaume, puisque plusieurs autres exemplaires y sont envoyés pour témoigner de la volonté royale.

Ur

À en croire la Bible, Abraham serait parti de cette fameuse cité, située à une soixantaine de kilomètres d'Uruk. Un premier établissement remonte au Ve millénaire av. J.-C. Son roi fondateur est Ur-Nammu (v. 2112-v. 2095 av. J.-C.) qui construisit la ziggourat et ses monuments les plus importants. En effet, les fouilles archéologiques montrent que les découvertes d'exception y abondent. Dans la zone sacrée, les vestiges d'un sanctuaire dédié au dieu Lune, Nanna, flanqué d'une ziggourat en briques rouges sont mis au jour. On y découvre des milliers d'inscriptions et des tablettes de toutes les époques, jusqu'au temps de Nabuchodonosor II (630-561 av. J.-C.). Mais la révélation la plus extraordinaire dans l'histoire de l'archéologie reste la découverte des tombes des dignitaires de la Ire dynastie d'Ur (v. 2600-v. 2400 av. J.-C.).

LE SAVIEZ-VOUS ?

Des trésors de tombes

Énumérer l'ensemble de ce qui a été retrouvé à l'intérieur de ces fosses mortuaires d'Ur permet de rendre compte de la richesse et de la variété de leur contenu : mobiliers d'une grande richesse, lits, instruments de musique, armes, coffres, vaisselle, bijoux et parures somptueuses. Les corps des grands personnages sont entourés de chars avec ânes, bœufs. Des objets semblables ont été trouvés dans les fouilles de Mari, de Kish. On a également découvert dans ces tombes royales, un panneau de bois représentant la Guerre et la Paix sur chacune des faces. Il s'agit d'un diptyque composé de panneaux séparés, l'un nommé « Guerre » et l'autre « Paix ». Le décor est fait de coquillages, nacres, découpes de calcaire rouge et de lapis-lazuli. Un roi et des soldats conduisant des chariots figurent sur le panneau « Guerre », une scène d'armée en campagne. Faute de mieux, on lui a donné le nom *d'Étendard d'Ur* ce qui suppose sa fonction militaire. Le panneau « Paix » représente une scène de banquet. À noter que les corps enterrés ne comportaient aucune violence, mais la présence de petites coupes près d'eux laisse supposer qu'ils se seraient donné la mort volontairement. Le défunt était accompagné par les siens jusque dans la mort.

Uruk

La ville d'Uruk, *Erech* en hébreu, aujourd'hui appelée Warka, située au sud, est restée pendant quatre millénaires une des principales villes de Mésopotamie. C'est en effet l'une des plus grandes cités avec une superficie de 500 hectares qui semble être la sienne à la fin du IVe millénaire av. J.-C. Sa plus ancienne fondation remonterait au Ve millénaire av. J.-C. Ville importante pour les Sumériens, elle est la patrie mythique de Gilgamesh, héros de la célèbre épopée éponyme écrite à la fin du IIIe millénaire av. J.-C.

Son rôle est aussi important sur le plan religieux que politique. Son fondateur semi-légendaire, le roi Enmerkar crée ainsi la première dynastie d'Uruk (v. 2900-v. 2750 av. J.-C.). Lorsque Sargon d'Akkad (v. 2334-v. 2279 av. J.-C.) la conquiert, elle perd de son importance. Elle garde son rôle néanmoins de ville sainte jusqu'à l'époque séleucide (305-64 av. J.-C.). On pense que c'est dans cette ville que serait apparue pour la première fois l'écriture sur des tablettes d'argile. Les principaux monuments religieux sont la ziggourat, dédiée à la déesse Inanna, le complexe religieux au dieu du ciel An, le temple principal de Bit Resh.

Le saviez-vous ?

Un nouveau moyen de communication

C'est à Uruk aux alentours de 3300 av. J.-C. qu'apparaissent les premières tablettes d'argile sur lesquelles sont gravés un chiffre, noté par une encoche, puis un nom de personne ou d'animal. Ce nouveau type de communication qui devient par la suite l'écriture *cunéiforme*, en forme de coins ou de clous, est conditionné par la naissance des villes et des cités-États. Dans les années vingt, plus de 5000 étiquettes et tablettes d'argile sont mises au jour. À ses débuts, il s'agit d'une écriture *idéographique*, les signes symbolisent un mot, une idée. La combinaison de *pictogrammes*, dessins stylisés figurant un symbole, de signes numériques composés d'encoches, de signes complexes, permet d'évoquer certaines réalités de la vie quotidienne : revenus, dépenses, quantité de marchandises, surface ou administration des champs. Mais entre 3300 et 3000 av. J.-C., à Uruk, on ne connaît pas encore la structure grammaticale de la phrase.

Les grands personnages mésopotamiens

Les grands personnages mésopotamiens sont les grands rois. Eux seuls étaient représentés dans l'art, mentionnés dans les textes ou les listes royales. Ils ont souvent laissé leur nom aux dynasties qu'ils ont créées.

Gilgamesh

Gilgamesh est le roi mythique d'Ur, héros d'une épopée de 3500 vers environ, mais aussi quatrième ou cinquième roi d'Uruk à l'existence semi-légendaire, qui aurait régné aux alentours de 2500 av. J.-C. D'autres légendes en sumérien racontent ses exploits. L'épopée qui lui est consacrée est rédigée en akkadien, dans la Babylonie du XVIIIe et du XVIIe siècles av. J.-C. Les tablettes qui la mentionnent ont été retrouvées dans la bibliothèque de Ninive. Cette œuvre fournit le premier récit du Déluge qui sera repris dans la Bible. Il n'est pourtant qu'une parenthèse dans cette épopée qui court sur 12 tablettes. Son histoire, qui retrace sa lutte contre les divinités, incarne l'idée que tout destin héroïque ne peut pour s'accomplir que passer par des périodes d'impiété et de doute fondamentales.

Sargon d'Akkad

Premier roi de la dynastie d'Akkad, Sargon l'Ancien dit d'Akkad ou d'Agadé (règne : v. 2334-v. 2279 av. J.-C.) fait partie des rois légendaires, car sa mère le confie au fleuve dans une nacelle de roseau, comme Moïse plus tard. Le maître d'Akkad s'impose comme protecteur du commerce qui est à la base de la réussite de sa capitale. Sans cesse en guerre, ses campagnes et ses voyages lui fournissent les matières premières qui permettent à son empire de se développer. Une expédition navale le mène jusqu'à Dilmoun, l'île de Bahrein, connue pour être le grand entrepôt du golfe Persique. Il agrandit son empire par des conquêtes élamites et la prise des territoires septentrionaux mais à un point tel, qu'à la fin de sa vie, de nombreuses révoltes se produisent.

Naram-Sin d'Akkad

Troisième successeur de Sargon l'Ancien, Naram-Sin (v. 2255-v. 2219 av. J.-C.) consacre une grande partie de son règne aux guerres. Il soumet les villes d'Ebla, de Mari, les Hourrites, les Élamites. Il est connu comme le premier souverain à avoir unifié la Mésopotamie entière. Une stèle de calcaire, aujourd'hui au musée du Louvre, le montre en train de se diriger vers le sommet d'une montagne. Ses soldats l'entourent pendant que les vaincus tombent dans les ravins. Cette stèle, trouvée à Suse où elle avait été transportée après un raid réussi du roi de cette ville contre Sippar au XIIe siècle av. J.-C., datant des environs de 2250 notre ère, reste une œuvre exceptionnelle de l'art akkadien.

Goudéa

Goudéa (règne : v. 2141-v. 2122 av. J.-C.) exerce le pouvoir à Lagash vers 2100 av. J.-C. au moment où disparaît le royaume d'Akkad. Un nombre considérable d'inscriptions nous le font connaître, notamment en relatant la construction par Goudéa d'un temple dédié au dieu tutélaire de la ville de Girsu, Ningirsu. Mais il l'est surtout par la statuaire et ses nombreuses représentations. Son activité culturelle rend sa cité extrêmement prospère, si nous en croyons le nombre important de temples, de sanctuaires qu'il y fait bâtir ainsi qu'à Ur, Nippur, Uruk. Le plus important est celui dédié à

Ningirsu, dieu protecteur de l'État de Lagash, édifié dans la cité de Girsu, en Mésopotamie du Sud. Il parvient à conserver une indépendance face à la puissance sans cesse montante d'Ur. Nous connaissons de lui une vingtaine de statues dont certaines en pierre dure, en diorite, le représentant grandeur nature.

Hammourabi

Hammourabi (règne : 1792-1750 av. J.-C.) conduit pendant son règne la première dynastie amorrite à son apogée. Il mène une politique d'expansion, conquiert Sumer et Akkad, s'empare de Larsa et devient pendant un temps bref le seul maître de la Mésopotamie. De Marduk, il fait le dieu tutélaire de sa dynastie. Mais ce roi est aussi un grand législateur que nous laisse le premier code. Il le fait graver sur une stèle de basalte, placée dans le temple de Sippar, cité mésopotamienne. Elle se trouve aujourd'hui au Louvre.

Nabuchodonosor Ier

En repoussant les Élamites, Nabuchodonosor Ier (règne : v. 1126-v. 1105 av. J.-C.) rend sa puissance à Babylone. Il s'illustre comme un grand protecteur des arts et des lettres. Troisième roi de la dynastie d'Isin, succédant à son père Ninurta-Nadin-Shumi (règne : v. 1131-v. 1126 av. J.-C.), il fonde une civilisation indépendante et brillante. Il poursuit l'œuvre de son père. Il pille Suse et en rapporte la grande statue en or du dieu Marduk. Mais son plus grand succès reste d'avoir infligé une défaite aux Élamites qui avaient envahi vers le XIIe siècle av. J.-C. la Babylonie.

POUR ALLER PLUS LOIN

L'armée assyrienne

L'armée est réorganisée par Teglath-Phalasar III (règne : 746-727 av. J.-C.) dès que celui-ci accède au pouvoir. Elle reçoit un excellent équipement, par exemple des béliers pour enfoncer les murailles des forteresses. Elle s'exerce en vue des combats. La garde du roi est constituée de l'élite de cette armée pour laquelle il fait appel à la conscription populaire même si vaincus et prisonniers la complètent constamment. C'est ainsi que se crée une puissance militaire supérieure, pendant un siècle, à tous ses adversaires. Faible précédemment, l'Assyrie acquiert en peu de temps la prépondérance en Asie Mineure.

Sargon II

Fondateur de la dynastie des Sargonides, Sargon II (règne : 722-705 av. J.-C.) passe une grande partie de sa vie en campagne. Il s'empare de la Samarie, détruit le royaume d'Israël en 721 av. J.-C. et déporte une grande partie de sa population. Une ombre subsiste sur la manière dont il prend le pouvoir à la mort de Salmanasar V (règne : 727-722 av. J.-C.). L'usurpation du trône a été peut-être à l'origine des nombreuses révoltes qui se sont produites. Toujours est-il que ses campagnes sans cesse renouvelées ne laissent pas de lui le souvenir d'un souverain à l'activité de bâtisseur. Néanmoins, il fait construire son palais dans sa ville royale, Dur-Sharrukin (Le Mur de Sargon), l'actuelle Khorsabad. Il n'en profite pas, car à peine celle-ci bâtie, il part en Anatolie. On lui doit aussi la fameuse bibliothèque de Ninive.

Le saviez-vous ?

L'origine des Samaritains

Salmanasar V, roi d'Assyrie (règne : 727-722 av. J.-C.), succède à son père Teglath-Phalasar III (règne : 746-727 av. J.-C.). Il règne sur Babylone sous le nom d'Ulûlaiu. Osée (732-722 av. J.-C.), roi d'Israël, est son tributaire, mais il traite avec le roi d'Égypte. Confiant dans l'aide égyptienne, il refuse de verser le tribut dû au souverain assyrien. Les Assyriens assiègent Samarie qui est prise en 721 av. J.-C. par Sargon II (722-705 av. J.-C.). Près de 30000 personnes sont déportées, en Mésopotamie et en Médie. De nouveaux habitants notamment des Assyriens venus repeupler les remplacent en Samarie. C'est ainsi que se forme dans le nord de la Palestine, un mélange de peuples qui prennent le nom de Samaritains.

Assurbanipal

Nommé *Sardanapalos* (Sardanapale) par les Grecs, Assurbanipal (règne : 669-627 av. J.-C.) est le successeur d'Assarhaddon (règne : 680-669 av. J.-C.), mais il fut aussi le dernier grand roi assyrien. À peine monté sur le trône, les Égyptiens sous l'impulsion de Taharqa (règne : 690-664 av. J.-C.) se révoltent. Il se rend maître du Delta égyptien et pousse jusqu'à Thèbes. Mais c'est surtout sur l'Élam et la Babylonie qu'il concentre ses conquêtes. Grand lettré, Assurbanipal fait réunir par ses scribes les documents composant ce que nous pouvons considérer comme la première bibliothèque au monde. Il aurait été initié aux arts divinatoires et à l'interprétation de ses précieuses tablettes sumériennes.

LE SAVIEZ-VOUS ?

La fin tragique de Sardanapale

Immortalisée par Eugène Delacroix (1798-1863), *La Mort de Sardanapale* (1827-1828) met en scène ce légendaire roi d'Assyrie, évoqué par les historiens grecs. Se sentant perdu, assiégé par les Mèdes, après avoir mis le feu à son palais, il se serait avec ses enfants jeté dans les flammes. Cet épisode ferait allusion à la prise de Ninive par Nabopolassar, gouverneur de Sumer. Le poète anglais George Gordon Byron (1788-1824) s'est inspiré aussi de la figure de ce souverain dans un drame appelé *Sardanapalus* (1821). La fin tragique de ce roi d'Assyrie y est contée, particulièrement l'épisode poignant où il décide de se jeter dans les flammes d'un gigantesque bûcher, voyant le pouvoir lui échapper à la suite d'une conspiration. Sur le même thème, Hector Berlioz (1803-1869) écrit une cantate, *La Dernière Nuit de Sardanapale*, qui lui permet de remporter le prestigieux Prix de Rome, en 1831.

Nabuchodonosor II

Nabuchodonosor II (règne : 605-562 av. J.-C.) succède à son père Nabopolassar (règne : 625-605 av. J.-C.), fondateur du nouvel empire de Babylone. Avec lui, le second âge d'or de la civilisation babylonienne est à son apogée. Comme ses prédécesseurs, c'est un monarque absolu. Mais avant d'être roi, il est d'abord un guerrier. Il redonne l'indépendance à Babylone en battant les Égyptiens à Karkemish en 605 av. J.-C. Une partie de son règne, entre 601 et 598 av. J.-C., est occupée par la lutte contre l'Égypte pour la possession de la Palestine et de la Syrie. Il reste dans l'Histoire aussi pour avoir été celui qui a fait déporter plusieurs milliers de Juifs de Jérusalem à Babylone, après sa conquête et la prise de Jérusalem en 586 av. J.-C. Mais son règne est marqué par l'agrandissement de Babylone dont il fait une des plus remarquables cités du Proche-Orient.

Sémiramis

Selon les sources de Diodore de Sicile (v. 90-v. 30 av. J.-C.), cette reine légendaire d'Assyrie est la fille de la déesse Dercéto qui l'enfante en Phénicie. Elle gouverne l'Assyrie pendant quarante-deux ans et aurait également été la femme du roi Ninos. Fait remarquable, elle accompagne ce dernier en Bactriane et à la tête d'une troupe armée fait preuve d'un courage et d'une capacité de stratégie hors du commun. Elle serait à l'origine de la création des jardins suspendus à Babylone. Les historiens pensent que son modèle fut la reine historique Sammuramat, femme du roi d'Assyrie Shamshi-Adad V (règne : 823-810 av. J.-C.). Sa légende nourrira également celles de reines et de princesses plus ou moins mythiques du Proche-Orient, comme la Shirin des Sassanides, la reine d'Arménie Samiran, ou la Shéhérazade de l'époque abbasside.

Religion, mythes et légendes de Mésopotamie

Pendant près de trois millénaires, les systèmes religieux sumériens constituent la base de la civilisation mésopotamienne. Celle-ci s'organise autour de cités-États qui toutes disposent d'un dieu tutélaire. La religion officielle entretient de grands temples dédiés aux dieux. Les prêtres supposent que le destin de l'État dépend de leur volonté et de rituels complexes. Le roi, personnage éminemment sacré, joue un rôle prépondérant dans toutes les cérémonies. Les bibliothèques de villes comme Ur, Ninive, Babylone nous ont livré d'importants corpus mythologiques mettant en scène dieux, héros, demi-héros.

LE SAVIEZ-VOUS ?

Les temples briqués

À l'origine, les premiers temples, de dimension modeste, sont de simples bâtiments rectangulaires à salle unique. Avec l'essor des cités, ils vont s'agrandir, se complexifier et s'élever de plus en plus vers le ciel en reposant sur un système de terrasses (*ziggourats*). Malheureusement aucune ziggourat n'a été découverte dans son intégralité. Une trentaine de sites à ce jour ont été recensés. Le principal matériau de construction est la brique. Leur taille peut évoluer de trois à sept terrasses. Le premier à avoir élevé ce type de monuments est Ur-Nammu (règne : 2112-2094 av. J.-C.) à la IIIe dynastie d'Ur (2112-2006 av. J.-C.). Au fur et à mesure que les cités prennent de l'importance économiquement parlant, le temple multiplie ses activités. Les Sumériens appelaient le temple « la grande maison », sorte de palais où résident les divinités, entourées d'innombrables personnes préposées à leur service. En Mésopotamie, il existe d'autres bâtiments construits en hauteur, il s'agit de « temples terrasses » qui ressemblent aux ziggourats. Tout comme elles, ce sont des constructions cultuelles érigées sur des terrasses. La plus ancienne remonterait à l'époque d'Obeid (V^{e}-IVe millénaire av. J.-C.), la plus récente à l'époque kassite (1595-1155 av. J.-C.). Les deux types de constructions ont cohabité pendant des centaines d'années.

Les dieux mésopotamiens

Les dieux vivent, aiment se battre comme les hommes mais ils restent immortels. Chacun contribue au fonctionnement du monde : Shamash, dieu du Soleil, Nanna Sin, le croissant de Lune, Enlil, le seigneur du souffle. Comme dans tout système polythéiste, les divinités exercent un pouvoir bien défini. Leur histoire est élevée au niveau de mythes et de légendes. Parmi ces dieux, on distingue ceux qui correspondent aux différentes parties du monde, ciel, terre, enfer ; les divinités astrales, Soleil, Lune, étoiles ; les forces du monde, foudre, tempête et les dieux de la fécondité. Les quatre dieux créateurs sont An, Enlil, Enki, Ninhursag, déesse de la Terre.

An

An, en sumérien, *Anu* en akkadien, est considéré comme le dieu-ciel. Il occupe le sommet du panthéon babylonien. Près de 80 divinités composent sa famille. Le chiffre symbolique qui le représente est le chiffre 60, considéré comme le chiffre parfait dans le système sexagésimal. Avec Enki, dieu des eaux et de la vie et Enlil (le seigneur de l'air), ils forment la triade des grands dieux primordiaux. Le symbole de An est un trône que surmonte une tiare à cornes. Ses principaux temples se trouvent à Uruk où ils furent rebâtis plusieurs fois. Sa fête principale coïncide avec le nouvel an, donc symboliquement avec la commémoration de la création du monde.

Enki

Enki, dieu des sources et des fleuves est mentionné dans les textes sumériens les plus anciens. Il est associé à l'*Apsu*, l'abîme des eaux profondes. La tradition assyro-babylonienne l'identifie à Éa (la maison de l'eau). Dieu des sources et des fleuves, il joue un grand rôle en tant que maître de la magie et patron des exorcistes. Ses attributs animaux sont la chèvre et le poisson, lesquels seront combinés en un seul animal qui deviendra le Capricorne de notre zodiaque. Il est le frère d'Enlil. Son temple principal se trouvait à Eridu et portait le nom de « temple de l'Abysse ».

LE SAVIEZ-VOUS ?

La magie, une institution

La magie en Mésopotamie fait partie des institutions, l'État s'en sert. Ce peut être, par exemple, un complément à une action militaire. La magie fait partie de la médecine, du droit, de la divination ou de l'exorcisme. Dans tous les cas, un exorciste de qualité est avant tout un érudit. Il est considéré comme l'héritier de ces sages, mi-hommes mi-poissons, qui apportèrent la connaissance aux hommes. Pour œuvrer il revêt un habit de poisson. Toute l'efficacité d'une magie repose sur le patronage du dieu Enki.

Enlil

Enlil (seigneur de l'air ou seigneur du souffle) est le second dans la hiérarchie divine, mais ses attributs dépassent largement ceux d'un maître des vents et des airs. Il est mentionné dès l'époque de Djemdet Nasr (3150-2900 av. J.-C.). Souverain universel, il fixe le destin de chacun, s'attachant à maintenir le bon ordre et à frapper les fautifs. Célébré comme un dieu tisserand, la métaphore lui attribue le lien social. Nippur, la cité qui en fait sa divinité principale, le vénère en tant que celui qui façonne l'homme de ses propres mains. Son nombre est 50, et son symbole une tiare à cornes. Il règne avec sa *parèdre* (épouse divine) Nin-lin (la Dame-souffle) sur tout Sumer. À partir du XIIe siècle av. J.-C., le dieu Marduk, dieu suprême de Babylone, l'absorbe complètement.

Ereshkigal

Ereshkigal, déesse des Enfers suméro-babyloniens, est la sœur jumelle d'Enki. Son nom en sumérien signifie « maîtresse de la grande place ». Elle est également la sœur d'Inanna. Son culte est peu développé hormis en son temple, qui se trouve à Kutha et à Sippar, peut-être parce qu'elle est invisible pour les yeux humains.

Gala

Gala, la guérisseuse, est la fille du dieu An. Dans la Mésopotamie antique, elle est considérée comme la déesse de la guérison et donc des médecins. Le chien est son animal symbole et était souvent représenté en amulettes pour repousser les maladies.

Ishtar

Ishtar, déesse de l'amour physique et de la guerre, est l'une des grandes figures du panthéon assyro-babylonien. Il se peut qu'elle soit le contretype de la déesse sémitique Inanna des Sumériens. Reine des cieux dans les textes sumériens, fille du dieu-Lune Nanna, elle a pour symboles l'étoile inscrite dans un cercle et le chiffre 15. Son sanctuaire à Uruk s'appelle l'Eanna. C'est là que chaque année le roi épouse symboliquement la grande prêtresse de la déesse, s'unit à elle pour assurer la fertilité de la terre, gage des récoltes futures.

Marduk

Marduk, dieu tutélaire de Babylone, est à l'origine un simple dieu agraire. Il ne devient que sous Nabuchodonosor Ier (v. 1126-v. 1105 av. J.-C.) une divinité nationale, et finit par supplanter Enlil comme dieu suprême du panthéon. Le même nombre 50 est leur symbole. Le dragon est son animal emblématique, sa planète Jupiter. On lui associe aussi la houe. Au nouvel an, chaque année les dieux de Babylone lui rendent hommage. À partir du second tiers du Ier millénaire av. J.-C., il est devancé par son fils Nabu, adoré à Borsippa, cité proche de Babylone, dieu de la sagesse et de l'écriture qui préside au destin de tout homme.

Nergal

Le culte de Nergal est très ancien puisque le roi Shoulgi (v. 2094-v. 2027 av. J.-C.) l'adore déjà en son temps. Ce dieu mésopotamien des Enfers est aussi appelé « le Maître de la grande ville », c'est-à-dire des lieux souterrains. Il est parfois confondu avec Meslamtaéa, autre divinité infernale, dieu *poliade*, c'est-à-dire protecteur de la ville de Kutha, cité de l'Euphrate supérieur. De nombreux écrits lui sont consacrés, en faisant un dieu à la personnalité destructrice. Son culte n'est pas uniquement rendu à Kutha mais aussi à Suse en Élam. Il est associé à la planète Mars.

Shamash

Shamash, fils du dieu-Lune Sin et de Ningal sa parèdre, dieu assyro-babylonien du Soleil, correspond au dieu sumérien Utu. Il était le dieu de la justice invoqué par les oracles, les devins. Son temple jouxte fréquemment celui de Sin dans les ensembles cultuels assyriens en Babylonie, à Sippar et Harsa. Symboliquement, on le représente par une roue à rayons. Il orne le Code de Hammourabi, puisque c'est lui qui préside à la justice et au droit.

Tiamat

Tiamat, la mer primordiale, bien que parfois androgyne, symbolise dans le poème de la création babylonien, l'*Enuma Elish*, les eaux salées, la masse aqueuse indistincte des origines. On lui attribue pour époux Apsu, la personnification des abîmes d'eau douce. Son animal symbole est le dragon. Perçue comme un monstre, elle finit vaincue par Marduk qui fait de son corps le ciel et la terre.

POUR ALLER PLUS LOIN

La fête d'Akitu

Chacune des nombreuses divinités du panthéon mésopotamien possède dans les villes un vaste temple dans lequel elle est vénérée en qualité de souverain et protecteur divin. Babylone à l'époque chaldéenne, du VIIIe au VIe siècle av. J.-C., en possède plus de cinquante. Le service du temple se fait dans les cours ouvertes où se trouvent autels pour les sacrifices ou fontaines pour les ablutions. La partie intérieure du temple comporte la statue du dieu à laquelle seuls les prêtres et les membres privilégiés de la société peuvent accéder. Dans les villes les plus importantes, une ziggourat est érigée.

Il existe de nombreuses fêtes annuelles et mensuelles dont une célébrée pour la nouvelle lune. La plus importante est toutefois celle de la nouvelle année, lors de l'équinoxe de printemps appelée Akitu, nom du lieu de culte de Marduk à l'extérieur de Babylone. La fête dure onze jours et comprend des rites de purification, de sacrifice, des processions. L'apogée se produit par la célébration du mariage symbolique du roi incarnation du dieu Marduk avec une femme devenue pour l'occasion parèdre, épouse divine.

Les textes mythologiques mésopotamiens

Au cours des siècles, la religion mésopotamienne évolue suffisamment pour que scribes et prêtres finissent par éprouver la nécessité de mettre un peu d'ordre et d'instaurer une hiérarchie dans ce système si complexe. Il convient de commencer par expliquer la croissance et la place de ces dieux dans l'univers. À l'origine, les dieux font corps avec la matière originelle primordiale, puis se forme, par le jeu des générations divines, une histoire des dieux entre eux. L'homme est lié à ces derniers, car en créant l'homme, ils fondent la civilisation dont ils ont besoin. La vie des dieux repose sur les offrandes, les sacrifices, les prières, le respect des rites effectués par les hommes. Hommes et dieux sont indissociables, faits pour vivre ensemble, c'est tout du moins le sens des cosmologies.

L'Enuma Elish

L'*Enuma Elish* est le poème mésopotamien qui retrace la geste cosmogonique. Compte tenu de la configuration géographique de la Mésopotamie, il n'est pas surprenant que les Sumériens conçoivent le monde comme venant de la mer et de l'eau des fleuves. À l'origine, le chaos primordial se compose d'*Apsu*, principe masculin, vaste océan d'eau douce, et de *Tiamat*, l'immensité des eaux salées, principe féminin. Le bien est identifié à Apsu, le mal à Tiamat.

De leur union naissent Lakhmu et Lakhamu, ainsi que le ciel, Anshar, et la terre, Kishar. Ils donnent naissance à leur tour à trois divinités masculines : Anu, roi du ciel, Enlil, roi de la terre, Éa, roi de l'océan. Ils créent tous les autres dieux, les hommes, et mettent en place les grands luminaires, Shamash, le Soleil et le dieu-Lune Sin, et les planètes, dont Vénus-Ishtar. Le poème de la création que l'on désigne par ses premiers mots *Enuma Elish* (Lorsqu'en haut) raconte les luttes intestines entre ces dieux, et comment l'un d'entre eux, Marduk, vient à bout de Tiamat, la vieille déesse-mère. Du corps de celle-ci, il crée un monde pourvu d'une voûte céleste où il accroche les astres. Si la bonne marche du monde est parfois altérée par des éclipses, c'est au roi qu'il appartient de les conjurer par un rituel approprié.

Gilgamesh, l'homme qui ne voulait pas mourir

L'épopée de Gilgamesh s'est constituée au cours du IIe millénaire, mais le texte achevé le plus connu date du VIIe siècle av. J.-C. Son modèle aurait été un souverain d'Uruk dont le règne se situerait entre 2800 et 2600 av. J.-C. Transmise d'abord oralement, l'épopée est fixée au IIe millénaire sur des tablettes d'argile. Gilgamesh règne sur son peuple d'Uruk et le tyrannise. Devant les lamentations des hommes, Anu, dieu principal d'Uruk, lui envoie un rival, un homme sauvage, Enkidu. Gilgamesh pour le civiliser lui envoie une courtisane. Il succombe à ses charmes pendant six jours et sept nuits et cesse de ce fait d'être un homme sauvage. Il gagne Uruk, provoque Gilgamesh qui le vainc, épisode qui scelle leur amitié. Ensemble, ils courent le monde, défient la déesse Ishtar et tuent le taureau du ciel. L'affront fait à Ishtar n'est pas toléré par les dieux et Enlil condamne Enkidu au trépas. C'est après la mort de son ami que Gilgamesh entreprend réellement son épopée. Il part alors à la conquête de l'immortalité. L'épopée s'achève sur le constat amer du héros d'une vie de douleurs perdue à tenter de conquérir l'impossible. La version la plus achevée composée de douze tablettes de plus de 34 000 vers est celle de la bibliothèque d'Assurbanipal (668-627 av. J.-C.) à Ninive.

Ishtar aux Enfers

Les premières versions sumériennes du mythe de la descente d'Ishtar aux Enfers datent d'environ 2300 av. J.-C., un texte plus complet est dû à une version akkadienne au Ier millénaire av. J.-C. C'est le récit du séjour de la déesse. Elle se risque aux Enfers afin d'y trouver comment accroître son pouvoir selon une version, ou y reprendre son époux Dumuzi, Tammuz, à Babylone. Mais elle doit séduire le portier des Enfers et à chacune des sept portes franchies abandonne un vêtement. Ishtar arrive nue, dépouillée de tous ses attributs magiques prophylactiques devant le trône de lapis-lazuli de la reine des morts, Ereshkigal, épouse du dieu Nergal. Furieuse, Ishtar tente de s'en prendre à la reine qui l'emprisonne et la frappe de soixante maladies. Heureusement pour elle, Ishtar est déesse de l'amour. Depuis son départ, les couples ne se fréquentent plus, aucun enfant ne naît. En l'absence de l'amour plus rien ne pousse non plus sur terre. Le roi des dieux, Éa, décide de réagir : Ishtar peut quitter « le pays sans retour », franchir les portes en sens inverse et reprendre à chaque fois un vêtement, mais doit laisser à son sort Dumuzi.

LE SAVIEZ-VOUS ?

La danse des sept voiles

Bien que déesse, Ishtar prend un risque considérable en descendant aux Enfers, d'autant plus grand qu'elle se dépouille au passage de chacune des sept portes, de ses attributs magiques : à la première porte, la tiare ; à la seconde porte, les boucles d'oreilles ; à la troisième porte, le collier ; à la quatrième porte, le pectoral ; à la cinquième porte, la ceinture aux pierres d'enfantement ; à la sixième porte, les anneaux des mains et des pieds ; à la septième porte, le vêtement. Selon certains, cet effeuillage divin est l'ancêtre de la fameuse danse de séduction dite « Danse des sept voiles ».

Um-Napishtim et le récit originel du Déluge

Enlil emploie plusieurs moyens successifs pour détruire les hommes. Les fléaux envoyés sont l'épidémie, la sécheresse, enfin la famine. Toutefois, Éa, protecteur de sa créature, parvient à chaque fois à prévenir la destruction des hommes en les avertissant. Enlil se doute rapidement du soutien apporté aux hommes, serviteurs des dieux, et ordonne à ces derniers de jurer qu'ils ne diront pas aux hommes le dernier, et le plus redoutable de tous, des fléaux que le dieu suprême veut leur envoyer : le déluge.

Désespéré, Éa trouve une solution pour sauver sa création : il envoie à un homme pieux entre tous, Um-Napishtim (le Très Sage), un rêve prémonitoire au sujet du déluge. Um-Napishtim demande alors au dieu comment échapper au sort promis à tous. Éa, pour ne pas rompre son serment, feint de s'adresser à une claie de roseaux derrière laquelle se tient Um-Napishtim, et il lui ordonne de bâtir une arche et d'y héberger un couple de chaque espèce animale.

Lorsque Enlil déchaîne sa colère et libère « les tempêtes du déluge », l'arche est ballottée violemment pendant six jours, et, le septième, se retrouve au sommet du mont Nizir, au moment où la tempête se calme. Um-Napishtim et son épouse ne voient autour d'eux que la bande de terre sur laquelle l'arche est coincée, et alentour, partout, les eaux du déluge. Le « Très Sage » lâche trois oiseaux, un corbeau, une colombe et une hirondelle. Les deux derniers reviennent à l'arche, mais pas le corbeau. Um-Napishtim sait de ce fait qu'il a trouvé une terre où se poser, et attend la décrue, après avoir offert un sacrifice aux dieux.

L'irritation d'Enlil, confronté à un nouvel échec de son projet d'anéantissement, est grande. Éa se doit de l'apaiser. Il y parvient en frappant les hommes, désormais, de maladies, d'infirmités jusqu'alors inconnues d'eux. La durée de vie humaine est raccourcie, pouvant atteindre le millénaire, elle sera désormais limitée à un maximum d'un siècle.

Soumis à des risques de mortalité plus précoces et plus grands, les hommes se reproduisent en moins grand nombre qu'à l'époque de leur création, et ne sont plus susceptibles de produire à nouveau la « rumeur », le tumulte à l'origine du courroux divin d'Enlil. Seuls Um-Napishtim et son épouse sont exemptés de ce sort commun, et obtiennent l'immortalité. Ils sont les derniers représentants des hommes à avoir été si proches des dieux qu'ils en ont obtenu le bien suprême qui les égale presque à eux.

L'héritage mésopotamien

Après la révolution du Néolithique, l'augmentation des réserves alimentaires, une nouvelle organisation sociale due à la sédentarisation conditionne de nombreux changements dont ceux de la perception du temps et de l'espace. Le premier système comptable est né du besoin d'évaluer les possessions en bétail ou la production céréalière. Pour gérer les nouvelles données, des techniques de gestion adaptées sont mises au point. Ainsi le *sceau-cylindre*, cette image imprimée sur l'argile, peut être assimilé à une signature.

LE SAVIEZ-VOUS ?

Les sceaux-cylindres

Les sceaux-cylindres sont des petits cylindres sur lesquels sont gravées des frises d'animaux, des motifs stylisés, que l'on déroule sur l'argile molle pour les reproduire. Ils peuvent être faits de différents matériaux, lapis-lazuli, cornaline, stéatite. Les plus anciens apparaissent à Uruk vers le milieu du IVe millénaire ainsi qu'à Suse. Ils sont d'abord utilisés par l'administration pour apposer les scellés sur les jarres à provision du temple, par des bulles d'argile. Ces cylindres qui servent de cachets personnels également ne dépassent pas 4 cm de long. Un trou longitudinal permet de l'accrocher au cou ou le passer au poignet. Leur emploi dure jusqu'à la disparition de l'écriture cunéiforme au début de notre ère, mais se raréfie déjà à partir du Ier millénaire av. J.-C.

La naissance de l'écriture au IVe millénaire av. J.-C. permettra très vite de mettre par écrit les spéculations des Mésopotamiens sur l'homme, sur l'univers. Mais elle engendre aussi le besoin d'organiser ce savoir. Savoir plus ou moins spécialisé ayant trait aux lois, comme le Code de Hammourabi, à l'astronomie, à la médecine, à la magie.

L'astronomie est née au Ier millénaire av. J.-C. La principale documentation retrouvée l'est dans les bibliothèques d'Uruk et de Babylone aux époques achéménide et séleucide. Quant à la médecine, nous la connaissons principalement par les sources hittites du IIe millénaire av. J.-C. et dans les bibliothèques néo-assyriennes. Les techniques se développent parallèlement améliorant l'architecture mais aussi la production des métaux, bronze, cuivre et fer.

Les mathématiques

Les mathématiques sont enseignées dès le IIIe millénaire av. J.-C. dans les écoles de scribe, car quelques textes mathématiques y sont attestés. La plus grande partie de ceux retrouvés appartient à la période paléobabylonienne, au IIe millénaire av. J.-C., constituée de tablettes scolaires et de textes érudits, sous forme de problèmes de second degré ou d'algorithmes de calculs numériques. Après l'effondrement brutal des cités de l'ancien pays de Sumer, les textes mathématiques disparaissent presque complètement. Ils réapparaissent mille ans plus tard, aux alentours du Ier millénaire dans les grandes bibliothèques du sud de la Mésopotamie. Les textes mathématiques de l'époque séleucide, rédigés dans les grandes bibliothèques, sont liés au développement de l'astronomie. L'on trouve, dans les mathématiques cunéiformes, des problèmes linéaires à plusieurs inconnues, des équations à plusieurs degrés résolues par factorisation. Même si quelques textes témoignent de la connaissance des propriétés de Thalès et de Pythagore, la géométrie est surtout prétexte à des développements mathématiques.

Le saviez-vous ?

Le système sexagésimal

Le besoin de compter a conduit les Mésopotamiens à mettre en place un système *sexagésima*. Ainsi, Babylone utilise un système comptable en base 10 et en base 60, même si le symbole du zéro n'intervient qu'assez tardivement, aux alentours du IIe siècle av. J.-C. La base 60 est toujours utilisée, par exemple 14 = 60 minutes, 1 minute = 60 secondes. En revanche, l'année babylonienne, composée de 360 jours, a été améliorée. Les écoles de scribe nous ont laissé une documentation extraordinaire d'exercices écrits sur des tablettes. La plus importante provient de Nippur, avec près d'un millier de celles-ci. Presque toutes proviennent « des quartiers de scribes ». Elles datent du IIe millénaire av. J.-C., bien que déjà depuis un millénaire les mathématiques soient enseignées.

Le calendrier

L'invention du calendrier naît probablement du fait de l'observation du cycle annuel des crues et de son utilisation pour les besoins de l'agriculture. Le temps est divisé en jours, mois et années. Chaque journée débute le soir au coucher du soleil, chaque année comporte douze mois, une nuit comprend trois veilles, soit six doubles heures. Chaque année comporte donc douze mois de trente jours et débute avec le printemps. Avec l'année solaire, il existe onze jours de plus.

Les calendriers rythment les fêtes particulières. Chaque cité, babylonienne, assyrienne, sumérienne, syrienne, a le sien. Aussi le calendrier est-il établi en fonction du cycle annuel de leurs activités. Il existe donc plusieurs calendriers. Les Sumériens ont recours dès le milieu du IIe millénaire av. J.-C. à une année de 12 mois de 30 jours. Au IIe millénaire av. J.-C., le calendrier est à la fois lunaire et solaire, les mois sont lunaires, l'année solaire. Quant au fait de lire l'heure, le *gnomon*, le plus simple cadran solaire, aurait été une invention babylonienne. Cet instrument consiste en une aiguille verticale, fixée sur une plaque divisée en douze parties marquées par des traits. L'ombre projetée par le soleil donne une heure approximative.

L'écriture

Parmi les idées nées en Mésopotamie, l'écriture figure comme un apport de choix. La nécessité de conserver en mémoire et d'enregistrer un certain nombre de faits est le travail du scribe. L'écriture évolue au fur et à mesure des besoins, du signe au pictogramme, à la représentation d'une idée et d'un son. L'alphabet linéaire cananéen apparaît entre le XVIe et le XVe siècle av. J.-C. et est utilisé pour les langues sémitiques. Nous sommes donc redevables aux hommes de la Mésopotamie d'avoir mis au point en moins de deux millénaires l'une des plus grandes inventions de l'Humanité.

Les pictogrammes

Les *pictogrammes* sont des dessins stylisés, évoquant une chose, un animal, un être humain. Il est généralement admis que c'est à Uruk, aux environs de 3200 av. J.-C., qu'apparaissent les premiers témoignages d'écriture sous forme de pictogrammes sur des tablettes d'argile. D'autres ont été aussi mises au jour à Djemdet Nasr et Ur. Les premiers signes évoquent la vie quotidienne : bestiaux, gerbes de céréales, personnages. En combinant ces pictogrammes entre eux, on peut alors signifier une idée d'où le terme d'*idéogramme*.

L'écriture cunéiforme

Le nom de *cunéiforme* donné par les archéologues à l'écriture mésopotamienne tire son origine du latin *cuneus* (en coin) qui désigne ainsi la façon de réaliser cette écriture, une succession de petits traits en forme de coin ou de clou. Les scribes employaient des tiges de roseau triangulaires vers 2500 av. J.-C., remplaçant les premiers stylets ou calames moins aptes à laisser des traces nettes. Le dessin prend des formes plus réalistes dans l'argile. Les premières tablettes sont gravées à partir du coin supérieur droit en colonnes verticales. Bientôt cette façon de procéder est délaissée au profit d'une écriture se déroulant de gauche à droite.

Les signes de l'écriture cunéiforme sont au nombre d'un peu moins d'un millier à l'origine. Il lui faut environ un millénaire pour s'élaborer. Le nombre de signes ne dépasse pas ensuite six cents et, en contrepartie, on adopte le système du rébus. Ainsi, un chat et un pot forment le mot « chapeau ». Par la suite, l'écriture sumérienne devient de plus en plus schématique, mais elle reste la langue savante dans tout le Proche-Orient. Elle est également adaptée à un grand nombre de variantes idiomatiques de l'akkadien, la langue dominante à partir du IIIe millénaire av. J.-C.

POUR ALLER PLUS LOIN

Les premières écritures alphabétiques

Les plus anciennes écritures alphabétiques découvertes dans le sud de la Palestine sont datées de 1600 environ av. J.-C. Elles se sont donc développées dans un contexte sémitique et au contact de l'écriture égyptienne. Les raisons d'opter pour ce type d'écriture sont discutées. Il avait d'abord été supposé que le fait d'avoir à apprendre une trentaine de signes au lieu de plusieurs centaines était la meilleure approche. L'explication exacte serait due davantage à des facteurs socioculturels ou sociopolitiques : elle est plus utilisée localement par l'administration et pour les besoins cultuels. L'akkadien, au contraire, domine dans la culture. L'écriture alphabétique cunéiforme est remplacée, autour du XIIe siècle av. J.-C., par l'écriture alphabétique linéaire, laquelle se répand peu à peu dans tous les royaumes, sans doute apportée par les Peuples de la Mer. L'écriture araméenne est utilisée dans les régions de l'actuelle Syrie depuis la seconde moitié du IXe siècle av. J.-C., surtout comme langue administrative.

L'astronomie

La définition d'un calendrier a conduit les Mésopotamiens à observer les astres, leur lever, leur coucher. Une liste de trente-six constellations est établie par les Babyloniens. Il faut très certainement y voir également l'élaboration des débuts d'un zodiaque. Cinq planètes sont connues : Jupiter, Mars, Mercure, Saturne, Vénus. L'observation des astres les conduit aussi à attribuer leurs caractéristiques à des divinités et à y associer un pouvoir sur la destinée humaine. Ainsi, Nabu (le brillant), dieu de la sagesse et de l'écriture, associé à Mercure, rédige sur des tablettes d'argile le devenir de tout homme. Les besoins de l'étude à la fois de l'astronomie et de l'astrologie amènent les Mésopotamiens à prédire des éclipses. La Grande Bibliothèque d'Assurbanipal à Ninive a livré un grand nombre de tablettes astronomiques, certaines appartenant au IIe millénaire av. J.-C. Les astronomes chaldéens sont réputés jusqu'en Grèce.

Chapitre 2

L'Égypte, terre éternelle

Dans ce chapitre :

- Cinq mille ans d'histoire
- Temples grandioses et tombeaux d'éternité
- Osiris, le premier immortel

La civilisation pharaonique n'a jamais cessé de fasciner de par son extraordinaire longévité. Lorsque les premiers Occidentaux la découvrent, Grecs puis Romains, son histoire a déjà plus de 2000 ans. Son isolement géographique relatif pourrait en être une explication. Concentrée sur les rives du Nil, l'Égypte se déroule comme une oasis de plus de 1000 km de long, environnée à l'est du désert Libyque, à l'ouest du désert Arabique. Un monde où s'impose le poids d'une pensée religieuse, des dieux vivants, pendant plus de 3000 ans par les rites accomplis et les prières entonnées dans la ferveur. Puis le rôle d'un homme intermédiaire entre divinité et homme : Pharaon, à l'origine *Per-aâ* (la grande maison, l'abri universel).

Notre connaissance de l'Égypte remonte à *La Description de l'Égypte*, œuvre due aux savants accompagnant l'expédition de Bonaparte, publiée à partir de 1809, et à l'œuvre de Jean-François Champollion (1790-1832), principalement le déchiffrement des hiéroglyphes, réalisée en 1822. Nous avons peu de sources de l'Antiquité : le récit très incomplet qu'en fait Hérodote (v. 484-v. 485 av. J.-C.) dans son *Enquête*, ou l'œuvre en grande partie perdue du prêtre Manéthon de Sébennytos (IIIe s. av. J.-C.) auteur d'une *Aegyptiaca* (Histoire de l'Égypte), des origines au règne du premier pharaon grec, Ptolémée Ier (367-283 av. J.-C.), les inscriptions gravées sur pierre qui ont préservé le nom des rois. L'archéologie, l'anthropologie et toutes les disciplines des sciences humaines et exactes permettent cependant aujourd'hui de connaître avec beaucoup de précision cette civilisation bénie des dieux.

Figure 2-1 : L'Égypte sous Thoutmôsis III.

Les grandes étapes de l'histoire égyptienne

Avec trois mille ans d'histoire continue av. J.-C., l'Égypte fascine par l'unicité de sa culture, de son art, les dimensions majestueuses de ses monuments et par son écriture même. Ce qui intrigue en dehors de cette longévité c'est d'avoir su résister aux assauts des peuples extérieurs, à l'impact des Grecs et des Romains. Même si leurs traces apparaissent indéniablement dans sa culture, elle a su préserver tout au long de son évolution son identité. Le découpage traditionnel par périodes et dynasties est dû aux listes de rois fournies par Manéthon (IIIe s. av. J.-C.). Les datations établies par les méthodes modernes autorisent à réajuster les périodes de règne des grands pharaons.

La période prédynastique

Les terrasses qui dominent la vallée du Nil et le Fayoum attestent que l'Égypte est habitée depuis des périodes très anciennes, allant de 14000 à 4000 ans av. J.-C. de façon continue. Des nouvelles conditions climatiques autour du VIIIe millénaire av. J.-C. poussent les groupes humains à fuir le désert et à s'installer dans les oasis, sur les rives du Nil. Il semble que dès cette époque, apparaissent des cultures au sein desquelles on note la présence de poteries, réalisation de chasseurs-cueilleurs peu sédentarisés. Il faut attendre le Ve millénaire pour les retrouver dans la partie de la Haute-Égypte, et encore un peu plus tard dans la Basse-Égypte, au nord.

Le Néolithique apparaît autour du Ve millénaire av. J.-C. sur des sites comme Badari, Merimde ou le Fayoum. Les populations maîtrisent dès lors domestication, agriculture, poterie. Les périodes dites prédynastiques débutent avec le IVe millénaire av. J.-C. et multiplient les communautés urbaines : Nagada, El-Amrah. En Basse-Égypte, à la différence de ce qui est constaté en Haute-Égypte, le monde funéraire est moins représenté, à en croire le peu d'offrandes retrouvées ou la simplicité des tombes.

La dernière période de Nagada, vers 3200 av. J.-C. connaît les premières ébauches d'écriture et la mise en place des premiers rois. La grande originalité de l'Égypte est d'avoir franchi dès ce moment l'étape menant à la constitution en un seul État de multiples principautés agricoles.

POUR ALLER PLUS LOIN

La palette à fard de Narmer

La grande nouveauté dans la dernière phase de la civilisation nagadienne, entre 3300 et 2900 av. J.-C., est l'apparition de l'écriture ainsi que la codification des sociétés étatiques. La découverte de la *Palette de Narmer* à Hiérakonpolis, à environ 100 km au nord d'Assouan, est le plus ancien document où figurent les luttes qui ont dû présider à l'union des deux parties de l'Égypte, la Haute et la Basse, ainsi que l'existence du premier roi à régner sur un ensemble unifié, Narmer. Celui-ci est représenté sur un côté avec la couronne blanche de Haute-Égypte, en forme de mitre, sur l'autre, la rouge de Basse-Égypte. Assemblées, elles forment la coiffure royale par excellence, *pa-sekhemty* (les deux puissantes), dont le nom déformé devient *pschent.* C'est le regroupement du « Pays de roseaux », ce que signifie *Ta-shema*, la Haute-Égypte, les régions du centre et du sud, de *Ta-mehu* (Pays du papyrus), la Basse-Égypte, le delta du Nil. Nekhbet, la déesse-vautour protège la première, la déesse-cobra, Ouadjet, la seconde.

L'époque Thinite

L'unificateur de la Haute et de la Basse-Égypte est Narmer (fin du IVe millénaire av. J.-C.). Il aurait succédé à un roi appelé le roi-scorpion, créé un temple dédié au dieu Ptah au sud de la ville de Memphis. Dès la première dynastie (v. 3100-v. 2670 av. J.-C.), l'Égypte se heurte à la Nubie, le sud du pays. Les pharaons de l'époque sont dits *thinites* car ils font d'Abydos, This, leur capitale. Horus, le dieu-faucon, est à la tête des divinités du pays. La grande réalisation des pharaons de cette période est d'avoir cherché à maintenir l'ordre à leurs frontières. À la IIe dynastie (v. 2850-v. 2647 av. J.-C.), la capitale est transférée à Memphis, plus près du delta. Seth connu sous l'apparence d'un dieu-chacal, même si la forme de l'animal exact n'est pas identifiée, devient la divinité principale. L'écriture et l'organisation du pouvoir se mettent en place, ainsi que la plupart des dieux du panthéon égyptien et avec eux rituels et cultes.

L'Ancien Empire

Pour l'Égypte ancienne, l'Ancien Empire (v. 2670-v. 2195 av. J.-C.) est une période de prospérité. Les pharaons sont parvenus à unifier les terres grâce à un gouvernement centralisé, bien que l'Égypte soit divisée en *nomes*, provinces sous le pouvoir de nomarques. Mais le pharaon reste toujours à la fois l'intermédiaire des dieux, le chef du gouvernement, de l'administration, de la religion. Les peintures mises au jour dans les tombes des nobles, les inscriptions dans les pyramides royales des Ve et VIe dynasties nous ont permis de mieux cerner leur mode de vie quotidien. La IIIe dynastie (v. 2649-v. 2575 av. J.-C.) commence réellement avec le roi Djoser ou Djeser (v. 2630-v. 2611 av. J.-C.) et son architecte bien connu Imhotep, qui conçoit pour lui la pyramide dite à degrés de Saqqara. Ce dernier laisse également un recueil de sagesses.

POUR ALLER PLUS LOIN

La pyramide de Saqqara

Dans les textes égyptiens, la pyramide est mentionnée par le mot *puramis* qui désignait un gâteau de miel et de farine. Elle est adoptée pour les tombeaux royaux dès la IIIe dynastie (v. 2700-v. 2620 av. J.-C.). En fait, les pyramides sont l'aboutissement de l'évolution des *mastabas* (bancs en arabe), simple pièce rectangulaire enfouie dépassant du sol d'environ 50 cm. Construite par Imhotep, la pyramide à degrés de Saqqara est le premier monument funéraire de dimensions imposantes construit entièrement en pierre, 500 m de long sur 300 m de large. De forme rectangulaire, l'ensemble est entouré d'un mur de 10 m de haut. On a reconstitué à l'intérieur, en trompe-l'œil, les bâtiments de l'administration, le palais du roi. Il n'était pas question d'y entrer. Le tombeau lui-même, c'est-à-dire la pyramide haute de 60 m, placée au centre, recelait la chambre du sarcophage.

La IVe dynastie (v. 2575-v. 2465 av. J.-C.) est celle des bâtisseurs des grandes pyramides. Snéfrou (2575-2551 av. J.-C.), le premier roi, fait construire à Méidoum et à Dahshour, des pyramides à degrés améliorées, dont la pyramide *rhomboïdale*, à deux pentes changeant à mi-hauteur. Il se distingue par des raids en Nubie et en Libye. Puis Khéops (v. 2551-v. 2528 av. J.-C.), son fils, lui succède. Képhren (v. 2520-v. 2494 av. J.-C.) fait sculpter le grand sphinx de Gizeh. À la Ve dynastie (v. 2465-v. 2323 av. J.-C.), les rois font apparaître dans leur titulature leur nom de « fils de Rê ». Sur Pépi Ier (v. 2315-v. 2265 av. J.-C.), le troisième roi de la VIe dynastie (v. 2323-v. 2150 av. J.-C.), nous avons plus d'informations. Ses raids vers l'Asie sont nombreux. Pépi II (règne v. 2265-v. 2195 av. J.-C.) gouverne, paraît-il, pendant quatre-vingt-quatorze ans et le pouvoir s'affaiblit. Durant l'Ancien Empire, l'art témoigne d'une haute maîtrise des bas-reliefs qui décorent les parois des *mastabas* (tombeaux souterrains). La diversité et le nombre des fonctionnaires dans cette société en pleine mutation se développent.

LE SAVIEZ-VOUS ?

Le sphinx, un gardien pour l'Égypte

Le *sphinx*, mot grec, désigne une forme hybride de lion à tête humaine. Fort répandu pendant toute la longue histoire égyptienne, le plus ancien témoignage est celui retrouvé à Gizeh. Longtemps attribué à Khéphren, on pense plutôt à présent à Khéops. Pendant le Nouvel Empire (1550-1069 av. J.-C.), il est considéré comme l'incarnation d'une divinité solaire aux multiples usages et noms. En fait, il est la symbolisation de l'image du roi et son corps de lion, celle de sa puissance, de sa force prête à défendre le pays. À l'origine, il était recouvert d'un enduit coloré. Son visage a été abîmé par les mamelouks qui l'ont pris pour cible lors de leurs exercices de tir et lui ont brisé peut-être le nez, parfois considéré comme déjà perdu pendant l'Antiquité. Entre ses pattes, se trouve une stèle de granit rose, la *Stèle du songe du roi*, gravée sur ordre de Thoutmôsis IV (règne : v. 1400-v. 1390 av. J.-C.) qui relate le rêve du futur souverain qui s'était endormi là. Le sphinx lui était apparu et lui avait promis que s'il le désensablait, il obtiendrait la couronne.

La première période intermédiaire

Cette période (v. 2140-v. 2022 av. J.-C.) est une période de troubles qui va de la chute de la VIe dynastie (v. 2323-v. 2150 av. J.-C.) au début de la XIe dynastie en 2022 av. J.-C., qui ouvre le Moyen Empire (v. 2022-v. 1784 av. J.-C.). Elle se caractérise par la montée au pouvoir politique, des *nomarques*, chefs des *nomes*, des provinces égyptiennes qui se les transmettent de façon héréditaire. L'image du roi s'efface et le règne de la reine Menkarê, la Nitôkris grecque (VIe dynastie) femme de Mérenrê II (VIe dynastie) porte encore un coup à la crédibilité de la royauté. La VIIe dynastie, selon Manéthon, voit soixante-dix rois régner en soixante-dix jours. La VIIIe dynastie s'établit à Memphis, *le Papyrus de Turin* mentionne dix-sept souverains. Ceux de la IXe dynastie règnent à Héracléopolis.

Le Moyen Empire

Le Moyen Empire (v. 2022-v. 1784 av. J.-C.) commence à la XIe dynastie (?-2033 av. J.-C.) sous le règne de Mentouhotep Ier (v. 2134-v. 2130 av. J.-C.) et s'achève avec la XIIe dynastie vers 1781 av. J.-C. La famille des princes de la province de Thèbes, les Antef, combat pour la réunification de l'Égypte à partir de leur capitale. Mentouhotep Ier à la XIe dynastie s'installe à Thèbes. Mentouhotep II (v. 2061-v. 2010) rétablit l'Égypte unifiée. Il restaure l'administration du pays et relance des expéditions vers les mines, abandonnées depuis la Ve dynastie.

Cette période d'une certaine stabilité révèle un art nouveau. Il inaugure de nouvelles formes, par exemple dans la statuaire où l'on voit apparaître de petits modèles en bois ou en calcaire, statuettes d'artisans, de représentants de divers corps de métier, de porteuses d'offrandes, ou reprend certains types architecturaux comme la pyramide, celle de Sésostris Ier (v. 1962-v. 1928 av. J.-C.) à Licht, ou de Sésostris II (v. 1897-v. 1878 av. J.-C.) à El-Lahoun.

Mentouhotep II fait construire son complexe funéraire à Deir-el-Bahari. La grande nouveauté reste les tombeaux creusés à même la falaise pour de riches particuliers comme à Beni Hassan. L'orfèvrerie est un art important comme en témoigne le trésor trouvé à Tod en Haute-Égypte en 1936, composé de bols et gobelets d'argent, de perles, d'amulettes en lapis-lazuli, de lingots d'or et d'argent. Enfin, la littérature connaît un réel épanouissement.

La XIIe dynastie (v. 1991-v. 1785 av. J.-C.) débute réellement sous le règne d'Amenemhat Ier (v. 1898-v. 1866 av. J.-C.). Dans la vingt et unième année de son règne, après un attentat qui échoue, peu avant sa mort, le roi choisit pour lui succéder son fils Sésostris Ier (v. 1934-v. 1898 av. J.-C.), lequel prend par ses éclatantes victoires militaires le titre de « celui qui soumet les pays étrangers ». Il entreprend la soumission de la Nubie, achevée par Sésostris II (v. 1866-v. 1862 av. J.-C.). Mais la répétition des expéditions prouve celle des révoltes et c'est Sésostris III (v. 1862-v. 1843 av. J.-C.) qui s'avère le conquérant véritable de cette province.

La deuxième période intermédiaire

De la XIIIe dynastie (v. 1786-v. 1650 av. J.-C.) à la XVIIe dynastie (v. 1625-v. 1539 av. J.-C.), l'Égypte connaît une grande période d'instabilité. Plus de cinquante souverains se succèdent ou règnent parallèlement, souvent pour un règne très court. C'est un combat entre prétendants à la couronne et usurpateurs. Les Hyksos, groupe installé dans la partie orientale du delta du Nil, profitent de la perte de pouvoir des pharaons, se répandent dans tout le Delta où ils fondent, à la XVe dynastie (v. 1650-v. 1530 av. J.-C.), leur capitale, Avaris.

Parallèlement, la XVIe dynastie (v. 1650-v. 1540 av. J.-C.), dite elle aussi Hyksos, regroupe en réalité les princes locaux, vassaux des souverains de la XVe dynastie, qui occupent des territoires allant du Delta à la Moyenne-Égypte. Leur emprise sur le pays est due à leur avancée technologique en matière d'armée puisqu'ils utilisent le char et le cheval, inconnus alors en Égypte. Mais bientôt le sud de l'Égypte se rebelle et les princes réfugiés à Thèbes réorganisent le pays. Rahotep fonde la XVIIe dynastie et doit verser tribut aux Hyksos, mais Kamôsis (v. 1553-v. 1549 av. J.-C.) secoue leur joug. Ils sont chassés par Amôsis Ier (v. 1552-v. 1526 av. J.-C.), fondateur de la XVIIIe dynastie (v. 1550-v. 1295 av. J.-C.).

Le Nouvel Empire

Le Nouvel Empire (v. 1550-v. 1069 av. J.-C.) est considéré comme l'âge d'or de l'ancienne Égypte. L'initiative de sa fondation revient aux premiers rois de la XVIIIe dynastie (v. 1550-v. 1295 av. J.-C.). Ils mènent une politique expansionniste. Amôsis (v. 1550-v. 1525 av. J.-C.), Aménophis Ier (v. 1525-v. 1504 av. J.-C.), Thoutmôsis Ier (v. 1504-v. 1493 av. J.-C.) et Thoutmôsis II (v. 1493-v. 1479 av. J.-C.) établissent leur domination de la 4e cataracte jusqu'en Syrie. Thoutmôsis III (v. 1479-v. 1425 av. J.-C.) mène dix-huit batailles en Asie dont la plus connue s'achève par sa victoire à Megiddo en Syrie. Cette période est aussi caractérisée par la richesse artistique tant pour la peinture que pour l'architecture. Aménophis III (v. 1391-v. 1353 av. J.-C.) et son épouse la reine Tiyi (v. 1398-v. 1338 av. J.-C.) laissent un grand nombre de monuments en Égypte même et jusqu'en Nubie, le temple de Sedinga est consacré à la Grande Épouse royale. Le clergé d'Amon, enrichi, prend de plus en plus d'importance. Aménophis IV (v. 1353-v. 1337 av. J.-C.) remplace le culte d'Amon par celui d'Aton (le disque solaire), et fonde une nouvelle capitale, Akhetaton (Tell-el-Amarna), délaissant Thèbes. Vassaux et ennemis de l'Égypte profitent de la passion religieuse du pharaon pour s'émanciper ou devenir menaçants.

POUR ALLER PLUS LOIN

Un premier monothéisme ?

Aménophis IV a changé son nom d'« Amon est satisfait », *Amenhotep* (Amenophis), en « Lumière brillante d'Aton », Akhenaton. Dans l'égyptologie naissante du premier XXe siècle, on veut y voir les débuts d'une tentative monothéiste. En effet, les arguments s'appuient sur un des écrits de Freud qui voit en Akhenaton, le maître de Moïse, un deuxième prophète monothéiste. Mais surtout ils s'appuient sur l'interprétation monothéiste de certains hymnes atoniens découverts à l'intérieur de tombes amarniennes, faisant du dieu solaire, un dieu unique, transcendant et proche de sa créature. En fait, les travaux actuels tendraient à prouver qu'il n'ait fait qu'imposer une tendance née pendant le règne de son père, Aménophis III (v. 1391-v. 1353 av. J.-C.).

La XIXe dynastie (v. 1295-v. 1186 av. J.-C.) voit l'Empire reconstitué, l'ordre ébranlé retrouvé. Il faut remettre le pays en état. Auparavant, le général Horemheb (v. 1323-1295 av. J.-C.), dernier pharaon de la XVIIIe dynastie, prend le pouvoir par les armes. Ramsès Ier (v. 1295-v. 1294 av. J.-C.) lui succède et s'ouvre pendant cette seconde moitié du Nouvel Empire la période ramesside. Ramsès II (v. 1279-v. 1213 av. J.-C.) lutte contre les Hittites et signe après le demi-échec de la bataille de Qadesh en Syrie, le premier traité de l'Histoire. C'est le grand restaurateur de l'Égypte, et son nom lui est indéfectiblement associé.

Pi-Ramsès, dans le Delta, devient la capitale de l'Égypte. Ramsès III (v. 1184-v. 1153 av. J.-C.) sauve la civilisation égyptienne en battant les Peuples de la Mer qui, vers 1200 av. J.-C., ravagent la Méditerranée orientale et l'Anatolie. Peuples guerriers encore largement inconnus, ils disparaissent environ trente ans plus tard, à l'exception du groupe des Philistins. Il est le dernier grand pharaon de la dynastie, le prestige de l'Égypte ne cesse de se dégrader de Ramsès IV (v. 1153-v. 1148 av. J.-C.) à Ramsès XI (v. 1098-v. 1069 av. J.-C.).

La Basse Époque

Des dynasties libyennes puis éthiopiennes se succèdent dans une Égypte divisée entre l'autorité royale et celle des prêtres d'Amon à la Basse Époque (v. 1085-v. 333 av. J.-C.). L'Égypte, en 671 av. J.-C., est assaillie par les Assyriens. L'avènement de Psammétique Ier (v. 664-v. 610 av. J.-C.), prince de Saïs, permet au pays de retrouver la paix et son ancien éclat. Cambyse II (v. 529-v. 522 av. J.-C.) renverse la dynastie et c'est la Perse qui domine après sa victoire de Péluse en 525 av. J.-C.

La période ptolémaïque

Durant cette période (332 av. J.-C.-30 av. J.-C.), après être devenue une *satrapie*, province perse, l'Égypte s'écroule devant les soldats d'Alexandre (356-323 av. J.-C.). Il n'y demeura qu'un an, mais lui donne une nouvelle capitale, Alexandrie. La gestion du pays est confiée à l'un de ses généraux, Lagos, qui donne son nom à la dynastie des Lagides. Son fils, Ptolémée (367-283 av. J.-C.) se fait proclamer pharaon en 305 av. J.-C. Alexandre s'empare du pays en 332 av. J.-C. et il a pour successeurs les Lagides qui gouvernent jusqu'à la mort de Cléopâtre VII (30 av. J.-C.). Après celle-ci, l'Égypte est sous la domination romaine.

Les principaux sites et monuments égyptiens

De nos jours, une grande partie de l'ancienne splendeur de l'Égypte ancienne est révélée grâce à ses sites magnifiquement préservés. Chacun d'entre eux, du nord au sud en passant par les oasis à l'ouest, laisse le témoignage dans les sables de son histoire. Abou Simbel, dans le sud de l'Égypte, borde le lac Nasser. Le cours du Nil menaçait cette huitième merveille du monde en raison du barrage de retenue d'Assouan, et il a fallu déplacer tous les monuments voués à un engloutissement. Si des sanctuaires de rois de l'Ancien et du Moyen Empire y ont été construits, ce sont les deux temples édifiés par Ramsès II qui ont été sauvés par l'Unesco. Le grand temple est consacré au dieu Rê-Horakhty ainsi qu'au roi lui-même. Le petit est dédié à la reine Néfertari. Ils ont la particularité d'avoir été aménagés, creusés dans le roc. Quant aux colonnes à l'entrée, elles font corps avec la montagne. Mais toute l'Égypte est un gigantesque site archéologique : Memphis, Gizeh, Héliopolis, Thèbes, autant de noms évocateurs des hauts lieux de la civilisation égyptienne.

Abou Simbel

Les temples d'Abou Simbel sont ceux que fait construire pour lui-même Ramsès II et pour son épouse royale Néfertari, au nord du lac Nasser près de la 2e cataracte. Ces deux trésors du patrimoine mondial devaient être inondés après la construction du barrage d'Assouan décrété en 1960. Une des propositions retenues pour les sauver consiste à les surélever. Le démontage des temples commence en 1965, statues, parois et plafonds sont découpés en 1 042 blocs pour être remontés 65 m au-dessus de leur niveau initial. Le grand temple au plan classique de l'époque est creusé dans la roche tout comme le plus petit formant ainsi un gigantesque ensemble rupestre. Le plus vaste est dédié à Amon, Rê et Ptah. Quatre colonnes représentent le roi assis, ornent l'entrée, deux de chaque côté. Il est orienté vers l'est de façon que deux fois par an, aux équinoxes, les rayons du soleil par la porte d'entrée viennent illuminer les statues du *naos* (partie la plus sacrée du sanctuaire).

Alexandrie

Alexandrie n'est pas seulement la capitale fondée par Alexandre en 331 av. J.-C. dans le nord de l'Égypte, car elle résume complètement le mode de vie, le mode de pensée d'une époque. Pour reprendre les mots du géographe grec Strabon (v. 57 av. J.-C.-v. 21 apr. J.-C.), c'est « le comptoir du monde ». À la mort d'Alexandre le Grand en 323 av. J.-C., Ptolémée fait d'Alexandrie la capitale du pays. Au cours du IIIe siècle av. J.-C., la ville se pare de monuments grandioses, de magnifiques marchés sont édifiés. Alexandrie est conçue selon le plan en damier de l'architecte grec Dinocratès en cinq quartiers s'étendant sur 5 km de long. Elle est la plus grande ville du monde hellénistique. Elle est rattachée à l'île de Pharos par une digue de 1 300 m environ, construite par Ptolémée Ier Sôter (367-283 av. J.-C.). Résidence royale, elle est ornée et développée dans un goût prononcé du luxe par tous les souverains lagides. Son monument le plus célèbre est son phare, *pharos*, du nom de l'île où il est installé. Le musée, la bibliothèque aux 400 000 volumes, font aussi partie de ses merveilles.

POUR ALLER PLUS LOIN

La Grande Bibliothèque d'Alexandrie

Alexandrie devient la capitale de l'Égypte sous Ptolémée Ier Sôter (367-283 av. J.-C.), « le sauveur ». À son instigation s'est créé dans le palais royal le musée, qui a vocation d'académie littéraire et scientifique, où se réunissent philosophes et chercheurs de l'époque. Rapidement on leur adjoint une bibliothèque sur les conseils de Démétrius de Phalère, le disciple d'Aristote. Tous les pays connus doivent y faire parvenir leurs grandes œuvres pour qu'elles soient traduites en grec. L'Ancien Testament hébreu fut ainsi traduit par les *Septante*, 72 savants. On évoque le chiffre de quatre cent mille manuscrits pour les œuvres traduites. À ce jour, aucune trace matérielle de la bibliothèque n'a été retrouvée, elle fut détruite en 48-47 av. J.-C., dans un incendie dû à César, lors de la guerre d'Alexandrie.

Deir-el-Bahari

Le nom de Deir-el-Bahari, qui signifie « Couvent du Nord », rappelle l'existence d'un couvent copte édifié dans ce lieu dans la première moitié du VIIe siècle. La falaise de la chaîne Libyque dessine un vaste amphithéâtre dans lequel ont pris place deux temples funéraires, le plus ancien attribué à Mentouhotep Ier (règne : v. 2134-v. 2130 av. J.-C.), XIe dynastie, ou à Mentouhotep III (règne : v. 2009-1998 av. J.-C.) et l'autre, celui de la reine Hatchepsout (règne : v. 1479-v. 1457 av. J.-C.) qui le dédie aux dieux Amon, Anubis et à la déesse Hathor.

Dans sa construction, il s'inspire de celui de Mentouhotep avec sa grande cour de deux terrasses et de trois niveaux. Ce temple thébain se différencie des autres car il est creusé à même la falaise. Les travaux en sont dirigés par Senenmout favori de la reine, lequel utilise les terrasses naturelles pour intégrer harmonieusement l'édifice à la falaise. Les parois des murs de la seconde cour relatent l'expédition ordonnée par la reine au pays de Pount avec le chargement de retour des navires de nombre de marchandises précieuses destinées à la pharaonne.

Gizeh

Gizeh ou Giza se trouve à une quinzaine de kilomètres du Caire sur le rebord du plateau Libyque. L'histoire du site commence bien avant l'Ancien Empire (v. 2650-v. 2150 av. J.-C.) même s'il est surtout connu pour les trois pyramides construites pendant celui-ci : celles de Khéops (v. 2551-v. 2528 av. J.-C.), Khéphren (v. 2520-v. 2494 av. J.-C.) et Mykérinos (v. 2490-v. 2472 av. J.-C.). Le complexe de Khéphren est le mieux conservé avec le grand sphinx qui fait partie de son ensemble funéraire.

Les pyramides ont cette particularité d'être placées en diagonale du nord-est au sud-ouest de façon qu'aucune ne cache le soleil aux autres. À l'origine, les rayons du soleil se réfléchissent sur leur revêtement de calcaire et surtout sur le *pyramidion*, sommet doré. Toutes les trois ont en leur centre une chambre funéraire et font partie d'un ensemble monumental puisqu'elles sont à l'origine ceintes d'une muraille englobant les pyramides satellites et un temple funéraire.

Lors du Nouvel Empire (v. 1550-v. 1069 av. J.-C.), le site devient un lieu de pèlerinage comme l'indiquent les stèles d'Aménophis II (v. 1425-1401 av. J.-C.), Thoutmôsis IV (v. 1401-v. 1391 av. J.-C.) par qui le sphinx est désensablé ou de Ramsès II (v. 1279-v. 1213 av. J.-C.). Il est d'ailleurs fréquenté jusqu'à l'époque romaine.

POUR ALLER PLUS LOIN

Le *Baedeker* d'Ounas

C'est, en 1881, que Gaston Maspero (1846-1916) découvre dans la pyramide d'Ounas (v. 2356-v. 2323 av. J.-C.), les plus anciennes inscriptions religieuses au monde, les *Textes des Pyramides*. Ces textes sont gravés en colonnes sur les murs des corridors, de l'antichambre, du passage menant à la chambre funéraire de la pyramide. Ces formules décrivent le parcours du roi défunt, des formules magiques, des conseils pratiques destinés à lui faciliter le passage dans l'au-delà. Une sorte de *Baedeker*, célèbre guide de voyage au XIXe siècle, en somme. D'autres souverains à la suite d'Ounas reprendront ces textes que l'on retrouve aussi dans la pyramide de Téti Ier (v. 2323-v. 2311 av. J.-C.), à Saqqara, de Pépi Ier (v. 2310-v. 2261 av. J.-C.), et de Pépi II (v. 2247-v. 2153 av. J.-C.).

Héliopolis

Héliopolis (la ville du soleil), aujourd'hui dans la banlieue du Caire, connaît à la IVe dynastie (v. 2470-v. 2450 av. J.-C.) un développement important du culte solaire avec les trois constructeurs des pyramides. On y élabore l'une des grandes traditions cosmologiques. C'était là qu'était vénérée l'*Ennéade*, l'assemblée des neuf dieux issus de Rê, symbolisant la création du monde. Du grand temple, dédié au Dieu-Soleil Rê, long de 1 km sur 0,5 km de large, ne demeurent plus que quelques vestiges.

LE SAVIEZ-VOUS ?

L'obélisque d'Héliopolis

Le mot obélisque a pour origine un mot grec *obeliskos* (brochette). Le plus ancien d'entre eux se trouve à Héliopolis à l'entrée du temple dédié à Rê-Horakhty par Sésostris Ier. Sous le Nouvel Empire, ils se multiplient. Ils sont dressés par deux devant les temples vénérant une divinité solaire. La pointe était recouverte d'or pour relier ainsi le monde terrestre au monde céleste. En tout une cinquantaine furent retrouvés. Souvent ils furent déplacés par les pharaons eux-mêmes, à Tanis, ou par les souverains étrangers, l'empereur Constance II (317-361) et l'obélisque de Thoutmôsis III à Rome, ou l'obélisque du Latran, Assurbanipal qui en fait venir deux à Ninive. Certains d'entre eux ont attendu le XIXe siècle pour quitter l'Égypte, celui notamment offert à la France par Méhémet Ali, vice-roi d'Égypte, en 1829, qui donne à l'époque non pas un, mais les deux obélisques ornant le temple de Louxor. Un seul est transporté, le second officiellement restitué à l'Égypte en 1981.

Karnak

Situé à proximité de Louxor, distant de trois kilomètres, Karnak est l'un des centres religieux les plus importants d'Égypte, ceci s'expliquant par la ferveur réservée au Nouvel Empire (v. 1550-v. 1069 av. J.-C.) au dieu Amon-Rê de Thèbes. Autour de son temple, du nom *Ipet-isout* (Celle qui recense les places), existe une accumulation de bâtiments. Son plan peut se concevoir selon trois parties bien délimitées : perpendiculaire au Nil, le temple d'Amon-Rê, au sud celui de la déesse Mout, au nord, la partie consacrée à Montou. Le site a été, depuis Sésostris Ier (v. 1934-v. 1898 av. J.-C.) jusqu'à la XXXe dynastie (v. 380-v. 342 av. J.-C.), le lieu de constructions incessantes. Auprès du temple se trouve le lac sacré, dont les eaux symbolisent les eaux primordiales, celles d'où est né l'univers, d'où jaillit le monde pour la première fois, par la volonté d'Amon-Rê. Ensemble impressionnant de temples érigés pendant huit siècles, Karnak est un vrai musée à ciel ouvert.

LE SAVIEZ-VOUS ?

La fête d'Opet

C'est au cours du second mois de la saison *akhet* (de l'inondation), que prend place à Thèbes la « belle fête d'Opet ». Les statues de trois dieux quittent leur temple, pour une visite à une autre forme du dieu. Amon-Rê de Karnak, sa parèdre (épouse divine) Mout et leur fils Khonsou se rendent de Karnak à Louxor, au temple de l'Amon-Min. Il s'agit d'une courte navigation, depuis les quais de Karnak, jusqu'à ceux de Louxor, sur la barque sacrée du dieu, l'*Ouserhet*, un somptueux navire plaqué d'or et luxueusement décoré pour le transport des dieux. À l'entrée du temple de Louxor, les divinités sont accueillies par le pharaon, témoignage de piété filiale à l'égard d'Amon, son divin père. Sur le parcours, les barques divines sont portées sur les épaules des prêtres *Ouab* (les prêtres purs), précédées de danseuses, des prêtres de haut rang, d'un nuage d'encens et de lancers de pétales de fleurs.

Louxor

Nommée *Opet Reset* (Opet du Sud), Louxor ou Louqsor se trouve à quelque 700 km du Caire. Il s'agit aussi de l'antique ville de Thèbes où se trouve le grand temple dont les premières mentions remontent à Aménophis III (v. 1391-v. 1353 av. J.-C.). Le second grand bâtisseur y est Ramsès II (v. 1279-v. 1213 av. J.-C.). C'est l'un de ses deux obélisques qui se trouve sur la place de la Concorde. Le temple est relié à celui de Karnak par une allée bordée de sphinx, le *dromos*. Le dieu Amon en suivant ce chemin pouvait se rendre en procession d'un temple à l'autre pendant « la Belle fête d'Opet », fête du nouvel an.

Le temple présente un plan classique avec en enfilade le naos, pièce où repose la divinité, le sanctuaire de la barque, la salle des offrandes, une antichambre. Ainsi la barque solaire du dieu franchit le pylône, puis traverse la première cour, longe la colonnade de Toutankhamon. Parvenu à la salle d'Aménophis III, il ne lui reste plus, par la salle hypostyle, qu'à rejoindre le sanctuaire où se trouve dans le naos le saint des saints, la place pour la statue du dieu. Le temple est agrandi à la Basse Époque (v. 1085-v. 333 av. J.-C.), les pharaons nubiens de la XXVe dynastie (v. 775-v. 656 av. J.-C.) y ajoutent un kiosque à colonnes et un mur d'enceinte.

Memphis

Memphis, au sud du Caire, est peuplée dès le prédynastique et demeure sous son nom d'origine, le « Mur blanc », une ville primordiale. Ménès, premier roi de la Ire dynastie (v. 3100-v. 2770 av. J.-C.), en serait le fondateur. Elle est occupée surtout à l'Ancien Empire (v. 2650-v. 2150 av. J.-C.) et devient au Nouvel Empire (1550-1295 av. J.-C.) une capitale administrative et princière du pays, jusqu'à ce que Cambyse II en 525 av. J.-C. s'en empare. Le dieu Ptah y est vénéré sous différents aspects selon les époques : « Ptah qui écoute les prières », « Ptah au sud de son mur ». Le fondateur de la XXIIe dynastie, Sheshonq Ier (945-924 av. J.-C.) fait agrandir l'enceinte de son temple.

Philae

L'île de Philae est aujourd'hui sous les eaux du barrage d'Assouan, mais les temples qui s'y trouvaient furent transportés et remontés trois cents mètres en aval sur une autre île. Les travaux entrepris entre autres par l'Unesco permirent de redonner vie sur l'île d'Agilkia aux monuments voués à Isis et Hathor. Les anciens vestiges ne remontent pas au-delà de Nectanébo Ier, de la XXXe dynastie (v. 380-v. 342 av. J.-C.), lequel construit pour la déesse Isis un élégant pavillon vers 370 av. J.-C. Le sanctuaire d'Hathor se trouve à l'est du temple. Plusieurs autres monuments s'élèvent encore sur l'île, dont celui consacré à Imhotep, l'architecte de Djoser (v. 2630-v. 2611 av. J.-C.), divinisé à la Basse Époque.

Saqqara

Saqqara est une vaste nécropole située à 35 km du Caire. C'est la plus vaste d'Égypte et celle qui fut occupée le plus longtemps. En effet, dès les premières dynasties, les rois y font construire leurs mastabas et c'est là que la première pyramide, celle de Djoser est édifiée par Imhotep son architecte. Pendant le Nouvel Empire, les nobles s'y font de nouveau inhumer. À la Basse Époque, il devient un des centres de pèlerinages importants : le Serapeum, nom donné aux temples du dieu Sérapis forme composite d'Osiris-Apis, assimilé à Zeus et Dionysos et les sépultures des taureaux sacrés et de leur mère vache, animaux emblématiques du dieu Apis.

Thèbes

Thèbes, appelée *Ouaset* (la puissante), prend une importance véritable à partir de la XIIe dynastie (v. 1963-v. 1786 av. J.-C.). Située sur le site de Louxor, elle est déjà la résidence des gouverneurs locaux dès l'Ancien Empire (v. 2650-v. 2150 av. J.-C.). À la XIIe dynastie, elle acquiert une dimension nationale par l'extension du culte d'Amon, son dieu poliade. Son éclat est incomparable au Nouvel Empire (v. 1550-v. 1069 av. J.-C.) avec le développement du culte de ce dieu devenu protecteur de la dynastie régnante et le fait qu'elle devient siège du pouvoir royal. Les derniers souverains égyptiens indépendants, Nectanébo Ier (380-362 av. J.-C.) et Nectanébo II (360-342 av. J.-C.), à la XXXe dynastie (v. 380-v. 342 av. J.-C.), la dotent encore d'une magnifique enceinte. Les souverains rivalisaient dans la réalisation et l'embellissement de leurs tombes et des temples.

Amon, à l'origine simple dieu local est assimilé à Rê, le grand dieu solaire d'Héliopolis. Avec sa parèdre Mout et son fils Khonsou, ils forment la Triade thébaine. En 84 av. J.-C., la ville est presque totalement détruite par les Ptolémées qui préfèrent favoriser Alexandrie comme seule capitale. La rive droite, la rive ouest de Thèbes, est vouée à la vie spirituelle, au monde des morts ; c'est là que se trouvent les tombes royales, celles des nobles, ainsi que des temples funéraires, Ramesseum, Médinet Habou, les colosses de Memnon et le village des artisans de Deir-el-Medineh. C'est sur la rive gauche, la rive est, celle des vivants, que se trouvent les temples de Karnak, de Louxor.

La Vallée des Reines

Dans la Vallée des Reines, quatre-vingts tombeaux creusés dans le sol près de Thèbes ont servi de sépultures aux membres de la famille royale et à de hauts dignitaires, sur le site appelé aujourd'hui Bibâm-el-Harim (les portes des reines), cette nécropole est utilisée entre la XIXe (v. 1295-v. 1186 av. J.-C.) et la XXe dynastie (v. 1186-v. 1069 av. J.-C.). Les plus importants tombeaux sont ceux destinés à l'épouse de Ramsès II (v. 1279-v. 1213 av. J.-C.), Néfertari et à leurs enfants. Les fresques décorant les parois de ces tombeaux traitent le plus souvent de thèmes religieux.

La Vallée des Rois

Formée dans une partie de la chaîne Libyque à côté de Thèbes, la Vallée des Rois abrite les tombeaux des rois du Nouvel Empire (v. 1550-v. 1069 av. J.-C.). L'hypogée royal a un plan simple, un long couloir qui descend jusqu'à un puits vertical qui plonge dans le caveau. Une salle double se présente alors : celle du nord contient le sarcophage royal. En fait ce sont d'immenses souterrains dans lesquels les couloirs dépassent souvent les cent mètres de long. Véritables demeures d'éternité, elles sont décorées de peintures évoquant la régénérescence solaire du souverain. La plus ancienne est celle de Thoutmôsis Ier (v. 1504-v. 1492 av. J.-C.), la plus récente celle de Ramsès XI (v. 1098-v. 1069 av. J.-C.). Parmi ces soixante-trois tombeaux, vingt-cinq ont été identifiés comme des sépultures royales. Les autres sont en partie ceux de dignitaires royaux, tous n'ayant pas été encore identifiés.

LE SAVIEZ-VOUS ?

Le chant du colosse

Les deux colosses de Memnon sont une représentation du pharaon Aménophis III (v. 1391-v. 1353 av. J.-.C) assis. Sa mère, Moutemouia et son épouse Tiyi sont représentées sur chacun des côtés de sa jambe pliée. Ces deux blocs monolithiques de grès mesurant près de 20 m de haut à l'origine, leurs couronnes ont disparu, se trouvent sur le parvis du temple funéraire ou « temple des millions d'années » dont il ne reste rien d'Aménophis III, sur la rive ouest de Thèbes. La légende du chant des colosses est survenue à la suite d'un tremblement de terre en l'an 27. La pierre fissurée et chauffée par le soleil du matin émettait alors le chant attribué à Memnon qui ressuscitait à chaque apparition de sa mère Aurore. Ce phénomène a pris fin avec la restauration du colosse faite par Septime Sévère (146-211).

Les grands personnages égyptiens

L'Égypte est celle des pharaons, de leurs épouses royales, de leurs enfants. Même si un village d'ouvriers a été retrouvé à Deir-el-Medineh, peu de noms en dehors de ceux des souverains ou des grands dignitaires nous sont parvenus. Imhotep, conseiller et architecte du roi Djeser, reste une exception. Il nous est resté néanmoins des noms de vizirs : Mérêrouka, conseiller de Téti ; Paser, conseiller de Ramsès Ier et de Séthi Ier ; et Rahotep, conseiller de Ramsès II.

Les grands rois

La liste des pharaons dressée par Manéthon comprend des dizaines de noms, mais certains souverains marquent plus leur temps que les autres : Narmer, créateur de l'Égypte unifiée ; Khéops, Khéphren et Mykérinos, les bâtisseurs prodigieux ; Thoutmôsis III et Ramsès II, les grands conquérants ou bien encore Aménophis IV, le rêveur d'Aton, Ptolémée Ier, Grec devenu pharaon par la grâce de la conquête.

LE SAVIEZ-VOUS ?

Pharaon, la grande maison

Le mot de pharaon est en égyptien ancien *Per-aâ* (la grande maison). Pendant l'Ancien Empire (v. 2670-v. 2195 av. J.-C.), il désigne le palais royal, puis, à partir de Thoutmôsis III (v. 1479-v. 1425 av. J.-C.) au Nouvel Empire n'est plus appliqué qu'à la seule personne du roi. Au début, le roi ne possède qu'un seul nom, le nom d'Horus auquel s'ajoute, dès les premières dynasties, celui de Nebty (les deux maîtresses), déesses vautour et cobra de Haute et Basse-Égypte. Puis, à la IVe dynastie est accolé celui de Nésout-bit, roi de Haute et de Basse Égypte, « celui qui appartient à l'abeille et au roseau ». Le nom d'Horus d'or désigne l'or, chair divine. Le cinquième nom est celui de fils de Rê soulignant sa filiation divine.

Plusieurs attributs permettent d'identifier le pharaon. Ils sont liés à ses fonctions royales, néanmoins les dieux peuvent aussi les porter. La barbe postiche est droite chez le pharaon, courbe chez les dieux. La crosse est un sceptre à l'extrémité retournée, il symbolise son autorité au même titre que le *flagellum* (le fouet). L'*uraeus* décore à la hauteur de son front sa couronne, c'est la déesse-cobra qui le protège de ses ennemis. Enfin les deux couronnes, la couronne blanche celle du sud de l'Égypte, de la Haute-Égypte, et la rouge, celle du nord, de la Basse-Égypte, peuvent parfois être réunies en une seule, le *pschent*.

Narmer

Narmer fut le premier roi de la Ire dynastie (v. 3100 av. J.-C.). Pour la première fois, l'Égypte du Nord et celle du Sud sont réunies. La palette portant son nom témoigne de cette réunification. De son époque datent aussi les hiéroglyphes, au nombre de sept cents, parfaitement constitués. Avant lui nous avons le nom du roi-scorpion représenté sur une imposante stèle de malachite, mais sans rien savoir d'autre que ce nom à son propos.

Khéops, Khéphren et Mykérinos

Ces trois souverains de la IVe dynastie sont associés aux pyramides construites à Gizeh qui portent leur nom. Leur époque est marquée par l'apparition de vizirs dont la fonction administrative est entre autres de présider à la « maison des champs », l'organisation des récoltes et à la « maison blanche », le trésor. Mais leur rôle est aussi d'être chef de la justice, de contrôler la police, les travaux fluviatiles et publics. Le plus connu reste Rekhmirê, qui assura sa fonction sous Thoutmôsis III.

Thoutmôsis III

Étant encore trop jeune pour monter sur le trône, Thoutmôsis III (v. 1479-v. 1425 av. J.-C.) subit la régence exercée par sa tante, la reine Hatchepsout (v. 1504-v. 1483 av. J.-C.), qui après s'être fait proclamer pharaon garde le pouvoir pendant une vingtaine d'années. Après son couronnement personnel, il fait détruire tous les portraits et inscriptions qui évoquent sa belle-mère. Grand combattant, il reprend la politique expansionniste de son grand-père Thoutmôsis Ier (v. 1504-v. 1492 av. J.-C.). Ses dix-sept campagnes, la prise de Megiddo au pied du mont Carmel, la première bataille de Qadesh sur l'Oronte, la campagne en Nubie, concourent à la prospérité du pays, 350 cités ayant été soumises à Pharaon. Son œuvre architecturale est également immense, et ce grand bâtisseur fait construire à Deir-el-Bahari, à Médinet-Habou, à Esna, à Dendérah.

LE SAVIEZ-VOUS ?

Le jardin de curiosités de Thoutmôsis III

Dans le temple de Karnak à l'est du temple d'Amon Rê, Thoutmôsis III (v. 1479-v. 1425 av. J.-C.) fait édifier une salle, l'*Akhmenou* dans laquelle il entreprend un jardin botanique. Les bas-reliefs y représentent toutes sortes d'exemples de la faune et de la flore avec un souci du détail quasiment encyclopédique. Chaque plante, chaque animal est une offrande au dieu, comme un résumé du monde appréhendé dans son infinie diversité. L'Akhmenou sert également de lieu de fêtes, pour y célébrer la régénérescence des pouvoirs du roi.

Aménophis IV

Lorsqu'il monte sur le trône, Aménophis IV (v. 1353-v. 1337 av. J.-C.) est le neuvième pharaon de la XVIIIe dynastie. Il est le fils d'Aménophis III et de la reine Tiyi. Son règne dure dix-huit ans environ. Il impose le culte du dieu Aton en remplacement de celui d'Amon. Son histoire est attachée à un style artistique dit *amarnien*, nom provenant de Tell-el-Amarna, lieu où il fit bâtir sa capitale, Akhetaton. Son épouse fut la légendaire reine Néfertiti.

POUR ALLER PLUS LOIN

Le style amarnien

Le style amarnien révolutionne les traits les plus classiques de l'art égyptien aulique des siècles précédents. Les personnages princiers et royaux des peintures ne sont plus représentés dans des poses hiératiques, mais au contraire naturelles avec les gestes de la vie quotidienne. Le réalisme pousse parfois jusqu'à la caricature : les crânes sont allongés, déformés, les cous aussi, les ventres sont proéminents, les yeux figurés en amande. Les mains sont stylisées, les doigts maniéristes sont allongés aussi. Les scènes se trouvent placées sous la protection du dieu Aton, symbolisé par un disque dont les rayons sont prolongés par des mains. La sculpture adopte ces caractéristiques et pousse le réalisme jusqu'à la difformité.

Ramsès II

Fils de Séthi Ier (v. 1294-v. 1279 av. J.-C.) et de Touy, Ramsès II (v. 1279-v. 1213 av. J.-C.) ne fait que poursuivre et mener à son point culminant l'œuvre de son père. Aujourd'hui on ne fait plus non plus de lui le pharaon de l'Exode. Pi-Ramsès, sa capitale dans le Delta est développée tout au long du règne. Il continue une politique à la fois de paix et d'expansion. La seconde bataille de Qadesh où il combat les Hittites est glorifiée par le *Poème de Pentaour*, nom du scribe rédacteur, qui en fit le récit et le commentaire. Mais son titre de gloire artistique est d'avoir fait construire à Assouan, le temple d'Abou Simbel.

Ptolémée Ier Sôter

Ptolémée Ier Sôter (367-283 av. J.-C.) est le fondateur de la dynastie lagide, dynastie née de l'effondrement de l'empire d'Alexandre le Grand à partir de sa proclamation comme pharaon en 305 av. J.-C. et qui s'achève avec le suicide de sa dernière représentante, Cléopâtre VII (69-30 av. J.-C.). Ptolémée Ier avant d'être roi d'Égypte (règne : 305-283) fut l'un des fils d'un des généraux d'Alexandre. Il met en place une administration puissante et institue Alexandrie comme capitale. On lui doit surtout la Grande Bibliothèque qu'il y fait construire et qui fait partie du *Museion*, le temple des Muses. Le musée constitue un centre de recherche littéraire et scientifique auquel était rattachée la bibliothèque.

Les grandes reines

L'Égypte n'est pas seulement riche en grands hommes, elle connaît aussi des femmes exceptionnelles. Quatre d'entre elles méritent particulièrement d'être connues, même si la dernière l'est déjà mondialement : les reines

Ahmès-Néfertari (XVIIIe dynastie), Tiyi (XVIIIe dynastie), Néfertari (XIXe dynastie) et Néfertiti (XVIIIe dynastie). Les trois premières ont été divinisées et la quatrième joue un rôle important dans la réforme religieuse de son époux, Akhenaton. L'Égypte reste donc une civilisation exceptionnelle dans l'Antiquité par la place qu'elle accorde aux femmes. On retrouve des femmes à des postes essentiels, hauts fonctionnaires, et à la fonction suprême, pharaon. Cela s'explique par le fait que le critère nécessaire pour accéder à de tels statuts est avant tout le sang royal, facture d'une légitimité divine.

Ahmès-Néfertari

Épouse d'Amôsis (v. 1550-1525 av. J.-C.), la reine Ahmès-Néfertari, « Engendrée par le dieu-Lune », ouvre la XVIIIe dynastie (v. 1550-v. 1295 av. J.-C.), l'une des plus brillantes que l'Égypte ait connues. Son rôle politique est essentiel dans l'affermissement de la nouvelle dynastie, aux côtés de son royal époux, puis après la mort de ce dernier, auprès de son fils, en qualité de régente, puis de conseillère d'Aménophis Ier (v. 1525-v. 1504 av. J.-C.). Sa position est renforcée par son titre d'« Épouse du Dieu », en l'occurrence Amon de Thèbes, dont elle dirige un collège de prêtresses à Karnak. Femme de tête, reine, mère de roi, elle comprend l'importance de lier sa descendance au clergé d'Amon. Son lointain descendant Aménophis III (v. 1391-v. 1353 av. J.-C.) en fait une déesse protectrice de la dynastie, associée à son fils. Leur culte est particulièrement vivant dans le village des artisans construisant les hypogées royaux des vallées des Rois et des Reines, à Deir-el-Medineh.

Pour aller plus loin

Les divines adoratrices d'Amon

Le titre de divine adoratrice d'Amon ou épouse du dieu ne sont associés que lors de la troisième période intermédiaire. Au début de la XVIIIe dynastie, la Grande Épouse royale n'a que le titre d'épouse du dieu. On sait que la fonction sous le règne d'Ahmôsis est attribuée à la reine Ahmès-Néfertari, puis assumée par Hatchepsout et sa fille Néferouré. Pendant la XXIe dynastie, vouée au dieu Amon, l'épouse se doit de rester vierge. La charge se transmet par adoption allant à partir de la troisième période intermédiaire jusqu'à former de véritables dynasties sacerdotales et faire de la divine adoratrice la véritable souveraine de Thèbes. Leur rôle était de réveiller les pulsions sexuelles du dieu Amon. Leur statut est aboli sous la domination perse, en 525 av. J.-C.

Hatchepsout

Hatchepsout (v. 1479-v. 1457 av. J.-C.), par son mariage avec son demi-frère Thoutmôsis II (v. 1492-v. 1479 av. J.-C.), possède une légitimité dynastique. Thoutmôsis II meurt quelques années après sans héritiers de son épouse royale. Il a toutefois eu un fils d'une concubine. Ce dernier se mariera lui aussi avec sa demi-sœur et accédera au trône sous le nom de Thoutmôsis III (v. 1479-v. 1425 av. J.-C.). Sept ans après la mort de son époux, Hatchepsout monte de façon officielle sur le trône, écartant le souverain véritable, son beau-fils Thoutmôsis III. Pendant son règne, la paix s'impose. Elle fait une expédition au pays de Pount, chargeant ses bateaux à l'aller d'orfèvrerie, d'armes, qui reviennent avec de l'ivoire, des bois précieux, de la myrrhe, des arbres à encens pour les grands travaux des terrasses de Deir-el-Bahari où elle fait construire son temple funéraire.

Complot au harem

Le mot *harem* est trompeur et dans l'Égypte ancienne traduit par « endroit clos » fait allusion au lieu où l'on prend en charge l'entretien des femmes dévouées au service du pharaon. Si lors des premières dynasties déjà des appartements privés destinés aux femmes font partie du palais, ce n'est qu'à l'époque du Nouvel Empire que le harem devient une véritable institution politique et économique. Politique, car les filles des monarques orientaux au temps de la puissance égyptienne sont envoyées au pharaon, et économique, car il s'agit de toute une organisation visant à la prise en charge de ces femmes. Rivalités et complots sont suffisamment forts pour être à l'origine de la mort d'Amenemhat Ier au Moyen Empire, meurtre qui a eu lieu dans son palais à l'instigation des femmes. La machination contre Ramsès III qui lui a valu sa mort prend aussi naissance dans le harem, le roi n'ayant pas encore nommé d'héritier. Ces dames ont même eu recours à la magie pour voir aboutir leur machination. Vingt personnes sont condamnées, mais pendant le procès, on a découvert que cinq des douze jurés avaient fait également partie du complot.

Tiyi

Grande Épouse royale du pharaon Aménophis III, la reine Tiyi (v. 1398-v. 1358 av. J.-C.) joue un rôle éminent sur le trône, attesté par la mention de son nom dans les documents diplomatiques. À la mort du pharaon, elle assure la régence au nom de son fils Aménophis IV (v. 1353-v. 1337 av. J.-C.), futur Akhenaton. Elle est associée traditionnellement aux déesses protectrices des monarques, la déesse Mout, la « mère » par excellence, parèdre d'Amon de Karnak, et la déesse-vautour Nekbet, protectrice de tout temps du pharaon régnant. Elle participe au rituel d'Hathor, qui symbolise la régénération de Pharaon, est l'incarnation de Maât, déesse de la vérité-justice, assurant un ordre stable au monde. Au Soudan, le temple de Sedeinga lui est consacré. Certains égyptologues pensent qu'elle a joué un rôle dans les débuts de l'influence du dieu Aton sur son fils, Aménophis IV.

Néfertiti

Néfertiti (?-v. 1335 av. J.-.C), dont le nom signifie « La Belle est venue » est l'épouse du pharaon Aménophis IV-Akhenaton. Elle occupe une place centrale dans la réforme amarnienne, le couple royal recevant les bienfaits du dieu unique Aton, en devient à son tour le dispensateur pour toute l'Égypte. Contrairement au cérémonial religieux traditionnel, dans lequel Pharaon est le seul prêtre véritable, tous les autres membres du clergé ne le sont que par délégation de ses pouvoirs, le système de la réforme amarnienne associe étroitement roi et reine dans l'espace cultuel. Il ne s'agit pas d'une reine divinisée, comme pour Ahmès-Néfertari, Tiyi ou Néfertari, mais d'une reine, émanation de l'Aton vivant, au même titre qu'Akhenaton. Le buste conservé au musée de Berlin, destiné à servir de modèle aux artistes, sans que la reine ait à poser longuement, demeure l'archétype de la beauté féminine.

Néfertari

Néfertari (Belle d'entre les Belles) est la Grande Épouse royale de Ramsès II. Divinisée de son vivant, elle bénéficie d'un rare privilège, celui du temple qui lui est consacré à Abou Simbel, à proximité de celui de Ramsès II, où elle est identifiée à la déesse Hathor. Sa tombe, dans la vallée des Reines, est découverte en 1904. Elle y est « L'aimée de Mout », la « Maîtresse du Double Pays ». La qualité exceptionnelle de cet hypogée atteste de l'affection de Ramsès II pour son épouse favorite, et de son importance politique. Elle assumait en effet la régence quand Pharaon partait en guerre, ce qui arrivait souvent avec le tumultueux Ramsès II.

LE SAVIEZ-VOUS ?

Nitôkris, la blonde aux joues roses

Nitôkris est décrite par Manéthon (IIIe siècle av. J.-C.) comme ayant le physique d'une blonde aux joues roses. Mais son intérêt réside dans le fait qu'elle est la première femme considérée comme pharaon régnant, c'est-à-dire à porter le titre de « Roi de Haute et de Basse-Égypte ». Elle succède à son mari Mérenrê, qui ne règne qu'un an à la VIe dynastie, pour une période de six à douze ans, les sources divergent. On lui attribue la plus petite pyramide de Mykérinos sur le plateau de Gizeh. Avec son règne s'achève l'Ancien Empire, période glorieuse de l'Égypte pharaonique.

Religion, mythes et légendes d'Égypte

La religion égyptienne est dominée par la préoccupation de l'au-delà. Les textes sacrés, *Textes des Pyramides* (Ancien Empire : v. 2670-v. 2195 av. J.-C.), *Texte des Sarcophages* (Moyen Empire : v. 2065-v. 1781 av. J.-C.), *Livre des morts* (Nouvel Empire : v. 1550-v. 1069 av. J.-C.) ont pour but de procurer, à Pharaon d'abord, puis peu à peu à tous les hommes, les moyens adéquats de survie dans l'au-delà. Plus que de théologie, il s'agit de formules prophylactiques, de véritables recettes estimées infaillibles contre les pièges de l'au-delà. À partir de là, se développe une multitude de dieux, au culte très similaire, soumis régulièrement à un dieu suprême, Rê, puis Amon, Amon-Rê, le Soleil. Les mythes explorent, outre la création, avec Osiris, la première certitude du devenir *post mortem* et l'origine divine des dynasties, avec la colère de Rê la destruction de l'humanité, avec la hiérogamie la passation du sang divin dans les veines de pharaon.

La religion égyptienne

L'Égypte est divisée en *nomes*, ou provinces, ayant à leur tête des dynastes locaux, et un dieu local. Ainsi à Éléphantine, près de l'actuelle Assouan, est adoré Khnoum, le dieu-potier. Il existe donc des dizaines de dieux égyptiens. Chacun reçoit, en son temple, un culte célébré par des prêtres. Le grand prêtre est chargé, chaque jour, dans le naos, la partie la plus sainte du temple, d'ouvrir les portes de la chapelle renfermant la statue du dieu en brisant le cachet d'argile apposé la veille. Il l'éveille de ses prières, offrandes de pain, vin, bière, salade, oignons, viande de bœuf, et fumigations d'encens. Puis il change son vêtement, ses ornements.

Certains dieux, toutefois, ont acquis une stature nationale et sont vénérés sur tout le territoire de *Kemet*, l'Égypte, la « Terre noire » nourricière pour les Égyptiens. Ils se présentent sous forme humaine, anthropomorphe, comme Osiris, ou animale, le dieu-crocodile Sobek, ou hybride, Hathor, femme à tête de vache. Parmi eux, un dieu émerge, le Soleil, sous le nom de Rê dès l'Ancien Empire (v. 2670-v. 2195 av. J.-C.), assimilé plus tard à Amon, devenant Amon-Rê, quand s'impose la XVIIIe dynastie au Nouvel Empire (v. 1550-v. 1069 av. J.-C.), originaire de Thèbes, où Amon était honoré. La dimension politique rejoint l'univers religieux.

Les principaux dieux nationaux sont :

- Amon, dieu solaire, assimilé à Rê
- Anubis, à tête de chacal, seigneur des nécropoles
- Hathor, déesse de la joie et de l'amour
- Horus, faucon incarnation du Soleil, fils d'Isis et Osiris

- Khnoum, dieu à tête de bélier et corps d'homme, gardien de la source du Nil, qui a façonné l'homme sur son tour
- Maât, déesse de la vérité-justice, elle s'impose à tous, hommes et dieux, pèse les âmes des morts avec la plume d'autruche qui la symbolise lors de la psychostasie
- Osiris, premier momifié, règne sur le royaume des défunts
- Ptah, l'un des créateurs du monde, honoré à Memphis
- Rê, Dieu-Soleil, roi des dieux
- Seth, dieu du mal, frère et assassin d'Osiris, il règne sur le désert, Desheret, la « Terre rouge »
- Thot, dieu des scribes, ibis ou babouin, maître de la connaissance

LE SAVIEZ-VOUS ?

Les déesses dangereuses

L'appellation de « déesses dangereuses » est donnée par certains égyptologues à des déesses au caractère particulièrement ombrageux. Hathor à tête de vache, Sekhmet, la lionne, Bastet, la déesse-chat sont toutes les filles de Rê en tant qu'astre solaire. Elles doivent rester près de leur père pour le régénérer et s'en éloigner pour repousser la venue des ténèbres. Leur agressivité est dictée par le besoin de maintenir l'harmonie du monde, alors les mythes les révèlent redoutables, sans pitié, destructrices. Les rites qui leur sont consacrés ont pour finalité non de les apaiser, mais de faire surgir d'elles la partie bénéfique qui maintiendra l'ordre des choses.

La réforme amarnienne

Il est un point de la religion égyptienne qui suscite encore bien des débats, celui de la possible apparition d'un monothéisme. Il serait dû à la réforme religieuse entreprise par le pharaon Aménophis IV (v. 1350-v. 1333 av. J.-C.). Ce dernier procède à une mutation radicale : le culte des anciens dieux est aboli au profit du seul, l'Aton, disque solaire d'où émergent des bras terminés de mains présentant la croix *Ankh*, symbole de vie. Pour marquer sa résolution, Pharaon change de nom, et Aménophis, *Imen-hotep* (Amon est satisfait), devient Akhenaton (Lumière brillante d'Aton), transfère sa capitale de Thèbes à Akhetaton (Demeure d'Aton), actuelle Tell-el-Amarna. Les statues d'Amon sont détruites, son nom martelé, car faire disparaître le nom, c'est faire disparaître l'essence d'un dieu comme d'un homme. La réforme ne survit guère au roi, et le jeune Toutankhaton (Image vivante d'Aton) ne tarde pas à devenir Toutankhamon (Image vivante d'Amon), à regagner Thèbes et à restaurer les dieux bafoués.

Plutôt qu'un monothéisme véritable, il semble que la révolution due à Akhenaton soit, selon la belle expression d'un égyptologue, un « monothéisme à facettes » : Aton est à lui seul tous les dieux, ces derniers étant réduits au rôle d'hypostases ou de manifestations.

LE SAVIEZ-VOUS ?

Les prêtres égyptiens

Si le christianisme requiert de ses prêtres un engagement à vie, c'est loin d'être le modèle de toutes les religions, notamment durant l'Antiquité. L'Égypte connaît plusieurs catégories de prêtres, qui sont loin de vouer la totalité de leur existence à une divinité. Les rares à le faire sont Pharaon, premier grand prêtre par excellence, intermédiaire entre les dieux, ses pairs qu'il rejoindra dans l'au-delà, et les hommes, et les grands prêtres des différents temples. Le sacerdoce de longue durée concerne aussi les prêtres de rang élevé, lecteurs des rituels, astronomes, prêtres funéraires. Tous les autres sont en général des prêtres *Ouâb* (purs) qui s'offrent au service de la divinité pour un temps plus ou moins long, au terme duquel ils rejoignent leurs activités et la vie profane. Il faut ajouter au personnel des temples une armée de scribes, administrateurs et comptables, les gardes, ainsi que les magistrats dont l'office se déroule toujours sous le regard de leur déesse tutélaire, Maât, la vérité-justice.

Une religion transformée

La fin de l'histoire égyptienne est troublée, après la XXVe dynastie, originaire de Nubie, actuel Soudan, celle des grands souverains tels que Piankhy (v. 747-v. 716 av. J.-C.) ou Taharqa (v. 690-v. 664 av. J.-C.), l'Égypte est dominée par les Assyriens, puis les Perses, les Macédoniens d'Alexandre le Grand, devient simple province romaine en 30 av. J.-C. à la mort de Cléopâtre VII (69-30 av. J.-C.) au nez si fameux. Toutes ces invasions, suivies ou non d'occupation, transforment la religion égyptienne (664-30 av. J.-C.) au cours d'un long processus syncrétique. Le culte des animaux se renforce, celui de la déesse-chat Bastet, celui du taureau Apis à Memphis. L'architecte du roi Djeser (IIIe dynastie : v. 2650-v. 2575 av. J.-C.), Imhotep, créateur du complexe funéraire du souverain à Saqqara, est divinisé. Les fidèles vénèrent en lui le sage, architecte, médecin, administrateur. Mais le syncrétisme est particulièrement marqué par la figure du dieu Sérapis. De la Grèce, Sérapis reçoit les talents de plusieurs divinités : solaires avec Zeus et Apollon, de la fertilité avec Dionysos, de la guérison avec Asclépios. L'Égypte lui concède la part d'Apis, la force, la fertilité, associé au dieu créateur Ptah à Memphis, puis à Rê au Nouvel Empire, enfin au culte funéraire, quand, après sa mort, le taureau sacré devient l'Osiris-Apis. Il est représenté en homme barbu, moustachu, à l'imposante chevelure bouclée.

Cambyse toréador

À Memphis, au nord de l'Égypte, dans la banlieue de l'actuel Caire était honoré un taureau sacré, *Apis*, incarnation du *ba*, élément d'énergie spirituelle, du dieu Ptah. Le choix d'un Apis s'effectuait selon des critères rigoureux, au nombre de 29 au total, parmi lesquels, selon Hérodote, le fait d'être noir avec un triangle blanc sur le front, des ailes éployées d'aigle sur le dos, un signe en forme de scarabée sous la langue… Ce n'était pas, on le voit, une mince affaire. Sa vie durant, l'Apis en fonction est honoré, puis il est momifié, inhumé au *Serapeum*, la nécropole des Apis à Memphis, son successeur est intronisé en grande pompe. Sa mère vache est également objet d'un culte, moins important toutefois.

Or, en 523 av. J.-C., le roi perse Cambyse II (530-522), après avoir soumis le nord de l'Égypte, accumule les échecs militaires dans le Sud. De retour à Memphis, il prend les célébrations joyeuses entourant la naissance d'un nouvel Apis pour une manifestation d'allégresse à l'occasion de ses défaites. Fou de rage, il tue, ou blesse mortellement le taureau Apis, puis fait flageller le cadavre. Le châtiment divin le frappe peu après de folie, il se blesse lui-même et meurt de la gangrène alors qu'il retournait en Perse.

Il semble bien qu'il s'agisse d'une légende noire répandue par les historiens grecs, amplifiée par la suite. D'autant qu'au Serapeum, l'Apis mort sous le règne de Cambyse II semble avoir reçu les honneurs funèbres attendus.

Les grands mythes de l'Égypte ancienne

Terre fabuleuse, cordon du Nil miraculeux coincé entre deux vastes déserts, l'Égypte, de par sa géographie même, ne pouvait que susciter de nombreux mythes. Les plus importants concernent la création, le destin d'Osiris, la colère de Rê, l'ascendance divine de Pharaon.

Les mythes de la création

Si chaque nome a sa divinité tutélaire, certains d'entre eux ont de plus vu naître une *cosmogonie*, un récit décrivant les débuts du monde. Trois récits dominent le processus, ayant chacun à leur tête un démiurge, un dieu créateur, ceux de Memphis, d'Héliopolis et d'Hermopolis.

La cosmogonie *memphite* donne au dieu Ptah le rôle de démiurge. À l'origine existe le *Noun* (l'océan primordial), et Ptah en qualité de *deus otiosus* (démiurge au repos). Puis Ptah crée la première terre, d'où son surnom de *Tatenen* (la terre soulevée). Ptah-Tatenen donne vie à toute chose, il conçoit les éléments en son cœur avant de les amener à l'existence par la parole.

La cosmogonie *héliopolitaine* part également du Noun, avec pour démiurge le Soleil sous sa triple forme de *Khépri* (celui qui vient à l'existence), soleil du matin, de Rê, soleil au zénith, et d'*Atoum* (l'achevé), soleil de la fin de journée. Atoum, seul à l'origine, crée les premiers couples divins par masturbation, crachat ou larmes selon les versions. Viennent d'abord *Chou* (l'air et le sec), *Tefnout* (l'humidité), leurs enfants *Geb* (la terre, mais principe masculin) et *Nout* (le ciel, mais principe féminin). Ils ont à leur tour pour descendance Isis, Osiris, Seth et Nephtys. À eux neuf, ils forment l'*Ennéade héliopolitaine*, le groupe des neuf dieux d'Héliopolis.

La cosmogonie *hermopolitaine*, après le Noun, confie la création au dieu du savoir Thot. Du Noun émerge une colline primordiale, le *benben*. Thot y dépose un œuf d'où naîtra le Soleil. L'œuf est parfois remplacé par un lotus, qui, en s'épanouissant, laisse paraître le Soleil. À cette première étape de création sont associés quatre couples de divinités, donc huit entités, d'où le nom d'*Ogdoade hermopolitaine*, le groupe des huit dieux d'Hermopolis :

- Noun et Nounet : l'océan primordial
- Heh et Hehet : l'eau qui s'agite
- Kek et Keket : les ténèbres qui précèdent le Soleil
- Amon et Amonet : les forces cachées de la vie

Et les hommes ? Ils sont créés soit par le démiurge lui-même, soit par un dieu venu à l'existence après lui, comme le dieu Khnoum à Éléphantine, qui façonne d'argile le premier couple sur son tour de potier.

UN PEU DE MYSTÈRE

Bès et Taouret

Si les Égyptiens honorent tous les dieux, il en est deux qui font fondre tous les cœurs. Bès, nain barbu, au visage aplati, tire la langue, exhibe ses oreilles de lion décollées, ses petites jambes torses. Barbu, alors que le système pileux est considéré comme impur, il se tient campé, les poings sur les hanches. C'est sa laideur même qui fait son attrait, il effraie les démons, repousse serpents et scorpions, protège les femmes enceintes et les nouveau-nés. Il orne, à titre prophylactique, les accoudoirs de fauteuils.

Bès est associé à Taouret, *Thouéris* en grec, déesse à tête d'hippopotame, gueule de crocodile, pattes de lion, aux seins pendant sur un gros ventre. Elle protège les femmes enceintes jusqu'à l'accouchement, puis ses mamelles généreuses assurent la survie du nouveau-né. Si Bès n'a pas de temple et Taouret une chapelle à Karnak, leur popularité se lit avec émotion par les collections de petits objets les représentant, depuis les matières précieuses jusqu'aux plus humbles matériaux.

La destruction de l'Humanité

Dans la cosmogonie héliopolitaine, un épisode tragique a failli marquer la fin de l'Humanité. Rê, pourtant créateur des hommes, est déçu. Ils s'avèrent querelleurs, ivrognes, menteurs. Indignes en tout point de leur démiurge, ils complotent contre lui pour le renverser, profitant de son grand âge. Rê décide alors d'éradiquer les humains, et envoie son œil droit, la terrible déesse-lionne Sekhmet pour les exterminer. Le carnage est immense, broyant les os, déchiquetant les chairs, s'abreuvant de sang humain, la déesse est en passe de réussir sa mission. Le démiurge est alors pris de remords, mais se trouve dans l'incapacité de juguler la fureur de Sekhmet. C'est l'habile Thot qui lui suggère un stratagème : verser en grande quantité de la bière d'orge teintée d'ocre, pour que Sekhmet croie voir un lac de sang. La déesse, attirée, lape et lape encore, au point de s'enivrer et de sombrer dans le sommeil. Les hommes sont sauvés. Rê décide de quitter la terre, se réfugie dans le ciel, sur le dos de la déesse Nout. Désormais Thot le remplace auprès des hommes. Ce récit est fourni par le texte du *Livre de la Vache du Ciel.*

Le mythe d'Osiris

C'est peut-être le mythe essentiel de l'Égypte ancienne. Osiris est représenté par le corps d'un homme, momifié, recouvert d'un linceul de lin blanc, bras croisés sur la poitrine, l'un tenant le sceptre, l'autre le fouet, marques de la royauté. Il arbore soit la mitre blanche de Haute-Égypte, soit la couronne *atef*, c'est-à-dire la même mitre ornée de part et d'autre d'une plume d'autruche. Ses chairs sont vertes, couleur de la renaissance de la végétation, symbole de fertilité.

Fils de Geb, Osiris épouse sa sœur Isis et règne sur l'Égypte en lui apportant la prospérité. Jaloux de lui, son frère Seth, époux de leur autre sœur, Nephtys, fait fabriquer un sarcophage à la taille d'Osiris. Lors d'un banquet, tous les dieux l'essaient, mais il est à la taille du seul Osiris. Seth le referme et le jette au Nil. Alors qu'Isis recherche le sarcophage, Seth le retrouve le premier, s'empare de son frère et le découpe en morceaux qu'il disperse sur toute l'Égypte. Éplorée, Isis entreprend une quête de plusieurs années pour retrouver les parties du corps de son époux. Elle les réunit par la momification, rend sa vigueur sexuelle à Osiris et s'unit à lui sous la forme d'un oiseau femelle. De leur union naît un fils, Horus, qu'Isis élève en cachette de son oncle Seth dans les marais du Delta. Devenu adulte, Horus défie Seth, l'exile dans le désert, et se voit restituer par le tribunal des dieux le titre royal. Horus, c'est-à-dire par la suite Pharaon, régnant sur les vivants, son père Osiris trône sur celui des morts.

Le mythe d'Osiris serait à l'origine des rites d'embaumement et de momification liés à la survie du corps physique dans l'au-delà, après passage devant le tribunal qu'il préside avec 42 juges. Politiquement, le culte d'Horus relie le pharaon régnant à son ascendance divine, et au-delà au démiurge Rê-Horahrty, forme solaire associant Rê et le dieu-faucon Horus.

La hiérogamie

La *hiérogamie*, au sens strict, est l'union sacrée entre deux divinités. En Égypte, si au cours de l'Ancien et du Moyen Empire, pharaon est fils de Rê, descendant d'Horus, à partir du Nouvel Empire, qui débute vers 1550 av. J.-C., sa filiation divine avec le dieu montant, Amon, s'affirme plus directement. Les murs des temples, à Karnak notamment, s'ornent de scènes de hiérogamie, c'est-à-dire ici d'union de la Grande Épouse royale, mère du roi à venir et du dieu Amon. Certes, le dieu emprunte les traits du roi régnant, et son apparence corporelle, mais il se révèle à la reine pour lui annoncer la naissance du futur souverain.

Ainsi la légitimité royale est moins lointaine, pharaon descend directement d'Amon, il est son fils divin. Cela explique d'ailleurs certainement le choix d'une représentation de hiérogamie à Karnak par la reine Hatchepsout (v. 1479-v. 1458 av. J.-C.). Fille de Thoutmôsis Ier (v. 1504-v. 1492 av. J.-C.), elle épouse son frère Thoutmôsis II (v. 1498-v.1479 av. J.-C.) et, à sa mort, devient régente du royaume au nom de son beau-fils Thoutmôsis III (v. 1479-v. 1425 av. J.-C.), avec l'aide du clergé d'Amon. Peu après, elle se proclame pharaon, adopte les cinq noms de la titulature complète, et se fait représenter comme roi sur les monuments.

Mais cette prise du pouvoir n'est pas du goût de tous. Afin de rendre indiscutable son statut de pharaon, Hatchepsout fait représenter sa conception divine par Amon, s'unissant à sa mère la reine Aakmosé. Le texte inscrit relate l'union sacrée : « À l'odeur du dieu, elle s'éveilla et sourit à Sa Majesté. Aussitôt il se dirige vers elle, brûle d'amour pour elle et lui exprime son désir… Son amour pour lui pénétra dans son corps à elle… Après que la Majesté du dieu eut accompli tout ce qu'il désirait faire avec elle, Amon lui dit : "Hatchepsout est le nom de cette fille que j'ai mise dans ton corps". »

LE SAVIEZ-VOUS ?

Symboles et amulettes

Il est de menus objets que tout touriste trouve à foison en Égypte et qu'il n'hésite pas à rapporter. Trois d'entre eux, symboles et amulettes, ont traversé les millénaires pour évoquer aujourd'hui encore des réalités qui nous sont chères : le scarabée *kheper*, la croix *ankh* et l'œil *ouadj*.

- Le scarabée, poussant sa boulette de bouse, est pour les Égyptiens anciens celui qui pousse l'astre solaire à son lever, *Kheper* (celui qui vient à l'existence), d'où le premier nom de l'astre, Khépri. Le renouvellement perpétuel de l'acte, chez le petit coléoptère comme pour le flamboyant soleil, en fait un symbole d'éternité, de renouvellement permanent de l'acte de naître.
- La croix de vie, ou croix ansée, est le hiéroglyphe du verbe *ankh* (vivre), ou de son substantif (la vie). Elle est tenue par les dieux en symbole de vie éternelle, et présentée au nez de Pharaon par une divinité protectrice, ou l'inverse.
- L'œil *ouadj* (complet) est l'œil du dieu-faucon solaire Horus, perdu lors d'un combat contre son oncle Seth, et rendu par Thot. Il symbolise la permanence de la victoire des forces du Bien sur celles du Mal. Il permet aussi, peint sur les côtés des sarcophages, aux défunts de continuer à voir par-delà la tombe.

L'héritage égyptien

Outre l'une des premières écritures connues, un art monumental consommé, allié à une extraordinaire variété dans la création d'objets, rituels ou quotidiens, l'Égypte ancienne nous a laissé une langue, le *copte*, dérivé de l'égyptien antique, encore utilisée de nos jours dans les cérémonies des catholiques d'Égypte, appelés coptes eux aussi. La religion originelle n'a pas survécu au monothéisme de la conquête arabe, suivie de l'expansion de l'islam. Pourtant, les rassemblements dans les cimetières, lors des grandes fêtes religieuses, reprennent une coutume antique, tout comme le pèlerinage d'Aboul Haggag suit les traces lointaines du déplacement de la triade divine de Karnak pour la « Belle fête d'Opet ».

L'expédition d'Égypte, du général Bonaparte, entre 1798 et 1801 permet à l'Europe de découvrir l'Égypte ancienne, un style architectural et mobilier, dit « retour d'Égypte », se développe, ainsi qu'en attestent toujours certaines façades d'immeubles du quartier du Sentier à Paris, dans le voisinage de la rue du Caire ou d'Alexandrie, où le passant levant la tête se surprend à croiser le regard impénétrable de la déesse Hathor figurée en vache. C'est toujours à la suite de cette expédition que Jean-François Champollion (1790-1832) déchiffre, à partir de la *pierre de Rosette*, les hiéroglyphes, découverte rendue publique dans la fameuse *Lettre à Monsieur Dacier relative à l'alphabet des hiéroglyphes phonétiques*, du 27 septembre 1822, acte fondateur de cette science nouvelle promise à un brillant avenir qu'est l'égyptologie.

L'amour de l'Égypte ancienne, l'égyptophilie, se mue même en égyptomanie, influençant l'art sous toutes ses formes, peintures, sculptures, bijoux, puis le monde des romans et celui du cinéma, à l'image du classique hollywoodien *La Momie*, de Karl Freund (1890-1969) en 1932.

Cléopâtre

S'il est un personnage qui a fasciné et fascine encore le monde des arts, c'est bien celui de la reine Cléopâtre VII (69-30 av. J.-C.) et son destin tragique. Après avoir conquis le conquérant par deux fois, en la personne de Jules César (100-44 av. J.-C.) puis celle de Marc Antoine (83-30 av. J.-C.), Cléopâtre, après la défaite d'Actium, en 30 av. J.-C., apprend le suicide de son dernier amant. Aucune séduction n'aurait de prise sur le vainqueur, Octave, futur empereur Auguste (63 av. J.-C.-14 apr. J.-C.). Cléopâtre met donc fin à ses jours, dernière souveraine d'une Égypte encore indépendante avant de devenir province romaine. Elle plonge les mains dans un panier de figues dissimulant des aspics, serpents venimeux.

Cet épisode déchaînera l'imagination des artistes : les peintres – Giovanni Ricci (première moitié du XVIe siècle), *Le suicide de Cléopâtre mordue par un aspic* ; Charles Antoine Coypel (1694-1752), *Cléopâtre avalant le poison* (1749) ; Jean-André Rixens (1846-1925), *La Mort de Cléopâtre* (1874) – mais aussi les sculpteurs – Claude Bertin (?-1705), *Cléopâtre mourant*, buste de 1697 ; François Barois (1656-1726), *Cléopâtre mourant* (1700) – et plus tard des cinéastes : Joseph L. Mankiewicz (1909-1993), *Cléopâtre* (1963).

Chapitre 3

Le monde hébraïque, gardien des Écritures et des lois

Dans ce chapitre :

- Un groupe nomade fonde une civilisation
- Le Temple de Salomon
- Un grand roi et un grand prophète : David et Isaïe
- Le premier monothéisme

Originaires de Mésopotamie, les Hébreux, pasteurs nomades, migrent au cours des âges vers la Palestine. Ils donnent au monde la loi mosaïque, celle de Moïse, et le monothéisme. La civilisation hébraïque se mêle à celles de l'Égypte, de l'Assyrie, de la Babylonie, de la Perse, de la Grèce hellénistique et de Rome, avant, par le prolongement du christianisme, de façonner l'Occident médiéval. D'une certaine manière, par son livre sacré, la Torah, ou Ancien Testament, tout autant que par ses traces avérées dans les grandes civilisations antiques, le monde hébraïque nous relie directement aux fondements de notre propre univers mental.

Figure 3-1 : Les royaumes de Juda et d'Israël.

Les grandes étapes du monde hébraïque

Le berceau du monde hébraïque est le Croissant fertile, territoire qui s'étend de la vallée du Nil, à l'ouest, à celles du Tigre et de l'Euphrate, à l'est. Vers 1760 av. J.-C., le patriarche Abraham conduit son peuple jusqu'en Palestine. Il fonde l'alliance avec le dieu unique, Yahvé, marquée par la circoncision, qui consacre le jeune juif au monothéisme et l'appartenance à la nation dite depuis abrahamique.

LE SAVIEZ-VOUS ?

La circoncision

Le terme circoncision vient du latin *circumcisio* (couper autour). Il s'agit de l'ablation, en partie ou en totalité, d'une peau recouvrant le gland, à l'extrémité du pénis, peau nommée le *prépuce*. Il existe plusieurs types de circoncisions, depuis la quantité plus ou moins importante de prépuce excisé, jusqu'à l'écorchage de la peau du pénis et celui des testicules, en passant par l'agrandissement de l'*urètre*, orifice terminant le canal interne à l'extrémité du gland, fendue pour l'élargir.

Il semble que la circoncision était déjà pratiquée au Néolithique (v. 12000 ans-v. 3500 ans av. J.-C.). Elle est attestée en Égypte, en terre d'islam, mais aussi en Afrique noire animiste et chez certaines tribus aborigènes d'Australie. Sa pratique répond à un impératif religieux le plus souvent. Toutefois, en mars 2007, l'OMS (Organisation mondiale de la santé), l'agence de l'ONU basée à Genève, la recommande à titre prophylactique contre la propagation du sida. D'après l'ONUSIDA (Programme commun des Nations unies sur le sida) la circoncision réduit le risque de contamination.

La Terre promise

Vers 1250 av. J.-C., après avoir reçu de Yahvé les Dix Commandements sur le mont Sinaï, Moïse conduit les Hébreux hors d'Égypte, où Pharaon les tenait en sujétion. Après avoir erré plus de quarante ans sous sa conduite, ils arrivent en Palestine, la Terre promise. Il s'agit de la conquête de Canaan, territoire situé entre le fleuve Jourdain et la Méditerranée. C'est aux alentours du Xe siècle av. J.-C., vers 1010, que douze tribus se donnent un roi commun, Saül, poussées par la nécessité de résister aux Philistins, un groupe de redoutables guerriers appartenant aux *Peuples de la Mer*.

Les Peuples de la Mer

Au XIIIe siècle av. J.-C., des civilisations s'effondrent brutalement : celle des palais à Mycènes, des royaumes hittites en Anatolie, du royaume du Mitani au nord de l'actuelle Syrie. L'Égypte ne doit son salut qu'aux combats acharnés menés par les pharaons Merenptah (règne : v. 1213-1203 av. J.-C.) et Ramsès III (v. 1184-v. 1153 av. J.-C.) qui rejettent les envahisseurs. Ce sont d'ailleurs les Égyptiens qui leur donnent le nom de « Peuples de la Mer ». Ils cessent d'être une menace pour toute la région entre le XIe et le Xe siècle, mais se manifestent encore par des incursions côtières, comme les Philistins que doivent affronter les Hébreux.

Les théories sont multiples pour expliquer leur origine : émigrants grecs, peuples italiques ou d'Europe centrale, voire d'Europe du Nord-Ouest, ou bien sémites, comme les Cananéens par exemple.

À l'époque de Salomon (v. 966-926 av. J.-C.), cinq groupes de Peuples de la Mer agissent encore en Méditerranée, dont les Shekelesh qui donnent leur nom à la Sicile, et les Peleset, ou Philistins. Le mystère qui les entoure demeure épais, véritable champ libre d'investigations pour les historiens à venir.

Un royaume déchiré

En 1004 av. J.-C., Saül est vaincu à la bataille de Gelboé par les Philistins et met fin à ses jours. Il faut plusieurs années à son successeur, David (règne : 1004-966 av. J.-C.), pour repousser les Philistins et s'imposer à la Palestine entière. Il choisit Jérusalem comme capitale et y installe l'*Arche d'alliance*. C'est toutefois son fils Salomon (vers 966-926 av. J.-C.) qui y bâtit le Premier Temple destiné à l'abriter. À sa mort, le royaume se déchire, au nord règne Jéroboam (v. 833-824 av. J.-C.) sur le royaume d'Israël, qui comprend dix tribus, au sud Roboam (v. 931-914 av. J.-C.), fils de Salomon, à la tête du royaume de Juda, composé des deux tribus restantes.

Le joug des envahisseurs

Le royaume d'Israël, dont la capitale est Sichem, puis Samarie, disparaît en 722 av. J.-C. sous les coups des Assyriens. Le royaume de Juda garde son indépendance jusqu'en 605 av. J.-C., date à laquelle il devient vassal de Nabuchodonosor II (630-561 av. J.-C.). Toutefois, dans le cadre d'un protectorat, les rois de Juda continuent à régner. C'est en ignorant les avertissements du prophète Jérémie que le roi Sédécias (597-587 av. J.-C.) provoque la catastrophe. Il se révolte contre Nabuchodonosor II, qui l'écrase, prend Jérusalem et déporte la population du royaume à Babylone, la réduisant à l'esclavage, en 587 av. J.-C. Le Premier Temple, celui de Salomon, est incendié.

L'Arche perdue

L'Arche d'alliance est à l'origine un coffre en bois, plus tard recouvert d'or pur et surmonté de deux chérubins faits eux aussi d'or, contenant les Tables de la Loi, données par Moïse. Elle suit partout les 12 tribus hébraïques avant son installation par David à Jérusalem. Comme les Hébreux sont marqués par le nomadisme, avant cet épisode, l'Arche est entreposée lors de leurs étapes dans la « Tente du rendez-vous », comprenez le rendez-vous donné par Yahvé à son peuple, où elle est adorée. Salomon édifie en son honneur le Premier Temple. L'Arche personnifie l'alliance avec Yahvé. C'est ainsi qu'elle conduit les Hébreux à la victoire, et que si les ennemis s'en emparent, ils connaîtront la défaite et la mort. Elle disparaît avec la destruction du Temple en 587 av. J.-C., mais une tradition apparue au IIe siècle de notre ère veut que le prophète Jérémie l'ait cachée dans une grotte du mont Nébo, selon un récit du Livre 2 des Maccabées. Elle est depuis activement recherchée… en dépit des efforts d'Harrison Ford dans *Les Aventuriers de l'Arche perdue* de Steven Spielberg (1981).

Retour et nouvelles dominations

En 539 av. J.-C., les Perses jettent à bas l'Empire babylonien. Les Juifs sont autorisés à rentrer en Palestine. Un Second Temple est édifié à Jérusalem. En 332 av. J.-C., Alexandre le Grand s'empare de la Judée et l'influence hellénistique se répand, en même temps que le culte des dieux grecs. C'est d'ailleurs ce qui provoque, en 165 av. J.-C., la révolte des Maccabées, famille de Juifs pieux ulcérés par l'installation, dans le Temple, d'un autel consacré à Zeus, par Antiochos IV (175-163 av. J.-C.), roi de Coelé-Syrie, de la dynastie des Séleucides. Judas Maccabée (mort v. 160 av. J.-C.) vainc ses armées et rétablit le culte dans sa pureté. Il fonde le royaume des Asmonéens, qui conserve son indépendance jusqu'à la conquête du général romain Pompée, en 63 av. J.-C. La Judée est désormais pour longtemps sous domination étrangère, puisqu'elle ne retrouve son indépendance qu'avec la proclamation de la naissance de l'État d'Israël, en 1948.

Les principaux sites et monuments hébraïques

Deux hauts lieux émergent de l'étude des sites et monuments du monde hébraïque, puis juif, l'apogée de la splendeur avec le Temple de Salomon, les larmes et le sang de l'anéantissement dans la forteresse de Massada.

Le Temple de Salomon

Le terme de Temple de Jérusalem recouvre en réalité deux bâtiments distincts : le Premier Temple, ou Temple de Salomon, édifié durant son règne (v. 966-926 av. J.-C.), détruit par Nabuchodonosor II en 587 av. J.-C., et le Second Temple, construit entre 536 et 515, après la fin de la captivité à Babylone. Il faut adjoindre à ce Second Temple, le Temple d'Hérode, roi de Judée de 37 à 4 av. J.-C., ensemble de bâtiments ajoutés pendant son règne. Détruit par Titus en 70 de notre ère, il ne reste aujourd'hui comme vestiges que les fondations du mur ouest, appelé mur des Lamentations par les chrétiens et *Kotel* par les juifs.

Le Temple de Salomon est l'unique lieu reconnu comme sanctuaire par le judaïsme. Selon la Bible, son édification a duré sept ans et nécessité 170 000 ouvriers. Il s'agit d'une forteresse, destinée à protéger l'Arche d'alliance, conservée dans le *Saint des Saints*, accessible au seul grand prêtre. L'ensemble, massif, est composé de terrasses, d'épais murs, de places publiques, portiques, bassins d'ablutions rituelles, d'autels à sacrifice. L'intérieur, somptueux, en était orné du précieux et odorant bois de cèdre, fourni par le roi phénicien de Tyr, Hiram. C'est également ce monarque qui aurait dépêché auprès de Salomon son propre architecte, Houram-Abi.

Le saviez-vous ?

Le mur des Lamentations : entre larmes et espérance

Le mur des Lamentations est l'unique vestige du temple édifié par le roi de Judée Hérode Ier le Grand, roi de 37 à 4 av. J.-C. sur le mont Moriah. Ce nom lui est donné par les chrétiens qui y voient les juifs pieux venir déplorer la destruction du Temple de Salomon par Titus en 70 de notre ère, et la dispersion, ou Diaspora, du peuple juif. Pour les juifs, il est le *Hakotel Hama'aravi* (le Mur occidental), nom le plus souvent abrégé en *Kotel*.

La coutume veut que celui qui va y prier dépose dans les interstices entre les pierres un petit papier plié où sont inscrits ses souhaits.

La forteresse de Massada

Massada signifie « forteresse » en hébreu. La plus célèbre à porter ce nom se situe au-dessus de la mer Morte, sur une éminence du désert de Judée. Elle est juchée sur un piton rocheux haut de près de 500 m, d'accès très malaisé car il est bordé de falaises accores. La forteresse en elle-même était ceinte d'un rempart flanqué de tours, épais de 4 m, sur environ 1,5 km de pourtour. À l'intérieur, palais, armurerie, caserne, habitations et citernes permettent d'accueillir plusieurs milliers de personnes.

L'histoire de Massada nous est connue par Flavius Josèphe (v. 37-v. 100), historien juif de langue grecque, et sa *Guerre des Juifs*, Livre VII, aux chapitres 8 et 9. Il y relate le soulèvement des Juifs en 66 de notre ère, son écrasement par Titus en 70. Parmi eux, les *zélotes* sont animés d'une volonté farouche de chasser les Romains. Un groupe expulse la garnison romaine de Massada, en fait le centre de la résistance juive, traque les patrouilles et les Juifs accusés de collaborer avec l'occupant. Leur violence les fait qualifier de *sicaires* par les Romains, du nom de la *sica* (court poignard très apprécié des assassins à Rome).

En l'an 72, le général Lucius Flavius Silva, à la tête de la 10e légion Fretensis assiège Massada. Il met sept mois à faire construire une rampe permettant aux soldats l'accès à la forteresse, réputée inexpugnable. Au printemps 73, l'assaut victorieux est donné. Mais les Romains prennent une forteresse vide, les habitants se sont suicidés. Il semble qu'un tirage au sort ait désigné un groupe restreint d'hommes chargés de tuer leurs compagnes et compagnons, avant de mettre fin à leur tour à leurs jours. Seuls deux femmes et quelques enfants, dissimulés dans une citerne, auraient survécu et fourni le témoignage sur lequel se fonde le récit de Flavius Josèphe. En 2001, l'Unesco classe Massada au patrimoine mondial.

Les grands personnages du monde hébraïque

Les grands personnages du monde hébraïque sont presque aussi nombreux que la multitude d'intervenants au long des pages de l'Ancien Testament. Le choix s'est donc porté sur les incontournables : deux patriarches, Abraham et Moïse, deux prophètes, Isaïe et Jérémie, deux rois enfin, David et Salomon. Sans Abraham, il n'est pas d'alliance avec Yahvé, et sans Moïse pas de confirmation de celle-ci par la remise des Tables de la Loi. Leur vie structure l'existence même du peuple juif.

Abraham

L'existence d'Abraham nous est connue par le récit fait dans la *Torah* juive, qui regroupe les cinq textes appelés *Pentateuque* par les chrétiens : la Genèse, l'Exode, les Nombres, le Lévitique et le Deutéronome. Elle est située aux chapitres 12 à 16 de la Genèse, ou *Béréchit* (Au commencement, pour les juifs).

Abraham aurait vécu 175 ans, soit des environs de 2000 à 1825 av. J.-C. Il naît en Mésopotamie et vit à Ur avec son père Terah. Il est encore Abram (Père haut) et non Abraham. Il épouse Saraï, sa demi-sœur, mais elle ne peut lui donner d'enfant. Un premier déplacement le conduit d'Ur à Harran, un grand centre caravanier, au sud-est de l'actuelle Turquie. Puis Dieu lui ordonne de quitter Harran pour le pays de Canaan, entre Méditerranée et Jourdain, où il lui donnera non seulement la terre, mais une descendance. Après un épisode de captivité en Égypte, Abram et Saraï se fixent en Canaan. Mais Dieu n'a pas encore tenu sa promesse, Abram est sans descendance. Saraï lui donne sa servante Agar comme concubine, dont il aura un fils, Ismaël (Dieu a entendu ma demande), père de la lignée des Arabes. Abram a alors 86 ans. Ce n'est qu'à l'âge de 99 ans que Yahvé lui donne les termes de l'Alliance : il sera désormais Abraham (Père d'une foule), et son épouse devient Sarah, ensemble ils concevront un fils, Isaac (Joie) qui sera circoncis le huitième jour en signe d'alliance avec Yahvé, geste qui devra être reproduit sur tous les enfants mâles de leurs descendants.

Isaac grandit, mais un jour son frère Ismaël le moque, et Sarah obtient d'Abraham qu'il le chasse, avec sa mère Agar. Peu après, Dieu exige le sacrifice d'Isaac, fils qui doit lui être « rendu ». Un ange intervient pour interrompre la scène, Isaac est remplacé par un bélier.

Après la mort de Sarah, Abraham marie Isaac à Rébecca, puis convole à son tour avec Ketourah, qui lui donne encore des enfants, à plus de 150 ans.

POUR ALLER PLUS LOIN

Les prophètes partagés

Abraham est reconnu comme un patriarche par les juifs, et comme un prophète par les chrétiens et les musulmans, à tel point que le Coran, dans la sourate « Les femmes » parle de l'islam comme de la « croyance d'Abraham » (Coran, sourate IV « Les femmes », verset 124). Bien d'autres personnages, issus de l'Ancien ou du Nouveau Testament, sont considérés par les musulmans comme des prophètes, précédant la venue du Prophète par excellence, Mahomet, qui a la révélation de l'islam et de son livre saint, le Coran, ou « Récitation », qu'il prend sous la dictée de Dieu. Voici donc la liste des prophètes communs aux trois monothéismes, leur nom pour juifs et chrétiens, et sa traduction pour les musulmans :

- Aaron : Hârûn
- Abraham : Ibrahim
- Adam : Adam
- David : Dâwûd
- Ézéchiel : Dhûl-kifl
- Hénoch : Idris
- Isaac : Ishâq
- Ismaël : Ismaîl
- Jacob : Yaqûb
- Jean-Baptiste : Yahyâ
- Jésus : Isâ
- Jéthro : Chuayb
- Job : Ayyûb
- Jonas : Yûnas
- Joseph : Yûsuf
- Lot : Lût
- Moïse : Mûsâ
- Noé : Nuh
- Salomon : Sulaymân
- Zacharie : Zakariyâ

Moïse

Tout comme pour Abraham, le portrait dressé ici l'est à partir des sources bibliques, principalement l'Exode. Moïse serait né vers 1200 av. J.-C. et aurait vécu cent vingt ans. Il voit le jour en Égypte, où vivent son père Amram et sa mère Yochevet, de la tribu de Lévi. Pharaon ayant ordonné de mettre à mort les enfants de sexe masculin des Hébreux, sa mère le confie au Nil, dans une corbeille. Recueilli par la fille de Pharaon, elle le nomme Moïse, c'est-à-dire « Sauvé des eaux ».

Moïse grandit à la cour, reçoit l'éducation d'un prince. Mais un jour, sur un chantier, il tue un chef de corvée égyptien qui frappait un Hébreu. Il fuit au désert et s'installe à Madian, où il épouse Tsipporah, fille de Jéthro, prêtre de la ville. C'est en menant paître les troupeaux de son beau-père sur le mont Horeb que Yahvé lui parle dans un buisson ardent qui ne se consume pourtant pas. Yahvé lui révèle sa mission : libérer les Hébreux du joug égyptien et les mener en Terre promise, en Canaan.

C'est là que prend place le plus célèbre dialogue de l'Antiquité hébraïque, quand Moïse veut savoir comment convaincre les Hébreux de sa rencontre avec Yahvé : « Moïse dit à Dieu : "Voici, j'irai vers les enfants d'Israël, et je leur dirai : Le Dieu de vos pères m'envoie vers vous. S'ils me demandent quel est son nom, que leur répondrai-je ?" Et Dieu dit à Moïse : "Je suis Celui qui suis." Et il ajouta : "C'est ainsi que tu répondras aux enfants d'Israël : Celui qui est m'envoie vers vous". » (Exode, 3, 13-14).

POUR ALLER PLUS LOIN

« Je suis Celui qui sera »

La formule de Yahvé à Moïse pour se définir a fait, et fera encore, couler beaucoup d'encre. Car chaque traduction s'accompagne d'une interprétation différente de la formule, donnant naissance à des commentaires. Ainsi, dans le texte hébreu, la formule est « Je suis Celui qui sera », expression reprise et augmentée, en grec, dans le livre de l'Apocalypse (1, 4) pour devenir : « Celui qui est, qui était et qui sera. » Seulement, au IIIe siècle av. J.-C., une partie de la Bible, le Pentateuque, les cinq premiers chapitres, est traduite à Alexandrie par soixante-dix érudits, d'où son nom de Bible des Septante, en langue grecque. La traduction devient alors : « Je suis Celui qui est. » Enfin, au Ve siècle, la version en latin, dite Vulgate de saint Jérôme aboutit à « Je suis Celui qui suis ». Bref, Dieu est toujours aussi inconnaissable pour l'homme.

Comme Pharaon refuse de laisser les Hébreux quitter l'Égypte, Yahvé lui inflige les Dix Plaies d'Égypte :

- L'eau du Nil changée en sang (1)
- Trois invasions successives de grenouilles (2), de moustiques (3) de mouches (4)
- La mort du bétail (5)
- Les hommes couverts d'ulcères (6)
- Un orage de grêle détruisant les récoltes (7)
- Une nuée de sauterelles (8)
- D'épaisses ténèbres couvrent l'Égypte (9)
- Enfin, la mort du premier-né dans chaque famille égyptienne (10)

Moïse conduit les Hébreux hors d'Égypte, et les troupes de Pharaon, qui n'avait accepté leur départ que contraints et forcés, sont englouties par les eaux de la mer Rouge, ouverte pour les Hébreux, mais se refermant sur leurs poursuivants.

Âgé de 80 ans, Moïse va errer quarante ans encore. C'est sur le mont Sinaï qu'il reste 40 jours et 40 nuits sans boire ni manger pour recevoir les Tables de l'Alliance, les Dix Commandements.

À l'âge de 120 ans, il arrive à la limite du pays de Canaan, le contemple depuis le mont Nébo et meurt. Les Hébreux s'y installent sans lui. En effet, dans le désert, alors que Yahvé lui avait ordonné de parler à un rocher pour en faire jaillir de l'eau, Moïse le frappe de sa verge. Yahvé lui interdit en punition l'accès à la Terre promise.

Isaïe

Isaïe (ou Ésaïe pour les protestants), en hébreu, *Yeshayahou* (Yahvé est salut), est l'un des plus grands prophètes de la Bible hébraïque. Il nous est connu par les *Manuscrits de Qumrân*, ou *Manuscrits de la mer Morte*, car, parmi les rouleaux trouvés dans une grotte de la région en 1947, figurait un exemplaire du Livre d'Isaïe datant du IIe siècle av. J.-C.

L'existence historique d'Isaïe se situe entre les environs de 765 et de 700 av. J.-C. Après cette date, l'on perd sa trace. C'est en 740 qu'il aurait reçu le don de prophétie, afin d'annoncer aux royaumes d'Israël et de Juda leur fin prochaine. Isaïe ne cesse de mettre en garde les Juifs contre la détérioration des mœurs, le relâchement du culte dû à Yahvé. Il condamne aussi la politique des rois de Juda, à la recherche d'alliés contre l'Assyrie, là où, selon lui, il conviendrait de s'en remettre à la seule volonté de Yahvé.

Le Livre d'Isaïe se présente sous forme d'une succession de 66 chapitres, mais qui correspondent à trois périodes nettement différentes, et renvoient à des contextes eux aussi divers. La première époque, des chapitres 1 à 39, relate la montée en puissance de l'Assyrie, jusqu'à l'échec du roi assyrien Sennachérib contre Jérusalem, en 701 av. J.-C.

La seconde regroupe les chapitres 40 à 55, et retrace l'ascension de la Perse de Cyrus, qui abattra l'Empire assyrien et rendra la liberté aux Hébreux exilés, soit la période comprise entre 550 et 539 av. J.-C.

La troisième, des chapitres 56 à 66, dresse la situation après le retour d'exil, à Jérusalem, après 538 av. J.-C. Cette dernière section regroupe probablement les dires de plusieurs prophètes, et non du seul Isaïe.

Selon la tradition juive, dans le livre apocryphe intitulé l'Ascension d'Isaïe, le prophète, fuyant la persécution du roi Manassé se serait réfugié dans un tronc d'arbre, mais le souverain aurait ordonné de le scier en deux.

LE SAVIEZ-VOUS ?

Les Manuscrits de Qumrân

C'est en 1947 qu'un Bédouin, explorant une série de grottes dans la région de la mer Morte, découvre dans l'une d'elles des jarres de terre cuite renfermant des rouleaux de cuir. Les textes inscrits ont été rédigés entre le IIIe siècle av. J.-C. et le Ier siècle de notre ère. Les grottes proches révèlent à leur tour d'autres manuscrits, ou plutôt des centaines de milliers de fragments. Leur collation et leur étude se poursuivent de nos jours. Les textes sont des extraits de l'Ancien Testament, Genèse, Lévitique, Nombres, et parmi les prophètes c'est le rouleau d'Isaïe A qui est le plus complet. Le Livre d'Isaïe ainsi restitué date du IIe siècle av. J.-C. et se présente sous la forme de 17 feuilles de cuir cousues bout à bout, d'une longueur de plus de 7 m. Il semble que les grottes aient servi d'abri pour les écrits d'une communauté juive installée plus bas, sur les rives de la mer Morte, celle des Esséniens. Vivant en collectivité, ils pratiquaient un judaïsme strict, pratiquant la pauvreté et la frugalité, réprouvant le luxe du Temple et le train de vie de ses grands prêtres. Parmi les manuscrits retrouvés à Qumrân, des extraits des règles de vie de leur communauté permettent de reconstituer leur existence et leur idéal religieux.

Jérémie

Le prophète Jérémie est célèbre pour le Livre de Jérémie, le Livre des Lamentations, et le substantif accolé aux plaintes incessantes, les « jérémiades ». Son nom hébreu signifie « Celui que Dieu a établi » ou « L'Éternel est élevé ». Il a vécu au VIIe siècle av. J.-C., probablement entre 648 et 578. Sa carrière de prophète commence sous le règne de Josias (règne : 640-609 av. J.-C.), vers 628 av. J.-C. Il annonce la décadence du royaume de Juda, la destruction de Jérusalem et la captivité à Babylone, autant d'épreuves voulues par Dieu, que le peuple doit accepter. Déporté en Égypte, Jérémie y meurt, probablement à l'âge de 70 ans.

Le Livre des Lamentations mérite une attention particulière. Œuvre poétique composée de cinq chants, dont quatre sur le rythme de la *qîna*, cantique ou chant à l'occasion d'une tragédie, d'une destruction, d'un deuil, mode récitatif funèbre par excellence, elle est également *acrostiche*, toujours pour les quatre premiers poèmes, c'est-à-dire que chaque vers commence successivement par l'une des 22 lettres de l'alphabet hébreu. Chaque élégie est composée de 22 strophes. Les Hébreux nomment ce livre *Eykab* ou *Eikha*, de *eikh* (comment), car c'est par ce mot que s'ouvre le premier chant.

Les principaux thèmes abordés sont le siège de Jérusalem, la prise de la ville, la déportation à Babylone, le poids du péché de Juda, enfin l'espoir du retour en Canaan, du pardon de Yahvé.

David

Le roi musicien, David (v. 1006-966 av. J.-C.), est un judéen, fils de Jessé de Bethléem. Berger, le prophète Samuel le désigne comme le futur roi, en remplacement de Saül. Cela n'empêche pas David de servir à la cour, à la fois écuyer et harpiste, il distrait le roi Saül et épouse sa fille, Michol. La guerre contre les Philistins lui offre l'occasion de montrer sa vaillance et son habileté, dans le duel qui l'oppose au géant Goliath, tué à coups de fronde. Mais l'exploit met David trop en lumière, Saül est jaloux, tente de le faire assassiner à plusieurs reprises. David fuit, mène une vie d'errance, se met au service occasionnellement des Philistins. Mais après le désastre de Gelboé contre ces derniers, bataille où Saül et son fils Jonathan trouvent la mort, David est reconnu roi par les tribus du Sud, règne à Hébron. Il lui faut sept ans pour s'imposer aussi aux tribus du Nord, et aux Cananéens. Désormais, il est roi d'Israël, s'empare vers l'an 1000 de Jérusalem, qui appartenait aux Cananéens jébuséens, en fait sa capitale.

David est le premier roi national qui s'impose à tout le pays, il organise une armée permanente de mercenaires, fait venir l'Arche d'alliance à Jérusalem, y installe et organise sa cour, le palais, règle les cérémonies liturgiques. Il doit réprimer la rébellion de son fils Absalom et choisit un autre de ses fils, Salomon, pour lui succéder.

La vie de David, dont le nom signifie « le Bien-aimé », est relatée dans le Premier Livre des Rois. Il est célèbre aussi pour ses amours avec Bethsabée, femme d'Urie le Hittite, qu'il envoie se faire tuer à la tête de ses armées.

LE SAVIEZ-VOUS ?

Le roi musicien

La tradition attribue au roi David la rédaction du Livre des Psaumes, le *Sefer Tehillim* hébreu (Livre des Louanges), premier livre des *Ketouvim*, les Écrits hagiographes. Au nombre de 150, les psaumes chantent la gloire de Dieu. Chaque psaume est un véritable poème, formé d'un nombre variable de vers. Toutefois, les historiens tendent aujourd'hui à considérer que le Livre des Psaumes est une œuvre collective anonyme, même si certains d'entre eux ont pu être l'œuvre de David. Pour les juifs, certains psaumes sont à réciter quotidiennement, pour former une lecture complète au bout de trente jours. Pour les chrétiens, particulièrement les protestants, ils forment un ornement musical à la célébration religieuse. Ils ont ainsi été traduits par le poète Clément Marot (1497-1544), publiés en 1551, et mis en musique par Claude Goudimel (1514-1572) en 1563.

Leur célébrité à travers les siècles s'explique par la qualité poétique de l'écriture et l'abandon confiant en la foi en Dieu, ainsi du Psaume 119 : « Je suis un étranger sur la terre / Mon âme est attachée à la poussière et quand / J'y retournerai, rends-moi la vie selon ta parole / Tes mains m'ont créé, elles m'ont formé, / Éternel que ta miséricorde vienne sur moi. »

Salomon

Salomon succède à son père David, et règne environ de 966 à 926 av. J.-C. Roi pacifique, il s'illustre dans les arts et les lettres, fait de Jérusalem le centre d'une cour brillante. Remarquables sont les édifices qu'il commande, comme le palais royal et sa « forêt du Liban », salle gigantesque par ses colonnes de bois de cèdre, et le Temple abritant l'Arche d'alliance. Prince lettré, la tradition lui attribue la rédaction du Cantique des cantiques, des Proverbes et de l'Ecclésiaste, ainsi que du Livre de la Sagesse. Il n'oublie pas l'armée, renforcée, et l'organisation administrative du royaume, divisé en douze districts qui pourvoient, chacun à leur tour, aux besoins de la cour. À sa mort, cependant, l'unité éclate rapidement, pour donner naissance aux deux royaumes de Juda et d'Israël. Salomon est également célèbre pour ses amours avec la reine de Saba, dont il aurait eu un fils, Ménélik, ancêtre des empereurs éthiopiens. Son existence est relatée dans le Premier Livre des Rois. Modèle de justice, il donne son nom au fameux « jugement de Salomon » : deux femmes prétendent être la mère d'un enfant. Salomon ordonne de le couper en deux, et la mère véritable se découvre en s'y opposant. Depuis, dans le langage courant, un « jugement de Salomon » revient à renvoyer dos à dos deux plaignants, quand il est impossible de faire jaillir la vérité.

Religion, mythes et légendes du monde hébraïque

La religion hébraïque, les mythes et légendes du monde des Hébreux donnent les cadres de l'existence quotidienne sous l'œil de Yahvé. Les structures mentales de l'homme, celles du monde qui est le sien se mettent en place en fonction de la place de tous ces éléments dans la volonté du dieu unique, de l'Alliance conclue avec le peuple élu.

La religion hébraïque

La religion du monde hébraïque est le premier monothéisme, fondé sur la Bible hébraïque, ou Ancien Testament. Au cœur de ce texte, la Torah regroupe les cinq parties du Pentateuque : la Genèse, l'Exode, les Nombres, le Lévitique et le Deutéronome. L'ensemble forme la Torah (la Loi). Mais la Bible hébraïque comprend aussi les *Neviim* (les Prophètes), les *Ketouvim* (les Écrits), l'ensemble, 39 livres au total, est nommé *Tanakh*, mot acrostiche formé à partir des initiales des trois mots Torah, Neviim et Ketouvim.

L'essentiel du judaïsme repose sur : l'unicité de Dieu, maître de l'univers ; un homme créé à son image mais capable de faire le mal ; l'Alliance de Dieu avec le peuple d'Israël, qui a pour mission de témoigner en pratiquant les règles définies par la Torah ; l'avènement du Messie, l'envoyé de Dieu sur terre pour instaurer son royaume et rassembler sous sa conduite le peuple d'Israël.

Les mythes hébraïques

Les mythes du monde hébraïque sont bien connus, puisqu'ils ont été repris dans le monde chrétien et musulman. Citons ainsi : la création du monde en six jours, le Déluge, la tour de Babel. Beaucoup moins connu est celui consacré à la femme primordiale, avant Ève, la terrible Lilith.

Le Golem

Parmi les légendes juives, même si elle ne date pas des temps hébraïques, la plus étonnante est celle du *Golem*, être créé par l'homme à Prague, au XVIe siècle. Certes, le terme de golem apparaît dans la Bible, dans le Livre des Psaumes, mais il signifie alors seulement « matière informe ».

Le plus fameux Golem est celui conçu par Rabbi Löw (1526-1609) de Prague, dont la tombe est toujours visible dans le cimetière juif de la ville. Inquiet des menaces contre sa communauté, le rabbin Löw aurait créé pour la défendre un être d'argile qu'il aurait animé en lui glissant dans la bouche un morceau de parchemin sur lequel était écrit le tétragramme *YHVH*, Yahvé, le nom de Dieu. Mais la créature devient incontrôlable. Pour la détruire, une seule solution, effacer sur son front la première lettre du mot *EMETH* (Vérité) qui devient alors *METH* (Mort). Heureusement pour le rabbin, *golem* veut également dire « idiot » ou « abruti ». Rabbi Löw lui demande de lacer ses chaussures, car il est devenu immense, bien trop grand pour atteindre son front. Le Golem s'exécute, et, à genoux, son front est à bonne portée. La légende veut aussi que le Golem n'ait pas été détruit, qu'il ne soit qu'endormi dans les combles de la plus ancienne synagogue de Prague, totalement interdits à la visite…

POUR ALLER PLUS LOIN

La recette du golem

Pour réaliser vous-même votre golem, la recette est assez simple, mais le résultat demeure à vos risques et périls. Prenez une quantité d'argile suffisante et donnez-lui une forme humaine. Puis, après l'avoir entouré d'un cercle, décrivez autour de lui une circumambulation en ayant soin de réciter les 221 alphabets secrets que vous aurez préalablement appris. Alors, et seulement alors, prononcez le nom de Dieu, son nom ineffable, *YHVH* (Yahvé). La créature s'animera aussitôt.

Un conseil : votre golem, de jour en jour, devient de plus en plus fort et vous de moins en moins apte à le maîtriser. N'oubliez donc pas de lui inscrire sur le front le mot *EMETH* (Vérité) qui présente l'énorme avantage de devenir *METH* (Mort) en effaçant le premier caractère. Si votre golem se révolte, empressez-vous d'effacer le début du mot, et il retournera à la poussière.

Un second conseil : dans le doute, ne fabriquez pas de golem.

Lilith

Lilith est surtout connue par les écrits de la Kabbale, ou *Qabalah* en hébreu, une tradition mystique, ésotérique, qui aurait été délivrée à Moïse en même temps que les Tables de la Loi sur le mont Sinaï. Dans la Bible proprement dite, Lilith apparaît peu, au détour d'une phrase et de manière allusive. Les historiens pensent que son mythe est lié à la captivité à Babylone, et qu'elle serait la version hébraïque d'un démon femelle babylonien, nommé Lilitû. Sa forme évolue, depuis la louve à queue de scorpion jusqu'à celle d'un serpent ailé, en passant par une femme ailée. En revanche, ses caractéristiques demeurent, notamment un insatiable appétit sexuel. Selon les écrits de la Kabbale, dont le *Zohar* ou Livre des Splendeurs, Lilith est l'épouse du roi des Enfers. Mais elle est aussi présentée comme la première femme d'Adam. Et là, les choses se corsent : elle le pousse à la fornication sans cesse, refuse d'avoir des enfants, refuse d'être couchée sous lui, livre son corps à tous les démons de rencontre. Lassé, Adam la chasse du Paradis. Il en faut plus pour impressionner Lilith, qui demeure. Finalement, Dieu lui-même doit intervenir et la jeter à la *Géhenne*, l'enfer juif, une vallée étroite et profonde brûlée d'éternelles flammes. Toutefois, Adam ne peut vivre seul, et Dieu crée une seconde femme, Ève.

Même Dieu ne peut s'imposer totalement à Lilith, et, le soir, au crépuscule, elle quitte la Géhenne pour s'emparer des hommes et femmes faibles et les entraîner dans une débauche sexuelle sans fin.

L'héritage hébraïque

Si nous voulons saisir la force de l'impact du judaïsme dans notre culture, nous devons le penser à la fois comme un respect quotidien des 613 lois, interdits, et comme un événement historique non fermé sur lui-même. Avec la *Haskala*, le Siècle des lumières, des commentaires, des interprétations, doctrinaux, philosophiques, historiques permettent de mieux saisir son évolution à la fois en tant que monothéisme et moment historique. Comment une petite tribu, partie d'un coin du désert, sans patrie, a-t-elle pu survivre pendant trois mille ans aux lois du monde, tout en finissant par donner naissance au premier monothéisme ?

La force spirituelle

Les juifs ne sont pas des « fossiles » pour reprendre l'expression de l'historien A. Toynbee et ont su adapter les leçons de l'Ancien Testament à leur vie quotidienne comme à la croyance d'un dieu unique. Cette force est effectivement d'avoir trouvé pendant des millénaires un équilibre entre une ouverture sur le monde extérieur et le respect de la Loi.

La Bible n'est pas une philosophie mais l'histoire de l'Homme, racontée sans sa condition quotidienne, d'un point de vue existentiel et éthique. Les prophètes transmettent le besoin constant de s'éveiller à soi, tout en considérant le monde et en donnant un sens à son histoire. L'action sur soi a été autant privilégiée que l'action sur les autres. Les prophètes exercent une influence considérable, en luttant contre les idoles, les formes de superstition, sur le destin d'Israël. Leur regard critique leur vaut souvent d'ailleurs d'être persécutés comme Élisée ou Jérémie, mais ils mettent en avant la notion de responsabilité humaine. De l'exil constant, ils ont développé une « prodigieuse souplesse d'intelligence » écrira Élie Faure, qui leur permet de tout critiquer, de tout juger, tout en multipliant la force d'introspection. À l'époque mosaïque, cet exil apparaît comme un moment privilégié pour la fortification spirituelle. Fortification spirituelle renforcée par l'idée que tout Israël est responsable de chacun, rapporte la tradition.

Très tôt, le judaïsme apparaît comme une exigence de fondation ontologique de l'éthique. Les prophètes rappellent constamment à leurs devoirs sur le plan moral, le roi, le pouvoir politique et le prêtre, le pouvoir sacerdotal. Les Tables de la Loi dictent de vivre selon une relation de responsabilité par rapport à soi et aux autres, dans une adéquation totale à la vérité.

La religion du Livre

Notre héritage hébraïque est lié au Livre par excellence, à la Bible. Dès le Ve siècle av. J.-C., le texte de la Loi devient la référence obligée, mais de plus, l'homme capable de la connaître et de l'interpréter, le scribe, est placé au centre du monde de la connaissance.

L'écriture apparaît au IVe millénaire, en Mésopotamie et en Égypte. À l'origine, elle sert surtout à dénombrer les possessions des temples, à décompter plus qu'à relater. D'ailleurs, le terme hébraïque pour désigner le scribe, *sôfer* vient du verbe « compter », qui par extension prend le sens d'« énumérer », enfin de « raconter ». Dans la traduction de l'hébreu au grec, réalisée avec la Septante, le sôfer devient *grammateus* (graveur), c'est-à-dire l'écrivain. Le scribe est par excellence l'homme de sagesse, celui qui a un accès courant au texte de la Loi, dans un monde où savoir lire et écrire est un phénomène extrêmement rare. Par suite, interprète de la Loi, il est à même de guider l'ensemble de la population afin de lui permettre de la respecter comme il convient. Le corps des scribes donne naissance à une riche tradition d'exégèse biblique, dans le cadre de la *Mishnah*, en hébreu, la « répétition » et de la *Kabbale* ou « réception ». L'on peut dire que toute la tradition occidentale d'étude et d'analyse découle de cette capacité des scribes hébraïques à interroger les écrits fondateurs.

POUR ALLER PLUS LOIN

Mishnah, Guemara, Talmud et Kabbale

La *Mishnah* (répétition) est le recueil des lois orales juives. Rédigée en hébreu, elle collationne l'avis des rabbins ayant étudié leurs divers aspects. Elle se présente sous forme de six ordres, ou *sédarim*, à leur tour divisés en 63 traités, à leur tour subdivisés en chapitres. Les six ordres traitent chacun d'un point particulier : Les Semences (*Zeraim*) de l'agriculture ; Les Fêtes (*Moed*) du calendrier des fêtes liturgiques ; Les Femmes (*Nachim*) du mariage ; Les Dommages (*Nézikim*) du droit civil et pénal, de la morale ; Les Sacrés (*Kodichim*), des sacrifices, du Temple, de l'abattage rituel ; Les Puretés (*Taharot*), de la pureté ou de l'impureté rituelle.

La *Guemara*, ou « complément » en araméen, langue dans laquelle elle est rédigée, est un commentaire de la Mishnah. Mishnah et Guemara ensemble forment le *Talmud* (étude). Le Talmud comprend donc les lois orales (Mishnah) et celles plus directement issues du *Tanakh*, les lois écrites. Il aurait été rédigé entre l'Exil à Babylone (587 av. J.-C.) et 380 de notre ère, pour le Talmud de Jérusalem et entre l'Exil et les alentours de l'an 500 pour le Talmud de Babylone, dont la Guemara, achevée à cette date par Rav Yossé. La différence entre les deux réside dans leur rédaction, le premier aborde de très nombreux sujets assez rapidement, le second en moins grand nombre mais en les approfondissant. Le plus étudié, car considéré comme le plus important, est le Talmud de Babylone.

La *Kabbale* (réception) est la connaissance secrète, donc ésotérique, de la Torah. Son étude permet de se rapprocher de Dieu, de comprendre la création et de se comprendre soi-même. Le cœur de la Kabbale est délivré par le Livre de la Splendeur, le *Sefer Ha Zohar*, ou *Zohar*, ouvrage rédigé en araméen par Moïse de Léon (1240-1305) en 1280, qui fixe par l'écriture l'enseignement oral du rabbin Shimon Bar Yochaï au IIe siècle de notre ère. Les autres textes fondamentaux de la Kabbale sont le Livre de la Création (*Sefer Yetsirah*) et le Livre de la Clarté (*Sefer Ha Bahir*).

Deuxième partie

Il était une fois l'Asie

Dans cette partie…

L'Asie foisonne d'hommes et de divinités. Elle est à l'origine des grandes religions polythéistes et des hommes d'exception révélant la libération de l'humain par renoncement bouddhique ou par sagesse confucéenne, d'une voie d'immortalité taoïste. Terre des grands empires, de la Perse de Darius à la Chine des Ming ou l'Inde moghole, elle héberge le sens du minimalisme rigoureux avec le Japon. Chaque civilisation développe un art raffiné exprimé dans des monuments grandioses, Persépolis cité des rois fait écho au Taj Mahal, la Cité violette de Pékin mire l'éclat de ses tuiles vernissées dans l'étincelante toiture du Pavillon d'or de Kyoto.

Expression d'un pouvoir politique et religieux intimement enchâssés, des gouvernants puissants conduisent leurs peuples sur les voies de la prospérité ici-bas et du salut dans l'au-delà. Zoroastre inspire un art de gouverner à Darius Ier, Bouddha (l'Éveillé) guide les princes indiens au sud, Mahomet et le Coran (la Récitation) conseillent les empereurs du Nord, Confucius et Lao-tseu donnent aux empires chinois et japonais une structure sociale et une morale pratique.

Fasciné par l'Asie dans l'Antiquité, intrigué par les riches caravanes de la route de la Soie, par les révélations du *Livre des Merveilles* de Marco Polo, l'Occident avide, entre pillage et admiration, prend ou reçoit techniques, notions religieuses et éthiques, oscille entre zéro, poudre à canon, non-dualisme et fin des réincarnations.

Chapitre 4

La Perse des bronzes et des palais

Dans ce chapitre :

- L'empire de Cyrus et de Darius
- Le zoroastrisme, entre Bien et Mal
- La naissance de l'Enfer

Le nom de la Perse provient du persan *Pars*, repris par les Grecs en *Persis*. Il s'agit en réalité d'une région, et non du pays tout entier, appelée depuis le IIIe siècle av. J.-C. *Eran* (pays des Aryens, c'est-à-dire des Iraniens). L'histoire de la Perse antique se localise donc sur le territoire de l'actuel Iran. Apparue à l'époque protoélamite, vers 3200 av. J.-C., la civilisation perse s'étend, avec des fortunes diverses, jusqu'à la conquête d'Alexandre le Grand en 331 av. J.-C. Riche de monuments prestigieux, à Babylone, à Suse, à Khorsabad, de l'introduction de la monnaie, d'une religion opposant Bien et Mal, le *zoroastrisme*, la Perse fascine par un mélange de cruauté despotique et de raffinement extrême. Elle nous lègue un modèle de gestion administrative avec les gouvernements ou *satrapies*, un art consommé de l'architecture avec Persépolis, et un code religieux et moral avec l'*Avesta*.

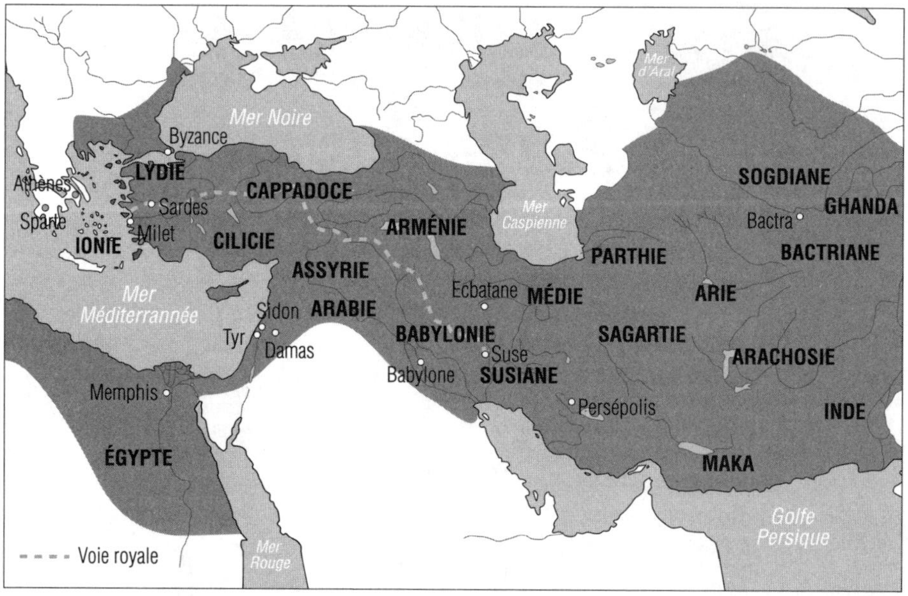

Figure 4-1 : L'Empire perse sous Darius Ier.

Les grandes étapes de l'histoire perse

L'histoire perse est celle du passage de tribus des montagnes de Zagros, au sud-ouest de l'Iran à un empire, celui des Achéménides, fondé par Cyrus vers 550 av. J.-C., puis à sa résurrection avec les Sassanides, vers 224 de notre ère.

La Perse des origines

À l'origine du futur Empire perse, des montagnards, Élamites, Kassites et Goutéens, qui s'opposent à la Mésopotamie entre le IIIe et le IIe millénaire. Ils sont à cette date rejoints par des Indo-Européens, notamment les Aryens. Quatre peuples connus se sont alors fixés : les Perses, à l'est et au sud-est du lac Ourmier, les Mèdes plus au sud, les Zikirtéens au nord, les Parthes au sud de la mer Caspienne. Parmi ces populations, les Mèdes en premier mettent en place un royaume, avec des succès divers : en 653 av. J.-C., le roi Phraorte est vaincu par l'Assyrie, à son tour écrasée par l'un de ses successeurs, Cyaxare, vers 625 av. J.-C.

Les Perses font partie des groupes soumis, tout comme les Scythes. Mais ils préparent leur revanche sous le règne du légendaire Achéménès, qui donne son nom à la dynastie, et son successeur Teispès (675-640 av. J.-C.), en constituant une armée et un État organisé. C'est toutefois à partir de 556 que se constitue l'Empire perse. Cyrus II (règne : 559-530 av. J.-C.), roi d'Anshan se révolte contre son souverain mède, Astyage, et s'empare de son empire en 550 av. J.-C. C'est le prélude à d'éblouissantes conquêtes : à sa mort en 530 av. J.-C., Cyrus s'est imposé à tous les princes voisins, a conquis la Lydie de Crésus (règne : 561-547 av. J.-C.) et pris Babylone. Seule l'Égypte est encore indépendante, son fils Cambyse II (règne : 530-522 av. J.-C.) la soumet rapidement. À son décès, une brève période d'anarchie s'installe, et un autre Achéménide, Darius Ier (règne : 521-486 av. J.-C.) ouvre une nouvelle ère de grandeur.

La consolidation de l'empire

Darius Ier (521-486 av. J.-C.) règne sur un empire immense, l'un des plus vastes de l'Antiquité, depuis le Bosphore à l'ouest jusqu'à l'Indus à l'est. Mais une entité aussi vaste est d'autant plus difficile à gouverner. Darius divise le territoire en vingt gouvernements, ou *satrapies*, chiffre plus tard porté à trente. Un *satrape* est un prince local, appartenant à la haute aristocratie perse, nanti de pouvoirs civils, financiers, judiciaires. Pour limiter l'indépendance de ces véritables vice-rois, Darius prend soin de leur adjoindre des conseillers qu'il nomme lui-même et qui espionnent les satrapes pour le compte du grand roi. Ils sont les « yeux et les oreilles du roi ».

Monarchie centralisée, l'Empire perse a besoin d'unité. Darius crée une poste, dont la fameuse « route royale » illustre l'efficacité. S'étendant de Sardes à Suse sur 2 700 km, grâce à 111 relais de poste, un tous les 25 km environ, les courriers royaux à cheval mettent six à sept jours à relier les deux villes. En Égypte, il fait creuser le Canal de Darius, qui relie le Nil à la mer Rouge sur une distance de près de 200 km. Ouvrage discontinu, certaines portions en sont franchies en halant les bateaux hors de l'eau avant de les replonger dans le canal inondé le plus proche. Il unifie les poids et mesures en prenant pour étalons ceux de Babylone. Un code de loi, l'Ordonnance des bons règlements, s'étend à tout l'Empire, mais il ne nous en reste rien. La monnaie, inventée par les Lydiens, est généralisée.

Désigné par Darius comme son successeur, Xerxès Ier (486-465 av. J.-C.) repousse les frontières de l'Empire jusqu'au Danube, envoie une flotte jusqu'à l'océan Indien. Mais les satrapes deviennent de plus en plus indépendants, tout comme les cités grecques d'Ionie, sur la côte de l'actuelle Turquie. En 490 av. J.-C., un corps expéditionnaire perse a été défait à Marathon, la flotte perse est vaincue à Salamine (480 av. J.-C.). En 486 av. J.-C., l'Égypte se révolte, suivie de la Babylonie en 482 av. J.-C. Xerxès rétablit l'ordre en écrasant les révoltés dans le sang.

L'effondrement

Si le titre de Grand Roi consacre le souverain comme le chef de l'aristocratie perse, il ne le met pas à l'abri de ses complots. Les successeurs de Xerxès sont trop souvent paralysés, enfermés dans leur palais au milieu d'intrigues sans fin, souvent issues du harem même du roi. Durant cette période (482-330 av. J.-C.), chaque succession donne lieu à des révolutions de palais. Profitant de l'éloignement et de la fragilité du trône, les satrapes deviennent indépendants, n'hésitent plus à se révolter.

Quand Alexandre le Grand attaque la Perse, en 334 av. J.-C., il écrase les armées de Darius III Codoman (335-330 av. J.-C.) à Issos (333 av. J.-C.), puis à Gaugamèles ou Arbèles (331 av. J.-C.). Le dernier roi perse périt lamentablement, assassiné par ses propres satrapes en 330 av. J.-C. Désormais l'Empire perse n'est plus qu'une province de celui d'Alexandre, puis après sa mort, des Séleucides, descendants de son général Séleucos Nicator (le Vainqueur), roi de Syrie de 305 à 280 av. J.-C.

POUR ALLER PLUS LOIN

L'origine des Aryens

Les Aryens sont des Indo-Européens, venus du plateau iranien, où ils se sont installés au cours du IIIe millénaire. Vers 1500 av. J.-C., certains groupes envahissent le nord-ouest de l'Inde, où les textes des *Veda* les présentent sous le nom d'*Arya*, que nous utilisons encore. Ils apportent la langue sacerdotale, le *sanskrit* et sont peut-être à l'origine du système des castes. Leur civilisation s'impose en Inde du Nord, dans la vallée du Gange, mais ils sont repoussés par les populations autochtones, quand ils tentent d'envahir le sud, à partir du plateau du Dekkan.

C'est au XIXe siècle que le comte Arthur de Gobineau (1816-1882) leur donne une place de race supérieure, dans son *Essai sur l'inégalité des races humaines* (1853-1855). L'idée d'une « race aryenne » dominante est reprise par Houston Stewart Chamberlain (1855-1927) dans sa *Genèse du XIXe siècle* (1899), qui la prétend pure en Allemagne. Ces deux ouvrages formeront le socle de la pensée raciste du mouvement national-socialiste, le nazisme, d'Adolf Hitler.

La Perse sans royaume

Entre 330 av. J.-C. et 224 de notre ère, la Perse passe d'une domination à l'autre. Les Séleucides, descendants de Séleucos Nicator, s'imposent jusqu'en 188 av. J.-C. Mais à cette date, leur défaite face aux légions romaines à Apamée les contraint à s'effacer au profit des Parthes, peuple de l'Iran ancien installé au sud-est de la mer Caspienne. Leur dynastie porte le nom d'Arsacides. En 224, les Parthes arsacides sont à leur tour défaits par une nouvelle puissance proprement perse, venue de la région du Fars, comme les Achéménides. La dynastie des Perses sassanides reprend le flambeau de ses glorieux prédécesseurs.

Le Deuxième Empire perse : les Sassanides

Le nom des Sassanides provient de l'ancêtre fondateur, nommé Sassan, mais la dynastie est fondée par Ardachir Ier (224-241), lorsqu'il vainc et fait mettre à mort Artaban V (208-224), dernier souverain parthe arsacide, après l'avoir défait à la bataille d'Hormizdaghan, en 224. L'Empire sassanide (224-651) repose sur une grande capacité militaire, qui permet même, en 260, d'écraser les armées romaines à Édesse, de capturer et exécuter l'empereur Valérien (253-260). Plus tard, c'est au tour d'un autre empereur romain, Julien II l'Apostat (361-363) de mourir en combattant les Perses. Pourtant, en dépit de sa puissance, l'armée sassanide va peu à peu s'effondrer sous les coups de Byzance, le rival frontalier. Vers 630, l'Empire est réduit à Ctésiphon, la capitale, et à ses proches régions. L'hallali est mené par les conquérants arabes, qui repoussent les Byzantins et dominent définitivement la Perse après la cuisante défaite de Néhavend en 642. Yazdgard III (632-651) fuit son propre royaume. À sa mort, en 651, la Perse, soumise aux vainqueurs arabes, entre dans le monde islamique.

Pourtant, les souverains sassanides laissent l'image d'un âge d'or de la Perse, à la fois par sa réorganisation administrative et politique, reprise des Achéménides, et par le rayonnement religieux du *mazdéisme*, l'explosion d'un art raffiné, influencé par le monde hellénistique, les traditions locales, les contacts avec la Chine.

POUR ALLER PLUS LOIN

Un empire verrouillé

Après ses victoires à l'est et à l'ouest, Shapur Ier (règne : 240-272 apr. J.-C.) prend le titre de « Roi des rois d'Iran et du non-Iran ». Prenant exemple sur le modèle des Achéménides, les Sassanides, tout en conservant la structure sociale de l'Empire parthe, assurent leur puissance grâce à une administration rigoureusement centralisée. Quatre classes, elles-mêmes subdivisées en groupes, émergent : les mages, les soldats, les fonctionnaires, les paysans et artisans. Le souverain reste à la tête de l'État et ce sont les plus hauts dignitaires de l'État qui le désignent, il est choisi dans la famille royale. Ainsi sept familles princières, toutes issues des Ardachides, descendants d'Ardachir Ier (224-240 apr. J.-C.), fondateur de la dynastie, de la noblesse féodale et du clergé, exercent une puissance considérable dans la politique de l'Empire. Les vice-rois et les gouverneurs des domaines appartiennent à la famille royale également. Aux prétentions des familles féodales, les empereurs opposent l'influence d'une caste grandissante, les « grands et puissants », *Vuzurghan*, principal soutien politique du monarque contre les sept familles princières. Ils détiennent les postes clés de l'administration et de l'armée.

Les principaux sites et monuments perses

Sites et monuments perses ont une seule finalité, témoigner de la gloire du roi. Il s'agit donc par excellence d'un art palatial et des tombes royales. Le palais royal, centre de l'Empire, doit refléter la splendeur du souverain régnant, ainsi des palais de Suse, de Persépolis, de la célèbre salle d'audience de l'Apadana qui pouvait accueillir dix mille personnes. La dimension surhumaine du roi, représentant sur terre du dieu suprême Ahura Mazda, se prolonge dans l'immortalité sculptée des tombeaux royaux de la falaise de Naqch-é Rustam.

Persépolis

Si Suse est la capitale administrative de l'Empire perse, Persépolis en est le cœur religieux. Darius Ier en décide la construction vers 518 av. J.-C., une fois achevé son palais de Suse. Il choisit un site au cœur du Fars, difficilement accessible, en climat aride, pour y fonder Parsa, plus connue sous le nom de Persépolis. La ville est entièrement bâtie sur une terrasse de 450 m de long sur 300 m de large, entourée à l'origine d'une enceinte fortifiée. Les principaux monuments de Persépolis sont la porte des Nations, l'Apadana, la salle du Trône et les palais et harem de Xerxès Ier (règne : 486-465 av. J.-C.).

La porte des Nations est édifiée par Xerxès Ier. C'est une salle carrée pourvue de trois ouvertures monumentales. Les portes Est et Ouest s'ouvrent par des taureaux et taureaux ailés à tête humaine, portant la longue barbe frisée et la tiare ornée de cornes, symbole de royauté à deux rangs de cornes superposés, de divinité à trois rangs.

L'Apadana de Persépolis, commencée par Darius, est achevée par son successeur Xerxès. Vaste salle carrée de 75 m de côté, son plafond est supporté par 36 colonnes de 20 m de haut, terminées par un chapiteau en forme d'animaux dos à dos, taureaux, lions ou griffons. On y parvient par deux escaliers monumentaux, à l'est et au nord. Ces derniers, ornés de frises sur plusieurs registres, présentent tous les peuples soumis au Grand Roi apportant les offrandes et les tributs à la salle du Trône : Mèdes, Arméniens, Babyloniens, Lydiens, Parthes, Assyriens... Le visiteur qui avait l'honneur d'être reçu, avant de se retrouver, minuscule, dans une salle gigantesque, où des colonnes de cèdres surmontées de chapiteaux taurins soutenaient un toit peint, de cèdre également, gravissait lentement un escalier dont les représentations exaltaient la grandeur surhumaine du souverain qui daignait lui donner audience dans la salle du Trône.

La salle du Trône, encore appelée salle des Cent Colonnes, est une salle hypostyle à portique. Délimitant une surface d'environ 4000 m^2, elle était utilisée probablement pour que le roi y siège en majesté et reçoive les tributs accumulés de ses sujets, déposés au pied du trône, notamment lors de la fête du nouvel an, le *Now Rouz*.

Les palais de Persépolis sont celui de Darius, appelé le *Tachara*, composé d'une salle centrale à colonnes entourée de salles plus petites, et celui de Xerxès, appelé le *Hadish* sur un modèle semblable au précédent, mais avec un portique de 12 colonnes sur le côté nord.

Persépolis connaît une fin tragique : en janvier 330 av. J.-C., Alexandre le Grand entre dans la capitale perse, qui s'est rendue sans résistance. Après avoir laissé ses troupes piller la cité, Alexandre est accusé d'y avoir mis le feu, mais cette accusation n'est étayée d'aucune preuve formelle, il pourrait s'agir d'un incendie accidentel, lequel ravage cependant sans pitié la ville du « Roi des Rois ».

Suse

L'Élam est un royaume à l'origine né dans l'actuelle région du Fars, située au sud-ouest de l'Iran, et qui s'est étendu au point d'être considéré comme le lien entre la civilisation mésopotamienne et l'Empire perse. Suse, *Susan* en langue élamite, est fondée vers 4000 ans av. J.-C. La Bible la fait figurer sous le nom de Sushan, à une époque où elle est depuis longtemps une cité prospère. Elle nous intéresse surtout ici pour sa période achéménide, puisque Cyrus II (règne : 559-530 av. J.-C.) la conquiert, et Darius Ier (521-486 av. J.-C.) en fait l'une de ses résidences favorites avec Persépolis, au point d'y édifier un somptueux palais.

Le palais de Darius est un monument célèbre pour la qualité de ses frises de mosaïque, notamment celles des archers, des lions, du taureau ailé, du griffon. Ses portes monumentales ouvrent sur un complexe étagé de 13 hectares. Pour accéder à la première terrasse, une porte monumentale de 40 m de long sur 28 m de large, gardée par deux statues colossales du roi. Puis une rampe conduit à la Maison du Roi, qui regroupe les appartements de Darius, de ses proches, mais aussi des magasins où étaient entreposés tous les biens nécessaires à une vie de cour luxueuse. Cependant la pièce maîtresse du palais est l'Apadana, la salle d'audience, présente aussi au palais de Persépolis. À Suse, l'Apadana couvre plus de 12 000 m^2, peut accueillir 10 000 courtisans venus des quatre coins de l'Empire. Ce sont ses murs qui s'ornent des frises de briques émaillées représentant lions, taureaux, archers. Ils sont en outre décorés d'or et d'argent, de turquoise, de lapis-lazuli, de cornaline et d'ivoire.

LE SAVIEZ-VOUS ?

« Ô Solon, Solon ! »

Maître de la Lydie en 546 av. J.-C., Cyrus II (règne : 559-530 av. J.-C.) se prépare, selon Hérodote, à livrer son dernier roi, le très riche Crésus (règne : 561-546 av. J.-C.), au bûcher. Mais Crésus y montant s'écrie « Ô Solon, Solon ! ». Intrigué, Cyrus le fait conduire devant lui, et Crésus lui relate la visite du législateur grec. Crésus, alors au sommet de sa puissance, ne lui épargne la visite d'aucun palais, la contemplation d'aucun trésor. À la fin de la visite, Solon lui dit simplement : « N'appelons personne heureux avant sa mort. » Devant la justesse de cet apophtegme sur l'impermanence des situations, Cyrus aurait libéré le vaincu.

Le palais de Ctésiphon

Ctésiphon cette ancienne ville parthe se trouve au sud de Bagdad, sur la rive gauche du Tigre. Dans cette ancienne capitale des souverains parthes puis sassanides subsistent les restes du Taq Kisra, gigantesque palais aux formes voûtées d'une hauteur de 30 m et de 43 m de profondeur. Seul le grand *iwan*, voûte en berceau, ainsi que l'aile sud de la façade sont conservés. Construit avec du simple mortier de gypse et de briques crues carrées, l'Iwan défie les lois de la pesanteur. La construction du palais s'étend sous les règnes de Shapur Ier (241-272) et de Chosroes (531-575).

Les tombeaux de Naqch-é Rustam

C'est à environ 4 km au nord de Persépolis, que les falaises de Naqch-é Rustam accueillent les *hypogées*, tombes creusées dans la roche, des souverains achéménides, après que Darius Ier en a fait choix pour sa propre sépulture.

C'est d'ailleurs le tombeau de Darius qui sert de modèle uniforme aux autres hypogées royaux : la façade est travaillée en forme de croix, sa partie basse dépourvue de sculptures, puis au-dessus, la branche de la croix ornée de colonnes à chapiteaux, et au registre supérieur une scène complète, le roi honorant le dieu principal Ahura Mazda devant un autel à feu, porté par les trente peuples soumis, l'ensemble conçu afin d'imiter l'entrée d'un palais avec au centre, une ouverture donnant accès à la chambre funéraire.

Outre Darius Ier, les trois autres tombes sont celles attribuées à Xerxès Ier (règne : 486-465 av. J.-C.), Artaxerxès Ier (règne : 465-424 av. J.-C.) et Darius II (règne : 424-405 av. J.-C.). Sur le même site sont sculptés huit gigantesques reliefs, datant de l'époque des rois perses sassanides (224-651 de notre ère). La façade de la tombe de Darius, située à 15 m au-dessus du sol, est haute d'environ 23 m.

Pour aller plus loin

L'art du haut-relief

Sur le site de Naqch-é Rustam, les souverains sassanides ont voulu marquer leur filiation directe avec les Achéménides inhumés dans la falaise. Huit hauts-reliefs géants ont été creusés, illustrant les hauts faits des princes représentés. Ardachir Ier (224-241) est investi par le dieu suprême Ahura Mazda. Roi et dieu sont à cheval. À leurs pieds, le dernier roi parthe Artaban V se soumet, de même que l'incarnation du mal, Ahriman, figuré nu et entouré de serpents. Son fils et successeur Shapur Ier (241-272), à cheval, couronné, fait face à deux hommes soumis, l'un debout, l'autre en train de s'agenouiller. Il pourrait s'agir de deux empereurs romains, Valérien Ier et Philippe l'Arabe. Le troisième relief représente Barhâm II (276-293) au milieu de sa cour, entouré de sa famille. Une inscription loue son action religieuse, avoir persécuté toute religion autre que le mazdéisme. Ces quatre reliefs sont les mieux conservés et les plus remarquables, toutefois, au IVe siècle et au début du Ve, quatre autres souverains ajouteront les leurs, de moindre importance.

Les grands personnages de la Perse

Certes, la Perse des rois exalte leur gloire, et ils ont laissé des ensembles monumentaux afin d'assurer leur immortalité dans la mémoire des hommes. Mais le pays recèle un trésor caché de grands personnages en la personne de deux réformateurs religieux, Zoroastre ou Zarathoustra, et Manès ou Mani, le premier réformateur de la religion perse originelle, le mazdéisme, le second, son lointain continuateur, qui veut réunir bouddhisme, zoroastrisme et christianisme dans une pensée commune.

Toutefois, rendons à César ce qui lui appartient et honorons à leur tour deux princes, Cyrus II, pour sa piété, son amour de la justice et sa clémence devenue règle d'exercice du pouvoir, et Darius Ier pour son souci de la morale zoroastrienne et ses talents d'administrateur.

Zarathoustra

Zoroastre, ou Zarathoustra (660-583 av. J.-C.), est le grand réformateur de la religion iranienne autochtone, le *mazdéisme*. Nous ne savons pratiquement rien de sa vie véritable, les dates indiquées ici sont probables, mais non certaines, son existence se déroule entre le VIIe et le VIe siècle av. J.-C., mais certains historiens préfèrent une datation plus ancienne, entre 1200 et 800 av. J.-C. Sa jeunesse se passe à méditer sur la religion existante, le mazdéisme, du nom du dieu de la lumière, dieu principal, Ahura Mazda.

Outre ce dernier, les Iraniens adorent bien d'autres divinités, dont Mithra, dieu pasteur et guerrier, ou Haoma dieu végétal, dont la plante sacrée permet de fabriquer une boisson enivrante éponyme, proche du *soma* hindou. Le culte, fait de sacrifices sanglants, de maintien d'une flamme brûlant en permanence au sommet de tours, était entre les mains de la puissante confrérie des mages, qui en tiraient prestige et avantages matériels. Au monde lumineux d'Ahura Mazda s'oppose celui des ténèbres, l'univers des démons sur lequel règne Ahriman, hostile aux hommes. Comme bien d'autres réformateurs et prophètes, Zoroastre quitte sa famille, installée à l'est de l'Iran, et se réfugie de nombreuses années, entre dix et vingt, dans une montagne. C'est là qu'il a la révélation d'un dieu unique, Ahura Mazda, réclamant la pureté dans tous les aspects de l'existence, et une morale rigoureuse. Il convertit un noble de haut rang, Hystaspe, peut-être le satrape de Bactriane, région à cheval sur les frontières d'Afghanistan, d'Ouzbékistan et du Tadjikistan, père de Darius.

UN PEU DE MYSTÈRE

Les tours du Silence

Bien avant Zoroastre, les Iraniens pratiquaient un rite funéraire qui perdure aujourd'hui. Ils exposaient les cadavres en plein air, afin que les oiseaux et les charognards se repaissent des corps, puis recueillaient les ossements afin de les déposer dans un ossuaire. Cette coutume était liée à un double souci de vénération : celle due à la terre interdisait l'inhumation, celle due au feu la crémation. Leur confier les défunts, dans un cas comme dans l'autre, aurait représenté une souillure et une offense.

Cette exposition subsiste aujourd'hui avec les « tours du Silence » à Mumbai (Bombay). Les Parsis les nomment *dakhma*. Les cadavres sont confiés à la congrégation des Nasasalar. La famille accompagne le défunt jusqu'à la Tour, sans aller au-delà, le confie aux Nasasalar qui le dévêtent et le laissent aux vautours. Situées dans le quartier de Malabar Hills, les tours du Silence se trouvent dans un parc boisé entouré d'une enceinte. Chaque tour, cylindrique, s'achève au sommet par une plate-forme ronde, inclinée vers un évidement en son centre. De cette façon, les restes humains, après le passage des vautours, finissent par y tomber.

Cyrus II le Grand

Un souverain aussi prestigieux que Cyrus II le Grand (règne : 550-530 av. J.-C.) ne peut avoir une enfance ordinaire. Selon une légende, fort répandue pour les grands fondateurs, le bébé aurait dû être livré aux bêtes fauves à la suite d'une prédiction expliquant au prince régnant que cet enfant le détrônerait. Naturellement, il y a eu substitution, et le jeune Cyrus a pu accomplir son royal destin.

L'histoire, parfois plus prosaïque, est aussi plus expéditive. Cyrus II, fils du roi perse Cambyse Ier (v. 600-559 av. J.-C.) est vassal du roi mède Astyage, le méchant de la légende. Il le renverse en effet en 550 av. J.-C., et son éblouissante carrière de conquérant commence. Vingt ans plus tard, il a tout conquis : la Lydie, la Cilicie, la Lycie, la Carie, la Phrygie, bref toute l'Asie Mineure, à laquelle il a ajouté Babylone en 539 av. J.-C. Il meurt lors de sa dernière campagne en 530 av. J.-C.

Mais c'est aussi en qualité de modèle du prince que Cyrus II laisse son image à l'Histoire, pratiquant la justice et la clémence auprès de tous les peuples soumis. Après la prise de Babylone, il libère les Juifs asservis et les laisse rentrer en Judée. Les derniers prophètes d'Israël le célèbrent par le titre décerné d'« Oint du Seigneur ».

Entrant en vainqueur dans Babylone, Cyrus en a protégé les temples et les servants du dieu Marduk, dont il se déclare le protégé. Une politique habile, qui lui permet de gouverner en s'appuyant sur les élites locales ralliées par sa tolérance. Mais l'histoire est décidément une marâtre. En opposition à ce roi vertueux, elle fait de son fils et successeur, Cambyse II (530-522 av. J.-C.), un souverain fou, cruel et dégénéré.

POUR ALLER PLUS LOIN

Cyrus le droit-de-l'hommiste

Un important document, même s'il s'agit de toute évidence d'un classique texte de propagande à la gloire du roi régnant, nous éclaire sur la personnalité et la politique voulue par Cyrus II : le *Cylindre de Cyrus*. Fait d'argile, il est gravé d'une proclamation de Cyrus en *cunéiforme*, écriture akkadienne en forme de clous, ou de coins. Trouvé lors de fouilles en 1879, il est exposé au British Museum de Londres. En 1971, l'ONU lui reconnaît une valeur universelle en le faisant traduire dans ses six langues officielles (français, anglais, espagnol, russe, arabe, chinois). Car le décret, après un rappel de la conquête de Babylone, indique les mesures prises par le roi, considérées comme le modèle le plus ancien de charte des droits de l'homme. L'humanisme et l'universalisme de son message sont directement perceptibles dans cet extrait : « J'ai accordé à tous les hommes la liberté d'adorer leurs propres dieux et ordonné que personne n'ait le droit de les maltraiter pour cela. J'ai ordonné qu'aucune maison ou propriété ne soit détruite. J'ai garanti la paix, la tranquillité à tous les hommes. J'ai reconnu le droit de chacun à vivre en paix dans le pays de son choix. »

Les qualités humaines de Cyrus sont relatées par Xénophon (v. 445-v. 355 av. J.-C.) dans sa *Cyropédie*, ou *Éducation de Cyrus*, où l'auteur s'attache à démontrer l'impact des valeurs morales inculquées à un prince sur son mode de gouvernement et le bonheur futur de ses sujets.

Darius Ier le Grand

Darius Ier le Grand (règne : 521-486 av. J.-C.) appartient à la famille des Achéménides, et c'est à ce titre qu'il est proclamé roi en 521 av. J.-C. Né vers 550 av. J.-C., il met fin par son accession à une brève anarchie après la mort de Cambyse. Nous avons vu le bâtisseur à Suse, le créateur de *Parsa*, Persépolis, le militaire heureux de l'Indus à la Thrace, vaincu aussi à Marathon (490 av. J.-C.) et Salamine (480 av. J.-C.).

C'est surtout comme remarquable administrateur qu'il laisse son nom à la Perse. Reprenant les satrapies, créées par Cyrus, il leur donne leur forme achevée, à tel point qu'il est souvent considéré comme leur créateur véritable. Un satrape, littéralement « protecteur du royaume », est un grand noble perse pourvu de pouvoirs civils et militaires sur une circonscription précise, la satrapie. Au nombre de vingt, puis de trente, les satrapies permettent à Darius de contrôler son immense empire, d'autant plus que des conseillers nommés par le roi entourent les satrapes, rapportant tous leurs faits et gestes au Grand Roi. Il crée une monnaie, la *darique*, d'après son nom, pièce d'or de 8,40 g représentant le roi archer à l'avers et au revers un carré creux. De forme irrégulière et allongée, son poids est identique à celui du *statère* d'or attique.

LE SAVIEZ-VOUS ?

Les voyages de Scylax

Curieux de mieux connaître son empire, et notamment le cours de l'Indus, Darius confie à un Grec, Scylax de Caryanda (VIe siècle av. J.-C.), une flotte avec mission d'explorer le plus loin possible. L'expédition a pris probablement place entre 519 et 512 av. J.-C. Scylax descend l'Indus jusqu'à son embouchure, puis pénètre dans l'océan Indien, le golfe Persique et celui de Suez.

L'ensemble du voyage, retour compris, aurait duré trente mois. Outre une meilleure connaissance des côtes de la péninsule Arabique, le périple permettait d'établir un lien commercial avec les cités du Yémen productrices d'encens, dont les dieux sont friands sur les autels de Persépolis. Un récit du voyage nous est transmis par Aristote (384-322 av. J.-C.) dans sa *Politique*, et par le *Périple de Scylax de Caryanda* qui aurait été rédigé vers 350 av. J.-C. Certains historiens parlent à ce propos d'un pseudo-Scylax, le texte n'ayant pas, selon eux, de rapport direct avec le marin et géographe du VIe siècle av. J.-C.

Mani

Mani, ou Manès (216-276) est le père d'un syncrétisme religieux poussé. Il veut, par sa personne et ses écrits, dépasser le bouddhisme, le zoroastrisme et le christianisme. C'est ce dernier qui modèle ses choix. Mani pense être l'incarnation de l'Esprit saint, et par sa voix, les hommes seront conduits à leur libération. Pour s'affranchir de la souffrance, il faut libérer l'Esprit de la Matière. Pour ce faire, des missionnaires, les *Élus*, doivent répandre de par le monde les enseignements du maître : un ascétisme rigoureux, le refus du sexe et de tout plaisir. Pour le commun des mortels, peu apte à suivre un style de vie aussi exigeant, Mani prévoit un jugement dernier qui les sauvera, s'ils ont respecté la Vérité au long de leur existence.

Sa religion, issue du *mazdéisme*, reçoit un accueil favorable du roi sassanide Shapur Ier (243-272), alors à la recherche d'une religion nationale pour unifier l'Empire. L'un de ses successeurs, Bahrâm Ier (273-276), influencé par le clergé zoroastrien de stricte obédience, fait exécuter Mani. Ses œuvres composaient les *Sept Livres de Mani*, détruits après sa mort. Reprenant la dualité entre Bien et Mal, le nom de Mani nous a laissé le qualificatif *manichéen*, simplification qui signifie l'opposition sans nuance entre les deux notions.

Religion, mythes et légendes de la Perse

La religion perse, proche de celle des Aryens de l'Indus, repose sur un dieu principal, Ahura (Ormuzd) Mazda (Seigneur de Sagesse), d'où son nom de mazdéisme. Créateur du monde, il guide les hommes vers le Bien. Au temps de la réforme de Zoroastre, il devient le dieu unique, mais cette évolution n'est pas suivie par le peuple, et une multitude d'autres divinités continuent à être honorées, même si Ahura Mazda est présenté comme les comprenant toutes. Le soleil est son œil, le ciel sa cape ornée d'étoiles, son fils est l'éclair.

Dieu de la lumière, il s'oppose au monde de la noirceur et des ténèbres, dominé par Ahra Manyu, ou *Ahriman*, prince des démons, des bêtes malfaisantes et protecteur des sorciers, sorcières, les *péris*, il est représenté en serpent.

La *daena*

Ahura (Ormuzd), qualifié de *Mazda* (Seigneur de Sagesse), le Bien, est en lutte permanente contre Ahriman, le Mal. Pris entre ces deux forces, l'homme est libre de son choix, de suivre une vie droite ou de se laisser aller à ses mauvais penchants. Un jugement attend ainsi tout homme après sa mort. Pour les justes, l'âme demeure dans le corps pendant trois jours, puis traverse le pont de *Cinvat* qui relie la Terre au Ciel. Large pour les justes, il a l'épaisseur d'une lame d'épée pour les méchants. À la fin du troisième jour, un vent parfumé, venu du sud, l'entoure et le défunt a la révélation de ce qu'il est vraiment, sa *daena*, ou conscience, l'ensemble de tout ce qu'il a fait de bien en actes, paroles, pensées. Cette daena est symbolisée par une belle jeune fille qui le conduit au paradis, dans la *Garotman* (la Maison des Chants), où il attend le triomphe final d'Ahura Mazda. Les méchants, pendant ce temps, croupissent en enfer, dans l'Abîme, mais ils bénéficieront aussi, à la fin des temps, du salut universel, pour peu qu'ils se repentent, tout du moins après la réforme zoroastrienne.

La religion perse

Puisque Ahura Mazda est un dieu de lumière, l'essentiel du culte repose sur l'entretien constant de l'une de ses formes, en l'occurrence le feu. Sur les autels ou au sommet des tours, il doit se consumer sans s'éteindre, manifestation physique de la présence bienveillante du dieu suprême.

Le clergé est aux mains des *mages*, qui accomplissent les rites, les sacrifices, sanglants ou non, et sont aussi respectés que redoutés pour les pouvoirs qu'ils acquièrent en servant les dieux, notamment celui de nuire qui les rapproche parfois des sorciers. C'est ce fait qui leur vaut une mauvaise réputation auprès des historiens grecs, qui inventent le mot *magie* pour décrire et condamner leur art. Ils pratiquent la divination, notamment par la lecture et l'interprétation des astres dans le ciel et occupent des fonctions administratives, non seulement dans les temples, mais aussi dans les palais, auprès du roi ou des satrapes.

LE SAVIEZ-VOUS ?

Les mantiques

Les *mantiques* sont les diverses formes prises par la divination, l'art d'interroger les signes sur la volonté des dieux. Pour s'y retrouver, voici un lexique des formes les plus répandues, de l'Antiquité à nos jours :

- L'astrologie : observation de la place et du mouvement des astres
- L'extispicine : observation des entrailles, surtout les poumons et le foie
- Hépatoscopie : observation du foie
- Lécanomancie : observation de gouttes d'huile versées sur l'eau
- Météoromancie : observation des phénomènes météorologiques, orages, éclairs...
- Ornithomancie : observation du cri et du vol des oiseaux
- Palmomancie : observation des tics et mouvements non contrôlés du corps humain
- Physiognomonie : observation de la forme du visage
- Tératomancie : observation des aspects monstrueux (*teratos*, en grec), des conformations anormales chez les animaux ou les hommes

La lutte du Bien et du Mal

Ahura Mazda crée le monde et les hommes pour qu'ils le soutiennent dans sa lutte contre le Mal, mais en les laissant libres de choisir leur camp. La création se fait en six étapes : Ciel, Eau, Terre, Taureau, Plantes, premier Homme. Notre monde durera 12000 ans, suivant quatre périodes de 3000 ans. Les trois premiers mondes finissent par une catastrophe majeure, dont le Déluge. Le dernier s'achève par une parousie, le retour d'Ahura Mazda pour un règne éternel.

Si Ahura Mazda est le dieu suprême, deux esprits jumeaux, inférieurs à lui, s'affrontent, *Spenta Mainyu* (Saint Esprit), plus tard assimilé à Ahura Mazda lui-même et *Ahra Mainyu* (Mauvais Esprit), plus tard Ahriman. Originellement, ces deux esprits se combattent dans notre monde, quand Ahura Mazda demeure, lui, au sein du paradis, dans la « Maison des Chants » ou *Garotman*.

Ahura Mazda est aidé dans sa lutte par les six Bienfaisants Immortels, les *Amesha Spenta* : *Vohu Mano* (la Bonne Pensée), *Asha Vahista* (la Rectitude Choisie), *Xshathra Varya* (le Désirable Empire), *Spenta Armaiti* (la Parfaite Pensée), *Haurvatat* (l'Intégrité) et *Ameretat* (la Non-Mort). Ahriman n'est pas en reste, et dispose lui aussi de six *daevas*, ou démons principaux pour l'assister.

Le mazdéisme aujourd'hui

Persécutés par les chrétiens et les musulmans, les adeptes du mazdéisme sont pourtant parvenus à faire perdurer leur culte jusqu'à nos jours. Il est célébré en Iran par la communauté des Guèbres, au centre du plateau iranien, notamment dans les villes de Yazd et Kerman, et en Inde à Mumbai, Bombay. En raison de l'origine perse du culte, ils sont dénommés Parsis, ou Farsis, du nom de la région du Fars en Iran, berceau de l'Empire achéménide.

L'initiation du fidèle doit se faire avant ses 15 ans révolus, lors de la cérémonie du *naojote*, au cours de laquelle on lui remet sa tunique blanche, le *sudreh*, ceinte d'une étoffe de laine, le *kûshi*, symboles de son engagement en faveur du Bien. La liturgie se déroule dans l'un des temples du Feu. Le feu brûle en permanence dans une vasque de bronze reposant sur un socle de pierre. Cinq fois par jour, un prêtre ou *athravan* officie dans la « Chambre du Feu », ou *adaran*. Afin de ne pas le polluer de son souffle, il se couvre le bas du visage d'un linge blanc.

Les autres dieux

Le Perse est également soumis à un grand nombre de manifestations divines, appelées *yazatas*, incarnation des forces naturelles. Il s'agit par exemple d'Haoma, dieu de l'extase provoquée par la plante éponyme, un équivalent du *soma* indien, d'Ardvisura Anahita, déesse de l'amour, de la fécondité, des eaux bienfaisantes, dont le nom, comme elles, signifie « Immaculée », ou de Mithra, à la fois guerrier et pasteur, garant de la prospérité grâce à ses 1 000 oreilles et ses 10 000 yeux qui lui permettent de tout savoir en permanence. À cela, il convient d'ajouter les cohortes d'esprits des morts, les *fravarti*, dont l'attitude à l'égard des vivants varie considérablement selon qu'ils reçoivent convenablement ou pas les honneurs funèbres, que leur mémoire est célébrée comme il convient.

La réforme zoroastrienne

Le *zoroastrisme* est le rejet de ce qui est considéré comme mauvais dans le mazdéisme. Pour ses adeptes, Ahura Mazda est le seul dieu, tous les autres dieux sont des manifestations de lui-même. La lutte entre le Bien, Ahura Mazda, et le Mal, Ahriman, n'est qu'un épisode dans l'existence des fidèles. Ils doivent choisir le Bien, et pratiquer une vie juste et morale pour l'aider à dominer le Mal. De toute façon, à la fin des temps, le triomphe d'Ahura Mazda est certain, son règne assuré. Par suite, toutes sortes de conduites néfastes doivent être abolies : la consommation de viande, les sacrifices d'animaux, l'enivrement par le *haoma*, le recours à la magie, le culte rendu aux idoles.

Si certains souverains achéménides ont été séduits par une vie morale exemplaire, comme Darius Ier, aucun n'a fait du zoroastrisme la religion officielle de l'Empire. Ahura Mazda est certes célébré comme « le plus grand des dieux », mais jamais comme le dieu unique. Dans le peuple, les croyances anciennes se maintiennent largement, en dépit d'un *au-delà*, d'une vie éternelle après la mort, promis aux justes dans un paradis auprès d'Ahura Mazda, quand les mauvais sont condamnés à l'enfer.

L'Avesta

L'*Avesta* (Éloge) est le livre sacré du zoroastrisme. Les textes qui le forment ont été collationnés entre le VIIe et le IIIe siècle av. J.-C. Ils sont ce qui reste d'un corpus probablement plus étendu, les parties manquantes ayant disparu lors de la conquête d'Alexandre le Grand.

L'Avesta est composé de cinq parties : *Yasna*, la liturgie fondamentale ; *Vist-rap*, hommages aux maîtres spirituels ; *Vendidad*, l'exposé de la Loi zoroastrienne ; *Yasht*, 21 hymnes consacrés aux héros anciens et aux anges ; *Siroza*, les « Trente Jours », liste des divinités à honorer, une par jour du mois. La *Khurda Avesta*, qui regroupe des textes moins importants, se présente comme une recension de passages issus des cinq sections de l'Avesta. L'Avesta est de nos jours le livre saint des communautés *parsis* (les Persans en Inde), principalement indienne à Mumbai, (Bombay) et celle des *Guèbres* en Iran.

Les grands mythes de la Perse

Les grands mythes de la Perse mettent en scène un dieu promis à un brillant avenir dans tout l'Empire romain, Mithra, et l'hôte de l'Arbre du Savoir, l'oiseau Saêna.

Le mythe de Mithra

Mithra (l'ami) est dans le mazdéisme un aspect d'Ahura Mazda, à la fois soleil, lune, étoiles, fontaine de vie. Il est représenté en jeune homme coiffé du bonnet phrygien. Sa fête est célébrée en Perse lors du mois qui lui est consacré, le 7e mois, de mi-septembre à mi-octobre, le 16e jour, lequel lui est également consacré, sous le nom de *Mithrakana*. Des hymnes religieux sont alors récités en son honneur.

Son culte connaît une fortune certaine dans le monde grec, puis romain, surtout auprès des légionnaires qui le ramènent à Rome, car Mithra est également un dieu guerrier. Culte à mystères, il est réservé aux initiés, suivant sept grades, mais seuls ceux du quatrième grade au moins peuvent prétendre participer aux cérémonies, qui se déroulent à l'origine dans des grottes, plus tard dans des salles souterraines. Ces cryptes sont scindées en trois parties, une salle commune, puis une galerie flanquée de banquettes de part et d'autre, enfin la salle sacrificielle, dont le mur du fond représente le sacrifice du taureau, ou *Taurobole*, point culminant de la cérémonie.

Si les formes de l'initiation demeurent confuses, le rituel est mieux connu : une immersion dans l'eau, suivie d'une onction de miel, puis d'un repas partagé de pain, d'eau et de vin. Le sacrifice d'un taureau, par lequel Mithra répand, sur ordre du soleil, un sang qui redonne vie à toute chose, ne devait intervenir que dans des moments exceptionnels, lors du solstice d'hiver le 25 décembre. Les chrétiens verront dans le *mithriacisme*, ou culte de Mithra, une préfiguration de leurs rites : baptême, communion, sacrifice, mais cette fois de l'« agneau de Dieu », et feront du jour du culte du Soleil, *Sol Invictus* (le Soleil Invaincu), le 25 décembre, celui de la naissance du Christ, *Natalis dies* (le jour de la naissance, devenu Noël).

L'oiseau Saêna

L'oiseau *Saêna*, en avestique (langue de l'Avesta), plus tard nommé en persan *Simurgh*, présente les caractéristiques du phénix, il renaît de ses cendres. Il niche dans l'Arbre du Savoir, ou Arbre de Vie, *Gaokerena*, dressé au centre de l'océan, *Vourukhasa*, et chacune de ses envolées déclenche l'agitation de toutes ses feuilles, au point de provoquer une pluie de graines de l'ensemble des plantes existantes, qui se répandent dans les vents et les pluies, puis se posent sur la terre et y croissent.

Oiseau gigantesque, aigle ou faucon, à tête de chien, doté de quatre ailes, ses plumes sont de cuivre, ses griffes celles du lion, il est capable de porter un éléphant. Bienfaisante, car c'est un oiseau femelle guérisseuse, elle lutte contre les serpents et partage sa sagesse avec les hommes, a déjà vécu les trois mondes de 3000 ans chacun qui ont précédé le monde actuel. Elle représente un intermédiaire entre Ciel et Terre, apporte aux humains les plantes médicinales et le *haoma* dont l'infusion provoque l'ivresse extatique, le contact avec le monde divin.

L'héritage perse

L'essentiel de notre dette à l'égard de la Perse ancienne provient de son fonds religieux, du mazdéisme ou zoroastrisme. Il s'agit d'un héritage à la fois moral et proprement religieux, en ce qu'il offre une *eschatologie*, c'est-à-dire une vision des fins ultimes, qu'il s'agisse de la mort, fin de toute vie humaine, ou de la fin des temps, de celle du monde.

Le dualisme et le libre arbitre

Le mazdéisme propose à la fois une pensée du *dualisme*, un univers double, où s'affrontent Bien et Mal, et une conception du *non-dualisme*, puisque Ahura Mazda est seul à l'origine du monde et le demeurera à la fin des temps. Il y aura donc un triomphe définitif du Bien sur le Mal, perspective rassurante.

Par ailleurs, la morale mazdéenne est fondatrice du libre arbitre, du droit de choisir une voie. Il est loisible d'opposer bonnes paroles, bonnes pensées, bonnes actions à leur contraire. C'est en fonction de sa liberté que l'homme prend place, et justifie son existence, dans le combat cosmique qui oppose le Bien et le Mal. Avec la vision de la fin du monde, ce sont des thèmes qui seront repris dans le judaïsme, et avec le Paradis, dans le christianisme, l'islam.

Les Enfers et le Paradis

Les Enfers, tels qu'ils sont représentés dans la vision populaire, un lieu de souffrances infinies infligées aux âmes pécheresses par d'horribles démons, naissent à Babylone. L'Enfer, au singulier, du monde chrétien n'en est qu'une variante. Les Enfers babyloniens sont constitués par une ville souterraine, l'*arallû*, entourée de sept murailles et à laquelle on accède par sept portes. Les damnés y errent éternellement, en se torturant mutuellement, tâche dont s'acquittent également des démons professionnels. Le terrible de l'affaire, c'est que cette situation est promise à tous, indistinctement, sans notion de faute à expier. Seul le roi, futur dieu après sa mort, échappe au triste lot commun.

Les Perses, fort heureusement, donnent naissance au Paradis. Cyrus, vers 550 av. J.-C., établit sa première capitale à Pasargad, à environ 90 km au nord de Persépolis, sur un plateau aride. Outre le palais qui y est édifié, le roi ordonne la réalisation de somptueux jardins, parcourus de canaux d'eau fraîche. Le contraste avec le paysage naturel est tel que le jardin royal devient une récompense : seuls les fidèles les plus honorés en parcourent les allées avec le souverain, comble de félicité que les courtisans de Louis XIV connaîtront à Versailles, deux millénaires plus tard. Le jardin clos, en vieux persan *pairi daiza*, se mue peu à peu en lieu de tous les délices, un véritable Paradis.

Chapitre 5

L'éveil de l'Inde

Dans ce chapitre :

- Une terre de migrants
- Un prince « Éveillé » : Bouddha
- L'amour plus fort que la mort, le Taj Mahal

La civilisation de l'Inde est un astucieux mélange de traditions bien établies, qui a su mêler des éléments culturels divers au cours de son histoire. L'Inde immémoriale préside de ce fait à la régénérescence des cultures et des sagesses et s'impose toujours aujourd'hui à la conscience mondiale comme un paradoxe. Avec ses jungles aux temples d'or, ses climats extrêmes, ses déserts et ses fleuves, ses diversités ethniques, ses *ashrams*, ses mouroirs, ses huit cent cinquante langues, sa langue sacrée, le *sanskrit*, ses ascètes vêtus ou non, sa hantise des souillures, ses sacrifices, ses sectes qui nourrissent la recherche en commun d'un Absolu.

LE SAVIEZ-VOUS ?

L'origine du mot Inde

Inde n'est que la forme francisée d'un nom que ce pays à l'origine n'a jamais connu. Il dérive d'un mot persan *Shindu*, *Indus* en sanskrit. Shindu désigne le cours d'eau, mais est employé en particulier pour le grand fleuve qui inonde et fertilise la plaine du nord du pays. Ce dernier est le point d'émergence des plus anciens témoignages que l'archéologie livre dans ce pays. Les Perses de l'Antiquité ne connaissent que cette seule région du sous-continent. Puis les Grecs étendent ce nom à des régions situées bien au-delà et hellénisent le nom en *India*. Le plus utilisé aujourd'hui dans l'administration est celui emprunté au sanskrit *Bhârat*. Il proviendrait d'un mythe dont le personnage central, Bhârata, se serait distingué pour son courage.

Figure 5-1 : L'Inde à l'époque gupta.

Les grandes étapes de l'histoire indienne

L'histoire de l'Inde, ou plutôt les histoires du sous-continent, est un tissu comparable aux plus riches impressions d'un sari, changeant à chaque mouvement du corps qui l'anime. De nombreux royaumes s'affrontent, quelques empires s'affirment, Maurya, Gupta ou moghol, avant la domination britannique et la résurrection due à l'indépendance en 1947.

L'Inde des origines

Des outils vieux de deux millions d'années ont été trouvés dans le nord du Pakistan. Mais c'est surtout vers le Ve millénaire que la vallée de l'Indus connaît les débuts d'une urbanisation importante. Près de 400 sites s'alignent le long des rives de l'Indus d'où l'appellation de civilisation de l'Indus (v. 2500-v. 1500 av. J.-C.) pour les désigner.

L'apogée de cette culture se situe vers le milieu du IIIe millénaire. L'écriture retrouvée sur les sceaux n'a pas encore été déchiffrée. Elle ne ressemble à aucune écriture connue. Près de 350 pictogrammes ont pourtant été identifiés, inscrits de droite à gauche. S'agit-il réellement d'une écriture, d'ailleurs ? Ces signes décorent des sceaux en stéatite polie de formes très variables. Mais faute de textes plus longs, les hypothèses n'ont pas pu aller plus loin.

Deux sites dominent alors tous les autres, celui de Mohenjo-Daro dont le nom signifie « le tumulus des morts » et celui d'Harappa. Chacun a un périmètre de 5 km et couvre quelque 60 hectares. Ils sont bâtis sur le même modèle de planification urbaine, à savoir en damier et divisés en blocs de 200 m sur 400. Il n'y a aucune trace de palais. À Mohenjo-Daro, certains monuments font preuve d'une véritable prouesse architecturale comme le grand bain, profond de deux mètres, construit en briques. Le revêtement intérieur de briques jointes au mortier de chaux, sous lequel est insérée une couche de bitume de 2,5 cm d'épaisseur, assure une étanchéité parfaite. Le sol en pente douce permet d'écouler les eaux usagées vers une canalisation surmontée d'un arc en encorbellement. Tout autour se trouve un déambulatoire.

L'Inde védique et brahmanique

L'Inde historique apparaît quelque treize siècles après la fin de la civilisation de l'Indus, soit à partir du Ve siècle. Les experts discutent encore des raisons exactes de sa disparition, l'invasion des Indo-Aryens est l'une des hypothèses présentées. Les *Veda*, vaste somme littéraire, illustrent la période et servent de base à toute l'évolution postérieure de la culture indienne. En effet, dès les alentours de 1500 av. J.-C., l'expansion aryenne concerne toute l'Inde du Nord. Très proches de la famille indo-européenne des Perses et des Mèdes d'Iran, les Aryens introduisent le cheval, le bronze puis l'usage du fer. Ils pénètrent dans le Dekkan après avoir colonisé la vallée de l'Indus et celle du Gange.

À partir du XIe siècle av. J.-C., le *brahmanisme* succède au *védisme* (v. 1500-v. 600 av. J.-C.). Les *Brahmanas*, instructions pour effectuer correctement les rites, tout autant qu'expression des fondements de l'hindouisme, et les *Upanishad*, discussions sur la nature de Dieu, les formes de spiritualité, développent aujourd'hui encore les thèmes essentiels de la pensée indienne. On s'achemine également vers le système des castes qui trouve son origine dans les mythes fondateurs.

POUR ALLER PLUS LOIN

Veda et Upanishad

Les *Veda* sont les textes les plus anciens des peuples indo-aryens avant la littérature sanskrite. Ces textes sont structurés au long de plusieurs étapes et divisés en quatre parties : *Rig-Veda, Sama Veda, Yayour Veda, Atharva Veda.* La partie la plus ancienne est celle des Rig-Veda qui comprend plus de mille hymnes soit près de dix mille strophes consacrées aux dieux individuels, tels Indra, dieu guerrier, Agni dieu du feu, Varuna protecteur de l'ordre du monde. Le 129e hymne contient l'histoire de la création.

Si les Veda apparaissent bien avant l'an mille pour certains, les *Upanishad* font leur apparition vers le VIIIe siècle. Ils sont placés à la fin des Veda. Leur but est d'apporter un apaisement à l'esprit humain. La théorie de la transmigration des âmes donne à l'homme la possibilité de se libérer lui-même.

L'Inde bouddhique

Le VIe siècle se caractérise par un grand mouvement religieux. Deux religions nouvelles voient le jour, le *bouddhisme* et le *jaïnisme* sous l'action des deux grands réformateurs et fondateurs : Bouddha Çakyamuni (v. 560-v. 480 av. J.-C.), et le Mahavira (v. 560-v. 468 av. J.-C.). Le *brahmanisme* traditionnel, sans doute en réaction au succès des deux nouvelles religions, intègre désormais dans son panthéon des éléments religieux indigènes, ainsi Vishnu et Shiva. À cette époque (v. 600-v. 321 av. J.-C.), des royaumes divers exercent tour à tour leur hégémonie. C'est le cas du Magadha, le Bihar occidental qui domine et conquiert le Gange et une grande partie de l'Inde indo-gangétique. L'histoire de l'Inde occidentale diffère en raison des bouleversements qu'elle connaît : Cyrus conquiert la région du Kapiça dans la vallée actuelle de Kaboul, tandis que Darius (521-485) met la main sur le Gandhara, le nord-ouest du Penjab, puis sur le royaume entier. À l'époque de leur apparition, les formations politiques sont de type tribal, confédération de clans nombreux à adhérer au bouddhisme, c'est pourquoi cette religion verra édifier ses premiers monuments rapidement.

La dynastie des Maurya

Le royaume de Magadha, à peu près l'actuel Bihar, au nord-est, sous la dynastie des Nanda (v. 350-v. 321 av. J.-C.), maîtrise tout l'espace gangétique, du Penjab aux confins du Bengale. Chandragupta Maurya (v. 321-v. 297 av. J.-C.) usurpe le trône en 321 av. J.-C. et fonde la dynastie Maurya (v. 321-v. 180 av. J.-C.). La dynastie connaît avec Açoka (v. 304-v. 232 av. J.-C.)

son petit-fils un de ses plus grands souverains. Il règne sur la majeure partie du subcontinent indien. En 262, il se convertit au bouddhisme après la prise de Kalinga qui provoque cent mille morts et s'accompagne de la déportation de cent cinquante mille personnes. À sa mort, l'unité du royaume s'effondre. En 180 av. J.-C., c'est la chute de la dynastie, à laquelle succède celle des Sunga qui favorise le brahmanisme et persécute le bouddhisme.

Le saviez-vous ?

Les reliques de Bouddha

C'est sous le règne d'Açoka (v. 304-v. 232 av. J.-C.) que l'art développe certaines nouveautés. La construction en bois laisse place à celle en pierre. Les premiers monuments et ouvrages artistiques bouddhiques sont les colonnes réalisées pour ce roi sur lesquelles sont gravés ses édits sur 9 m de haut. L'époque Maurya voit apparaître également le *stupa*, édifice de forme hémisphérique avec une enceinte en pierre. Peu à peu, le stupa devient reliquaire et sanctuaire de Bouddha. Le roi Açoka répartit les reliques de Bouddha dans tout le royaume afin que ses bénédictions atteignent tous ses sujets et pour chacune d'elles, un stupa est érigé. Le plus célèbre d'entre eux est celui de Sanchi, haut de 16,5 m, entouré d'une clôture où sont ménagées quatre portes, une pour chaque point cardinal.

L'expansion de l'Inde

Une période fructueuse s'ouvre entre le Ier siècle av. J.-C. et le IVe siècle de notre ère, pour le commerce et l'art car des grands axes d'échanges entre l'Orient et l'Occident sont tracés. La situation politique est dans le même temps assez confuse. Au nord-ouest, les conquérants grecs sont chassés par les Scythes. Au sud-est naît le royaume Andhra. Entre le Ier et IIe siècle, la dynastie impériale des Kushana s'impose du nord de l'Inde à l'Afghanistan et au Pakistan, constituée de tribus originaires de Mongolie. Le plus grand souverain en est Kanishka Ier (v. 120-v. 147). Converti au bouddhisme, il favorise l'art bouddhique et réunit le concile de Koundalavana où sont définies les bases théologiques du bouddhisme mahayaniste, ou du Grand Véhicule. De cette période datent les sanctuaires rupestres ou grottes d'Ajanta, d'Aurangabad, les sculptures des écoles de Mathura et de celui de l'art du Gandhara. À la même époque dans le Dekkan, se développe le puissant royaume des Andhra. Lui succède l'essor brillant de la dynastie des Gupta.

Vers 320 commence l'époque la plus importante de l'histoire indienne, la période Gupta (v. 320-v. 550). Elle s'épanouit avec le règne de Tchandragupta Ier (v. 320-v. 335), précédé, depuis le milieu du IIIe siècle, de princes moins puissants. Sous le règne des Gupta, l'Inde unie politiquement atteint des sommets dans les domaines de la sculpture, de l'architecture, de la peinture, de la philosophie, de la littérature. La grande nouveauté architecturale est le sanctuaire à l'air libre. L'architecture rupestre, en effet, s'installe dans les paysages qui s'y prêtent ou profite d'anciens lieux de culte déjà aménagés pour les redécorer dans son style. Les plafonds et les murs sont peints des scènes de la vie de Bouddha mais aussi de groupes de musiciens, de danseurs. Des temples rupestres hindouistes y trouvent place aussi, aux murs à peine décorés. Les seuls ornements sont des bas-reliefs grandeur nature. Mais dès le Ve siècle, on peut pressentir qu'il va devenir un grand ensemble architectural, à neuf étages en moyenne, nanti d'un socle, de parois, de corniches, de plafonds réduits à des façades décoratives. Le tout couronné d'une coupole. L'interprétation cosmique n'en est fixée et généralisée qu'au cours des VIIe et VIIIe siècles. L'hindouisme connaît une grande période d'expansion. Le *Kama Sutra* est rédigé à cette époque. L'Empire gupta s'éteint au Ve siècle sous les raids successifs des Huns.

LE SAVIEZ-VOUS ?

Les danseuses célestes

Le *Bharatanatyam*, nom contemporain du *Cathir*, la danse sacrée des temples, ou danse du feu car elle exprime la présence de cet élément fondamental en l'homme, est fréquemment représentée dansée par les *Apsaras*, les danseuses célestes. Si la danse indienne trouve ses fondements dans la danse populaire, les danseuses professionnelles réservent leur art pour les cours des princes et les fêtes religieuses.

La danse indienne se distingue de la danse européenne en ce que les pas se font sur les talons et non sur la pointe des pieds. Les mouvements du corps, les bras, les mains, ceux des yeux expriment une grande variété de sentiments. Dans le *Bharatanatyam*, le corps en torsion permanente de la danseuse doit ainsi évoquer le mouvement d'une flamme ondulant au vent.

La période des petits royaumes et le sultanat de Delhi

La période qui suit celle des Gupta se caractérise au nord-ouest par la création, souvent éphémère, d'un grand nombre de petits États entre le VIIe et le Xe siècle, les royaumes rajpoutes qui ne cessent de se combattre. Le nord s'effondre devant la conquête musulmane réalisée par vagues successives. Il faut attendre les alentours du début du XIIIe siècle pour que le sultanat de Delhi (VIIe-XIVe siècle) unisse sous son autorité la vallée du Gange à celle de l'Indus. Ses princes parviennent du point de vue architectural à une véritable fusion entre les formes hindoues et musulmanes. L'Inde du Sud est dominée par la dynastie Chola entre le IXe et le XIIIe siècle. En 1221, Gengis Khan (1155-1227) à la tête des hordes mogholes s'avance jusqu'à l'Indus. Le sultanat atteint sa plus grande expansion avec le règne de Muhammad ibn-Tughlûq (1325-1351). Mais la ville de Vijayanagar devient le centre d'un fort courant de résistance à l'islam. Delhi est prise et détruite par Tamerlan (1336-1405) en 1398-1399.

L'Inde moghole

À Delhi, après le départ de Tamerlan, un gouverneur *timouride*, nom donné aux descendants de Tamerlan, de son vrai nom Timour-Lang (Timour le Boiteux) fonde la faible dynastie des Sayyides (1414-1451). En 1451, Bahloul (1451-1489), gouverneur du Penjab, issu de la tribu afghane des Lodi, évince les Sayyides. Ibrahim (1517-1526), second successeur de Bahloul, est confronté aux révoltes du Penjab, s'aliène jusqu'à la noblesse afghane. Les rebelles appellent alors à la rescousse Babur (1483-1530). Ibrahim est vaincu en 1526 à Panipat, au nord de Delhi. Babur (1483-1530), son vainqueur, fonde alors l'Empire moghol (1526-1857).

Descendant direct de Tamerlan et de Gengis Khan, Babur est un redoutable guerrier. Mais c'est Akbar le Grand (règne : 1556-1605) qui donne à l'Empire moghol sa grandeur. Il règne à l'origine sur un pays relativement petit : le district de Delhi, celui d'Agra, une partie du Penjab. Par des offensives continuelles, il soumet les territoires du nord indien, et du Dekkan. Pour affermir son autorité intérieure, il épouse des princesses hindoues. En 1583, il proclame un édit de tolérance pour toutes les religions. Peu après sa mort, l'année 1612 marque le début de la politique coloniale britannique en Inde. Son descendant Aurangzeb (1618-1707) règne à partir de 1658 jusqu'en 1707. Avec lui l'Empire moghol atteint en 1691 sa plus grande extension territoriale, mais commence à s'affaiblir de l'intérieur. Les Marathes, montagnards hindous de la région de Bombay, l'actuel État du Maharashtra, deviennent les défenseurs des hindouistes une fois qu'ils sont unis par Shivaji (règne : 1646-1680). Ils constituent une grande puissance à partir de 1681.

L'Inde, perle de l'Empire britannique

Entre 1640 et 1761 s'ouvre une longue période qui voit les luttes incessantes entre princes rajpoutes au Rajasthan, la montée en puissance et le déclin des Marathes. C'est aussi le moment d'une forte poussée de la colonisation européenne en Inde. Le déclin inexorable de l'empire du Grand Moghol favorise l'établissement dans un premier temps de comptoirs européens suivis d'une volonté durable d'implantation.

L'Angleterre est représentée par la Compagnie anglaise des Indes orientales (1600-1858), cependant que la France développe elle aussi son commerce.

En 1664, Colbert fonde la Compagnie française pour le commerce des Indes orientales. Les Britanniques parviennent à accroître leur pouvoir jusqu'à contrôler vers 1850 la majeure partie du territoire de l'Inde actuelle. Ils s'implantent sous couvert de protéger les intérêts de la Compagnie anglaise des Indes orientales, dotée de ses propres forces armées. En 1757, ces dernières commencent par occuper le Bengale, puis peu à peu étendent leur autorité sur l'ensemble du sous-continent.

Toutefois, en 1857-1858, la révolte des Cipayes, auxiliaires indiens employés dans l'armée de la Compagnie provoque l'intervention de la Couronne britannique. L'armée royale écrase les révoltés et se substitue à celle de la Compagnie. Désormais, l'Inde est administrée par la Couronne (1818-1947), soit directement, soit au travers des princes locaux plus ou moins inféodés. En 1887, la reine Victoria (1819-1901) est solennellement proclamée impératrice des Indes. Des vice-rois se succèdent à Delhi pour représenter le souverain britannique, jusqu'au dernier, Lord Mountbatten (1900-1979), pour quelques mois, en 1947, sa tâche consistant à préparer l'indépendance de l'Inde.

POUR ALLER PLUS LOIN

La guerre des Marathes

Après 1800, douze petites principautés des environs de Lahore s'unissent sous l'autorité unique de Ranjit Singh (1780-1839) formant l'Empire sikh autour du Penjab, qui dure cinquante ans avant d'être annexé par les Britanniques en 1849. La puissance de l'État s'appuie sur une armée de 90 000 hommes habillés d'uniformes de type anglais. Les instructeurs sont français et italiens. Après la soumission des sikhs et la défaite de Tippu Sultan (1749-1799) à Mysore en 1799, seuls les Marathes s'opposent à l'avancée britannique. La troisième guerre des Marathes qui défend l'hindouisme dure de 1817 à 1818. Les princes marathes appuient les incursions des pillards pindaris sur les territoires de la Compagnie anglaise des Indes orientales. Finalement les Anglais parviennent à abattre les princes marathes considérablement affaiblis par leurs dissensions en leur infligeant une série de défaites, qui entraîne par son ampleur la disparition de la confédération marathe.

L'indépendance

L'indépendance de l'Inde est une longue marche commencée à la fin du XIXe siècle, ponctuée de démonstrations qui s'achèvent parfois dans un bain de sang, comme le massacre d'Amritsar commis en 1919 par les troupes britanniques lorsqu'elles tirent sur la foule. En 1930, Mohandas Karamchand Gandhi (1869-1948) lance la Marche du sel, un périple de

300 km qui le conduit, suivi d'une multitude, à ramasser du sel sur les rives de l'océan Indien, à le purifier, alors que le commerce du sel était un privilège britannique. En 1942, il lance l'appel *Quit India* exigeant l'indépendance immédiate de l'Inde et le départ des Britanniques.

C'est chose faite le 15 août 1947, mais au prix d'une partition du territoire : d'un côté la République indienne, à majorité hindouiste, de l'autre le Pakistan, qui regroupe les musulmans en deux entités distinctes géographiquement. Au nord-est, le Pakistan oriental qui proclame son indépendance en 1971 sous le nom de Bangladesh, au nord-ouest, le Pakistan.

Les principaux sites et monuments indiens

L'histoire de l'Inde s'avère aussi complexe et riche dans son évolution chronologique que dans ses modes d'expressions artistiques et culturelles. Depuis l'époque des Maurya (320-180 av. J.-C.), où l'Inde pour la première fois est unifiée, jusqu'à celle de la domination britannique inaugurée en 1818, l'Inde apparaît comme une succession de petits États rivaux à l'existence plus ou moins longue. Le violent désir des monarques au cours du temps de rivaliser entre eux pour le luxe et le caractère prestigieux de leurs constructions et monuments contribue à renforcer ce caractère éclectique. Il en résulte une diversité de formes, de styles, une variété d'édifices allant du plus simple au plus complexe, l'un des rares traits d'unité résidant en une commune volonté d'honorer les manifestations du divin.

POUR ALLER PLUS LOIN

Doigt de Dieu et Fort rouge

Le *Qûtb Minar* est le plus grand minaret du monde. Fait de grès rouge, au XIIIe siècle, il s'élance vers le ciel sur une hauteur de près de 73 m ; son nom signifie « tour de la Victoire ». Il célèbre la victoire de l'islam en Inde. Mais le plus célèbre édifice de Delhi reste le *Lal Qila* (fort rouge), forteresse considérable de grès rose, édifiée au XVIIe siècle. Ce sont les conquérants moghols qui lui donnent son aspect actuel. Sa muraille d'enceinte est longue de 2,5 km, haute selon les endroits de 16 à 33 m. Outre ses entrées colossales, il a conservé de son rôle de résidence impériale, ses bains, ses salles d'audience, privées et publiques, ses mosquées. La délicatesse extrême d'une architecture légère et décorée s'oppose à la puissance de la construction à vocation militaire.

Le monastère d'Ajanta

Le monastère d'Ajanta, célèbre pour ses 29 grottes creusées par l'homme, se trouve dans l'état du Maharashtra, à l'ouest de l'Inde. Leur intérêt repose sur les fresques exceptionnelles qui les décorent à l'intérieur mais aussi sur la qualité de leurs sculptures. À un groupe déjà existant d'anciens rupestres, datés des Ier et IIe siècles, sont venus, à l'époque gupta, au cours des Ve et VIe siècles, s'en ajouter d'autres, plus grands et plus richement décorés encore. Ces deux phases architecturales et picturales correspondent aux deux doctrines bouddhiques dominantes à leur tour : l'*Hinayana* (Petit Véhicule) pour les plus anciennes, datées des Ier et IIe siècles av. J.-C., le *Mahayana* (Grand Véhicule) pour les plus récentes réalisées au cours des Ve et VIe siècles de notre ère. On distingue les sanctuaires, ou salles de prières *chaitya*, des monastères, *vihara*. Les premiers suivent un plan absidal, avec une nef voûtée en berceau portée par des piliers ; les secondes, carrées, avec piliers, reprennent la configuration des cellules et des chapelles. Au fond des *vihara*, trône une représentation colossale du Bouddha.

POUR ALLER PLUS LOIN

Peindre et sculpter l'âme

La peinture en Inde, comme d'ailleurs tous les autres arts, relève du sacré. Il serait plus exact d'écrire qu'en Inde aucune œuvre n'a de vocation artistique, car les artistes anonymes ne font qu'obéir et suivre des canons établis au préalable. La forme à laquelle ils donnent forme les précède toujours. Elle contient en puissance l'essence du dieu ou de la déesse. Les fresques d'Ajanta créent un pont entre l'humain et le divin. Tout en décrivant des scènes de la vie du Bouddha, elles apportent aux historiens et historiens de l'art des illustrations fascinantes de la vie indienne à cette époque. Rendre le mouvement est le principal souci du peintre, mais pas seulement celui du corps qui tourne, virevolte, mais plus essentiel encore, celui du souffle même qui l'anime.

Bhimbetka

Bhimbetka est un site de peintures rupestres découvertes dans les abris-sous-roche qui se trouvent au pied des monts Vindhya, au sud du plateau de l'Inde centrale. Classé au patrimoine mondial de l'humanité par l'Unesco, il comporte des peintures vieilles de plus de 9000 ans. En fait, il s'agit de 600 abris, distribués en cinq groupes. Les scènes représentées illustrent des parties de chasse, des danses, des hommes qui montent chevaux et éléphants. Autour du site lui-même, vingt et un villages peuplés d'aborigènes suivent encore un mode de vie très proche de celui peint sur les parois de ces rupestres.

Ellora

L'architecture troglodytique fait d'Ellora un site de référence à une trentaine de kilomètres d'Aurangabad. Trente-quatre monastères y sont creusés en une succession serrée dans une haute falaise basaltique. Vers l'an 600 de notre ère, il semble qu'une secte de la communauté bouddhique creuse les premières grottes. L'ensemble se compose de 34 grottes, dont 12 d'inspiration bouddhiste mais aussi 17 hindouistes, creusées entre le VIIe et le VIIIe siècle et 5 *jaïnes*, datées d'entre le VIIIe et le XIIIe siècle. Les grottes bouddhistes comprennent des monastères et des temples dont celui de Kailasanatha (725-755) reste le plus remarquable. Le mont Kailasha est la demeure de Shiva dans l'Himalaya. Les sculpteurs ont voulu la recréer à partir d'un seul rocher. Le temple s'étend sur une superficie deux fois supérieure à celle du Parthénon d'Athènes. La cour mesure 81 m de long et 47 m de large. Des panneaux finement sculptés représentent les scènes du *Mahabharata* et du *Ramayana*.

LE SAVIEZ-VOUS ?

Dehli

Capitale de l'Inde du XIIIe au milieu du XIXe siècle, Dehli est une cité à éclipses. Occupé plusieurs siècles av. J.-C., son site est longuement délaissé entre le IIe et le IXe siècle. Puis il semble que chaque dynastie la revendique comme centre de son pouvoir et s'applique à l'agrandir, l'embellir, la marquer de son empreinte. Un tel souci de fastes et d'exigences artistiques s'accompagne de nécessités militaires. Chaque nouvelle forme de Delhi voit naître un fort, une redoute, un site propice à sa défense. C'est ainsi que sept villes se succèdent : Kila Ray Pithora, Siri, Tughluaqbad, Adilabad, Jahanpanah, Firuzabad, Shahjahanabad. La New Delhi britannique est la huitième.

Khajuraho

Compte tenu du nombre de temples qui s'y trouvent, Khajuraho figure comme l'un des plus grands sites archéologiques de l'Inde. Il se trouve au Madhya Pradesh, État de l'Inde centrale et sa période de construction s'échelonne entre le milieu du Xe et celui du XIVe siècle. Les Chandella, dynastie régnante, en font du Xe au XIIe siècle leur capitale religieuse, un haut lieu de résistance contre invasion musulmane. Trois vastes ensembles peuvent être isolés. Celui situé à l'ouest est le plus ancien, mais aussi le plus finement décoré avec ses représentations de 600 dieux, ainsi le temple de Lakshmana, consacré à Vishnu, célèbre pour ses multiples sculptures à caractère érotique. C'est autour de l'an 1000 que le style propre à Khajuraho se développe comme dans le célèbre sanctuaire de Kandariya Mahadeo, voué à Shiva, ou celui de Devi Jagadamba, temple de la déesse Devi. Les temples à l'est sont des temples jaïns, comme le magnifique temple de Parshvanath qui ne comporte aucune représentation érotique. Le dernier groupe de monuments, celui du sud, s'illustre avec le temple de Duladev pour le dieu Shiva.

POUR ALLER PLUS LOIN

La statuaire érotique

Khajuraho fait partie de ces temples épargnés car ensevelis dans une jungle centenaire. Beaucoup d'autres, en revanche, ont vu leurs représentations érotiques, *mithouna*, scènes d'accouplements ou figurations du *linga*, phallus et de la *yoni*, vulve, détruites par les musulmans. Par la suite, les centaines de statues érotiques exposées en plein air choquent les premiers Britanniques qui les découvrent. Mais pas seulement eux, car l'Inde du tournant du XXe siècle retrouvant ses trésors l'est aussi et il faut l'intervention de Rabintranāth Tagore (1861-1941) pour arrêter un massacre artistique. Il faut savoir que dans les Upanishad, la pratique de l'acte sexuel est considérée comme le moyen d'obtenir le même résultat que le sacrifice, le rituel védique.

Mahabalipuram

Site de première importance situé au sud de Madras dans l'État du Tamil Nadu, Mahabalipuram, la cité du Grand Bali, souverain mythique, est d'abord un port. C'est le roi Narasimhavamnan Ier (règne : v. 630-v. 668) qui lui confère toute son importance. Une dizaine de grottes sont creusées à même le flanc d'une colline d'une trentaine de mètres de hauteur. Les monuments hindouistes du site sont dédiés à Shiva, principe destructeur et régénérateur du monde, à Vishnu, le protecteur, à Krishna, *avatar*, ou forme du précédent et aux principaux héros protagonistes du *Mahabharata*, l'épopée en sanskrit.

Au pied de la colline, se trouve un immense bas-relief de 27 m de long sur 9 m de haut. Certains y voient la représentation de la « Pénitence d'Arjuna », un épisode de l'existence du guerrier Arjuna, principal héros du *Mahabharata*, devenu ascète afin d'obtenir de Shiva une arme magique, d'autres l'écoulement sur la terre des eaux sacrées du Gange. Une fissure entre les deux blocs a laissé place à la représentation d'une image de Shiva. D'autres monuments ont survécu comme le temple du Rivage, offrant des sculptures innombrables célébrant la gloire de Shiva, construit à la fin du VIIIe siècle ou les cinq *rathas* du sud, temples en forme de chars, les *mandapas*, sanctuaires rupestres.

Les stupas de Sanchi

Le stupa est un monument hémisphérique, compact, au centre duquel est enfermée une relique de Bouddha. Il est répandu dans tout l'espace du monde bouddhiste. La tradition veut qu'il soit honoré par des fleurs, des offrandes, de la musique. On en fait le tour à main droite. Les stupas de Sanchi en constituent les exemples les plus anciens, puisqu'ils remontent au IIIe siècle av. J.-C. Le grand stupa est celui édifié par Açoka (304-232 av. J.-C.). Les quatre portes qui l'entourent sont une des plus belles expressions de l'art bouddhique. Aujourd'hui le stupa mesure 16 m de haut pour 37 m de diamètre. Les scènes représentées sur les quatre portails, ou *Torana*, évoquent la vie de Bouddha, ce dernier étant représenté par toute une série de symboles, lotus, banyan, roue.

LE SAVIEZ-VOUS ?

Les temples montagnes

Pourquoi furent édifiés les « temples montagnes » ? Ils sont construits pour symboliser le mont Meru qui dans la cosmologie indienne s'élève au centre du monde. Selon la tradition bouddhiste mahayaniste, le monde est une sorte d'immense plateau flottant dans l'Absolu, dans des espaces sidéraux. Il est organisé selon un système de cercles concentriques dont le centre est une montagne si pure qu'elle est au-delà de la perception humaine. Elle domine les trois mondes fondamentaux qui sont celui de l'esprit, de la matière et des passions, le monde liquide.

Sarnath

C'est au nord de Varanasi, ou Bénarès, à Sarnath que Bouddha pour la première fois serait venu prêcher les « nobles vérités » : l'existence est souffrance ; tout acte recèle en lui des conséquences positives ou négatives, c'est l'origine de la souffrance ; il y a une fin à la souffrance ; pour parvenir à cette fin de la souffrance, il faut suivre un chemin approprié, le « noble octuple sentier », l'attitude correcte en toute chose. Cinq disciples y recueillent ses paroles. Sarnath devient un célèbre centre bouddhiste majeur de l'école Sammatiya, qui postule que le *pudgala*, la personne est supérieure aux cinq *skandhas* ou composés dont elle est faite. Sa renommée explique l'existence de monuments appartenant à l'époque d'Açoka (304-232 av. J.-C.), d'Akbar (règne : 1556-1605). Mais les principaux édifices bouddhistes ont été victimes des destructions opérées par les musulmans. Demeurant à l'état de ruines, les restes de célèbres stupas : Dhamek Stupa, Dharmarajika Stupa, Chaukhandi Stupa.

Le Taj Mahal

Mausolée de marbre blanc construit pour son épouse favorite par l'empereur moghol Shah Jahan (1592-1666), entre 1631 et 1647 à Agra, le Taj Mahal est l'un des monuments les plus admirés au monde. De toutes les régions de l'Inde et de l'Asie, sur ordre du souverain, affluent les matériaux rares nécessaires à sa construction : jaspe du Penjab, turquoise, malachite du Tibet, corail de la mer Rouge et marbre blanc du Rajasthan. Le dôme central est entouré par quatre minarets identiques. À la gauche du monument s'élève une mosquée. L'entrée principale s'ouvre sur une allée axiale qui mène à la plus vaste terrasse. L'édifice est surmonté d'une coupole qui culmine à 61 m de hauteur et de quatre minarets en marbre blanc. Décoré d'incrustations et de pierres précieuses il est en parfaite harmonie avec ses jardins.

Les grands personnages de l'Inde

Les grands personnages de l'Inde sont déjà les fondateurs de religions, Bouddha, Mahavira, les philosophes Patanjali et Adi Shankara, puis viennent les guerriers, Açoka, Babur, Akbar le Grand, Auranzeb, mais le tour d'horizon serait incomplet sans les sages contemporains, Rabindranath Tagore et Gandhi, les politiques enfin, avec la dynastie des Nehru.

Les religieux

Nombreuses sont les religions en Inde : hindouisme, bouddhisme, jaïnisme, sikhisme, reflets à chaque moment de son histoire de contacts avec l'extérieur, monde chrétien, Islam. Leurs principaux représentants révèlent la richesse d'une religion faite à la fois d'emprunts, de traditions, de philosophie.

Bouddha

Le Bouddha, de la racine sanskrite *budh* (s'éveiller) est l'Éveillé, l'homme qui a pensé l'illusion du monde et qui est parvenu à la connaissance libératrice. Il est également appelé d'autres noms, le *Tathagatha* (Celui qui vient ainsi), le *Bhagavan* (le Seigneur). Mais il désigne également le fondateur du bouddhisme, né au VIe siècle av. J.-C. sous les noms de Siddharta Gautama, prince du clan Sakya, dit Sakyamuni (le Sage entre les Sakyas). Le bouddhisme du *Mahayana*, ou Grand Véhicule, qui domine l'Asie, vénère un grand nombre de bouddhas. Sakyamuni enseigne lui-même que six bouddhas l'auraient précédé et qu'il resterait encore à venir un bouddha « futur ». Les canons des écritures bouddhiques lui donnent par la suite des biographies différentes. En effet, les textes relatifs à l'existence du Bouddha varient selon les pays et les écoles.

Celui qui est appelé à conquérir le titre envié de Bouddha naît vers 560 av. J.-C. dans le nord de l'Inde, à 250 km de Bénarès dans la principauté de Kapilavastu. Il est fils d'un *raja*, Suddhodana, un roi appartenant à la caste des guerriers. Son nom de famille est Gautama. Sa mère, la reine Maya est sur le chemin du palais paternel, selon la tradition pour y accoucher, quand elle donne naissance au prince Siddharta (Celui qui atteint son but) à Lumbini, puis meurt peu après. Jusqu'à l'âge de 29 ans, le jeune prince connaît une existence dorée à la cour de Kapilavastu, ignorant de la vie véritable. Une escapade l'amène à rencontrer un vieillard, un malade, ascète, et à voir un cadavre. Autant de choses qui lui sont inconnues, le roi, son père, ayant pris soin de toujours l'entourer de gens jeunes et beaux.

Siddharta s'enfuit du palais, devient mendiant, reçoit l'enseignement d'ermites et d'ascètes. Son enthousiasme le conduit presque à se laisser mourir d'inanition. Il connaît l'illumination après 49 jours de méditation ininterrompue sous un ficus, à l'âge de 35 ans. Il est désormais *Bouddha* (l'Éveillé). L'essence de sa doctrine est contenue dans l'énoncé des *Quatre Nobles Vérités* : la vérité de la douleur, la vérité de l'origine de la douleur, la vérité de la cessation de la douleur, la vérité de la voie menant à la cessation de la douleur. Pendant les quarante-cinq ans qui suivent, il se consacre à prêcher le *Dharma*, la Loi, suivi de fidèles. Sa mort aurait été provoquée par une indigestion alimentaire, à Kusinara, à l'âge de 80 ans, aux alentours de 480 av. J.-C.

Mahavira

Mahavira (v. 599-v. 527 av. J.-C.), le « Grand Héros », naît sous le nom de Vardhamana Nataputta. Il est considéré comme le fondateur du *jaïnisme*, le troisième courant philosophico-religieux de l'Inde. Il naît à Kundagrama, dans l'actuel État du Bihar, au nord-est de l'Inde. Ses parents appartiennent à l'aristocratie Kshatriya, celle des guerriers. À l'âge de 30 ans, Mahavira décide de renoncer à son existence facile, se défait de tous ses biens et devient moine errant, poussant le dépouillement jusqu'à la nudité. Après douze années de méditation, de mortifications, il parvient à la connaissance parfaite, le *kevala*, et devient le vingt-quatrième et dernier *tirthankara*, maître jaïn qui atteint l'illumination, la libération et l'état de sainteté qui fait de lui un *arrhat*, un saint. Il lui reste trente ans à vivre, consacrés à l'organisation de la communauté jaïne et à l'enseignement de l'*ahimsa*, l'absolue non-violence, concept fondateur repris au XXe siècle par Gandhi. Sa doctrine présente à la fois une éthique et une métaphysique de l'âme très élaborée mais aussi une théorie de la connaissance. Mahavira le Grand Héros est contemporain de Bouddha et connu par la tradition jaïne comme le vingt-quatrième prophète d'essence divine. Comme Bouddha, il se consacre à sa propre illumination puis à la mission révélatrice de son expérience.

Patanjali

Patanjali a vécu sans doute entre le IIe siècle av. J.-C. et le IVe siècle de notre ère, il n'y a aucun renseignement précis sur sa vie pour le cas où il y ait eu une personne de ce nom, car il peut s'agir d'une succession d'individus. On lui attribue les *Yoga-Sutra*, canons de la philosophie yogi. C'est lui qui en effet codifie techniquement, par des règles, des pratiques, cette pensée très ancienne qu'est le *Samkhya*, système philosophique qui serait né vers l'an 1000 av. J.-C. Le yoga est l'une des doctrines fondamentales du comportement, puisque c'est une quête de la fusion en Dieu. Pour Patanjali, le but de l'ascète est de parvenir à la libération par la méditation, le *Yogadarsana*. Il s'agit donc de pratiquer conjointement ascèse et méthode adaptées de méditation. Par cette pratique, longue, difficile, les états de la conscience sont entrevus, expérimentés un à un, jusqu'à l'accession à la délivrance, la libération par leur destruction totale.

Le saviez-vous ?

Le yoga

Il existe différents types de pratique du yoga, adaptés à la recherche personnelle de l'ascète. Chacun fait appel à des techniques mises en œuvre pour parvenir à se rapprocher du divin sous ses aspects infinis. Sont ainsi traditionnellement différenciés :

- Le Hatha Yoga désigne l'ensemble de postures, ou *asanas*, destinées à purifier le corps.
- Le Kundalini Yoga, éveil de la *kundalini*, l'énergie qui relie l'homme au cosmos, située le long de la colonne vertébrale. Il associe aux asanas le *pranayama*, contrôle du souffle.
- Le Laya Yoga prolonge le Kundalini yoga en lui adjoignant le son qui amène corps et âme à la conscience.
- Le Jnana Yoga, ou yoga de la connaissance, conduit l'ascète à reconnaître le divin en toute chose.
- Le Bhakti Yoga, par le verbe, conduit à l'adoration du divin.
- Le Karma Yoga, voie de l'action désintéressée.
- Le Mantra Yoga, récitation de mantras, ou formules sacrées.
- Le Raja Yoga, ou « Yoga Royal » (celui de Patanjali), conduit à la libération par la maîtrise de toutes les étapes précédentes.

Adi Sankhara

Adi Sankhara (VIIIe-IXe s.) (Celui qui crée la félicité) est l'un des plus grands philosophes hindous. Il est connu comme le penseur de l'*Advaïta vedanta*, la non-dualité qui prône la fusion de l'*Atman* (le Soi) et du *Brahman* (le Tout universel). Nous possédons peu d'éléments sur sa vie. Il n'aurait vécu qu'une trentaine d'années. Après avoir franchi plusieurs stades menant à la connaissance de l'absolu, il transmet son expérience à ses disciples par la parole et l'écriture. Son nom reste attaché à d'importants commentaires des Upanishad et de la Baghavad-Gita. Sa théorie réhabilite le Brahman en tant que concept à l'origine du cosmos et de la divinité. Il réaffirme l'existence du Soi, balayé par le bouddhisme. Le Brahman Atman représente pour lui l'origine et le fondement de l'univers.

LE SAVIEZ-VOUS ?

Le yoga de Dieu

Quelque mille ans après Sankhara, la pensée de Sri Aurobindo (1872-1950) s'inscrit dans la même lignée et se développe à partir de textes identiques, *Veda*, *Upanishad*. Il cherche à réaliser une synthèse de toutes les grandes religions du monde et s'inspire des philosophies occidentales et de la psychanalyse. Une démarche expérimentale est nécessaire pour que l'homme puisse réaliser son union avec le sacré. Les méthodes du yoga rattachées à une introspection psychanalytique permettent de franchir les différentes étapes menant jusqu'à la Béatitude. C'est la mise en place d'une forme nouvelle de yoga, le yoga intégral : par la pratique combinée des *asanas*, postures du corps, et de la méditation, l'adepte parvient à libérer le corps et l'esprit.

Les guerriers

Les guerriers font et défont l'histoire au gré de leurs conquêtes. Ils influencent l'art, la pensée, modifient les lois sociales, favorisent le bouddhisme ou l'hindouisme. Certains traversent le temps et s'illustrent par leurs qualités de novateurs, comme Açoka, ou d'humanistes, comme Abkar, là où d'autres laissent le souvenir de tyrans. Mais tous contribuent à façonner cette image multiple et fascinante de l'Inde.

Açoka

Açoka (304-232 av. J.-C.) s'illustre d'abord comme celui qui a réussi à étendre l'empire dont il hérite à la quasi-totalité du continent indien. Il se convertit au bouddhisme vers 257 av. J.-C., puis veille à sa diffusion. Au IIIe concile de Pataliputra vers 249 av. J.-C., les *Theravadin* adeptes du *Theravada* (Voie des Anciens), également nommé bouddhisme *hinayana* (du petit véhicule), ceux qui pensent que chacun peut parvenir à la libération, au *Nirvana*, fixent leur foi et en affirment la supériorité sur toutes les autres écoles bouddhiques. Pendant son règne, Açoka tolère avec une grande ouverture d'esprit la pratique des autres religions. Les inscriptions laissées par ce roi, non seulement sont les plus anciennes connues en Inde, mais ont révélé l'usage de l'écriture *brahmi* qu'on lit de gauche à droite.

Babur

Âgé de 12 ans quand il succède à son père, Babur (1483-1530), « le Tigre », se retrouve à la tête du petit royaume de Ferghana, l'Ouzbékistan actuel. Après avoir tenté vainement de reprendre Samarcande, la capitale des Timurides, les descendants de Timur-Lang, ou Tamerlan (1336-1405), il se tourne vers l'Inde. Le sultanat de Delhi se désagrège et en 1519, il lance sa première offensive. La bataille de Panipât, en 1526, reste célèbre car il y écrase les forces d'Ibrahim Lodi. L'ère moghole débute avec sa proclamation au titre de sultan de Delhi. Puis il domine militairement une coalition rajpoute en mars 1527 à la bataille de Kanwaha. À cette date, il contrôle la quasi-totalité du nord de l'Inde et fait d'Agra sa capitale. Son fils Humayun (1508-1556) lui succède à sa mort en 1530.

Babur laisse l'image d'un homme cultivé, plein de compassion. Artiste, il prise la musique et la poésie. Il laisse au monde ses mémoires, le *Babur Nama*, dans lesquelles, au travers de ses observations et commentaires, s'exprime le pieux musulman, mais aussi le curieux des choses de la nature, des évolutions sociales et politiques. L'ouvrage se présente également comme un témoignage unique des époques et des lieux qu'a connus le souverain.

Akbar le Grand

Descendant de Tamerlan (1336-1405), de Gengis Khan (1155-1227), petit-fils de Babur, Akbar le Grand (1542-1605) laisse dans l'Histoire l'image d'un conquérant et d'un novateur. En 1556, à la mort de son père Humayun (1508-1556), alors âgé de 13 ans, il se lance à la conquête de l'Empire indien. Son œuvre est immense et concerne l'organisation sociale de son pays, il effectue des réformes destinées à protéger les paysans, il développe intensément la pratique de la littérature et celle des arts, il fait bâtir des monuments.

Son insatiable curiosité l'amène aussi à s'ouvrir aux autres religions et à leurs représentants. Il les fait venir à Fatehpur-Sikri, sa capitale, à 40 km d'Agra, dont les mélanges architecturaux restent uniques, pour qu'ils s'y livrent à des exposés doctrinaux, à la controverse. La ville est abandonnée en 1585 au profit de Lahore. Soucieux d'éviter les conflits entre religions, il promulgue en 1579 un décret d'infaillibilité qui l'institue chef religieux de tous ses sujets. En 1581, il tente d'imposer une « religion de la lumière » monothéiste fondée sur un syncrétisme entre jaïnisme, christianisme et islam, destinée à unifier l'Inde sur le plan religieux dans la volonté d'abolir l'antagonisme entre hindouisme et islam. Cette religion ne réussit pas à s'implanter et disparaît à sa mort.

Aurangzeb

Aurangzeb (1618-1707) est le dernier grand empereur moghol de l'Inde sous le règne duquel la dynastie connaît un moment d'apogée. Troisième fils de Shah Jahan (1592-1666), il devient gouverneur du Dekkan en 1636. Il emprisonne son père dans le fort d'Agra et fait exécuter deux de ses frères avant de monter sur le trône en 1658. Pendant tout son règne, il ne cesse de guerroyer. Il écrase des révoltes afghanes sur les frontières du nord-ouest dans les années 1660 et 1670 et réprime une rébellion rajpoute en 1681. Musulman fanatique, il abandonne la tolérance religieuse de ses prédécesseurs et gouverne la majorité hindoue avec une très grande dureté. Il s'attire aussi l'hostilité des sikhs, lorsqu'il exécute leur neuvième chef spirituel. Lorsqu'il meurt, après une expédition contre les Marathes, il laisse un empire vaste mais affaibli, miné par ses divisions internes.

Les sages

En Inde, philosophie et religion sont étroitement liées, la religion étant conçue comme une manière de bien vivre. C'est pour cela que les premiers penseurs se tournent vers l'explication des textes sacrés. La modernité les conduit à des réflexions plus politiques, à envisager l'avenir d'une Inde devenue indépendante.

Rabindranath Tagore

Rabindranath Thakur, dit Tagore (1861-1941), Prix Nobel de littérature en 1913, met l'Inde et les valeurs essentielles de l'existence humaine en contact avec le reste du monde. Son enfance se déroule au sein d'une famille de réformateurs sociaux. Après des études avortées de droit à Londres, il retourne chez lui au bout de dix-huit mois. Son talent de poète se révèle très vite. Parallèlement à son œuvre littéraire, il prend conscience de la noblesse de l'abnégation, tout en étudiant la société qui l'entoure. Il met l'Inde en contact avec le monde et l'ouvre à celui-ci en créant l'université de Visva Bharati en 1921, centre international de culture et d'études humanistes, scientifiques, agricoles, d'arts appliqués. Traduite par André Gide, son œuvre littéraire la plus connue reste *Gitanjali*, *L'Offrande lyrique*, en 1912, pour laquelle il reçut le prix Nobel de littérature.

Gandhi

Mohandas Karamchand Gandhi (1869-1948) aimait à se définir par ces mots : « Je suis un idéaliste pratique. » Il est pour l'Inde à la fois un guide spirituel et un visionnaire politique. Issu de la caste des *vayshia*, celle des marchands, sa famille est relativement aisée. En grandissant, Gandhi comprend vite qu'il ne peut aspirer à devenir quelqu'un qu'en rompant avec les traditions de l'Inde et en adoptant le mode de vie des Anglais. Il part donc à Londres en 1888, achève en Angleterre ses études d'avocat, puis se rend en Afrique du Sud où il découvre la discrimination raciale. Il obtient en 1894 le retrait d'une loi visant à interdire aux Indiens le droit d'élire des représentants à l'assemblée de l'État du Natal. Devenu populaire, lors de la guerre des Boers, il appelle ses compatriotes à soutenir les Anglais. À la suite d'une loi ségrégationniste en 1906, qui enjoint les Asiatiques à se faire inscrire sur des listes afin de surveiller leurs activités, contre laquelle il s'élève avec véhémence, il est incarcéré. Trois ans plus tard, il développe par écrit la notion de combat par la résistance passive, le *satyagraha*, fondée sur la politique de l'*ahimsa*, absolue non-violence.

Désormais, le nom de Gandhi est associé à la lutte contre l'injustice. À partir des années trente, son influence est immense et à chacun de ses mots d'ordre, l'Inde entière se mobilise. Pourtant, à la veille de l'indépendance de 1947, les communautés hindoue et musulmane continuent de se déchirer même si Gandhi reste toujours fidèle à l'idée d'une Inde unie. L'Inde et le Pakistan, le 15 août 1947, proclament leur indépendance, les deux États se séparent. Certains hindous fanatiques lui reprochent sa trop grande compréhension envers les musulmans et il est assassiné par l'un d'eux le 30 janvier 1948.

LE SAVIEZ-VOUS ?

La Grande Âme

Gandhi, revenu en Inde après son séjour en Afrique du Sud en 1915, devient le héros de l'indépendance de l'Inde, le *Swaraj*, mais plus encore celui des masses indiennes. Chacun de ses déplacements mobilise une foule immense. Régulièrement, le train qui le transporte doit s'arrêter afin de ne pas blesser les gens qui occupent les voies. Cette ferveur se manifeste également dans les surnoms affectueux que ses admirateurs lui décernent : *Bapu* (Père), *Gandhiji*, une marque de respect et le plus connu de tous, *Mahatma* (la grande âme en sanskrit), tellement utilisé qu'il finit, en Occident, par équivaloir à un titre.

La dynastie des Nehru

Fils d'un riche brahmane, Jawaharlal Nehru (1889-1964) fait ses études en Angleterre. De retour en Inde en 1912, il exerce le métier d'avocat. Sept ans plus tard, il devient membre du Congrès national indien, alors dirigé par le Mahatma Gandhi. À neuf reprises, il est emprisonné, entre 1929 et 1945, en raison de ses activités en faveur de l'indépendance de l'Inde. En 1942, il remplace Gandhi à la tête du parti du Congrès. Puis, il est nommé Premier ministre en 1947 lors de l'indépendance. L'Inde sous sa direction devient une puissance importante.

Sa fille, Indira Gandhi (1917-1984), du nom de son mari, sans aucun lien avec le Mahatma Gandhi, devient Premier ministre à son tour de 1966 à 1977 et de 1980 à 1984. Elle est assassinée par ses gardes du corps en 1984. Son fils, Rajiv Gandhi (1944-1991), devient Premier ministre à son tour de 1984 à 1989. Il est également assassiné en 1991. Sa veuve, Sonia Gandhi (née en 1946), reprend le flambeau politique familial en prenant la tête du parti du Congrès et en préparant leur fils Rahul Gandhi (né en 1970) à maintenir la dynastie.

Religions, mythes et légendes de l'Inde

L'Inde, au cours de son histoire, est le berceau de plusieurs grandes expressions religieuses : hindouisme, bouddhisme, jaïnisme, sikhisme. La diversité de sa population explique en partie leur existence. Toutefois, d'autres peuples venus en Inde apportent d'autres croyances, l'islam et le christianisme notamment. Il n'y a pas un instant de la vie quotidienne, un monument, un texte qui ne soit imprégné de religiosité. Depuis plus de trois mille ans se mêlent dans le creuset indien, la sagesse lumineuse des textes sacrés, les spéculations des philosophes, les expériences des mystiques. Quant aux dieux de l'hindouisme, ils sont si nombreux qu'ils n'ont jamais pu être véritablement dénombrés.

Les religions nées en Inde

L'hindouisme est la plus ancienne des religions autochtones avec son premier aspect le *brahmanisme*, qui donne une place centrale aux *brahmans*, les prêtres, détenteurs de pouvoirs religieux et magiques. Quand le bouddhisme émerge au VIe siècle av. J.-C., les grandes notions de la pensée indienne sont déjà posées : l'enchaînement des êtres dans le cycle des naissances et des morts, le *samsara*, la nature cyclique du temps. Le jaïnisme par sa dualité s'oppose doctrinalement au bouddhisme et s'en sépare aussi par la sévérité de son ascétisme. Le sikhisme développe des idéaux de comportement humain très forts inspirés d'un rapprochement de l'hindouisme avec l'islam.

L'hindouisme

L'hindouisme change de visage au cours du temps et en fonction des régions où il s'implante. Le brahmanisme, sa forme première, s'appuie sur des dieux symbolisant les forces du cosmos : *Agni*, le feu, *Indra*, la guerre, *Soma*, le philtre divin. Plus tard, ils sont remplacés par des divinités qui croissent en importance, *Brahma*, dieu créateur, *Vishnu*, le protecteur et le conservateur, *Shiva*, le destructeur et régénérateur du monde.

L'hindouisme est lié aux textes sacrés, les *Veda* (les savoirs), écrits vers 1500 av. J.-C. Par la suite se développent à partir des *Brahmana*, entre les IXe et VIIIe siècles av. J.-C. et surtout à partir des *Upanishad*, des spéculations théologiques nouvelles, notamment celles portant sur la notion du *karma* et des réincarnations. Ainsi se posent des questions sur l'identité du « soi individuel », *atman*, son rapport à l'absolu *Atman* ou *Brahman*, sur la croyance aux renaissances successives, le cycle du samsara, déterminé par la nature de nos actes dans des existences antérieures, le *karma*. Tant qu'il y a du « karma à épuiser », nous sommes obligés de renaître sur terre. L'âme peut dans certaines circonstances, si le karma a été négatif, renaître dans un corps animal ou en plante. C'est donc le *Dharma*, code de conduite, qui régit la vie d'un hindou. Le seul moyen d'échapper aux renaissances reste la *Moksha*, la « délivrance obtenue » par différents moyens, les *marga*, dont la pratique de la méditation et la dévotion.

POUR ALLER PLUS LOIN

Les quatre grands systèmes de pensée

Si les *Veda* représentent la Vérité fondamentale, les quatre principaux *Dharsana*, d'une racine sanskrite signifiant « voir », s'imposent comme les points de vue, les diverses formes sous lesquelles l'hindou orthodoxe peut rassembler les croyances traditionnelles. Ces systèmes philosophiques sont au nombre de six et, dans ceux-ci, le rapport de l'homme est non pensé mais révélé.

- Le *vaiceshika*, fondé par Kanada surnommé « le dévoreur d'atomes », est un atomisme matérialiste très proche de celui de Démocrite proposant, non comme les autres systèmes une voie de salut mais une physique. Ce sont des atomes qui forment tous les êtres.
- Le *nyaya* est la logique indienne. Il fournit les méthodes de pensée et recherche les principes de la science. On y trouve une doctrine du syllogisme très proche de celui des Grecs. Les *nyaya sutras* datés du début de l'ère chrétienne font l'objet d'un grand nombre de commentaires.
- Le *sankhya*, fondé sans doute vers le VIIe siècle av. J.-C., constitue la première doctrine d'énumération des éléments derniers du cosmos. Il développe un évolutionnisme ramenant à un principe unique les diverses substances du monde matériel. La doctrine oppose la réalité du monde entre *prakti*, la nature primordiale, la matière et le *Purusha*, les âmes individuelles, l'esprit.
- Le *yoga*, littéralement « joug », fournit à l'ascète le moyen de juguler toutes les forces physiques et psychiques pour aboutir à la contemplation. Sankhya et yoga reposent sur une même conception dualiste opposant matière et esprit.

Outre ces quatre concepts et écoles philosophiques, nous pouvons également en ajouter deux autres : la *mimansa*, discussion sur les œuvres et le *vedanta*, fin du *veda*. La mimansa propose de donner la juste interprétation des formules et des pratiques du culte védique. Le vedanta en tant qu'école propose une méditation et une exégèse des Upanishad.

Le shivaïsme

Le *shivaïsme*, culte centré sur l'adoration de Shiva, connaît son âge d'or avec la dynastie des Cholas au XIIe siècle. Les sectateurs de Shiva cèdent ensuite le pas à ceux de Vishnu après cette date. Le Xe et le XIe siècle sont considérés comme ceux de l'expansion et c'est en pays Tamul qu'il connaît son apogée. À l'image du dieu Shiva, les fidèles doivent pratiquer l'ascétisme et le yoga. Les shivaïtes se trouvent présents surtout en Inde du Sud et de l'Est. On dénombre parmi eux divers groupes spirituels dont les *pashupata* qui vénèrent Shiva dans ses fonctions de berger divin qui libère des liens du monde son troupeau, ou les *kapalika*, adorateurs de Shiva, identifié cette fois à la mort.

Le vishnuisme

En tant que secte, le *vishnuisme*, centré sur le culte rendu en priorité à Vishnu, précède peut-être le shivaïsme. Le *Mahabharata* évoque déjà des *vaishrava*, adorateurs de Vishnu, le maître éternel du monde. Vishnu est le dieu conservateur du monde qui veille sur l'humanité. Il vient rétablir l'ordre, la paix. C'est sans doute au vishnuisme que l'hindouisme doit ses aspects les plus humains. L'autorité des Veda est reconnue par ses adeptes, qui portent un signe distinctif sur le front : une ligne verticale rouge entourée de deux lignes obliques blanches qui se rejoignent sous la blanche, au-dessus du nez. C'est la religion de la *bhakti* (la dévotion). Plusieurs groupes en participent : les *alvars*, poètes mystiques apparus entre le VIIe et le Xe siècle et les *ramanandis*, moines nommés d'après le fondateur, Ramananda au XVe siècle, qui prône l'égalité de tous les fidèles, sans tenir compte de la caste à laquelle ils appartiennent.

Le jaïnisme

Le *jaïnisme* présente de nombreux traits communs avec l'hindouisme et le bouddhisme. Il se réclame de l'enseignement de l'un de ses *jina* ou prophètes ayant atteint l'illumination, Mahavira (599-527 av. J.-C.), le fondateur. Le but suprême du jaïnisme est de libérer les hommes du karma qui revêt dans son contexte particulier un sens presque matérialiste de résidu qui entache l'âme, la souille. La sévérité de sa pratique ascétique le distingue des deux autres religions tout autant que, par souci du respect de la non-violence, ses interdits alimentaires qui vont bien au-delà du strict végétarisme. La volonté est d'aboutir à l'« âme parfaite » ou *Tirthankara* incarnée par Mahavira et ses vingt-trois prédécesseurs. Soulignons que la philosophie jaïne est dualiste. L'univers s'explique par deux notions fondamentales indépendantes l'un de l'autre : l'animé, *jiva* et l'inanimé, *ajiva*. La matière est composée d'atomes qui s'unissent en agrégats. Si dans le *Sankhya*, il n'existe pas de lien entre les deux principes, le jaïnisme enseigne que les âmes sont soumises à la loi karmique et aux réincarnations. Elles sont aussi pourvues de toute éternité d'un substrat matériel.

LE SAVIEZ-VOUS ?

Le svastika

Le *svastika* est l'emblème de la roue cosmique montrant l'évolution perpétuelle autour du centre immobile. L'étymologie du terme vient du sanskrit *su* (bien) et *asti* (il est), signifiant « qui conduit au bien-être ». La croix est faite de bras égaux s'infléchissant selon un angle droit tournés dans le même sens et dans celui des aiguilles d'une montre. Utilisés aussi fréquemment dans l'hindouisme et le bouddhisme que dans le jaïnisme, les quatre bras symbolisent les quatre états d'existence dans lesquels la réincarnation est possible, le monde divin en haut, le monde infernal en bas, le monde humain à gauche, le monde animal à droite. Le cercle formé par les bras de la croix gammée représente la fatalité du karma. Pourquoi lui a-t-on donné le nom de croix gammée ? Tout simplement parce que chacun de ses bras montre une certaine ressemblance avec la lettre grecque *gamma*. Dans plusieurs pays, elle est aussi représentée, avec une symbolique proche, dans des cadres aussi différents qu'en Mésopotamie, en Amérique du Sud, ou en Amérique centrale chez les Mayas. Ce symbole est perverti quand il devient, en 1920, celui du NSDAP, le parti nazi, qui en inverse le sens de rotation.

Le bouddhisme

Le bouddhisme est un ensemble de croyances religieuses et philosophiques fondées sur l'enseignement du Bouddha. Grâce à la conversion, au milieu du IIIe siècle av. J.-C., et au prosélytisme de l'empereur Açoka (304-232 av. J.-C.), le bouddhisme se répand dans le sous-continent indien et à Ceylan. Plus tard il gagne le Sud-Est asiatique, puis l'Asie centrale, la Chine, la Corée, le Japon, le Tibet où il s'est parfaitement adapté aux nouvelles formes culturelles. Cependant, il est constamment freiné en Inde, son berceau pourtant, par le christianisme, le développement de l'hindouisme au IXe siècle, les invasions musulmanes au XIe siècle et finit par y disparaître au XIIIe siècle. Le XIXe siècle en Occident le découvre et au milieu du XXe siècle la venue de maîtres *zen*, nom japonais d'une forme de pratique du bouddhisme, la « méditation silencieuse », lui procure un impact d'autant plus fort ; il devient la cinquième religion de France.

POUR ALLER PLUS LOIN

Les quatre nobles vérités

Il n'est pas toujours aisé d'extraire d'une littérature postérieure au Bouddha ce qui constitue son enseignement originel. Pourtant le point commun aux textes est de faire du sermon tenu à Sarnath l'élément central de sa doctrine, à savoir « les quatre nobles vérités » :

- La première est le constat de *dukkha*, de la souffrance, l'insatisfaction de façon universelle et de l'impermanence du Moi. L'inanimé, l'animé, les hommes, les dieux, tout ce qui vit est formé de composantes innombrables. Ils ne sont que de simples facteurs d'existence.
- La deuxième vérité met en avant la cause de la souffrance, *samudaya* : le désir, l'attachement, la soif d'exister.
- La troisième vérité offre l'espoir d'une cessation de la souffrance, cessation nommée *nirodha*. C'est l'affirmation du *nirvana*, de l'extinction des réincarnations.
- La quatrième vérité indique la voie qui mène à la cessation de ces souffrances, la compréhension de ce chemin nommée *magga* par la sainte voie, *marga*, aux huit mesures : en corrigeant parfaitement ses idées, ses intentions, ses paroles, ses actes, ses moyens d'existence, ses efforts, son attention, sa concentration mentale.

Bouddha laisse derrière lui un vaste enseignement fondé sur la parole et de ce fait susceptible d'être modifié au cours du temps, lorsqu'il serait transmis, ainsi qu'une communauté monastique malheureusement sans autorité reconnue pour la diriger et la conduire. Très peu de temps après son décès, des moines s'organisent et lors d'un premier concile tenu à Rajagrha, au Ve siècle av. J.-C., Ananda, le disciple préféré, rassemble les sermons du Bouddha, le *Sutta pitaka* ; Upali le plus vieux, précise la règle de la *sangha*, la communauté dans le *Vinaya pitaka*. Mais un deuxième concile devient nécessaire, les querelles s'intensifiant au sujet des pratiques, qui a lieu à Vaisali, un siècle plus tard. C'est soit lors de ce second concile, soit lors du troisième, celui de Pataliputra, vers 250 av. J.-C., que se produit la séparation entre les modernistes du *Mahasanghika* qui veulent réformer et les traditionalistes, les *Sthavira* favorables au *Theravada*. Trois grandes écoles vont se faire jour, trois véhicules, *yanas*, chaque école comparant son message à un vaisseau qui transporte ses disciples jusqu'au nirvana final.

- **Le bouddhisme du « petit véhicule » ou *hinayana* :** C'est le bouddhisme du Theravada et des écoles anciennes. Le canon *pali* qui fut établi représenterait au mieux les paroles du Bouddha et enseigne la méthode à suivre pour devenir des *arhats*, des hommes méritants. Dans cette voie, individuelle, chacun doit tenter de parvenir à sa propre libération, d'atteindre le nirvana.

- **Le bouddhisme du « grand véhicule » ou *mahayana* :** Il apparaît au début de l'ère chrétienne et se répand sur une zone géographique plus grande que celle du petit véhicule, dans le nord de l'Inde, dans l'empire Kouchan en Afghanistan et Ouzbékistan actuels, en Chine et dans le reste de l'Extrême-Orient. Cette école refuse le seul salut individuel et l'élargit à l'humanité tout entière. Dans le mahayana, les adeptes font vœu de *bodhicitta* (l'esprit d'éveil), d'aider autrui sur le chemin de l'Éveil.
- **Le véhicule du diamant, le *vajrayana* :** En sanskrit, le terme *vajra* signifie à la fois le caractère adamantin, la dureté et la pureté du diamant et la foudre, qui anéantit l'ignorance et hâte les étapes de la voie par son caractère fulgurant. Cette forme de bouddhisme *tantrique*, de *tantra* (la trame d'un tissu), voie de transformation du corps et de l'esprit par les sens, est aussi appelée *lamaïsme* au Tibet. Il propose la réalisation concrète de la délivrance non plus par l'ascèse, la connaissance ou la compassion, mais par des formules magiques. C'est surtout un ensemble de rites et de pratiques permettant à l'adepte d'atteindre une délivrance du monde.

POUR ALLER PLUS LOIN

Mandala et yantra

Les textes tantriques donnent le nom de *mandala* (cercle) aux figures les plus élaborées et celui de *yantra* (instrument de maîtrise) à celles de formes plus géométriques. Le mandala désigne le territoire sacré d'une déité, domaine situé en dehors du monde phénoménal. Il peut servir de support méditatif, mais aussi de cadre à un rituel initiatique. Il assemble par ordre hiérarchique autour d'une divinité centrale d'autres divinités. Il peut rappeler aussi par sa structure certains temples comme celui de Borobudur, édifié au IXe siècle sur l'île de Java par la dynastie çailandra, mandala par son plan. Le yantra peut également être une représentation géométrique de l'univers, avec la Terre, le carré, l'espace, les portes s'ouvrent sur les orients, le ciel, les cercles concentriques. La transcendance de l'absolu, le Brahman, est figurée par un point central.

Le sikhisme

La religion des sikhs, le *sikhisme*, est liée au Penjab où vivent aujourd'hui 90 % d'entre eux. De même que le bouddhisme est influencé par l'hindouisme, le sikhisme l'est par l'islam, par le *soufisme* principalement, un courant mystique fondé sur l'amour de Dieu dans la contemplation et l'union par fusion au divin. Au XVIe siècle, à la cour d'Akbar naît le rêve d'une religion universelle. Elle progresse grâce à l'enseignement de deux hommes, Nãnak (1469-1538), le fondateur, et Kabir (1440-1518) qui en fut le maître et l'inspirateur. Tous les deux désirent réunir les croyants dans l'idée d'une foi commune, abolir les rivalités auxquelles les religions mènent les hommes.

Nãnak s'oppose au système des castes. À sa mort, ses adeptes se réunissent autour des *Guru*, maîtres spirituels, c'est sous l'autorité du cinquième d'entre eux, Guru Arjun Dev, en 1604 qu'est compilé l'*Adi Granth* (le Noble Livre), œuvre comprenant les hymnes de Nanak et de ses successeurs ainsi que celles d'un certain nombre de saints musulmans et hindous. Pour les sikhs, il représente la parole vivante de Dieu. Après la mort d'Akbar, en 1605, les sikhs commencent à être persécutés par les Moghols. C'est sous le dixième Guru, Gobind Rai (1675-1708) que la secte commence sa transformation : les différences entre castes sont abolies au profit d'une élite militaire et guerrière, les *khalsas*, les purs. De l'hindouisme, les sikhs conservent les réincarnations, le karma, le monde de la *maya*, de l'illusion ; de l'islam, un dieu unique, créateur de toutes choses, omniscient.

Les principaux dieux de l'Inde

Si les dieux de l'Inde sont si nombreux, c'est que le panthéon indien n'est jamais demeuré immuable. Depuis la première composition du premier hymne védique vers 1800 av. J.-C. jusqu'aux dernières compilations des *Purana* vers les IIIe-IVe siècles de notre ère, les divinités n'ont cessé de se modifier, comme leurs mythes d'ailleurs. Les trois principales vénérées restent Brahma, Vishnu, Shiva qui forment la *Trimurti*, la trinité hindoue. Les dieux sont associés à des formes divines d'essence féminine dont la plus importante reste Shakti, la déesse-mère. En dépit de cet aspect polythéiste, tous et toutes émanent d'une seule et même force cosmique créatrice, le *Brahman*.

Agni

Agni, dieu du feu dans l'hindouisme, est celui qui chauffe, qui éclaire, qui purifie. Les Indiens védiques en font un dieu à part entière. Mythologiquement, il est l'intermédiaire entre les dieux et les hommes.

POUR ALLER PLUS LOIN

Le Rig Veda

Dédié à Agni, le plus ancien des Veda, le *Rig Veda* a la particularité de fonder un système social par la cosmogonie. La création du monde et celle de l'humanité s'accompagnent de la répartition des hommes en classes fonctionnelles, la société est divisée en quatre castes : les *brahmanes*, les prêtres ; les *kshatrya*, les guerriers ; les *vaishya*, les commerçants ; les *shudra*, les serviteurs. Il faut y ajouter les hors-castes, ceux qui ne peuvent accomplir de sacrifices en raison de leur impureté : bouchers, éboueurs. La répartition en castes reprend le démembrement sacré, à l'aube des temps, du *Purusha*, l'homme primordial dans le mythe de fondation.

Arjuna

Arjuna, le héros guerrier, est dans la *Bhagavad-gita*, le troisième des cinq fils de Pandu, les *Pandava*, en réalité celui du dieu Indra et de Kunti, la femme de Pandu. Kunti le conçoit parfois avec plusieurs dieux. Il apprend l'art du combat auprès du brahmane Drona, en particulier l'archerie. Avant la grande bataille de Kurukshetra, Krishna, le huitième avatar du dieu Vishnu prend l'apparence du conducteur de son char et lui offre alors son enseignement spirituel, lui recommande de faire son devoir de membre de la *kshatriya*, la caste des guerriers, de combattre en surmontant ses doutes. La *Bhagavad-gita* (Chant du Seigneur), relate cet entretien devenu célèbre.

Brahma

Brahma est le premier membre de la *Trimurti*, la trinité de dieux, formée avec Shiva et Vishnu. Dieu tout-puissant, principe de tout, il est représenté par un cercle dans un triangle sur les monuments, possède quatre têtes, tient dans ses quatre mains la chaîne qui soutient les mondes, le Livre de la Loi, le poinçon à écrire, le feu du sacrifice. Ses têtes sont ornées de lotus. Sarasvati, déesse de l'érudition, de la parole, à qui l'on prête l'invention du sanskrit est sa parèdre, son épouse divine, son énergie féminine ou *shakti*.

Durga

Durga, la guerrière, est une des formes de Shakti, la déesse-mère, forme revêtue pour combattre le buffle-démon Mahisha. C'est une déesse guerrière, elle porte le sari rouge et chevauche un lion. Elle possède plusieurs bras car les dieux lui ont donné chacun une arme pour combattre : Shiva son trident ; Vishnu son disque et un nœud coulant ; l'arc et la flèche de Surya, dieu du Soleil ; la hache de Chandra, dieu de la Lune ; la lance de Kumara, la conscience du monde ; une masse de Yama, seigneur de la mort. Le démon est tué avec l'aide de la déesse Kali la Noire, déesse destructrice et créatrice.

Ganesha

Fils de Shiva et de Parvati, son épouse, aussi appelé Ganapati, Ganesh est le dieu de l'intelligence, du savoir, protecteur des lettrés. Sa qualité de *Vighneshvara* (Seigneur des obstacles) lui permet de les écarter, ce qui en fait l'un des dieux les plus vénérés en Inde. Il est traditionnellement représenté avec un corps d'homme, surmonté d'une tête d'éléphant à une seule défense l'autre s'étant brisée. Il est nanti de quatre bras et chevauche un rat. Il peut aussi être figuré assis sur un trône de lotus.

Kali

Kali, la destructrice et la créatrice, figure sous l'apparence d'une femme de couleur noire. Entièrement nue, elle semble danser sur un cadavre humain qu'elle écrase de ses pieds, le corps soumis de Shiva. Elle incarne la puissance de la destruction et de la création, l'aspect féroce de la Devi, la déesse suprême. L'épée qu'elle brandit d'une main dans ses représentations évoque son rôle destructeur, ainsi que son long collier de crânes humains, la tête coupée tenue par les cheveux de l'autre main.

Krishna

Krishna, le berger amoureux, incarne le huitième avatar de Vishnu. Ce dieu apparaît dans l'hindouisme sous de nombreux et multiples aspects : Krishna berger, Krishna enfant, Krishna l'amoureux joueur de flûte, gardien des troupeaux. Pour les sages, il est celui qui enseigne le chemin de la libération et de la dévotion, le grand vainqueur du Mal. C'est lui qui enseigne le Dharma, la loi, à Arjuna dans un épisode fameux de la *Bhagavad-gita*.

LE SAVIEZ-VOUS ?

Les vaches sacrées

Parmi les milliers de divinités du panthéon, ne figure aucune vache. Aucun temple non plus ne lui est consacré. Les textes sacrés racontent qu'elle fut créée par Brahma en même temps que le Brahmane, le prêtre. Elle est donc aussi sacrée que lui et a la même valeur spirituelle. De même, elle est l'animal familier de Shiva et celui de Krishna. Ce dernier passe en effet sa jeunesse au milieu des vaches et des chèvres car il est confié par ses parents à un couple de vachers. La légende raconte aussi qu'il séduit plus de mille *gopis*, filles de vachers dont nombre deviennent ses épouses. En revanche, Nandi, le taureau blanc, monture du dieu Shiva, est fréquemment représenté en statue.

Shiva

Shiva, le Destructeur et le Régénérateur, est sans doute le plus ancien des dieux de l'Inde. Dieu destructeur en même temps que celui qui génère, il est le dieu de toutes les manifestations vitales. En lui se résument toutes les forces tumultueuses qui animent le monde. Sa demeure est le mont Kailasha, chaîne de montagnes du plateau tibétain. Ses principaux attributs sont le chignon, siège de son pouvoir d'ascète ; le cobra Kundalini, l'énergie sexuelle ; une peau de tigre, manifestation de sa puissance sur la nature ; le troisième œil fermé car son regard détruit ; le croissant de lune posé sur ses cheveux. Le *linga* (le phallus), symbole de capacité créatrice, le représente. Sa monture est le taureau Nandi.

Vishnu

Vishnu est considéré comme le second dieu de la Trimurti. Sa fonction est de conserver le monde, de porter secours aux êtres. Lorsqu'il est représenté, c'est sous la forme d'un jeune homme à la peau bleue. Sa puissance universelle est exprimée par ses quatre bras portant les éléments fondamentaux. Son épouse est Lakshmi, déesse de la fortune aux deux sens du terme, bonne fortune et richesse. Sa monture est l'aigle géant Garuda. Périodiquement lorsque la discorde et le désordre viennent sur terre, il descend ici-bas et restaure la justice et la paix sous la forme d'un avatar.

POUR ALLER PLUS LOIN

La sainte ménagerie

Le mot *avatar* est dérivé du sanskrit (descente), dans l'hindouisme il s'agit de l'incarnation sous une forme ou une autre d'un dieu, quand un danger se fait menaçant. Vishnu connaît ainsi dix avatars : le poisson Matsya, qui prévient le sage Manu de l'imminence du Déluge ; la tortue Kuma dont la carapace sert de support pour baratter la mer de lait issue du Déluge, la transformer en beurre, beurre qui rend aux dieux leurs trésors, en échange de quoi ils donnent une seconde chance aux hommes ; le sanglier Varaha, dont les défenses labourent la terre et l'amoncellent, luttant contre un démon qui tentait de l'inonder ; l'homme-lion Nrisimha tue un autre démon qui avait chassé les dieux du paradis ; le nain Vamana accomplit la même tâche avec un autre malfaisant ; le prince combattant Parashi-Rama rétablit sur le trône un roi sage et pieux, chassé par son épouse infidèle aidée de son amant ; le héros Rama-Chandra récupère son épcuse Sita, enlevée, épisode qui est l'objet du *Ramayana*, récit des aventures de Rama et de Sita ; Krishna, le « bleu » ou le « noir » à la fois guerrier redoutable et irrésistible amant sous sa forme de berger ; Bouddha, dernier avatar effectif ; Kalki, enfin, incarnation à venir lors de l'Apocalypse avant la création d'un monde nouveau.

L'héritage de l'Inde

L'Inde pendant longtemps n'est l'objet de la part de l'Occident que de grandes évidences. Pour les esprits du XIXe siècle, particulièrement parmi les écrivains, elle incarne la dualité d'un Orient écartelé entre fantasme et réalité, suscitant à la fois répulsion et attirance. *Le Dictionnaire des idées reçues* de Gustave Flaubert (1821-1880) s'attarde ainsi sur les serpents, les fakirs cloués sur leur lit et des hordes de meurt-la-faim refusant de tuer un animal. Mais on oublie souvent que l'Inde ne fut pas qu'une source d'inspiration littéraire, mais aussi une terre de découvertes et d'apports scientifiques, notamment dans deux domaines : les mathématiques et la médecine.

La littérature

Dès 1800, Friedrich Schlegel (1772-1829) écrit dans son journal littéraire, au centre du mouvement romantique allemand, l'*Athenaeum* que c'est en Orient qu'il faut chercher le suprême romantisme, tout art, toute civilisation trouvent leur origine parfaite en Inde. L'Allemagne entière est ébranlée par ces idées, celle d'une union qui donne accès par la poésie à une pleine réalisation du sentiment. Elle se répercute dans tout le siècle : Alphonse de Lamartine (1790-1869), Victor Hugo (1802-1885) se mesurent au *Mahabharata*, l'un en écrivant *Jocelyn*, l'autre *La Légende des siècles*. Le siècle suivant vibre du même enthousiasme. Romain Rolland (1866-1944) écrit une *Vie de Ramakrishna* (1929) et une *Vie de Vivekananda* (1930) ; le roman *Siddharta* (1922) d'Herman Hesse (1877-1926) est un vibrant plaidoyer pour l'Inde. Aldous Huxley (1894-1963) tente de son côté dans *La Philosophie éternelle, Philosophia perennis* (1948), un syncrétisme mystique. René Daumal (1908-1944) transforme sa poétique sous l'influence de l'Inde, publie, à titre posthume : *Bharata, l'origine du théâtre* (1970) ; *La Langue sanskrite* (1985). Stéphane Mallarmé (1842-1898), autre grand admirateur, nous laisse dans *Contes indiens* la traduction de quelques légendes. Rudyard Kipling (1865-1936), Jean-Marie Gustave Le Clézio (né en 1940) tombent sous leur charme. Henri Michaux (1899-1984), dans *Un barbare en Asie,* la découvre à 32 ans et en trace un portrait acerbe. L'Inde y devient une sorte d'enfer où règne le monde des castes.

Mais à travers la littérature de cette partie du siècle, c'est surtout l'attrait de l'exotisme qui motive les écrivains. André Gide (1869-1951) traduit *L'Offrande lyrique* de Rabindranath Tagore (1861-1941), la poésie de Charles Péguy (1873-1914) recrée sans le savoir la technique des mantras dans la continuelle répétition des syllabes porteuses. André Malraux (1901-1976) y revient tout au long de son *Musée imaginaire* (1947). Statuaires et fresques racontent la recherche d'un Absolu. Antonin Artaud (1896-1948) pour le théâtre capte aussi le message avec *La Culture indienne* (1947) : tout est cérémonial, leçon de spiritualité. Tous ont vécu l'Inde, selon l'expression de Michaux, comme un « voyage réel entre deux imaginaires ». Même Maurice Béjart (1927-2007), chorégraphe dans *Bhakti*, en 1968 au Festival d'Avignon, s'inspire du mythe de Krishna et de ses bergères.

Les mathématiques

Si l'Inde reprend de la Grèce l'astronomie, en revanche c'est l'inverse pour ce qui est des mathématiques. Les fouilles faites à Mohenjo-Daro et Harappa ont révélé l'existence déjà d'un système de poids et mesures. Mais l'Occident reçoit un héritage double : le système décimal et la trigonométrie. En effet, aux environs de 400 av. J.-C., on assiste à la mise en place des neuf chiffres du système décimal et parallèlement à celle du zéro. Les noms de grands mathématiciens tels Aryabhatta (476-550), un grand astronome, tout comme Varahamihira (505-587), ou encore les deux Bashkara, Bashkara Ier (VIIe s.) et Bashkara II (1114-1185), illustrent la période jusqu'au XIIe siècle. Les concepts mathématiques indiens ont trouvé un écho en Chine et dans les mathématiques arabes avant de parvenir en Occident. Ils ont permis de révéler les fondements de l'analyse : calcul différentiel et intégral.

La médecine ayurvédique

La médecine *ayurvédique* puise ses sources dans les textes sacrés des Veda dans l'*Atharva Veda*, *ayurveda* signifiant « connaissance de la vie » en sanskrit. Son principe repose sur une harmonie, un équilibre entre le corps et l'esprit. Le corps est composé de trois éléments principaux, les *dathas* qui gouvernent la formation des cellules, les *malas* ou déchets produits par le corps, et les *doshas* qui se rapportent à sa physiologie. Ces derniers, au nombre de trois : *Vata*, la circulation à travers le corps, *Pitta*, toutes activités biochimiques, dont la production de chaleur, *Kapha*, responsable de la construction du corps, sont ce que chaque individu possède en une proportion variable. À chaque caractéristique physique correspondent des attributs mentaux. Le traitement consiste à rééquilibrer les énergies physiques et psychiques.

Chapitre 6

La Chine, empire du Milieu

Dans ce chapitre :

- Un empereur qui se veut immortel
- Le « mur long de dix mille li »
- Quand Lao-tseu rencontre Confucius

Zhonguo (l'empire du Milieu), nom donné par les Chinois à leur pays, est une terre de paradoxes qui n'a cessé d'étonner les Occidentaux. Depuis les débuts de son histoire, elle fascine par la constance de sa tradition perpétuée jusqu'à nos jours, intégrant les courants de pensée, les contacts reçus tout au long de son histoire. Le Céleste Empire, autre nom de la Chine, gouverné par un empereur « Fils du Ciel », obéit à des lois immuables établies entre les hommes et les forces de la nature. Il faut alors pénétrer lentement les arcanes de sa pensée pour saisir les subtiles intentions de l'architecte, du sculpteur, du poète, du penseur.

La poudre, le papier… la Chine révèle au monde, entre feux d'artifice et calligraphie, un univers technique et de connaissances littéraires. Son histoire est celle d'un vaste empire, sans cesse entre éclatement et unité, sa Cité Violette protégée par la Muraille de Chine fait écho aux pavillons et tours de porcelaine. Laozi (Lao-tseu), Kong-fuzi (Confucius) jettent les fondements de la philosophie et de la morale politique. La religion y est dominée par deux écoles, taoïsme indigène et bouddhisme importé. Le confucianisme est davantage une morale sociale qu'une religion à proprement parler. L'héritage chinois est aussi vaste que varié : imprimerie, boussole, gouvernail d'étambot, concours pour le recrutement de fonctionnaires…

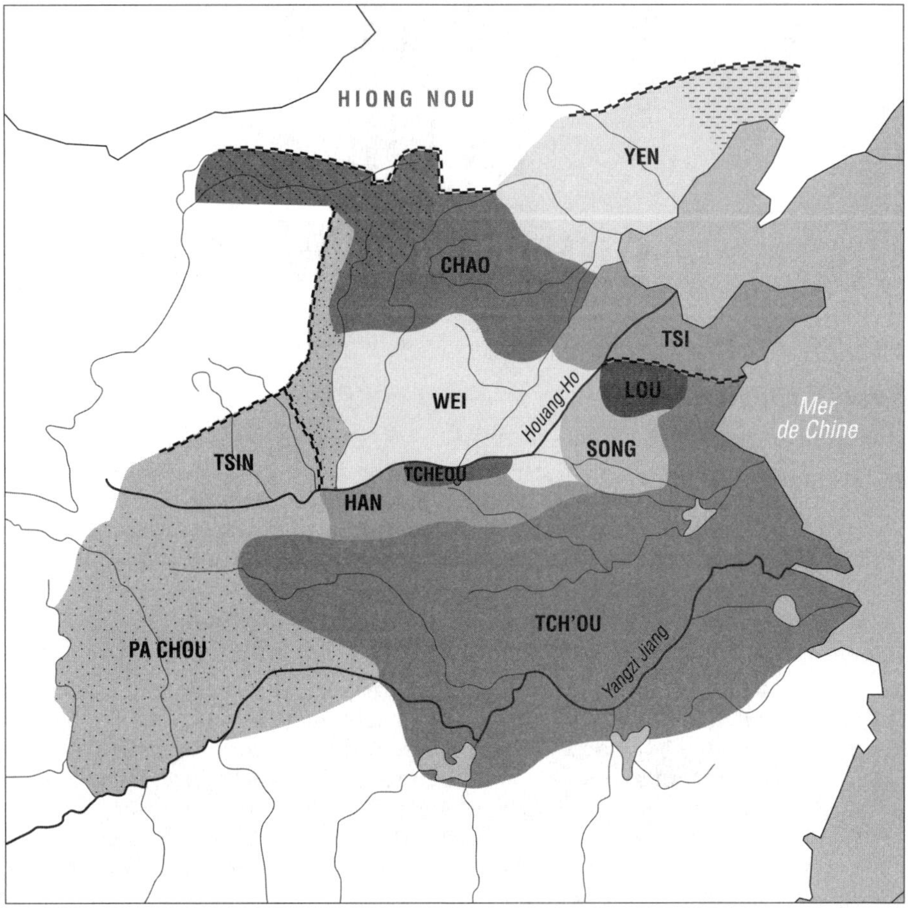

Figure 6-1 : La Chine des Royaumes combattants.

Les grandes étapes de l'histoire chinoise

La Chine ouvre sa civilisation par le mythe. Des dieux-rois donnent aux hommes les éléments fondateurs. Tout d'abord les Trois Augustes : Fuxi, Nugua, Shennong apportent l'écriture, l'agriculture, la médecine et l'institution du mariage. Puis les Cinq Empereurs : Huangdi, Zhuangzi, Yao, Shun et Yu le Grand leur font le don des sciences, du calendrier, des systèmes de canaux.

C'est aux alentours du XXIe siècle av. J.-C. que Yu le Grand aurait fondé la première dynastie, celle des Xia. Si le mythe domine les premiers temps de l'histoire chinoise, les étapes suivantes, en revanche, se déroulent sous l'influence des grandes dynasties. Sous celle des Chang apparaissent les prémisses de l'écriture, le déclin des Zhou qui lui succèdent engendre les penseurs, Confucius, Lao-tseu. L'époque féodale est marquée par les invasions des Huns, des Tatars avant de laisser place à une terre unifiée sous les Qin. Pendant quatre siècles, les Han maintiennent la prospérité, mais c'est avec la période des Tang que la Chine connaît le plus bel éclat. Les Song malheureusement l'isolent et après eux, elle subit la domination mongole. Les Mandchous du Nord renversent la dynastie Ming au XVIIe siècle tout en respectant les traditions, mais figent le pays dans un immobilisme profond. En 1911, ils sont renversés par la République.

Les dynasties historiques

Les dynasties historiques s'ouvrent avec les Chang (v. 1765-v. 1066 av. J.-C.), célèbres pour leur art du bronze, puis les Zhou (Tcheou) conservent le pouvoir jusqu'en 256 av. J.-C. En fonction de la capitale choisie, on distingue deux époques Zhou : les Zhou occidentaux à Hao (v. 1030-770 av. J.-C.) et les Zhou orientaux à Luoyang (770-256 av. J.-C.). Ils apportent la conception théocratique de la monarchie chinoise et l'organisation bureaucratique, le roi (Fils du Ciel) est l'intermédiaire entre hommes et dieux. Pourtant, le souverain peine à s'imposer, apparaît davantage comme le plus riche des seigneurs sur lesquels son autorité effective fluctue considérablement.

Les derniers monarques Zhou n'ont plus d'autorité qu'officielle, la Chine est divisée entre princes rivaux, c'est la période dite des « Printemps et Automnes » du nom de la *Chronique des Printemps et des Automnes* tenue dans le fief des Lu entre 722 et 481 av. J.-C. Les rivalités entre États, confortées par l'impéritie des Zhou, ramènent leur nombre de 12 à 7, c'est l'époque des « Royaumes combattants », du milieu du Ve siècle à 221 av. J.-C. À cette date, le prince Zheng, souverain des Tsin, conquiert les autres royaumes et se proclame empereur sous le nom de règne de Qin Shi Huangdi (221-210 av. J.-C.). Son nom, Qin, se prononce « Tchin » et devient celui du pays, la Chine. Pour les Chinois eux-mêmes, elle demeure Zhong Guo (pays du milieu), comprenez par milieu le centre du monde.

LE SAVIEZ-VOUS ?

Les têtes tranchées des Tsin

Les souverains Tsin se signalent par la cruauté avec laquelle ils mènent le combat contre leurs rivaux. L'importance d'une victoire se manifeste moins par le territoire conquis et les populations soumises que par le nombre de têtes tranchées dans les rangs des ennemis vaincus. En 318 av. J.-C. contre une coalition des Wei, Han et Chao aidés par les Huns, 82000 têtes. En 312 av. J.-C. contre les Zhou, 80000 têtes. En 307 av. J.-C., 60000 têtes, une petite année... Heureusement, les années suivantes offrent une moisson à la hauteur des succès : en 293 av. J.-C., contre les Han et les Wei, 240000 têtes. En 275 av. J.-C., encore les Wei, qui fournissent 40000 têtes. Toujours 150000 têtes Wei en 274 av. J.-C. En 260 av. J.-C., contre le Chao, plus de 400000 têtes sont coupées. Encore quelques massacres, et, enfin, roi de Tsin depuis 246 av. J.-C., le prince Zheng devient l'empereur de Chine Qin Shi Huangdi en 221 av. J.-C. Il était temps...

Qin Shi Huangdi organise l'Empire, où tous lui sont étroitement soumis, lui donne une langue écrite commune, unifie les poids et mesures, entame la construction de la Grande Muraille. Mais ce souverain mégalomane, qui à la fin de ses jours envoyait des enquêteurs aux quatre coins de l'Empire à la recherche des recettes d'immortalité, a pour successeur un prince faible. La guerre civile s'installe. En 206 av. J.-C., les Han supplantent les Qin. Ils règnent de 206 av. J.-C. à 220 de notre ère.

La dynastie des Han

Les Han (206 av. J.-C.-220 apr. J.-C.) donnent une stabilité à l'Empire chinois, en assurant ses frontières, notamment occidentales contre les Huns, jusqu'au Turkménistan. La Corée, le Tonkin sont soumis. Mais c'est l'adoption du confucianisme comme idéologie d'État qui donne au pays sa cohésion. L'empereur Wudi (140-87 av. J.-C.) crée un corps de fonctionnaires d'État dévoués et efficaces, recrutés par un système d'examens impériaux, et qui porte obligatoirement sur au moins l'un des cinq Classiques de Confucius.

La dynastie des Tang

Entre 220 et 618, la Chine est de nouveau confrontée à l'éclatement en plusieurs royaumes rivaux, soumis par les Tang en 618. Ils dominent le pays jusqu'en 907. Après la réorganisation de l'Empire, les Tang s'attellent à la tâche d'élargir leur influence politique sur l'Annam, la Corée, le Japon. Le confucianisme redevient doctrine d'État, mais des religions importées se développent : le bouddhisme, jusqu'à l'édit de proscription de 845, le manichéisme, l'islam. Leur influence demeure toutefois modeste. L'élite intellectuelle, grâce à l'invention de l'imprimerie, peut accéder plus aisément aux écrits confucéens, dont une collation est entamée.

L'art des Tang, art *aulique*, c'est-à-dire de cour, raffiné, exploite les poteries animalières vernissées, revêtues d'une glaçure verte ou brune, avec une prédilection pour la représentation des chevaux. C'est également un véritable âge d'or pour les lettrés, et notamment les poètes, un art pratiqué par les seigneurs de la cour impériale, qui est également une épreuve redoutée des concours d'accès au mandarinat.

Une fois encore, la grandeur de la dynastie repose sur ses aptitudes militaires. Puissante et redoutée sous les règnes de Taizong (626-649) et Xuanzong (712-756), la Chine des Tang s'effondre sous les coups conjugués des Turcs et des Tibétains.

La restauration Ming

Après la disparition des Tang, la Chine se morcelle à l'extrême. Au nord, les Cinq Dynasties se succèdent à un rythme effréné, au sud, des dynastes locaux tentent de s'implanter durablement, aggravant la division des Dix États, le tout entre 907 et 960. Le général, puis empereur Taizu ou Tai-tsou (927-976) réunifie une partie de la Chine en fondant la dynastie Song (960-1276), mais il ne règne guère qu'au sud du Houang-Ho ou fleuve Jaune. Le Nord, dont Pékin, est aux mains des Khitan mongols. En 1215, à la tête de sa Horde d'or, Gengis Khan (1162-1227) parvient à contourner la Muraille de Chine, prend Pékin. Le Sud reste nominalement sous l'autorité des Song, en dépit de fréquentes razzias mongoles. Enfin, en 1276, Kubilaï Khan (1260-1294) s'empare du Sud et fonde la dynastie mongole, fortement sinisée, des Yuan (1276-1368). Mais adopter les coutumes chinoises, surtout à la cour de Pékin d'ailleurs, ne suffit pas à transformer les Mongols aux yeux de la population chinoise, pour laquelle ils demeurent des envahisseurs étrangers qui occupent indûment la Chine. En 1368, une jacquerie chasse les Mongols et permet le rétablissement d'une dynastie chinoise, les Ming, qui gouvernent de 1368 à 1644.

Le système politique des Ming repose sur une centralisation renforcée. Pour éviter d'être victimes des révoltes, les souverains s'installent dans la Cité violette, ou Cité interdite de Pékin. À l'abri de ses hauts murs, ils règnent sur une armée de fonctionnaires et d'espions qui contrôlent étroitement les mouvements d'opinion. L'idéal de stabilité se retrouve dans la pensée. Il convient d'imiter les Classiques confucéens, mais sans ajout intempestif. L'empereur Yong-lo (1403-1424) commande certes une somme gigantesque du savoir chinois, le *Ta-Tien* (L'Encyclopédie), riche de 11 000 volumes, rédigés en quatre ans par 2 000 spécialistes, mais elle proscrit tout ce qui n'est pas constat de ce qui existe déjà. Pour se rattacher à la dernière dynastie nationale, celle des Tang, un code inspiré du droit de leur époque est promu en 1373. Ce repli s'accompagne pourtant d'une ouverture forcée sur le monde. En 1514, les navires de commerce portugais atteignent la Chine. En 1557, ces mêmes Portugais peuvent fonder Macao et s'y livrer aux échanges. Dans leurs bagages arrivent les pères jésuites, dont Matteo Ricci (1552-1610), qui réside en Chine de 1582 à sa mort. Sinisant son nom en Li Matou, arborant le costume des mandarins, parfaitement bilingue, Matteo Ricci est même autorisé à résider à Pékin à partir de 1601, il est reçu en audience par l'empereur. Il réalise le premier dictionnaire bilingue, traduit en chinois les six premiers livres des *Éléments d'Euclide* (v. 325-v. 265 av. J.-C.).

POUR ALLER PLUS LOIN

Le vase Ming

Si, dans la littérature comme en peinture, les Ming n'innovent guère, leur nom évoque pourtant chez chacun d'entre nous un univers de grâce et de couleurs chatoyantes, celui de la porcelaine. C'est l'art par excellence de l'époque des Ming. La matière première, le kaolin, tire son nom, *Kao Ling* (la passe haute) du site d'extraction proche de la manufacture impériale. L'art des couleurs porte la porcelaine Ming à la perfection, depuis les pièces monochromes blanches, bleues ou céladon, un vert pâle transparent, jusqu'aux créations *San Tsai* (Trois Couleurs), mariant le vert, le jaune et le violet foncé, ou aux remarquables *Wou Tsai* (Cinq Couleurs) reprenant les trois précédentes en y adjoignant le bleu et le rouge. Les thèmes favoris, repris des classiques de la peinture sur soie, sont les motifs floraux, les oiseaux, les papillons.

La dynastie Qing

Les Ming voient peu à peu leur influence aux frontières s'amenuiser. L'Annam et la Corée retrouvent leur indépendance, reconnaissant au mieux une sujétion de pure forme. Le Japon, redoutablement militarisé, s'est émancipé depuis longtemps du modèle chinois qui faisait ses délices sous les Han ou les Tang. Mais c'est au nord que la menace grandit. Depuis le début du XVIIe siècle, la Mandchourie est unifiée, et ses troupes s'opposent régulièrement aux armées chinoises. En 1644, le gros de celles-ci est justement à la frontière mandchoue. Une armée de paysans et brigands en profite pour s'emparer de Pékin. Le dernier empereur Ming met fin à ses jours. Le général chinois s'allie alors aux Mandchous, reprend Pékin, chasse l'usurpateur. Mais il s'agit d'une victoire à la Pyrrhus : les nouveaux venus n'entendent pas repartir et profitent de la vacuité politique pour installer leur propre dynastie, celle des Qing (1644-1911), la dynastie « pure ».

Deux princes d'exception

Les souverains mandchous se coulent habilement dans l'héritage du gouvernement Ming, conservent et renforcent les institutions, prenant toutefois la précaution de doubler les fonctionnaires chinois d'un *alter ego* mandchou.

Kangxi (1662-1722) assure la réalité du pouvoir mandchou en Chine. Il mate la révolte des trois princes chinois qui régentaient le sud du pays en son nom et les remplace par des fonctionnaires obéissants. Il repousse Mongols et Tibétains, puis les soumet. Enfin, il contient la menace russe sur la Mandchourie par le traité de Nertchinsk en 1689. Prince ouvert et curieux, il fait traduire par le jésuite Jean-François Gerbillon (1654-1707) le traité de la géométrie d'Euclide, les *Éléments*. Kangxi rapporte en 1692 l'édit qui interdisait le christianisme en Chine depuis 1665. Toutefois, le culte pratiqué s'inspire des coutumes chinoises, et Rome le condamne, notamment la pratique des tablettes où sont inscrits les noms et qualités des Ancêtres, devant lesquelles on brûle de l'encens selon le rite confucéen. La réaction chinoise ne tarde guère : l'édit de 1717 interdit la prédication chrétienne et, en 1724 le nouvel empereur expulse les missionnaires.

Avec l'empereur Qianlong (1735-1796) s'ouvre la dernière grande période de la dynastie mandchoue. L'armée confirme le contrôle des frontières, intervient jusqu'au Népal. L'empereur encourage le développement de la petite propriété paysanne, la redistribution des terres aux paysans, ce qui assure la généralisation de la triple récolte annuelle de riz. Il poursuit et achève la reconstruction de la Cité interdite, après les incendies qui l'ont ravagée en 1644. Féru de sciences, il entretient à sa cour plusieurs pères jésuites, tout en maintenant pour les Chinois l'interdiction de se convertir au christianisme.

Un irrémédiable déclin

Après le règne de Qianlong, la dynastie mandchoue inaugure un lent mais irrémédiable déclin, jusqu'à son éviction au profit de la République en 1911. La dernière grande figure est celle de l'impératrice douairière Cixi ou Tseu-Hi (1835-1908), qui tente, contre vents et marées, de maintenir le trône du Phénix pour son fils, puis son neveu et petit-neveu. Mais la Chine se brise peu à peu, perd les guerres de l'Opium, en 1842 et 1858, avant une série de défaites interminables, en 1860 contre la France, en 1895 contre le Japon, en 1898 contre la Russie. Puyi (1906-1967), dernier empereur âgé de quatre ans, est écarté en 1911.

Une éphémère république tente de s'imposer entre 1911 et 1916, puis vient le règne des « Seigneurs de la guerre », potentats locaux appuyés par des armées mercenaires jusqu'en 1949. L'anarchie politique se double, outre la lutte entre nationalistes et communistes, d'une occupation japonaise de la Mandchourie, entre 1931 et 1945, où l'ex-empereur Puyi est souverain fantoche d'un État rebaptisé Mandchoukouo.

En octobre 1949, les communistes conduits par Mao Zedong (1893-1976) ont défait tous leurs opposants et proclament la naissance de la République populaire de Chine (RPC). De leur côté, à Taiwan, sous protection américaine, les nationalistes créent la République de Chine.

LE SAVIEZ-VOUS ?

Les Jésuites en Chine

Une histoire de la Chine serait incomplète sans y ajouter le rôle important tenu par les pères jésuites. En dépit des différentes proscriptions, ils ont pu occuper auprès des empereurs des fonctions éminentes, grâce à leur capacité à s'adapter à la culture chinoise, et à leur science très prisée en diverses matières. Depuis 1498 et le périple de Vasco de Gama (1459-1524), l'Europe connaît la voie maritime vers la Chine. Matteo Ricci (1552-1610), devenu le mandarin Li Matou, outre un dictionnaire bilingue, le premier, laisse une carte de l'univers et une traduction en chinois de la géométrie d'Euclide. Son successeur, Adam Schall (1591-1666), arrive en 1620 et prend le nom chinois de Tang Jo Wang. Chargé par l'empereur d'une réforme du calendrier, il enseigne les mathématiques et l'astronomie. Une fois les Ming renversés, les Qing continuent à protéger certains Jésuites. Schall poursuit sa carrière à la cour et se voit décerner en 1653 le titre de « Docteur très profond ». L'empereur Kangxi (1662-1722) accorde ses faveurs au père Jean-François Gerbillon (1654-1707), dont il utilise les talents de diplomate. Le père Ferdinand Verbiest (1623-1688), devenu Nan Houei Jen, lui prodigue ses connaissances en mathématiques et mène à bien la réforme du calendrier entreprise par Adam Schall. Il dote également l'armée impériale de canons performants, qui lui assurent une nette supériorité sur ses voisins. Mais les successeurs de Kangxi se montrent moins ouverts, tolérant au mieux les Jésuites en raison de leur savoir avant de les éloigner de la cour. Le coup de grâce vint de Rome. Après l'expulsion de France et d'Espagne, les Jésuites se voient interdire la Chine par le pape en 1773.

Les principaux sites et monuments chinois

L'immensité de la Chine, la richesse de son histoire, la variété de ses expressions culturelles obligent à un choix dans les monuments destinés ici à la représenter. Certains sont incontournables et présentent l'avantage d'offrir des aspects divers de son génie : l'armée de terre cuite des soldats de Qin, fondateur de l'Empire, rend hommage au gigantisme et à la subtilité, des dizaines de milliers de statues au visage individualisé ; le « Mur long de dix mille li », pour nous la Muraille de Chine, évoque l'art militaire des fortifications ; la « Cité violette » ou « Cité interdite », les arcanes du pouvoir absolu subtilement mêlés à une conception de l'univers dont l'empereur est le centre ; le Palais d'Été, les raffinements exquis d'une cour à son apogée, inconsciente du déclin si proche, occupée à naviguer sur un somptueux bateau de marbre blanc.

L'armée des soldats de Qin

Empereur de Chine en 221 av. J.-C., Qin Shi Huangdi, meurt en 210 av. J.-C. La splendeur de sa cour et sa puissance militaire doivent demeurer intactes dans l'au-delà. Pour suivre les coutumes anciennes, l'empereur devrait être inhumé entouré d'un massacre : courtisans, guerriers, danseuses… Ce n'est probablement pas par souci d'épargner la vie humaine, mais en gage d'une immortalité plus sûre que celle des ossements humains que Qin Shi Huangdi prévoit son passage dans l'autre monde en compagnie de milliers de figurants de terre cuite, tous à taille humaine.

Son complexe funéraire, proche de la capitale, Xian, province du Shaanxi, au centre-ouest du pays, s'organise autour d'un tumulus, réplique du palais royal, haut de 50 m, d'un périmètre de 6 km, que le gouvernement de la République populaire de Chine n'a pas encore autorisé à fouiller. En revanche, les fosses qui l'entourent, contenant l'armée impériale grandeur nature en ordre de marche, le sont depuis le début des années soixante-dix.

La fosse numéro 1 couvre 1,5 hectare, la numéro 2 représente 1,7 hectare, la numéro 3 est plus petite, et une fosse inachevée se trouve entre la numéro 1 et la numéro 2. La fosse 1 comprend environ 6 000 soldats, piétons debout, archers agenouillés, chars de combat. La fosse 2 est forte de plus de 1 000 guerriers, mais les unités sont bien distinctes dans l'espace : charrerie, cavalerie, archerie, fantassins. La fosse 3 se limite à 68 guerriers et un quadrige. La fosse inachevée laisse penser que sa réalisation était en cours quand la mort de Qin Shi Huangdi l'a interrompue.

Plus extraordinaire encore, la découverte récente, depuis 2000, d'armures constituées de petites plaques de pierre d'une couleur ardoise, liées les unes aux autres par des agrafes de bronze ; de casques, ainsi que deux chariots du même métal. Des statues représentant des lutteurs, danseurs, acrobates et musiciens augurent des trouvailles à venir, un monde à lui seul.

Le complexe funéraire aurait été édifié sur environ trente ans, requérant la participation forcée de plus de 700 000 personnes.

UN PEU DE MYSTÈRE

Qin Shi Huangdi

Qin Shi Huangdi, comme tous les souverains responsables, entreprend de faire édifier son tombeau, sa future demeure d'éternité, dès son accession au trône, à l'âge de 13 ans. Mais, devenu empereur de Chine, son souci de la mort tourne à l'obsession. Détenir tous les pouvoirs et devoir un jour les abandonner, c'est insupportable. Certes, des dérivatifs existent, l'exécution de centaines de lettrés confucéens trop peu enclins à célébrer l'immortalité du prince de son vivant, quelques autodafés de leurs œuvres. Ou encore la mise à mort du prince héritier, classiquement accusé de complot, ce qui évite un moment de croiser son futur successeur, situation ô combien déplaisante… Mais Qin Shi Huangdi vise plus haut, il compte vivre les 10000 années promises aux sages taoïstes, et, pourquoi pas, aspire à l'immortalité. C'est ici que légendes et histoire se mêlent. L'empereur aurait ingurgité régulièrement de petites quantités d'arsenic et de mercure ; transformé ses palais afin de circuler, invisible, dans des corridors secrets, à lui seul accessibles sous peine de mort, l'invisibilité représentant une forme d'immortalité ; envoyé de nombreuses expéditions rechercher le philtre de la vie éternelle ; doté son palais de plus de 1000 chambres, afin que la mort s'égare en route…

Tout cela bien en vain. En 210 av. J.-C., l'empereur meurt, et avec lui son éphémère et glorieuse dynastie. Son fils est renversé après seulement quatre ans de règne. *Sic transit gloria mundi*, ainsi passe la gloire du monde…

La Cité violette

Résidence des empereurs de Chine à Beijing (capitale du Nord), Pékin, opposée à Nankin (capitale du Sud), la Cité violette ou Cité interdite, a beaucoup souffert lors des troubles qui ont mis fin à la dynastie Song du Nord, de l'invasion mongole. Sa restauration, on peut même parler ici de reconstruction, prend place sous les Ming, plus particulièrement sous le règne de l'empereur Yong-lo (1403-1424), troisième souverain de la période Ming. C'est en effet entre 1407 et 1420 que plus de 200000 personnes œuvrent à la réalisation de la Cité violette, ensemble palatial de 720000 m^2 aux constructions disposées selon trois axes parallèles nord-sud.

Le nord était réservé aux appartements privés, le sud aux lieux consacrés aux fonctions publiques. Au sud, la Cour extérieure abrite la salle de l'Harmonie suprême (*Taihe*), la salle de l'Harmonie parfaite (*Zhonghe*), la salle de l'Harmonie préservée (*Baohe*), chacune donnant son nom à un palais. Sur les côtés, les principaux bâtiments sont à l'est la salle de la Gloire littéraire (*Wenhua*), à l'ouest la salle des Prouesses militaires (*Wuying*). La cour intérieure comprend le palais de la Pureté céleste (*Qianqing Gong*), la salle de l'Union (*Jiaotaidian*) et le palais de la Tranquillité terrestre (*Kunning Gong*), entourés respectivement par les six palais de l'Est et les six palais de l'Ouest.

La Cour intérieure est à la fois le cabinet de travail de l'empereur et ses appartements, ceux des membres de la famille impériale, épouses et concubines. Elle comprend 9999 pièces, 10000 étant l'infini réservé aux dieux, et 50 ha de jardins. Une muraille d'enceinte de 10 m de haut la protège, longue de 960 m du nord au sud, large de 750 m d'est en ouest. À son pied, une douve large de 52 m. Cette orientation correspond à une organisation religieuse. Palais, terrasses, portiques, portes monumentales, disposés du nord au sud correspondent à un ordre cosmique et terrestre. La principale salle du trône, celle du palais de l'Harmonie suprême, *Taihemen*, est au centre de la cité, comme l'empereur trônant est au centre du monde.

La Grande Muraille

La Muraille de Chine, ou Grande Muraille, recouvre des pans entiers de l'histoire du monde, des débuts de son érection par le général Meng Tian sous le règne de Qin Shi Huangdi jusqu'à son classement au patrimoine mondial par l'Unesco, Organisation des Nations unies pour l'éducation, la science et la culture, en 1987, ou son élection au nombre des sept nouvelles merveilles du monde, en juillet 2007, par la New Open World Fondation. En réalité, sa construction s'étale entre les débuts de la Chine impériale, la dynastie Qin (221-206 av. J.-C.) et son effondrement à la fin des Qing (1644-1911). C'est donc entre le « premier » (sens de *Qin*), empereur véritable, et la dynastie « pure », celle des Qing mandchous, que la Chine se dote d'un système de fortification visible, dit-on, depuis la Lune.

La Grande Muraille, *Chang Chen* en mandarin, est également nommée « Mur long de dix mille li », le *li* étant une unité de mesure équivalant à 500 m. La valeur 10000 n'est pas ici pour exprimer une réalité, mais un « nombre infini ». Plutôt que d'une Grande Muraille, le pluriel serait plus adapté, puisqu'il s'agit d'une succession de murailles reliées par des fortins, sur plus de 4000 km, construites ou améliorées à des époques différentes.

Le Palais d'été

Le Palais d'été, *Yiheyuan*, est situé à 15 km au nord-ouest de Pékin et s'étend sur 294 hectares. Il est créé en 1750 par l'empereur Qianlong (1735-1796), sixième souverain de la dynastie Qing. Il comprend deux sites, la colline de la Longévité et le lac Kunming, spécialement agrandi. À l'origine, le Palais d'été est destiné à permettre aux impératrices douairières de fuir la touffeur estivale de Beijing, Pékin, et un cortège impérial quitte la Cité violette dès les premières chaleurs. Puis, il devient un séjour apprécié de la cour tout entière, les empereurs ne dédaignant pas s'y rendre occasionnellement. Microcosme de l'architecture et de l'art des jardins de tout l'Empire, le Palais d'été en offre des exemples variés. Citons le Pont aux dix-sept arches, le pont

Gaoliang, la Longue Galerie permettant à la cour de jouir du palais par temps de pluie en parcourant sur ses 728 m, ses 273 pièces, un monde en miniature, reproduit par les artistes peintres, s'inspirant de paysages et de tableaux de la vie quotidienne, et le splendide bateau de marbre. Ce dernier, situé sur la rive ouest du lac Kunming, répond au nom de *Bateau de la clarté et du confort*, et donne l'impression magique de flotter sur les eaux.

Détruit par les troupes franco-anglaises, lors de la guerre de 1860, il est reconstruit à partir de 1886. Ravagé une nouvelle fois en 1901, lors de la révolte des Boxers, il est réhabilité. En 1998, l'Unesco l'inscrit sur la liste du patrimoine mondial.

POUR ALLER PLUS LOIN

Taiping et Boxers

Le XIXe siècle et le XXe siècle naissant sont marqués en Chine par deux épisodes de soulèvements dirigés contre la dynastie mandchoue des Qing, considérée comme non chinoise, et contre les étrangers présents en Chine.

Les Taiping sont membres de la secte de « la Grande Pureté ». Ils revendiquent leur nationalisme chinois par la ferme volonté de chasser la dynastie Qing mandchoue, au pouvoir depuis 1644. Leurs adeptes se recrutent parmi les paysans ruinés, le prolétariat urbain, les lettrés qui ont échoué aux examens mandarinaux. Leur message est millénariste : une fois l'empereur mandchou renversé, le « Royaume céleste de la Grande Paix » sera instauré, ainsi que l'égalité. Ulcérés par la défaite des armées impériales en 1842, lors de la guerre de l'Opium contre les Occidentaux, ils prennent Nankin en 1853, et gagnent peu à peu le nord. Mais les massacres d'Européens amènent ceux-ci à intervenir en 1860. Les troupes franco-anglaises mettent à sac le Palais d'été, le 18 octobre 1860. Le général Charles Gordon (1833-1885), futur Pacha d'Égypte et défenseur de Khartoum, fait ses premières armes à la tête de l'armée impériale et des coalisés européens. Entre 1860 et 1864, il repousse des Taiping. En juillet 1864, il reprend Nankin, les Taiping survivants sont massacrés. Entre 1853 et 1864, la révolte aurait fait 20 millions de morts et livré l'Empire chinois aux griffes occidentales, entre concessions commerciales et zones d'occupation militaire.

En 1900, le relais est pris par les Boxers de la secte *Yihequan* (Poings de justice et de concorde), le terme de « poing » donnant leur appellation occidentale, Boxers ou Boxeurs. Anti-Mandchous et anti-Européens, ils changent sur le premier point en recevant l'appui de la cour impériale en la personne de l'impératrice douairière Cixi (1835-1908) qui les appelle à chasser les étrangers. Un massacre d'Européens, réfugiés dans les *légations*, quartiers réservés aux étrangers, commence en juin 1900. Dès juillet, une coalition regroupant Européens et Japonais aborde en Chine. Pékin est prise un mois plus tard. La cour s'enfuit, les Boxers sont exécutés. Par le traité du 7 septembre 1901, la Chine promet de verser une indemnité faramineuse, 1 600 millions de francs-or, et de s'ouvrir aux étrangers. La dynastie mandchoue, la dernière, est désormais sous tutelle occidentale, jusqu'à son effondrement en 1911.

Les grands personnages chinois

Riche d'une histoire exceptionnelle, la Chine ne pouvait que l'être en grands personnages. Trois catégories sont ici sélectionnées : les penseurs avec Lao-tseu, Confucius, Mencius et Sseu-ma Tsien ; les princes avec Wudi, Kubilaï Khan et l'impératrice Cixi ; les artistes peintres et calligraphes avec Zhang Zeduan, Zhu Da et Shitao.

Les penseurs

C'est à une époque politique troublée qu'apparaissent les deux grands penseurs et philosophes qui vont donner naissance à une religion, Laozi, dont le nom est latinisé en Lao-tseu, et Kong-fuzi, au nom latinisé de Confucius. La pensée de ce dernier est prolongée par son disciple Mengzi, en latin Mencius. Quant à Sseu-ma Tsien, il fonde l'histoire en Chine.

Kong-fuzi

Kong-fuzi (v. 551-v. 479 av. J.-C.), Confucius, dont le nom signifie « maître Kong », vit lui aussi à la période des Printemps et Automnes (722-481 av. J.-C.). Il naît dans le Shandong, dans la famille princière de Lu. La mort d'un père très âgé le déclasse socialement, mais son goût prononcé pour l'étude lui vaut un poste de précepteur. Sa sagesse attire autour de lui un groupe de disciples, auxquels il enseigne les fondements du *confucianisme*, qui nous a été transmis par le livre des *Entretiens familiers*. Il s'agit pour l'essentiel d'une morale sociale et politique, fondée sur le respect dû aux autorités, père de famille, prince régnant. Peu connu hors du groupe de ses disciples de son vivant, Kong-fuzi le devient après sa mort, grâce à la fois aux commentateurs de sa pensée, dont Mengzi, Mencius, et au choix des souverains Han (206 av. J.-C.-220 apr. J.-C.) de faire du confucianisme une doctrine d'État. Elle le demeure jusqu'à la chute de l'Empire chinois en 1911.

Lao-tseu

La vie de Laozi, ou Lao-tseu (VIe s. av. J.-C.), est surtout tissée de légendes. Nous en connaissons certains aspects par le travail de Sseu-ma Tsien dans ses *Shiji* ou *Mémoires historiques*. Laozi serait né sur les bords du Yangzi, ancien fleuve Bleu, dans la principauté de Jing, pendant la période des Printemps et Automnes (722-481 av. J.-C.), probablement au VIe siècle av. J.-C. Archiviste des Zhou, contemporain de Kong-fuzi qu'il a peut-être côtoyé, il semble frappé de misanthropie et décide de fuir, dans sa maturité, le monde des hommes, sur un buffle. Se dirigeant vers l'ouest, il dicte au gardien de la passe Yin Xi, le *Tao-tö-king* (*Daodejing*) le *Livre de la Voie et de la Vertu*, puis disparaît, gagnant par sa sagesse l'immortalité.

Lao-tseu est le père du courant politique *huanglao*, à la fois modèle de gouvernement du prince, en référence au mythique Huangdi, l'empereur Jaune, fondateur de la civilisation chinoise et pensée religieuse fondée sur le vide parfait. Il sera divinisé dès le IIe siècle de notre ère, et sa philosophie, opposée au confucianisme triomphant, se mue peu à peu en religion, le *taoïsme*, ou *Enseignement de la Voie*, le *dao* ou *tao*.

Mengzi

Mengzi, Mencius (v. 380-v. 289 av. J.-C.), est le principal continuateur de l'œuvre de Kong-fuzi. Il est né dans le Shandong, non loin du lieu de naissance de Kong-fuzi, dans l'État princier de Zhou. La légende veut qu'il ait reçu l'enseignement du petit-fils de Kong-fuzi lui-même. Sa vie est faite d'errance, car il tente de cour en cour de rallier les princes à la vertu confucéenne. De ses entretiens est tiré l'ouvrage qui porte son nom, le *Mengzi*, ou *Mencius*, l'un des quatre classiques du confucianisme qui fondent l'accès par concours au corps mandarinal. Il est connu pour son extrême piété filiale, ayant porté le deuil et déploré la mort de sa mère pendant trois années de retraite. Il se différencie de Kong-fuzi par la liberté de choix accordée à tout homme, enclin naturellement au bien, mais qui agit mal en fonction des circonstances.

Sseu-ma Tsien

Sseu-ma Tsien (v. 145-v. 86 av. J.-C.) est le fondateur de l'histoire chinoise, au-delà des traditionnelles annales. C'est pourtant en qualité d'annaliste et d'astrologue qu'il œuvre auprès du grand empereur Wudi (156-87 av. J.-C.) de la dynastie Han (206 av. J.-C.-220 apr. J.-C.). Il est surtout connu pour les *Shiji*, ou *Mémoires historiques* dans lesquels il donne une biographie de Laozi, Lao-tseu. Considéré comme « l'Hérodote chinois », Sseu-ma Tsien appuie ses écrits sur des enquêtes, des voyages. Son engagement personnel lui coûte cher : il prend la défense d'un général disgracié par l'empereur Wudi, qui le condamne pour cette audace à la castration et à la mort. Castré, exilé, puis gracié, Sseu-ma Tsien revient à la cour et est nommé secrétaire privé du prince.

Les empereurs

Certains empereurs de Chine ont déjà été mentionnés dans la partie consacrée à l'histoire de ce pays, mais il en est trois qui méritent d'être présentés, en raison de leur forte personnalité et de leur rôle décisif : Wudi, empereur de la dynastie Han, à la fois conquérant et organisateur d'un empire fondé sur le confucianisme ; Kubilaï Khan, souverain mongol fondateur de la dynastie Yuan, protecteur de Marco Polo, et l'impératrice Cixi, Tseu-Hi qui tente, en vain, de préserver la Chine des intentions conquérantes de l'Occident et du Japon.

Wudi

Lorsqu'il devient empereur en 140 av. J.-C., le prince Liu Che prend le nom de règne de Wudi (156-87 av. J.-C.). Septième souverain de la dynastie Han, il en est aussi le plus grand, au point d'avoir été surnommé le « Louis XIV chinois ». La longueur de son règne, cinquante-trois ans, n'en est pas la seule raison. Prince conquérant, il soumet les nomades kirghizes, une partie de la Corée et du Vietnam, repousse les Huns. Ces conquêtes assurent en Asie du Sud-Est une véritable *Pax Sinica*. C'est aussi un administrateur hors pair, qui utilise le confucianisme pour créer une classe de lettrés recrutés sur concours, les mandarins, pour contrôler les provinces et assumer des pouvoirs civils et militaires.

Sa vie personnelle fut loin d'être de tout repos : en 130 av. J.-C., l'impératrice Chen Jiao est déposée pour sorcellerie ; en 91 av. J.-C., l'impératrice Wei Zifu met fin à ses jours à la suite de l'échec du coup d'État fomenté par son fils. Cette même année, ce dernier, le prince héritier Liu Ju se suicide, ses deux sœurs, les princesses Yangshi et Zhuyi sont exécutées, enfin le prince Liu Jin, fils du rebelle Liu Ju et petit-fils de l'empereur, est assassiné.

Kubilaï Khan

Si Gengis Khan (1162-1227) conquiert la Chine du Nord, il revient à son petit-fils, Kubilaï Khan (1215-1294), d'assurer son autorité sur le Sud et de fonder la dynastie mongole des Yuan (1280-1368). En 1259, Kubilaï succède à son frère Mongka, ou Mongke, et devient à la fois le *Khan*, chef suprême des hordes mongoles, et l'empereur de Chine. En 1260, il s'installe à Beijing, Pékin, et fait édifier au nord-est de la ville une cité impériale, Cambaluc, *Khanbalik* (ville du Khan), qui éblouit par son faste Marco Polo (1254-1324). En 1280, à la mort du dernier prince Song, il fonde sa propre dynastie.

En Chine, Kubilaï fait construire un vaste réseau routier, multiplie les palais et bâtiments officiels, fait restaurer le Grand Canal qui va de Beijing au centre du pays. Il s'éloigne peu à peu du chamanisme mongol pour se rapprocher des religions nationales, même s'il demeure méfiant à leur égard. Curieux des expressions religieuses, il fait bon accueil au bouddhisme tibétain, le *lamaïsme*, et aux chrétiens *nestoriens*, persécutés pour leur croyance en l'existence de deux personnes distinctes en Jésus-Christ, l'une humaine et l'autre divine. Il introduit le papier-monnaie, mais le paie d'une ruineuse inflation vers 1280. Ouvert à l'Occident, il accueille Marco Polo, lui attribue des titres et lui confie des missions d'inspection.

Il est moins heureux contre son peuple d'origine, les tribus mongoles en constante rébellion, et dans deux tentatives infructueuses d'invasion du Japon, en 1274 et 1281.

LE SAVIEZ-VOUS ?

Kamikake, le Vent des dieux

C'est à la suite de la conquête de la Corée, achevée en 1260, que Kubilaï se tourne vers le Japon. En 1266 et 1268, des émissaires mongols sont dépêchés dans l'archipel nippon, pour exiger son allégeance sous la menace d'une invasion. Le refus japonais enclenche des deux côtés les préparatifs de guerre. En 1274, un premier débarquement a lieu sur l'île méridionale de Kyushu. Forte de plus de 20000 hommes, l'armée de Kubilaï défait les Japonais lors de la bataille de Bunei. Mais c'est une victoire sans lendemain, rendue inexploitable par les dissensions entre corps d'armée chinois, mongol et coréen. Une tempête frappe la flotte d'invasion autant que les esprits qui y voient un mauvais présage. Le Japon est sauvé une première fois, les assaillants repartent. En 1281, une seconde expédition est lancée, sans coordination véritable : les navires coréens, arrivés au printemps, débarquent des troupes que les Japonais taillent en pièces. L'arrivée de la flotte chinoise ne change rien, les Chinois sont à leur tour repoussés, leurs navires harcelés. À la mi-août, un typhon ravage Kyushu et démantèle la flotte de Kubilaï. Les Japonais y reconnaissent une aide divine et le nomment *Kamikaze* (Vent des dieux). Le Japon est désormais intouchable, ne sera envahi qu'après sa reddition en 1945, pour la première fois de son histoire, en dépit des pilotes suicide, eux aussi dénommés les *kamikazes*, qui allaient s'écraser sur les bâtiments de guerre de la flotte américaine faute d'avoir assez de carburant pour retourner au Japon et faute de bombes à larguer.

Cixi

L'impératrice douairière Cixi, ou Tseu-hi (1835-1908), naît dans une obscure famille mandchoue, son père est sous-officier porteur de bannière en province. Le lieu de sa naissance demeure sujet à débats. Son existence historique commence à 16 ans, en septembre 1851, quand, après de multiples sélections, elle devient l'une des Concubines de Cinquième Rang de l'empereur Xianfeng (1831-1861). La chance lui permet d'être la première à donner un héritier mâle au souverain en 1856, et elle devient Seconde Épouse impériale, après l'impératrice en titre Cian (1837-1881).

En 1860, au cours de la seconde guerre de l'Opium (1856-1860), les troupes franco-britanniques prennent Beijing, Pékin, et la cour se réfugie en Mandchourie, au nord du pays. C'est là qu'en 1861 l'empereur meurt. Cixi et Cian deviennent toutes deux impératrices douairières. Mais seule la première est une tête politique. S'appuyant sur les princes impériaux, elle défait le comité de régence prévu par l'empereur défunt et inaugure son règne « derrière le rideau », au nom de son fils de 5 ans. L'expression « derrière le rideau » désigne en réalité le rideau jaune, couleur impériale, derrière lequel Cixi, qui, en tant que femme, ne peut présider officiellement au gouvernement, dicte réponses et ordres à l'enfant impérial installé sur le trône. À la mort de son fils, en 1875, Cixi continue sa régence au nom du nouvel empereur de 4 ans. Quand, majeur, ce dernier prétend régner seul en 1898, Cixi le fait déchoir pour incapacité. Il vivra reclus en son propre palais jusqu'en 1908. En réalité, de 1861 à sa propre mort également en 1908, Cixi gouverne l'Empire.

Son souci de la survie de la dynastie mandchoue des Qin, depuis 1644 au pouvoir, s'accompagne d'une ignorance mêlée d'incompréhension à l'égard du monde issu de la première industrialisation, ou « révolution industrielle » en Occident. Vaincue à de multiples reprises, la Chine devient le « gâteau chinois » que se partagent Occidentaux et Japonais.

Un ultime empereur enfant, le prince Puyi (1906-1967) occupe le trône de 1908 à la révolution et l'avènement de la République en 1911.

UN PEU DE MYSTÈRE

La corporation des eunuques

Si Cixi parvint à exercer le pouvoir suprême, elle le doit aussi à son assimilation rapide des usages de la Cité violette. En principe, en dehors des gardes, dès que le soir tombe, l'empereur est le seul homme de la Cité interdite, ne demeurent que les eunuques. Cette puissante corporation assoit son pouvoir, outre sur la corruption, sur son rôle auprès des concubines. Quand l'empereur désire une de ces dernières, le Premier Eunuque lui présente un plateau d'argent, sur lequel, en équilibre, des plaques gravées mentionnent les noms des concubines. C'est en en renversant une que l'empereur signifie son choix. L'heureuse élue est baignée, parfumée dans tous les orifices, et conduite auprès du souverain. Afin d'augmenter ses chances d'être la première à donner un fils à l'empereur, Cixi a su intriguer pour que sa plaque apparût fréquemment, et en bonne place. Simple femme confrontée à la divinité du Fils du Ciel, elle approche par le pied du lit en se glissant sous le drap qu'elle doit remonter peu à peu. Puis, les ébats terminés, elle doit repartir par le même chemin en sens inverse. Impératrice ou concubine, la rencontre est toujours notée par un eunuque, posté près de la chambre, qui doit enregistrer à quel moment l'union physique a été consommée. Eunuque, mais fine oreille…

Les artistes

La pensée artistique, en Chine, est dominée par la pratique d'arts considérés comme majeurs par rapport aux autres : la calligraphie, la poésie, la peinture et la musique. Il est essentiel de comprendre qu'il n'existe pas de frontière entre les trois premiers, non seulement parce que les peintures s'ornent souvent de textes calligraphiés, de poèmes, mais aussi car ce sont trois formes d'une même sensibilité expressive qui se rejoignent et s'entrelacent : ainsi un paysage fait naître d'un même geste peinture, calligraphie au pinceau et poésie formée des caractères calligraphiés. Les empereurs eux-mêmes se doivent d'y exceller, à l'imitation de trois maîtres renommés, Zhang Zeduan, Zhu Da et Shitao.

Zhang Zeduan

Zhang Zeduan (1085-1145) est le peintre le plus fameux de la dynastie Song (960-1127). Son œuvre la plus célèbre est intitulée *Le long de la rivière pendant le Festival de Qinming*. Le peintre y décrit, au travers de 550 personnages, sur un rouleau long de plus de 50 m et large de 25 cm, les différents groupes sociaux composant la population de la capitale, Bian Jing, l'actuelle Kaifeng, alors qu'ils viennent assister au Festival de Qinming, au bord de la rivière Bian. La célébrité de l'œuvre s'accroît lorsqu'un empereur mongol de la dynastie Yuan orne une copie d'un poème de sa composition. La variété des lieux, des personnages, des paysans, des édifices, en fait un document irremplaçable sur la vie dans la Chine des Song au XIIe siècle.

Ce trésor national est hélas rarement, et pour des périodes toujours très brèves, exhibé en public.

POUR ALLER PLUS LOIN

Le Festival de Qingming

Qingming correspond à la période du début du printemps, au commencement du mois d'avril. Son nom signifie « pureté et lumière ». Il s'agit, à l'origine, de la célébration d'un rite agraire en l'honneur de la renaissance de la végétation. Elle se mue peu à peu, par un prolongement symbolique, en une fête dédiée à l'âme des ancêtres. Leurs descendants viennent honorer leurs tombes, un peu comme le rituel de la Toussaint, pour marquer la continuité de la lignée. De nos jours, *Qinmingjie* (la fête de Qingming) est célébrée le 4 avril. Les tombes sont nettoyées, et les familles viennent y partager un repas avec l'esprit des défunts.

Zhu Da

Connu aussi sous le nom religieux de Pata Shanjen, Zhu Da (1625-1705) est l'un des deux plus grands peintres du XVIIe siècle chinois. Artiste à la personnalité affirmée et excentrique, appartenant à la lignée impériale des Ming, descendant du prince Zhu Qan (1378-1448), il est moine une grande partie de son existence, pendant trente ans, puis revient à la vie profane. Connu pour ses beuveries et ses accès de colère, il excelle dans la peinture de paysages, d'oiseaux ou de fleurs, délicatement ornée de calligraphie en style de Weijin, pratiqué entre le IIIe et le IVe siècles de notre ère. Sa vie se déroule à l'époque troublée, où, en 1644, la dynastie Ming s'effondre pour laisser place aux Qing mandchous. Ceci explique un itinéraire atypique, d'artiste de cour à moine gyrovague, de peintre itinérant.

Shitao

Peintre et calligraphe, Shitao (1642-1707) appartient à une famille aristocratique qui perd tout à la chute des Ming. Recueilli dans un monastère bouddhiste, il le quitte encore enfant, vers l'âge de 9 ou 10 ans, et accompagné d'un serviteur gagne le nord-est de la Chine. Nous le retrouvons élève de maîtres reconnus, qui l'initient à la peinture de paysages qui fait plus tard sa renommée. Quittant le nord du pays, il séjourne plusieurs années à Nankin, où il se frotte au monde des lettrés. Son style original est alors déjà affirmé, fondé sur des touches rapides, des espaces laissés blancs. Il passe encore quelques années à Beijing, Pékin, puis se retire au centre de la Chine, à Yangzhou, jusqu'à sa mort que certains biographes situent en 1720. Parmi ses œuvres majeures, citons : *Dix mille vilains points d'encre*, *Réminiscence de Qinhuai*. Théoricien autant qu'artiste, Shitao laisse à la postérité le traité fondamental sur la peinture chinoise, *Les Propos sur la peinture du moine Citrouille-Amère*.

POUR ALLER PLUS LOIN

La Citrouille-Amère

Derrière ce titre surprenant, Citrouille-Amère étant l'un des surnoms que se donnait Shitao, se dissimule une réflexion profonde sur ce que doit être l'acte de peindre. Non pas la peinture réalisée, mais les dispositions d'esprit qui doivent présider à sa création. Il s'agit de « L'Unique Trait de pinceau », titre du premier chapitre, qui doit permettre d'embrasser l'univers et son essence et de l'appliquer d'un seul geste. La finalité est d'atteindre la « Suprême Simplicité ». Car il s'agit en fin de compte du trait unique d'une vie de peintre : « Si loin que vous alliez, si haut que vous montiez, il vous faut commencer par un simple pas. Aussi l'Unique Trait de pinceau embrasse-t-il tout, jusqu'au lointain le plus inaccessible et sur dix mille millions de coups de pinceau, il n'en est pas un dont le commencement et l'achèvement ne résident finalement dans cet Unique Trait de pinceau dont le contrôle n'appartient qu'à l'homme. »

Religions, mythes et légendes de Chine

Les religions en Chine sont de deux sortes, autochtones avec le taoïsme et le confucianisme, importées avec le bouddhisme, le christianisme et l'islam. S'y ajoute une difficulté, les deux premières sont autant des philosophies, des modes d'être fondés sur des exigences morales, que des religions. Les mythes chinois s'interrogent sur la création : du monde, de l'homme, de l'écriture. Pour les légendes, foin n'est besoin de chercher loin, les dragons chinois abondent en formes, variétés et pouvoirs divers.

Les religions autochtones

Le taoïsme et le confucianisme reposent sur des textes fondateurs, le *Daodejing*, ou *Tao-tö-king*, de Laozi et le *Zhuangzi* éponyme de son auteur (Tchouang-tseu ou Zhuangzi) pour le taoïsme, les *Entretiens* et le *Mengzi*, lui aussi éponyme de son auteur pour le confucianisme, ainsi que sur des pratiques, physiques et mentales dans le taoïsme, sociales pour le confucianisme.

Le taoïsme

Le taoïsme – ou plutôt les taoïsmes tant son expression et sa forme dépendent du penseur qui l'exprime – est à la fois philosophie et religion, les deux prônant l'enseignement de la Voie, *Dao Jiao*, religion ou *Dao Jia*, école philosophique. Les deux maîtres fondateurs en sont Laozi (VIe s. av. J.-C.) auquel on attribue le *Daodejing*, le *Livre de la Voie et de la Vertu* et Zhuangzi (IVe s. av. J.-C.) dont l'ouvrage porte le nom, le *Zhuangzi*, compilation qui nous est parvenue grâce à une édition du IIIe siècle de notre ère, réalisée par Guo Zixuan (v. 252-312), éditeur et penseur taoïste.

La pensée taoïste reprend l'opposition originelle entre deux principes, le *yin*, l'obscurité, l'humidité, le féminin, la terre, et le *yang*, le lumineux, le sec, le masculin, le ciel. Tous deux se fondent en une catégorie universelle, le *dao*, la « voie », « route », « chemin », qui exprime leur interdépendance, leur enchaînement sans fin, leur solidarité indissociable. Tout est dans le *dao* et le *dao* est en tout. Le *Daodejing* est en lui-même une succession de sentences poétiques difficiles à interpréter. Son importance réside davantage dans le grand nombre de commentaires qu'il a suscités. Le *Zhuangzi* s'apparente, lui, à un recueil de fables à morale destinées à renforcer la fermeté d'âme de tout homme confronté à la difficulté de vivre.

Là où le confucéen aspire à prendre part à une construction sociétale harmonieuse, à s'insérer parmi ses semblables sous l'autorité paternelle du prince, le taoïste recherche avant tout son épanouissement individuel. Son idéal consiste à se fondre avec les « dix mille êtres » spontanément naturels, avec le cosmos tout entier. Pour y parvenir, le taoïste recherche l'inutilité, au sens où il doit laisser faire la nature, ne pas chercher à contrôler. Le terme de « laisser faire » est préférable pour traduire *wu wei* à celui de « non agir » qui introduit des confusions. Le sage taoïste laisse faire, il ne refuse pas d'agir, mais agit en conformité avec la nature. Ainsi nous respirons naturellement, sans volonté ni maîtrise consciente de l'acte de respirer. Ainsi le chanteur, au sommet de son art, atteint l'absolu en oubliant tout ce qu'il sait, toutes les techniques apprises, pour se laisser guider par le *dao*, la voie du chant.

LE SAVIEZ-VOUS ?

Le *Livre des mutations*

C'est au cours du Ier millénaire av. J.-C. que se constitue le *Yijing*, le *Livre des mutations*, ouvrage classique de divination. Il n'est pas d'origine taoïste, mais le taoïsme l'incorpore à ses pratiques. Si le *Yijing* permet d'interroger les dieux sur une décision à prendre, pratique commune en Chine, taoïsme ou pas, les taoïstes en ont forgé un prolongement dans la connaissance du *Mian Xiang*, ou lecture du visage. À partir de 99 points précis du visage et de leur recoupement, distance entre les yeux, forme du nez, rides du front, courbe des lèvres, les taoïstes adeptes du *Mian Xiang* prétendent, non seulement déchiffrer le caractère de leur vis-à-vis, mais également prédire son avenir, aussi bien les actions à court terme que le devenir plus lointain de l'individu.

Le confucianisme

Le *confucianisme* est la doctrine issue de la pensée de « Maître Kong », Kong-fuzi (551-479 av. J.-C.), exprimée dans ses *Entretiens familiers* puis codifiée dans les quatre Classiques : le *Lunyu* (Entretiens familiers) ; le *Da Xue* (Grande Étude), attribué aussi à Kong-fuzi, enseigne comment atteindre l'excellence et la vertu, le *Zhong Yong* (Doctrine du Milieu), commentaires de la pensée du maître ; le *Mengzi*, du nom du disciple du petit-fils de Kong-fuzi.

Le confucianisme vise à un idéal de perfectionnement moral, illustré par la piété filiale et le culte rendu aux ancêtres. Sa notion fondamentale est le *ren* (prononcez *jen*), l'humanité en action fondée sur le respect de soi-même et des autres. Véritable étiquette personnelle et sociale, le *ren* conditionne en permanence l'attitude de l'homme bien né : maîtrise de soi, constante politesse avec autrui. Il s'agit de se gouverner soi-même en premier lieu, puis de gouverner son comportement en société. L'étape suivante, pour le prince, consiste à gouverner ses États en suivant une exigeante morale. Car, selon Kong-fuzi, l'univers est par essence moral, et le prince en reçoit le « Mandat du Ciel » pour régner. Ce mandat en fait le premier, l'unique prêtre, et surtout le modèle de vertu destiné à éclairer les autres hommes, éloignés de la vertu par leur petitesse. Régner revient donc à être d'une exemplarité sans faille, la morale et la pratique de la vertu étant le fondement du politique.

Cette conception devient officiellement celle de l'Empire sous la dynastie Han (206 av. J.-C.-220 apr. J.-C.), mais constitue le fondement du recrutement des fonctionnaires jusqu'à la fin de la Chine impériale en 1911. C'est également sous les Han que le confucianisme devient religion d'État. Dans chaque capitale provinciale, un « temple de la littérature », ou *wenmiao*, est édifié. Les fonctionnaires locaux doivent y célébrer le culte de Kong-fuzi, y proclamer certains résultats aux examens, y entretenir bibliothèques et salons de littérature, des académies où des lettrés commentent les « Classiques » confucéens en rivalisant d'érudition. Ainsi la religion d'État rejoint en ces lieux l'administration impériale, recrutée justement sur ses connaissances des écrits confucéens et de leurs commentaires.

Les religions importées

Trois religions importées vont connaître un certain développement en Chine, ralenti par des périodes de proscription, voire de persécution : le bouddhisme venu d'Inde, le christianisme transmis par l'Occident, l'islam né en péninsule Arabique.

Le bouddhisme

Né en Inde au VIe siècle av. J.-C., le bouddhisme est introduit en Chine au cours du Ier siècle de notre ère, en même temps que les marchandises des caravanes de la route de la Soie. Il s'agit du bouddhisme *Mahayana*, ou du *Grand Véhicule*, dans lequel les « petits bouddhas », les *bodhisattvas*, proches de l'extinction du désir, du *nirvana*, renoncent à lui et choisissent de se réincarner pour aider les autres hommes à l'atteindre (voir chapitre 5). Il se développe en plusieurs écoles : *Tiantai*, école du Lotus ; *Jingtu*, école de la Terre pure ; *Chan*, école de la Méditation silencieuse, plus connue sous son nom japonais de *zen*.

Après une période d'implantation, en dépit de l'opposition des cercles taoïstes et confucianistes, le bouddhisme subit, au milieu du IXe siècle, une série de persécutions dont nombre d'écoles ne se remettent pas. Les courants survivants, *Jingtu* et *Chan* pour l'essentiel, vont se teinter nettement de taoïsme populaire pour le premier, d'ascèse monacale plus exigeante pour le second. Le panthéon bouddhiste chinois comprend les cinq bouddhas célestes : Vairocana (le brillant), au centre ; Akshobya (l'imperturbable), à l'est ; Ratnasanbava (né du joyau), au sud ; Amitabha (lumière infinie), à l'ouest ; Amogashidhi (dont la perfection n'est pas vaine), au nord. Il convient de leur adjoindre un bodhisattva extrêmement populaire, Avalokitesvara (de la compassion infinie), sous sa forme masculine, ou déesse Guanyin sous sa forme féminine.

Le bouddhisme, en dépit de son succès, est loin de concurrencer les deux autres des trois écoles de sagesse et de perfectionnement, taoïsme et confucianisme. Il compterait 15 % d'adeptes à Taiwan, 7 % en république populaire de Chine.

Le christianisme

Le christianisme, sous la forme du *nestorianisme* condamné en Occident, arrive en Chine au VIIe siècle. Il repose sur la distinction dans la personne du Christ, entre homme et Dieu. Puis des frères franciscains sont présents pendant la dynastie mongole des Yuan (1276-1368). Il s'agit d'une activité ponctuelle, ignorée de l'immense majorité de la population. Le christianisme s'implante davantage, aux XVIe et XVIIe siècles, par l'arrivée des missions jésuites, qui se rapprochent de la cour impériale, à la faveur de leurs connaissances scientifiques et linguistiques, pour obtenir, par moments, le droit d'exposer leur doctrine, la conversion étant en principe exclue, tout comme le prosélytisme. Cette époque de tolérance relative s'achève avec le XVIIIe siècle, en 1724 le christianisme est interdit, ultime étape après le bannissement des missionnaires trois ans auparavant. Ces derniers reviennent s'installer dans les concessions, enclaves occidentales en Chine, dans la seconde moitié du XIXe siècle.

Aujourd'hui, le christianisme, catholicisme ou protestantisme, est toléré depuis 1978 en qualité de morale, sous contrôle des autorités politiques. Il concernerait environ 1 % de la population.

L'islam

L'islam pénètre lui aussi en Chine par la route de la Soie et les caravanes venues d'Arabie ou de Perse sous les dynasties Tang (618-907) et Song (960-1279). Puis il suit les invasions mongoles du XIIIe siècle, arrive par les Turcs convertis. L'islam se répand ainsi au nord-ouest de la Chine chez les populations Ouigour, Tatar, Kirghize, Dongxiang. Contrairement au bouddhisme et au christianisme, surtout urbains, l'islam rencontre l'adhésion des populations nomades, de celles des steppes. Le principal groupe à pratiquer l'islam est l'ethnie Hui, dans les provinces du Ningxia, région autonome, et du Gansu, au nord-ouest de la Chine. Les musulmans représentent environ 10 % de la population.

Principaux mythes et légendes de Chine

La mythologie chinoise est riche et évolutive. Deux mythes en particulier retiennent l'attention : celui de l'homme primordial, *Pan-kou*, dont le démembrement permet de mettre en place l'univers, mais aussi celui de la naissance de l'écriture. Parmi les légendes, celles liées au dragon, ou plutôt aux dragons, tant ils sont nombreux et variés, symbolisent à elles seules la Chine éternelle.

La naissance du monde

C'est en Chine du Sud que se forge le mythe de création du monde. À l'origine un œuf primordial, chaos où se mêlent tous les éléments, existe seul. Puis un démiurge, Pan-kou, prend forme en son sein au long d'une gestation de 18000 ans. L'œuf cosmique se brise alors et les éléments éthérés deviennent voûte céleste, tandis que les lourds métaux forment la croûte terrestre. Pan-kou se tient entre les deux, croissant encore pendant un nouveau cycle de

18000 années. Désormais, Terre et Ciel sont à leur place, la tâche de Pan-kou s'achève. Il donne naissance aux dix mille êtres et meurt. Mais son corps, démembré, s'intègre à l'univers : son œil droit est le Soleil, son œil gauche la Lune. À l'image de Pan-kou, le corps de tout homme est en correspondance avec l'univers, ainsi la tête avec le ciel, les pieds avec la Terre, les yeux avec le Soleil et la Lune, le souffle avec le vent, le sang avec la pluie. Selon un autre mythe, les hommes ne sont pas nés de Pan-kou, mais du premier couple Fou-hi et Niu-kua. Cette dernière modèle les hommes, mais en fonction d'un strict schéma social déterminé par la matière première utilisée. Pour les nobles, la terre jaune, pour les hommes du commun, la simple boue.

La création de l'écriture

Selon le mythe le plus courant, l'écriture aurait été transmise aux hommes par les premiers empereurs divins. Fuxi, tout d'abord, un serpent à tête humaine, leur donne les *huit trigrammes*, ou huit signes composés chacun de trois traits superposés, pleins ou brisés. Figurés classiquement en rond, ils représentent l'univers. Les traits pleins sont masculins (*yang*), les traits brisés féminins (*yin*). L'empereur Shennong y ajoute un système comptable, à partir de cordages marqués de nœuds selon des intervalles déterminés. C'est à Huangdi le Grand, l'empereur Jaune, ce que signifie son nom, que revient le mérite de fournir aux hommes l'écriture véritable. Son devin personnel, Can Jie, possède deux paires d'yeux, c'est-à-dire le don de double vue, le privilège de contempler les secrets de l'univers. C'est en s'inspirant des traces laissées par les pattes des oiseaux qu'il aurait suggéré un système d'écriture à Huangdi.

POUR ALLER PLUS LOIN

L'écriture chinoise

L'écriture chinoise apparaît pour répondre à des besoins religieux. Si le système comptable naît toujours d'abord, les textes véritables naissent ensuite du besoin des hommes de pérenniser leur rapport avec les dieux. En Chine, c'est aux alentours du XIVe siècle av. J.-C. que les premières notations écrites apparaissent. Il s'agit d'inscriptions oraculaires sur des carapaces de tortue. Un devin appliquait un tison sur une carapace et les craquelures constatées étaient interprétées. C'est le texte même de cette interprétation qui était mentionné à côté des craquelures, servant ainsi de modèle d'interprétation divinatoire. Plus la civilisation chinoise se développe, plus le nombre de caractères croît, passant de 8000 au Ier siècle à plus de 55000 aujourd'hui, dont 3000 sont couramment utilisés. Depuis 1958, les caractères anciens ont été simplifiés, comportent moins de traits, afin d'être plus aisés à apprendre.

Les dragons

Quelle créature mythique serait mieux à même d'incarner la Chine que le dragon ? Aucune, probablement. Redouté dans d'autres parties du monde, il est en Chine de bon augure, porteur d'énergie, symbole de l'empereur lui-même, appelé « Dragon ». Le dragon est celui qui représente l'Est, l'un des douze signes zodiacaux. Sa famille se compose de deux espèces principales, les dragons *long* pourvus de cornes, les dragons *qiu* qui en sont dénués. Mais les variantes sont innombrables : dragons *wei* à corps double et tête unique, dragons volants *ying*, dragons *li* des mers. Puis viennent les couleurs, noirs, blancs, jaunes, rouges. Le fondateur de la dynastie des Han se réclamait pour ancêtre d'un dragon noir. Conventionnellement, neuf dragons sont présentés, en fonction de leur apparence, de leur lieu favori de résidence, ou d'une vertu particulière. Il s'agit de : *Yinglong*, dragon ailé ; *Qiulong*, dragon à cornes ; *Dilong*, dragon du monde souterrain ; *Tianlong*, dragon du ciel ; *Panlong*, dragon des eaux ; *Huanglong*, dragon de la rivière Luo ; *Shenlong*, dragon spirituel ; *Longwang*, dragon-roi et enfin *Fuzanglong*, dragon des trésors enfouis.

Le serpent blanc

L'un des mythes les plus connus et populaires en Chine est celui du serpent blanc, traditionnellement récité et honoré lors des fêtes où sont disputées les courses de bateaux-dragons, quand l'été connaît ses premières vagues de chaleur. Une dame-serpent dont la vie est sauvée par un homme veut le récompenser. Après mille ans de méditation et l'acquisition de pouvoirs magiques, dont celui de se présenter sous la forme d'une belle jeune fille, elle séduit son descendant, l'apothicaire Xu Xian, qui croit épouser la jeune et riche Bai (blanc) Suzhen. La pharmacie prospère avec l'aide des pouvoirs magiques de Bai, qui tombe enceinte. Mais le bonheur des tourtereaux est menacé par un moine, Fahai, qui a perçu la vraie nature de la dame. Par ruse, il persuade Xu Xian de lui faire boire du vin soufré, ce qui provoque le retour à sa forme originelle de serpent blanc. Terrifié, Xu Xian meurt de saisissement. Bai Suzhen le ressuscite. Mais Fahai ne renonce pas. Il parvient à l'emmurer dans un temple de montagne. Bai Suzhen est en train de faire voler les murs en éclats, mais elle accouche précisément à ce moment et perd le contrôle des eaux qui dévastent tout sur leur passage. Les dieux la punissent en diminuant ses pouvoirs, Fahai en profite pour l'enfermer derechef. Heureusement, tout finit bien. Son fils, devenu un respectable mandarin impérial, héritier de ses pouvoirs magiques, la délivre définitivement et elle retrouve son bien-aimé Xu Xian.

L'héritage chinois

Si au cours du XVIe siècle, la Chine tourne le dos à la technique et perd peu à peu son avance, elle n'en demeure pas moins la terre de créations essentielles dont nous usons encore fréquemment aujourd'hui. Parmi elles, le papier, l'imprimerie, la boussole, la poudre à canon, mais aussi l'*abaque* ou boulier chinois, les cerfs-volants, la soie, la porcelaine, l'horloge et le compas. Sans oublier le sismographe, le gouvernail axial, l'étrier, la brouette et… les allumettes.

Le papier

Le papier est inventé en Chine au Ier siècle av. J.-C. Il est réalisé à partir de fibres de chanvre. Il faut toutefois attendre le Ier siècle de notre ère pour que son usage se répande. Au cours du IIe siècle, la pâte à papier est fabriquée à partir de la fibre de lin, et de celle de bambou au VIIIe siècle. L'inventeur officiel du papier est l'eunuque Cai Lun, mort en 121, serviteur de l'empereur Han Hedi, auquel il offre son invention en l'an 105. Ce premier papier est fait d'écorce, de chanvre, de chiffons, de filets de pêche. Mais l'évolution autorise un grand raffinement, comme le « papier au poivre », produit sous la dynastie des Song du Sud (1127-1279), jaune d'or et épicé, réputé durer plusieurs siècles.

L'imprimerie

Le livre imprimé le plus ancien date de l'an 868 de notre ère. Il s'agit d'un texte bouddhique, le *Sutra du Diamant*, actuellement conservé au British Museum. L'imprimerie apparaît en Chine au début de la dynastie Tang (618-907). C'est alors une extension de la technique des sceaux, sur une plaque entière de bois gravée de caractères destinés à former la page à imprimer. Cet art est nommé *estampage*. En 972, le *Triptika*, texte bouddhique de plus de 130 000 pages est imprimé à partir de blocs de bois. Au XIe siècle, l'inventeur Bi Sheng (990-v. 1051) recourt à des caractères mobiles en porcelaine, mais le nombre de signes, plusieurs milliers, décourage vite les imprimeurs. L'on passe donc aux caractères métalliques, inventés en Corée au milieu du XIIIe siècle. Le *Jik ji sim Kyong*, recueil de textes bouddhiques de 1377, serait le plus ancien livre imprimé à partir de caractères mobiles en métal.

La boussole

La boussole connaît en Chine une longue gestation. Elle est en effet connue déjà avant notre ère, mais son utilisation courante attend le XIe siècle. Au Ier siècle de notre ère, les Chinois utilisent une « cuillère montre sud », remplacée au XIe siècle par le « poisson montre sud ». C'est une feuille de fer découpée en forme de poisson, portée à incandescence, aussitôt plongée dans l'eau, ce qui lui donne ses propriétés magnétiques. Il suffit ensuite de la poser sur un bol d'eau pour que la queue du poisson indique le nord. Elle arrive en Europe à la fin du XIIe siècle.

La poudre

La poudre est d'abord utilisée en Chine pour les célébrations, notamment celles du Nouvel An. La poudre à canon serait apparue sous la dynastie Tang (618-907) à la suite d'une erreur de recherche. Il s'agissait en effet de produire une substance apte à donner l'immortalité, à partir de salpêtre, de charbon et de soufre. La première mention en est faite sous forme de formule en 1044. Elle est utilisée tout d'abord dans des canons de bambou, puis de métal, mais aussi lancée par des catapultes, comme grenade incendiaire. Son usage est attesté dès la bataille de Caishi en 1161. Selon l'*Origine des choses*, texte datant de la dynastie Song (960-1279), ce serait un artificier nommé Ma Jun qui aurait utilisé en premier lieu la poudre à canon pour des pétards, pendant la période des Trois Royaumes (220-265). Ils servent notamment à repousser la licorne Nian qui revenait effrayer les hommes à chaque printemps.

Chapitre 7

Le Japon, pays du Soleil levant

Dans ce chapitre :

- Les samouraïs
- Le Pavillon d'or
- Le zen, tout un art

Le Japon doit ses principales caractéristiques historiques, artistiques et politiques à deux faits qui lui sont propres. Tout d'abord, son insularité, plutôt sa quadruple insularité, puisque le Japon est, en fait, un archipel aux quatre îles principales juxtaposées : Hokkaido, Honshu, Shikoku, Kyushu. Puis, pendant une longue étape de son histoire, le fait d'avoir comme partenaire privilégié la Chine, même s'il entretient d'autres contacts avec l'extérieur. Ces deux points donnent à son évolution un caractère tout à fait spécifique.

Dès ses débuts, le Japon se trouve en face d'une Chine en plein rayonnement, en plein éclat, celle des dynasties Han aux IIIe et IVe siècles auxquelles succède la non moins éclatante dynastie Tang au VIIe siècle. En dépit des emprunts et des influences, le pays parvient toujours à conserver de façon très personnelle sa spécificité. Les migrants qui arrivent s'installent dans le Yamato et sont les premiers artisans de la civilisation japonaise, tandis que les populations originelles, les Aïnous, se retrouvent cantonnées sur l'île la plus septentrionale d'Hokkaido.

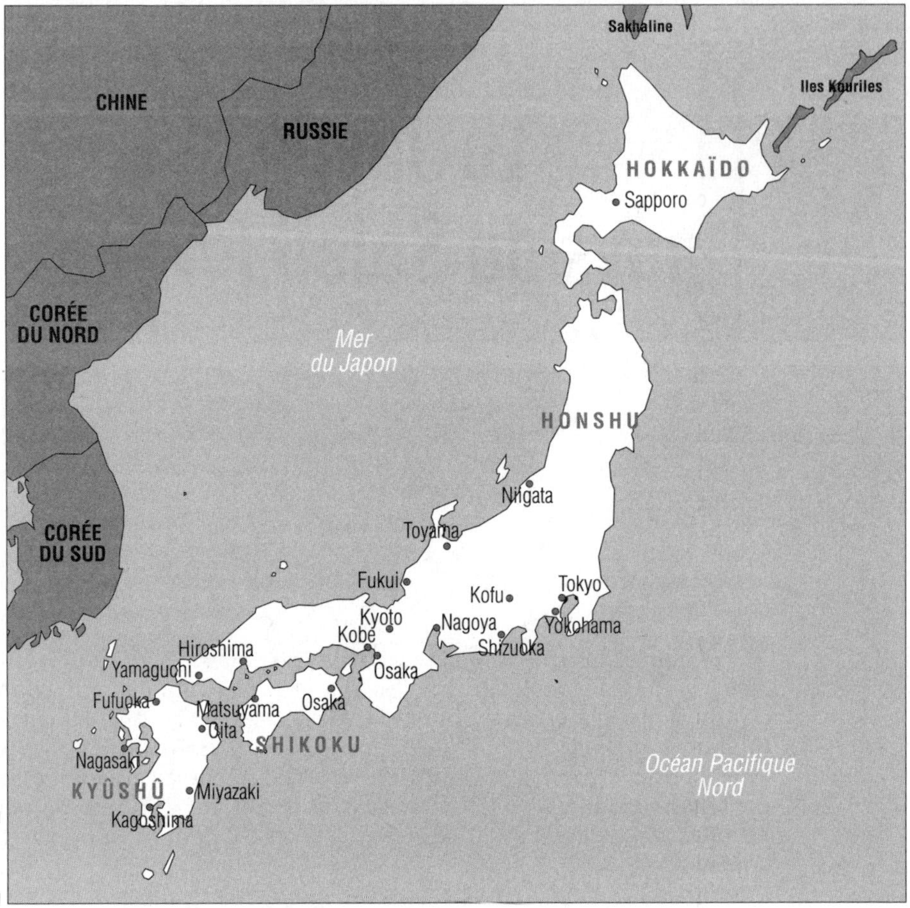

Figure 7-1 :
Le Japon.

L'origine du mot Japon

Le Japon se désigne à l'origine par le nom de *Yamato*, plaine centrale et fertile de l'île principale de Honshu. Celui de *Nihon* ou de *Nippon* n'apparaît qu'à partir du VIIe siècle, lorsque les premiers États commencent à se former. Il signifie « origine du Soleil », que nous avons traduit par « pays du Soleil levant ». Le premier est utilisé dans le vocabulaire quotidien, alors que le second est réservé aux documents officiels, administratifs. L'origine précise de ce terme remonte au VIIe siècle, il est cité dans une missive envoyée à la Chine par le prince Shotoku Taishi (574-622). Plus tard, Marco Polo emploie le nom de *Cipangu*, selon lui issu du mandarin pour désigner le Japon. Ce dernier connaît un long succès, notamment auprès des poètes. En 1893, dans « Les Conquérants », poème issu du recueil *Les Trophées*, José Maria de Heredia (1842-1905) évoque encore l'or, le « fabuleux métal » que « Cipango mûrit dans ses mines lointaines ».

Les grandes étapes de l'histoire japonaise

Comme partout ailleurs, l'histoire commence avec l'écriture. Elle semble apparaître entre 300 av. J.-C. et 250 de notre ère, pendant la période Yayoi, influencée par le rayonnement de la dynastie chinoise Tang. Mais il est plus probable que ce soient les Coréens au Ve siècle de notre ère qui s'installent au Japon et en introduisent l'usage notamment pour la diffusion du bouddhisme. Pendant toute son histoire, sa position géographique, seul archipel dont la mer intérieure soit tournée vers l'est et non vers la mer de Chine et limite nord du monde civilisé de l'Extrême-Orient, est déterminante pour son évolution. Celle-ci se fait en direction du nord et son histoire se présente comme une succession de moments de repli alternés de périodes d'ouverture. Son histoire est surtout son histoire militaire.

L'Antiquité

Le Japon aurait été peuplé vers 150 000 ans av. J.-C. comme semblent en témoigner les restes trouvés sur le site de Sozudai. De nombreux outils, dont des bifaces datés d'entre 50 000 et 30 000 ans av. J.-C., ont été mis au jour, permettant d'assurer la transition vers les deux périodes anciennes, celles de Jomon, des chasseurs-cueilleurs, des poteries à motifs de cordes, de 8 000 à 300 av. J.-C., à la fin de laquelle apparemment naissent les premiers éléments d'agriculture et la période Yayoi, des agriculteurs, de 300 av. J.-C.

à 300 de notre ère, nommée ainsi par le site de céramique faite au tour à Tokyo. Celle-ci voit se développer l'usage du bronze et du fer. On y retrouve également des tombes sous dolmens puis d'importantes nécropoles, Doigahama et Ukikunden, de sépultures dans des jarres. Puis s'épanouit la période Kofun au IIIe siècle de notre ère appelée aussi Yamato, caractérisée par des grands complexes funéraires, ceux des empereurs Ojin (IVe s.) et Nintoku (début du Ve s.) qui couvrent de leur autorité une grande partie du Japon. Leur mobilier funéraire montre des relations avec la culture protohistorique de Silla, un royaume de l'est de la Corée.

La date officielle d'introduction du bouddhisme au Japon est 538, date à laquelle le souverain du royaume coréen de Paektche remet en présent à la cour de Yamato des statues et des sutras bouddhiques. Cette religion est adoptée ensuite par le régent Shotoku Taishi (574-622).

La période Asuka

Plusieurs dates importantes dominent la période Asuka (538-710) : en 604, Shotoku Taishi rédige une constitution en dix-sept points dans laquelle il fixe les douze échelons de la hiérarchie des fonctionnaires. En 645, une réforme plaque, sur l'ancienne organisation des clans, une administration centralisée à la mode chinoise. En 701, le Code Taiho est promulgué, révisé en 718, ce premier grand recueil de lois reste en vigueur jusqu'en 1868. L'empereur porte le titre de *Tenno* (Souverain céleste).

La période de Nara

Lorsqu'en 707, le remarquable souverain Mommu Tenno (règne : 697-707) meurt, âgé seulement de 25 ans, c'est sa mère l'impératrice Genmei (661-722) qui lui succède sur le trône. Suivant la tradition presque millénaire de changer la résidence impériale à la mort de chaque souverain, elle s'installe à Nara, qui prend le nom de Heijokyo, province de Yamato. Pendant les règnes suivants, elle le reste. La cité est édifiée en 710 sur le plan en damier de Xi'an la métropole de la dynastie chinoise Tang. Avant, il n'existe pas de centre politique durable et à la mort de chaque souverain, on détruisait les palais pour les reconstruire ailleurs. C'est pendant cette période (710-794) que sont rédigés le *Livre des événements anciens*, le *Kojiki* (712) et les *Annales du Japon*, le *Nihonshoki* (720). Trois ans après son avènement, l'empereur Kammu (737-806) transfère sa résidence à Nagaoka, puis en 794 à Heiankyo, plus tard appelée Kyoto. Il se montre un souverain énergique, son règne s'illustre par sa réforme administrative et sa politique étrangère.

POUR ALLER PLUS LOIN

Shomu, l'empereur moine

À l'époque de Nara, des monastères provinciaux, les *kokubun-ji* sont mis en place par l'empereur Shomu (701-756) selon le principe au nom duquel deux monastères devaient être bâtis dans chaque province. Leur fonction est de protéger l'État par les récitations des sutras bouddhiques effectuées par les moines et moniales. Ils comprennent vingt moines dans l'un, dix nonnes dans l'autre. Ils sont placés sous la dépendance du Todai-ji, le grand temple de Nara qui comporte une trentaine de bâtiments et administre tous les temples provinciaux. Après son abdication, en 749, l'empereur Shomu devient lui-même moine bouddhiste.

La période de Heian

En 794, la cour de Yamato remplace l'ancienne capitale Nara par celle de Heiankyo, l'actuelle Kyoto. La période de Heian (794-1192) qui s'ouvre assure alors le règne de l'aristocratie. Dans la direction de la vie culturelle, elle s'impose davantage que les bonzes ainsi que dans la vie politique. Le pouvoir de la puissante famille des Fujiwara grandit. Ils finissent par régner au nom des souverains japonais. Les relations officielles avec la Chine sont interrompues, à cause du morcellement et des luttes à l'intérieur même du pays. Une civilisation essentiellement aristocratique se développe, nourrie de l'apport chinois depuis plusieurs siècles. Dans la littérature fleurissent le roman et la poésie. La famille Fujiwara, de fervents dévots du bouddha Amida, maître du paradis de la terre pure, lui fait bâtir de nombreux sanctuaires. Les conséquences de cette vie brillante sont des dépenses très importantes qui affaiblissent finalement les Fujiwara.

L'époque de Kamakura

Après des luttes sanglantes, les Minamoto supplantent les Fujiwara en 1185. Cette guerre civile s'est étendue à tout le pays : l'État centralisé éclate remplacé par un État féodal. Cela signifie pour le Japon la fin du Moyen Âge, en 1192 commence avec Minamoto no Yoritomo, l'époque dite de Kamakura (1192-1333).

Minamoto no Yoritomo (1147-1199) crée, à Kamakura, sa capitale, un gouvernement militaire, le *bakufu* (1185-1333), et reçoit le titre de « grand général pour la pacification des barbares » (*Sai i taishogun*). Ce type de gouvernement s'impose jusqu'à l'ère Meiji. Si le titre de Shogun existe depuis 720, il est conféré par l'empereur Go Toba (règne : 1180-1198) à Minamoto de façon héréditaire. À l'aristocratie de cour, *kuge*, une caste militaire, *buke*, succède. En 1276, les Hojo succèdent aux Minamoto. La dynastie chinoise des Song exerce toute son influence sur le Japon. La secte bouddhique Chan contemplative trouve une grande audience parmi les guerriers. Elle doit par la suite, sous le nom de *Zen*, acquérir une influence considérable.

La période Muromachi

L'empereur Go Daigo Tenno (1288-1339) tente en 1333 de restaurer le pouvoir impérial, mais trois ans plus tard il doit se retirer dans les régions montagneuses de Yoshino. Le puissant clan féodal des Ashikaga s'établit dans le quartier Muromachi à Kyoto et y installe un autre empereur à sa dévotion. Le shogunat des Ashikaga est connu sous le nom de période Muromachi (1333-1573), mais c'est une époque déchirée par les guerres intestines et qui ne connaît aucune stabilité politique. Les échanges avec la Chine des Song sont nombreux et influencent l'art des grands paysagistes japonais tels Sesshu (1420-1506), Sesson Shukei (1504-1589), Saomi (?-1525). Le drame lyrique ou *nô* fait son apparition. Vers 1543, le premier navire européen accoste avec les Portugais, il apporte à la fois dans l'archipel le christianisme et les découvertes scientifiques de l'Occident. Pendant ce temps le Zen tient le devant de la scène.

L'époque Azuchi Momoyama

Réunifier le pays sera l'œuvre de trois grands hommes de guerre : Oda Nobunaga (1534-1582), Toyotomi Hideyoshi (1536-1598) et Tokugawa Ieyasu (1543-1616). En 1573, après avoir soumis les *daimyo*, seigneurs locaux des provinces centrales, Nobunaga renverse le shogunat des Ashikaga. Azuchi est le nom du château fort qu'il fait élever au bord du lac Biwa. Son successeur Tokugawa Ieyasu reçoit en 1603 le titre de Shogun. Entre 1596 et 1598 les chrétiens sont persécutés. C'est pendant la période Momoyama (1573-1603) que les premières influences européennes se font sentir. Les Jésuites portugais diffusent les premiers avec le christianisme un certain nombre d'acquisitions occidentales : armes à feu, cartes terrestres et maritimes, la médecine, l'astronomie, la géographie, la physique.

La période d'Edo

La période d'Edo (1603-1868) commence avec la prise du pouvoir par Tokugawa Ieyasu (1543-1616). Le shogunat Tokugawa (1603-1867) avec comme capitale Edo, l'actuelle Tokyo. C'est un moment de fermeture extrême du pays sur lui-même. Les chrétiens sont persécutés de nouveau entre 1614 et 1616. La montée de la bourgeoisie est aussi l'une des caractéristiques de cette période qui va favoriser les arts et la littérature. Le théâtre *kabuki* fait son apparition, fondé par la prêtresse shinto Izomo no Okuni (v. 1572-1613). Mais c'est aussi une période de réunification du Japon. Le dernier des Tokugawa est Yoshinobu Tokugawa (1837-1913) qui règne de 1866 à 1867.

Les dragons qui fument

Les Japonais sont stupéfaits de voir arriver les bateaux de la flotte américaine dans la baie d'Edo. Son commandant, le commodore Matthew Perry (1794-1858), vient demander aux Tokugawa l'ouverture des ports japonais aux navires américains. Les Japonais, qui n'ont jamais vu de navires à vapeur qu'ils assimilent à des « dragons qui fument », sont impressionnés par le nombre de leurs canons. Mandaté par le président des États-Unis, Perry obtient un statut privilégié en se voyant ouvrir les ports de Shimoda et Hakodate. Ses canonnières à vapeur font une telle impression que le Japon s'ouvre au monde. En l'honneur de Perry, né à Newport, la ville est jumelée à Shimoda.

L'ère Meiji

Avec l'ère Meiji (1868-1912), du « gouvernement éclairé », l'État est unifié, débarrassé de ses vieux cadres féodaux. Dès 1869, les daimyo, seigneurs locaux, remettent leurs domaines à l'empereur rétabli. La dernière révolte contre le pouvoir est celle de Saigo Takamori (1827-1877), du clan de Satsuma. Il conduit l'insurrection du même nom, écrasée par l'armée impériale en mars 1877, après l'échec de laquelle il se suicide. L'enseignement dès 1872 est rendu obligatoire. Le pays tourné vers la modernité invite de nombreux spécialistes européens excellant dans des domaines très divers. La langue s'enrichit de ces contacts en intégrant de nouveaux mots désignant des concepts, des idées. L'empereur Mutsuhito (1852-1912), père de l'ère Meiji et de la modernité, décède le 12 juillet 1912.

Justice et paix

En 1912, Yoshihito (1879-1926) succède à son père Mutsuhito avec le titre d'empereur de l'ère Taisho (de la grande justice) (1912-1926). Deux ans plus tard, le Japon se range du côté des alliés. En 1918, le traité de Versailles signé, le Japon entre dans le groupe des pays vainqueurs. Hirohito (1901-1989), son fils, est nommé empereur à son tour en 1926, début de l'ère Showa (la paix éclairée) (1926-1989). Plusieurs dates importantes marquent cette période. En 1937, le Japon déclare la guerre à la Chine. En 1941, la flotte américaine de Pearl Harbor est quasiment anéantie. En 1945, les bombes atomiques d'Hiroshima et de Nagasaki sont lâchées. L'actuel souverain du Japon, l'empereur Akihito (né en 1933) a choisi pour qualifier son règne l'ère Heisei (l'accomplissement de la paix) en montant sur le trône en 1989.

Les principaux sites et monuments japonais

Les principaux monuments et sites au Japon retraduisent très bien son histoire tracée par le couple martialité et spiritualité. L'influence du zen se manifeste dans la construction de nombreux couvents poursuivant la tradition de l'architecture traditionnelle japonaise, mais témoignant de plus en plus de simplicité dans leur réalisation. Les châteaux forts sont un des éléments caractéristiques du Japon militaire. Leur intérieur est richement décoré. On voit aussi s'ériger des monuments bouddhiques de style traditionnel et des sanctuaires shinto, la religion nationale.

Himeji-jo

Le Himeji-jo, connu aussi sous le nom de Hakuro-jo (le château du Héron blanc), est situé dans la préfecture de Hyogo, au centre du Japon. Son nom est dû à la couleur blanche du plâtre qui recouvre sa structure de bois. Le Himeji-jo est la plus parfaite expression de l'architecture du début du XVIIe siècle. Ses principes de défense sont très élaborés et ses moyens de protection remarquablement ingénieux. Gardé par trois tours avancées, il faut traverser un dédale de cursives fortifiées par onze portes blindées pour y pénétrer. Ces cursives sont surplombées par des parapets d'où les archers peuvent tirer sur les assaillants. Si ce château possède une telle architecture défensive, c'est en raison de sa position clé entre Kyoto et les provinces du sud du Japon.

Himeji-jo fait partie d'un réseau de forteresses disséminées dans tout le Japon. Trésor culturel du Japon, il est, avec le Matsumoto-jo et le Kumamoto-jo, l'un des trois châteaux faits de bois toujours debout en dépit des guerres incessantes.

POUR ALLER PLUS LOIN

Le grand sanctuaire d'Ise

Dédié à la déesse Amaterasu Omikami, le grand sanctuaire d'Ise, le Ise-jingu, est édifié dans la ville d'Ise, au sud-est de l'île de Honshu, en hommage à l'ancêtre de la dynastie impériale. En fait, l'ensemble connu sous le nom de Jingu comprend une centaine de petits temples avec un sanctuaire extérieur (le Geku) et intérieur (le Naiku), séparés l'un de l'autre par 7 km. La tradition voulait que ces deux bâtiments soient reconstruits tous les vingt ans depuis le règne de l'empereur Temmu (622-686) pour le premier et depuis le VIIIe siècle pour le second. Le miroir sacré, un des trois objets de la mythologie, qui aurait été offert au premier empereur par la déesse Amaterasu elle-même, y est conservé.

Kyoto

Kyoto, l'ancienne capitale de la période Heian (794-1185), est fondée par l'empereur Kammu (737-806) en 794 sous le nom de Heiankyo. Elle est marquée à la fois par la civilisation chinoise et le bouddhisme. Elle reste capitale impériale du Japon jusqu'au XIXe siècle tout en s'enrichissant de nombreux courants culturels. Sa multitude d'édifices en fait une des villes les plus intéressantes du Japon. De nombreux bâtiments sont ainsi inscrits au patrimoine de l'humanité de l'Unesco, 38 sont Trésors nationaux, et 160 désignés comme biens culturels importants. Une bonne partie de la ville est détruite pendant la guerre d'Onin (1467-1477) mais rebâtie par la nouvelle classe urbaine. Pendant la longue période d'Edo (1603-1867), elle s'impose comme centre important de pèlerinage. Dès 1868, la capitale et la cour quittent Kyoto pour s'établir à Tokyo.

POUR ALLER PLUS LOIN

Le Pavillon d'or

En 1397, Ashikaga Yoshimitsu (1358-1408), qui cherche à constituer autour de lui une cour aussi raffinée et aristocratique que lors de la période Heian, édifie un palais selon ses souhaits dans les montagnes du nord de la capitale, le Kitayamaden. Après sa mort, il fut rebaptisé Rokuon-ji. Le plus prestigieux des bâtiments était le *Kinkaku*, le pavillon d'or, situé dans son jardin. Le bâtiment était recouvert d'or à l'exception du rez-de-chaussée. Des reliques de Bouddha y sont déposées. Son architecture mélange trois styles, celui des palais, pour le premier étage, le style des maisons de samouraïs pour le second et celui des temples zen pour le dernier étage. L'écrivain Yukio Mishima (1925-1970) raconte dans son livre *Le Pavillon d'or* (1956) comment celui-ci fut détruit par un moine en 1950. Aujourd'hui, le temple est rénové.

Le mémorial de la Paix d'Hiroshima

Situé à l'entrée du parc de la Paix, le mémorial de la Paix d'Hiroshima, appelé aussi Dôme de Genbaku, est le seul monument à avoir survécu à la bombe atomique lancée sur Hiroshima le 6 août 1945. Il incarne le symbole de la force de la paix contre celle de la plus effroyable force de destruction dans l'histoire de l'humanité. C'est à l'origine le siège de la chambre de commerce et d'industrie d'Hiroshima. Il en reste une carcasse de béton et d'acier. Il comporte les noms des 221 000 victimes directes ou indirectes de l'explosion atomique.

Les monastères de Nara

Selon les textes anciens, l'empereur Yomei (règne : 585-587), en proie à la maladie, désire faire construire un temple afin d'y installer la statue de Bouddha pour obtenir sa guérison. Il meurt avant de pouvoir faire aboutir son projet, mais l'impératrice et le prince régent Shotoku (574-622) font édifier en 607 un temple appelé Horyu-ji conformément à ses désirs. Il est reconstruit, en bois, après avoir été détruit par la foudre et achevé en 711.

Les monuments historiques de la ville de Nara font partie du patrimoine mondial de l'Unesco depuis 1998. Les monastères bouddhiques sont au nombre de 48. Les parties les plus antiques comme le Kondo, la pagode à cinq étages et la porte centrale appartenant à la période Asuka figurent parmi les plus anciennes constructions en bois au monde.

Le temple Todai-ji abrite une statue géante du Bouddha Vairocana, le Bouddha de la « Grande Lumière ». Réalisée à la suite d'un vœu de l'empereur Shomu (701-756), elle est fondue entre 749 et 752. Fruit du travail de milliers d'ouvriers sous la direction du maître fondeur Kimimaro, il fallut plus de 500 tonnes de minerai pour la fabriquer.

Datant de la même année que la fondation de la ville de Nara, le sanctuaire Kasuga est un haut lieu du culte shinto : 3000 lanternes sont disposées le long de son entrée et deux fois par an sont allumées en février et à la mi-août. C'est le sanctuaire tutélaire des Fujiwara.

Le mont Fuji

Le mont Fuji, visible à l'ouest de Tokyo, domine la capitale avec 3776 m de haut. D'innombrables peintures, dessins, tout particulièrement œuvres des peintres japonais du XIXe siècle comme Katsushika, connu sous le nom de Hokusai (1760-1849), l'immortalisent. Son nom est Fuji San, une erreur de transcription popularise toutefois celui de Fuji Yama. À son sommet est construit un observatoire météorologique. Mais bien avant cela, en 663, il est déjà la demeure d'un moine anonyme, car déjà considéré comme sacré. De nombreux temples et *torii* (portiques) jalonnent ses alentours. L'un des actes pieux que doit accomplir un Japonais, s'il le peut, est son ascension, une fois dans sa vie.

La tombe de Takamatsuzuka

Tumulus de 5 m de diamètre et haut de 18 m, la tombe de Takamatsuzuka, dans la région de Nara, abrite des peintures sans précédent dans l'art du Japon. La plupart des peintures des tombes, en forme de « trous de serrure », ou *kofun*, qui donnent son nom à l'ère Kofun (IIIe s.-VIe s.) sont de style géométrique alors que celles-là sont d'une variété de couleurs, douze au total, et de diversité inconnue dans la représentation. Divinités cardinales chinoises, groupes de personnages, disques solaire et lunaire, constellations d'étoiles sont les principaux motifs, auxquels il faut rajouter un groupe de femmes nobles d'une exceptionnelle qualité artistique. Le propriétaire de la tombe devait être un noble de haut rang. On situe chronologiquement la date de ces réalisations à la fin du VIIe ou au début du VIIIe siècle.

Les grands personnages japonais

Nous serions presque tentés d'écrire que l'histoire militaire du pays fut son histoire en grande partie. Les siècles de période militaire laissent les noms de généraux et stratèges hors pair. Mais l'histoire ne saurait se limiter à eux. Ceux des artistes, des auteurs, penseurs et religieux y tiennent également une place essentielle. Ils ont créé une culture originale qui combine les apports extérieurs avec les traits les plus caractéristiques de la culture nationale.

Dirigeants politiques et guerriers

Tout en haut de la pyramide sociale au Japon, au-dessus des hommes de guerre se trouve l'empereur dont le titre de *Tenno* (souverain céleste) est plus souvent utilisé que celui de *Mikado* (auguste porte). De ces traditions a survécu le fait que l'empereur, le Tenno, a incarné pendant des siècles une force spirituelle. Gouverner a toujours été un acte éminemment religieux. C'est pourquoi il est aussi désigné sous le nom de Sumeramikoto, du terme *Mikoto* (l'auguste parole) et de *Sumera* (ce qui retrouve la clarté unitaire de la transparence divine). Lorsque chaque année, il célèbre le culte au temple d'Ise, il incarne l'esprit de son aïeule divine, la déesse Amaterasu. Le titre de *shogun* s'applique dès 1192 pendant la période Kamakura (1185-1333) et prend toute sa valeur pendant cette époque. Ce gouvernement militaire sera appelé *bakufu* (gouvernement sous la tente). Pendant des siècles, tout shogun exerce des droits quasiment souverains sur les terres. À partir de 1336 et jusqu'en 1573, les shoguns sont nommés au sein de mêmes familles. Le titre est aboli en 1868, au début de l'ère Meiji (1868-1912).

Taira no Kiyomori

Dans l'histoire du Japon, Taira no Kiyomori (1118-1181) est le premier à avoir établi un gouvernement administratif dominé par les samouraïs. Il succède à son père en 1153, et trois ans plus tard, des rivalités de la maison impériale lui permettent de se distinguer en faisant triompher le parti de l'empereur Go Shirakawa (1127-1192). Il se heurte au clan Minamoto qui lui aussi souhaite profiter de la faiblesse impériale. La tension se transforme en guerre et Taira no Kiyomori bat les Minamoto à la bataille de Heiji no ran en 1160. Il fait basculer brutalement la période Heian, raffinée et aristocratique, en celle de Kamakura, dominée par la guerre, et les *bushi* (les guerriers) sépanouissent. La chute des Taira est provoquée par un intérêt trop exclusif porté à la cour et au fait de négliger de créer des institutions solides pour contrôler les guerriers provinciaux. Le *Heike monogatari* (1371) relate les principaux épisodes de sa vie.

POUR ALLER PLUS LOIN

Les samouraïs

Les samouraïs, illustrés abondamment dans la décoration d'estampes, représentés dans la statuaire, symbolisés encore aujourd'hui grâce au cinéma, s'imposent comme une constante dans la culture japonaise. Depuis la fin du VIIIe siècle jusqu'au XVIe siècle, le terme de samouraï désigne un homme armé ou non au service de la cour ou d'un noble. Ce n'est qu'à partir du XVIe siècle que ce mot s'applique aux guerriers et pas seulement aux gens du commun comme aux siècles précédents. Le terme samouraï vient du mot verbal, *saburo* (rester auprès de, ou être au service de). Il existe toute une hiérarchie de samouraïs, comme les *yoriki*, les assistants des *daimyos* (seigneurs locaux), pendant les périodes Kamakura (1185-1333) et Muromachi (1392-1573). Ce n'est qu'à l'époque d'Edo (1603-1868) que le statut héréditaire de guerrier est clairement défini. C'est aussi de cette époque que datent les premiers ouvrages traitant de la morale des guerriers, bien que celle-ci ait été déjà esquissée dans des écrits du XIIe siècle.

Minamoto no Yoritomo

Bien davantage qu'un homme de guerre, Minamoto no Yoritomo (1147-1199), est connu comme celui qui fonde le gouvernement militaire, le *bakufu*. C'est le début d'une domination militaire de sept cents ans au Japon. Opposé au clan des Taira, il remporte contre eux la victoire définitive à la bataille navale de Dan no Ura en 1185. Il obtient le titre de grand shogun en 1192.

Tomoe Gozen

L'importance des femmes au sein du monde guerrier est soit minimisée soit occultée. Pourtant, au Japon, celles-ci sont présentes dès les plus anciens récits guerriers de la mythologie. L'une d'elles, Tomoe Gozen (1161-118 ?), manie avec grande habileté le *naginata*, immense lance de 2 m et le *yari*, lance courte. Son époux, Minamoto no Yoshinaka, était un général exceptionnel. Ses succès militaires ont provoqué la jalousie de ses frères qui l'ont attaqué et tué. Tomoe Gozen a alors abandonné les armes pour se retirer comme religieuse bouddhiste.

Oda Nobunaga

Oda Nobunaga (1534-1582) est un chef militaire de grande valeur. Il décontenance ses ennemis par son extrême mobilité. Il est le premier à utiliser méthodiquement les armes à feu au Japon. Il se trouve en pleine guerre féodale quand il succède à son père comme conseiller du vice-gouverneur de la moitié de la province d'Owari en 1534. Il prend les armes pour unifier sa province puis pour combattre les *daimyos* (seigneurs locaux) des provinces voisines. Il favorise les relations avec les Portugais qui abordent au Japon pour la première fois en 1543. En 1582, il part conquérir à l'est le grand fief des Takeda, jusqu'aux abords du Kanto avec le concours de Tokugawa Ieyasu.

LE SAVIEZ-VOUS ?

Le canon d'acier

Utilisée pour la première fois au Japon en 1549, l'arquebuse fait ensuite régulièrement partie des combats. Oda Nobunaga en utilise pour la première fois cinq cents en 1549. Un autre type d'arme est également utilisé, le *fusil Tanegashima*, du nom de l'île sur laquelle en 1543 un navire chinois transportant des Portugais échoue. Le seigneur local achète deux fusils aux Portugais et leur demande de fabriquer les mêmes. Le Japon est alors dans une période de guerre civile, cette nouvelle arme s'étend rapidement dans tout le pays.

Durant la fameuse bataille de Nagashino en 1575, Oda Nobunaga élimine la cavalerie Takeda en alignant plus de mille fusils. On donne d'abord le nom de *teppô* (canon d'acier) aux premières arquebuses, nom donné aussi aux grenades explosives des troupes mongoles qui essayèrent d'envahir le Japon entre 1274 et 1281. Après le succès d'Oda Nobunaga, Toyotomi Hideyoshi intègre presque cent dix mille de ces fusils lors de ses campagnes d'invasion de la Corée en 1592 et 1597.

Tokugawa Ieyasu

Fondateur de la dynastie shogunale des Tokugawa, Tokugawa Ieyasu (1543-1616) réussit pour la première fois dans l'histoire du Japon à unifier le pays sous une même autorité. Il succède à Hideyoshi Toyotomi (1536-1598) à 57 ans. Son véritable règne commence par l'anéantissement du clan Toyotomi, basé dans le château d'Osaka. Aussi bon négociateur que guerrier, il s'assure en 1600 à la bataille de Sekigahara, une victoire définitive sur les grands féodaux. Il s'installe à Edo et en fait le centre de sa domination en y édifiant une immense forteresse, tout en confiant au fur et à mesure l'administration des régions soumises aux seigneurs alliés, les daimyos, qui deviennent les équivalents des gouverneurs de province.

Miyamoto Musashi

Miyamoto Musachi (1584-1645), Shimmen Musachi no Kami Fujiwara No Genshin de son vrai nom, est l'emblème du *ronin* (samouraï sans maître). Né dans la province de Mimasaka, en 1584, son père Munisai Shimmen est lui-même un sabreur réputé. À sa mort, Miyamoto est confié à la garde de son oncle. Il prend part à la bataille de Sekigahara en 1600 contre les troupes de Tokugawa Ieyasu. Battu, pendant qu'il erre, il développe une technique originale de combat à deux sabres, *Nito-ryu*, et devient un maître d'armes redouté. Il provoque avec succès plus de soixante duels. En 1637, il rentre au service de ses anciens adversaires les Tokugawa et combat pour eux les révoltés chrétiens de Shimabara en 1637-1638. En 1643, il rédige son célèbre ouvrage de stratégie d'arts martiaux *Gorin no sho* (le Livre des cinq anneaux).

Les religieux

Les grands religieux appartiennent aux différentes religions représentées au Japon, à savoir le shinto, le bouddhisme et les nombreuses sectes qui en font partie. La plus ancienne, le shinto, peut être entrevue comme une réaction à l'influence de l'État chinois. Le bouddhisme, y compris le zen, offre un aspect profondément religieux et moins national. Depuis l'introduction du bouddhisme au VIe siècle, le Japon ne cesse d'accueillir de nombreux moines venus du continent, de Chine ou de Corée.

Kukai

Kukai (774-835) est connu aussi sous le nom de *Kobo Daishi* (le grand saint). Après avoir effectué un séjour en Chine, en tant que moine novice, il revint au Japon et y fonde l'école ésotérique *shingon*, bouddhisme qui recherche le cœur pur et simple. Il est non seulement un grand religieux, mais un grand lettré, philosophe et calligraphe. Il s'est intéressé très tôt au *Tiantai* chinois, école d'interprétation des *sutras* (écrits bouddhistes), dont l'enseignement est connu grâce au moine Ganjin venu au Japon au cours du VIIIe siècle. L'endroit où il médite devient plus tard le premier temple du mont Hiei, l'Enzyaku-ji, lieu du pouvoir autant que de l'autorité religieuse. Le *Tendai* japonais reprend à l'école Tiantai chinoise la doctrine des « cinq vertus » prônées par le bouddhisme : humanité (bonté), justice (droiture), bienséance, sagesse et loyauté. L'ensemble de la doctrine s'appuie sur le *Sutra du lotu*s, version la plus affinée de l'enseignement du Bouddha.

Dogen

L'école Soto shu qui constitue l'une des trois branches du zen a été fondée par Eihei Dogen (1200-1253). Son enseignement s'appuie sur celui de la secte chinoise *Tsao tung-Tsung* ou *Tch'an* du nord, nom tiré du mont Tsao Tch'an, où le sixième patriarche avait fondé son monastère. Fondée par Dogen en 1277 à Kyoto, elle insiste tout particulièrement sur la méditation assise, *zazen*, sans but, *shikantaza*. Il est aussi l'auteur d'une œuvre immense : le *Shobo genzo, le Trésor de l'œil de la vraie loi*, l'essence de sa vision religieuse et philosophique.

Taisen Deshimaru

Appartenant à une famille de samouraïs, Taisen Deshimaru (1914-1982) apporte à l'Occident l'essence du zen. Il devient le disciple de Maître Kodo Sawaki (1880-1965) dans les années trente. À la différence de bon nombre de maîtres zen, Taisen Deshimaru a continué de mener une vie séculière tout en suivant l'enseignement de son maître. Deux ans après avoir reçu l'ordination, il se rend en 1967 à Paris pour transmettre l'enseignement du Zen. En 1970, il devient responsable du Soto Zen, principale école du bouddhisme zen, en Europe et crée un grand nombre de lieux pour pratiquer, tel le temple de la Gendronnière, en 1979, près de Blois.

Les écrivains

L'art comme la littérature japonaise, courtois et aristocratiques, atteignent un degré de perfection formelle pendant la période Heian (794-1192). C'est l'époque des « Dits », des récits, le *Gengi monogatori* ou *Dit du Genji,* œuvre de la dame de la cour Murasaki Shikibu (978-1014). C'est pendant cette période que prennent place les auteurs d'un art extrêmement raffiné et simplifié tant dans l'écriture que dans le dessin ou la peinture. L'amour, la beauté, la poésie sont cultivés avec art. Parmi les œuvres en prose, les plus belles et les plus profondes sont sans nul doute les journaux et les romans des dames de cour, spécialement le *Makura no soshi*, *Notes sur l'oreiller* de Sei Shonagon (v. 965-?) et le *Tosa-hikki*, *Journal de Tosa* de Ki no Tsurayuki (v. 872-v. 945), présenté comme le journal intime d'une femme, même si son auteur est un homme.

À l'époque Kamakura (1192-1333), l'on fait place à des œuvres reflétant l'esprit des *bushi*, des guerriers dont le plus typique est le *Gunki monogatori*, récit guerrier. Lors de la période Muromachi (1333-1568) se développent les *Otogizoshi* (Livres de conversation), traitant de thèmes populaires, lancés par le théoricien Zeami (1363-1443). Sous la période Tokugawa (1603-1867) se répandent, à côté des drames, la poésie lyrique et le *hakaï*, ancêtre du *haïku*, court poème.

Murasaki Shikibu

Murasaki Shikibu (978-1014), l'auteur du chef-d'œuvre, universellement reconnu, le *Genji monogatori* ou *Dit du Genji*, est une femme. Nous savons peu de chose d'elle, exception faite qu'elle appartient à une branche cadette du clan Fujiwara. Le sujet de ce roman-fleuve, quelque deux mille pages qui constituent *Le Dit du Genji*, se déroule pendant la période Heian. C'est avant tout un récit sur la vie d'un des princes impériaux mettant en scène la décadence de la cour. Murasaki a laissé également un journal intime, *Murasaki Shikibu nikki*, ou *Journal de Dame Murasaki*, ainsi qu'un recueil de poèmes.

Le Dit du Genji

Cette œuvre majeure de la littérature du XIe siècle, divisée en 54 livres, relate la vie d'un prince Genji de la cour de Kyoto et de son fils Kaozu. Écrits uniquement en *hiragana* (l'écriture des femmes), les 54 chapitres étaient numérotés avec des caractères particuliers. La fiction y est pourtant plus vraie que la réalité historique, même si la peinture faite de la vie d'une cour esthète et désabusée y est minutieuse.

Zeami

Fils d'un directeur de troupe près de Nara, Zeami (1363-1443) est acteur, dramaturge prolifique et théoricien du nô. Son œuvre est importante tant par le nombre d'écrits, plus de vingt-trois ouvrages de critique dramatique, que par les traités et pièces de théâtre. Pendant longtemps ses traités furent gardés secrets. Kanami (1333-1384) et son fils et successeur, Motokiyo, qui deviendra Zeami, allaient en reprenant le charme du *Dengaku* (danses agrestes) et la force du *Sarugaku* (sorte de divertissements mêlés) créer cette nouvelle forme de spectacle.

Le théâtre nô

Le *nô* est le drame classique japonais par excellence. Ses thèmes concernent le monde divin, l'histoire, le monde bourgeois. Il comporte deux personnages principaux et des personnages secondaires. Les personnages principaux portent des masques qu'ils échangent au cours d'une représentation selon l'esprit de chaque scène. Les rôles féminins sont tenus par des hommes. La musique est dispensée par un orchestre composé de divers tambours, flûtes, et par un chœur ; des récitatifs alternent avec des airs chantés.

Le théâtre nô est un spectacle où se mêlent différents arts du spectacle. Jusqu'au XVIIe siècle, il porte le nom de *Saraguku*, succédant au *Sangaku* qui désigne aussi tout un ensemble d'arts du spectacle. Dans le théâtre nô, tout est spiritualité. Dans sa représentation, musique, costumes, chants, éclairage, tout vise à créer un espace irréel où le surnaturel peut apparaître. Le grand nom rattaché au nô reste celui de Zeami Motokiyo (1363-1443) qui en définit les règles. Deux thèmes dominent, la vie humaine et ses tourments et celui des créatures fantastiques et des démons.

Matsuo Basho

Matsuo Basho (1644-1694), de son vrai nom Matsuo Munefusa, est tenu pour le grand maître du haïku aux côtés d'Ibara-Saikaku (1642-1693) et de Chikamatsu Monzaemon (1653-1714). Le *haïku* tire son origine du *tanka* (poème sans rimes). Il s'écrivait sur une seule colonne sous la forme d'un tercet comprenant 17 *mores*, notion plus fine que la syllabe.

Yasunari Kawabata

Les livres de Yasunari Kawabata (1899-1972) atteignent dans l'expression de la sensation pure une perfection rare. Il est sans doute l'un des auteurs japonais les plus connus en Occident. Il est également le premier auteur japonais à recevoir le prix Nobel de littérature en 1968. Ses romans (*Nuée d'oiseaux blancs*, *Le Grondement de la montagne*) peignent les tragédies des sentiments humains, mais aussi l'érotisme poussé à l'esthétisme (*Les Belles Endormies*). Il sera très marqué par le suicide de Yukio Mishima à qui il vouait une amitié littéraire depuis 1946.

Yukio Mishima

Yukio Mishima (1925-1970) est, avec Yasunari Kawabata, en faveur duquel il se retira de la course au Nobel de littérature, le plus grand écrivain japonais du XXe siècle. Bon connaisseur de la littérature européenne, lecteur aussi bien de Rainer Maria Rilke (1875-1926) que d'Oscar Wilde (1854-1900), dont il partage l'homosexualité, Yukio Mishima connaît la célébrité avec *Confessions d'un masque* (1948) où il relate ses émois adolescents, l'impossibilité de les vivre pleinement ou même de les révéler.

Ses œuvres majeures sont : *Le Pavillon d'or* (1956), le cycle de *La Mer de la fertilité* et ses quatre romans, *Neige de Printemps*, *Chevaux échappés*, *Le Temple de l'aube* et *L'Ange en décomposition*.

POUR ALLER PLUS LOIN

Le dernier samouraï

Élevé par sa grand-mère jusqu'au début de l'adolescence, et bercé par une prétendue appartenance au monde aristocratique et guerrier, Yukio Mishima en gardera toute sa vie une fascination pour les arts martiaux traditionnels japonais, le sabre notamment, et un culte du corps à placer à mi-chemin entre le martyre de saint Sébastien, icône homosexuelle, et un culturisme outrancier. À la fin des années soixante, il se rapproche des milieux d'extrême droite et milite pour la restitution de ses pouvoirs à l'empereur. Le 25 novembre 1970, après une parodie de coup d'État dans une caserne, Yukio Mishima se suicide selon le rite du *seppuku* en s'éventrant avant d'avoir la tête tranchée par un disciple.

Les peintres

À côté d'un art religieux, fortement inspiré par le bouddhisme aussi bien dans l'architecture que dans la sculpture, apparaît un art temporel et nouveau, le *Yamato-e*. Il s'exprime sur de longs rouleaux illustrés par la vie de cour et après le VIIIe siècle, par des récits guerriers. Cette peinture d'illustration exige une composition continue et faite sans perspective ni personnification des individus représentés. Pendant la période Muromachi, la peinture domine, fortement influencée par les techniques chinoises à l'encre. L'art de la laque atteint une haute perfection. Puis dans les mains des Japonais, l'estampe devient une forme d'expression nouvelle et d'un raffinement jamais atteint. Celles des artistes les plus connus se distinguent par la hardiesse et la force du trait et par une tendance à la simplification.

Katsushika Hokusai

Katsushika Hokusai (1760-1849) est connu pour avoir usé au moins d'une trentaine de pseudonymes différents. Peu à peu, son style se détache de la tradition *Ukiyo-e*, terme japonais signifiant « image du monde » dont l'origine remonte à la fin du XVIe siècle. Influencé par l'art occidental, il trouve néanmoins un style très personnel. Ses compositions, à partir de 1820, démontrent un rythme plus puissant à travers des simplifications hardies. La couleur n'y joue qu'un rôle décoratif, destinée surtout à souligner les contrastes et de ce fait d'un usage très limité.

Ses estampes les plus connues sont celles de la série des *Trente-six vues du mont Fuji* dont fait partie sans conteste une pièce maîtresse : *La Grande Vague de Kanagawa*.

Hiroshige Ando

Un autre nom doit être rattaché à l'art de l'estampe, celui d'Hiroshige Ando (1797-1858), qui influence par son génie du paysage les impressionnistes. Ses principales œuvres sont regroupées en cycles, comme les *Cinquante-trois étapes de la route du Tokaido* ou les *Cent vues de sites célèbres d'Edo.*

Religion, mythes et légendes du Japon

Les religions au Japon appartiennent à deux types : la religion nationale, ou *shinto*, et le bouddhisme importé. Les mythes portent sur la création du monde, les aventures du premier couple divin et de sa descendance, l'origine divine de la dynastie impériale. Les légendes font une large place aux fantômes, aux esprits de la forêt, qu'il convient d'éviter ou d'apaiser par les rites.

Le shinto

La religion nationale japonaise, ou shinto, la « voie des dieux » est connue, tout comme la mythologie, par deux textes fondamentaux, le *Kojiki*, ou « Recueil des choses anciennes », rédigé entre la fin du VIIe et le début du VIIIe siècle, il relate l'histoire du Japon des origines du monde à l'an 628. Le *Nihongi*, ou *Nihonshoki*, « Chronique du Japon », reprend une trame fort proche. Il est réalisé aux alentours de 720.

Le shinto, religion d'État au Japon, de 1868 jusqu'en 1945, est un polythéisme fondé sur le culte rendu aux esprits, ou *kamis*. Ce terme signifie « élevé » ou « supérieur » et regroupe les dieux, les forces de la nature, les empereurs divinisés. Le shinto d'État place l'empereur à la tête de la nation japonaise en qualité de descendant de la déesse du soleil, *Amaterasu*. Dans sa pratique, le shinto diffère profondément des religions institutionnalisées pour se rapprocher de l'animisme. Sans dogme, sans liturgie, le culte shinto a pour finalité de maintenir, par des rituels appropriés, l'équilibre entre le monde des hommes et celui des kamis dans une relation harmonieuse.

Le bouddhisme japonais

Le bouddhisme vient de Corée et s'implante au Japon au VIe siècle. Il est déclaré religion d'État en 592, ayant réussi une percée remarquable parmi les membres de l'aristocratie de la cour impériale, notamment auprès des impératrices. Il existe au Japon douze écoles bouddhiques, classées par ordre chronologique, de la plus ancienne à la plus récente : *Kusha*, *Jojitsu*, *Ritsu*, *Hosso*, *Sanron*, *Kégon*, pour la période de Nara (710-794) ; *Tendaï*, *Shingon* pour la période de Heian (794-1192) ; le zen avec les écoles *Rinzaï* et *Soto* à l'époque Kamakura (1192-1333) qui voit également se développer le *Jodo* et le *Jodo-shinshu*. Les différences entre ces écoles se fondent sur le texte sacré le plus vénéré, les pratiques de méditation et d'études, la forme du Bouddha qu'il convient de tenter de suivre pour parvenir à l'éveil.

Le mythe des origines

Le mythe japonais des origines part du chaos primordial, d'où sont issues les sept premières générations de couples divins, dont le principal, formé par un frère, Izanagi et sa sœur, Izanami. Afin de trouver une terre ferme, ils lardent le chaos de coups de lance. Des débris naît une première île, ébauche du Japon futur. Les autres îles de l'archipel, tout comme les éléments, naissent d'Izanami. C'est en donnant la vie à son dernier fils, le dieu du feu, qu'Izanami meurt brûlée. Fou de douleur, Izanagi décapite son fils, et de son sang naissent les montagnes.

La descente aux Enfers d'Izanagi

La descente aux Enfers d'Izanagi est un acte d'amour. Désespéré de la mort en couches de son épouse Izanami, Izanagi décide d'aller la rechercher dans le monde des morts, le *Pays de la Source Jaune*. Malheureusement, Izanami s'est déjà nourrie aux Enfers, de ce fait elle leur est liée, tout retour semble impossible. Son époux se livre alors à une lamentation mêlée de supplications, si émouvante qu'elle fléchit les kamis infernaux. Il pourra ramener sa bien-aimée, mais le jour suivant seulement. Izanagi est incapable d'attendre. Cette même nuit, il se glisse auprès de son épouse et sa torche éclaire l'insoutenable spectacle d'un corps en décomposition. Les Furies du monde infernal, au nombre desquelles Izanami, poursuivent Izanagi, qui ne leur échappe qu'en multipliant les tours de magie : vignes surgies pour qu'elles se gavent de raisin, fleuves à franchir. Pour les stopper, Izanagi obstrue l'entrée du monde des morts à l'aide d'un rocher. Furieuse, Izanami promet mille morts par jour pour exterminer l'humanité. Izanagi la sauve en promettant mille cinq cents naissances quotidiennes.

Le mythe d'Amaterasu

Le mythe d'Amaterasu est celui de la déesse du soleil, fille d'Izanagi, née de son œil gauche. Sage, douce et belle, elle apporte au monde la civilisation, mais est en butte aux perpétuelles tracasseries de son frère, Susanowo, dieu de l'océan, issu, lui, du nez d'Izanagi. Un jour, Susanowo blesse Amaterasu avec une navette à tisser, fait jaillir le sang divin. Amaterasu se retire définitivement dans une caverne. Le monde est plongé dans une obscurité sans fin. Une ruse vient à bout de la colère de la déesse : devant sa grotte, les dieux assemblés organisent une bruyante fête. Intriguée, Amaterasu passe la tête hors de la grotte où un miroir lui renvoie son reflet. Surprise, elle fait un pas hors de son refuge, ce qui permet au dieu de la force de s'emparer d'elle. Susanowo est toutefois châtié : c'est Amaterasu, et non lui, qui est à l'origine divine de la lignée impériale qui occupe encore aujourd'hui le trône du Japon.

Le renard

Parmi les animaux amenés à jouer un rôle important dans les légendes japonaises, le renard occupe une place à part. Il est fréquemment représenté aux carrefours, dans les boutiques, dans les fermes, car, sous la forme du dieu Inari, il préside aux affaires, aux récoltes, aux échanges, aux voyages et rencontres. Son équivalent légendaire offre une plus trouble personnalité, à la fois trompeur, dangereux et capable de dévouement, maître de sagesse pour les hommes. Ainsi, une légende fameuse met en scène un renard dont le rejeton a été protégé d'une mort certaine par un couple d'humains. L'enfant de ces derniers menace de trépasser, seul un foie de renardeau peut le guérir. Prenant une apparence humaine, le père renard apporte celui de son fils sacrifié, affirmant que la vie du renardeau appartenait au couple depuis qu'ils l'avaient sauvé autrefois.

L'héritage japonais

La société japonaise, tout comme l'Europe, connaît une période de féodalité. Après une longue fermeture sur lui-même, il subit d'énormes influences extérieures, anciennes telles celles chinoises, coréennes, ou récentes, plus occidentales. Le Japon contemporain à son tour introduit dans nos mondes de nouvelles formes d'expression tels les mangas ou le zen. Notre Occident est devenu un « extrême de l'Orient ».

Le manga

Bien qu'aujourd'hui fortement ancré dans notre culture, le *manga* trouve ses origines dans la période de Nara avec l'apparition des premiers rouleaux peints japonais. Ils associent des peintures à des textes calligraphiés, le récit d'une histoire se révèle au fur et à mesure que se déroule le support. Les estampes sont d'abord destinées à illustrer des livres, puis deviennent des œuvres indépendantes en une seule illustration : c'est l'art de l'*Ukiyo-e*. Hokusai (1760-1849), le fondateur de l'estampe de paysage, donne son nom au manga, littéralement « dessins grotesques », pour qualifier ses célèbres caricatures publiées à Nagoya en 1814-1834. Les mangas ne connaissent leur forme de bandes dessinées qu'au XXe siècle sous l'influence des revues américaines, les *comic strips*.

Le zen

Le zen apparaît en Chine sous son nom originel de *Tchan* ou *Chan* vers le VIe siècle de notre ère et s'inscrit dans le courant bouddhiste Mahayana ou du Grand Véhicule. Cinq écoles zen auraient existé en Chine aux époques Tang (618-907) et Song (960-1127). Mais deux d'entre elles bénéficient d'un plus grand renom, les écoles Rinzai et Soto. Le zen est introduit au Japon seulement à l'époque Kamakura (1192-1333). C'est en fait le moment où il effectue son entrée officielle au Japon, même s'il est connu auparavant, d'abord avec un précurseur Dainichi Nonin (XIe s.), issu de l'école Tendai, puis grâce au moine Myoan Eisai (1141-1215). Il fonde sa propre lignée le *Rinzai-shu*, école Rinzai, le zen de la parole, *Koan*. L'autre branche, le *Soto shu*, école Soto, est fondée par Eihei Dogen (1200-1253) qui privilégie la méditation assise, *zazen* dans la conception *shikantaza* (juste s'asseoir).

Troisième partie

Un monde de conquérants : la Méditerranée

Dans cette partie...

Cette troisième partie s'ouvre sur le miracle grec, l'apogée du Ve siècle av. J.-C. qui voit éclore la puissance d'Athènes, le Parthénon, la naissance de la philosophie. L'espace méditerranéen n'est cependant pas totalement grec, dans sa partie centrale, les Étrusques développent une civilisation brillante, point de jonction entre Grèce et Rome. Cette dernière naît de leur influence avant de fonder à son tour un modèle unique, centré sur la *Pax Romana* (la paix romaine) étendue peu à peu à tout le monde connu. Une telle soif de conquêtes laisse peu de place à d'éventuels rivaux. Carthage, un moment maîtresse de la Méditerranée occidentale, puissance maritime et commerciale, s'effondre sous les coups de Rome en 146 av. J.-C.

C'est à l'histoire d'un mélange de fracas des armes, d'édification de temples, de fumées d'encens montant vers des dieux multiples, de la naissance d'une source de la pensée occidentale que nous vous convions à présent.

Chapitre 8

L'Odyssée de la Grèce

Dans ce chapitre :

- La naissance de la démocratie
- Douze dieux et cent héros
- Les jeux Olympiques

En moins de huit siècles, la Grèce, c'est-à-dire la péninsule de l'Hellade et tout le bassin de la mer Égée, de la mer Ionienne, depuis les rives de l'Asie Mineure jusqu'à celles de l'Italie méridionale et de la Sicile, laisse s'installer une atmosphère intellectuelle puisée aux quatre coins de la Méditerranée. Pendant toute son histoire, elle va, de par sa géographie, constituer le terrain le plus favorable à absorber, fondre, transformer toutes les influences extérieures, alors que l'ensemble du continent sort à peine de la préhistoire.

De bonne heure tournée vers les peuples de l'Orient, son instinctive curiosité lui épargne de longs tâtonnements. En effet, les Hellènes se sont toujours défendus d'une paresseuse imitation et ont su, au contraire, simplifier et féconder tous les apports extérieurs. Ils ont même si bien procédé qu'ils semblent avoir découvert en totalité la poésie, l'art, l'industrie, les sciences, le théâtre, toutes les joies de l'existence et la vie publique dans son infinie complexité.

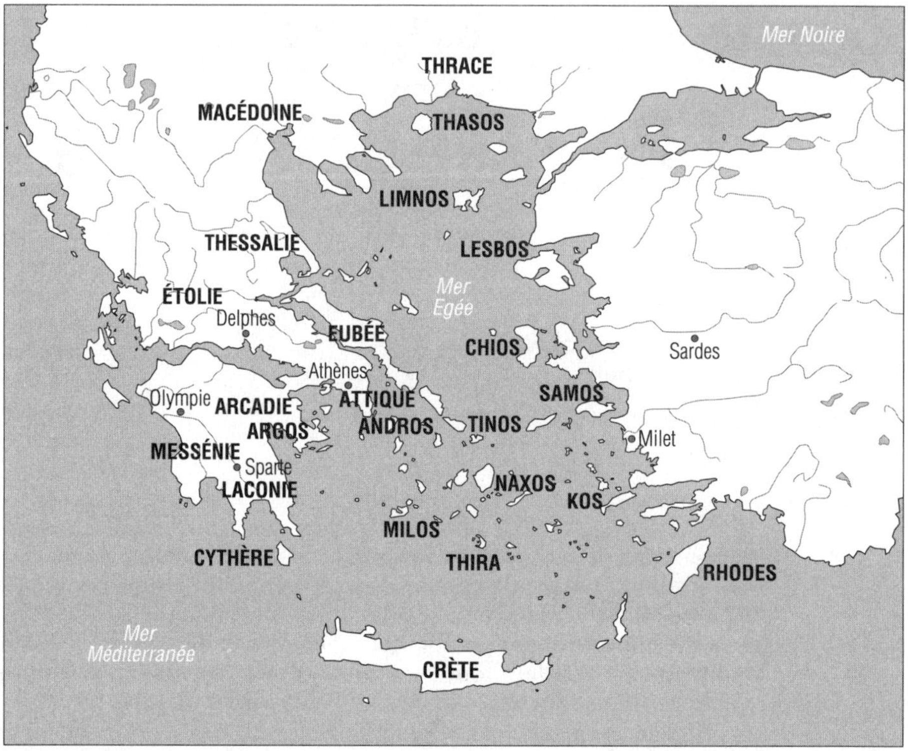

Figure 8-1 : La Grèce classique.

LE SAVIEZ-VOUS ?

L'origine du mot Grec

Les Grecs n'ont pas porté toujours le même nom. La plus ancienne source, Homère, les nomme dans l'*Iliade* les « Argiens », nom de la capitale des Achéens, peuples venus en Grèce au cours du IIe millénaire, Argos. Quant à l'origine du mot *Hellènes*, c'est encore Homère qui nous offre la réponse en la rattachant aux *Selles*, les premiers habitants de Dodone et les prêtres de Zeus en Épire. Dans un texte faisant allusion aux Olympiades ayant eu lieu en 584 av. J.-C., le poète Echembrote remercie Héraclès pour sa victoire « aux jeux des Amphictyons ». Le nom Hellènes peut tirer aussi son origine du roi de Pythie et de Thessalie, Hellên, fils de Zeus et de Dorippé. Quant au mot « Grec » qui les désigne aujourd'hui en Occident, il viendrait du latin *graecus*, lui-même issu du mot grec, *graikos*, servant à désigner vers le VIIIe siècle une tribu de Béotie, région de la Grèce centrale.

Les grandes étapes de l'histoire grecque

L'histoire de la Grèce antique s'étend sur un millénaire et demi, de la civilisation mycénienne (v. 2000-v. 800 av. J.-C.) à sa conquête par la République romaine (146 av. J.-C.). « Miracle grec » telle est la formule pour qualifier la Grèce qui, dominée par un relief aride et escarpé, entourée d'une mer rendue difficile à toute navigation, s'est imposée comme l'une des grandes civilisations dont tout l'Occident est redevable dans tous les domaines.

Son histoire est divisée en plusieurs périodes, celle de la civilisation des Cyclades et du minoéen, le mycénien, les « siècles obscurs », une période archaïque, avant le Ve siècle, une période classique de la chute de la tyrannie athénienne, de 510 av. J.-C., jusqu'à la mort d'Alexandre, en 323 av. J.-C., l'époque hellénistique de cette date à 146 av. J.-C., et la Grèce romaine jusqu'à la fondation en 330 de notre ère de Constantinople et du futur Empire byzantin.

La Grèce des origines

Jusqu'en 1870, les origines du monde grec (v. 3200-v. 800 av. J.-C.) se perdent dans la légende. Ses débuts sont retracés peu à peu grâce aux travaux des archéologues comme Heinrich Schliemann (1822-1890) et ses fouilles à Troie (1870), à Mycènes. Mais c'est Arthur John Evans (1851-1941) entre 1900 et 1920 et ses découvertes à Cnossos qui permettent de montrer que l'art crétois précède l'art mycénien. Nous savons qu'il s'agit d'envahisseurs qui, vers le IIe millénaire, venus de l'Oural et d'Europe centrale, s'installent dans le nord et le nord-ouest tandis que d'autres le font dans le centre et le sud de la Grèce. Avant la brillante civilisation mycénienne (v. 2600-v. 800 av. J.-C.), une civilisation dite des Cyclades aurait existé, vers 3200 av. J.-C., suivie par la période minoenne (v. 2700-v. 1200 av. J.-C.).

La civilisation cycladique

Une civilisation originale s'impose dès le IIIe millénaire (v. 3200-v. 2000 av. J.-C.), d'abord dans la culture *Grotta Pelos*, vers 3200 à vers 2800 av. J.-C. De la poterie, des statuettes en marbre y ont été découvertes. Puis entre 2800 et 2300 av. J.-C., dans la culture *Kéros-Syros* où furent mises au jour maisons, tombes et dans celles-ci les fameuses idoles cycladiques en marbre. La phase suivante culture *de Phylakopi* voit une diversité des formes et de la décoration de la poterie. La culture cycladique influence la civilisation minoenne dans ses débuts.

La civilisation minoenne

Révélée par l'archéologue anglais Arthur John Evans la civilisation minoenne connaît trois étapes. Son nom lui vient de celui du légendaire roi Minos, souverain de l'île de Crète ou elle évolue. La subdivision faite par Evans en 1905 en trois périodes sert toujours de cadre chronologique. Minoen ancien vers 2700 à vers 2000 av. J.-C., minoen moyen, vers 2000 à vers 1600 av. J.-C., minoen récent, vers 1600 à vers 1050 av. J.-C.

Les palais tels ceux de Cnossos, Phaistos, Malia appartiennent à la seconde période. Ces derniers sont des centres économiques importants dans une Crète constituée en une thalassocratie en relation étroite avec Chypre, Byblos, Ugarit. La poterie de Camarès s'exporte partout. La période la plus récente voit l'apogée de ces palais, Cnossos, Phaistos, Hagia Triada. Un nouveau système politique et social est mis en place ainsi qu'une administration sur le modèle de celle du Proche-Orient. À l'écriture linéaire A succède la B employée par les nouveaux conquérants, les Achéens qui s'établissent dans l'île. Vers 1450 av. J.-C., un incendie détruit le palais de Cnossos lors d'une révolte contre les seigneurs mycéniens qui ne cessent d'imposer leur autorité.

Le palais de Cnossos

Cnossos était le palais le plus important de la Crète. Construit vers 2000 av. J.-C., il est détruit une première fois vers 1700 av. J.-C., puis reconstruit et à nouveau détruit vers 1650 mais partiellement et totalement cette fois en 1450 av. J.-C. Sa surface était de 20000 m^2, divisée en un enchevêtrement de salles formant un véritable dédale. Selon la légende, le roi Minos aurait fait du palais de Cnossos sa demeure. Les nombreuses fresques représentant des taureaux servent à appuyer cette hypothèse sujette à caution. L'épouse du roi Minos, Pasiphaé, donne naissance au Minotaure, mi-homme mi-taureau. Résident du labyrinthe, c'est lui que tue Thésée.

La civilisation mycénienne

Aux alentours de 1850 av. J.-C., de nouvelles invasions ont lieu, celles de populations indo-européennes, les Ioniens, les Achéens. La pénétration sur le pays se fait lentement. La civilisation qui se développe alors tire son nom de la ville de Mycènes, située dans le Péloponnèse. À la fin du XIXe siècle, Heinrich Schliemann (1822-1890) en la découvrant pense avoir retrouvé le monde d'Homère. Il met au jour le fameux masque nommé « masque d'Agamemnon » car selon Homère c'est le roi qui y régnait. Cette civilisation (entre 2000-800 av. J.-C.) se caractérise par des palais monumentaux.

Les deux grandes cités en sont Mycènes et Tyrinthe. L'entrée principale de la forteresse de Mycènes avec sa porte des lions, imite parfaitement le style du Proche-Orient et est passée à la postérité. Les tombeaux à coupoles, ou *tholoi* (sing. *tholos*), accueillent les plus beaux trésors tels les poignards damasquinés. Les fresques utilisent les mêmes thèmes qu'à Cnossos. À la fin de cette période, les palais sont détruits au moment où des invasions soit doriennes soit des « Peuples de la Mer » arrivent. Ces nouveaux venus ont une supériorité guerrière incontestable, ils utilisent des armes en fer et conduisent des chars. Les Mycéniens qui vivent du commerce et de l'élevage souffrent beaucoup de celles-ci et certaines provinces moins reculées comme l'Attique subissent rapidement les nouvelles influences. C'est l'époque des « siècles obscurs », qui s'étend des environs du XIIe au VIIIe siècle av. J.-C.

La fin du VIIIe siècle av. J.-C. est fertile en transformations. En raison sans doute de la surpopulation et de la création de colonies, plusieurs grandes villes se développent, Milet sur la mer Noire, Phocée, Mégare, Corinthe. Athènes est encore une ville de moindre importance. Grâce à ce mouvement d'urbanisation, la culture grecque se diffuse dans tout le Bassin méditerranéen. Sparte demeure la plus renommée par sa discipline militaire. Elle contrôle toute la vallée de l'Eurotas.

Du point de vue de l'art, la nouveauté en ce qui concerne la céramique reste la représentation d'êtres vivants stylisés géométriquement : le corps est figuré par un triangle, la tête est une forme de point. Au fur et à mesure, les scènes sont de plus en plus travaillées. Le début du VIIIe siècle voit aussi apparaître des sculptures humaines en ronde-bosse. Des figurines en bronze rappelant encore les idoles des Cyclades appartiennent à cette période. C'est aussi un moment propice au développement de la religion, chaque ville a son propre dieu et ses desservants. Il en est ainsi de l'oracle d'Apollon à Delphes, à Némée et dans l'isthme de Corinthe, des mystères de Déméter et d'Éleusis, des sanctuaires d'Aphrodite à Chypre, à Cythère. La date de 776 marque pour la première fois la commémoration écrite des noms des vainqueurs des Jeux à Olympie.

La Grèce archaïque

Le VIIe siècle av. J.-C. se caractérise par des conflits sociaux. Des législateurs tels Dracon (VIIe s. av. J.-C.), Solon (v. 638-v. 558 av. J.-C.) à Athènes jettent les bases de la future démocratie, unifient des lois disparates en codes. Le tyran qui sait séduire le peuple reste la figure dominante. C'est une période (v. 700-v. 500 av. J.-C.) d'une grande richesse artistique. En architecture, les styles dorique et ionique font leur apparition. C'est au cours de ce siècle que sont créés les types fondamentaux de l'art grec. On fait usage de deux couleurs sur les vases, le rouge et le blanc. À Athènes, à Corinthe puis en Crète, à Rhodes, à Mélos, à Délos, des ateliers de céramique apparaissent, c'est d'ailleurs le nom du quartier des potiers athénien qui s'appelle le Céramique. Si Homère est la figure émergente de la littérature aux époques précédentes, c'est Hésiode (VIIIIe s. av. J.-C.) qui s'impose avec sa *Théogonie*. La statuaire reste très monolithique avec ses *Kouros*, jeunes hommes aux bras figés le long du corps.

LE SAVIEZ-VOUS ?

Les styles dorique et ionique

C'est au VIIe siècle av. J.-C. que les styles dorique et ionique font leur apparition. L'ordre corinthien n'apparaît qu'au IVe siècle av. J.-C. Quelles sont les différences entre les deux premiers ordres ?

- La *colonne dorique*, dont les plus anciens témoignages remontent à vers 625 av. J.-C., possède un fût cannelé, élément mâle qui repose directement sur le sol et supporte un chapiteau très simple. Elle décroît en allant vers le haut car sa base doit supporter son poids plus celui de l'entablement.
- La *colonne ionique* repose sur un socle formé de deux parties : le stylobate et la plinthe, élément femelle. Le chapiteau a pour caractéristique deux volutes enroulées qui forment une sorte de coussin. Les temples en Grande Grèce et en Sicile sont de dimensions exceptionnelles et une place raffinée y est faite à ces deux styles : à Sélinonte, Héracleion, Artémision, Paestum mais aussi à Delphes, avec le bâtiment du trésor de Sycione.

La Grèce classique

Cette période qui est celle du premier âge d'or se situe du VIe au Ve siècle av. J.-C. Depuis la législation de Dracon (VIIe s. av. J.-C.), tellement stricte qu'elle fournit le qualificatif « draconien », la situation sociale s'est modifiée et les tensions se font de plus en plus nombreuses. La classe moyenne est enrichie par le négoce, mais les petits cultivateurs doivent remettre 1/6e de leur récolte aux grands propriétaires fonciers. Solon (v. 638-v. 558 av. J.-C.) établit les bases de la Constitution athénienne. Le droit en vigueur est consigné sur des *axones*, colonnes triangulaires rotatives devant lesquelles le corps des citoyens prête serment. Solon promulgue une loi pour éviter le servage pour dettes. Pour limiter le pouvoir de l'aristocratie, la population est divisée en quatre classes sur la base des revenus fonciers. Mais les lois de Solon sont loin de satisfaire l'ensemble de la population.

À la même époque, est érigée la première construction en pierre qu'il soit possible de situer historiquement, il s'agit du temple d'Artémis à Corfou. Le sphinx de 12 m de haut à Naxos, emblème de Delphes, appartient aussi au début du VIe siècle av. J.-C. L'ancien temple d'Athéna est construit entre 570 et 530, toutes ses figures mythologiques sont en ronde-bosse. Au milieu du VIe siècle, le tyran Pisistrate s'impose, développe le commerce, neutralise l'aristocratie. Clitias, peintre céramiste athénien vers 580 devient le peintre représentatif des vases à figures noires. Sparte, pendant ce temps, met au point un système d'alliances avec d'autres cités et devient la première puissance militaire de la Grèce. Au début du Ve siècle, avec les nouvelles réformes de Clisthène (v. 570-v. 507) à Athènes, la ville et l'intérieur du pays sont divisés en dix groupes, ce qui prévient la renaissance des communautés d'intérêt, chaque groupe étant réuni à deux autres géographiquement séparés.

Mais ce sont surtout les guerres médiques (490 et 480 av. J.-C.), provoquées par la révolte des cités grecques d'Ionie, littoral d'Asie Mineure, contre le roi perse Darius Ier et illustrées par les victoires de Marathon (490 av. J.-C.) et de Salamine (480 av. J.-C.), qui marquent le Ve siècle av. J.-C. en renforçant la puissance d'Athènes. La littérature, elle, connaît alors un développement extraordinaire dans l'art de la tragédie, avec Eschyle (525-456 av. J.-C.), Sophocle (495-405 av. J.-C.), Euripide (480-406 av. J.-C.) ; dans celui du lyrisme choral, avec Pindare (518-438 av. J.-C.) ; dans le comique avec Aristophane (445-385 av. J.-C.) ; pour l'histoire, avec Hérodote d'Halicarnasse (484-425 av. J.-C.), Thucydide (460-396 av. J.-C.), Xénophon (430-355 av. J.-C.). Après les présocratiques, Anaximandre (610-540 av. J.-C.), Anaximène (586-530 av. J.-C.), Héraclite d'Éphèse (540-480 av. J.-C.), Pythagore (VIe s. av. J.-C.), Parménide d'Élée (540-450 av. J.-C.) ; les maîtres s'affirment : Socrate (469-399 av. J.-C.), Platon (427-347 av. J.-C.).

Le saviez-vous ?

La sculpture classique

Son évolution se fait en deux périodes, l'une dite du premier classicisme de 500 à 450 av. J.-C., au « siècle de Périclès », la seconde de 450 à 400 av. J.-C., époque des luttes entre Athènes et Sparte jusqu'au moment où Philippe II de Macédoine (382-336 av. J.-C.) soumet la Grèce après la bataille de Cheronée en 338. Les grands artistes du premier classicisme sont d'abord Myron (actif v. 450 av. J.-C.) avec son chef-d'œuvre le *Discobole*, cet athlète en plein effort au moment où il va lancer le disque. Polyclète (450-400 av. J.-C.) a surtout travaillé le bronze. Il laisse des dieux, des héros. Il théorise par écrit ses règles sur le corps masculin et c'est le *Doryphore* qui concrétise sa théorie, sculpture connue uniquement par des copies romaines. Phidias (490-431 av. J.-C.) exécute à Olympie la statue de Zeus, haute de 10 m. La statue d'Athéna Parthénos, dont il est aussi l'auteur, devait décorer l'intérieur du Parthénon, dont l'architecte était Ictinos.

Dans la période classique du IVe siècle av. J.-C., les cités sont épuisées et continuent à accentuer leur faiblesse par d'incessantes querelles et de furtives époques de suprématie où Sparte, Athènes ou Thèbes dominent chacune à leur tour, ainsi à la bataille de Leuctres, en 371, le Thébain Épaminondas (v. 418-v. 362 av. J.-C.) défait les Spartiates. Pourtant en 369, Sparte et Athènes s'allient contre Thèbes qui construit sa propre flotte. La classe moyenne des petits propriétaires disparaît au profit des grands qui s'imposent dans toutes les cités. L'essor de la dynastie macédonienne va sonner le glas de l'hégémonie athénienne. Philippe II de Macédoine (382-336 av. J.-C.) réunit le monde des cités grecques et les Macédoniens après avoir créé une première armée populaire macédonienne. À l'occasion du traité de Corinthe (338-337), pour la première fois dans l'histoire grecque, à l'exception de Sparte, tous les pays grecs reconnaissent la souveraineté du commandement macédonien, réunis dans un État confédéral. Philippe est assassiné en 336, et son fils Alexandre (356-323 av. J.-C.) monte alors sur le trône.

Du point de vue littéraire, l'histoire se développe grâce à Xénophon (430-355 av. J.-C.) qui avec L'*Anabase* et *Les Helléniques* continue *L'Histoire* de Thucydide (460-396 av. J.-C.). L'*Anabase* relate ses souvenirs de campagne. Dans le domaine de l'architecture, le chapiteau corinthien fait son apparition, dont le premier exemplaire se trouve dans la *cella*, la partie close du temple d'Apollon à Phigalie. La Grande Grèce et la Sicile n'ont pas trop souffert de l'invasion perse et mettent en chantier de nombreux temples : à Paestum, le temple d'Héra, à Syracuse, l'Athenaion. En 399, Socrate accusé d'impiété est condamné à mort. Démosthène (384-322 av. J.-C.) l'Athénien s'impose comme le plus grand orateur de l'Antiquité. Scopas (v. 420-v. 330 av. J.-C.) domine la sculpture, mais aussi la peinture, l'architecture. Mais c'est surtout aux noms de Praxitèle (v. 400-v. 326 av. J.-C.) qui taille le marbre, son *Aphrodite de Cnide*, et de Lysippe (395-305 av. J.-C.), bronzier qui s'attache à traduire le mouvement du corps, avec l'*Apoxyomène*, que l'histoire de l'art de la période doit son renom.

La Grèce hellénistique

Les membres de la ligue corinthienne confirment qu'Alexandre prend la place de son père à la tête des armées macédoniennes. Une période de conquêtes, de 336 à 146 av. J.-C., s'ouvre pour la Grèce. Alexandre assure d'abord sa domination sur les Thraces et les Illyriens, puis en 334 sur les satrapes perses. Il soumet la Syrie et l'Égypte en 332. Il se proclame successeur des souverains perses achéménides. La campagne en Inde de 327 à 325 étend encore les dimensions de son royaume. Il souhaite mettre en pratique un projet de fusion entre Macédoniens et Perses, en 324, pour en faire une classe dirigeante. Alexandre s'impose à la fois comme roi des Perses, en Asie, *hegemon* ou général de la ligue corinthienne en Grèce et roi de Macédoine. Une monnaie unique est fondée. Il fonde 70 villes comme centres d'expansion de la culture grecque avant de mourir en 323 av. J.-C., à 33 ans. Les *diadoques*, ses successeurs entrent en conflit pour le pouvoir. Finalement, il revient aux Grands de Macédoine. Ils vont s'appuyer sur les fonctionnaires, l'administration et l'armée.

Les capitales artistiques se multiplient, Rhodes, Athènes, Alexandrie, Pergame. L'architecture s'attache à la construction d'édifices grandioses et très décorés, tel l'autel de Zeus à Pergame, en 180 av. J.-C. Les sculpteurs se plaisent à représenter des dieux nouveaux et aiment de plus en plus le réalisme. De très nombreux temples sont construits ou reconstruits. L'ordre dorique est abandonné. L'ordre ionique est modifié. Quant à l'ordre corinthien, il trouve son manifeste parfait avec le temple de Zeus olympien à Athènes, commencé en 164 av. J.-C. Les théâtres, avec l'importance prise par le dialogue, se modifient, comme celui de Délos. Quant aux demeures hellénistiques, leur décoration se fait plus luxueuse. La sculpture est soumise aux influences de l'Orient. Alors que l'influence de Scopas est encore sensible, les portraits d'hommes d'État et de philosophes apparaissent. Les grands centres restent Délos, Rhodes. Pour la poésie, Callimaque (310-235 av. J.-C.) s'illustre avec des *Hymnes*, Théocrite (315-250 av. J.-C.) avec les *Idylles*, Polybe (200-125 av. J.-C.) est le témoin de la fin de la Grèce indépendante, relatée dans ses *Histoires*.

POUR ALLER PLUS LOIN

La *koinè*

De nombreux dialectes, liés à l'identité des régions (béotien, ionien, arcadien...), caractérisent la langue grecque. Leur enseignement nécessite d'être compris par le plus grand nombre, d'où le recours à la langue commune. À l'époque hellénistique, une langue s'impose de la Méditerranée à l'Indus, la *koinè* (commun), originaire de l'ionien-attique. Les auteurs de cette période rédigent leurs œuvres dans cette langue même si les anciens dialectes figurent encore sur les documents officiels. Certaines sources majeures permettent de l'étudier, comme la *Septante*, traduction grecque de l'Ancien puis du Nouveau Testament entreprise entre le IIIe siècle av. J.-C. et achevée au cours du IIe siècle de notre ère.

Les principaux sites et monuments grecs

L'histoire de la Grèce antique marque de son sceau ses monuments autant que ses sites. Certains sont devenus légendaires, comme Troie, Olympie et le Parthénon. Ils prennent place au sein d'une nature sauvage ou au contraire en plein milieu des villes comme l'Acropole.

Athènes

Cité de premier plan dès le Ier millénaire av. J.-C., Athènes atteint son âge d'or pendant le « siècle de Périclès », au Ve siècle av. J.-C., en dominant les autres cités tant du point de vue militaire que culturel, commercial et financier grâce à ses mines d'argent du Laurion, montagne du sud de l'Attique. Le pluriel du mot « Athènes » est selon Thucydide (460-400 av. J.-C.) le résultat de la volonté des anciens villages locaux de se réunir. La cité est gouvernée d'abord par des rois dont le pouvoir s'efface peu à peu au profit d'une aristocratie foncière, représentée par le collège des *archontes* ou magistrats.

Vers 594 av. J.-C., Solon ébranle la puissance foncière de la cité athénienne par une réforme du régime successoral. La ville connaît la tyrannie avec Pisistrate en 561 et la dernière étape vers la démocratie est l'œuvre de Clisthène en 508. Sa participation aux guerres médiques en fait une grande cité attique. La trêve conclue avec Sparte en 445 la rend forte mais malheureusement, c'est son opposition maritime avec Corinthe qui détermine la guerre du Péloponnèse (431-404 av. J.-C.). Elle en sort affaiblie après avoir subi le gouvernement oligarchique des trente tyrans, en 404 av. J.-C. Philippe II de Macédoine profite de cet affaiblissement pour signer la paix de Philocrate en 346. Mais les Athéniens, après encore une série de défaites, perdent la guerre lamiaque contre les Macédoniens en 323-322. En 88 av. J.-C., elle devient une province romaine parmi d'autres mais conserve sa puissance intellectuelle.

Le saviez-vous ?

Acropole, la ville haute

Le terme d'Acropole a le sens de « ville haute » et fait référence à une citadelle construite en hauteur de façon stratégique. L'Acropole d'Athènes est réservée aux dieux de la cité comme à la défense de celle-ci. Son entrée dans l'Histoire prend place dès l'époque mycénienne récente vers le XIIIe siècle av. J.-C. avec la construction d'un mur cyclopéen de 3 m d'épaisseur. En 510 av. J.-C., après l'expulsion du dernier fils de Pisistrate, l'Acropole devient un sanctuaire et non plus un seul centre politique. L'année 490 voit la construction du premier temple et dix ans plus tard la ville est détruite par les Perses. Périclès entame un véritable plan de réurbanisation et le confie à Phidias (490-430 av. J.-C.). Le Parthénon, temple d'Athéna, déesse protectrice de la cité, est construit entre 449 et 431, Ictinos (Ve s. av. J.-C.) en est l'architecte. Les Propylées, entrée monumentale de l'acropole d'Athènes, le temple d'Athéna Niké, « la victorieuse » et l'Érechtéion, temple constitué de plusieurs sanctuaires dédiés à Athéna, Poséidon, dieu de la Mer associé à Érechtée, roi fondateur, Héphaïstos, dieu du Feu et des Forgerons et Cécrops, premier roi mythique d'Athènes, sont édifiés.

Délos

Bien que la plus petite des îles des Cyclades, Délos est l'un des sites les plus importants de Grèce. En effet, elle doit sa renommée non seulement au sanctuaire d'Apollon, mais aussi au rôle politique qu'elle joue après la seconde guerre médique (480 av. J.-C.), durant trois siècles, où tour à tour elle est sous le contrôle de Sparte, des Séleucides du royaume du Pont. En 42 av. J.-C., les Romains lui font retrouver la souveraineté athénienne. Nombre des trésors culturels de Délos sont transférés à l'Acropole d'Athènes, à la suite de la formation de la ligue de Délos, alliance que forment les Grecs entre 478 et 477 av. J.-C. pour lutter contre les Perses.

La mythologie fait de cette île le lieu où Léto, poursuivie par la colère d'Héra, vient mettre au monde deux jumeaux Apollon et Artémis, fruits de ses amours avec Zeus. Délos accepte de servir de lieu de naissance à condition qu'Apollon fonde un temple magnifique. Dans la première moitié du VIIIe siècle, d'autres sanctuaires en dehors de celui d'Apollon sont créés : celui d'Artémis et de Léto, d'Héra. Mais c'est le VIIe siècle qui voit ériger chefs-d'œuvre de l'architecture et de la statuaire de marbre, une statue d'Apollon de 12 m de haut, le *Colosse des Naxiens*, des lions formant une allée dans le sanctuaire de Léto. Le quartier du théâtre abrite les riches demeures, dont la Maison de Cléopâtre, sans rapport avec la reine d'Égypte.

Delphes

Pour les Grecs, Delphes est le centre, le nombril, ou *omphalos*, du monde. Zeus, afin de trouver le centre du monde, fait s'envoler deux aigles des deux extrémités de l'univers qui se rejoignent à Delphes. Le nom de ce site est attaché à celui d'Apollon qui y fonde son sanctuaire après avoir tué le serpent *Pythô*, ou Python qui le gardait. Mais la célébrité de ce lieu est liée aussi aux jeux Pythiques qui y sont organisés dès 582 av. J.-C. et qui comportent des concours sportifs. La *Pythie*, l'oracle d'Apollon y est consultée, ainsi que ses prêtres et joue pendant le VIe siècle av. J.-C. un rôle politique, puisqu'elle est consultée même par des chefs d'État, tel Crésus (596-547 av. J.-C.) roi de Lydie, comme le relate Hérodote.

Delphes prend partie en faveur de la colonisation, mais se montre très pusillanime lors de l'invasion perse. Le site comprend le temple d'Apollon, Pythien, plusieurs fois détruit, notamment par un incendie en 538 av. J.-C., le Trésor des Athéniens (v. 485 av. J.-C.), petit bâtiment où se trouvent les offrandes faites à ce dieu, le théâtre, suffisamment grand pour contenir 5000 personnes, le gymnase, les thermes, le stade. Parmi les merveilles, il faut mentionner aussi le sphinx des Naxiens, placé au sommet de la colonne de Naxos (v. 575 av. J.-C.) de plus de 12 m de haut, le trésor des Siphniens (v. 525 av. J.-C.), habitants de l'île de Siphnos unique temple rassemblant à la fois la particularité des Ioniens et les traits marquants de leur statuaire.

UN PEU DE MYSTÈRE

L'Atlantide

L'Atlantide est une île légendaire se trouvant au-delà des colonnes d'Hercule, notre détroit de Gibraltar, en plein océan. L'histoire de cette île fabuleuse s'est racontée de bouche à oreille. Platon la mentionne dans le *Timée* et le *Critias*. Zeus décide un jour de punir tous les habitants de cette île en raison d'une prospérité insolente qui ne cesse de susciter convoitises et avidité. La tragédie aurait eu lieu vers 1600 av. J.-C. Pendant des siècles, les commentateurs cherchent à localiser l'île. Il faut attendre des fouilles archéologiques vers 1967 pour s'apercevoir que l'île de Santorin avait été dévastée vers 1500 av. J.-C. par un volcan et l'autre partie engloutie par les flots. Pour certains chercheurs, l'histoire de l'Atlantide n'est que le pur fruit de l'imaginaire humain.

Olympie

Olympie est un sanctuaire situé au sein de la paisible et verdoyante vallée de l'Alphée à une vingtaine de kilomètres de la mer Ionienne. Mais c'est grâce aux jeux Olympiques que sa renommée s'étend à toute la Grèce. Plusieurs monuments consacrés aux dieux et aux Jeux y sont tout à fait remarquables. L'ensemble est entouré par l'Altis, enceinte sacrée longue de 200 m et large de 177. Les édifices athlétiques sont situés à l'extérieur : palestre et gymnase à l'ouest, stade et hippodrome à l'est. Son rayonnement commence à partir de 732 av. J.-C. lorsque Sparte y délègue ses premiers champions. Le sanctuaire à ses débuts dépend de la cité de Pise, en Triphylie, région de l'Arcadie.

Les premiers jeux Olympiques ont lieu en 776 av. J.-C., date de la paix conclue entre le roi Iphitos de Pise et Lycurgue, roi de Sparte. Le dieu auquel le site est dédié est Zeus, dont le temple, construit entre 468 et 457 av. J.-C. par Libon d'Elis, reste exceptionnel. Celui-ci abritant une des sept merveilles du monde, la statue d'or et d'ivoire de ce dieu, sculptée par l'atelier de Phidias (490-430 av. J.-C.). Il n'en reste que la description faite par Pausanias (115-180 apr. J.-C.), ce géographe et voyageur de l'Antiquité. On trouve également un temple dédié à Héra, édifié au VIe siècle, des temples votifs qui recevaient les offrandes. Puis en dehors de l'Altis, le stade comprenant une vaste piste de 192,25 m, l'hippodrome où se déroulent les épreuves de courses de chars. Le complexe est complété par les bâtiments nécessaires au déroulement des Jeux, le *Bouleuterion* où siège le Sénat olympique, le *Leonidaion*, pour recevoir les hôtes de marque, le Prytanée avec l'autel d'Hestia déesse du Foyer, où se restaurent les magistrats, ainsi que les bains et les thermes. À l'ouest, la *palestre*, école de lutte, et le gymnase. Les Jeux sont arrêtés en 394 de notre ère par ordre de l'empereur Théodose Ier (règne : 379-395), le sanctuaire fermé selon la volonté de destruction des temples païens, exprimée par un édit de Théodose II (règne : 408-450), en 426.

POUR ALLER PLUS LOIN

Les jeux Olympiques

Dédié au sport, le site d'Olympie bénéficie en Grèce d'un statut exceptionnel au sein d'un peuple qui s'est illustré par son sens intellectuel et artistique. Tous les quatre ans, les jeux Olympiques y sont organisés par une cité voisine. Les épreuves consistent en lutte, boxe, course à pied, course de chars. Mais d'autres concours ont lieu portant sur la musique, le chant, la poésie, à Delphes, à Némée, dans l'isthme de Corinthe. À chaque fois, c'est l'occasion de se faire connaître lors de grands rassemblements. Parmi les héros olympiques, mentionnons Milon de Crotone (actif entre 540 et 516 av. J.-C.) qui remporte cinq victoires au *pancrace*, la lutte, à Olympie, six à l'isthme de Corinthe, dix à Delphes, neuf à Némée, et dont le nom est passé à la postérité. À travers les victoires de leurs héros athlétiques, les Grecs acclament une des grandes vertus à leurs yeux, celle de la résistance. Il n'y a pas d'honneur plus grand pour un citoyen grec que d'être décoré à Olympie. Victorieux aux jeux Olympiques, isthmiens, néméens et delphiens, il se voit décerner le titre envié et extrêmement rare de *périodonice* (vainqueur dans la période), c'est-à-dire des quatre grandes compétitions.

Les grands personnages grecs

Les grands hommes de la Grèce antique sont innombrables tant la puissance de ce pays s'est imposée dans tous les domaines : politique, artistique, intellectuel, militaire. Leurs noms sont parvenus à travers les écrits des biographes, des historiens, les louanges des poètes, les représentations des sculpteurs. Aujourd'hui encore, ils servent de référence.

Les hommes politiques

Si la démocratie est née en Grèce, ce ne fut pas sans combats, menés contre les tyrans, tel Pisistrate. Clisthène donne à Athènes les fondements démocratiques, ceux-là mêmes pour lesquels Démosthène se donne la mort, quand le général thébain Épaminondas révolutionne la stratégie militaire. Mais ni les institutions démocratiques ni l'armée ne peuvent prétendre résister à un conquérant comme Alexandre le Grand.

Pisistrate

Pisistrate (600-527 av. J.-C.) est connu pour avoir été le premier tyran d'Athènes. Il prend l'Acropole et s'impose aux Athéniens en 561 av. J.-C. Bien qu'ayant armé ses partisans, les Diacriens ou paysans pauvres, il est chassé à deux reprises. Les Pédiens, les propriétaires résidant dans la plaine autour d'Athènes et les Paraliens, ou Alcméonides, les négociants de la côte, division établie par Solon, se liguent contre lui et il doit quitter le pays. Comme tout tyran, il est contre l'aristocratie. Rappelé par les Alcméonides auxquels il est allié par mariage, il revient peu de temps après en 556 av. J.-C. Il développe le commerce, ne change rien à la Constitution de Solon et fortifie le sentiment national en faisant construire de nombreux temples. Il lègue le pouvoir à ses deux fils, Hippias (tyran : 527-510 av. J.-C.) et Hipparque (tyran : 527-514 av. J.-C.) qui s'avèrent incapables de le conserver, le second est assassiné, le premier contraint à l'exil par Sparte.

Clisthène

Fils de Mégaclès, chef de famille des Alcméonides, Clisthène (v. 570-v. 507 av. J.-C.) est un homme politique athénien. Il renvoie Hippias vers 510 et rend ainsi possible le retour des Alcméonides. À la tête du parti démocratique, il est d'abord vaincu, mais grâce à un soulèvement populaire, il peut mettre en place une transformation profonde de la vie sociale athénienne. Il sape les privilèges aristocratiques et découpe l'Attique en plus d'une centaine de circonscriptions territoriales, les *dèmes*. Les affranchis et les métèques, ceux qui ne sont pas grecs y sont admis. Il fait de la *boulé*, assemblée tirée au sort à raison de 50 membres par tribu, soit 500 personnes au total, l'un des premiers moyens politiques démocratiques.

Épaminondas

Épaminondas (418-362 av. J.-C.) est un général thébain connu pour être le fondateur d'un corps d'élite de 300 hommes, le Bataillon sacré. Pourtant, selon Plutarque, il s'agit du commandant thébain Gorgidas qui en serait le fondateur. Son renom s'est fait à la bataille de Leuctres en 371 av. J.-C. où il invente l'ordre oblique contre les armées spartiates. En effet, la masse thébaine profonde de cinquante rangs et large de soixante n'attaque pas, laissant ce soin au Bataillon sacré qui s'enfonce comme un coin dans l'armée spartiate. C'est à la suite de cette bataille que les États péloponnésiens se séparent de Sparte qui les maintenait sous sa domination.

Démosthène

Grand adversaire de Philippe II de Macédoine, Démosthène (384-322 av. J.-C.) est connu pour être l'un des plus grands orateurs attiques. Très tôt il perd son père et sa fortune est dilapidée par ses tuteurs. Par hasard, il assiste au procès intenté à Callistratos en 366 av. J.-C., stratège accusé de trahison. Fasciné, il se met à l'école d'Isée (420-340 av. J.-C.) autre orateur célèbre. Mais sa santé délicate, ses défauts d'élocution lui interdisent d'envisager une carrière d'orateur politique. Il s'entraîne à parler avec des petits galets dans la bouche. Il exerce d'abord le métier de *logographe*, celui qui écrit les discours pour les autres. Puis il mène sa carrière, d'abord contre le parti au pouvoir, qui défend la paix malgré la menace constituée par Philippe II de Macédoine. Ensuite, il met tout en œuvre contre Philippe II lui-même et prononce sa première *Philippique* puis dénonce la fragilité de la puissance de celui-ci. En 324, il est accusé d'avoir détourné une partie de l'argent placé sous séquestre par le trésorier d'Alexandre. Après une série de triomphes et de revers, poursuivi après son retour en 322, il s'empoisonne et tombe devant les gardes qui venaient l'arrêter.

Alexandre le Grand

Roi à 20 ans et mort à 33, Alexandre le Grand (356-323 av. J.-C.) marque le Moyen-Orient et l'Asie de l'empreinte culturelle grecque. Sans aucun doute, il reste le plus grand conquérant de l'Antiquité. Il est né à Pella, capitale du royaume de Macédoine. Fils de Philippe II et de la princesse Olympias, fille du roi des Molosses, en Épire, sa naissance s'environne d'innombrables légendes, relatées en partie par Plutarque (46-125), dans sa vie d'Alexandre parmi les *Vies parallèles des hommes illustres*. Il a pour précepteur le célèbre philosophe Aristote (384-322 av. J.-C.).

Dès 334 av. J.-C., Alexandre part conquérir l'Asie. Il débarque à Troie et met en fuite l'armée perse et s'emploie à contrôler toute la région. Pendant tout l'hiver 334-333, il parcourt la Lycie, le sud de l'Asie Mineure, s'enfonce dans l'intérieur des terres. Il se dirige vers l'est, vers les monts Taurus qu'il franchit. Après la victoire d'Issos, entre les monts Taurus et la mer, la route de la Syrie et de l'Égypte lui est ouverte. Voulant implanter l'hellénisme en Égypte, il fonde Alexandrie. Mais son ambition est de se faire proclamer roi des rois à la place de Darius III Codoman (380-330 av. J.-C.) en Perse. Il finit par soumettre la Perse orientale. Il peut alors se diriger vers l'Inde, son but depuis plusieurs années. Après avoir défait le roi Poros en Inde occidentale, Alexandre veut pousser son armée jusqu'au Gange, mais les conditions sont si pénibles que son armée se mutine. Il retourne vers Babylone où une fièvre maligne le terrasse en quelques jours en 323. Sans successeur direct, son immense empire se fractionne en royaumes rivaux.

LE SAVIEZ-VOUS ?

L'ombre de Bucéphale

Bucéphale était le nom du cheval d'Alexandre. Cet animal descendait selon la légende des juments de Diomède, roi de Thrace qui avait pour habitude de nourrir ses chevaux avec la chair de ses hôtes. C'est en montant Bucéphale qu'Alexandre fait toutes ses conquêtes qui le mènent de la Grèce à l'Inde. À la mort de sa monture, il en fait un dieu et fonde sur son tombeau la ville de Bucéphalie, sur la rivière Jhelum au Pakistan. Plutarque (46-125), le biographe grec, raconte qu'Alexandre a pu dompter l'animal en s'apercevant que celui-ci avait peur de son ombre et en le plaçant face au soleil.

Les hommes de l'art

Quelques noms suffisent à évoquer l'extraordinaire diversité régnant dans le domaine des lettres, théâtre, poésie, comique, épopée, tous les genres sont approchés avec talent et exploités avec art. L'histoire fait ses débuts en tant que science, mais les écrits de ses fondateurs méritent de prendre place dans la littérature. Philosophes, auteurs, poètes, peintres, tous savent exploiter l'immense richesse de la Grèce ancienne.

Aristote

Disciple de Platon et précepteur d'Alexandre le Grand, Aristote (384-322 av. J.-C.) est le fondateur d'une école philosophique portant le nom de *Lycée*, à Athènes, appelée parfois « école péripatéticienne ». Il est, avec son maître Platon, l'un des plus grands penseurs de l'Antiquité grecque. De son œuvre, demeurent quelques écrits qui semblent couvrir le savoir de l'époque : *L'Organon*, œuvre de logique, *La Physique*, qui définit les concepts d'espace, de temps, de mouvement et de cause. *La Métaphysique*, *L'Éthique à Nicomaque*, *La Poétique*, *la Rhétorique*, *La Constitution d'Athènes*. Ses méthodes d'observation et de classification rigoureuses exercent une influence considérable sur la culture occidentale. La transmission de son œuvre se fait par l'Orient. Au IXe siècle, les Arabes en ont connaissance et multiplient les traductions, les études, les commentaires. Grâce aux philosophes Avicenne (980-1037) et Averroès (1126-1198), l'Occident acquiert une connaissance plus exacte de son œuvre.

POUR ALLER PLUS LOIN

La cité grecque

C'est à Aristote que l'on doit la rédaction de la Constitution d'Athènes où l'organisation de communautés d'habitants a donné naissance à la *polis*. Être citoyen en Grèce, c'est pouvoir participer à la *politeia*, mot qui désigne à la fois la participation individuelle au corps civique et la structure même de la cité-État. Les *métèques*, étrangers à la cité, et les esclaves en sont exclus. L'assemblée des citoyens, l'*ecclesia*, lorsqu'il faut voter, se réunit sur l'*agora*, la place publique de la ville. La *boulé* ou conseil est une assemblée permanente de 500 conseillers, tirés au sort et qui travaillent à tour de rôle par groupe de 50. Le tribunal de l'*heliée*, ou tribunal du peuple, est quant à lui composé de 6000 citoyens tirés au sort qui jugent les causes ordinaires, mais pas les crimes de sang.

Callicratès

Callicratès (Ve s. av. J.-C.) prend une part très active dans les réalisations architecturales d'Athènes au siècle de Périclès. Notamment la réalisation d'un mur reliant cette ville au Pirée, le port, celle du Parthénon en collaboration avec Ictinos (Ve s. av. J.-C.) et Phidias (v. 490-v. 430 av. J.-C.). Il conçoit le temple d'Athéna Niké (la Victorieuse). On lui prête l'introduction de l'ordre ionique qui prend place dans les bâtiments doriques.

Eschyle

Eschyle (525-456 av. J.-C.) est l'un des grands dramaturges grecs à avoir été témoin de la démocratie athénienne. Né à Éleusis en 525, il connaît dans sa jeunesse la tyrannie de Pisistrate. Après Thespis (VIe s. av. J.-C.), il convertit le théâtre en une véritable action, en mettant en scène plusieurs personnages et en imaginant le dialogue. Des 85 tragédies qu'il compose, il n'en reste que 7 dont *Prométhée enchaînée*, *Les Sept contre Thèbes*, *Les Perses*, *Agamemnon*, *Les Choéphores*, *Les Euménides*, *Les Suppliantes*. Il nous dépeint un monde de guerre, de violence, où force et fatalité entrent en jeu. Les passions n'y ont pas leur place, mais l'amour y est chanté. Ses héros sont coupables et subissent le châtiment divin. Il prend soin également de la partie matérielle, décors, costumes. Ses successeurs, Sophocle (496-406 av. J.-C.) et Euripide (480-406 av. J.-C.), développent l'art ainsi mis en place.

POUR ALLER PLUS LOIN

Le théâtre grec

Le théâtre grec est aussi structuré dans son agencement administratif qu'architectural. Il a une origine religieuse puisque, à ses débuts, il est dédié à Dyonisos, dieu du Vin et de la Fête. Le *chorège*, celui qui est chargé du chœur est nommé par l'*archonte* éponyme, magistrat de la cité. Dans sa disposition, le théâtre grec comprend les gradins, le *koilon*, l'*orchestra*, l'endroit où se place le chœur, les musiciens, chanteurs et danseurs, le *proskenion*, estrade étroite où les acteurs se placent pour jouer. La *skené* n'est pas la traduction de notre scène mais le mur du fond à un ou deux étages. Lors des grandes *Dionysies* à Athènes, pendant cinq jours ont lieu des festivités qui sont l'occasion de concours très disputés. L'autel de Dionysos se trouve en plein milieu de l'*orchestra* et toutes les représentations se font sous son égide. Presque tout le monde peut y assister, métèques, étrangers, citoyens, femmes, et apporter à boire et à manger lors de leur déroulement.

Phidias

Sculpteur athénien, Phidias (v. 490-v. 430 av. J.-C.) est l'emblème de la sculpture de l'époque classique. Il est fameux pour son travail d'ornementation du Parthénon dont il réalise frises et métopes, en particulier le *Combat des Centaures et des Lapithes* et les *Panathénées*, la grandiose statue d'*Athéna Parthénos*, haute de 15 km, *chryséléphantine*, faite d'ivoire et d'or, tout comme celle de Zeus au temple d'Olympie.

Pindare

Pindare (518-438 av. J.-C.) s'est illustré comme le maître de la lyrique chorale, de l'*ode*, forme poétique qui consiste en une suite de strophes ou couplets exprimant le sentiment, quelle qu'en soit la nature. De sa vie nous savons fort peu de chose. Il serait né à Cynocéphales en Béotie. Son succès tient au grand nombre d'odes qu'il compose pour les vainqueurs des Jeux, les quarante-six chants de victoire ou *épinicies* ainsi que des hymnes en l'honneur des dieux, des *péans*, chants de remerciements aux dieux, et des *thronismes* pour la cérémonie d'intronisation aux mystères d'Éleusis. Certaines odes sont dédiées à des tyrans, dont Hiéron Ier de Syracuse (tyran : 478-466 av. J.-C.) avec la *Première Pythique*. Son corpus nous est parvenu sous forme de papyrus. Il loue la sérénité de l'homme soumis aux lois divines et montre une confiance autant dans la sagesse que dans la destinée. Les maîtres de la Renaissance, comme Pierre de Ronsard (1524-1585), l'imitent, remettant par exemple à l'honneur le *carpe diem* (cueille le jour) d'Horace (65-8 av. J.-C.) qui invite à profiter du moment, idée déjà présente chez Pindare.

Thucydide

Après son génial prédécesseur, Hérodote d'Halicarnasse (484-425 av. J.-C.), considéré comme le fondateur de l'histoire, Thucydide (460-400 av. J.-C.) fait un pas de plus vers la conception moderne de la discipline. Grâce à lui, celle-ci devient politique et savante ; il ne s'agit plus de dramatiser les événements. Son œuvre majeure, l'*Histoire de la guerre du Péloponnèse*, centre ainsi son intérêt sur les enjeux de la politique et pose les questions destinées à permettre au lecteur de comprendre ce qui a provoqué les conflits entre Athènes et Sparte.

Religion, mythes et légendes de la Grèce

La religion en Grèce est une affaire locale, de la cité, de la tribu, de chaque Grec même. La Grèce vit par ses dieux. Ils sont à l'origine des institutions, de la vie artistique, intellectuelle. Leur provenance est triple, ils sont issus soit d'une personnification de la nature, du culte des ancêtres défunts, ou importés d'Orient. Le panthéon est hiérarchisé, même si le statut varie en fonction des cités considérées, depuis les héros fondateurs éponymes d'une cité, les divinités de second rang, nymphes, satyres jusqu'aux grands dieux nationaux. À l'image de la société humaine, les dieux sont individualisés par leur personnalité, nantis d'une généalogie, d'une histoire. La notion de dogme est étrangère à la religion grecque, c'est un contrat permanent entre les dieux et les hommes. La responsabilité échoit aux magistrats de la ville pour les cultes publics, au père de famille pour le culte domestique.

Les principaux dieux et déesses grecs

Selon les lieux, les époques, l'individualisation des dieux se modifie, surtout au contact de tout l'ensemble du monde méditerranéen et de l'Asie Mineure. Un même dieu selon les cités peut avoir des fonctions diversifiées. Athéna peut être Polias, garante de la cité, Niké, garante de la victoire. Mais les dieux grecs ont la particularité, même s'ils sont la personnification des forces qui dirigent l'univers, de faire preuve de rancune, de jalousie, de mesquinerie. Leurs amours sont terribles et leur colère souvent dangereuse. Eschyle (526-456 av. J.-C.), Sophocle (495-406 av. J.-C.) ou Euripide (480-406) montrent dans leurs pièces de théâtre comment les anciens Grecs voyaient leurs dieux.

Au nombre de douze, les dieux de l'Olympe sont les dieux les plus vénérés de Grèce. Ils habitent sur le mont Olympe, la montagne la plus haute (2917 m), chacun y a sa demeure et leur vie n'est qu'un perpétuel festin. Ils se réunissent dans la maison de Zeus et se nourrissent d'*ambroisie*, solide, et de *nectar*, liquide. Lorsqu'ils descendent sur terre, ils prennent une apparence humaine ou animale.

Aphrodite

Aphrodite, la Vénus romaine, la déesse de l'Amour, est une divinité complexe d'origine sémitique, phénicienne. Selon les Grecs, sa naissance est liée à deux légendes. Selon Homère, elle est fille de Zeus et de Dioné, l'une des filles de l'Océan. Tandis que dans la *Théogonie* d'Hésiode (VIIe siècle), elle sort de l'écume marine formée autour du membre viril d'Ouranos, le Ciel, mutilé par Cronos, roi des Titans. La déesse, selon Hésiode, est l'amante d'Arès, dieu de la Guerre, couple dont naissent une fille Harmonie et deux garçons Deimos (la crainte) et Phobos (la peur). Mais elle contracte un mariage régulier avec Héphaïstos, le dieu forgeron, qu'elle trompe aussi. Elle entretient d'autres liaisons avec Hermès, dieu du Commerce et des Voyageurs, d'où naît Hermaphrodite, mi-homme mi-femme, avec Poséidon, dieu des Mers et lui donne pour fille la nymphe Rhodos, avec Dionysos dieu de la Vigne, elle a Priape dieu de la Fertilité. Ses attributs sont la nudité, la rose, le myrte, la myrrhe.

Apollon

Apollon est fils de Zeus et de Léto. Dieu de la Lumière, conducteur du char du soleil, il est maître de la musique, de la poésie et de la divination. Consulté à Delphes où il rend ses oracles par la Pythie, il est l'incarnation de la beauté masculine. Il conduit les douze muses et utilise aussi bien la lyre que l'arc. La légende lui donne comme lieu de naissance l'île de Délos où sa mère Léto, peut le mettre au monde à l'abri de la colère d'Héra, épouse de Zeus, en même temps qu'Artémis, sa sœur. Ses unions avec des mortelles sont nombreuses et les plus illustres de ses enfants sont Asclépios, dieu de la Médecine, avec la nymphe Coronis ; Iamos, célèbre devin, avec Évadné, fille de Poséidon ; Aristée, dieu pastoral de Thessalie, avec la nymphe Cyrène. Ses attributs sont l'arc, la lyre, le laurier.

Arès

Arès, le Mars romain, est dans la tradition commune le fils de Zeus et d'Héra. Le caractère que lui attribuent Homère et les poètes suivants n'offre pas la complexité de celui de certains autres dieux. C'est le dieu de la Guerre elle-même. Parmi les liaisons amoureuses que lui attribue la légende, la plus célèbre est celle avec Aphrodite. L'*Odyssée* rend leur amour populaire. Autour de lui gravitent des divinités secondaires : Éris, la déesse de la Discorde, Deimos et Phobos, la crainte et l'épouvante, ses fils. Il n'est pourtant pas invincible, il est vaincu par Héraclès qui tue son autre fils Cycnos dans l'épisode du « Bouclier d'Héraclès » attribué à Hésiode. Il l'est également par les Aloades, Otos et Éphialtès, les frères jumeaux fils de Poséidon. Son lieu de résidence est la Thrace, terre d'un peuple belliqueux et guerrier. Mais c'est surtout à Sparte que son culte est célébré. Ses attributs sont le casque, la torche, la lance.

Athéna

Athéna, la Minerve romaine, est fille de Zeus et de Métis (la ruse). Comme son père, elle manie l'*égide*, le terrible bouclier magique recouvert de la peau de la chèvre Amalthée et dans l'épopée de l'*Iliade* elle protège ses guerriers favoris, Diomède, Ulysse, Achille, Agamemnon. Les hymnes homériques ne lui reconnaissent pas de mère et la font jaillir toute armée de la tête de Zeus. C'est une divinité *poliade*, protectrice des villes, gardienne des acropoles et déesse de la Guerre, elle porte aussi le nom de Pallas ou Parthénos (la vierge). Athéna a son sanctuaire, le Parthénon. C'est elle qui donne la victoire à Athènes. On lui attribue à ce titre l'invention de la danse en armes ou *pyrrhique* qu'elle est la première à danser pour célébrer sa victoire sur les Géants et qu'elle aurait apprise des Dioscures, les frères jumeaux Castor et Pollux fils de Zeus. Elle s'impose aussi comme déesse de la raison, de la pensée, des artisans et des techniques. Comme telle, elle conseille à Cadmos, fondateur légendaire de la ville de Thèbes, de semer les dents du dragon qu'il vient de tuer pour faire naître de terre une armée qu'il va vaincre, ou fournit à Bellérophon, roi de Corinthe, le moyen de dompter Pégase, le cheval ailé. Ses attributs sont le casque, la lance, l'égide, l'olivier.

LE SAVIEZ-VOUS ?

Les Panathénées

Parmi les fêtes qu'Athènes célèbre en l'honneur de sa divinité poliade protectrice Athéna, les *Panathénées* figurent parmi les plus magnifiques. On fait remonter leur établissement au légendaire roi athénien Érechtée qui avait réuni en un seul peuple toutes les tribus athéniennes. Mais le nom de Panathénées est donné par Thésée. Lors des Grandes Panathénées, une procession, composée d'une élite choisie dans tous les âges et tous les rangs de la cité, venait à la fin du mois d'*Hécatombaion* (mois des Hécatombes), ou juillet, la troisième année de chaque olympiade, soit un espace de quatre années, porter au Parthénon l'hommage du culte et la reconnaissance d'Athènes. Il prenait la forme du *péplos*, voile sacré tissé pendant une année. Tous les ans se déroulent les Panathénées ordinaires, célébrées avec moins de faste.

Dionysos

Dionysos, le Bacchus romain, naît de l'union adultérine de Zeus et de Sémélé, fille de Cadmos, roi fondateur de Thèbes. Sémélé a voulu contempler Zeus, à qui elle s'unissait dans l'obscurité, dans sa glorieuse splendeur. Mais ce désir cause sa mort, elle est foudroyée. Alors Zeus extrait de ses entrailles l'enfant qu'elle portait de lui et le coud dans sa cuisse jusqu'à ce que le jeune Dionysos naisse pour la seconde fois, de la cuisse paternelle. Pour échapper à la colère d'Héra, il est élevé dans une contrée lointaine. Il est dans *Les Bacchantes* d'Euripide, le dieu du Vin et du délire créateur. Lors de sa vie mouvementée et de ses déplacements nombreux, en Syrie, en Égypte, en Grèce, en Inde, il transmet aux hommes l'usage de la vigne, et lui fait rendre un culte. En Grèce antique, ses fêtes sont les *Dionysies*, processions tumultueuses évoquées par Friedrich Nietzsche (1844-1900) dans *La Naissance de la tragédie* (1872). Celles-ci sont à l'origine du théâtre en Grèce. Ses attributs sont le *thyrse*, longue hampe courbée au bout orné de lierre, le char traîné par des panthères, le cortège des Silènes, proches des Satyres, des Bacchantes femmes poussées à la frénésie par le dieu et les Satyres eux-mêmes.

Héphaïstos

Forgeron divin, Héphaïstos, le Vulcain romain, travaille dans l'île de Lemnos avec les Cyclopes, génies de l'éclair et de la foudre, monstres n'ayant qu'un œil au milieu du front. Son habileté est extrême et il réussit même à donner la vie aux statues de métal qu'il fabrique. Ce fils de Zeus et d'Héra est boiteux. Zeus indigné de sa difformité le précipite du haut du ciel. Héphaïstos se réfugie à Lemnos où il fonde des forges et enseigne le travail du fer. L'imaginaire grec s'est plu à placer l'atelier du dieu dans cette île souvent agitée par des soulèvements volcaniques. Pourtant, dans l'*Iliade*, sa forge est située dans l'Olympe. Il est le créateur de la première femme, Pandore.

LE SAVIEZ-VOUS ?

La boîte de Pandore

Héphaïstos fait une statue de femme qu'il anime, Pandore (celle qui a tous les dons). Zeus l'envoie à l'humanité avec une boîte où se trouvent tous les maux du corps et de l'âme qu'elle a interdiction d'ouvrir. La curiosité l'amène à ouvrir la boîte et tous les maux se répandent dans le monde. Seule l'espérance demeure au fond du coffret, en réalité une jarre scellée.

Héra

Sœur et épouse de Zeus, fille de Cronos et de Rhéa, Héra, la Junon romaine, est la déesse du Mariage et de la Femme. De caractère irascible, elle persécute les maîtresses de Zeus. Chaque année à Argos, on célèbre son mariage avec Zeus. Elle peut concevoir seule ses enfants, soit en frappant le sol de la main, soit en mangeant une laitue. C'est le cas de Typhon (la fumée malfaisante) et d'Héphaïstos, Arès et Hébé naissent d'un suc de laitue qui la rend féconde sans que Zeus ne la touche. Elle est adorée dans toute la Grèce mais c'est à Argos que son culte est le plus complet. Polyclète (Ve s. av. J.-C.) y sculpte sa statue en or et en ivoire pour son temple, l'Héraion. Elle possède des temples aussi à Corinthe, Samos, Olympie. Ses attributs sont le diadème royal et la grenade.

Poséidon

Fils de Chronos et de Rhéa, Poséidon, le Neptune romain, s'illustre par ses amours avec des immortelles comme Déméter, déesse de la Fertilité, son épouse légitime, mais aussi avec des monstres comme Méduse. Il engendre des créatures néfastes, le cyclope Polyphème, les Aloades, les frères géants Otos (oiseau de nuit) et Éphialtès, (cauchemar). Ses conflits avec certains dieux sont restés célèbres ainsi celui qui l'oppose à Hélios, représentation divine du soleil pour la ville de Corinthe et à Héra pour celle d'Argos. L'acropole d'Athènes porte encore les marques de son trident, lorsqu'il cherche en vain à ravir à Athéna la suprématie de l'Attique. Son lieu de résidence est le fond de la mer. Parfois, il en sort sur un char attelé de chevaux aux couleurs d'algues et d'écume pour diriger les mouvements des flots ou susciter des tempêtes.

Zeus

Zeus, le Jupiter romain, est le roi des dieux grecs. Le point culminant de chaque île lui est consacré : en Épire sur le Tomaros, en Thessalie sur le Pélion, en Macédoine sur l'Olympe, en Chalcidique sur l'Athos. Il est considéré comme le maître de tous les phénomènes météorologiques et déchaîne l'orage en agitant l'*égide*, sorte de cuirasse ornée d'une peau de chèvre, ou de bouclier, car les hypothèses varient. À son palmarès, il a vaincu Typhon, les Titans, les Géants. Ce fils de Cronos, le roi des Titans et de Rhéa, fille d'Ouranos, le Ciel et de Gaia, la Terre, a pour femme Héra. Ses aventures extraconjugales sont innombrables comme sa descendance. D'Antiope, il aura les jumeaux Amphion et Zéthos ; de Callisto, un garçon nommé Arcas ; de Déméter, une fille, Perséphone ; d'Électre, le premier roi de Troie, Dardanos ; d'Héra son épouse légitime Héphaïstos, Arès. Il séduit aussi des mortelles comme Alcmène qui lui donne pour enfant Héraclès ; Danae lui donne Persée ; Europe aura de lui Minos, Rhadamante, Sarpédon ; Léda aura Castor, Pollux et Hélène. Il tombe également amoureux de Ganymède qu'il emmène sur l'Olympe pour en faire son échanson.

Les héros grecs

Les héros se différencient des dieux. Ce sont des hommes, mais le fait qu'ils accomplissent des exploits fabuleux leur confère une estime incomparable de la part des Grecs. Ils sont adorés comme des dieux après leur mort. Certains sont nés de l'union entre un dieu et une mortelle, comme Héraclès ou Dionysos et peuvent par la suite être admis dans l'assemblée des dieux olympiens. D'autres sont des humains, comme Thésée ou Œdipe. Mais citons également parmi ces héros les plus célèbres : Cassandre, fille du roi Priam et d'Hécube, aux dons de prophétie ; les Dioscures, Castor et Pollux fils de Zeus, leur sœur Hélène, enjeu de la guerre de Troie ; Œdipe, roi légendaire de Thèbes ; Oreste, l'Atride, dynastie maudite des dieux ; Thésée, qui a mis fin aux jours du Minotaure. Le temple d'un héros ou le tombeau sur lequel on lui rend un culte est appelé *herôon* par opposition à celui des dieux, *hieion*.

Achille

Achille est longuement chanté par Homère dans l'*Iliade*. Bien plus qu'un héros, il est considéré dans l'Antiquité comme un demi-dieu. On le vénère dans maintes régions de la Grèce et il reçoit un culte à Sparte et à Elis. Il est le fils du roi Pelée et de la néréide, ou nymphe marine, Thétis. Encore enfant, il est plongé dans les eaux du Styx par sa mère, pensant ainsi le rendre invulnérable. Mais le talon par lequel elle le tenait reste son point faible et provoque sa mort. Il s'illustre surtout dans la guerre de Troie.

POUR ALLER PLUS LOIN

Le talon d'Achille

Achille rejoint le siège de Troie en compagnie de son inséparable ami Patrocle et des deux héros grecs Nestor et Ulysse. Sa bravoure, mêlée à la protection que lui accordent Héra et Athéna, contribue à forger sa renommée. Il abandonne pourtant la lutte lorsque Agamemnon, souverain d'Argos, lui ravit Briséis, la belle captive dont il est amoureux. Privés de son appui, les Grecs commencent à essuyer défaite sur défaite. À la mort de son ami Patrocle, Achille revêt l'armure forgée par Héphaïstos, à la demande de Thétis, et reprend le combat. Il tue Hector en combat singulier et traîne sa dépouille autour de la ville sous les yeux épouvantés de ses habitants. Il finit par restituer la dépouille de ce dernier à Priam, roi de Troie et père de l'infortuné guerrier. Achille succombera aux coups portés par le fils cadet de Priam, Pâris, guidé par Apollon qui lui indique le seul point faible d'Achille, son talon, percé d'une flèche.

Héraclès

Héraclès, *Hercule* pour les Romains, gagne l'immortalité après une vie d'exploits et de souffrance. Sa mère Alcmène aime beaucoup son mari Amphitryon, général de Mycènes, et repousse les avances faites par Zeus. Le dieu prend donc l'aspect de son époux Amphitryon pour parvenir à ses fins et de leur union naît Héraclès, puis d'Amphitryon, Iphiclès. Pleine de jalousie, Héra fait naître avant terme son cousin Eurysthée, afin qu'il devienne maître de l'Argolide et place dans le berceau d'Héraclès deux serpents que ce dernier réussit à étouffer. Pindare (518-438 av. J.-C.) et Théocrite (v. 320-v. 250 av. J.-C.) illustrent dans leur vers cette fable.

Les douze travaux d'Héraclès lui sont imposés à titre expiatoire par Eurysthée pour avoir tué ses propres enfants qu'il avait eus avec Mégara, fille du roi de Thèbes Créon. Si ces travaux sont accomplis, le héros peut alors accéder à l'immortalité : combat contre le lion de Némée, combat contre l'hydre de Lerne, capture du sanglier d'Érymanthe, prise de la biche de Cérynie, destruction des oiseaux du lac Stymphale, nettoyage des écuries d'Augias, capture du taureau de Crète, capture des cavales de Diomède en Thrace, capture des bœufs de Géryon, s'emparer des pommes d'or du jardin des Hespérides, enchaîner Cerbère aux Enfers. La tragédie, la comédie, le drame satyrique grecs mettent constamment en scène ce héros.

Prométhée

Prométhée est tenu pour celui qui a donné l'intelligence aux hommes. Les anciens Grecs se considèrent comme nés de la terre. Les premiers hommes auraient germé du sol sous l'action de l'eau à la façon des plantes, ils sont *autochtones*, sortis eux-mêmes de la terre. Mais privés d'intelligence, ils mènent une vie végétative. Alors Prométhée, fils de Japet, l'un des Titans vaincus par Zeus, dérobe dans l'Olympe une étincelle de feu divin qu'il cache dans une branche creuse de sureau. Il modèle un homme en argile et lui donne pour âme cette étincelle de feu divin. Zeus, indigné de ce vol qui rapproche aussi trop les hommes des dieux, le fait enchaîner au sommet d'une montagne de Scythie. Chaque jour un vautour vient se repaître de son foie qui repousse sans cesse.

Les mythes et légendes grecs

Mythes et légendes se mêlent de façon si inextricable à l'histoire de la Grèce ancienne qu'il est parfois bien difficile de les dissocier. La connaissance des mythes grecs est importante car ceux-ci sont le complément indispensable de l'histoire politique, sociale et littéraire du pays. Selon les Grecs, la généalogie des dieux, assez complexe, se met en place à des époques différentes. La première génération est celle du chaos, organisé par Gaia, la Terre et l'Amour. La deuxième est celle d'Ouranos, dieu du Ciel. La troisième, celle de Cronos, qui met à mort son père Ouranos. La quatrième, celle de Zeus, fils de Cronos qui détrône son père et organise définitivement le monde.

Le saviez-vous ?

L'origine du mot Europe

Le nom du continent européen est hérité d'un mythe grec forgé dans l'Antiquité. Se promenant un jour au bord de la mer avec ses compagnes, la princesse Europe, fille du roi de Tyr, est remarquée par Zeus. Enflammé par sa beauté, il se métamorphose en taureau aux cornes semblables à un croissant de lune et vient se coucher aux pieds de la jeune fille. D'abord effrayée, celle-ci s'enhardit, caresse l'animal et s'assoit sur son dos. Aussitôt le taureau se relève et s'élance vers la mer. Malgré les cris d'Europe, qui se cramponne à ses cornes, le taureau pénètre dans les flots et s'éloigne du rivage. Tous deux parviennent ainsi jusqu'en Crète où Zeus s'unit à la jeune fille. De ces amours naîtront trois fils : Minos, Sarpédon et Rhadamante.

Le mythe sera exploité de nombreuses fois dans la littérature et dans l'art. La plus ancienne référence à l'Europe en tant que continent géographique se retrouve dans l'*Hymne homérique à Apollon*, à la fin du VIIIe siècle av. J.-C., où le dieu déclare vouloir construire un temple « pour ceux qui habitent le gras Péloponnèse comme ceux d'Europe ».

Le chaos

Le chaos, espace sans borne, est au commencement du monde. Puis viennent à l'existence Gaia, la matière terrestre, et Éros, le principe de la force attractive dont l'action amène les divers éléments à s'unir, à se combiner, à produire l'organisation de la matière. Les premiers dieux de la Grèce sont en fait les premiers principes.

L'époque d'Ouranos

Grâce à l'influence d'Éros naissent Érébos et Nyx, la Nuit, principe masculin et féminin de l'obscurité. Les deux engendrent Éther et Héméré, principe masculin et féminin de la Lumière. Ouranos, le Ciel étoilé et Pontos la Mer sont créés, Gaia, la Terre et Ouranos forment le couple primitif qui donne naissance à Oceanos, le grand fleuve, Hypérion, le Titan qui enfante avec sa sœur Théia : Phoïbos (Hélios), le Soleil, Séléné, la Lune. Naissent ensuite Cronos, roi des Titans et deux déesses personnifiant les idées morales, Thémis, la loi, Mnémosyné, la mémoire.

L'entente entre Ouranos et sa mère-épouse Gaia est de courte durée. Il éprouve un dégoût violent pour certains de leurs enfants, les Cyclopes à œil unique et les Hécatonchires, géants à cent bras. Incapable de supporter leur vue même, il contraint Gaia à les absorber de nouveau, et ce retour au sein maternel déchire la malheureuse. Afin de mettre un terme à ses souffrances, Gaia complote avec son fils Cronos. Armé d'un silex tranchant, il est chargé d'émasculer son père Ouranos, au moment même où il se prépare à s'accoupler avec Gaia.

Ouranos subit son terrible sort, et le sexe tranché est projeté dans la mer. Aspergeant la terre de sang, il donne le jour à la race des Géants, aux Érinyes, les Furies et aux Méliades, les nymphes des frênes. Le sexe lui-même flotte sur les eaux marines, et, non loin de Paphos, se mêle à l'écume pour donner naissance à la déesse Aphrodite. Le nom même de cette dernière indique les circonstances de sa venue au monde : elle est née d'Aphros, l'écume en grec.

L'époque de Cronos

Après le meurtre de son père Ouranos, Cronos gouverne les dieux et, tout aussi horrifié que lui de leur aspect, précipite les Cyclopes et les Hécatonchires dans les Enfers, le Tartare. Son caractère ne tarde pas à s'aigrir, à devenir soupçonneux à l'extrême, quand Gaia lui révèle l'avenir : tout comme il a supplanté Ouranos, l'un de ses enfants le remplacera comme roi du monde divin. Époux de sa sœur Rhéa, Cronos, pour conjurer la prédiction, dévore ses enfants dès leur naissance. Rhéa est contrainte de les lui présenter encore emmaillotés dans leurs langes.

Révoltée, Rhéa décide de sauver son dernier-né, Zeus, et lange à sa place une pierre que Cronos avale. Zeus est dissimulé à Lyctos, en Crète, île qui serait celle de sa naissance, sur le mont Ida, selon les Crétois.

L'époque de Zeus

Devenu homme, Zeus entreprend de renverser le tyrannique Cronos et sollicite l'aide de Métis (la ruse). Elle est chargée de présenter à Cronos une boisson émétique et alors que le vomissement le saisit, il restitue les frères et sœurs de Zeus dévorés, Poséidon, Hadès, Déméter, Hestia, Héra. La pierre même qui a servi de substitut au festin de Cronos est placée à

Delphes. Elle y marque l'*omphalos*, l'ombilic, le centre du monde. Dix années de guerre s'ensuivent, opposant d'une part Cronos et certains de ses frères Titans à Zeus, et d'autre part ses alliés : ses frères Poséidon et Hadès, les Cyclopes, les Hécatonchires que sont les trois géants Cottos, Briarée et Gyès. Cronos vaincu est condamné, avec les Titans, à demeurer au Tartare, où les Hécatonchires sont leurs gardiens.

Les difficultés de Zeus ne sont toutefois pas terminées. Il doit affronter l'ire de sa grand-mère Gaia, mécontente du sort réservé à ses fils, les Titans. Elle s'unit au Tartare pour faire naître le monstrueux Typhon et les Géants. Après de nouveaux combats, Zeus les défait et oblige Gaia à avaler les Géants ; Typhon est emprisonné au Tartare. L'Univers enfin pacifié, Zeus, Poséidon et Hadès se partagent sa souveraineté, en s'en remettant au sort. Le tirage confie le ciel à Zeus, la mer à Poséidon, le monde souterrain à Hadès. Pourtant, en raison de ses victoires multiples, sur Cronos, Typhon, les Géants, Zeus obtient la prééminence.

La cosmogonie se poursuit avec la génération de divinités issues des deux épouses de Zeus, successivement Métis et Héra. Le dieu suprême est menacé comme le furent Ouranos et Cronos par sa propre descendance, issue de Métis. Cette dernière doit donner le jour à l'enfant qui renversera Zeus. Pour éviter sa propre perte, Zeus ne peut se comporter avec la cruauté d'Ouranos et de Cronos, il choisit donc d'avaler son épouse, qui demeure en gestation dans sa tête, avant de naître spontanément sous la forme d'Athéna, venue au monde équipée de pied en cap en guerrier.

L'héritage grec

Sans les Grecs, il n'y aurait peut-être ni médecine, ni droit, ni logique, ni astronomie. Nous leur sommes en grande partie redevables de notre philosophie, de notre science et sans doute de nos institutions. De même, notre façon de penser, de formuler de grandes hypothèses ou les dogmes qui forment l'armature de nos religions ont leur origine en Grèce. Mais le legs le plus profond que la Grèce nous ait fait est une conception profonde de l'homme et du monde. Toutes ses réflexions, son art font de l'homme le centre du monde et tentent de montrer que par la raison et la spéculation il est la mesure de toute chose.

La politique

L'homme grec doit assumer pleinement, lorsqu'il est citoyen, un rôle politique, promouvoir sa cité ou son groupe. La multiplicité des cités, des États, des unions, des *symmachies*, alliances militaires, fonde l'existence de concepts politiques divers dont nous avons directement hérité, depuis la démocratie, la monarchie, l'aristocratie, l'oligarchie, jusqu'à la tyrannie.

La démocratie

Née dans la Grèce du Ve s. av. J.-C., la démocratie, de *demos* (peuple) et *kratos* (pouvoir), désigne la forme d'organisation politique où le peuple exerce la souveraineté. Le terme « démocrate » est adopté en 1790 par les républicains français par opposition à celui d'« aristocrate » qui désigne leurs adversaires.

Toutefois, si, dans l'idéal, la démocratie concerne tous les citoyens selon le principe un homme, une voix, sa forme grecque demeure limitée. D'une part, les esclaves, les femmes, les étrangers à la cité en sont exclus, limitant par exemple le corps civique à environ dix pour cent de la population totale à Athènes. D'autre part, la richesse joue un rôle considérable, seuls les plus fortunés peuvent équiper cavaliers et navires, leur influence est plus grande dans les assemblées. Enfin, le monde grec est le lieu par excellence de la parole, les sophistes se spécialisent dans sa maîtrise. L'art oratoire est indispensable pour jouer un rôle politique véritable : Périclès est abondamment moqué pour ses discours soporifiques, Démosthène s'astreint à s'entraîner à la prise de parole avec des cailloux dans la bouche, tant son élocution est malhabile.

Le saviez-vous ?

L'esclavage en Grèce

Dans les États-Unis d'avant la guerre de Sécession (1861-1865), la valeur de l'esclavage est fondée sur l'utilité de l'*esclave-doulos* (ou esclave-marchandise), tout comme dans l'Athènes du Ve siècle av. J.-C. Les partisans de l'esclavage prennent le nom de *démocrates* pour se distinguer des républicains ou abolitionnistes. Ainsi que cet exemple l'atteste, l'usage de termes tels que « démocratie » renvoie, selon le contexte historique du moment, à une acception qui se rapproche ou s'éloigne du sens originel. Toutefois, en se nommant eux-mêmes démocrates, les partisans américains de l'esclavage rejoignent parfaitement la conception athénienne classique de la démocratie, qui interdit aux esclaves la participation à la vie civique, puisqu'ils font partie du groupe des non-citoyens.

La monarchie

Le terme de monarchie provient du préfixe grec *mon* et de *arké* (commandement). C'est le gouvernement d'un État régi par un seul chef. La monarchie peut être héréditaire ou élective. Sous sa forme de monarchie constitutionnelle, la balance des pouvoirs est réglée par des lois fondamentales. Celles-ci forment un ensemble, Charte ou Constitution, qui définit les cadres précis d'attribution et d'exercice des trois pouvoirs, exécutif, législatif et judiciaire.

Dans le monde grec, le terme de monarchie renvoie à des réalités diverses selon les époques considérées. À l'époque classique, au Vᵉ siècle av. J.-C., la monarchie est théorisée comme le gouvernement d'un seul dans l'intérêt général. Xénophon (v. 430-v. 355 av. J.-C.) admet, dans *Hiéron*, la monarchie sous sa forme élective, le meilleur de tous gouvernant pour le bien commun. Pas plus que Platon (v. 428-v. 348 av. J.-C.), qui préfère le philosophe-roi, il n'envisage de monarchie héréditaire. Rien ne prouve, en effet, que les qualités exceptionnelles d'un individu se retrouvent chez ses descendants, qui n'ont alors plus aucune vocation à gouverner. Bien au contraire, le principe de l'hérédité est vécu comme un danger pour le bien commun : un gouvernant incapable, qui ne devrait sa position qu'à sa naissance, se transformerait vite en tyran.

À Athènes, cette royauté héréditaire est déjà abolie à l'époque classique et ne subsiste, sous une forme collégiale, que dans le groupe des neuf archontes, présidé par un archonte-roi éponyme, c'est-à-dire dont le nom sert à dater la chronologie attique. Alexandre le Grand est à l'origine d'une autre forme de monarchie, dite hellénistique. Après sa mort, en 323 av. J.-C., ses principaux généraux se partagent l'Empire : à Antigonos reviennent la Grèce et la Macédoine, à Séleucos Nicator l'Asie Mineure, à Ptolémée Lagos l'Égypte. Ces *diadoques* (successeurs) s'orientalisent vite, exercent un pouvoir absolu et, bien plus que le monarque selon Xénophon, incarnent l'image du tyran, dont l'hérédité est une facette.

La tyrannie

La tyrannie, du grec *turannos*, est un pouvoir souverain dû à la faveur populaire dans l'Antiquité grecque. C'est un mode de gouvernement autoritaire qui ne respecte pas les libertés individuelles. Cette première définition de la tyrannie permet tout de suite de préciser son ambiguïté : il s'agit à la fois d'un gouvernement légitime, mais injuste et cruel, et d'une domination usurpée et illégale. Celui ou ceux qui exercent la tyrannie, dans le cadre de la cité grecque classique, peuvent le faire, de façon tout à fait momentanée, pour le bien commun. Il est alors question d'une charge, d'un fardeau, de l'acceptation de cumuler les pouvoirs pour faire face à une situation exceptionnelle, guerre, graves troubles sociaux. Au-delà de cette période, conserver le pouvoir devient acte de tyrannie au sens actuel.

L'aristocratie

L'aristocratie, du grec *aristos* (excellent) et *kratos* (pouvoir), est un gouvernement politique où le pouvoir souverain est exercé par un certain nombre de personnes « excellentes », c'est-à-dire les meilleures. Il peut s'agir d'une aristocratie de naissance, d'une classe noble, d'une aristocratie d'argent ou de mérite. Dès l'abord, cette notion pose le problème fondamental des critères retenus pour permettre de trouver qui sont les meilleurs auxquels le gouvernement doit être confié.

Si l'on adopte le critère du *cens*, du montant de l'impôt versé, l'aristocratie devient une *ploutocratie* : le gouvernement est l'apanage des plus fortunés. Sparte préfère la *timocratie*, l'aptitude à porter les armes pour défendre la cité permettant de sélectionner les meilleurs, les égaux ou *homoïoï*. Toutefois, le danger de la timocratie est de voir rapidement les guerriers ne s'intéresser qu'aux combats, et ignorer toutes les autres affaires de la cité.

La philosophie

La philosophie est l'apport le plus grand, car loin d'être uniforme, la pensée grecque ne se limite pas à une unité géographique. Les nombreuses colonies commerciales regroupées le long de la côte d'Asie Mineure, l'Italie méridionale, la Sicile contribuent à enrichir les spéculations intellectuelles du VIe au IIIe siècle av. J.-C., période à laquelle philosophie et sciences helléniques émigrent en Égypte et en Asie. Quels que soient le lieu et l'époque, la plupart des grands penseurs restent en contact étroit avec les sciences de leur temps comme avec l'économie, le droit, la politique.

Démocrite (v. 460-v. 370 av. J.-C.), Platon (v. 427-v. 347 av. J.-C.), Aristote (384-322 av. J.-C.) sont à la fois philosophes et savants universaux. La pensée rationnelle est née en Ionie au VIe siècle av. J.-C., pour Héraclite d'Éphèse (VIe s. av. J.-C.), le *Logos* domine l'univers. Une véritable théorie de la connaissance établit qu'il y a dans l'homme le pouvoir de dépasser tout ce qui est particulier pour atteindre la loi universelle. Les sophistes au Ve siècle av. J.-C. abusent de l'instrument logique. Pour certains d'entre eux, c'est l'occasion de mettre en doute toutes les certitudes jusqu'au jour où Socrate (Ve s. av. J.-C.) faisant douter les douteurs substitue au Logos la *dialectique*, c'est-à-dire le discours, l'interrogation. Les sophistes peuvent être considérés d'une certaine façon comme les fondateurs des « sciences humaines ». Ils pensent que la philosophie ne doit pas seulement poser le problème de la genèse de l'univers, mais aussi offrir aux hommes des moyens pour mieux gérer leur vie ou celle de la cité. Pour la première fois, l'éducation tend à la formation d'intellectuels. Notre civilisation occidentale fondée si profondément sur l'autocritique trouve ses origines dans ces notions d'éducation. La critique des dogmes, des mythes, du rationalisme n'a pu se réaliser qu'à partir de ces conceptions sophistes. D'autre part, nous leur devons aussi d'avoir introduit le concept de relativité dans le bien, dans le juste comme dans le mal. Platon, en soulignant la nécessité d'étudier avec un esprit ouvert les problèmes impossibles à envisager et étudier sur la base de principes établis, crée l'origine et le fondement de la pensée méthodique. Quant à Aristote, en distinguant disciplines et sciences particulières, il pose les premières assises de tout le système scientifique occidental. Sa philosophie est avant tout une critique de la connaissance organisée.

La philosophie, après la forte impulsion que lui donne Socrate, est presque exclusivement une philosophie de la morale. Épicure (341-270 av. J.-C.) après avoir fondé son école base sa doctrine sur l'empirisme, le matérialisme en ce qui concerne le problème de la perception. Karl Marx (1818-1883) soutient sa thèse de doctorat en grec ancien, sur *La différence de la philosophie de la nature chez Démocrite et Épicure*. Le principal représentant d'Épicure à Rome, Lucrèce (v. 98-v. 54 av. J.-C.), inspire au XVIe siècle Pierre Gassendi (1592-1655) puis, au siècle suivant, Molière (1622-1673) et Jean de La Fontaine (1621-1695), et est considéré au XVIIIe siècle comme un précurseur du matérialisme. L'innovation stoïcienne, vers 310 av. J.-C., réside dans le fait que la logique est conçue comme une science. La notion d'individualité est mise en pleine lumière ainsi qu'une rationalisation de la théologie. Dans l'Occident chrétien, la tradition stoïque a une forte influence. La morale de Michel de Montaigne (1533-1592) en est tout imprégnée et sert de point de départ à celle de Descartes (1596-1650).

L'assimilation d'une nouvelle pensée se fait à partir du IIe siècle av. J.-C. au contact de nouvelles cultures. Philon d'Alexandrie (v. 20 av. J.-C.-v. 50 apr. J.-C.) est le premier maillon d'une longue chaîne intellectuelle à mêler les écrits de la Bible et ceux de la philosophie grecque. Mais c'est l'œuvre de Plotin (205-270) qui est à l'origine de toute la philosophie mystique.

La littérature

Dans la Grèce antique, la poésie tient une place toute particulière. En effet, elle se situe à la fois dans la vie quotidienne pour célébrer jeux et victoires et dans la vie religieuse pour s'adresser aux dieux ou présider aux cérémonies ésotériques. Le poète est un homme inspiré par les dieux, par le divin, tel que le suggère Platon dans le *Phèdre*.

La littérature grecque possède une physionomie à part dans l'histoire des lettres humaines. Son originalité est d'avoir su si bien s'approprier et perfectionner ses emprunts que toute trace d'origine étrangère a disparu. Elle trouve dans l'imitation de la nature toutes les ressources pour créer ses grands genres littéraires qui, aujourd'hui, nous sont parvenus : tragédie, comédie, épopée. Sa particularité est d'avoir su faire revivre son passé, ses mythes, ses croyances religieuses, ses institutions. Ce sont ses combats, ses triomphes, ses malheurs qu'elle célèbre. L'amour de la patrie est une des sources les plus fécondes de son inspiration. Sa richesse, bien que beaucoup d'œuvres n'aient pas été retrouvées, reste imposante. Les thèmes évoqués, au travers de personnages, Œdipe, Antigone, Phèdre, Icare, ont traversé les siècles par la volonté des peintres et des écrivains, car ils font de l'homme un étrange héros nanti d'un funeste destin.

Riche, elle l'est également dans sa durée; elle se maintient près de dix siècles sans paraître s'essouffler, excellant à rendre les délicates harmonies de la nature, aussi bien que les nuances les plus intimes des sentiments humains. Aussi lui devons-nous d'abord tous les différents genres poétiques. La poésie épique reste attachée au nom d'Homère et de ses deux ouvrages immortels : l'*Iliade* et l'*Odyssée*.

Pour aller plus loin

L'*Iliade* et l'*Odyssée*

Les poèmes homériques, nés entre le IXe et le VIIe siècle av. J.-C., mettent en scène le monde de la civilisation mycénienne. Centré sur le personnage du héros Achille, le thème majeur de l'*Iliade* est la destruction de Troie. L'*Odyssée*, en grec *Odusseus* (Ulysse), raconte les aventures d'Ulysse qui, après la fin de la guerre, retourne dans sa patrie, la petite île d'Ithaque, au terme de nombreuses péripéties.

Admis couramment comme l'auteur de l'*Iliade* et de l'*Odyssée*, Homère (v. 850 av. J.-C.) – « l'aveugle », ou plutôt « l'absence de jour » – voit son existence contestée. En fait, ces œuvres auraient été composées par un groupe d'*aèdes*, poètes qui vont de ville en ville la lyre à la main pour chanter des poésies épiques. Quoi qu'il en soit, la postérité d'Homère a traversé les siècles, inspirant de nombreux artistes. Dante Alighieri (1265-1321) a ainsi imaginé le sort d'Ulysse après sa mort dans la *Divine Comédie*, Joachim du Bellay (1522-1560) a illustré son bonheur dans les *Regrets*, l'épisode dans l'île des Phéaciens est représenté par Rubens (1577-1640), celui d'Ulysse raillant Polyphème par Turner (1775-1851), son départ par Delacroix (1796-1863), etc.

La tragédie et la comédie

Avoir inventé la tragédie est encore l'un des titres de gloire que nous pouvons décerner aux Grecs. En effet, la tragédie tente ses premiers essais vers 530 av. J.-C., à l'occasion de la 61e olympiade. Les fêtes de Dionysos célébrées à l'époque des vendanges sont accompagnées de danses et de chants spéciaux parmi lesquels les chants lyriques en l'honneur du dieu. Un bouc est immolé à cette occasion, ce qui rappelle l'étymologie du mot tragédie « le chant du bouc ». Eschyle (525-456 av. J.-C.), Sophocle (496-406 av. J.-C.), Euripide (480-406 av. J.-C.) mettent en scène dieux et héros, et les grands thèmes de la condition humaine, leurs conséquences et leurs responsabilités. La comédie se rattache aussi aux courses du cortège de Dionysos et connaît dans la littérature occidentale une importance sans cesse croissante.

La science

La philosophie compose avec la science et la religion, ne serait-ce que parce qu'elle procède des mêmes hypothèses. Les premiers scientifiques et philosophes possèdent un même état d'esprit quasi-religieux. Parménide (Ve s. av. J.-C.) affirme que son savoir lui provient d'une déesse, Pythagore (v. 580-v. 500 av. J.-C.), cherche à prouver que les nombres sont autant un instrument de la géométrie que de salut. Mais tous ces hommes ont en commun de tenter de trouver la vérité.

La géométrie

L'apport de la géométrie à la connaissance est considérable car elle permet une meilleure et plus exacte approche de l'univers. Grâce à Thalès (v. 625-v. 547 av. J.-C.) et à ses cinq théorèmes géométriques, l'abstraction atteint une rigueur. Euclide (v. 325-v. 265 av. J.-C.) donne dans son œuvre trente-cinq définitions, six postulats et dix axiomes. Le nom d'Archimède (287-212 av. J.-C.) est rattaché à un nombre incroyable de découvertes. Le calcul infinitésimal et la géométrie moderne sont nés le jour où Pierre de Fermat (1601-1665), Blaise Pascal (1623-1662), Gottfried Wilhelm von Leibniz (1646-1716) ont pris connaissance des résultats obtenus par Archimède concernant l'équilibre, les quadratures et les sommes de termes infiniment petits.

La cosmologie

Dès le VIIIe siècle, l'*Iliade* et l'*Odyssée* font connaître les débuts d'une *cosmologie* (représentation du monde). La terre y est décrite comme entourée par l'océan. Avec Platon, la forme du monde ne peut être qu'une sphère parfaite. Le mouvement de tout corps cosmique doit être lui aussi un cercle parfait. L'axiome du cercle doit selon lui révéler la mécanique interne de l'univers. Avec lui, nous retournons à une science *a priori*, un univers auquel le divin donne la forme. Aristote reprend à son compte l'axiome du cercle en énonçant les opinions contraires à son époque, tentative que beaucoup plus tard Albert Einstein (1879-1955) fait aboutir à une théorie unitaire de la nature. Il met la Terre au centre, plus neuf planètes concentriques et transparentes : la Lune, Vénus, Mercure, le Soleil, Mars, Jupiter, Saturne, les étoiles et Dieu lui-même.

LE SAVIEZ-VOUS ?

La théorie héliocentrique

Aristarque de Samos (v. 310-v. 230 av. J.-C.) est souvent présenté comme le précurseur des cosmologies élaborées, à dix-sept siècles de distance, par Nicolas Copernic (1473-1543), Johannes Kepler (1571-1630) et Isaac Newton (1643-1727). Avec lui, notre Terre prend la modeste place qui lui est assignée dans le système solaire. En délogeant la Terre de son rôle central, la théorie *héliocentrique* (de *hélios*, Soleil, et centre) formulée par Aristarque de Samos est une entreprise des plus hardies. Mais il ne s'agit encore que d'une hypothèse de travail. Une question reste en suspens : pourquoi les planètes paraissent-elles s'éloigner et se rapprocher de la Terre ? Il faut attendre cinq siècles et Ptolémée, au IIe siècle de notre ère, pour trouver une réponse à cette question. Selon lui, les planètes ne sont plus solidaires des sphères, mais attachées à des sortes de roues. C'est par l'hypothèse d'*épicycle* (planète décrivant une petite circonférence autour d'un centre) qu'il explique leur mouvement.

La médecine

Pendant longtemps, les Grecs ne connaissent que le praticien ambulant qui transporte de ville en ville ses instruments. Il existe toutefois des écoles dont la plus connue trouve son siège dans l'île de Cos au Ve siècle av. J.-C. Mentionnons celle de Crotone où Alcméon (Ve s. av. J.-C.) s'aperçoit que pour comprendre le corps humain, il faut étudier celui des animaux. L'autopsie est pratiquée pour la première fois par le célèbre médecin grec de Pergame, Claude Galien (131-201) qui s'installe à Rome en 146. Mais le nom grec le plus célèbre, celui considéré comme le père de la médecine, reste celui d'Hippocrate de Cos (460-377 av. J.-C.). Le serment qui porte son nom, extrait de l'*Ancienne Médecine* et des *Aphorismes*, est le texte lié à l'exercice de la médecine le plus connu et constitue aujourd'hui encore l'essentiel de la déontologie médicale. Sa classification des tempéraments, quatre types humains se référant aux quatre éléments naturels, est reprise par Galien au IIe siècle de notre ère, Johann Caspar Lavater (1741-1801) au XVIIIe siècle et même jusqu'au XXe siècle par Ivan Pavlov (1849-1936) qui s'appuie sur sa théorie et la défend.

Chapitre 9

Les maîtres du mystère, les Étrusques

Dans ce chapitre :

- Des époux égaux pour l'éternité
- Les premiers maîtres de Rome
- Le monde des devins

La civilisation étrusque naît au VIIIe siècle av. J.-C. et connaît, à titre posthume, ses derniers feux avec les *Tyrrhenika* de l'empereur romain Claude (empereur : 41-54) au Ier siècle de notre ère. Entre les deux, Rome est passée par là, phagocytant le monde étrusque pour en faire jaillir l'univers romain. Il est indispensable de rendre à César… ce qui est aux Étrusques. Un monde fondé sur des cités-États, une architecture funéraire ambitieuse au point de faire des nécropoles, au sens premier du terme, de véritables villes des morts. Un art porté à la fois par une liberté du couple retrouvée seulement de nombreux siècles plus tard, une fraîcheur des couleurs et un goût de la vie porté à l'extrême. Religion et mythes forgent ce que Rome amène à l'apogée, reprenant à son compte un héritage dont l'origine est éclipsée par un empire à vocation universelle, une *pax romana* quelque peu oublieuse de ses illustres devanciers.

Figure 9-1 : Le monde étrusque.

UN PEU DE MYSTÈRE

Les Étrusques tyroliens

Si l'origine exacte des Étrusques demeure l'objet de discussions entre historiens contemporains, il est une possibilité peu connue présentée dans son *Histoire romaine* par Jules Michelet (1798-1874) au XIXe siècle. Faute de preuves archéologiques convaincantes, les historiens de l'époque se fondent sur les représentations peintes et les sarcophages, principalement ceux des couples, pour déterminer un possible berceau géographique de la civilisation étrusque : « À ces éternels banquets, à cet embonpoint, à la rudesse du langage, nous devons, selon un illustre Allemand, reconnaître ses compatriotes. La probité toscane, et l'admission des femmes dans les festins sembleraient encore rattacher les Étrusques aux populations germaniques. Les Étrusques s'appelaient eux-mêmes *Rasena*. Ces Rasena ne seraient-ils pas des Rétiens ou Rhétiens du Tyrol ? »

Les grandes étapes de l'histoire étrusque

L'histoire étrusque, pourtant si riche, se concentre sur quelques siècles. Apparus aux environs du VIIIe siècle av. J.-C., les Étrusques connaissent leur apogée entre le VIIe et le Ve siècle av. J.-C., avant de devenir, en 40 av. J.-C., les habitants d'une province romaine.

De la naissance à l'apogée

Les Étrusques, qui se nomment eux-mêmes *Rasena*, doivent leur nom actuel aux Romains, qui les appellent *Tuscii*, ou *Etruscii*, le premier terme donnant par la suite son nom à l'actuelle Toscane. Pour les Grecs, ils sont les *Tyrrhenoi*, les Tyrrhéniens, nom actuel de la mer qui sépare l'Italie de la côte dalmate. Leur origine est probablement autochtone, mais ils ont longtemps, à la suite d'Hérodote (v. 484-v. 425 av. J.-C.) et de Tite-Live (59 av. J.-C.-17 apr. J.-C.) été réputés venir de Lydie, à l'ouest de la Turquie, présentés même comme les descendants des Troyens vaincus.

Les premières cités, Tarquinia et Vetulonia, datent du début du VIIIe siècle av. J.-C. Le monde étrusque fonctionne sur le modèle de la cité-État, cités regroupées pour des motifs religieux en alliances. La plus connue est la *Dodécapole*, formée des douze cités-États les plus brillantes du VIe siècle av. J.-C., après la période dite « orientalisante » des VIIIe et VIIe siècles. Il s'agit de : Arretium (Arezzo), Caere (Cerveteri), Clusium (Chinsi), Cortona, Perusia (Pérouse), Populonia, Rusellae (Roselle), Tarquinia, Véies (Veio), Vetulonia, Volaterre (Volterra), et Vulci (Vulcia). Chacune possède un roi, assez vite cantonné aux fonctions religieuses, le pouvoir véritable revenant à une aristocratie qui élit tous les ans à sa tête des magistrats, les *lucumons*. La puissance militaire étrusque indispose ses voisins qui se liguent contre elle, cités de Grande Grèce, Rome et Carthaginois.

Une lente déchéance

Le déclin vient à la fois des puissances proches, principalement les Romains, et de troubles intérieurs liés à la révolte de la plèbe. Les Syracusains écrasent la flotte étrusque en 474 av. J.-C., Rome conquiert ville sur ville : Véies en 396 av. J.-C., Caere, Tarquinia, Vulci au cours du IIIe siècle av. J.-C. Au Ier siècle av. J.-C., les Étrusques sont contraints à accepter la citoyenneté romaine. Ils pensent recouvrer leur indépendance lors des guerres civiles agitant Rome, en 90-88 av. J.-C., mais ils choisissent le mauvais camp, et le dictateur Sylla (138-78 av. J.-C.) le leur fait chèrement payer, ravageant les campagnes, détruisant les villes, les réduisant au statut de *déditices*, vaincus soumis à Rome. Dès lors, ce qui subsiste de la civilisation étrusque n'existe plus que dans le giron romain.

Les principaux sites et monuments du monde étrusque

L'univers des Étrusques nous est connu grâce à deux nécropoles, celle de Cerveteri et celle de Tarquinia. Le grand nombre de tombes, plusieurs milliers, l'organisation de la nécropole qui suit un plan urbain véritable, avec rues et quartiers, l'abondance et la variété des scènes peintes, enfin, constituent un témoignage irremplaçable sur un art de vivre raffiné.

La nécropole de Cerveteri

L'actuelle Cerveteri, l'antique Caere, à environ 40 km au nord-ouest de Rome, possède sur son territoire l'un des deux sites étrusques d'exception, la nécropole de la Banditaccia. Il s'agit de tombes *tumuli*, du tumulus ou tertre qui recouvre la sépulture disposée le long de rues, construite pour reproduire une maison véritable. Le site est exploité entre le IXe et le Ier siècle av. J.-C. La tombe en elle-même est taillée dans la roche, surmontée du tumulus, ou directement en forme de cabane. L'intérieur est aménagé de meubles en pierre, banquettes, sièges. La décoration, gravée, évoque parfois les instruments familiers de la vie quotidienne, comme les jarres, les plats. La taille du tumulus est proportionnelle à l'importance sociale du personnage inhumé.

Cerveteri présente également un grand nombre de *cippes*, monuments en forme de boîte ou maison pour indiquer la sépulture d'une femme, en forme de colonne s'il s'agit de celle d'un homme. Ces modestes édifices sont réservés aux pauvres. Pour les nobles, la tombe est une reproduction de la demeure autrefois occupée de leur vivant : entrée, pièces réservées aux esclaves, pièce principale aux lits de pierre, prêts à accueillir les hôtes d'un banquet, auquel participaient les femmes, au grand scandale des voisins de Grande Grèce. Enfin, les chambres funéraires elles-mêmes. Ainsi de la tombe des Chapiteaux, de la tombe des Reliefs.

La nécropole de Tarquinia

La nécropole de Tarquinia, celle des Monterozzi, dans la province de Viterbe, est riche de 6000 tombes creusées dans la roche et illustre la vie quotidienne des Étrusques aisés depuis le VIIIe siècle av. J.-C., grâce à des centaines de scènes peintes réparties dans 200 tombes. Organisée elle aussi sur le plan d'une ville des vivants, la nécropole de Tarquinia est traversée d'une voie principale, bordée des tombes des notables les plus importants. C'est la fraîcheur, la luxuriance, la variété des décors et scènes peints qui donnent leur nom aux sépultures les plus célèbres : tombe des Jongleurs, tombe des

Léopards, tombe des Augures, tombe des Lionnes, tombe des Taureaux, tombe des Olympiades. Les couleurs sont d'origine végétale, blanc, noir, rouge, jaune, ou minérale, bleu, vert, rose, violet. Les thèmes évoluent au fil du temps, les joyeux banquets et jeux cèdent la place à des scènes mythologiques, à des représentations du royaume des morts.

POUR ALLER PLUS LOIN

Les sarcophages étrusques

Il est impossible d'évoquer la splendeur de l'art funéraire étrusque sans se référer aux sarcophages sculptés, ornés de gisants en couple allongés dans un abandon confiant et amoureux sur leur lit de banquet dans la salle de réception ou *triclinium*. Ces pièces sont abondantes, après une première période de l'histoire où les Étrusques préfèrent la crémation. Le fameux *Sarcophage des époux*, daté des environs de 510 av. J.-C. et conservé au musée du Louvre, illustre la manière étrusque. Fait de terre cuite à l'origine polychrome, à dominante rouge, il représente un couple allongé, femme au premier plan, les épaules enlacées par un bras de l'époux qui a pris place derrière elle. Cette représentation, classique dans la société étrusque, illustre la place de la femme, participant pleinement aux rites religieux, aux compétitions sportives ou aux manifestations cultuelles.

Les grands personnages étrusques

Les grands personnages étrusques nous confrontent à un problème de sources. La langue étrusque, formée d'un alphabet de vingt signes proches du grec, n'est toujours pas totalement maîtrisée. De plus, le corpus des textes, s'il est riche d'inscriptions funéraires, ne nous a transmis aucune œuvre littéraire. Nous connaissons donc les grands hommes étrusques par les textes romains, qui ne leur sont guère favorables. Il en va ainsi de deux rois d'importance, Tarquin l'Ancien et Lars Porsenna.

Tarquin l'Ancien

Tarquin l'Ancien (616-579 av. J.-C.) est l'un des trois derniers rois de Rome d'origine étrusque. Il succède à quatre rois latins ou sabins : Romulus (753-716 av. J.-C., latin), Numa Pompilius (716-673 av. J.-C., sabin) ; Tullus Hostius (673-641 av. J.-C., latin), Ancus Martius (641-616 av. J.-C., sabin) et précède les deux derniers souverains étrusques, ultimes rois de Rome avant la République : Servius Tullius (579-535 av. J.-C.) et Tarquin le Superbe (535-509 av. J.-C.).

Tarquin l'Ancien, entre légende et histoire, est voué à régner, son premier nom, *Lucumon*, ne signifie-t-il pas « roi », en étrusque ? Son arrivée à Rome le confirme, un aigle lui ôte sa coiffe, puis la repose sur sa tête. Convaincu de son devenir royal, Lucumon adopte un nom latin, *Tarquinius Priscus*, Tarquin l'Ancien. Il est aidé dans sa conquête du pouvoir par une grande fortune personnelle et l'appui du dernier roi sabin, Ancus Martius. Ces atouts lui valent la faveur de la plèbe qui l'élit roi en 616 av. J.-C. Son règne marque un embellissement de Rome, avec le Grand Cirque, le *Circus Maximus*, un système d'égouts, la *Cloaca Maxima*, le temple de Jupiter Capitolin, le Forum. Il affermit la puissance de Rome en battant les Sabins, les anciens Latins. Il meurt en 579 av. J.-C. d'un coup de hache donné par des bergers stipendiés par les fils du dernier roi qu'il avait écartés du trône. Son gendre, Servius Tullius lui succède.

Lars Porsenna

Le *lars*, chef militaire étrusque, Porsenna (VIe s. av. J.-C.), règne sur Clusium. En 509 av. J.-C., Tarquin le Superbe est chassé de Rome pour avoir couvert le viol de la matrone Lucrèce. Ce dernier convainc Porsenna d'entreprendre une campagne militaire pour le restaurer sur le trône. Le siège est mis devant Rome. Deux épisodes révèlent sa fermeté d'âme. Le jeune Caius Mucius s'introduit dans son camp pour le poignarder. Arrêté, il laisse sa main droite brûler dans les flammes pour prouver à l'Étrusque son courage. Porsenna le libère et le fait reconduire à Rome avec les honneurs. Plus tard, Rome paie pour mettre fin au siège en restituant Véies et son territoire aux Étrusques et en livrant des otages hommes et femmes. La jeune Clélie est du nombre, mais elle fuit en traversant le Tibre à la nage. Impressionné, Porsenna exige qu'elle lui soit rendue, non pour la faire exécuter, mais pour vanter son courage et lui offrir en personne sa liberté. Après cet épisode, il lève le siège. Débarrassée de son dernier roi, Rome proclame la République.

Religion, mythes et légendes étrusques

Nous ne savons que bien peu de chose de la religion étrusque, faute de textes. Le dernier grand spécialiste en est l'empereur romain Claude (10 av. J.-C.-54). Selon Tite-Live (59 av. J.-C.-17 apr. J.-C.) et Cicéron (106-43 av. J.-C.), il s'agissait pour l'essentiel de la pratique divinatoire confiée aux augures et haruspices. Leur art était détaillé dans l'*Etrusca disciplina*, composée de trois livres : les *Libri haruspicini* (Livres d'haruspice), consacrés à la divination par l'examen des entrailles d'animaux sacrifiés ; les *Libri fulgurales* (Livres de l'interprétation de la foudre), fondés sur la direction, la force et la durée des éclairs ; les *Libri rituales* (Livres rituels), traitant des rites à respecter et donnant les normes sociales et politiques.

UN PEU DE MYSTÈRE

Lire dans les entrailles

Héritiers des Étrusques, les Romains se plaisent à interroger les dieux. Dans le domaine de la vie privée, les méthodes sont innombrables, même si les devins étrusques sont au mieux tolérés à Rome, et régulièrement expulsés, leur pratique interdite. Dans la sphère publique, toutefois, Rome autorise la pratique de l'*extispicium*. Il s'agit pour l'haruspice, chargé de l'opération, d'où son autre nom d'*haruspicine*, de sacrifier un animal pour examiner ses entrailles. Mais que lit-il en elles ? Si les organes sont à leur place et sains, les dieux sont favorables. Mais la politique romaine s'accommodait mal d'une mauvaise disposition divine. En cas d'organes difformes, éclatés, qui indiqueraient un refus des dieux d'accepter le sacrifice, l'haruspice est tout simplement prié de recommencer sur un autre sujet.

La religion étrusque a fourni, semble-t-il, les fondements de sa voisine romaine, ce qui permet d'établir la liste des dieux et déesses étrusques et de leurs correspondants latins :

- Artumès : Diane
- Eita : Pluton
- Fufluns : Bacchus
- Maris : Mars
- Menrva : Minerve
- Nethuns : Neptune
- Persipnai : Proserpine
- Satrès : Saturne
- Tinia : Jupiter
- Uni : Junon
- Vechlan : Héphaïstos

Mais les Étrusques ont également leurs propres divinités formant un riche panthéon :

- Carmenta, déesse des enchantements
- Februns, dieu de la mort, de la purification
- Funa, déesse de la terre, des forêts, de la fertilité
- Lucifer, dieu de la lumière

- Manthus, dieu des morts
- Meane, déesse de la mer, etc.

Les prêtres se réunissent une fois par an pour la cérémonie d'hommage aux dieux, le *Fanum Voltumnae*, dans le sanctuaire consacré à Tinia-Jupiter.

Dieux à tous les étages

Les dieux étrusques, auprès desquels intercédaient les prêtres, se rangent en trois catégories. D'abord les formes supérieures, inconnaissables pour les hommes, jamais figurés, qui président au destin, celui des humains comme celui des dieux. Ce sont les *dii involuti* (les dieux cachés). Puis vient un groupe de douze dieux et déesses, proches du panthéon grec, repris par les Romains. Enfin, les esprits, génies que sont les *Pénates*, gardiens du foyer, les *Lares*, esprits des ancêtres familiaux, les *Mânes*, les esprits favorables. Ce sont d'ailleurs des génies, la nymphe de la fertilité Bégoé et le génie Tagès, enfant chauve chtonien, né d'un sillon de la terre, qui révèlent aux hommes l'existence des dieux et les rites appropriés pour les satisfaire, ainsi que l'art de la divination.

L'héritage des Étrusques

Outre Vénus, sous son nom romain, les Étrusques nous ont laissé au moment de l'apogée de leur civilisation, un goût prononcé pour l'hédonisme, le bonheur et la joie simple de rendre hommage à ses manifestations. C'est le cas des scènes de banquets, de jeux, de compétitions sportives décorant les tombes, avant que le choix ne se porte sur une représentation consacrée davantage au monde des défunts. L'attitude et la place de la femme dans la société nous sont proches également, à l'image du *Sarcophage des époux*. Ce goût prononcé pour la bonne vie est ensuite transmis aux Romains, qui se mettent à l'école de l'art de vivre étrusque. Une grande partie du panthéon, de la mythologie romaine et partant, de l'imaginaire du monde romain, est d'origine étrusque.

Les Étrusques sont aussi le ferment de notre civilisation urbaine, ils tracent leurs cités selon un axe principal, le *cardo* romain futur. Ils nous lèguent un monde d'échanges, tant terrestres que maritimes. Leur conception du rapport avec les dieux et les intercesseurs auprès de ceux-ci demeure tapie dans un recoin de notre mentalité collective, et explique peut-être en partie un goût prononcé pour l'astrologie, les divinations de toutes sortes, lointaines pratiques héritées des haruspices et autres augures.

Chapitre 10

Le glaive et la loi : Rome

Dans ce chapitre :

- Les Césars, maîtres du monde
- Pompéi, splendeur sous les cendres
- Des dieux à tout faire

Rome, berceau de la civilisation occidentale, aspiration à l'Empire universel, capable de faire de la Méditerranée un lac intérieur, *Mare Nostrum* (Notre Mer), c'est avant tout une histoire riche et complexe, monarchie de 753 à 509 av. J.-C., puis fière république de 509 à 27 av. J.-C., empire enfin, de 27 av. J.-C. à 476 de notre ère. Ce sont d'impressionnants monuments, temple de Jupiter Capitolin, Domus Aurea de Néron, Colisée, Circus Maximus, aussi bien que la Maison Carrée de Nîmes, les restes ensevelis de Pompéi ou d'Herculanum. Grands hommes et femmes illustres pullulent, les Scipions, César, Octave-Auguste, Tacite, Salluste, Agrippine, Messaline et tant d'autres encore illustrent la gloire des armes, des lettres, du trouble mélange de la séduction et du pouvoir.

Si la religion romaine emprunte aux Étrusques et aux Grecs, elle s'approprie pleinement ces sources pour les romaniser dans les rites et les lois. Notre dette est immense, de l'architecture aux lois, des voies romaines à la navigation, en passant par les conceptions politiques et religieuses, dans un Empire chrétien depuis l'aube du IVe siècle de notre ère. Sans Rome, pas de Charlemagne, pas de *czar* en Pologne, de *tsar* en Russie. Ne se veulent-ils pas, par ce titre même, les nouveaux Césars ?

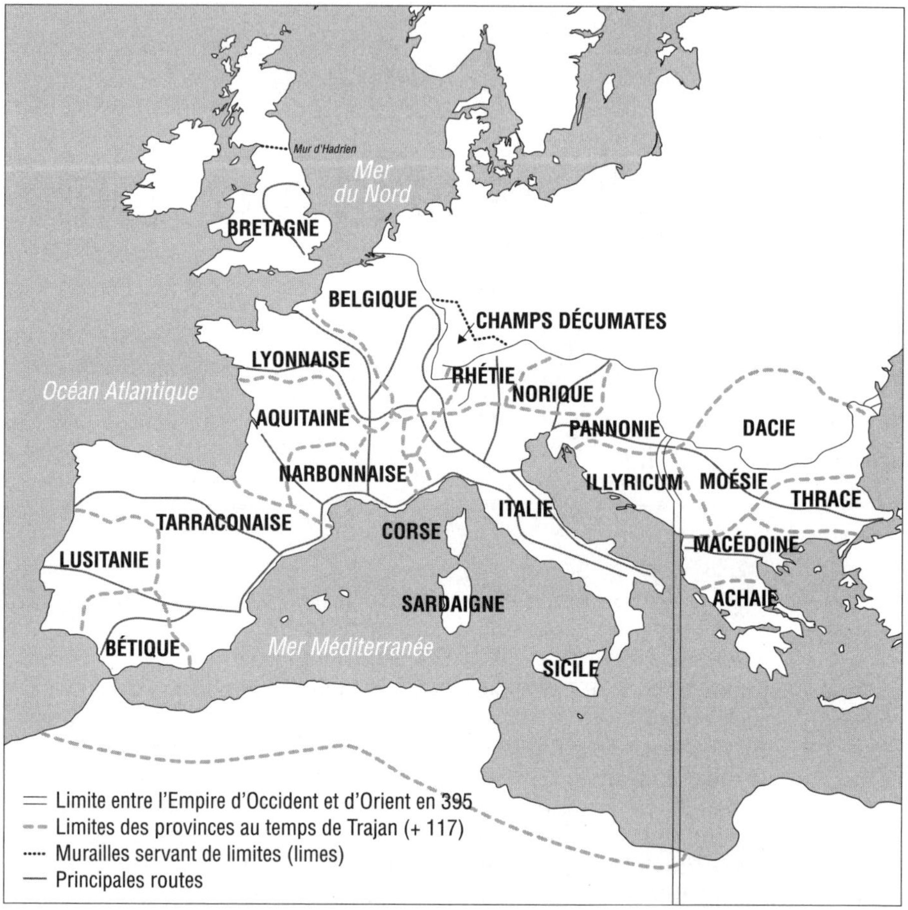

Figure 10-1 : Le monde romain.

Les grandes étapes de l'histoire romaine

L'histoire de Rome est conventionnellement divisée en trois étapes : la royauté (753-509 av. J.-C.), la République (509-27 av. J.-C.) et l'Empire (27 av. J.-C.-476 apr. J.-C.). Née dans un mythe, Rome domine le monde connu avant de disparaître sous les coups du roi barbare Odoacre (règne : 476-493), qui dépose Romulus Augustule (règne : 475-476), Romulus, certes, comme l'illustre fondateur, mais Augustule, le « Petit Auguste », adolescent sans pouvoir, déjà de son vivant fantôme de la grandeur romaine.

La royauté romaine

C'est le 21 avril 753 av. J.-C., selon la légende, que Romulus fonde Rome, événement mentionné par Virgile (70-19 av. J.-C.) dans son *Énéide* et par l'historien Tite-Live (64 av. J.-C.-17 apr. J.-C.) qui écrit *Ab Urbe condita libri* (les Livres depuis la fondation de Rome). La ville naît de la décision de deux groupes, les Latins installés sur le Palatin et les Sabins sur l'Esquilin, le Viminal et le Quirinal. Durant cette période (753-509 av. J.-C.), les rois qui se succèdent, au nombre de sept, ont une existence reposant sur le mythe autant que l'histoire. Leur liste alterne Latins, Sabins, Étrusques :

- Romulus (753-716 av. J.-C.), Latin
- Numa Pompilius (717-673 av. J.-C.), Sabin
- Tullus Hostilius (672-641 av. J.-C.), Latin
- Ancus Martius (641-616 av. J.-C.), Sabin
- Tarquin l'Ancien (616-575 av. J.-C.), Étrusque
- Servius Tullius (573-535 av. J.-C.), Étrusque
- Tarquin le Superbe (535-509 av. J.-C.), Étrusque

Durant la royauté, le roi, *rex*, concentre les pouvoirs : l'*imperium*, commandement suprême, surtout militaire, l'*auspicium*, fonction du grand prêtre qui par les *auspices* connaît la volonté des dieux. Plusieurs conseils lui viennent en aide :

- Le Conseil des Anciens, ou *Senatus*, de *senes* (ancien), où siègent les chefs des grandes familles.
- L'Assemblée du peuple, ou *Comitia curiata*, de comices, l'assemblée, et de *curia*, la communauté des hommes.

La république

La République romaine (509-27 av. J.-C.) peut être divisée en trois périodes principales. De 509 à 272 av. J.-C., Rome lutte pour sa survie contre ses voisins, puis parvient à s'assurer le contrôle de l'Italie méridionale. L'époque suivante, de 272 à 82 av. J.-C., est celle des conquêtes, le monde connu se soumet à la nouvelle puissance dominante. Enfin, de 82 à 27 av. J.-C., les guerres civiles minent l'État et conduisent à l'établissement du *principat*, c'est-à-dire en réalité de l'Empire.

Rome contre tous

À cette période (509-272 av. J.-C.), un traité avec Carthage est signé en 510 réglant le problème du commerce en Méditerranée occidentale au profit de cette dernière, mais Rome perd le Latium au cours de guerres contre les Èques (*Aequi*) et les Volsques (*Volsci*). Entre Romains, les *patriciens*, descendants des *patres*, chefs des grandes familles, ordre privilégié, s'opposent aux *plébéiens* (fils de la terre), de plus en plus endettés. En 494 av. J.-C., ces derniers se retirent sur le Mont sacré, l'Aventin, ce qui oblige les patriciens à leur céder le droit d'assemblée et de représentation par de nouveaux magistrats, les *tribuns du peuple*. En 450, les règles du droit sont fixées par écrit avec la loi des Douze Tables, du nom de l'érection sur le forum de douze tables de bronze portant mention des lois gravées. Désormais, droit privé, pénal, textes juridiques et sacrés sont fixés. Le mariage entre patricien et plébéien est interdit, mesure rapportée en 445 par la *Lex Canuleia*, mais, peu à peu, les plébéiens seront admis à toutes les magistratures.

Toutefois, le danger vient du nord, des Gaulois établis dans la plaine du Pô, et du sud où se regroupent leurs voisins Samnites. En 387, le chef gaulois Brennos, le *Brennus* (IVe s.) latin prend une partie de Rome, fait le siège du Capitole, sauvé par ses oies, et ne consent à repartir que contre un riche butin. Les Gaulois seront repoussés avec l'aide des Samnites, contre lesquels Rome doit mener à son tour trois guerres, en 343-341 et 299-290, afin de s'assurer la domination sur l'Italie centrale. Il s'agit d'ailleurs souvent de coalitions, la troisième guerre samnite (299-290 av. J.-C.) regroupant Samnites, Étrusques, Celtes, Sabins, Lucaniens, Ombriens, tous vaincus. En 282, après sa victoire contre la tribu celte des *Senones* (Sénons), Rome règne sur l'Italie centrale. Le reste de la péninsule tombe entre ses mains après plusieurs batailles contre le roi Pyrrhus d'Épire (v. 318-272 av. J.-C.) défait à Bénévent en 275 et la prise de Tarente en 272. Les peuples soumis sont intégrés à l'ensemble romain selon le droit, les plus favorisés sont alliés de *droit latin*, les moins le deviennent de *droit italique*. La différence principale entre les deux est que les Latins, les premiers, obtiennent plus facilement le droit de cité, la citoyenneté romaine, que les Italiens.

LE SAVIEZ-VOUS ?

Les oies du Capitole

En 387 av. J.-C., les Gaulois de Brennus s'attaquent à Rome. Ils prennent les bas quartiers, mais l'armée, réfugiée au Capitole, leur tient tête. Dans un premier temps, Brennus tente de les contraindre à la reddition en massacrant la population à sa merci. L'horreur d'une telle solution n'ébranle pas la fermeté d'âme des assiégés. Profitant de l'obscurité nocturne, les Gaulois escaladent silencieusement la colline du Capitole. Presque au sommet, ils tombent nez à nez avec les oies sacrées de la déesse Junon, qui cancanent aussitôt à qui mieux mieux, alertant les défenseurs. Les assaillants sont repoussés. Après un long siège, Brennus accepte de lever le camp contre une énorme indemnité versée en or. Une balance comptabilise le poids des objets précieux livrés par les Romains. Un de leurs plénipotentiaires commet alors l'erreur de protester. Brennus se lève de son siège, jette sa lourde épée gauloise sur le plateau de la balance et prononce la fameuse phrase : « *Vae Victis* » (Malheur aux vaincus). Forgé par les historiographes romains, cet épisode légendaire illustre la brutalité barbare opposée à la *gravitas*, la dignité romaine, qualité supérieure pour tout citoyen.

Rome conquérante

La période (272-82 av. J.-C.) s'ouvre sur les spectaculaires réalisations de l'impérialisme romain, l'établissement d'une *pax romana*, une paix romaine étendue à tout le monde connu, avant que les prémices de la guerre civile ne mènent la République à sa ruine, ouvrant une voie royale à l'Empire. Rome, maîtresse de la péninsule Italienne, se tourne vers la Sicile, où elle se heurte à Carthage. Trois guerres puniques plus tard, présentées ici dans le chapitre 11 consacré à Carthage, cette dernière est détruite en 146 av. J.-C. La Méditerranée occidentale est romaine. Dans sa partie orientale, la Grèce perd peu à peu de sa superbe. Les rois de Macédoine, gouvernant aussi la Grèce, sont défaits les uns après les autres, Philippe V (238-179 av. J.-C.) à Cynoscéphales en 197, Antiochos III (v. 242-187 av. J.-C.) roi de Syrie venu à l'aide des Macédoniens, à Magnésie du Sipyle en 190, Persée (179-168 av. J.-C.) enfin, avec le désastre final de Pydna le 22 juin 168. En 148, la Grèce est une province romaine. Rome contrôle également la péninsule Ibérique et la Sicile.

Entre 133 et 121 av. J.-C., les Gracques, les frères Tiberius (162-133 av. J.-C.) et Caïus Sempronius Gracchus (154-121 av. J.-C.) tentent en vain de réformer la propriété foncière en faveur de la plèbe. Le parti aristocratique revenu au pouvoir se discrédite par sa corruption, et deux démagogues se disputent la dictature, Marius (157-86 av. J.-C.) et Sylla (138-78 av. J.-C.), ouvrant la voie à une guerre civile.

La réforme de Caius Gracchus, accordant aux pauvres de Rome une quantité de blé gratuite, provoque à long terme l'une des raisons de la chute de l'Empire. Avec plus du million d'habitants, dont une écrasante majorité de pauvres, les dirigeants s'épuisent à nourrir une plèbe de plus en plus nombreuse et qui ne travaille pas. Les livraisons de blé deviennent une obsession, les provinces sont affamées par crainte d'une révolte à Rome. La devise « du pain et des jeux » prend alors tout son sens : un bon empereur est celui qui nourrit et distrait le peuple de Rome. Pendant ce temps, la défense de l'Empire est de plus en plus confiée à des mercenaires qui ne sont pas romains, et finissent par se retourner contre leurs employeurs, devenus incapables de se défendre.

La fin de la République

Dans la période de la République (82-27 av. J.-C.), un élément prend de plus en plus de poids dans la vie civique : l'armée et les généraux qui se partagent sa tête. Les menaces des Cimbres, Teutons, Gaulois, Alliés, ou *Socii* de Rome ont été écartées par leurs soins. Quand Sylla renonce à la dictature, en 79, il prépare les rivalités entre généraux. Un premier triumvirat (partage du pouvoir à trois) s'effectue en 60 entre Pompée (106-48 av. J.-C.), César (100-44 av. J.-C.) et Crassus (115-53 av. J.-C.). La mort de Crassus, en 53, dans son combat contre les Parthes, puis celle de Pompée, décapité en 48 par Ptolémée XIII en Égypte, laissent César maître de Rome, jusqu'à son assassinat en 44. Un second triumvirat réunit en 43 Lépide (90-13 av. J.-C.), Marc Antoine (83-30 av. J.-C.) et Octave (63 av. J.-C.-14 apr. J.-C.). Lépide rapidement éliminé, Marc Antoine se suicidant, après la défaite navale d'Actium, en 30, Octave reste seul maître. Après avoir reçu en 29 le titre d'imperator, c'est-à-dire chef suprême des armées, Octave se voit décerner par le Sénat, en 27 celui d'Auguste, titre devenu son nom d'empereur. C'en est fait de la République. Certes, en principe Auguste est le *princeps*, le premier à la tête de l'État, d'où le nom de principat accolé aux débuts de l'Empire. En réalité, Auguste inaugure bel et bien une longue liste d'empereurs, même si la fiction de la forme républicaine se maintient jusqu'à Dioclétien (245-313).

L'Empire romain

L'Empire romain commence avec les dynasties impériales du *principat* (27 av. J.-C.-284 apr. J.-C.), les Julio-Claudiens (27 av. J.-C.-68 apr. J.-C.), les Flaviens (69-96), les Antonins (96-192), les Sévères (193-235) et les Illyriens (268-284). Entre chaque dynastie, des périodes d'anarchie, d'éclatement du pouvoir. Puis viennent les dynasties impériales du dominat (284-476), quand la fiction républicaine est définitivement répudiée : après la tétrarchie (285-306), les Constantiniens (306-364), les Valentiniens (364-392), les Théodosiens (378-455), enfin les derniers empereurs (455-476). En 395 de notre ère, l'Empire est partagé entre Empire romain d'Occident (395-476) et Empire romain d'Orient (395-1453), mais la date convenue de la fin de Rome est l'an 476 de notre ère.

Les dynasties impériales du principat

Durant cette période (27 av. J.-C.-284 apr. J.-C.), les Julio-Claudiens (27 av. J.-C.-68 apr. J.-C.) agrandissent l'Empire, l'Espagne septentrionale, la Gaule occidentale, la Bretagne (Angleterre), la Rhétie, l'actuelle Autriche du Danube à l'Inn, le Norique, régions actuelles du sud de l'Autriche et de la Bavière, provinces de Vienne et de Salzbourg, la Pannonie actuelle Hongrie, la Cappadoce, Turquie orientale, Mésie, nord de la Bulgarie, Serbie, la Commagène, centre sud de l'actuelle Turquie, sont soumis à Rome. Mais la dynastie s'achève dans la confusion avec le règne de Néron (54-68), archétype du tyran sanguinaire, matricide, pour les auteurs chrétiens. Après l'Année des quatre empereurs : Galba, Vitellius, Othon, Vespasien, de 68 à 69, Vespasien (69-79) fonde la dynastie des Flaviens. Les règnes de Titus (79-81) et Domitien (81-96), outre Jérusalem déjà prise en 70, voient la fin de la conquête de la Bretagne, mais aussi la catastrophique éruption du Vésuve, en 79, qui engloutit Pompéi, Stabiae et Herculanum.

Aux Flaviens succèdent les Antonins (96-192), après l'assassinat de Domitien. La Mésopotamie, l'Arménie, une partie de l'Arabie, la Dacie, qui est en partie l'actuelle Roumanie, sont soumises à Rome. C'est l'époque des empereurs fameux guerriers ou philosophes : Trajan (98-117), Hadrien (117-138), Antonin le Pieux (138-161), Marc Aurèle (161-180), règne désastreux de Commode (180-192) qui signe la fin des Antonins. En 193, un nouvel éclatement de l'Empire se produit, c'est l'Année des quatre empereurs qui se reproduit : Didius Julianus à Rome, Pescennius Niger en Syrie, Claudius Albinus en Bretagne, Septime Sévère en Pannonie.

Septime Sévère (193-211) fonde la dynastie des Sévères (193-235), éphémère car l'Empire doit affronter à l'extérieur les Francs, les Alamans, les Burgondes, mener la guerre en Bretagne et à l'intérieur les règnes chaotiques de Caracalla (211-218) et d'Élagabal ou Héliogabale, (218-222). Le IIIe siècle annonce à la fois les empereurs soldats et l'éclatement de l'Empire, aux prises avec les Perses Sassanides, les Arabes, les Goths et une division plus profonde encore, opposant le monde païen traditionnel aux progrès du christianisme, au sein des élites dirigeantes, puis dans le peuple. De 235 à 268, Rome est au bord de l'éclatement, des usurpateurs, les Trente Tyrans, à la tête d'un royaume gaulois, perdurent de 260 à 274. Aurélien (270-275), seul, parvient à reconstituer brièvement l'unité territoriale et politique sous la dynastie des Illyriens (268-284).

Les dynasties impériales du dominat

Dioclétien (284-305) repousse les Perses et réorganise l'Empire. Désormais, deux Augustes, empereurs en titre, règnent (284-476) avec leurs successeurs désignés, les deux Césars, chacun ayant autorité directe sur une partie de l'Empire. Dioclétien met fin au principat et à la fiction d'une République en instaurant le *dominat* : l'empereur gouverne dans sa splendeur, en tenue d'apparat, assisté d'un Conseil de la Couronne. Il est désormais *Dominus et Deus* (Seigneur et Dieu). Les citoyens deviennent des sujets. Au bout de vingt ans de règne, les Augustes doivent abdiquer au profit des Césars. En 305, Dioclétien et son co-empereur Maximien (286-305) abdiquent. Ce système, à quatre dirigeants, se nomme la *tétrarchie*. Elle échoue dès 306, les fils des Augustes refusant d'être écartés du trône au profit des Césars, les successeurs désignés.

L'un des descendants par le sang des empereurs, Constantin (324-337), s'impose à tous ses compétiteurs. En 315, par l'édit de Milan, il autorise officiellement le christianisme. En 330, il transfère la capitale de Rome à Byzance qui prend en son honneur le nom de Constantinople. À sa mort, l'Empire est partagé entre ses fils. En 364, ses descendants, les Constantiniens, cèdent la place aux Valentiniens (364-392). La division de l'Empire se poursuit, Goths et Wisigoths bousculent la frontière, le *limes*, et s'installent. Les empereurs, devenus chrétiens, sont au centre des querelles théologiques entre arianisme et catholicisme. Pendant que les Valentiniens s'épuisent en Occident, les Théodosiens (378-455) s'imposent en Orient, deviennent les seuls maîtres avec le règne de Théodose le Grand (379-395), co-empereur depuis 379, seul empereur à partir de 394. À sa mort, en 395, il laisse un Empire définitivement partagé entre ses deux fils, Honorius (395-423) en Occident, Arcadius (395-408) en Orient. L'Empire romain d'Occident, divisé, affaibli, est aussitôt la proie des incursions barbares : Goths, Burgondes, Vandales, il s'effondre, en 476, sous les coups d'Odoacre (règne : 476-493), chef des Hérules, qui se proclame roi d'Italie après avoir déposé l'ultime empereur romain d'Occident, Romulus Augustule (475-476), le « Petit Auguste ».

Les principaux sites et monuments romains

Urbs, avec une majuscule, la Ville, c'est ainsi que les Romains nomment Rome, cité exemplaire, modèle à reproduire dans toutes les métropoles régionales de l'Empire romain. Dresser une liste de tous les monuments romains serait sans intérêt, car ils répondent à une même exigence, celle de la romanité, l'utilisation de l'espace comme cadre de la civilisation romaine. La valeur symbolique du lieu prend alors toute son importance, car il inscrit dans la pierre l'idéal de Rome : le Forum, centre politique et commercial, le Grand Cirque des plaisirs et des jeux, l'amphithéâtre flavien, ou Colisée, capable d'accueillir 50 000 spectateurs, le temple de Jupiter Capitolin, souverain des dieux comme Rome l'est du monde connu, les thermes de Caracalla voués aux soins du corps et de l'esprit. La visite serait incomplète sans un détour par Pompéi, ensevelie par l'éruption du Vésuve le 24 août 79, conservatoire involontaire de l'art de vivre des riches Romains en villégiature dans le Sud.

LE SAVIEZ-VOUS ?

Rome, la ville aux sept collines

Rome naît du regroupement des habitants des collines qui vont en constituer le cœur historique : l'Aventin, le Caelius, le Capitole, l'Esquilin, le Palatin, le Quirinal, le Viminal. La légende voudrait qu'elles aient été *intra-muros*, à l'intérieur des remparts protégeant la ville, dès sa fondation. C'est peu probable, elles ont dû être intégrées petit à petit, au fur et à mesure de la croissance de l'agglomération. C'est pourtant ce fait légendaire qui va connaître une fortune singulière : les *saepti montes* (collines encloses), sises à l'intérieur de l'enceinte fortifiée, se muent peu à peu en *septem montes* (sept collines). Cette transformation est entérinée par les autorités, République et Empire s'attachent à en trouver le nombre requis afin d'en dresser la liste officielle.

Le Circus Maximus

Le *Circus Maximus* (Très Grand Cirque), nommé couramment « Grand Cirque », doit son nom à sa capacité d'accueillir près de 300 000 spectateurs. Il est édifié dans la vallée de la Murcia, entre le Palatin et l'Aventin. Sa construction s'étend sur plusieurs siècles. Vers le VIe siècle av. J.-C., les courses attelées et montées s'y déroulent. Mais il faut attendre 329 av. J.-C. pour pouvoir y assister sur des tribunes faites de bois. Jules César fait réaliser des banquettes, l'agrandit. Il accueille 180 000 spectateurs, l'étend sur 600 m de long et 240 m de large. Au Ier siècle de notre ère, les gradins où prennent place les spectateurs deviennent en pierre. Les courses de chars attirent les foules, ainsi que les combats de gladiateurs, plus tard confrontés aux fauves. Sa capacité d'accueil atteint les 250 000 spectateurs. Il est désaffecté au milieu du VIe siècle de notre ère. La piste était divisée par une plate-forme de pierre, la *spina*, ornée de statues, de fontaines, d'obélisques et entourée de la *cavea*, les gradins, comprenant la loge de l'empereur.

Le Colisée

Le Colisée est entrepris sous Vespasien (empereur de 69 à 79) pour être achevé sous Domitien (empereur de 81 à 96). C'est un amphithéâtre de pierre, capable de contenir 50 000 spectateurs assis. En son centre, une arène en forme d'ellipse longue de 86 m et large de 54 m. Sous cette dernière, des couloirs, des systèmes de machinerie qui permettent de garder les fauves, puis de les hisser dans l'arène au moment du spectacle. Les spectateurs s'installent sur des gradins de pierre, sous lesquels passent encore des couloirs voûtés. Le Colisée est formé de trois étages circulaires comportant chacun quatre-vingts arcades séparées entre elles par des demi-colonnes en saillie. Puis une *architrave*, poutre d'entablement posée sur les colonnes, domine l'arc de la voûte. Il accueille les combats d'animaux, de gladiateurs, des reconstitutions de batailles navales, sur une superficie de plus de 2 hectares. Au-dessus de l'architrave, une voile en toile naturelle peut être tendue sur 240 mâts de console pour abriter les spectateurs du soleil : le *velarium*. Il fallait prévoir plusieurs jours à l'avance pour le tendre, travail confié aux marins de la flotte de Misène, seuls aptes à manipuler une voile gigantesque.

Le Forum

Le Forum romain est le centre indispensable de l'urbanisme romain. Il réunit les bâtiments politiques, religieux, à finalité économique. Toute cité romaine en édifie un, sur le modèle de celui de Rome : un capitole pour les dieux, une curie où s'assemblent les représentants du peuple, une basilique, où est rendue la justice, mais aussi des magasins, entrepôts, boutiques et commerces.

À Rome, le forum le plus ancien est le *Forum romanum* (forum de Rome), situé entre le Capitole et le Colisée futurs. Simple marécage, il est asséché au cours du VIe siècle av. J.-C. Agrandi, embelli, il compte de plus en plus de monuments : les *rostres*, ou tribunes d'où les hommes publics haranguent la foule, le nom de « rostres » venant des proues de navires qui la décorent, les temples de Saturne, de Castor et Pollux. À tel point qu'il devient trop exigu et se voit adjoindre à partir de César d'autres espaces, également nommés forums, consacrés aux empereurs, à leurs victoires célébrées par des arcs de triomphe : forum de César, d'Auguste, de Vespasien, de Nerva, de Trajan.

Pour aller plus loin

Le marché aux bœufs

Le premier forum (*Forum romanum*) à mériter ce nom de romain est en réalité un marché aux bestiaux, un foirail où les maquignons vendent leurs bœufs, d'où son nom de *Forum boarium* (marché aux bœufs). Il prend place entre les collines du Capitole, du Palatin et de l'Aventin. C'est un lieu cosmopolite, un point d'échange central, relié à la rive droite du Tibre par deux ponts, le pont Sublicius et le pont Aemilius, le premier passe pour le plus ancien de Rome. Fait de bois, il aurait été plusieurs fois reconstruit, mais est aujourd'hui disparu. Le *Forum boarium* reçoit aussi de nombreux édifices religieux, temple de Portunus, protecteur des marins, d'Hercule vainqueur, de Vesta, déesse du Foyer. C'est aussi le lieu où se déroulent certains rites funéraires, dont les premiers combats d'esclaves en hommage aux mânes d'un chef de famille défunt, qui se transforment peu à peu en combats de gladiateurs.

Pompéi

La ville de Pompéi, située non loin de Naples, en Campanie, est brutalement détruite par l'éruption du Vésuve le 24 août 79. Recouverte de cendres et de débris volcaniques, elle reparaît au jour au XVIIe siècle, est fouillée dès le siècle suivant. En 1985, elle est classée au patrimoine mondial de l'Unesco. Pompéi, comme toute cité romaine, nous livre les restes d'un forum, d'une basilique, de temples, de thermes, de plusieurs théâtres, d'un gymnase, d'une *palestre*, stade sans piste de course mais avec une piscine, d'une caserne de gladiateurs. Mais son originalité réside dans les villas préservées (la villa du Centenaire, la maison de Castor et Pollux, la maison du Faune, la maison des Vettii, la maison de Ménandre, la maison de Vénus, la villa des Mystères, etc.), offrant mosaïques et peintures murales intactes.

LE SAVIEZ-VOUS ?

Le mal napolitain

L'origine des maladies vénériennes, regroupées sous le nom de « mal napolitain », rapportées d'Italie par les armées françaises de Charles VIII (1470-1498), Louis XII (1462-1515) et François Ier (1494-1547), est peut-être à chercher à Pompéi. Les Romains d'avant le christianisme consacraient aux plaisirs de la chair, fût-elle tarifée, une partie de leur temps libre. À Pompéi, la ruelle du Lupanar, la bien nommée, abrite les restes d'un établissement de prostitution fort bien conservé pour son grand âge. Cinq chambres aux lits maçonnés, certainement plus sûrs que leurs homologues de bois dans le déchaînement des ébats, y attendent le client. Au-dessus des portes, des tableautins évocateurs permettent de connaître les spécialités érotiques pratiquées à l'intérieur, contre la modeste somme de deux *as*, soit le prix de deux coupes d'un mauvais vin local, quand un *falerne*, cru des plus réputés, valait plusieurs centaines d'*aureus*, pièce d'or équivalent à 250 as.

Le temple de Jupiter Capitolin

Jupiter, roi des dieux, protecteur de Rome, possède dans la ville plusieurs temples, selon la fonction divine mise en avant : temple de Jupiter Stator (Celui qui arrête), en l'occurrence les Sabins, en 296 av. J.-C., de Jupiter Victor (le Vainqueur), en 295 av. J.-C. Mais son lieu de culte par excellence est le temple du Capitole, où il est honoré en compagnie de Junon et Minerve, formant avec lui la *triade capitoline*. Au Capitole, Jupiter reçoit un culte en sa qualité de « Très Grand » et « Très Bon ». Le temple, construit une première fois à l'époque de la monarchie romaine (753-509 av. J.-C.), est bâti en bois et divisé en trois parties, chacune consacrée à l'une des divinités de la triade capitoline. C'est l'empereur Domitien (81-96) qui rend durable l'édifice, revêtu de plaques de marbre, au toit de tuiles faites de bronze doré. Il y installe également une statue *chryséléphantine*, c'est-à-dire faite d'or et d'ivoire, de Jupiter, comme l'était celle de Phidias dans le temple de Zeus à Olympie.

UN PEU DE MYSTÈRE

Janus au double visage

Janus est une divinité romaine représentée le plus souvent en buste sous la forme de deux têtes d'hommes barbus tournée chacune dans une direction opposée. Cela lui permet de voir à la fois le passé et l'avenir, le début et la fin d'un événement. Il est alors célébré en qualité de *Janus Bifrons* (Janus au double visage). Les portes de son temple, à Rome, indiquent l'état des relations diplomatiques de la cité : ouvertes, Rome est en guerre, fermées, Rome est en paix. Elles demeurent ainsi ouvertes de 235 av. J.-C. à 29 av. J.-C., quand Octave-Auguste les fait fermer solennellement. En statue entière, Janus est représenté tenant d'une main une clef, de l'autre une verge, car il préside aux ouvertures, portes, passages. Capable de voir dans toutes les directions, il est *Janus Quadrifons* (Janus au quadruple visage).

Les thermes de Caracalla

L'empereur Caracalla (212-217) fait édifier à Rome les thermes les plus somptueux de toute l'histoire de l'Empire romain. L'édifice correspond à l'origine à une nécessité, car bien peu de maisons à Rome sont dotées d'une installation de bains. Mais les thermes de Caracalla sont un véritable palais, partagé en deux selon une division symétrique, entre les bains des hommes et les bains des femmes. Après les entrées principales et secondaires, les vestibules, les vestiaires, les clients, contre une somme modique, accèdent au bain tiède, le *tepidarium*, à la salle à coupole avec bain chaud, le *caldarium*, au bain de vapeur, le *sudatorium*. Le lieu possède aussi une piscine froide, des salles de culture physique, des salles de massage, une salle de spectacle, des bibliothèques, des espaces pour les spectateurs venus admirer la splendeur des lieux mais sans en user, ainsi que… 1600 baignoires de marbre. Les thermes de Caracalla sont un lieu de sociabilité, un but de promenade, où s'épanouissent les corps et les conversations, tout comme la prostitution féminine et masculine, en dépit des rappels fréquents, et inefficaces, de son interdiction, par l'entrepreneur auquel l'État en a concédé la gérance.

Les grands personnages romains

Rome a enfanté nombre de grands hommes et grandes dames. Sur le modèle du triumvirat, nous allons nous attacher à la biographie de destins exceptionnels par groupes de trois. Des empereurs ou hommes d'État d'abord, avec César, Octave-Auguste et Constantin, puis place aux lettrés et penseurs avec Cicéron, Ovide et Sénèque. Les grandes dames, enfin, avec Livie, Agrippine la Jeune et Galla Placidia.

Les empereurs

Au nombre des empereurs romains, trois sont particulièrement remarquables. César (100-44 av. J.-C.) met en branle la mutation fondamentale qui fait de la Rome républicaine un empire ; Auguste (63 av. J.-C.-14 apr. J.-C.) donne forme au modèle impérial, recherché par la suite, de Charlemagne (742-814) à Napoléon (1769-1821) ; Constantin (274-337) ébauche la transformation en un empire destiné à devenir chrétien, le rêve d'une alliance du trône et de l'autel propre à bâtir la Jérusalem terrestre, l'un des fondements de la civilisation européenne.

Jules César

Jules César (100-44 av. J.-C.) se voulait descendant d'Énée, et par lui de la déesse Vénus. Cette descendance héroïque et divine le voue à un destin prestigieux. Il appartient à la *gens* (famille) des *Julii*, patricienne mais de rang secondaire. Jeune, il est remarqué pour son intelligence brillante tout autant que pour une propension à dépenser sans frein. Il se marie à plusieurs reprises, cherchant à chaque fois une alliance profitable au sein de familles en vue. En 63 av. J.-C., il inaugure son *cursus honorum*, la voie des honneurs ambitionnée par tout Romain de bonne famille, en se faisant élire *pontifex maximus*, grand pontife. Mais ce rôle religieux ne lui suffit guère, ses ambitions sont politiques. Devenu prêteur urbain en 62, il exerce un pouvoir judiciaire et militaire. Après son année de fonction, il exerce, en 60, une *propréture* en Espagne, qu'il pacifie, ouvrant la voie à un triomphe et au consulat, magistrature la plus élevée.

LE SAVIEZ-VOUS ?

Les trois noms

Là où l'homme en peuple se contente d'un nom ou d'un surnom, les patriciens utilisent la *tria nomina*, les trois noms. César s'appelle ainsi Caius Julius Caesar : Caius est le nom, pour nous nom de famille ; Julius est le prénom, dont nous avons gardé l'usage ; Caesar est le surnom. Les trois noms sont donnés par le père de famille, le *pater familias*, qui eut longtemps droit de vie et de mort sur ses enfants. Donner les trois noms, c'est reconnaître et accepter l'enfant dans sa famille. Sinon, il ou elle est abandonné(e) sur un tas d'ordures. Là où les choses se compliquent, c'est en cas d'adoption. L'adopté prend les nom et prénom de son adoptant, mais garde les siens en les modifiant légèrement. Les femmes, en revanche, ne portent que le premier nom, féminisé (Claudius donne Claudia). S'il y en a plusieurs dans la famille, un qualificatif les départage : « la Vieille », « la Jeune », etc.

Élu consul en 59 av. J.-C., César forme un premier *triumvirat* avec Pompée et Crassus. Il s'appuie sur les *populares*, le petit peuple de Rome. Son année de consulat achevée, il se fait attribuer, comme proconsul, non pas une, mais deux provinces à gouverner, la Gaule cisalpine et transalpine et l'Illyrie, une partie de la côte dalmate, ainsi que quatre légions. Au bout de cinq ans, il obtient une prolongation exceptionnelle de cinq autres années. Il en profite pour soumettre la Gaule, après la défaite décisive de Vercingétorix (v. 72-46 av. J.-C.) à Alésia, en 52. Il se prépare pour un second consulat, mais se heurte à l'opposition sans merci de Cicéron (106-43 av. J.-C.) et de Caton (95-46 av. J.-C.). En 49, il franchit à la tête de ses légions le Rubicon et pénètre en Italie, et parvient à Rome. Vaincu à Dyrrachium par Pompée, César l'écrase à Pharsale quelques mois plus tard, en 48. Les derniers Pompéiens survivants sont anéantis à la bataille de Zéla, près de la mer Noire.

Une ultime victoire à Thapsus, en 46, contre les forces envoyées par les républicains et le roi Juba de Numidie (v. 85-46 av. J.-C.), lui assure la maîtrise de tout le monde romain. César rentre alors à Rome où il organise son triomphe. Le fils de Pompée fomente une révolte en Espagne. Il est vaincu à Munda, en 45. Revenu à Rome, César est nommé dictateur pour dix ans, puis à perpétuité. Aux ides de mars 44, soit le 15 mars 44 av. J.-C., il est assassiné en pénétrant au Sénat. Homme d'État, César est connu également pour ses Commentaires, *Sur la guerre des Gaules* (*De bello gallico*), et *Sur la guerre civile* (*De bello civili*), mais aussi un traité de grammaire et divers essais. Il réforme les institutions en profondeur, embellit Rome d'un nouveau forum, et promulgue le calendrier julien. Sa vie de séducteur prodigue de ses charmes et brocardée par ses soldats, l'accusant d'être le « mari de toutes les femmes, la femme de tous les maris ».

Auguste

Auguste (63 av. J.-C.-14 apr. J.-C.) naît dans une famille aisée, appartenant à l'*ordre équestre*, celui des cavaliers ou chevaliers, à l'origine ceux capables d'équiper un cheval pour la guerre. Son nom d'origine est en réalité Octave. Par sa mère, il est petit-neveu de Jules César. En 46 av. J.-C., ce dernier l'adopte, suivant la coutume romaine Octave change une première fois de nom et devient Octavien. Après l'assassinat de César, il forme avec Marc Antoine et Lépide le *second triumvirat* : à Octave l'Occident, à Marc Antoine l'Orient, à Lépide l'Afrique. Les *triumvirs* se déchirent rapidement. Marc Antoine est vaincu à la bataille navale d'Actrium en 31. Lépide est éliminé plus simplement, Octave le destitue. Désormais, il est prêt pour le pouvoir sans partage.

En 28, le Sénat le fait *Princeps Senatus* (Premier d'entre les sénateurs), titre cumulé avec celui d'*Imperator*, général en chef des armées romaines. L'année suivante, ce même Sénat le déclare *Auguste*, titre signifiant « élevé » ou « sacré ». Peu à peu, le titre devient nom, même s'il est repris par la suite dans la titulature impériale, Octave ouvre l'ère de l'Empire sous le nom d'Auguste. Car le maintien d'une fiction de forme républicaine ne doit pas abuser, Auguste est le premier empereur romain. Il contrôle tout : l'armée avec son *imperium*, pouvoir militaire, jusque dans Rome alors que c'était jusqu'alors interdit, avec les soldats de sa *garde prétorienne* ; le Sénat dont il surveille l'adoption de nouveaux membres, noyant les familles influentes anciennement sous l'arrivée de provinciaux ; les magistratures où les candidats sans *commandatio*, recommandation impériale, n'ont aucune chance d'être élus.

LE SAVIEZ-VOUS ?

« Rends-moi mes légions ! »

En dépit du soin apporté à la réorganisation de l'armée romaine, Auguste ne peut tout maîtriser. En l'an 9 de notre ère, il charge le général Varus (v. 46 av. J.-C.-9 apr. J.-C.) de prendre la tête de trois légions et d'un corps d'auxiliaires germains fournis par leur chef, Arminius (16 av. J.-C.-21 apr. J.-C.). En réalité, Arminius conduit les légions au cœur de l'épaisse forêt de Teutoburg, là où les manœuvres habituelles leur sont interdites en raison des arbres, et massacre les Romains avec ses alliés qui les y attendaient. Suprême déshonneur, les aigles romaines sont prises sur le champ de bataille, après la mort des 15000 légionnaires. Arminius renvoie à Rome la tête de Varus. Suétone (v. 69-v. 140) dans sa *Vie des douze Césars* relate le désespoir d'Auguste. En deuil, il cesse de se couper barbe et cheveux, et se frappe la tête contre les portes en criant : « Quintilius Varus, rends-moi mes légions ! »

Auguste fonde une nouvelle Rome et pour ce faire, réforme à tour de bras, moyen commode d'assurer sa mainmise tout en promouvant une efficacité plus grande. Dans l'administration, il double, à tous les sens du terme, les fonctionnaires traditionnels par des préfets, procurateurs, nommés et payés par lui. Il remplace les impôts affermés par un système direct, court-circuitant les riches *publicains* qui percevaient l'impôt pour l'État en s'enrichissant considérablement au passage. La justice est désormais du seul ressort de l'empereur, qui la délègue à ses fonctionnaires, mais demeure juge en dernier appel. L'armée est réorganisée, devient une armée de métier. Rome, capitale de l'Empire est divisée en 14 districts, augmentée du forum d'Auguste, de nouveaux temples, basiliques, même si l'empereur affecte une vie modeste dans une simple demeure sur le Palatin. Dans le domaine artistique, le règne d'Auguste est qualifié de « siècle d'or », marqué par les poètes Horace (65-8 av. J.-C.), Virgile (70-19 av. J.-C.), Ovide (43 av. J.-C.-17 apr. J.-C.), l'historien Tite-Live (59 av. J.-C.-17 apr. J.-C.).

Le saviez-vous ?

Mécène, bienfaiteur des arts

Issu d'une famille de l'ordre équestre, Mécène (v. 74-8 av. J.-C.) se lie d'amitié avec Auguste alors qu'ils poursuivent leurs études en Grèce, étape obligée pour tout jeune homme de bonne famille désireux d'acquérir une culture consacrée par un enseignement de philosophie. Mécène poursuit une carrière de diplomate, mais il est surtout connu pour ses libéralités, l'utilisation de sa fortune personnelle lui permettant d'aider les artistes à créer sans soucis matériels. Il aide ainsi Virgile (70-19 av. J.-C.), Horace (65-8 av. J.-C.), Properce (v. 47-v. 16 av. J.-C.). Son action en leur faveur laisse une trace si importante qu'au début du XVIe siècle, son nom propre devient un nom commun, un « mécène » désigne depuis une personne fortunée, plus récemment une entreprise, dont l'aide financière permet aux artistes, écrivains, savants d'exercer leur art, aux œuvres d'art d'être conservées, embellies, protégées.

Constantin

Fils de l'empereur Constance Chlore (v. 250-306) et de la future sainte Hélène, Constantin (274-337) passe une bonne partie de son existence à éliminer les autres empereurs, entre quatre et sept selon les périodes. D'abord Maximien (règne : 286-310) son beau-père, qu'il contraint au suicide, puis Maxence (règne : 306-312), défait à la bataille du pont Milvius, près de Rome, noyé dans le Tibre, puis Maximin Daïa (règne : 309-313) exécuté par l'allié de Constantin, Licinius (règne : 303-324), enfin ce dernier lui-même, étranglé en 324. À cette date, enfin, l'Empire est réunifié au profit du seul Constantin. Il lui reste treize ans de règne pour mener à bien une œuvre colossale : fonder Constantinople en 330, créer une administration puissante et efficace, fixer les colons à leur terre en 332, ordonner la frappe d'une monnaie forte, le *solidus* ou sou d'or, à la place de l'*aureus* dévalué, réorganiser l'armée pour mieux contrôler les frontières.

Toutefois, l'histoire, et surtout les historiographes chrétiens lui accordent une place éminente pour son rôle religieux. D'abord adorateur du *Sol invictus*, le Soleil, Constantin aurait eu la révélation du Christ en 312, à la veille de sa victoire contre Maxence. En 313, il signe l'édit de Milan accordant aux chrétiens la liberté de célébrer leur culte, attitude qui contraste avec les persécutions subies dans les domaines contrôlés par les autres co-empereurs. En 317, il promulgue un édit de persécution contre les *donatistes*, chrétiens refusant que leurs coreligionnaires ayant abjuré lors d'une persécution soient réintégrés dans l'Église. Son coup de maître demeure, en 325, la réunion du concile de Nicée, qu'il préside. Le Concile condamne l'*arianisme*, doctrine selon laquelle, dans la Trinité, seul le Père est Dieu, Jésus n'est que la première de ses créatures, un simple homme. C'est aussi l'occasion de la définition et de l'affirmation du *credo* (je crois), ou symbole des Apôtres, qui réaffirme la Trinité, Dieu Père tout-puissant, Jésus Fils Unique et le Saint-Esprit et la résurrection, la *parousie* ou retour du Christ sur terre.

Vers 327, Constantin inaugure la première basilique du Vatican. Il meurt le 22 mai 337, baptisé d'extrême justesse par l'évêque Eusèbe de Nicomédie (280-341).

UN PEU DE MYSTÈRE

« Par ce signe, tu vaincras »

La veille de sa victoire sur Maxence au pont Milvius, du 28 octobre 312, Constantin aurait eu la révélation de l'existence du Christ. Sur fond de ciel noir d'orage, il voit se détacher les lettres éclatantes d'or du *chrisme*, les lettres grecques *Khi* (X) et *Rho* (P) entremêlées, formant le début du nom Christ. Peu avare de dons linguistiques, le symbole est accompagné d'une formule latine : *In hoc signo vinces* (Par ce signe, tu vaincras). Constantin, hâtivement, fait représenter le chrisme sur les étendards de son armée, laquelle précédée de ce fait de l'assurance divine du succès culbute en effet l'ennemi. Notons toutefois que cette marque d'élection ne suffit guère à Constantin pour une conversion sur-le-champ. Elle l'attend vingt-cinq ans plus tard, sur son lit de mort. Dans le doute, l'empereur semblait peu désireux de mécontenter d'autres dieux, il est vrai païens, et nombreux, eux.

Les lettrés et penseurs

Parmi les lettrés et penseurs latins, une effervescence particulière naît en même temps que la Rome impériale. Le « siècle d'or » du règne d'Auguste s'accompagne d'une floraison de la production de l'esprit. Pour son rôle politique, la pureté de sa langue, son élévation philosophique, Cicéron (106-43 av. J.-C.) lègue la figure classique d'un Romain enté sur le droit et son expression rhétorique. Par sa grâce, la délicatesse de ses vers et sa profonde connaissance du cœur, hors du temps et du lieu, Ovide (43 av. J.-C.-17 apr. J.-C.) nous est proche, l'homme comme le poète. Donnant à l'école stoïcienne latine ses lettres de noblesse au prix de sa vie, Sénèque (4 av. J.-C.-65 apr. J.-C.) exalte les valeurs morales universelles, souhaite, mais en vain, les faire partager du prince au plus humble citoyen.

Cicéron

Cicéron (106-43 av. J.-C.) demeure le modèle de tout latiniste, pour la pureté de sa langue. Son style oratoire, un art consommé de la rhétorique le placent parmi les auteurs latins de tout premier rang. Il naît à Arpinum, au sud de Rome, et son origine provinciale lui sera reprochée par les Vieux Romains, scandalisés de voir un homme de modeste lignage, un « homme nouveau » s'élever par ses qualités propres au sommet du *cursus honorum*. Il est également moqué pour son *cognomen*, *Cicero* est un surnom (pois chiche), signalant une verrue sur le nez. Après des études de droit, il entame une brillante carrière d'avocat, dénonce avec virulence l'ancien gouverneur de Sicile, Caius Licinius Verres (v. 120-43 av. J.-C.), pour sa corruption, dans une série de plaidoyers, les *Verrines*. Questeur chargé des finances publiques, puis consul, en 63 av. J.-C., il attaque dans une série de charges oratoires le dictateur Catilina (108-62 av. J.-C.), ce sont les *Catilinaires*, qui empêchent un coup d'État.

Riche, honoré, il se voit décerner le titre de « Père de la patrie », mais Cicéron se retrouve mêlé de près à la guerre civile, pris entre César et Pompée, soutenant ce dernier, puis après sa défaite, se ralliant à César. Après l'assassinat de celui-ci, il s'en prend à Marc Antoine, exécuteur testamentaire de César, dans les *Philippiques*. C'est une fatale erreur, Cicéron est assassiné en 43 av. J.-C., sa tête et ses mains exposées sur les Rostres sur ordre de Marc Antoine. Outre ses plaidoiries et discours, Cicéron laisse un traité sur l'art de la rhétorique, le *De oratore* (Sur l'art oratoire) ; des œuvres philosophiques, *De Republica* (Sur la République), *De legibus* (Des lois), *De natura deorum* (De la nature des dieux), *De finibus* (Des vrais biens et des vrais maux) ; des lettres, à son frère Quintus ; à Atticus, son banquier et ami, des fragments de poésie.

POUR ALLER PLUS LOIN

La sténo antique

Marcus Tullius Tiro (103-4 av. J.-C.), plus connu sous le nom de Tiron, est l'esclave, mais plus encore le secrétaire de Cicéron qui finit par l'affranchir. C'est lui qui retranscrit les discours prononcés par Cicéron, ses plaidoiries. Impressionné par les « notes grecques », une écriture abrégée attribuée à Xénophon (v. 430-v. 355 av. J.-C.), il crée pour son maître, vers 65 av. J.-C., un système de sténographie latine, l'écriture *tironienne*. Il s'avère si pratique qu'il est utilisé pendant l'Antiquité, le Moyen Âge, jusqu'aux Temps Modernes, au début du XVIIe siècle. L'écriture tironienne comprend plus de 1 000 signes, depuis un symbole représentant une lettre jusqu'à l'utilisation de la première lettre pour désigner le mot tout entier, un peu comme C.V. pour « Curriculum Vitae ». Elle n'est réellement remplacée par des systèmes plus aisés encore qu'au XVIIIe siècle.

Ovide

Ovide (43 av. J.-C.-17 apr. J.-C.) est issu d'une famille aisée appartenant à l'ordre équestre. Après des études de droit à Rome, il complète sa formation par un séjour en Grèce pour se frotter à l'art de la rhétorique. De retour à Rome, il se consacre à son œuvre poétique. Ardent de corps et de cœur, son thème principal est l'amour : celui d'une femme rêvée, Corinne, dans *Les Amours*, des étreintes érotiques exaltant le sentiment dans *Les Héroïdes*. Mais Ovide se destine à une œuvre immortelle et entreprend vers l'an 2 de notre ère *Les Métamorphoses*, gigantesque récit retraçant, des origines du monde à César, une riche mythologie traversée par les métamorphoses multiples des personnages en objets, plantes, animaux, d'où le titre de l'ouvrage. Il excelle dans l'art du *distique élégiaque*, forme alternant les *vers hexamètres*, à six pieds ou syllabes, et *pentamètres*, à cinq pieds ou syllabes.

Favori de la haute société romaine, protégé de Mécène, ami d'Auguste, Ovide commet pourtant un faux pas politique. Il donne à publier son *Art d'aimer*, monument littéraire absolu de l'art de la séduction sous toutes ses formes. Le recueil à l'heur de déplaire à Auguste, qui le soupçonne par ailleurs d'être au nombre des amants de sa fille Julie. Ovide est exilé à Tomes, en actuelle Roumanie, sans espoir de retour. Il y rédige les *Tristes* et les *Pontiques*, exhalant son désespoir d'être loin de Rome, mais meurt en 17 de notre ère sans avoir achevé *Les Métamorphoses*.

Sénèque

Sénèque (4 av. J.-C.-65 apr. J.-C.) naît dans une famille italienne aisée installée dans le sud de l'Espagne, puis à Rome alors qu'il est encore enfant. Il entreprend des études de rhétorique et de philosophie, interrompues par un séjour en Égypte pour y fortifier une constitution fragile. Il les achève à son retour, accède à diverses fonctions à la cour de Caligula (empereur : 37-41), de Claude (empereur : 41-54), devient précepteur du jeune Néron (empereur : 54-68), adopté par Claude après son mariage avec Agrippine la Jeune (v. 15-59) en 49, mariage difficile et incestueux entre un oncle et sa nièce. Agrippine le rappelle de son exil en Corse, où Claude l'a maintenu de 41 à 48 en l'accusant de relations adultères avec une sœur de Caligula. Il demeure, en qualité de conseiller, auprès de Néron devenu empereur en 54. Son déclin commence avec l'assassinat d'Agrippine en 59, s'accélère en 62 à la mort du préfet du prétoire, Burrus, en poste depuis 51, son seul appui à la cour. Après une tentative d'empoisonnement ratée, il est accusé d'avoir pris part à la Conspiration de Pison, un consul qui voulait faire assassiner Néron par sa garde prétorienne. Sur ordre de l'empereur, il met fin à ses jours en s'ouvrant les veines.

Sénèque est connu pour être l'interprète romain de la philosophie stoïcienne grecque. Il invite à juguler les passions humaines pour tendre à la vertu, une vertu pratique recherchée dans tous les actes de la vie, conduisant à la paix de l'âme, l'absence de troubles ou *ataraxie*. La mort elle-même n'est pas à redouter, puisque le défunt n'est plus là pour s'en rendre compte. Il écrit à ce propos plusieurs *Consolations*, à Marcia, à Polybus. Ses dialogues sont de véritables manuels de l'art de bien vivre : *De vita beata* (Sur la vie heureuse), *De brevitate vitae* (De la brièveté de la vie), exposé aussi à son ami Lucilius dans les *Ad Lucilium epistolae morales* ou « Lettres à Lucilius ». Il tente, mais en vain, de fournir à Néron un art de régner, insistant sur la vertu première du prince, la clémence, dans le *De clementia* (Sur la clémence). Contempteur de la religion romaine dans ses aspects de superstition, il se moque de l'*apothéose*, la transformation de l'empereur mort en dieu, en rédigeant une *Apocoloquintose du divin Claude*, ou « La transformation de l'empereur Claude en citrouille ».

Le ressentiment de son exil en Corse se conjugue à la volonté de ridiculiser à jamais la prétendue divinité impériale, Sénèque prête à Claude ces ultimes paroles historiques : « Voici la dernière parole que l'on entendit de lui parmi les hommes, une fois qu'il eut émis un bruit tonitruant du côté où il s'exprimait assez aisément : “Pauvre de moi ! Je me suis fait caca dessus, je pense”. » Une rosserie d'autant plus grande que Claude bégayait…

Matrones et grandes dames romaines

Trois impératrices marquent le cours de l'histoire de Rome. Dès son origine, Livie (58 av. J.-C.-29 apr. J.-C.) est associée étroitement au gouvernement par son époux Auguste, incarnant les vertus classiques de la *matrone* romaine. Décriée et vilipendée, Agrippine la Jeune (v. 15-59) survit à son frère Caligula, aux intrigues de cour, défie l'interdit de l'inceste pour épouser son oncle Claude et hisser sur le trône son fils, Néron, lequel ordonne son assassinat.

Moins connue, Galla Placidia (v. 388-450) est l'héroïne malgré elle des temps troubles d'un Empire expirant sous les coups des Barbares germains. Fille d'empereur, demi-sœur d'empereur, épouse du roi wisigoth Athaulf, puis de l'éphémère empereur Constance III (421), elle sait conjurer tous les périls pour assurer la couronne à son fils Valentinien III (empereur : 425-455).

Livie

Livie (58 av. J.-C.-29 apr. J.-C.) naît dans la *gens*, la famille des Claudii, dans la grande aristocratie romaine. En 38 av. J.-C., elle épouse Octave, futur empereur Auguste. Elle joue un rôle primordial à ses côtés, non seulement par ses conseils en matière politique, mais aussi car elle incarne la matrone idéale, vertueuse, chaste, effectuant le filage de la laine. Il serait faux cependant de l'imaginer recluse dans ses appartements. Elle favorise l'évolution du statut des femmes à Rome, recevant les épouses des sénateurs, dotant les jeunes filles méritantes, rendant un culte actif aux divinités protectrices des mères. Elle aide son époux dans son désir de réhabiliter le *mos majorum* (les coutumes des ancêtres), incitant les Romains à une vie frugale, tournée vers le devoir, centrée sur la vertu de *gravitas*, la dignité. Elle le pousse à adopter son fils d'un premier mariage, le futur empereur Tibère (empereur : 14-37). Devenue veuve, avec le titre d'Augusta, elle règne aux côtés de son fils, dans une quasi-égalité de pouvoirs. Après sa mort, l'empereur Claude lui accorde l'*apothéose*, le fait de la placer au rang des dieux, en 42 de notre ère. Son important rôle politique est attesté par nombre de statues, de monnaies à son effigie.

Agrippine la Jeune

Agrippine la Jeune (v. 15-59), ainsi nommée pour la différencier de sa mère, Agrippine l'Ancienne (v. 14 av. J.-C.-33 apr. J.-C.), connaît dès son enfance une vie mouvementée. Elle naît dans les cantonnements de l'armée de son père, Germanicus (15 av. J.-C.-19 apr. J.-C.), au milieu des troubles nés de l'incertitude de la succession d'Auguste. À 4 ans elle perd son père, puis dans la prime adolescence sa mère et ses deux frères. Vers l'âge de 13 ans, l'empereur Tibère la marie, en l'an 37, elle accouche de Néron, son fils unique. Elle connaît les douteux honneurs de la cour de Caligula, son autre frère, qui aurait abusé d'elle, avant d'être exilée pour complot entre 39 et 41. De retour à Rome, elle séduit son oncle, l'empereur Claude, l'épouse en 49, après avoir divorcé de son premier mari et expédié *ad patres* le second. Claude adopte son fils Néron. Dès lors, Agrippine prépare l'accession au trône de ce dernier. Elle fait empoisonner Claude en 54, laisse Néron en faire autant de Britannicus (41-55), fils de Claude et de sa précédente épouse, Messaline (v. 25-48). Mais son goût trop prononcé pour l'exercice du pouvoir irrite le nouveau souverain. Après avoir tenté à plusieurs reprises de l'empoisonner, de la noyer en coulant son navire, Néron ordonne à ses soldats de l'exécuter d'un coup de glaive. Toutefois, ce noir épisode de l'histoire doit être relativisé, car issu en grande partie de la *Vie des douze Césars* de Suétone (Ier-IIe siècle), lequel portraiture Néron et sa famille en monstres sans nuances.

UN PEU DE MYSTÈRE

Locuste, l'empoisonneuse

Le poison tient une place essentielle à la cour des premiers empereurs romains. Bien avant le scandale de « l'affaire des poisons » et de La Voisin (v. 1640-1680) sous Louis XIV (1638-1715), le nom d'une empoisonneuse hors pair nous est parvenu, celui de Locuste. Si l'on en croit Suétone, elle devait être installée presque à demeure au palais impérial tant ses services étaient fréquemment sollicités. Qu'on en juge plutôt : Agrippine a recours à elle pour empoisonner l'empereur Claude, Néron pour se débarrasser de son demi-frère Britannicus avec lequel il n'entend nullement partager le pouvoir, puis de nouveau contre sa mère Agrippine, mais en vain, en dépit de plusieurs tentatives. Est-ce parce qu'elle perdait la main ou qu'elle a voulu faire bénéficier l'empereur lui-même de son art, nul ne le sait, mais Néron, après avoir songé à fonder au palais une école d'art de l'empoisonnement, la fait mettre à mort.

Galla Placidia

Peu connue, Galla Placidia (v. 388-450) est pourtant cette femme de tête qui a su survivre au chaos de l'Empire romain finissant. Fille de l'empereur Théodose Ier (346-395), elle passe une partie de sa jeunesse à la cour d'un prince vandale chargé de protéger les frontières. En 410, le Wisigoth Alaric (v. 370-414) prend et saccage Rome. Galla Placidia est au nombre des captifs emmenés. Elle épouse Athaulf, beau-frère d'Alaric, devenu roi en 414 à la mort de ce dernier. Courte union, Athaulf meurt l'année suivante, mais son testament prévoit de laisser Galla Placidia libre de retourner à Rome. À peine revenue, son demi-frère, l'empereur Honorius (règne : 395-423) la marie à Constance, futur co-empereur sous le nom de Constance III pour quelques mois en 421. Ils ont un fils, le futur empereur Valentinien III (empereur : 425-455). Mais, à peine veuve, l'opinion publique l'accuse de rapports incestueux avec son demi-frère, Honorius, elle doit fuir avec son fils à Constantinople.

En 425, Galla Placidia est de retour, Valentinien III est proclamé empereur. Désireuse d'exercer seule la régence, elle doit partager le pouvoir avec le général Aetius (v. 396-454), seul capable de contenir les assauts des Barbares qui dominent déjà l'Italie du Nord. La fin de sa vie est assombrie par l'appel insensé de sa fille, Honoria, laquelle pour échapper à un mariage forcé n'hésite pas à appeler à son secours le roi des Huns, Attila, qui arrive effectivement et ravage l'Italie entre 451 et 453. Galla Placidia, morte en novembre 450, n'assiste pas à cet épisode sanglant, ayant épuisé ses dernières forces à persuader, avec succès, son fils Valentinien III de se contenter d'exiler sa sœur Honoria et non de la mettre à mort comme il en avait la ferme intention.

Religion, mythes et légendes du monde romain

La religion romaine, la mythologie et une partie des légendes sont issues d'un héritage étrusque et grec. Toutefois, la religion évolue au fil des siècles, de la croyance aux *Numina*, les forces essentielles aux cultes orientaux à mystères, jusqu'à l'adoption du christianisme et avec lui, d'un au-delà. Les mythes romains sont fondateurs de la cité par excellence, l'*Urbs*, la ville incomparable, Rome : appel à Énée le Troyen, combat fratricide de Romulus et Remus, divinisé en *Quirinus*. Sinon, ils sont empruntés à l'Orient, comme celui de la déesse phrygienne Cybèle. Les légendes exaltent elles aussi le sens civique poussé à l'héroïsme, combat des frères Horaces romains contre les frères Curiaces, champions d'Albe; action du seul Horatius Cocles contre l'armée étrusque; contre les Étrusques encore, la tentative désespérée de Mucius Scaevola et l'inflexible courage de Clélie.

La religion romaine

La religion romaine naît de la rencontre entre des croyances anciennes, celle des *Numina*, personnification des forces surnaturelles et les cultes étrusques, grecs et orientaux. Les Numina, puissances supérieures masculines et féminines sont dépourvues d'une personnalité bien définie. Sans temple, sans mythe, leur lien avec les hommes passe par l'accomplissement de rites magiques afin d'attirer leur protection. Il s'agit d'éviter les maladies, de favoriser la fécondité. Sous l'influence des Étrusques, les Romains y ajoutent les prédictions, l'observation du vol des oiseaux ou celle des entrailles des animaux sacrifiés, adoptent leurs principales divinités.

La République voit la naissance et la multiplication des cultes étrangers à Rome. Les cultes à mystères se répandent en même temps que les divinités orientales, offrant une approche mystique inconnue de la religion romaine traditionnelle. Dès la fondation de l'Empire, le culte rendu aux empereurs défunts, devenus dieux après leur apothéose, entend inscrire de nouveau la religion dans un cadre civique.

Les principales divinités sont reprises du panthéon grec, nous invitons le lecteur, pour plus de détails, à se reporter au chapitre consacré à la Grèce (chapitre 8). Citons toutefois : Jupiter, dieu du Ciel; Mars, dieu de la Guerre; Vulcain, dieu du Feu; Neptune, dieu de l'Eau; Saturne, dieu des Semailles. Pour les déesses, outre Junon, épouse de Jupiter, déesse de la Fécondité, il s'agit de Minerve, déesse de la Sagesse; Vesta, déesse du Foyer; Flore, déesse des Fleurs et des Jardins; Larentia, maîtresse du monde inférieur. Il convient d'ajouter les divinités secondaires, les *Pénates*, protectrices de la maison, les *Lares* qui veillent sur les champs.

Le culte, outre celui des ancêtres, propre à chaque famille, est contrôlé par l'État, organisateur des cérémonies, gardien des sanctuaires. Le service des dieux comporte vœux et sacrifices, offrandes de nourritures, de boissons, d'animaux. Chaque divinité bénéficie d'un collège de prêtres qui lui est propre, au nombre de places réduit. Le sacerdoce est une charge exercée à vie. Dans les dernières époques de l'Empire, des concepts comme la Foi, la Concorde, l'Espérance, sont divinisés.

Les Romains ont à l'égard des dieux une attitude fondée sur le respect d'un contrat, le droit et ses formes priment sur toute mystique. Offrandes, sacrifices, vœux réalisés selon la forme prévue doivent déboucher sur la faveur attendue en retour. Il n'y a aucune récompense à attendre des bonnes actions, aucune sanction pour les mauvaises. Les morts passent leur éternité dans un monde souterrain sans espoir, à regretter de n'être plus de ce monde. Tout comme pour les dieux, un contrat est passé afin de les dissuader de revenir hanter les vivants : une cérémonie d'offrandes, neuf jours après le décès, un culte aux ancêtres. En échange, ils sont priés de demeurer où ils se trouvent, sans troubler leurs descendants. C'est la philosophie grecque, les cultes orientaux fondés sur la mort du dieu et sa renaissance, puis le christianisme qui imposent peu à peu l'idée d'une foi dans l'au-delà.

LE SAVIEZ-VOUS ?

Dieux à tout faire

Les Romains sont gens à l'esprit pratique avant tout. Ils considèrent de ce fait les divinités comme destinées à les favoriser ou leur rendre service, en échange de l'accomplissement des rites appropriés. Ils érigent donc en divinités protectrices des lieux les plus inattendus un certain nombre de dieux et déesses :

- **Crepitus :** Crepitus est à Rome le dieu du… pet. Il préside aux émissions de divers gaz, aux flatulences. Représenté en homme au ventre ballonné, il est disposé dans les lieux d'aisance.
- **Pertunda :** Pertunda est la déesse de l'amour charnel. Sa statuette est placée dans la chambre à coucher des jeunes mariés afin de faciliter leur première étreinte et la perte de sa virginité pour la jeune fille.
- **Rumia :** Rumia est la déesse des tétons et de l'allaitement. Elle est représentée un sein nu, prête à allaiter l'enfant tenu dans ses bras.
- **Stercorius :** Stercorius est le dieu des lieux d'aisance, du fumier, des excréments. Sa statue voisine avec celle de Crepitus dans les endroits adéquats. Il préside également à la fumure des sols.
- **Vénus Cloacina :** protectrice de la chasteté du mariage, Vénus Cloacina est cependant plus connue comme protectrice des égouts, en particulier de la *Cloaca maxima*, le grand collecteur des égouts de Rome. Son temple se situe d'ailleurs, sur le Forum romanum, à l'endroit où la Cloaca maxima entre dans le forum.

Les grands mythes romains

Les grands mythes romains retracent l'aventure primordiale de la fondation de Rome. Il faut remonter à Énée, rescapé de Troie, fondateur de Lavinium, puis à ses descendants supposés, Romulus et Remus pour connaître le mythe fondateur. Par la suite, outre la reprise des principaux épisodes de la mythologie grecque, Rome acclimate ceux venus d'Asie, ainsi principalement de celui de Cybèle, la Grande Mère venue de Phrygie.

Cybèle

Cybèle, déesse de la Fertilité et de la nature sauvage, est adorée principalement à Pessinonte, en actuelle Turquie, où repose le *bétyle*, sa pierre sacrée tombée du ciel. Plus Rome s'étend, plus son empire comprend des régions éloignées où stationnent ses légions. De retour, les légionnaires importent les cultes locaux, dont celui de Cybèle, qui connaît un vif engouement, assimilée à la déesse romaine, Cérès, la grecque Déméter, protectrice des moissons et de la fécondité. En 204 av. J.-C., le bétyle est solennellement apporté à Rome pour assurer la victoire contre Carthage. Un temple à Cybèle est construit, mais les Romains ne peuvent pleinement participer à son culte que sous l'empereur Claude (41-54).

Le mythe de Cybèle est un mythe sanglant. Amoureuse de son fils-amant Attis, elle est saisie de jalousie quand il entend se marier. Elle le frappe alors de folie, au cours d'une crise il s'émascule. Les prêtres de Cybèle à Rome, les *galles*, s'émasculent en son honneur pour devenir dignes de la servir, lors de la fête des *sanguinaria*. Cette initiation du futur prêtre, s'il y survit, fait partie du *culte à mystères* de la déesse, c'est-à-dire d'un culte dans lequel, après l'étape initiatique, le nouveau fidèle se voit révéler, parfois au fil d'initiations successives, les secrets de la divinité et l'espoir d'une vie autre après la mort. Attis, mort et revenu à la vie, est associé à Cybèle-Cérès dans le cycle végétatif et plus largement à la fécondité.

Énée

Énée, héros troyen malheureux, descend d'un prince de sang royal, Anchise et de la déesse Aphrodite, devenue Vénus pour les Romains. Après la chute de Troie, où il échappe miraculeusement à la mort quand sa mère le transporte, dissimulé dans une nuée, à Pergame, il gagne Carthage. Avec l'achèvement de ses amours impossibles avec la reine Didon, relatées ici dans le chapitre consacré à Carthage, il accomplit son destin de fondateur d'empire. Suite à une escale en Sicile, il arrive dans le Latium, royaume des Latins, épouse Lavinia, fille du roi local. Il y fonde la cité de Lavinium, et devient divin après sa mort sous le nom d'Indiges. Il serait le lointain ancêtre de Romulus et Remus. Le mythe d'Énée est relaté à la fois par Homère dans l'*Iliade*, où il est un protagoniste essentiel, et par Virgile (70-19 av. J.-C.) dans son *Énéide*, entièrement consacrée cette fois à la vie du héros.

Romulus et Remus

Romulus et Remus naissent dans la famille royale d'Albe, fondée par Ascagne, fils d'un premier lit du héros Énée. Leur mère est la vestale Rhea Silvia, leur père le dieu Mars. Leur oncle, Amulius veut à la fois écarter de futurs compétiteurs au trône et laver l'indignité familiale, une vestale a l'obligation de demeurer vierge. Devenu roi, après avoir détrôné son père, il ordonne de jeter les jumeaux au Tibre. Mais les nouveau-nés sont laissés dans un panier sur les eaux du fleuve, dans l'espoir que ce dieu Tibre les prendra en pitié. C'est ce qui se produit. Le panier s'échoue sans dommage. Une louve passant entend leurs cris et les recueille, les allaite. Plus tard, ils sont découverts et adoptés par un couple de bergers.

Devenus grands, Romulus et Remus tuent leur oncle, rendent le trône à leur grand-père autrefois évincé. Toutefois, ils ne veulent pas attendre sa mort pour régner, décident de fonder leur propre royaume. Pour se départager, un seul peut devenir roi, ils escaladent chacun une proche colline, Remus l'Aventin, Romulus le Palatin. Ils recourent alors, comme les Étrusques, aux augures, signes envoyés par les dieux pour indiquer leur choix, ici sous la forme d'un vol d'aigles ou de vautours. Remus en compte six, mais Romulus douze. Le premier acte de fondation d'une ville consiste à en tracer la limite, à l'aide du sillon creusé par une charrue. Romulus le fait, déterminant ainsi la future enceinte sacrée de Rome, le *poemerium*. Le franchir en armes est un acte de guerre. Or Remus, par jeu, le passe d'un bond. Fou de colère, Romulus le tue aussitôt. Nous sommes le 21 avril 753 av. J.-C., Rome est fondée.

Romulus donne son nom à la cité, Rome. Pour la peupler, il accueille qui veut s'y installer, en grande majorité des hommes. Afin d'assurer l'avenir de sa ville, Romulus organise un stratagème : une fête est organisée pour les peuples alentour, principalement les voisins Sabins. Pendant le spectacle, les Romains se jettent sur les jeunes filles et femmes et s'enfuient, leur victime sur les épaules. Une guerre s'ensuit, longue et incertaine. Les Sabines y mettent fin en se jetant entre les deux camps lors d'une bataille, elles ne veulent voir mourir ni pères et frères sabins, ni maris et pères de leurs enfants romains. L'avenir de Rome est assuré.

POUR ALLER PLUS LOIN

La roche Tarpéienne

Tarpéia est le nom d'une jeune Romaine éprise du roi des Sabins lors de la guerre contre Rome. Par amour, elle ouvre les portes de la cité aux Sabins, mais meurt écrasée sous le poids des lourds boucliers qu'ils portent au bras gauche, ayant eu l'imprudence de réclamer « tout ce qu'ils portaient au bras gauche », songeant à un lourd bracelet d'or. L'assaut est repoussé, mais à Rome la *roche Tarpéienne* désigne désormais une éminence d'où sont précipités les condamnés à mort. Or, la roche Tarpéienne se trouve sur l'un des sommets du Capitole, où les généraux vainqueurs recevaient les honneurs du triomphe. Le proverbe « La roche Tarpéienne est proche du Capitole » rappelle opportunément que tout succès, si grand soit-il, si l'on s'en grise à l'excès, peut conduire à la déchéance et la mort. C'est également au flanc du Capitole que se trouvait l'*escalier des Gémonies* où étaient exposés les corps des suppliciés avant d'être jetés au Tibre. Nous en avons conservé l'expression « vouer aux Gémonies » pour indiquer le souhait ardent d'une fin pitoyable pour une personne détestée.

Les légendes romaines

Les légendes romaines se rapportent également aux premiers temps de Rome, à un moment où la jeune cité doit affronter ses voisins Albins, rejeter ses rois étrusques. Elles exaltent le courage et le sens du sacrifice d'hommes d'exception, les frères Horaces contre les frères Sabins Curiaces, Horatius Cocles seul sur le pont Sublicius face à l'armée ennemie. L'épisode de Mucius Scaevola et de l'héroïque Clélie est à retrouver dans le chapitre consacré aux Étrusques (chapitre 9). Lucius Junius Brutus chasse le dernier roi de Rome et instaure la République.

Horaces et Curiaces

Le combat des Horaces et des Curiaces est retracé par Tite-Live (59 av. J.-C.-17 apr. J.-C.) dans son *Histoire romaine*. La guerre fait rage entre Rome et Albe sous le règne de Tullus Hostilius (règne : 673-641 av. J.-C.), troisième souverain de Rome. Aucun des deux adversaires en présence n'est apte à s'imposer à l'autre. La tradition antique permet de régler le différend par un combat entre champions. Rome désigne les trois frères Horaces, Albe les trois frères Curiaces. La situation est d'autant plus cornélienne qu'ils sont beaux-frères. À l'issue du premier assaut, deux Horaces sont morts, les trois Curiaces blessés. Le seul Horace survivant, l'aîné Publius, opte pour une tactique destinée à équilibrer les chances, il prend la fuite en courant. Les trois Curiaces le poursuivent, mais le degré inégal de gravité de leurs blessures ne leur permet pas de demeurer ensemble. Publius n'a plus qu'à les affronter un par un et les tuer tous. Acclamé, il rentre à Rome. Mais l'une de ses sœurs, Camilla, aperçoit à son bras le manteau tissé par ses soins pour son fiancé Curiace, comprend sa triste fin et se lamente. Excédé, Publius la tue de son glaive. Le tribunal le condamne à la peine capitale, mais l'Assemblée du peuple commue la peine en un passage sous le joug, symbolisant sa soumission à la loi de Rome.

Le peintre Jacques Louis David (1748-1825), inspiré par la légende, ajoute un épisode de son cru avec *Le Serment des Horaces*, œuvre monumentale, de plus de 4 m sur 3 m, peinte en 1784.

Horatius Cocles

Horatius Cocles, c'est-à-dire « le Borgne », intervient dans la légende relatant la fin de la monarchie à Rome. Le dernier roi, étrusque, Tarquin le Superbe, vient d'être chassé. Il a réussi à convaincre un prince, lui aussi étrusque, Porsenna, de l'aider à reconquérir son trône. L'armée étrusque est sur le point de prendre Rome, il lui faut pour cela s'emparer d'un pont de bois jeté sur le Tibre, le pont Sublicius. Horatius Cocles, seul, la contient un moment, le temps d'ordonner à ses compatriotes d'abattre le pont. Puis il plonge, tout en armes, dans les eaux du Tibre, rejoint l'autre rive à la nage. Rome le récompense en lui donnant autant de terres que ce qu'il peut en délimiter avec une charrue en un jour et lui élève une statue au *comitium*, à la fois palais de justice et plus tard lieu de réunion des *comices*, les différentes assemblées du peuple.

Lucius Junius Brutus

Lucius Junius Brutus est le neveu du roi étrusque Tarquin le Superbe, dernier à régner sur Rome. Les dieux lui révèlent son destin par un prodige, un serpent sorti d'un pilier du palais royal. Pour en trouver le sens, il part avec ses deux cousins, fils du roi, interroger l'oracle de Delphes. La véritable question est posée à la Pythie, non au sujet du serpent, mais pour savoir lequel deviendrait le prochain maître de Rome. Elle répond : « Celui qui en premier embrassera sa mère. » Brutus, plus fin, feint de tomber au sol et en profite pour embrasser la terre, mère universelle. Peu après leur retour à Rome, Tarquin le Superbe entre en guerre. Il profite des opérations militaires pour laisser violer Lucrèce, femme de son cousin, par son fils Sextus. Elle révèle son déshonneur à Brutus, qui fait serment de chasser Tarquin et d'établir une république. Le soulèvement populaire, facilité par le sentiment d'horreur lié à l'infortune de Lucrèce, qui s'est suicidée, réussit. Tarquin le Superbe est contraint à la fuite. Brutus instaure la République, il est élu consul avec un collègue, pour la première fois dans l'histoire des institutions républicaines. Désormais la volonté commune est exprimée par la devise S.P.Q.R., *Senatus Populus Que Romanus* (Le Sénat et le peuple romain), en tête de toutes les décisions officielles.

LE SAVIEZ-VOUS ?

Le sacrifice de Marcus Curtius

Tite-Live (59 av. J.-C.-17 apr. J.-C.) relate, au chapitre VII, livre 6, de son *Histoire romaine*, le geste héroïque d'un jeune Romain, Marcus Curtius, en 362 av. J.-C. Les Romains, négligents, ont omis de sacrifier en l'honneur des divinités infernales. Ces dernières, pour les punir, ouvrent au centre du *Forum romanum*, le forum le plus ancien, un vaste cratère, rappelant leur présence aux oublieux Romains. Les devins sont consultés et déclarent que seul le sacrifice du plus valeureux des citoyens apaiserait les dieux des Enfers. Le jeune patricien Marcus Curtius, guerrier couvert de gloire, n'hésite pas, se précipite avec son cheval et en armes dans le gouffre qui l'engloutit, puis se referme. La légende met en relief l'esprit de sacrifice attendu du citoyen pour sauver sa cité, mais aussi le prix attaché à la *virtus*, la vertu, c'est-à-dire le courage au sens premier du terme.

L'héritage romain

Le legs de Rome relève pour l'essentiel d'un héritage politique. Il s'agit de la définition des institutions, de la répartition des pouvoirs, des droits et des devoirs du citoyen. Pour contrôler des territoires immenses, les voies romaines se multiplient, souvent suivant le tracé des grands axes qui sillonnent l'Europe actuelle. Enfin, Rome laisse le rêve inassouvi d'un empire universel, ou à tout le moins étendu au monde connu ou à l'Europe, repris par Byzance, le Saint Empire ou Napoléon Ier.

La loi romaine

Les Romains ne sont pas en vain les spécialistes du droit. Les lois romaines permettent de nos jours encore de définir une partie importante de la vie quotidienne : nom propre, prénom, mariage, divorce, etc.

Le mariage

À Rome, il existe des mariages très différents, réglés chacun par des droits et devoirs bien précis. Pas ou peu de fiançailles, en revanche, elles ne sont pas obligatoires. L'essentiel est la possibilité juridique d'épouser quelqu'un, le *connubium*, impossible, par exemple, entre un citoyen et une esclave.

- **Le mariage avec convention :** La femme quitte sa famille, s'en sépare légalement, pour appartenir désormais à celle de son mari. Elle sera *mater familias* (mère de famille).

- **Le mariage sans convention :** La femme reste légalement membre de sa famille d'origine. Elle sera *uxor*, épouse, et non mère de famille.
- **Le mariage par cohabitation :** Après un an de vie commune, un homme et une femme sont considérés comme mariés. S'ils veulent rester célibataires, l'un des deux doit s'absenter trois nuits par an.
- **Le mariage par « partage du pain » :** C'est la forme la plus solennelle. Célébré devant dix témoins, il est le seul accompagné d'une cérémonie religieuse. Réservé, ou presque, aux patriciens, il est de moins en moins pratiqué au fil du temps.

POUR ALLER PLUS LOIN

« Là où tu seras Caius, je serai Caia »

La cérémonie de mariage ne concerne que le dernier cas, « par partage du pain ». Un contrat de mariage est signé devant témoins, l'homme remet à la femme un anneau, probablement déjà porté à la main gauche, à l'annulaire ou doigt qui porte l'anneau. Un jour favorable est fixé. Le jour dit, la mariée est vêtue de blanc, avec un voile nuptial jaune et des chaussures jaunes aussi. Un mouton est sacrifié, sa peau coupée en deux, chaque moitié posée sur la chaise du mari et la chaise de la femme. Ils s'asseyent, tête couverte par un voile. Les formules de mariage sont échangées : « Là où tu seras Caius, je serai Caia. » Les voilà mari et femme. Ils partagent un gâteau d'épeautre, le blé sauvage. Le soir, la jeune épouse est conduite à la demeure de son mari, portant une quenouille et un fuseau avec de la laine, destinés à être placés sur les montants de la porte d'entrée. Elle franchit le seuil dans les bras de son époux, sans toucher le seuil, ce qui porterait malheur. Une fois à l'intérieur, il la pose sur une peau de mouton et lui remet les clefs de la maison. Un banquet commence ensuite, rythmé de chansons paillardes.

Le divorce

À l'origine réservé aux hommes, le divorce peut être par la suite demandé par le mari ou la femme. Sa pratique est simple, réduite au minimum : un témoin de bonne moralité doit venir entendre la volonté de divorcer clairement exprimée, il n'y a pas besoin d'un motif précis. Elle est ensuite enregistrée par un tribunal. Un Romain ne peut avoir qu'une épouse à la fois, il doit attendre que le divorce soit officiellement prononcé pour se remarier, tout comme sa femme. Les biens sont partagés suivant les termes du contrat de mariage, s'il n'y en a pas, l'épouse récupère sa dot.

Les voies romaines

Donner des lois à l'Empire, c'est bien. Relier tous ses points vitaux, villes, forteresses, frontières, pour les faire appliquer, c'est encore mieux. Pour cela, il faut construire un réseau de voies de communication rapides, bien entretenues : les voies romaines. En dehors des troupes, des magistrats en déplacement, elles favorisent le commerce, répandent la *Pax Romana* (la paix romaine), et le mode de vie romain. Le *roman way of life* a précédé de deux mille ans sa lointaine cousine américaine. Et tout cela grâce aux routes.

La plus ancienne voie romaine est la *Via Appia* créée en 312 av. J.-C., qui relie Rome à Capoue, au sud de l'Italie. En dehors du fait d'avoir servi, tout du long, à crucifier les esclaves après l'échec de la révolte de Spartacus, elle est surtout connue, au sortir de Rome, pour le commerce galant qui s'y pratique. Prostitués, hommes et femmes, y font regretter le séjour romain aux partants, distillent leurs charnelles promesses aux arrivants.

Les autres principales voies romaines sont :

- **La *Via Aurelia* :** elle relie Rome à la Ligurie par la côte.
- **La *Via Flaminia* :** de Rome à l'Ombrie.
- **La *Via Aemilia* :** de Rimini à Plaisance.
- **La *Via Cassia* :** de Rome à l'Étrurie (pays des Étrusques).
- **La *Via Clodia* :** de Rome à la mer Tyrrhénienne.
- **La *Via Domitia* :** de l'Italie à l'Espagne, par Narbonne.
- **La *Via Egnata* :** de Durazzo (actuel) à Byzance (Istanbul).
- **La *Via Latina* :** de Rome à l'Italie du Sud.
- **La *Via Postumia* :** de Gênes à Aquilée.
- **La *Via Salaria* :** la « route du sel », de Rome vers la Sabine (pays des Sabins).
- **La *Via Valeria* :** de Rome vers l'Italie centrale.

Le rêve impérial

La puissance militaire de Rome, capable de réduire la Méditerranée à une *Mare Nostrum* (Notre Mer), véritable lac intérieur, est la source d'un rêve impérial poursuivi jusqu'à Napoléon Ier au début du XIXe siècle. Byzance, tout d'abord, à l'origine Empire romain d'Orient, prétend, après la chute définitive de l'Empire romain d'Occident, en 476 de notre ère, reprendre le flambeau et le mythe d'un Empire romain recréé. Les Byzantins ne se nomment-ils pas eux-mêmes *Roumi* (les Romains) ? La chute de l'Empire byzantin, avec la prise de Constantinople en 1453 par les Turcs met fin à cette grandiose utopie.

En Europe même, Charlemagne (roi des Francs en 768, empereur d'Occident de 800 à 814), Carolus Magnus (Charles le Grand) se proclame empereur. Mais l'empire d'Occident disparaît en 924, morcelé en États rivaux. Othon Ier (empereur : 962-973) restaure à son profit son successeur, l'Empire romain germanique, ou Saint Empire romain germanique en 962. Comme son prédécesseur, il prétend être l'héritier de l'Empire romain, regroupe les territoires d'Europe centrale et orientale. Il disparaît en 1806 sur ordre de Napoléon Ier (empereur : 1804-1815) qui entend bien être le seul empereur en Europe, à l'exception du *tsar* de Russie, lui aussi revendiquant ouvertement la succession de la Rome impériale, puisque *tsar* signifie *césar*, l'un des titres des empereurs romains. L'Empire napoléonien s'effondre en 1815, celui du tsar en 1917 et avec eux toute référence et prétention directe à être le continuateur de Rome, l'Union européenne ne saurait être envisagée à un tel titre, en dépit de sa fondation alors en qualité de Communauté économique européenne (CEE) par le traité de Rome en 1957, signé au Capitole, dans la salle des Horaces et des Curiaces.

Chapitre 11

Carthage, marins et commerçants

Dans ce chapitre :

- Carthage contre Rome
- Les éléphants d'Hannibal
- Les enfants sacrifiés aux dieux

« C'était à Megara, faubourg de Carthage, dans les jardins d'Hamilcar » : la première phrase du *Salammbô* (1862) de Gustave Flaubert (1821-1880) nous introduit dans un univers familier et magique. Carthage au-delà du roman et du *Delenda Carthago est* de Caton l'Ancien (234-149 av. J.-C.) étend sa civilisation sur les deux rives de la Méditerranée occidentale, entre le milieu du VIIIe siècle av. J.-C. et la chute finale, dernier épisode de la troisième guerre punique, en 146 av. J.-C. Son histoire se tisse entre mythe, la tragique fin de la reine Didon, domination maritime et commerciale, épisodes guerriers – inoubliable Hannibal et ses éléphants franchissant les Alpes –, rites sacrificiels sanglants à Baal, et un raffinement des arts, de la vie quotidienne hérité de l'opulente Tyr en Phénicie, métropole d'origine. C'est de cette dernière que Carthage reprend et amplifie l'usage de la monnaie, donne en partie son alphabet aux Étrusques, revendique d'avoir contribué à fonder Rome en accueillant Énée.

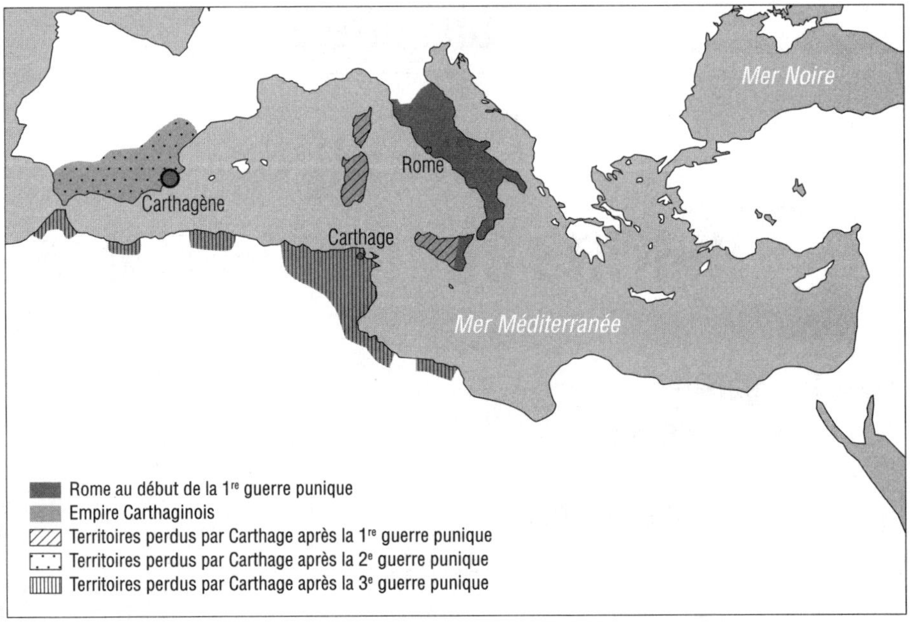

Figure 11-1 : Carthage.

Les grandes étapes de l'histoire carthaginoise

L'histoire carthaginoise est celle d'une colonie phénicienne de la ville de Tyr, sur la côte aujourd'hui du Liban, qui a réussi à s'implanter sur le site de l'actuelle Tunis, à prospérer jusqu'en Espagne, en Corse, en Sicile, et s'effondre sous les coups de l'autre puissance montante de la Méditerranée occidentale, Rome.

La fondation

Il existe deux fondations de Carthage, celle du mythe et de l'an 814 av. J.-C., celle des historiens qui la situent aux alentours du milieu du VIIIe siècle av. J.-C. Selon le mythe, la future reine Elissa, plus connue sous le nom de Didon, fuit la cour de son frère, Pygmalion, roi de Tyr. Elle obtient du souverain berbère local un terrain « de la superficie d'une peau de bœuf ». Ses espoirs de se débarrasser ainsi des arrivants s'évanouissent quand l'habile Didon fait découper la peau en lanières, mises bout à bout, elles servent à délimiter les contours de la première enceinte de la future Carthage. Pour les historiens, elle est l'un des nombreux comptoirs phéniciens installés sur les côtes d'Afrique du Nord, en Crète, Sicile, sur Chypre ou les Baléares. Sa position stratégique, sa puissance maritime lui permettent dans un premier temps de s'émanciper de Tyr, puis, au Ve siècle av. J.-C. de mener une politique d'expansion économique et militaire.

POUR ALLER PLUS LOIN

« Quand je reposerai »

C'est dans l'*Énéide*, épopée de la fondation de Rome par le Troyen Énée, de Virgile (70 av. J.-C.-19 av. J.-C.), que sont chantées les amours du héros et de la reine Didon. Énée a fui Troie en flammes avec ses compagnons, et trouve refuge à Carthage. La reine Didon s'éprend de lui, mais le destin réserve à Énée de fonder une nouvelle Troie, la future Rome. Quand son amant la quitte, éplorée, la reine se donne la mort sur un bûcher. Henry Purcell (1659-1695) en tire en 1689 un splendide opéra, *Didon et Énée*, et l'air déchirant de la souveraine mourante à sa confidente Belinda, « When I am laid », « Quand je reposerai » (en Terre), lui demandant d'honorer sa mémoire en oubliant son triste destin.

L'apogée

C'est du Ve siècle av. J.-C. que Carthage connaît à la fois son apogée et ses premiers problèmes. Elle a réussi à asseoir sa domination sur les autres comptoirs phéniciens des rives de l'Afrique du Nord, fondé ses propres établissements au sud de l'Espagne. Elle domine la Sardaigne, la Corse, les Baléares. Des alliances militaires sont conclues avec les Étrusques, un traité de commerce avec Rome. Sa flotte domine la Méditerranée occidentale.

Mais sa puissance inquiète la Grèce, qui soutient en Sicile les cités de Grande Grèce. En 480 av. J.-C., le général Hamilcar est battu à Himère. Les conflits se poursuivent, contre les cités siciliennes, Syracuse notamment, et contre le roi d'Épire, une région à l'ouest de la Thessalie, Pyrrhus (v. 318-272 av. J.-C.), avec des fortunes diverses. Elles sont l'occasion d'une évolution politique de Carthage, du gouvernement aristocratique vers une république où les aristocrates partagent le pouvoir avec les notables. Pyrrhus retourné en Épire, les cités siciliennes plus ou moins dominées, la Sicile devient un enjeu stratégique entre Carthage et Rome, provoquant les trois guerres puniques.

Les guerres puniques

Les trois guerres puniques se déroulent entre 264 et 241 av. J.-C., 219 et 202 av. J.-C. et enfin 149 et 146 av. J.-C., cette dernière se concluant par la destruction de Carthage et le triomphe de Rome.

La première guerre punique (264-241 av. J.-C.) est en réalité une succession d'escarmouches et de batailles, pour la possession de la Sicile et de ses principales cités. Une fois la puissance grecque écartée, Carthage et Rome sont face à face. Qui contrôle la Sicile détient la clef de l'Italie du Sud. Le prétexte à la guerre est la prise de Messine par les Carthaginois. Les Romains finissent par l'emporter, en 241 la Sicile est sous leur contrôle, ainsi que le détroit de Messine qui sépare la Sicile de l'Italie. Le bilan est cruel pour Carthage, qui a également perdu la maîtrise de la Méditerranée occidentale au profit de la flotte romaine. Profitant de sa faiblesse, les mercenaires engagés par Carthage se révoltent, car ils n'ont pas pu être payés, l'amende infligée par Rome à Carthage étant énorme, 3 200 *talents*, un *talent* équivaut à environ 25 kg d'argent. Ils pillent les côtes d'Afrique du Nord avant d'être écrasés par le général Hamilcar Barca (v. 270-228 av. J.-C.).

La seconde guerre punique (219-202 av. J.-C.) prend place alors que les deux adversaires ont renforcé leur position : Carthage étend sa mainmise sur le riche Sud espagnol, accapare terres à blé et mines d'argent pendant que Rome s'implante en Corse et en Sardaigne. Chacun s'approche de l'autre, le choc est inévitable. Le prétexte en est la prise de Sagonte, près de l'actuelle Valence, par les Carthaginois. Ces derniers confient l'armée à Hannibal Barca (247-183 av. J.-C.), fils d'Hamilcar. Partie d'Espagne, forte de 50 000 à 60 000 fantassins, d'environ 10 000 cavaliers et de quelques dizaines d'éléphants, son armée franchit les Alpes en automne au prix de lourdes pertes en hommes et animaux, et inflige quatre défaites consécutives aux Romains lors des batailles du Tessin (octobre 218 av. J.-C.), de Trébie (décembre 218 av. J.-C.), du lac Trasimène (juin 217 av. J.-C.) et Cannes, en Apulie, au sud-est de l'Italie (août 216 av. J.-C.).

POUR ALLER PLUS LOIN

Les délices de Capoue

Après la victoire de Cannes, Hannibal prend ses quartiers d'hiver à Capoue, en 216-215 av. J.-C. Renommée pour la douceur de son climat, ses fastueux banquets, ses prostituées, la cité ne tarde pas à exercer son pouvoir émollient sur les farouches Carthaginois. Oublieux de son dessein, Hannibal laisse ses troupes s'adonner aux « délices de Capoue » et perd ainsi l'occasion de profiter de ses victoires accumulées pour écraser Rome. Le réveil, tardif, conduit au désastre de Zama une dizaine d'années plus tard. Nous en avons gardé l'expression « délices de Capoue » pour marquer le danger d'une existence de plaisirs sans contrainte, qui éloigne de la réalité.

Le théâtre des opérations se déplace en Sicile après que Rome a réussi à couper Hannibal de ses bases en Espagne. Peu à peu, les Carthaginois sont repoussés. La bataille décisive se tient à Zama, près de Carthage, en 202. Les Carthaginois y sont défaits. Carthage perd ses possessions, l'Espagne et les Baléares, sa flotte de guerre, se soumet à Rome pour l'engagement d'une quelconque action militaire, doit lui verser 10 000 talents d'indemnités de guerre.

La troisième guerre punique (149-146 av. J.-C.) se déclenche par une erreur de Carthage. Alors que le traité de paix lui interdit toute action militaire sans l'aval de Rome, Carthage répond à une attaque du roi numide Massinissa (v. 238-148 av. J.-C.), allié de Rome, par l'envoi de forces armées. Le Sénat en prend prétexte. Après trois ans, la ville est prise, brûlée puis rasée. La légende veut que les Romains l'aient aspergée de sel pour en faire à jamais une terre stérile. La victoire romaine est totale et définitive.

POUR ALLER PLUS LOIN

Les Scipions

Les guerres puniques sont inséparables de la famille illustre des Scipions, membres de la *gens*, groupe familial des Cornelia. Deux d'entre eux, tous deux généraux romains, prennent une part active à l'abaissement puis à l'écrasement de Carthage : Publius Cornelius Scipio Africanus (235-183 av. J.-C.), dit « l'Africain » car il est le vainqueur de Zama en 202 av. J.-C., doit son surnom à cet épisode glorieux des armées romaines en Afrique ; Publius Cornelius Scipio Aemilianus Africanus minor (185-129 av. J.-C.), surnommé « Second Africain », prend Carthage et la détruit en 147-146 av. J.-C.

Les principaux sites et monuments carthaginois

La victoire romaine s'est hélas accompagnée de la réalisation du trop fameux *Delenda Carthago* (Il faut détruire Carthage), et les restes des monuments et sites de l'actuelle Tunisie reflètent avant tout la civilisation romaine. Toutefois, les fouilles ont permis de dégager les restes du *tophet*, ou temple voué au culte de Tanit et de Baal-Hammon, objet encore d'une controverse portant sur les sacrifices humains, ceux d'enfants en bas âge.

Le tophet de Salammbô

Le *tophet*, sanctuaire consacré à Tanit, déesse de la Fertilité, et à Baal-Hammon, dieu suprême et protecteur de Carthage, est découvert en 1920, non loin du port de commerce. Son existence est attestée dès 725 av. J.-C. Son emplacement est celui de la nécropole où sont inhumés les *vases cinéraires*, les urnes contenant les cendres et ossements des enfants en bas âge, des animaux sacrifiés aux divinités. L'ensemble se présente sous la forme d'une fosse aux sacrifices, délimitée par les stèles les commémorant. Il s'agit d'une reprise du culte pratiqué par les Phéniciens, et l'on trouve des *tophets* dans nombre des colonies qu'ils ont fondées, en Afrique du Nord, Sicile, Sardaigne. Celui de Carthage, ou tophet de Salammbô, est détruit par les Romains avec la ville, en 146 av. J.-C., mais l'autel des sacrifices a été retrouvé, ainsi que de nombreuses stèles et urnes funéraires.

Les stèles puniques

Les stèles puniques du *tophet* de Carthage ont été sauvées de l'oubli par l'usage que les Romains en ont fait, les utilisant pour construire leurs propres monuments. De petite taille, faites de calcaire, elles sont au sommet en forme de triangle, portent parfois des inscriptions en phénico-punique, et des représentations très variées, humaines, animales, ou de motifs floraux. Elles servent de commémoration d'un sacrifice offert à Tanit ou Baal-Hammon, appelé le sacrifice *molk*, ou par le feu, à l'origine un enfant, remplacé par la suite par un mouton.

Les grands personnages de Carthage

Les grands personnages de l'histoire de Carthage sont les frères Philène, fondateurs héroïques du territoire carthaginois, et les deux généraux, père et fils, Hamilcar Barca et Hannibal Barca, qui tentèrent en vain de s'opposer à l'hégémonie romaine sur la Méditerranée occidentale.

Les frères Philène

Les frères Philène, dont le nom signifie en grec « qui aiment la gloire », appartiennent à l'histoire légendaire de Carthage. Après sa fondation, la ville prospère et se trouve en concurrence avec sa rivale grecque Cyrène, sur les rivages de l'actuelle Libye. Selon Hérodote (v. 484-v. 425 av. J.-C.) et Salluste (26-35 av. J.-C.), Carthaginois et Cyrénéens trouvent une solution originale pour délimiter leur territoire réciproque. Chaque cité envoie ses coureurs les plus rapides à un même moment. Le lieu de leur rencontre sera la frontière future. Or les frères Philène sont plus rapides, ils couvrent environ les deux tiers de la distance séparant les deux villes. Ulcérés, les Cyrénéens les accusent d'avoir triché en partant plus tôt que prévu. Pour montrer leur bonne foi et leur détermination à ne pas reculer, les frères Philène acceptent de se faire enterrer vivants sur place, leurs corps marquant à jamais la frontière. L'historien, au-delà de la légende, connaît deux certitudes : une frontière est bien établie entre Carthage et Cyrène vers le milieu du IVe siècle av. J.-C., et les Romains édifient plus tard un monument fait de quatre colonnes surmontées de statues à son emplacement.

Hamilcar Barca

Hamilcar, ou Hamilcar Barca (v. 270-228 av. J.-C.), dont le nom signifie « la foudre », est membre d'une famille aristocratique. Il se voue au métier des armes et s'illustre lors de la première guerre punique, particulièrement après son issue, quand il parvient à écraser les mercenaires révoltés. C'est le début de sa carrière politique à Carthage. Fort du soutien du parti populaire, il impose un accroissement des pouvoirs de l'Assemblée du peuple, désormais elle élit deux magistrats, les *suffètes* (juges) à la tête de la République. Ils exercent les pouvoirs exécutif et judiciaire, assistés par un Conseil des Anciens. C'est également l'Assemblée du peuple qui confie le pouvoir militaire aux généraux, quand Carthage est en guerre. Mais sa popularité lui attire la haine des grandes familles qui ne cessent d'intriguer contre lui. Il s'installe donc en Espagne, vers 236 av. J.-C., dans la région de Gadès, l'actuelle Cadix, où il crée peu à peu un véritable État riche des ressources fournies par les mines d'or et d'argent, l'État barcide, du nom de la famille, Barca. Il lève des troupes et bat monnaie à son nom, mais continue à verser un tribut à Carthage. Il meurt lors d'une bataille, non sans avoir au préalable inculqué à ses deux fils, Hannibal et Hasdrubal, une haine inexpiable de Rome.

Hannibal Barca

Hannibal (Aimé de Baal) Barca (247-183 av. J.-C.) succède à son père Hamilcar comme général de l'armée carthaginoise en 221 av. J.-C. Lettré, énergique, il devient le modèle du stratège, à l'image d'Alexandre le Grand (356-323 av. J.-C.) qu'il s'est donné pour modèle. Son ambition pour Carthage tient en peu de mots, la revanche contre Rome. Il dispose pour ce faire des richesses espagnoles, d'une armée de mercenaires et de ses éléphants. Il parvient à conquérir une grande partie de l'Italie, mais échoue à prendre Rome, qui, en revanche, investit la quasi-totalité de sa position arrière en Espagne. Coupé de ses bases, Hannibal tente en vain une alliance avec Philippe V de Macédoine (238-179 av. J.-C.), qui demeure purement formelle. Son frère Hasdrubal (245-207 av. J.-C.) est vaincu et tué par les Romains en 207, Rome reprend l'avantage. Hannibal est vaincu à Zama, en 202. Ses tentatives pour jouer encore un rôle politique à Carthage sont vite brisées. Élu suffète en 195, il est démis de ses fonctions sur ordre de Rome. Il fuit alors sa patrie, se réfugie de cour en cour, toujours plus loin au fur et à mesure de l'avancée de la puissance romaine. En 183, sur le point d'être livré aux Romains par son hôte, le roi de Bithynie, en Turquie actuelle, il se suicide.

LE SAVIEZ-VOUS ?

Les éléphants de guerre

En 218 av. J.-C., Hannibal franchit les Alpes avec son armée, en direction de la plaine du Pô. Il compte parmi ses forces environ quarante éléphants de guerre, dont vingt-deux survivent à la traversée de la chaîne de montagnes. Ils sont un apport décisif lors des batailles du Tessin, de la Trébie et du lac Trasimène, où ils sèment l'effroi chez les légions romaines. L'animal pas plus que son utilisation militaire ne sont inconnus des Romains, mais la surprise est totale de les voir accompagner une armée qui a franchi les Alpes, ce qui semblait *a priori* impossible pour les énormes mammifères. Hannibal reprend ainsi la geste de son héros, Alexandre le Grand, qui, lors de la bataille de l'Hydaspe, en 326 av. J.-C., avait vaincu le roi Poros en dépit de ses deux cents éléphants caparaçonnés, et adopté par la suite ces pachydermes comme arme de guerre.

Religion, mythes et légendes de Carthage

La religion punique reprend l'héritage phénicien. Les divinités les plus honorées sont Baal-Hammon (le Seigneur), dieu suprême et tutélaire, la déesse Tanit, de la fertilité, ou encore Eshmoun, dieu médecin, Melqart, protecteur des hommes. Les mythes sont liés à la vie de ces dieux et déesse, à leur rapport avec les hommes et avec leur cité terrestre, Carthage.

Le panthéon punique

Le panthéon punique compte ses figures propres, Baal-Hammon, Tanit, Eshnoum, Melqart, ce qui n'empêche nullement un important syncrétisme, poussé avec les divinités gréco-romaines ou égyptiennes.

Baal-Hammon

Comme pour les autres cités phéniciennes ou *puniques*, terme qui signifie « Phéniciens d'Occident », les dieux sont avant tout *poliades*, c'est-à-dire propres à la ville, ici Carthage, dont ils sont les protecteurs par excellence. Le dieu suprême y est Baal-Hammon, encore dans son origine très mystérieux, mais qui présente des aspects de puissance connus. Il est à la fois guerrier, favorise la germination, se manifeste par l'orage. Il est assimilé par les auteurs romains à Saturne. Il pourrait également être l'une des origines du Moloch biblique, divinité à laquelle on sacrifie des enfants en les jetant dans un brasier.

Eshmoun

Eshmoun est le dieu guérisseur, plus tard assimilé à Asclépios. Vénéré à Tyr, Chypre, Sidon où il porte le titre de « prince saint », il occupe à Carthage un rang moins élevé dans la hiérarchie divine, mais de nombreux *ostraca*, tessons de poterie, l'invoquent, prouvant sa vitalité dans le cœur du peuple.

Melqart

Melqart, ou Melkart, dont le nom signifie « Roi de la cité », l'est effectivement à Tyr, mais s'efface devant Baal-Hammon à Carthage. Il est assimilé à Adonis et à Héraclès. Ce syncrétisme s'explique par son mythe. Selon les sources grecques, Melqart aurait connu, bien que dieu, la mort et la résurrection. Il est de ce fait une divinité agraire, liée au cycle de la germination des grains enfouis sous terre. La cérémonie principale de son culte aurait consisté en une représentation de sa mort, de son ensevelissement et de sa résurrection. Elle s'accompagnait de rites sexuels, dont la *hiérogamie*, mariage sacré du dieu. Un titre sacerdotal, celui « d'éveilleur de la divinité » pourrait être lié à ce rite.

Tanit

Tanit, la « Dame de Carthage », forme avec Baal-Hammon le couple divin suprême. Toutefois, elle semble jouir, sur les stèles, d'une préséance, son nom est toujours mentionné avant celui de son auguste époux. Déesse de l'amour, de la fertilité, mais aussi de la guerre, elle est rapprochée de l'Astarté phénicienne et de l'Aphrodite grecque. De très nombreuses stèles attestent de la vitalité de son culte, notamment par la présence du « signe de Tanit » : une figure humaine schématique, bras levés, tenus à l'horizontale, coudes pliés. D'autres symboles sont associés à Tanit, caducée, poisson, main ouverte, sans qu'il soit possible de leur conférer une signification exacte.

POUR ALLER PLUS LOIN

Le sacrifice molk

Le sacrifice *molk* se pratique dans l'aire de civilisation sémitique et phénicienne. Il consiste en l'offrande à un dieu des prémices, premiers fruits, premiers épis, premiers agneaux, ou premiers enfants. Ce dernier point est attesté à Carthage, même si, dès la haute antiquité, il y a une tendance à la substitution de l'enfant par un agneau. L'enfant est jeté vif au feu des bûchers sacrés, brûlé, ses cendres déposées dans une urne, une stèle est érigée, commémorant le sacrifice. Cette pratique survit à la disparition de Carthage, les textes romains font allusion au *molchomor*, transcription du punique « sacrifice molk d'un agneau », offert à Saturne. Le monde scientifique est encore aujourd'hui très partagé à ce propos, certains chercheurs inclinent à voir dans l'abondance des ossements d'enfants retrouvés dans le tophet de Salammbô, le seul fait qu'il s'agissait d'un cimetière pour ces derniers, le sacrifice *molk* concernant par suite la seule offrande d'un jeune animal.

Didon et Énée

Selon la légende, Elissa, ou Didon, sœur du roi de Tyr Pygmalion, fuit sa cité natale pour échapper à la tyrannie fraternelle. Elle a épousé son oncle Acherbas, grand prêtre de Melqart. Ses richesses sont convoitées par Pygmalion, qui le fait assassiner. Elissa comprend qu'elle risque fort d'être la prochaine victime de son frère. Elle feint donc de vouloir le rejoindre, avec ses trésors, au palais royal de Tyr. Pygmalion lui envoie des navires. La rusée Elissa dissimule ses biens précieux dans les cales et fait remplir des sacs de sable. En mer, elle ordonne qu'on les jette par-dessus bord, en sacrifice expiatoire pour le meurtre de son mari, dont l'esprit doit être apaisé. L'équipage des navires ne peut désormais que l'accompagner dans sa fuite, terrorisé à l'idée d'affronter le courroux royal. Elle est accompagnée de certains de ses fidèles, venus eux aussi de Tyr, ainsi que d'un groupe provenant de Chypre, formé de 80 vierges enlevées lors de l'escale, mariées aux Tyriens du navire.

Après plusieurs lieux envisagés, Didon choisit les riches terres alluviales d'un fleuve disparu, formant une péninsule. Elle y fonde Qart Hadaht (la Ville neuve), plus connue sous son nom de Carthage. Les limites de la cité, censées couvrir l'équivalent d'une peau de bœuf, sont habilement repoussées par Elissa, qui fait découper la peau en fines lanières formant un vaste cercle. Mais le souverain des lieux, Hiarbas, s'éprend de Didon et lui demande de l'épouser. Son refus provoque une guerre entre Carthaginois et Berbères. Carthage a le dessus. Selon Silius Italicus (26-101) dans ses *Punica*, Didon se remarie avec l'un de ses sujets pour échapper à de nouvelles pressions amoureuses. Il s'agirait de l'ancêtre direct de la famille des Barca, dont descendent Hamilcar et Hannibal. La fin tragique de Didon est bien connue, elle préfère la mort à l'abandon d'Énée.

L'héritage carthaginois

L'anéantissement de Carthage s'est accompagné d'une disparition dramatique de sa production littéraire. Nous connaissons la civilisation punique par des textes grecs ou romains, non par des écrits hérités des intéressés eux-mêmes. C'est donc sur une version grecque que s'appuie notre héritage du récit d'un des premiers voyages d'exploration le long des côtes de l'Afrique, de l'actuelle Tunisie au golfe de Guinée, connu sous le nom de *Périple d'Hannon*.

Le Périple d'Hannon est le récit, en grec, qui se veut la traduction d'un texte punique original, gravé dans le temple consacré à Baal-Hammon à Carthage. Il relate le voyage d'exploration entrepris par le suffète Hannon, vers 465 av. J.-C., sur ordre de la cité de Carthage. C'est le plus ancien témoignage de la découverte des côtes occidentales de l'Afrique. Il s'agit pour Carthage d'étendre sa puissance par l'installation de nouveaux comptoirs le long de la côte, aussi loin que l'expédition pourra parvenir. Elle aurait été forte de 60 navires, emportant plus de 30 000 hommes, chiffre difficilement envisageable, même si l'on admet qu'à chaque escale, une colonie devait être fondée par un groupe de pionniers. Il semblerait, en réalité, qu'il s'agisse des effectifs totaux de plusieurs expéditions successives, au demeurant tout à fait considérables.

Partie de Carthage, la flotte franchit les colonnes d'Hercule, notre détroit de Gibraltar, puis longe la totalité des côtes d'Afrique occidentale jusqu'à son ultime mouillage dans le golfe de Guinée, sur le rivage du Cameroun. Elle explore le delta du fleuve Sénégal. Il faut attendre le milieu du XVe siècle pour que les Portugais reprennent semblable voyage exploratoire.

Quatrième partie

Les peuples « barbares » du Nord et de l'Est

Dans cette partie…

L'Europe subit les vagues celtes, germaniques, vikings, les Huns. Pourtant, les nouveaux venus, qui s'installent durablement en Gaule ou donnent leur nom à la province de Normandie ne font pas que détruire. Une fois passée la période de conquête, ils apportent langues, coutumes, religions, pour donner naissance, par le mélange avec le monde romain finissant, à un fond culturel européen. Leur apport enrichit l'imaginaire commun, le druide rejoint la Walkyrie, les sagas et drakkars se fondent avec le piétinement sourd des cavaliers huns d'Attila.

Chapitre 12

Les Celtes, druides et guerriers

Dans ce chapitre :

- L'Europe celte
- Par Toutatis ou par Bélénos
- Des crânes dans le mur
- Des druides et pas de gui

Comparé au legs fastueux des grandes civilisations méditerranéennes, celui des Celtes peut paraître bien sommaire. Point de concentrations urbaines denses, point de monuments fastueux ou des traces de ce raffinement précieux si caractéristiques de la Grèce antique. Ce que nous en savons provient d'auteurs grecs, Polybe (v. 200-125 av. J.-C.), Strabon (v. 57-v. 21 av. J.-C.) et latins, surtout César (v. 100-44 av. J.-C.), mais aussi Pline l'Ancien (23-79) nous les présentent comme des peuples barbares disséminés, vivant au nord de l'Europe. Les apports de l'archéologie permettent de préciser qu'à la suite de mouvements d'expansion à partir du VIe siècle av. J.-C., ils occupent la France, la Suisse, l'Espagne, l'Allemagne, l'Autriche. Leur territoire s'étend jusqu'en Asie Mineure où ils apparaissent vers le IIe siècle av. J.-C. Ils permettent de découvrir de nombreux aspects d'une civilisation bien moins simple et fruste qu'on ne le supposait à l'origine et, au contraire, d'une extrême complexité.

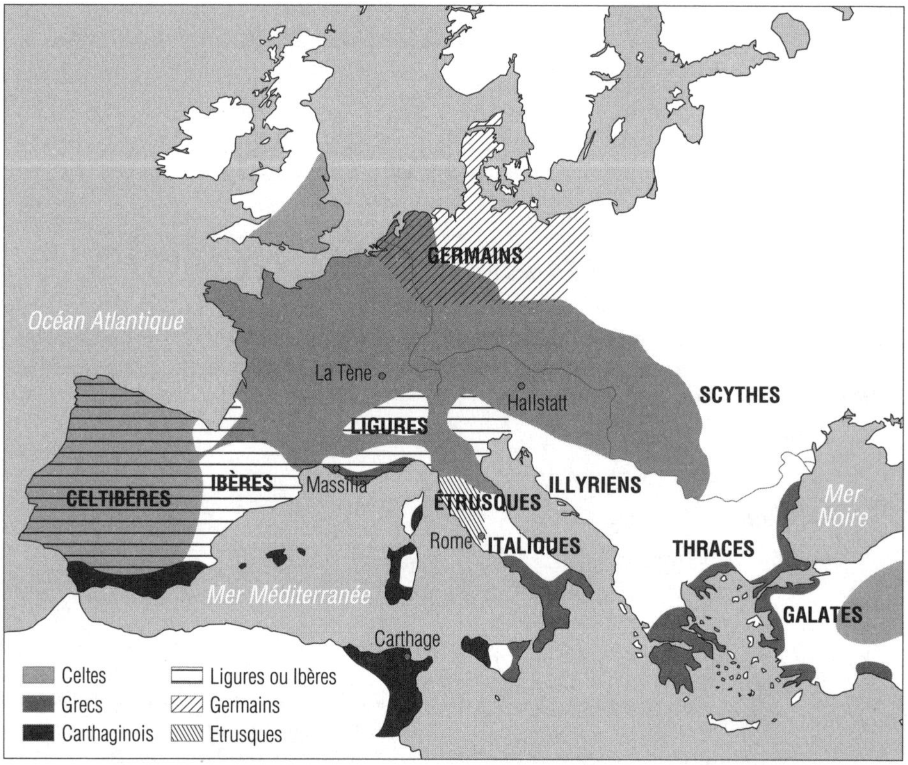

Figure 12-1 : Le monde celte.

POUR ALLER PLUS LOIN

L'origine du mot Celte

Le nom des Celtes pourrait avoir plusieurs origines. Tout d'abord d'une origine indo-européenne, *Kel Kol* (le colonisateur). Devenu grec, le mot s'est transformé en *Keltoï* (l'envahisseur), nom qui apparaît chez Hérodote (v. 484-v. 425 av. J.-C.). Un autre équivalent, *galataï*, va donner *galates*, lequel devient *galli* en latin, gaulois en français. Par ses différentes étymologies, nous avons déjà un rapide aperçu des cultures avec lesquelles les Celtes fusionnent. Leur origine reste toutefois assez mystérieuse. L'archéologie permet de les rattacher à la région du haut Danube, l'Allemagne du Sud et la Bohême. Les sources historiques situent leur diffusion depuis la préhistoire jusqu'au début du Moyen Âge.

Les grandes étapes de l'histoire celte

Étroitement mêlée à celle de l'Europe, l'histoire des Celtes, de leur origine jusqu'à leur extension, représente sept siècles. Pendant ce laps de temps, ils s'installent sur un territoire immense, de la mer Noire aux îles britanniques. Toutefois, nous ne pouvons parler réellement ni d'une unité celte, ni d'un « empire celtique » car leur extrême facilité d'assimilation donne vite à leur culture les caractéristiques des peuples et des lieux qu'ils investissent. Seule l'Irlande maintient encore cinq siècles, jusqu'à sa conversion au christianisme, leur culture intellectuelle et religieuse. C'est sans doute leur incapacité à s'unir et à fonder des entités politiques plus vastes que la cité ou que la confédération de peuples qui les a perdus. Leur histoire est marquée par une succession de conquêtes spectaculaires, jusqu'au IIe siècle av. J.-C. qui les mène jusqu'en Asie Mineure puis par une suite de revers militaires qui les cantonne aux seules îles britanniques et à l'Irlande après la guerre des Gaules en 51 av. J.-C.

Les Protoceltes

La culture des *tumuli* (tertres funéraires), trouvés à l'époque du bronze moyen, entre 1500 environ et 1000 environ av. J.-C., et dans toute l'Europe centrale, serait rattachée aux Protoceltes. Des tumulus présentant les mêmes caractéristiques ont été mis au jour en Bavière, en Alsace et en Bourgogne. À la fin de l'âge du bronze, les Protoceltes, entre 1200 environ et 700 environ av. J.-C. auraient été confrontés avec de nouveaux envahisseurs modifiant les rites funéraires. On passe alors de l'inhumation à l'incinération. C'est la période des *champs d'urnes*, urnes dans lesquelles les cendres du défunt sont placées.

POUR ALLER PLUS LOIN

Les langues celtiques

À partir du Ve siècle, sous l'influence du latin, les langues celtiques continentales, les dialectes gaulois et le celte se modifient. En revanche celles du groupe gaélique, irlandais, écossais et britannique, breton, cornique en Cornouailles, gallois, demeurent. Un des faits les plus notoires est la perte du son « p » dans les langues celtiques. Ainsi on dira *porc* dans les autres langues indo-européennes et *orc* dans les langues celtiques. Mais les règles phonétiques du groupe celtique sont extrêmement complexes, ceci ne constitue qu'un exemple. Les consonnes initiales changent en fonction du son final du mot précédent.

La culture de Hallstatt

À la grande découverte du bronze succède une autre plus grande encore, celle du fer avec la maîtrise de la métallurgie du fer. Cette période appelée *culture de Hallstatt* (v. 700-v. 500 av. J.-C.), du nom d'un site archéologique situé dans le Salzkammergut en Autriche, est caractérisée par des grandes épées, retrouvées dans la nécropole de Chaveria dans le Jura, des vaisselles de bronze; par la sépulture en Côte-d'Or de Magny-Lambert. Ces populations guerrières ne sont que très partiellement celtes, il faut attendre la période de La Tène, deuxième période du fer, vers le Ve siècle av. J.-C. pour une celtisation véritable, jusqu'à la conquête de la Gaule par César. La fin de cette période est aussi appelée « âge des princes » en raison du développement de sépultures grandioses, celle d'Hochdorf, près de Stuttgart, des *oppida*, ces sites fortifiés sur des plateaux, ou des trésors retrouvés, celui de la Dame de Vix au pied du mont Lassois ou encore celui de la Heuneburg, sur le haut Danube.

L'expansion

Dès les débuts du Ve siècle av. J.-C., l'organisation en petites principautés dans le domaine nord-alpin disparaît, mais les échanges commerciaux de ces sociétés halstattiennes avec les cultures étrusques et grecques d'Italie se maintiennent. Des inscriptions en caractères empruntés à l'alphabet étrusque prouvent qu'il s'agit bien de groupes celtiques et qu'ils sont les premiers à utiliser l'écriture. C'est durant cette période d'expansion (v. 500-v. 300 av. J.-C.) que d'autres groupes, sans doute installés plus anciennement, apparaissent dans la péninsule Ibérique où ils prennent le nom de Celtibères. Les Celtes envahissent la Thrace et la Macédoine. Ptolémée Kéraunos, roi de Macédoine en 281-279 av. J.-C., trouve la mort en les affrontant. Ils désolent sous la conduite de leur chef Brennos la Macédoine et la Thessalie, pénètrent jusqu'en Grèce centrale et approchent Delphes en 279 av. J.-C., mais sont repoussés. Les peuplades du centre de la Grèce, les Étoliens, les Phocéens et les Béotiens, s'allient contre eux et défendent les Thermopyles.

Les Celtes franchissent l'Hellespont et le Bosphore en Asie Mineure sous la direction de leur chef Lutérios. Ils s'y établissent vers 278 av. J.-C., après avoir aidé le roi Nicomède Ier (règne : v. 278-v. 250 av. J.-C.) de Bithynie, dont ils reçoivent en récompense la province de Galatie, d'où leur nom de Galates. Ils sont confinés en Galatie, hauts plateaux de l'actuelle Turquie par le roi séleucide Antiochos Ier (règne : 280-261 av. J.-C.), de Syrie, qui les bat en 275 av. J.-C.

La Gaule celtique

La conquête du Pô, vers 200 av. J.-C., permet d'assujettir à Rome les tribus celtiques cisalpines. Celles-ci sont alors regroupées dans une province unique appelée *Gallia Togata* (Gaule en toge). L'an 118 av. J.-C. inaugure la nouvelle domination des rivages méditerranéens par les Romains. La région annexée s'appelle alors *Provincia*. Elle devient plus tard la Narbonnaise. On la qualifie de *Gallia Braccata* (Gaule en braies, le pantalon gaulois) pour l'opposer à la *Togata* et à la *Comata* (la Gaule chevelue), qui désignent le reste de la France et la Belgique. En 27 av. J.-C., Auguste distingue désormais trois Gaules : Belgique, Lyonnaise et Aquitaine. Ces différentes Gaules changent encore d'appellation au milieu du Ier siècle de notre ère et tendent à être davantage morcelées. Du IIe au Ier siècle av. J.-C., les Celtes sont pressés sur le continent à l'est par les Germains et au sud par les Romains. La pression démographique des Germains et leurs invasions en bandes armées contraignent les Celtes à se replier vers l'ouest, comme les Helvètes sous le roi Orgétorix qui tentent de s'installer en Gaule et sont repoussés par les Romains. La guerre des Gaules marque la fin de l'indépendance celtique en Gaule. Après la défaite d'Alésia (52 av. J.-C.), la Gaule est complètement occupée. La Bretagne (l'Angleterre actuelle) est envahie en 43 av. J.-C. à la suite d'une politique agressive menée par les fils de Cunobellinos contre Rome. La conquête s'achève avec Agricola (40-93) entre 78 et 83 de notre ère. Elle fixe la frontière sur la ligne des Highlands, mais celle-ci s'avère impossible à défendre. Les Celtes d'Irlande ne connaîtront pas les invasions romaines.

LE SAVIEZ-VOUS ?

Les Arvernes

Les Arvernes sont considérés comme l'un des plus puissants peuples celtiques à en croire Apollodore qui les qualifie au IIIe siècle av. J.-C. « de plus belliqueux parmi les peuples gaulois de la celtique ». Ils se mêlent à l'histoire romaine en 121 avant J.-C. alors que leur royaume s'étend déjà à l'ensemble de la Gaule, car ils perdent leur suprématie, vaincus par des généraux romains. Au début de la guerre des Gaules, Vercingétorix prend la tête des révoltes arvernes et de l'ensemble des Gaulois et rassemble cinq mille guerriers dans la coalition gauloise. La défaite a lieu à Alésia en 52 av. J.-C. et Vercingétorix est emmené comme captif à Rome avant d'être exécuté.

Les principaux sites et les monuments celtes

Les Celtes, société guerrière avant tout, ne laissent pour tout monument que des camps, des villes fortifiées, ou *oppida*, des sépultures riches de mobilier. Partout où ils ont séjourné, et quand l'archéologie le permet, sont retrouvés des restes de remparts, de sanctuaires en bois mais pas de traces monumentales. C'est à travers les innombrables objets retrouvés que nous pouvons le mieux appréhender leur culture même si une ville comme

Budapest, en Hongrie, est à l'origine un oppidum celtique, ou la ville suisse de Berne, à l'origine Brenodunum.

L'oppidum d'Entremont

L'oppidum d'Entremont est édifié en 175 av. J.-C. à proximité d'Aix-en-Provence, la capitale du peuple des Salyens. Au IIe siècle av. J.-C., ces derniers sont à la tête d'une grande confédération de tribus gauloises en lutte contre Massilia, Marseille. Un oppidum est une grande agglomération ceinte par une fortification continue. L'organisation interne n'est pas toujours bien connue. Le site d'Entremont s'est constitué en deux époques, la seconde datant sans doute de l'agrandissement de la ville, la portant à une superficie de 3 hectares et demi vers 150 av. J.-C. Le deuxième rempart est impressionnant par sa taille, mur de 3,25 m de large, s'élevant à 6 ou 7 m. Tous les 18 m se dresse une tour large de 9,15 m et d'une hauteur de 8 à 9 m. Les maisons à l'intérieur sont plus grandes que pour la première ville, environ larges de 4 à 5 m. Le plan des habitats est en damier comme celui des villes grecques. Des vestiges d'ateliers y ont été retrouvés presque uniquement dans la ville ancienne, fours de boulangerie, pressoirs et ateliers de bijoutiers. L'oppidum connaît sa fin en 123 av. J.-C., lorsque Rome envoie le consul Gaius Sextius Calvinus qui prend la ville et met fin à la puissance des Salyens.

UN PEU DE MYSTÈRE

Le portique aux crânes

Le portique aux crânes de l'oppidum d'Entremont est un bâtiment construit dans la ville haute, la plus récente, précédé d'une grande voie dallée. Celui-ci comporte une seule grande salle de 21 m sur 5 m et un étage où furent retrouvés les débris. Au rez-de-chaussée, il reste une banquette faite de stèles réemployées couchées. La façade est rythmée par des poteaux de bois dressés sur une autre rangée de stèles couchées gravées de douze têtes. Il s'agit d'un édifice public destiné à exposer les têtes coupées des ennemis. Une vingtaine d'entre elles ont été retrouvées parfois avec le clou qui servait à les fixer aux linteaux sculptés de têtes. À proximité, une dizaine de sculptures brisées représentent grandeur nature des guerriers assis en tailleur, la main gauche posée sur la tête, voire une pyramide de têtes coupées. De quoi donner raison à toute une littérature gréco-latine selon laquelle les guerriers celtes décapitaient leurs ennemis pour accrocher leurs têtes à leurs chevaux.

Le sanctuaire de Gournay-sur-Aronde

Le sanctuaire de Gournay-sur-Aronde se trouve dans la vallée de l'Aronde à quelques kilomètres de Compiègne, près d'un lieu marécageux. Il est fondé par les Belges venus s'installer en Gaule. Le sanctuaire occupe une surface de 1 500 m^2, sous la forme d'un rectangle entouré d'un fossé de 2,50 m de largeur et de 2 m de profondeur ceint d'une palissade de bois. L'ensemble de ces travaux appartient au IIIe siècle av. J.-C. Autour de la palissade, un nouveau fossé extérieur est creusé. Au centre du sanctuaire, se trouve une grande fosse de 3 m sur 4 et de 2 m de profondeur et neuf autres de taille plus réduite. Un espace d'environ 1,50 m permet la déambulation autour de la fosse principale. Dans la grande fosse, se trouvent les restes de carcasses de bœufs, environ 45, d'une centaine d'agneaux, d'une quarantaine de porcelets. De tels autels sont connus en Grèce où ils sont qualifiés de *chtoniens*, c'est-à-dire voués à des divinités souterraines. Dans le courant du IIe siècle av. J.-C., le sanctuaire fait l'objet de réaménagements : reconstruction de la palissade et du porche d'entrée, un de ces éléments essentiels, qui se présente comme une porte d'oppidum, et où étaient fixés les crânes des ennemis. Les armes, retrouvées en grand nombre, ont montré qu'il ne s'agissait pas d'armes neuves, mais portaient des traces de combat.

Le chaudron de Gundestrup

Le chaudron de Gundestrup (Ier siècle av. J.-C.) a été trouvé en 1880 dans une tourbière du Jutland au Danemark. Des quinze plaques d'argent qui le composaient, seules treize nous sont parvenues. La pièce pèse près de 90 kg pour un diamètre de 68 cm sur 40 cm de haut. Le répertoire figuratif se rattache à l'essentiel des thèmes celtiques de la mythologie. Le chaudron renferme la connaissance, l'abondance ou la faculté de redonner vie. Cernunnos, le dieu cornu, Taranis, dieu du tonnerre, un autre dieu qui plonge des guerriers morts dans un chaudron afin de les ramener à l'existence sont figurés. À l'intérieur, des guerriers, des animaux sont représentés.

Le tumulus de Hochdorf

Datant de la période de l'âge du fer (VIe siècle av. J.-C.), le tumulus de Hochdorf se trouve à Hochdorf dans le Bade-Wurtemberg, en Allemagne. La sépulture appartient à un guerrier celte, âgé de 45 ans environ, et son très riche mobilier laisse supposer qu'il s'agit d'un prince. On la rattache aux sépultures des chefs *boïens*, ces Celtes qui s'installèrent en Italie et en Europe centrale. Le tumulus excavé est d'un diamètre de 60 m et d'une hauteur de 6 m environ. En son centre, une chambre creusée comporte deux caissons de 7,4 m sur 7,5 m et de 4,7 m sur 4,7 m. La séparation entre les deux est comblée par 50 tonnes de pierres. Le toit qui les recouvrait s'est effondré au cours du temps. Le corps du propriétaire avait été déposé sur un lit de bronze. Autour de lui se trouvaient déposés un poignard, un torque et un bracelet en or. À ses pieds, un cratère rempli à l'origine d'hydromel. À sa tête, neuf cornes à boire étaient accrochées. Un grand nombre de pièces de vaisselle en bronze, d'objets de toilette et surtout un char à quatre roues complètement monté complétaient la liste.

POUR ALLER PLUS LOIN

Le sanctuaire de Mormont

C'est en Suisse, dans le canton de Vaud, que les archéologues, en mai 2008, découvrent le plus important sanctuaire celte d'Europe. Situé au sommet de la colline de Mormont, il est constitué de 170 fosses creusées pour recevoir des offrandes : céramiques, bijoux, monnaies, outils, restes animaux ou humains. Selon les datations en cours, le site aurait été occupé entre 120 et 80 av. J.-C. Les ossements humains retrouvés posent le problème d'éventuels sacrifices.

Ribemont-sur-Ancre

Ribemont-sur-Ancre, à 18 km d'Amiens, est l'un des plus vastes sanctuaires de la Gaule romaine avec 800 m de long et un plan complexe. Ces vestiges de l'époque celtique en font un site unique en Europe. Les fouilles archéologiques menées depuis 1982 ont révélé sur ce qui est considéré comme un sanctuaire, la présence d'un trophée guerrier érigé à l'endroit où a été menée une bataille importante entre une armée belge et une armée probablement armoricaine ayant fait un millier de morts. La bataille se serait déroulée vers 260 av. J.-C. et terminée par la victoire des Belges. Le trophée, monument cubique de 1,60 m de côté était tourné vers l'ouest et séparé par un fossé. L'enclos, de forme polygonale, était entouré d'un mur de 6 m de haut. Des milliers d'os humains mélangés à deux cents pièces d'armement, épées, boucliers ont été mis au jour. Il s'agit de ceux d'hommes âgés entre 15 et 40 ans ayant reçu des blessures mortelles. Leurs dépouilles, décapitées, avaient été installées dans trois bâtiments en bois, suspendues à des portiques, les unes contre les autres. Dans l'enclos polygonal, la découverte est encore plus extraordinaire. Un empilement de membres humains et d'os de chevaux, environ deux mille, est agencé en une sorte d'autel cimenté par du torchis et de la terre. Les os humains étaient broyés et brûlés pour servir d'offrandes aux divinités.

POUR ALLER PLUS LOIN

L'art du combat chez les Celtes

L'art du combat chez les Celtes ne cesse d'évoluer en cinq siècles. Les combats singuliers, la « ruée anarchique », le son des trompettes, les cris sont d'abord utilisés pour déstabiliser l'adversaire. L'utilisation d'un char à deux roues pendant la période de La Tène, contre les Mycéniens, disparaît par la suite, bien que les Bretons l'emploient encore contre les Romains. Mais c'est surtout l'utilisation de la *trimarcisia* (la cavalerie) comme tactique qui prédomine. Pausanias (v. 115-v. 180) dans sa *Périégèse* la décrit ainsi : « Arrive-t-il à un cavalier ou à un cheval de tomber, dans le second cas, le domestique donne au maître son cheval à monter, et si c'est l'homme qui a été tué, l'esclave monte à la place de son maître. Si la fatalité vient à les saisir l'un et l'autre, il y a là un cavalier tout prêt. »

Roquepertuse

Roquepertuse, un petit plateau surmontant d'une dizaine de mètres la vallée de l'Arc, dans les Bouches-du-Rhône, est un haut lieu du monde celte qui a sans doute été un carrefour d'échanges important. Sa notoriété est due à la découverte de statues, deux guerriers assis en tailleur, une tête d'Hermès, des fragments de portiques en pierre. Ces restes l'ont fait tenir pour un sanctuaire salyen. Occupé depuis le Néolithique, jusqu'au IIe siècle av. J.-C., le site semble avoir été une agglomération moyennement étendue. On associe à cette date, les statues et le portique mis au jour. Cette organisation comprenait d'autres structures, dont un oppidum et un habitat en terrasses.

La tombe de Vix

La tombe de Vix (Ve siècle av. J.-C.), près de Châtillon-sur-Seine, se trouve dans un lieu de passage qui à l'époque de La Tène constituait une route idéale pour transporter d'Italie l'étain vers la Grande-Bretagne. L'occupant de la tombe était une femme dont le mobilier d'une exceptionnelle richesse laisse supposer le haut rang. La tombe, d'une dimension de 3 m sur 3 renferme un char de parade à quatre roues, en bois, des fibules, un torque de 480 grammes en or, une *phiale*, coupe rituelle d'argent. Mais la pièce essentielle reste un gigantesque cratère de bronze de 1,64 m de haut et d'un poids de 208 kg d'une capacité de 1 100 litres.

Les grands personnages du monde celte

Personnages historiques et légendaires se mêlent souvent n'ayant pour autres sources, dans le meilleur des cas, que quelques mentions dans les textes ou sur les pièces de monnaie. Ceux dont le nom nous est parvenu font partie d'une société, qui comme toutes les autres cultures indo-européennes, se caractérise par une organisation selon trois fonctions : sacerdotale, guerrière et artisanale.

Brennos

Brennos, au nom latinisé en Brennus, assiège en 389 av. J.-C. la ville de Clusium et marche sur Rome en 388 pour infliger une terrible défaite aux troupes romaines sur les rives de l'Allia, un affluent du Tibre. Selon la légende, les oies du Capitole auraient donné l'alerte lors d'une tentative d'assaut contre le Capitole, sauvant la ville de l'invasion. En effet, Brennos négocie avec les Romains pour retirer ses troupes une rançon importante sous forme d'objets d'or pesés pour former le montant convenu. Accusé par ceux-ci de tricher sur le poids de la balance, la légende veut qu'il ait jeté son épée sur les poids en hurlant une phrase devenue célèbre : *Vae Victis* (Malheur aux vaincus !).

Diviciacos

Diviciacos est le seul nom de druide à nous être parvenu. Cicéron le mentionne au sujet des sciences divinatoires dont l'un des représentants les plus éminents est Diviciacos, le druide éduen. De même César dans la *Guerre des Gaules* évoque aussi son nom. En effet, vers 63 av. J.-C., il se rend à Rome pour demander une aide militaire et protéger ainsi les Éduens des Séquanes, leurs voisins de l'Est. En 58, il est le porte-parole des Gaulois, envoyé auprès de César pour présenter les dangers de l'installation des Germains d'Arioviste en Gaule.

Ambiorix

Ambiorix est le chef des Éburons, peuples établis dans les Ardennes. Il est connu pour avoir pris une part active pendant le soulèvement du Nord de la Gaule après avoir infligé une défaite cinglante aux légions romaines cantonnées en 54 av. J.-C. à Aduatuca, peut-être en Belgique actuelle. En effet, la mort commanditée cette année-là par les Romains du chef Dumnorix est le point de départ d'un soulèvement des Éburons rejoints par plusieurs tribus belges. Par ruse, Ambiorix parvient à isoler la 14e légion romaine et la défait puis il assiège les survivants, dégagés à grand-peine par César en personne.

Ambiorix s'enfuit et César, fou de rage, déporte ou réduit à l'esclavage les Éburons qui cessent à jamais d'être une menace pour Rome.

Vercingétorix

En celte, Vercingétorix (v. 72-46 av. J.-C.) signifie « grand roi des braves ». Il est considéré comme le premier chef à avoir réussi à fédérer le peuple gaulois contre l'oppresseur romain. Fils de Celtill, prince des Arvernes, sa vie nous est connue surtout par les *Commentaires sur la guerre des Gaules* ou *Guerre des Gaules* de Jules César. Il obtient des victoires grâce à une politique de la terre brûlée contre César, mais c'est celle de Gergovie en 52 av. J.-C. qui lui donne son statut de chef des Arvernes. Pourtant Vercingétorix doit se rendre à César à Alésia, en août 52, face à un siège impitoyable de ses ennemis. César le ramène à Rome pour le faire participer comme captif à son triomphe, puis le fait jeter dans un cachot, où il finit par être étranglé en 46 av. J.-C.

LE SAVIEZ-VOUS ?

Vercingétorix, héros national

Dès 1572, Jacques Ribaud de la Chapelle mentionne Vercingétorix dans sa monographie en vers consacrée aux rois de France. Le chef gaulois est également cité par Jules Michelet (1798-1874) dans son *Histoire de France* (1876) et par Camille Jullian (1859-1933) dans son *Histoire de la Gaule* (1907-1921). Napoléon III (empereur de 1852 à 1870) le fait représenter en statue par Aimé Millet (1819-1891) sur la pointe du mont Auxois. S'il revient à la mode sous la IIIe République (1870 [1875]-1940), c'est que la France vient d'être écrasée par la Prusse en 1870 et la propagande cherche à montrer un héros grandi dans la défaite.

Religion, mythes et légendes celtes

Bien intégrés dans l'Empire romain, les Celtes continuent à adorer leurs dieux jusqu'à l'adoption officielle du christianisme par Rome. Leur religion et leur mythologie commencent alors à décliner sauf dans certaines régions comme en Irlande où l'on continue de les raconter oralement. En effet dès le Ve siècle, les moines recopient ces légendes. En dehors du pays de Galles, ces récits ne sont pas consignés par écrit. Les sources continentales, épigraphie et iconographie gallo-romaines sont séparées chronologiquement des sources insulaires par une bonne dizaine de siècles. Les secondes ont tenté une insertion à titre d'histoire nationale, et de les concilier avec les écrits bibliques, par exemple dans le cycle de la quête arthurienne du Graal.

Les dieux celtiques

Rendons à César ce qui lui appartient. Dans un court passage de *La Guerre des Gaules*, le général romain précise et indique les fonctions et les activités de cinq divinités gauloises. Lucain (39-65), dans la première moitié du Ier siècle de notre ère, parle de trois divinités, Teutatès, Ésus et Taranis. Le tableau de correspondances entre dieux celtiques et gaulois a pu être établi en s'appuyant sur la description d'une épopée irlandaise relatant la bataille de Mag Tured à laquelle auraient participé deux groupes de dieux. Nous faisons ici correspondre le nom romain, plus connu, à son équivalent gaulois et irlandais.

Apollon / Belenos

Apollon à l'origine ne faisait pas partie du panthéon romain, il lui est transmis par l'intermédiaire des Étrusques. Sous le règne de l'empereur Auguste, Apollon devient un véritable dieu du soleil. Les inscriptions le rattachent à Bélénos, dieu qui lui est comparable. Son nom signifie « lumineux, resplendissant ». Ses fonctions concernent la médecine et les arts. Il est honoré lors de la fête de *Beltaine* (feu de Bel). Celle-ci marque, le 1er mai, la fin de la période des mois de grisaille à laquelle succède celle de pleine lumière. Bélénos, compte tenu des inscriptions retrouvées en un grand nombre de lieux divers, reçoit un culte dans l'ensemble du monde celtique.

Jupiter / Taranis / Dagda

Le nom de Jupiter apparaît sous celui de Taranis dans l'épigraphie gallo-romaine. Ses représentations sont l'éclair, le sceptre, l'aigle et il est souvent figuré par une roue. La correspondance entre dieux suprêmes est assez grande pour qu'il soit rapproché du Dagda irlandais, *Dagda* signifiant « dieu bon ». C'est dans la mythologie celtique irlandaise le second dieu le plus important après Lug. Il est l'un des chefs des *Tuatha de Danann* (le peuple de la déesse Dana), dernière génération de dieux à régner sur l'Irlande avant les hommes, qu'il mène sur le champ de bataille. Ses attributs sont la massue, si grande, si lourde qu'il faut la déplacer sur des roues. Elle permet à la fois de tuer et de ressusciter. Le chaudron, élément important dans la mythologie celtique, matérialisé par le *chaudron de Gundestrup* en archéologie, lui permet d'assouvir la faim de chacun grâce à son contenu inépuisable. La harpe qui a cette particularité de jouer trois airs : celui des lamentations fait pleurer, celui du sourire fait rire, celui du sommeil endort. À ce titre, il est aussi le dieu tutélaire des musiciens ; la roue, symbole de sa puissance cosmique est à huit rayons, elle rend sourd celui qui l'entend, aveugle celui qui la voit et tue celui sur qui elle tombe. Dagda est considéré comme le dieu des druides, il règne sur le *Sidh*, l'Autre Monde irlandais et est considéré comme un guerrier puissant. Il est aussi l'amant de Morrigan, déesse de la guerre et forme un binome avec Ogmios (Mars) le dieu de la magie guerrière dont il est un complément.

Mars / Mars / Ogmios

Jules César assimile le Mars gaulois à Ogmios, tandis que Lucien de Samosate (v. 120-après 180) le rapproche d'Héraklès. Mais cet Héraklès est bien différent de celui des Grecs, c'est un vieillard chauve. Il porte pourtant peau de lion, massue, arc et carquois. Des chaînes d'or fixées à ses oreilles retiennent une multitude d'hommes. Il est rapproché d'Ogma, dieu irlandais de l'éloquence et l'inventeur des *ogham*, premier système d'écriture utilisé en Irlande. Ogma est l'un des fils de Dagda, décrit comme « le seigneur du savoir ». Il reçoit aussi la charge de convoyer les âmes vers l'Autre Monde. Sa science ne l'empêche pas d'être considéré comme un combattant extraordinaire.

Mercure / Toutatis / Lug

Selon César, Mercure était le dieu le plus vénéré, ce pourquoi, il le compare à Lug. Parce que l'on rattache son nom à la racine du mot en latin qui désigne les marchandises et leur circulation, Mercurius, est le dieu du commerce et des marchands. On l'a souvent assimilé au dieu gaulois Toutatis, lui-même parfois pris pour Mars. L'importance de ce dieu primordial dans la mythologie celtique est aussi constatée en Gaule par nombre de toponymes dont le plus connu est *Lugdunum* (*dunum* la forteresse de *Lug*) la ville de Lyon. Lug est le dieu celtique du soleil, et il est souvent représenté comme un jeune et beau guerrier. Il est le fils de Cian, fils lui-même du dieu-médecin Diancecht. Il porte le surnom de *Lamfada* (long bras) confirmant ainsi l'universalité de ses pouvoirs. Le texte mythologique qui nous raconte ses aventures est la *Bataille de Mag Tured*, une plaine du Connacht en Irlande, dont la version la plus ancienne est contenue dans un manuscrit du XVe siècle.

Minerve / Brigit

Minerve est présentée par César dans *La guerre des Gaules* comme la déesse de l'artisanat et des métiers. Brigit ou Brigantia lui est souvent comparée car elles présentent des attributs communs, toutes deux protègent poètes et médecins, président au travail de la forge. Dans l'Irlande celtique, elle est la fille de Dagda, déesse de la fertilité, elle assiste les femmes en couches. Sa fête l'*Imbolc* est célébrée le 1er février, moment où les brebis allaitent. Elle n'apparaît guère dans les textes mythologiques, car elle est assimilée à sainte Brigitte patronne de l'Irlande.

LE SAVIEZ-VOUS ?

Les animaux sacrés

Sur les monuments ou objets celtes, les divinités sont souvent accompagnées d'animaux dont les traits distinctifs sont reconnaissables. Leur choix est symbolique, par exemple, d'une fonction sociale.

Le cerf a un culte dont l'importance s'évalue au nombre de ses mentions et représentations. Le dieu Cernunnos (dieu cornu) figure aussi sur le fameux chaudron de Gundestrup entouré d'autres animaux. Faute de preuves certaines, il est difficile de dire quel en est le symbolisme exact. Parfois néanmoins, il s'affirme comme une divinité solaire, ou le messager entre dieux et hommes.

Le sanglier a été suffisamment important chez les Celtes pour servir d'élément de décoration du mobilier funéraire. Il figure souvent sur des enseignes militaires servant à louer la combativité de l'animal. Nombre de représentations le montrent avec les brosses dorsales hérissées. Il évoque aussi les druides, la classe sacerdotale de par sa sagesse.

Le cheval est un symbole très fréquent surtout sur les monnaies celtes et gauloises. Le culte de la déesse Épona, protectrice des chevaux et cavaliers, nous prouve qu'il était adoré. Les chevaux de mort hantent les légendes celtiques autant que ceux de guerre si l'on se remémore le petit cheval de bronze trouvé à Neuvy-en-Sullias qui porte une inscription au dieu Rudiobus (le rouge), assimilé à Mars dont le cheval est la monture. La valorisation négative du symbole chtonien en a fait une manifestation analogue à notre Faucheuse.

L'ours, dont le nom celte est *art*, s'oppose souvent au sanglier. Il est peut-être le symbole de la classe guerrière comme en atteste le patronyme Arthur.

Le culte

Le culte rendu sous la forme de l'adoration de la nature chez les Celtes est sans doute le plus connu. Grands cours d'eau, lacs, montagnes sont adorés comme des personnes divines. Presque tous les fleuves et les montagnes sont ainsi divinisés, tel Renus, le Rhin. Les menhirs sont remis au goût du jour par la nouvelle religion. Mais il est faux de dire que les dolmens ont pu servir d'autels aux druides. Il est également difficile de discerner le faux du vrai en ce qui concerne les arbres qui font l'objet pour certains d'entre eux d'une véritable vénération, ainsi que de nombreuses inscriptions l'attestent. Le chêne semble devoir exciter tout particulièrement les imaginations. On a souvent cru que les druides lui étaient liés par l'étymologie de leur nom qui proviendrait de *drus*, le chêne en grec, hypothèse aujourd'hui abandonnée au profit de *dru-wid-es* (très savants). Les lieux de culte sont soit des sanctuaires en forme d'enclos quadrangulaire, délimité par un fossé et une palissade, soit à l'image des monuments romains, un temple de forme carrée ou circulaire.

La classe sacerdotale

Une fois encore, nos connaissances en matière de druides proviennent des écrits de César. Il acquiert la certitude que les druides jouent un rôle fondamental dans la vie politique et sociale. Ils assurent déjà celui d'éducateurs et enseignent l'immortalité de l'âme. Les études consistent alors à apprendre par cœur des milliers de vers, une tradition ainsi transmise vit pour chaque génération. L'organisation druidique est puissante et logique. Tous les druides dépendent d'un chef suprême et doivent se soumettre à son jugement. Son rôle est politique, juridique mais aussi religieux. Les druides sont chargés d'organiser les grands sacrifices, et chaque année se réunissent dans le pays des Carnutes, dans la région de Carnatum, Chartres, qui passe pour avoir été le centre spirituel de la Gaule. Selon Strabon (v. 57 av. J.-C.-v. 21 apr. J.-C.), ils se divisent en trois catégories : les druides, les bardes, poètes, les *vates* chargés de la divination proprement dite.

Les sacrifices

Les sacrifices sont offerts dans les sanctuaires et les temples de toutes sortes : représentation de la divinité en offrande, mais aussi parties d'animaux. Les sources latines font allusion à d'horribles sacrifices humains et cette vision des Celtes barbares et sanguinaires continue de subsister au cours du temps. Lucain (39-65) évoque ainsi « ceux qui apaisent par un sang affreux le cruel Teutates et l'horrible Ésus ». Un commentateur de ce poète, précise même la nature des sacrifices humains : ceux destinés à Taranis sont immolés par le feu, pour Teutates, noyés dans une cuve, consacrés à Ésus, suspendus à un arbre et écorchés. Les fouilles archéologiques permettent de relativiser considérablement ce point de vue, les sacrifices constitués d'offrandes d'objets, armes, torques étant les plus attestés, même si pour certains sanctuaires et oppida, les fouilles révèlent squelettes entiers d'animaux ou d'êtres humains.

L'écriture oghamique

Le dieu Ogma serait l'inventeur de l'écriture oghamique, ou *ogham*, composée de vingt lettres en usage dans les îles britanniques, qui serait apparue aux alentours du IIIe siècle de notre ère, formée à partir de l'alphabet latin. Ces traces ont été recueillies sur des vestiges d'os, de bois mais aussi sur des pierres levées. Son utilisation est réservée aux druides qui privilégient néanmoins la tradition orale. Les vingt signes, qui composent l'alphabet sont formés de un à cinq traits qui peuvent être droits ou obliques, disposés de part et d'autre d'une ligne médiane. Ils se lisent de bas en haut. En fait les Celtes adaptent l'alphabet en usage lors de leurs migrations : le *celtibère* en Espagne, le *lépontien* ou alphabet de Lugano dans le nord de l'Italie. En Gaule, ils utilisent l'alphabet grec jusqu'à ce que les Romains, lors de leur conquête, imposent le leur.

Les fêtes

Les renseignements sur les fêtes ne concernent que l'Irlande car bien après la christianisation, elles sont toujours célébrées. Quatre fêtes marquent chacune le début d'une saison car elles sont toutes paysannes et agricoles :

- ***L'imbolc*** a lieu le 1er février et subsiste comme fête de la Saint-Brigitte en Irlande puis devient la Chandeleur.
- ***Beltaine*** se déroule le 1er mai, à la saison chaude. Le feu y joue un rôle essentiel, les druides en allument alors de nombreux. On oblige le bétail à passer à travers pour lui éviter certaines maladies. C'est avant tout une fête du commencement et la légende raconte que c'est ce jour-là que les *Tuatha De Danann*, les gens de la déesse Dana, ont posé le pied en Irlande et brûlé leurs bateaux.
- **Le *Lugnasad*** (assemblée de Lug) se fête le 1er août avant le début des récoltes spécialement dans les capitales. Elle concerne le dieu Lug qui aurait institué des jeux pouvant rappeler les jeux Olympiques grecs. En effet, c'est l'occasion à cette période de l'année de réunions de toutes sortes, administratives, politiques et celle de faire des courses de chevaux et d'organiser des manifestations sportives.
- ***Samain*** se fête le 1er novembre, donc au début de l'hiver, la fin d'une saison, l'arrivée d'une nouvelle. C'est l'occasion de festoyer en grand, de réunir l'ensemble de la société autour d'immenses banquets. Située entre deux temps, elle met en relation les hommes et les divinités de l'Autre Monde. Dans la mythologie c'est la date de la seconde bataille de Mag Tured. Nous la connaissons aujourd'hui sous le nom de la Toussaint ou de Halloween.

Les mythes celtes

Au nombre des récits légendaires hérités, ou à tout le moins inspirés, du monde celtique, deux groupes de textes connaissent une postérité jusqu'à nos jours. D'un côté le cycle arthurien, les chevaliers de la Table ronde, de l'autre les tragiques amours de Tristan et Yseult.

Les chevaliers de la Table ronde

Arthur est fils du roi Uther Pendragon et d'Igraine, femme du duc Gorlois de Cornouailles. Uther Pendragon, grâce à la magie de l'enchanteur Merlin, prend l'apparence de l'époux d'Igraine pour la tromper et qu'elle se donne à lui. Arthur est élevé secrètement par Merlin, qui a conçu pour Uther Pendragon une forteresse abritant la Table ronde, autour de laquelle 150 chevaliers peuvent prendre place. À sa mort, faute de successeur, Merlin annonce que le futur roi sera capable d'arracher d'un rocher une épée magique, à Londres. Adolescent, Arthur arrive en cette ville comme écuyer d'un chevalier. Ce dernier, venu pour un tournoi, se retrouvant sans épée, charge Arthur de lui en procurer une.

Ignorant de la prophétie, Arthur tire l'épée de son fourreau de roc, là où aucun prétendant n'y était parvenu. Reconnu roi, protégé de Merlin, il s'impose, mais le fait parfois sans dominer ses accès de violence : menaçant de son épée l'un de ses propres chevaliers, celle-ci vole en éclats. Elle est remplacée par la célèbre Excalibur, offerte à Arthur par la Dame du Lac. De Camelot, résidence royale d'Arthur, où il séjourne avec son épouse Guenièvre, partent les chevaliers de la Table ronde, pour connaître la gloire, vivre les exploits héroïques qu'ils relatent à leur retour parmi leurs pairs. Le plus élevé les conduit à la quête du Graal, le Graal est la coupe utilisée par le Christ lors de la Cène, dernier repas avec ses disciples, coupe qui reçoit le sang de son flanc perforé d'un coup de lance sur la Croix. Rapportée en Grande-Bretagne par Joseph d'Arimathie, qui veille à l'inhumation du corps du Christ, elle est cachée pour échapper aux impies.

Les plus célèbres chevaliers de la Table ronde sont Galahad, Perceval, Lancelot. Ce dernier s'éprend de la reine Guenièvre, Arthur le chasse, entre en guerre. Lors d'une bataille contre son neveu (ou fils incestueux) Mordred, Arthur est grièvement atteint. Il use de ses dernières forces pour lancer Excalibur dans le lac, d'où une main surgit pour s'en emparer. Puis il se fait hisser sur une barque, indique se rendre à Avalon, pour s'y soigner avant de revenir ceindre sa couronne et disparaît à jamais. Arthur n'est pas mort, il convient d'attendre son retour avec patience.

Tristan et Iseult

La légende de Tristan et Iseult est peut-être l'histoire d'amour celte la plus connue au monde. Iseult, princesse irlandaise, rencontre une première fois Tristan, neveu du roi de Cornouailles quand elle use de ses talents de magicienne pour soigner sa blessure. Tristan retourne, une fois guéri, en Cornouailles. Une hirondelle laisse tomber aux pieds du roi de ce pays, Mark, un cheveu d'or. Séduit, le souverain se promet d'épouser celle à laquelle il appartient. Tristan a reconnu celui d'Iseult et retourne en Irlande. Il y tue un dangereux dragon, mais aussi le géant Morholt, frère du roi d'Irlande, qui contraignait le roi Mark à lui verser tribut. Vainqueur du Morholt, mais blessé, Tristan est soigné de nouveau par Iseult, qui retrouve en ses plaies un fragment de l'épée de Morholt son oncle, comprend aussitôt que Tristan l'a défait et tué et conçoit à son égard une haine vive.

Remis, Tristan demande Iseult en mariage pour son oncle, union qui scelle la paix entre les deux royaumes. Brangaine, servante d'Iseult, emporte un philtre d'amour : si Iseult et Mark le boivent, ils s'aimeront éternellement. Mais, accidentellement, Tristan et Iseult boivent le philtre sur le navire qui les amène en Cornouailles. Iseult épouse Mark, mais, chaque nuit, c'est Brangaine la fidèle qui offre son corps au roi, profitant de l'obscurité. Iseult rejoint Tristan, mais leurs corps ne s'enlacent pas. Couchés côte à côte, ils sont séparés par l'épée de Tristan. Une nuit, le roi Mark découvre tout, remplace l'épée de Tristan par la sienne. Tristan s'exile en Bretagne, y épouse

Iseult la brune sans amour. Blessé une fois encore, il attend la visite de son unique aimée, Iseult la blonde. Un navire arborant une voile blanche est le signal de son arrivée, une voile noire qu'elle n'est pas venue. Iseult la brune, jalouse, annonce à Tristan qu'un navire à la voile noire vient d'aborder. Il arrache ses pansements, se transperce de son épée. Iseult la blonde, arrivée trop tard, se donne la mort sur son corps.

L'héritage celte

Les Celtes comme les Gaulois sont réputés pour leur habileté et leur ingéniosité. Ils se signalent au cours des siècles par de nombreuses inventions techniques liées au monde agricole ou à celui de la guerre.

LE SAVIEZ-VOUS ?

Les langues celtiques

Plusieurs régions d'Europe revendiquent aujourd'hui leurs racines celtes, mettant en avant la pratique de la langue et celle de la musique. Ainsi, en Espagne, dans la province de Galice, la cornemuse galicienne ou *gaita* ; en France, la Bretagne, le breton enseigné dans les écoles diwan ; en Grande-Bretagne, en Cornouailles, le *conique* parlé jusqu'au XVIIIe siècle ; en Écosse, le *gaélique*, encore utilisé de nos jours ; de même, en Irlande, où l'irlandais est une forme de gaélique, ou encore au pays de Galles avec le gallois.

Les réalisations techniques

Les charrons, forgerons, charpentiers sont vite réputés pour leur habileté. À partir du Ier siècle av. J.-C., ils inondent l'Occident de leurs inventions grâce à des chemins de terre que Rome perfectionne. Les nombreuses forêts gauloises font d'eux des charpentiers hors pair. La tonnellerie par exemple est une invention des Celtes de la Cisalpine. Tandis que les Latins ne se servent que d'amphores en terre cuite pour transporter les boissons, les Gaulois mettent au point des tonneaux de bois cerclé. Pline leur attribue la faux pour récolter le foin, de grande dimension, maniée à deux mains, peu différente de celles parfois rencontrées encore aujourd'hui. Mais bien plus ingénieuse encore est la première machine à moissonner, le *vallus*, qui fait ses débuts dans le domaine belge. Il s'agit d'une grande fourche en bois, en forme de « V », munie de dents, placée à l'avant d'un chariot. Quand le bœuf pousse devant lui l'ensemble dans le champ de blé, les épis sont arrachés par les dents et tombent dans le chariot.

L'exploitation minière et le travail du fer

L'exploitation des mines est diverse, d'or par les Arvernes en Limousin et en Auvergne, d'argent dans les Pyrénées, de cuivre en Aquitaine, de fer en Lorraine et dans le Berry. Les sépultures donnent une idée assez exacte à la fois de l'extrême variété des objets et des armes utilisées. Les Celtes sont à l'origine de l'application des nouvelles techniques et des nouveaux outils liés à la sidérurgie dans nos régions. Nombre d'objets en fer que nous utilisons encore aujourd'hui nous viennent de cette période.

La mode et le mode de vie

Dans la mode, l'univers des vêtements, nous devons aux Celtes certaines pièces comme les *braies*, le pantalon à larges jambes. Seule la Narbonnaise porte le nom de *Galla bracata* (Gaule en braies). Selon Pline, les Gaulois sont également à l'origine des étoffes à carreaux. Si leur habitat est largement en retard sur celui des peuples méditerranéens, car seul le bois est employé pour la construction, Pline leur attribue aussi l'idée du matelas et du lit rembourré. Ils sont les créateurs des *oppida*, ces places fortes : Avaricum, Gergovie, Alésia. Cette dernière pouvait permettre à 80 000 hommes d'y trouver refuge. Dans les pays de plaine, se développe un autre type d'oppidum, ainsi Lutèce dans le pays des Parisii. Simple lieu de refuge, à l'origine, l'oppidum devient avec le temps un chef-lieu politique puis la ville de Paris. L'assemblée générale de la Gaule se réunit pourtant à Bibracte en 52 av. J.-C. sur le mont Beuvray pour confirmer le commandement confié au chef arverne Vercingétorix contre l'autorité romaine.

LE SAVIEZ-VOUS ?

Le druidisme New Age

Le druidisme décline en Europe continentale dès le Ier siècle de notre ère et ne sera plus présent qu'en Irlande, et au pays de Galles avant d'être remplacé par la religion chrétienne. Bien que laissé pour compte pendant des siècles, le pasteur William Stuckley (1722-1765) au XVIIIe siècle le remet à l'honneur lui donnant une aura romantique et mythique, c'est le mouvement connu sous le nom de *néodruidisme*.

Chapitre 13

Les Germains, la fidélité d'homme à homme

Dans ce chapitre :

- Des tribus du Rhin au Maghreb
- Clovis et le vase de Soissons
- Le trésor de Tournai

L'hypothèse traditionnellement admise est de donner aux peuples germains une origine nordique en provenance de la Scandinavie, du Danemark, de la Suède. Ils seraient descendus au cours du Ier millénaire av. J.-C. vers les régions européennes du centre et du sud. Le nom de Germains leur est donné par l'historien Poseidonius au Ier siècle av. J.-C. et passe dans l'usage grâce à *La Guerre des Gaules* de César. Dans les derniers siècles av. J.-C., on isole cinq peuples germaniques dont les différences culturelles sont marquées : un groupe implanté sur les côtes de la mer du Nord ; un groupe issu de l'Elbe qui immigre vers l'Autriche, la Suisse, l'Italie ; un groupe peuplant les régions du Rhin et de la Weser ; un groupe scandinave ; un groupe dit de l'Oder d'où sortiront les Goths, Burgondes, Vandales.

Longtemps, l'histoire n'a vu en eux que des hordes dévastatrices ayant précipité la fin du monde romain donc civilisé, pourtant ils ont contribué à fonder notre société, notre nation. Leur migration s'étale entre le Ier millénaire av. J.-C. et le VIIe siècle de notre ère.

Figure 13-1 : Les royaumes germaniques.

Les grandes étapes de l'histoire des Germains

Le monde germanique est peu connu avant de rencontrer celui des peuples à écriture. Implantés entre Allemagne du Nord et sud de la Suède, les Germains mettent en place leur société entre 2000 et 1500 av. J.-C. Leur histoire, entre développement et crises agricoles, témoigne de leurs qualités en matière de travail du bronze, de la mise en place d'une économie d'échanges de plus en plus lointains. Ils émergent véritablement au IIe siècle av. J.-C.

Les premières incursions

Au IIe siècle av. J.-C., les Germains en bandes armées se déplacent massivement et se heurtent violemment avec les Romains. Vers 102 av. J.-C., les Teutons et les Ambrons traversent la Gaule méridionale et la Ligurie en direction de l'Italie. Ils sont défaits près d'Aix-en-Provence par Marius Caius (157-86 av. J.-C.). À l'époque impériale, à partir de 27 av. J.-C., les Germains sont connus grâce à l'ouvrage de Tacite (55-120), *Sur l'origine et le pays des Germains*, et entrent ainsi dans l'Histoire. Mais entre-temps, les Romains doivent abandonner, en l'an 9 av. J.-C., les forteresses construites entre la Weser et le Rhin après la bataille livrée et perdue en forêt de Teuteberg, en Westphalie. L'empereur Tibère (42 av. J.-C.-37 apr. J.-C.) abandonne finalement en 14 de notre ère la province de Germanie. Sur la rive droite du Rhin, seule une bande de terre demeure encore romaine et fait partie de la Belgique.

L'incursion des Suèves en Gaule avec Arioviste à leur tête, en 60 av. J.-C., est le signe précurseur des grandes invasions germaniques. La cause de la première migration est due à un mouvement des Goths aux alentours de 150-180 de notre ère en direction du sud-est. Les Vandales se retrouvent refoulés vers le sud et migrent vers le Danube. Les Burgondes doivent quitter la région du coude de la Vistule et gagnent le Brandebourg oriental. Dans les années 180, les Germains, pour la première fois, entrent librement dans l'armée romaine. Après les premiers assauts des Marcomans (166-180), suivent ceux des Chattes (171), des Alamans (213), des Goths et des Francs en 236 et 257. Le *limes* rhénan, la frontière de l'Empire romain sur le Rhin, est abandonné.

LE SAVIEZ-VOUS ?

La société germanique

La société germanique comprend plusieurs classes : les hommes libres, le plus souvent les guerriers, les semi-libres issus des populations vaincues, enfin les esclaves. La structure de la famille germanique rappelle celle de l'ancienne Rome, elle est patriarcale, le père ayant un pouvoir absolu. Ce sont les clans qui structurent la société, la tribu regroupant ces clans en fonction de valeurs communes. La loi tribale établit les règles auxquelles d'éventuels conflits doivent obéir et les limites de temps qui les circonscrivent. Tacite nous apprend qu'il existe un autre groupe social appelé *comitatus* qui veut dire bande de guerriers qui combattent à cheval.

Peuples et confédérations

Si entre le Ier et le IIe siècle, les Germains sont répartis en une multitude de tribus, dotées d'une aristocratie qui cumule des fonctions politiques, sociales et militaires, à partir du IIe siècle, ces tribus commencent à se regrouper en fédérations. Désormais, les peuplades germaniques vivent en tant qu'alliés sur le territoire romain sous le gouvernement de leurs propres princes. Ils sont pourtant exclus du *connubium*, droit de mariage avec les Romains. Les textes écrits mentionnent à cette époque de leur expansion des Goths, des Vandales, des Hérules. Ainsi ces derniers sont chassés du sud de la Suède par des Germains septentrionaux. Ils se divisent en un groupe occidental sur la mer du Nord et un groupe oriental sur la côte sud de la Baltique. Les Gépides installés dans cette région en sont chassés et refoulent à leur tour les Burgondes implantés dans les territoires du coude de la Vistule. Vers le milieu du IIIe siècle, la grande masse des Burgondes se déplace vers l'ouest et s'établit sur le Main supérieur et moyen. Des groupes épars de Vandales se joignent à eux et occupent ainsi le territoire des Alamans. À la même époque, les tribus de l'ouest du Holstein, celles de l'embouchure de l'Elbe et d'autres peuples de la côte de la mer du Nord se regroupent pour former le peuple saxon. Le peuple franc suit le même mouvement dans la seconde moitié du même siècle et se rassemble après avoir conquis son indépendance vers 250 de notre ère.

Dans les années 267-268, les Goths associés aux Hérules entreprennent des expéditions maritimes en mer Égée. Thessalonique est prise d'assaut, pendant qu'Athènes, Corinthe, Argos, Sparte et Olympie subissent leur pillage. Les Hérules connaissent une défaite infligée par Gallien (218-268) en Macédoine et leur prince Naulobate rentre finalement au service de l'empereur.

Les grandes invasions

La période des grandes invasions se situe entre 375 et 481 de notre ère. Devenu seul empereur en 324, Constantin (274-337) bat les Goths sur le Danube inférieur. Le César Constantinus le Jeune, son successeur désigné, signe un traité d'alliance avec eux à condition qu'ils s'engagent à fournir des troupes à Rome pour défendre les frontières au nord du Danube. L'évêque Wulfila (v. 311-v. 383) christianise les Wisigoths. Constantin établit la structure de l'Empire en 335, à lui revient l'Occident, à Constance (317-361), l'Orient et à Constant (320-350), l'Italie au nord et la côte dalmate. Ce dernier défait les Francs en 342 sur le Rhin inférieur, tandis que plus tard, en 365, les Alamans franchissent le Rhin gelé dans la région du Neckar afin d'envahir l'Empire romain.

Poussés par la famine, les Wisigoths établis dans les montagnes stériles de la Thrace se rebellent en 378. Les Ostrogoths, poussés par les Huns, profitent de ce soulèvement pour pénétrer dans l'Empire par la frontière du Danube, alors ouverte. L'empereur Valens (v. 328-378), quittant l'Orient, marche vers eux mais est vaincu lors de la bataille d'Andrinople, le 9 août 378. Un an plus tard, Théodose (v. 346-395) installe les Wisigoths en Pannonie (Hongrie) et en Mésie (Bulgarie). Mais ceux-ci quittent bientôt cette région, vers 395, sous la conduite de leur roi Alaric (v. 370-410) et pénètrent en Thrace, Macédoine, Thessalie qu'ils pillent. En 406, Alaric pénètre en Italie et obtient de Stilicon (v. 360-408), général romain d'origine vandale, un traité accordant aux Wisigoths des subsides en contrepartie desquels ils s'engagent à s'établir sur la Save. Les Ostrogoths franchissent en 405 sous la conduite du roi Radagais le Danube, puis les Alpes en direction de l'Italie. Ils sont anéantis près de Florence.

Pendant ce temps, sous la poussée des Huns, les Alamans et la tribu suève des Quades, les Burgondes et la tribu sarmate des Alains passent le Rhin et rentrent dans l'Empire romain, atteignant l'Espagne en 409. En 429, les Vandales passent en Afrique commandés par Genséric (428-477) et y fondent leur royaume, après la prise de Carthage en 439. Une très forte poussée des Huns a lieu en 451 auxquels se sont joints des princes ostrogoths qui rencontrent les armées romaines d'Aetius (v. 395-454) et leurs alliés les Wisigoths devenus indépendants ainsi que les fédérés germains de Gaule dont les Alains. La bataille des champs Catalauniques, entre Troyes et Châlons-sur-Marne est décisive pour Attila qui se retire après cette défaite au-delà du Rhin. Les Vandales en 455 se répandent sur les côtes méditerranéennes et attaquent la Sicile, la Sardaigne, la Corse.

Après cela, reste la notable attaque de Genséric (v. 389-477), roi des Vandales et des Alains, sur Rome (455) qu'il pille de ses œuvres destinées à embellir Carthage. Il fait de même à l'aide de ses bateaux pirates pour la Grèce, l'Épire, le Péloponnèse, la Sicile. Les Francs, sous la direction du roi Clodion dit « Le Chevelu » (v. 395-448) se mettent en mouvement en direction du sud-ouest. Fils de Childéric (v. 440-481), Clovis (466-511) termine leur épopée par sa victoire de Soissons sur Syagrius, en 486, et s'empare des territoires entre Somme et Loire, met fin à la souveraineté romaine en Gaule et devient le fondateur du royaume des Francs. Au milieu du VIe siècle, les royaumes des Ostrogoths et des Vandales sont conquis par les Byzantins et disparaissent complètement au cours du VIIe siècle.

Les principaux sites et monuments germaniques

L'origine des Germains, envisagés comme ethnie, se situe aux alentours du Ve siècle av. J.-C., début de la période de l'âge du fer. C'est en effet à partir de cette date que des vestiges archéologiques apparaissent, corroborés par les sources écrites. C'est aussi à ce moment-là que les groupes germains se scindent en plusieurs grandes tribus, dont les caractéristiques suffisamment évidentes permettent de les différencier des autres peuples. Mais pas d'habitat spectaculaire, leurs constructions de bois à la conservation hasardeuse restent très aléatoires, bien que certaines aient été retrouvées le long de la côte de la mer du Nord. Les sépultures et les cimetières offrent plus de vestiges culturels et ce, surtout pour les périodes d'après le Ve siècle de notre ère. À l'époque du paganisme, les Germains incinèrent leurs morts, pourtant dès le Ier siècle, l'archéologie nous révèle des cadavres ensevelis. Les tombeaux découverts se composent de grandes chambres funéraires souterraines, le plus souvent recouvertes d'un tumulus de pierrailles. De tels tombeaux ont été mis au jour en Poméranie, à Lübsow, en Brandebourg, en Bohême, en Pologne, au Danemark. Mais dans la région située entre le Rhin et l'Elbe, ce sont les cimetières mixtes qui prédominent et non les sépultures princières.

Le champ de bataille de Kalkriese

La bataille où fut défait le général romain Varus (v. 46 av. J.-C.-9 apr. J.-C.), en l'an 9 de notre ère ne s'est pas déroulée dans la forêt de Teutoburg mais selon toute vraisemblance à Kalkriese près d'Osnabrück, au nord de l'Allemagne. Les archéologues se demandent si ça n'est pas là qu'il faut situer la légendaire bataille. Les fosses remplies d'ossements humains et animaux viendraient confirmer un récit de Tacite selon lequel les légionnaires romains n'auraient été inhumés que de longues années après le combat. Une fortification érigée par les Romains sur les lieux semble confirmer cette possibilité. Mais la preuve la plus intéressante est fournie par nombre de pièces de monnaie, frappées sous le règne d'Auguste, peut-être le trésor de guerre de Varus.

La tombe de Childéric Ier

La tombe de Childéric Ier, père de Clovis, est découverte par l'effet d'un pur hasard à Tournai en Belgique, en 1653, par un maçon en creusant. Un anneau *sigillaire*, c'est-à-dire utilisé comme sceau, au nom du roi avec son portrait, figurant dans le mobilier, permet de savoir à qui appartient cette sépulture, un tumulus de 20 à 40 m de diamètre. Childéric y est inhumé et à proximité se trouvent trois fosses comportant les squelettes de sept, quatre et dix chevaux. La chambre funéraire révèle des parures, une fibule cruciforme en or, sorte d'épingle permettant de fixer un vêtement, un bracelet en or également et l'anneau sigillaire royal. Il faut rajouter à cette liste, une longue épée à poignée en or et un court *scramasaxe*, petit sabre d'origine orientale.

Waldgirmes

Waldgirmes, situé à l'ouest du Rhin entre Wetzlar et Giessen, avait tout d'un camp fortifié avec son rempart de bois et de terre, ses deux fossés. En fait, il s'agit d'une ville, ainsi que le révèlent des fouilles récentes, où Romains et Germains auraient cohabité, et établi des relations commerciales. S'étendant sur presque 8 hectares, elle est fondée en 4 av. J.-C. et abandonnée en l'an 9 de notre ère, après une brève occupation d'à peine une décennie. À l'exception d'un baraquement militaire, les bâtiments reflètent une véritable architecture civile : des maisons à atrium, un forum construit en pierre au centre duquel se trouvaient plusieurs statues équestres. De nombreux objets appartenant à la culture germanique y ont été retrouvés, attestant des contacts étroits entre ces deux peuples.

Les grands personnages germaniques

Les grands personnages germaniques sont tous ceux qui participent à l'histoire, par leurs prouesses militaires deviennent souverains d'un groupe. Ainsi les principaux rois ostrogoths, qui se succèdent à la place de l'Empire romain sur son sol natal, l'Italie : Théodoric, Athalaric, Vitigès, Teias, ceux du royaume wisigoth qui choisissent pour capitale Tolède et conquièrent le nord du Portugal en 575, dont Alaric Ier, le plus connu. Les Vandales qui après une succession d'invasions en Gaule (407-409), en Espagne (409-429), fondent leur royaume en Afrique du Nord (429-533) avec à leur tête Genséric, Hunéric, Hildéric, Gélimer. Les Burgondes, établis d'abord en Pannonie, actuelle Hongrie, s'installent autour des rives du lac Léman, mais aussi en Normandie, et dans la vallée de la Saône, leur prince Chilpéric roi de Lugdunum, Lyon. Les Suèves, établis en Galice, et dans le nord du Portugal, ont entre autres pour rois Herméric, Agiulf, Eboric. Tous ces souverains ne peuvent prendre place ici, seuls les plus marquants sont présentés : l'évêque arien Wulfila, les rois Genséric, Mérovée, Euric, Clovis, Théodoric Ier, Alaric II.

Wulfila

Wulfila (v. 311-383), descendant de Cappadociens hellénisés, est élevé en Gothie, sur les bords de la mer Noire. Avant de devenir évêque en 341, ses capacités en font un ambassadeur auprès de l'Empire romain d'Orient. C'est ainsi qu'il est en contact avec les ariens et leur évêque Eusèbe de Nicomédie (280-341). Il entreprend de convertir le peuple goth. Pour ce faire, il traduit la Bible en gothique, et met au point un alphabet à l'aide de caractères grecs complétés par des idéogrammes runiques. En 360, il assiste à Constantinople à un concile qui assure le triomphe de l'arianisme qui devait se maintenir longtemps chez les peuples barbares malgré l'opposition de Théodose

Ier (346-395) à l'encontre de cette hérésie, empereur qui souhaitait voir rétablir l'unité religieuse et a mis fin au paganisme antique par l'édit de Thessalonique en 380, qui fait du christianisme la seule religion de l'Empire.

Genséric

Genséric (389-477) est roi des Vandales pendant cinquante ans, de 427 à 477. Deuxième fils du roi Godégisel (v. 443-507), roi vandale de la tribu des Hasdings, il succède à son frère Gundéric (règne : 407-427). Boniface, gouverneur romain de l'Afrique appelle à l'aide Gundéric pour repousser une armée romaine envoyée contre lui par la régente Placidia qui a reçu de Théodose II (401-450) le titre d'Augusta. Mais Genséric succède à son frère Gundéric et c'est suivi de 50 000 guerriers et d'un peuple de 80 000 personnes qu'il franchit le détroit de Gibraltar, quittant le sud de l'Espagne où il était établi depuis vingt ans. En 430, il rentre en Numidie. Entre-temps Placidia et Boniface se sont réconciliés et ce dernier tente en vain de résister aux Barbares, mais doit se réfugier à Hippone, l'Annaba d'aujourd'hui. Saint Augustin (354-430) résidant dans celle-ci meurt au cours du troisième mois du siège en août 430. Cinq ans plus tard, Genséric s'accorde avec l'envoyé de Valentinien III (419-455) sur un traité autorisant, à titre de fédérés, les Vandales à occuper la Numidie du Centre et du Nord. Mais en 439, Genséric attaque Carthage qu'il soumet et obtient en 442, à l'occasion d'un nouveau traité, que l'Afrique romaine soit partagée entre l'Empire et les Vandales. Épris de conquêtes, Genséric met à sac Rome en 445, s'emparant également de la Corse, de la Sardaigne et d'une partie de la Sicile. En 476, il est reconnu maître de toutes ses conquêtes par Odoacre (v. 435-493) chef des Hérules, ministre d'Attila et nouveau maître de l'Occident.

Mérovée

Mérovée (v. 411-457) est considéré comme l'ancêtre des rois des Francs. Père de Childéric Ier (v. 440-481) et le fils présumé de Clodion le Chevelu (v. 395-448). En 451, il participe avec le général romain Aetius à la bataille des champs Catalauniques contre Attila. Son nom d'origine, *Merowig* signifie « éminent guerrier ».

Euric

Euric (v. 420-484), contrairement à son frère Théodoric II (règne : 453-466) qu'il fait assassiner en 466 pour régner à sa place, est considéré comme l'un des plus grands rois des Wisigoths. Peu romanisé, il dénonce l'alliance avec Rome et se considère comme indépendant. Après avoir annexé la province romaine de la Taraconaise dans le sud de l'Espagne, ses efforts se portent sur la conquête du sud de la Gaule jusqu'à la Loire et le Rhône. Il s'empare en 471 de Bourges, Nîmes, Arles et du Massif central, de l'Auvergne, de la Provence en 475, malgré la vive résistance d'Arles et de Marseille. Dès lors, il se retrouve à la tête du plus puissant et important royaume barbare, l'empereur d'Occident Julius Népos (v. 430-480) reconnaît ses conquêtes, le déliant en 475 du *foedus,* c'est-à-dire du traité, de 418, limitant les territoires des Wisigoths à l'Aquitaine, en échange de quoi Euric lui restitue la Provence. Ce roi arien farouchement hostile à l'Église laisse ainsi à son fils Alaric II (règne : 485-507) un royaume aussi redoutable que puissant. Il laisse aussi un code, le Code d'Euric (471) dans lequel il fixe les lois orales germaniques par écrit.

Clovis

Clovis (466-511), premier roi chrétien des Francs, nous est connu par l'évêque Grégoire de Tours (v. 538-594), historien de l'Église et auteur d'une *Histoire des Francs*. Lorsqu'il succède à son père Childéric, il a 15 ans. Ce qu'il hérite est à la fois géographique, un royaume situé à Tournai, Belgique, et politique, les Francs sont les plus romanisés des Barbares. Par sa victoire de Soissons en 486 sur Syagrius, appelé « le roi des Romains », il rattache tout le nord de la Gaule à ses possessions. C'est lors de celle-ci que se serait produit selon Grégoire de Tours, l'épisode du « vase de Soissons ». Peu à peu, il accroît sa puissance en se débarrassant des rois les plus proches : en 494 avec un raid victorieux contre les Wisigoths, en 496 contre les Alamans, victoire qui écarte leur menace. Durant sa lutte contre les Alamans, lors de la bataille de Tolbiac (496), Clovis fait le vœu de devenir chrétien. Il se fait baptiser, puisqu'il en est sorti vainqueur par Remi, évêque de Reims. Contrairement aux autres rois, il n'embrasse pas la foi arienne mais chrétienne. Sa conversion renforce son autorité. En 507, la bataille de Vouillé près de Poitiers lui permet de rajouter à son territoire l'Aquitaine. Paris deux ans plus tard devient sa résidence principale en même temps qu'il reçoit de l'empereur Anastase Ier (v. 430-518), le titre de consul. En juillet 511, le concile des Gaules à Orléans montre aussi qu'il est considéré comme « roi très glorieux, fils de la sainte Église ». Il espère ainsi résorber l'hérésie arienne, mais le 27 novembre 511, Clovis meurt, puis est enterré dans la basilique des Saints-Apôtres Pierre et Paul laquelle s'appellera plus tard l'église Sainte-Geneviève.

LE SAVIEZ-VOUS ?

Le vase de Soissons

Après la bataille livrée à Soissons contre Syagrius, la ville est pillée et les trésors amassés. L'évêque Remi envoie un émissaire auprès de Clovis pour lui demander de conserver pour l'église de Reims un vase liturgique magnifique qui en fait partie. Clovis accepte et demande à ses hommes que le vase lui soit donné en plus de la part que lui réserve le sort, puisque le butin était partagé ainsi. Ses guerriers sont d'accord sauf un qui frappe le vase de sa *francisque*, ou hache double, en s'exclamant « Tu ne recevras de tout ceci rien que ce que te donnera vraiment le sort ». Clovis parvient cependant à obtenir le vase pour Remi. L'année suivante en passant ses troupes en revue, il reconnaît le soldat et comme sa tenue et ses armes laissent à désirer, il les jette à terre. Le soldat se baisse pour les ramasser, Clovis lève sa francisque et lui fracasse la tête en disant « Voilà ce que tu as fait au vase à Soissons ».

Davantage qu'une anecdote, cette histoire fournit des renseignements sur la Gaule au Ve siècle et sa société. Notamment sur la société franque fondamentalement égalitaire : le roi est en temps de paix un guerrier comme un autre qui a droit à une même part de butin. En temps de guerre, il a le droit de mort sur ses guerriers. Son baptême lui permet de devenir un souverain de droit divin exerçant continuellement un pouvoir sur son peuple et non plus seulement en tant de guerre. Le pouvoir de l'Église catholique, qui a survécu à la chute de l'Empire romain d'Occident, est un poids politique suffisamment important pour que Clovis cherche à se le concilier. Sans son aide, il n'aurait probablement jamais pu établir son pouvoir sur la Gaule.

Théodoric Ier

Théodoric Ier (474-526) est le premier roi des Wisigoths, le fondateur de la dynastie. Il choisit Toulouse pour capitale, mais ne parvient pas à s'emparer, en dépit de ses nombreuses batailles contre les Romains, entre 425 et 436, de Narbonne ni d'Arles. Il trouve la mort en combattant avec Aetius, sénateur généralissime des légions romaines, contre Attila, le Hun, à la bataille des champs Catalauniques (451), appelée de ce nom par les chroniqueurs grecs qui la localisent près de Châlons-en-Champagne.

Alaric II

Alaric II (règne : 484-507) est le huitième roi des Wisigoths. Il succède à son père Euric en 484. Son royaume s'étend à la plus grande partie de l'Espagne et à la moitié de la Gaule mais s'effondre après sa mort en 507, vaincu à la bataille de Vouillé par Clovis. Il reste célèbre pour avoir promulgué un recueil de lois, le *Bréviaire d'Alaric* destiné à ses sujets gallo-romains, inspiré par le Code théodosien de 438.

Religion, mythes et légendes germaniques

La christianisation des Germains a demandé huit siècles car le procédé a été à la fois spirituel et politique. Mais que connaît-on réellement de la religion, des mythes des Germains d'avant ? À part les éléments déduits de l'agencement de leurs sépultures, nous savons bien peu de chose. Nous devons nous tourner vers des auteurs romains comme Tacite qui parlent de leurs dieux : derrière Mars, Isis, Mercure se cacheraient Thor, Freja, assimilée à Vénus, et Wodan le dieu suprême. Tacite mentionne également Mannus, fils du dieu Tuisto, ancêtre commun à tous les peuples germaniques. Vers l'an 200 environ, les dialectes se développent, le gothique se sépare le premier du germanique commun et Wulfila traduit la Bible.

La religion germanique

Les peuples germaniques croient en un ancêtre commun selon Tacite, Mannus (Homme) le fils du dieu Tuisto, né de la terre. Il attribue à Mannus trois fils, l'un à l'origine des riverains de l'Océan, les Ingaevones, l'autre des peuples du Centre, les Hermiones et le dernier des autres, les Istaevones. Les Germains adorent la nature et ses forces. En son sein s'affrontent des dieux, Wodan qui préside au commerce, aux combats, aux tempêtes ; Tyr qui règne sur le ciel et patronne les assemblées ; Donar aux bras lanceurs de foudre ; Nerthus déesse de la fécondité, fêtée surtout au printemps. En dehors de ceux-ci, il existe de nombreux êtres invisibles qui peuplent la littérature anglo-saxonne et scandinave. Leur culte est simple, se déroule sur le sommet de montagnes sacrées, auprès d'arbres, près des sources.

C'est une fois encore Tacite qui, au chapitre X de sa *Germanie*, nous livre la façon dont les anciens Germains consultent le sort : « Ils coupent une branche d'un arbre portant des fruits et la taillent en bâtonnets, sur lesquels ils font certaines marques distinctives : ils les éparpillent sur une toile blanche, complètement au hasard. Puis le prêtre officiel, si c'est au nom de l'État qu'on consulte le sort, ou le chef de famille adresse une prière aux dieux et à trois reprises, prélève un bâtonnet en regardant le ciel ». Les runes divinatoires seraient selon certains à l'origine des runes alphabétiques avec un possible emprunt à l'alphabet grec.

Futharle, l'alphabet runique

Les *runes* sont une écriture alphabétique, l'alphabet runique est appelé *Futharle*, attestée depuis le IIe jusqu'au XIVe siècle. On les retrouve sur des objets usuels, sur des pierres. Le mot germanique de rune vient du vieil islandais, *runar* (secret), et du vieux saxon, *runa* (chuchotement). Il existe plusieurs systèmes de runes, sortis les uns des autres. Les signes sont constitués généralement d'une bande verticale sur laquelle se trouvent un ou plusieurs traits verticaux. Le vieil alphabet germain possède 24 signes, les runes sont réparties en trois groupes de huit lettres. Elles se sont maintenues dans les pays scandinaves, Danemark, Suède, mais l'alphabet de 24 lettres a été réduit, remplacé par un nouvel alphabet qui n'en compte que 18.

Les mythes germano-nordiques

Tous deux au destin tragique, Sigurd (ou Siegfried), vainqueur du Dragon, et Sigmund, triomphant du loup, illustrent la bravoure dans les légendes germano-nordiques. Ils sont des exemples pour les guerriers mourant au combat, emportés par les Walkyries dans le Walhalla.

Siegfried et le dragon

Sigurd, plus connu sous le nom germanisé de Siegfried, héros du *Siegfried*, présent dans *La Chevauchée des Walkyries* et *Le Crépuscule des dieux* de Richard Wagner, nous est connu par deux récits de l'époque médiévale, la *Saga de Volsung* (VIe s.) et *La Chanson des Nibelungen* (XIIIe s.). Fils adoptif de Regin, forgeron à la cour du roi de Jutland, ce dernier l'envoie récupérer le trésor des Nibelungen, dont le précieux anneau *Andvarinaut*, capable de produire l'or en grande quantité. Ce trésor est entre les mains du frère de Regin, qui s'est transformé pour le protéger en un dragon monstrueux, Fafnir. Plus grave encore, sur le trésor plane la malédiction d'Andvari, possesseur à l'origine de l'anneau qui porte son nom, injustement dépouillé. Siegfried, armé de l'épée Gram forgée par Regin à partir des morceaux de celle de Sigmund, tue Fafnir, mange son cœur rôti et boit son sang, opération magique qui lui permet de comprendre le langage des oiseaux et lui donne le don de prophétie. Puis il se baigne dans son sang, gage d'invulnérabilité. Tout son corps est protégé, à l'exception d'une épaule, sur laquelle une feuille d'arbre était restée collée. C'est en le frappant à cet emplacement seulement que Siegfried peut être tué.

En possession du trésor, il doit en assumer aussi la malédiction. Regin, son père adoptif, tente de le tuer pour en être seul possesseur, mais Siegfried, plus rapide, l'occis en premier. Il s'éprend de la walkyrie Brunehilde, soumise à lui car il l'a vaincue au combat ou, dans une autre version car Siegfried est le seul, monté sur le cheval Grani, à pouvoir franchir le cercle de flammes entourant Brunehilde. Mais l'anneau magique suscite toutes les convoitises. À la cour du roi, des Burgondes, Siegfried boit un philtre à base d'hydromel destiné à lui faire perdre la mémoire. Oubliant Brunehilde, Siegfried en épouse une autre, Gudrun. Ulcérée, Brunehilde le fait assassiner pour se venger, puis, désespérée par sa mort, se suicide sur son corps afin de l'accompagner au Walhalla pour l'éternité.

Sigmund le Volsung

Sigmund le Volsung est le plus jeune d'une fratrie de dix frères et d'une sœur, Signy, de la famille princière de Volsung, descendants d'Odin. Il prouve ses qualités héroïques en arrachant du chêne de Branstock l'épée magique plantée par Odin lui-même en cadeau des fêtes du mariage unissant Signy à Siggeir. Mais cet acte lui vaut la haine de son beau-frère, le roi des Goths Siggeir, jaloux des pouvoirs de l'épée. Il tend une embuscade et capture Sigmund et ses frères. Épargnés sur les supplications de Signy, tous sont attachés à des arbres, dans la forêt. Chaque nuit, l'un d'entre eux est dévoré par la mère de Siggeir, transformée en un loup monstrueux. Seul Sigmund est encore en vie. Sa sœur Signy, épouse malgré elle de Siggeir, parvient à soudoyer un esclave. Avant l'ultime nuit, sur son ordre, il enduit Sigmund de miel de la tête aux pieds. Quand le loup affamé survient, il lèche le miel sur le visage de Sigmund, lequel lui arrache la langue d'un vigoureux coup de dents. Le loup meurt étouffé dans son propre sang. Sigmund, dissimulé dans les forêts royales, prépare sa vengeance avec Signy. Hélas, le complot est éventé, Sigmund est enchaîné, Signy brûlée vive. Les liens entravant Sigmund sont tranchés par son épée magique, qui, seule encore, massacre Siggeir et ses fils. Avant de mourir, sa sœur Signy lui révèle qu'il est le père de son enfant, conçu alors qu'elle avait pris l'apparence d'une *Volva*, une sorcière. S'étant bâti un royaume, Sigmund épouse une femme nommée Hjordis. Lors d'une bataille, Odin brise son épée magique, Sigmund est mortellement blessé. Avant de mourir, il a le temps de prédire à Hjordis, enceinte, que son fils sera le plus grand des héros. Il s'agit de Sigurd-Siegfried, son fils posthume auquel il lègue les fragments de son épée.

Les Walkyries

Les Walkyries (Celles qui choisissent les morts) sont à l'origine de terribles esprits de la mort. Survolant le champ de bataille, chevauchant des dragons ailés, elles choisissent les guerriers qui vont mourir les armes à la main, au nom de leur maître, le dieu Odin. Leur nom seul évoque l'épouvante : Hurlante, Criante. Plus tardivement, elles demeurent servantes d'Odin, mais deviennent des vierges blondes. Elles planent au-dessus des combats sous la gracieuse forme de femmes-cygnes. Les guerriers choisis sont emportés par elles au *Walhalla*, palais des Morts à Asgard. Revêtus de leurs plus belles armures, abreuvés d'hydromel, nourris de ragoût de sanglier, ils attendent de participer, aux côtés d'Odin, au *Ragnarök* (voir chapitre 14). C'est pourquoi seule l'élite guerrière peut aspirer au Walhalla. Le défunt, devenu un *einherjar*, un combattant d'exception, a prouvé par sa mort héroïque son aptitude à participer à l'affrontement ultime. Toute trace de peur ou de lâcheté interdit à jamais l'accès au Walhalla, détourne les Walkyries.

L'héritage germanique

Si les cultures romaines et chrétiennes ont pour une large part compté dans l'élaboration de la civilisation européenne, celle des « barbares » germains n'est pourtant pas des moindres, en dépit de ce surnom accolé par les auteurs latins. En effet, leur société, croyances, mode de vie, n'est pas aussi fragile que le laisserait supposer cette « pseudo-barbarie ». Si les Germains contribuent à déstabiliser et à mettre fin au monde antique, leur apport aux périodes suivantes est considérable. Les langues parlées sous leur influence évoluent. Sans jamais avoir remis en question le legs antique, ils contribuent à mettre en place les fondements de l'Europe politique moderne.

Contrairement à beaucoup d'idées reçues, la France, à l'opposé de l'Europe, ne reçoit qu'un modeste héritage du passage des invasions germaniques au IVe siècle. Elle leur doit néanmoins son nom, celui du pays des Francs. C'est également dans le domaine artistique que l'apport germanique dénote une importante influence.

L'organisation politique de la cité

Les grandes migrations barbares apportent, même si ce ne sont pas des traits seulement germaniques, deux conceptions politiques majeures en rapport avec la monarchie : l'idée d'une dynastie royale, d'une part et de l'autre, celle que le roi n'est pas un législateur mais subit les coutumes. La première s'est imposée grâce à la dynastie des Francs instaurant une légitimité par le sang transmise par les membres masculins. La seconde, celle que le roi peut édicter des mesures, comme chez les Wisigoths, mais demeure soumis au droit coutumier, cas représenté aussi par les Francs. La loi des Wisigoths se constitue à partir du code rédigé sous le roi Euric. Les Burgondes bénéficient, eux, du code mis en place par Gondebaud en 502. Toutefois, certains éléments de la loi romaine sont conservés par les Wisigoths, par Alaric. Face à cette diversité de lois, pour mettre d'accord les plaignants, il est possible d'avoir recours à l'*ordalie*, ou « jugement de Dieu ».

La langue

Les langues européennes conservent aujourd'hui un certain nombre de mots allemands, assimilés par le bas latin, pour la plupart des termes évoquant la guerre, la chasse, la vie rurale, les institutions juridiques. D'autre part, certains Français continuent de parler des langues aux dialectes germaniques dans le nord de la France, comme le flamand, ou à l'est comme l'alsacien. Ceci s'explique par le fait que l'Europe occidentale ne s'est pas germanisée partout avec la même intensité. Une frontière très nette délimite ceux qui font leur la langue des Barbares et ceux qui maintiennent le parler latin. On peut même remarquer un fait assez extraordinaire : si au nord de la fameuse ligne, le germanique s'impose au point d'effacer toutes traces de langues archaïques et même du latin, que les premiers chrétiens doivent réintroduire, au sud de la ligne, la langue franque adopte le bas latin d'usage dans les abbayes, les camps, les villas gallo-romaines. Du mariage entre ces deux influences naît le français.

L'art

L'art produit par l'époque des grandes invasions barbares s'apparente encore largement à celui de l'âge du fer et se limite à un géométrisme abstrait uniquement ornemental. Au IVe siècle apparaît un style d'ornementation nouveau, empruntant à l'art iranien et à celui des Scythes ses motifs et principes que les Goths de la mer Noire introduisent en Europe. Il s'exprime dans un art linéal qui dissout complètement la conception classique et offre ainsi le contraste le plus brutal par rapport aux notions artistiques méditerranéennes.

L'utilisation des pierres semi-précieuses de toutes couleurs, appliquées sur des feuilles d'or battu, la technique de l'ornementation cloisonnée s'allie au décor géométrique pour constituer l'essentiel de cet art d'orfèvrerie. Les sculptures franques et wisigothiques laissent un grand nombre de fibules à décor cloisonné ornées d'animaux fantastiques, de décor floral ou de simples filigranes à incisions biseautées.

Le style géométrique des peuples germaniques continue à se perpétuer dans les miniatures des moines irlandais.

Leur mythologie, leurs légendes irriguent la mémoire nordique et germanique. Richard Wagner (1813-1883) y puise en abondance les sujets de ses drames lyriques, dont la *Tétralogie* ou *Anneau du Nibelung*, ou encore *Ring*, œuvre comprenant un prologue et trois opéras, destinés à être joués en trois journées. Au *Prologue*, *L'Or du Rhin* succède *La Walkyrie*, première journée, puis *Siegfried*, seconde journée, enfin *Le Crépuscule des dieux*, troisième et dernière journée. L'intégrale est jouée pour la première fois lors de l'inauguration du théâtre de Bayreuth en 1876.

Chapitre 14

Les Vikings, un monde de sagas

Dans ce chapitre...

- Leif Erikson, le découvreur de l'Amérique
- Le Ragnarök : fin du monde et guerre des dieux
- Siegfried et le Dragon

Si l'histoire des Vikings, comprise entre la fin du VIIIe siècle et 1066 – date de la conquête de l'Angleterre par Guillaume le conquérant –, est courte, elle n'en est pas moins riche en faits d'armes. L'une des étymologies possibles de leur nom ne dérive-t-elle pas du radical *Vig* (le combat) ? Commerçants, pillards, guerriers, ils laissent peu de traces architecturales, car ils recourent aux constructions en bois. Demeurent heureusement des églises, cinq styles décoratifs et un bloc de granit orné d'écriture en runes, la pierre de Harald. Leurs grands hommes sont avant tout des guerriers éclatants ou des explorateurs intrépides.

Leur religion foisonne de mythes, de légendes. Les héros montrent aux guerriers valeureux le chemin du paradis, le *Walhalla*, où les attendent les Walkyries. Nous devons aux Vikings nombre de légendes, de legs linguistiques au français, à l'anglais, à l'allemand, la découverte de l'Amérique et un rappel de leur présence par la *toponymie*, nom des hameaux, villages et lieux-dits.

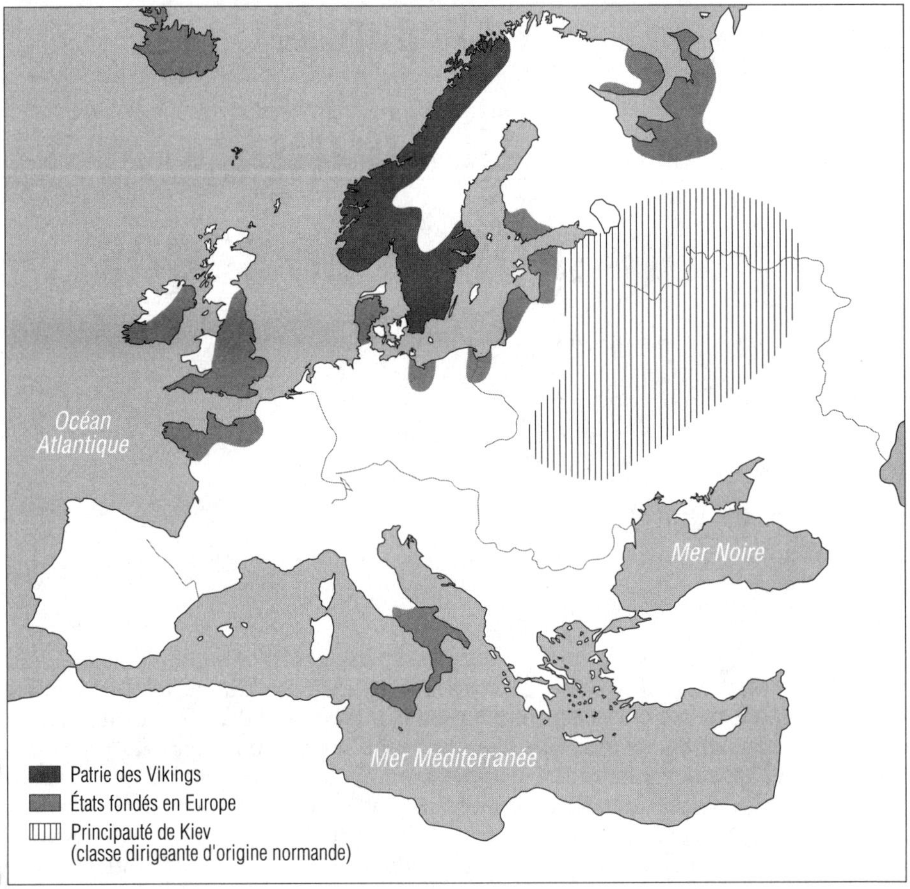

Figure 14-1 : Le monde viking.

Les grandes étapes de l'histoire des Vikings

Les Vikings sont des Scandinaves, appelés *Normanni* (Hommes du Nord) par les Francs, *Dani* (Danois) par les Anglo-Saxons ou *Rus* (Rameurs) en Russie. Le terme Viking viendrait de *Vig* (le combat), ou de *Vik* (la baie). Le Viking est donc le combattant, ou l'homme venu de la baie, sans précision d'origine géographique, de Suède ou du Danemark. Leur histoire peut se scinder en deux périodes, les conquêtes de 793 à 911, l'installation de 911 à 1066. Après cette date, ils se fondent dans les populations locales.

Les conquêtes

Il semble qu'au milieu du VIIe siècle, la Scandinavie connaisse une croissance de population poussant les Vikings à explorer de plus en plus loin de leurs bases. Ils entrent dans l'histoire de l'Europe occidentale par le pillage de l'abbaye de Lindisfarne, en Angleterre, en juin 793. Déjà, leur seul nom sème la terreur. Après les proies faciles constituées par les communautés monastiques en Angleterre et Irlande, ils s'en prennent aux villes, Paris est assiégée en 845 puis de nouveau en 857, 862 et 885. Puis, passant par le détroit de Gibraltar, ils attaquent la Provence et en 859, l'Italie. En 886, le roi anglo-saxon Alfred (règne : 871-899) doit céder aux Danois tout le quart sud-est de l'Angleterre, qui devient le royaume du Danelaw, le pays où s'applique la « loi danoise ». En 911, c'est au tour du roi de France Charles III le Simple (règne : 896-923) de donner au chef viking Rollon (v. 845-933) la province devenue la Normandie, au traité de Saint-Clair-sur-Epte. Il ne fait d'ailleurs que concrétiser leur mainmise sur la Seine et escompte mettre fin aux incursions vers Paris en les fixant en Normandie. En Russie, en 860, le chef Riourik (?-879) fonde la principauté de Novgorod. Son descendant, Oleg, devient prince de Kiev en 882.

Les longs bateaux

Notre imaginaire se plaît à représenter les Vikings serrés sur leurs navires de guerre, les *drakkars*. En réalité, ce terme a été forgé pendant le romantique XIXe siècle. Les navires vikings sont appelés *langskips* (longs bateaux) et répondent à deux types principaux, le *snekkur* et le *knörr*. Le *snekkur* avance à voiles ou à rames, avec des mâts aisés à abaisser. La voile est utilisée en mer, les rames sur le cours des fleuves. Moins large que le knörr, il se déplace plus vite. Le knörr, plus vaste, permet plus facilement d'embarquer les chevaux. Sa voile est rectangulaire, proue et poupe sont symétriques. Les navires de guerre comptent de 20 à 30 bancs de nage selon leur importance. Ils sont bien connus grâce à de multiples découvertes, dont celle de la sépulture d'Oseberg, en 1904, au navire reconstitué, exposé depuis à Oslo, en Norvège.

L'installation

Dès 911, les Vikings installés en Normandie y fondent un État. Devenus les Normands, ils s'implantent en Italie. En 1059, au concile de Melfi, ils reconnaissent la suzeraineté du pape. En échange, un seigneur normand, Robert Guiscard (1016-1085), est nommé par le pape Nicolas II duc d'Apulie et de Calabre. Il conquiert la Sicile, prenant Messine en 1061 et Palerme en 1072.

La dynastie des futurs rois normands du Royaume normand des Deux-Siciles est fondée. En Angleterre, le Viking danois Knut le Grand (1016-1035), à la fois roi d'Angleterre et du Danemark, soumet la Norvège.

Depuis 860, les Vikings norvégiens sont installés en Islande, sur laquelle règne leur souverain, Harald aux Beaux Cheveux (860-933). Les Vikings suédois, ou Varègues, parviennent, sous Riourik (?-879) à dominer toute la Russie du Nord à partir de leur capitale, Novgorod. Ils tentent même, mais en vain, de prendre Constantinople en 858. Le roi Oleg le Sage (879-912) réunit Novgorod à Kiev, fonde le royaume de Kiev. Les princes Vladimir Ier (978-1015) et Iaroslav le Sage (1019-1054) jettent les bases du futur État russe. Les Varègues, slavisés, christianisés, mettent en place la Russie à venir. En un peu plus d'un siècle, les Vikings ont fondé plusieurs royaumes destinés à jouer un rôle fondamental dans l'évolution ultérieure de toute l'Europe. Après 1066, l'histoire des groupes vikings se confond avec eux.

La garde varangienne

La valeur guerrière des Vikings semble paradoxalement reposer sur leur apparence physique aussi. Grands et blonds, ils impressionnent leurs ennemis, surtout quand ils entonnent de tonitruants chants de guerre. C'est probablement l'une des raisons de leur adoption comme garde personnelle, la *garde varangienne*, par le *Basileus*, l'empereur romain d'Orient, à la tête de l'Empire byzantin. C'est en 988 que le prince Vladimir de Kiev (978-1015) se convertit à la religion orthodoxe, afin, entre autres, de pouvoir épouser Anne, sœur de l'empereur byzantin Basile II le Bulgaroctone (règne : 960-1025), dont le surnom signifie « Tueur de Bulgares », car il les avait vaincus et largement massacrés. Le contrat de mariage prévoit que Vladimir doit fournir à son beau-frère un corps de 6000 Varègues, la future garde varangienne. Corps d'élite, d'une fidélité à toute épreuve, elle manie avec ardeur la longue hache et forme un élément essentiel de l'armée byzantine. Outre le prestige, elle est aussi formatrice, puisque le futur roi Harald III de Norvège (1015-1066) appartint à ses rangs entre 1035 et 1043, en qualité de commandant.

Les principaux sites et monuments vikings

Il reste peu de chose des monuments des Vikings précédant leur conversion au christianisme, en raison d'une prédilection pour les ouvrages de bois. Notre connaissance porte surtout sur l'art funéraire, avec la tombe d'Oseberg, près d'Oslo, sur les styles décoratifs attestés et la pierre runique de Harald. De leur art des fortifications demeurent les restes de Trelleborg et Fyrket. De l'ère chrétienne médiévale demeurent les *stavkirke*, ou églises en bois de Norvège.

Le fort de Fyrket

Proche de Hobro, dans le nord du Danemark, le fort de Fyrket est contemporain de celui de Trelleborg, il en est très proche par sa localisation, sur un promontoire qui surplombe un fleuve, tout comme par sa structure rigoureusement géométrique, un plan circulaire, deux voies en diagonale, quatre quartiers. Il est toutefois de moindre étendue, ne comprend qu'une unique enceinte. Dans chaque quartier, un bâtiment long sert d'habitation, trois autres semblent plutôt destinés aux besoins des ateliers des divers corps de métier et aux étables pour les animaux.

Les pierres de Jelling

Les deux pierres de Jelling sont des blocs de granit ornés de runes, langue écrite utilisée par les Vikings, dont le nom signifie « secret ». Situées à Jelling, au Danemark, la plus grosse des deux commémore la piété filiale de Harald Ier (règne : 940-986) à l'égard de son père, le roi Gorm, et de sa mère, la reine Thyra. Le texte est aussi intéressant en ce qu'il célèbre la conversion du roi Harald, donc de son peuple, au christianisme : « Le roi Harald fit faire ces stèles pour Gorm son père et pour Thyra sa mère. Harald qui a gagné pour lui le Danemark en entier et la Norvège et fit les Danois chrétiens. » Sur l'une des trois faces de la pierre est représenté un Christ, les bras ouverts, le corps pris dans des entrelacs. C'est la plus ancienne représentation de ce type au Danemark. La petite pierre de Jelling est érigée sur ordre du roi danois Gorm le Vieux (règne : 896-958) pour honorer la mémoire de son épouse défunte, Thyra : « Le roi Gorm a érigé cette stèle pour Thyra, sa femme, la fierté du Danemark. »

La tombe d'Oseberg

C'est entre 1904 et 1905 qu'est exhumée la dépouille d'une reine, peut-être la reine Asa, grand-mère du premier roi de Norvège, Harald Ier (règne : 872-931), ou d'une prêtresse de haut rang. Sous le tumulus, la grande dame ainsi qu'une compagne reposent avec un riche mobilier funéraire, plusieurs traîneaux, des coffres, des vêtements, un chariot à quatre roues. Mais le plus important est un navire de chêne de 22 m de long, 5 m de large, au mât haut de 10 m. Sculpté dans le style d'Oseberg à la poupe et à la proue, il emportait un équipage d'environ 30 rameurs et a été utilisé pour le cabotage avant de devenir la dernière demeure de la Dame d'Oseberg. Construit vers 820, le navire d'Oseberg aurait servi un peu plus d'une dizaine d'années, l'inhumation est datée de 834 environ. Deux autres tombeaux utilisent un grand bateau comme chambre funéraire, à Tune, où seule la coque est conservée, longue d'environ 20 m, le reste a été pillé, et à Gokstad, un bateau long d'environ 24 m. Les deux datés des environs de la fin du IXe siècle.

Les stavkirkes

Les *stavkirkes* sont des églises médiévales faites de bois, il en subsiste moins d'une trentaine en Norvège. Leur nom vient de *stav* (le pieu) et de *kirke* (l'église), car l'édifice est supporté par de longs pieux enfoncés dans le sol. Elles n'appartiennent pas au seul art viking car elles lui sont légèrement postérieures, la plus ancienne, celle d'Urnes est datée des environs de 1130, mais recourent abondamment, pour la décoration des façades et des intérieurs, aux motifs stylistiques de cet art, animaux fabuleux, entrelacs végétaux, scènes de la mythologie, le tout voisinant harmonieusement avec les symboles chrétiens. Appelées en français « églises en bois debout », les stavkirkes les plus célèbres sont celles d'Urnes, de Heddal, de Borgund, de Hopperstad.

Le fort de Trelleborg

Situé près de Slagelse sur l'île de Sjælande, au Danemark, le fort de Trelleborg profite d'une assise sur un promontoire, entre deux fleuves. De forme circulaire, comme les autres édifices du même type connus, il est construit entre 940 et 986 pendant le règne du roi Harald Ier, dit « à la Dent Bleue », peut-être en raison d'un goût prononcé pour les myrtilles ou les airelles. Le fort principal, d'un diamètre de 134 m, est percé de quatre portes, une à chaque point cardinal. Ces portes donnent accès à deux voies principales qui se croisent, déterminant quatre quartiers. Chaque quartier comprend quatre bâtiments longs d'une trentaine de mètres chacun, autour d'une cour fermée. Là vivent les guerriers et leur famille. Une seconde enceinte abrite le cimetière et d'autres bâtiments longs. Un *Trelleborg* est l'appellation générique utilisée en réalité pour six forts circulaires de l'époque viking, quatre situés au Danemark, les deux derniers au sud de la Suède. Trelleborg ayant été découvert en premier lieu, fouillé entre 1936 et 1941, donne son nom aux constructions similaires, à savoir : Aggersborg, Fyrket, Nonnebakken, Trelleborg au Danemark ; Borgeby et Trelleborg en Suède. Le plus vaste fort, Aggersborg, a un diamètre de 240 m, accueille 48 bâtiments longs.

Les grands personnages vikings

Les grands Vikings s'illustrent par les armes mais aussi par l'organisation d'un territoire, tel Rollon, premier *jarl* (prince) de Normandie en 911. Armateurs, navigateurs sans peur, ils explorent aussi loin que leurs navires peuvent les conduire, au Groenland pour Erik le Rouge en 982, plus loin encore pour Leif Erikson, véritable découvreur de l'Amérique vers l'an 1000. À ces hommes redoutables conviennent des femmes qui ne le sont pas moins, à l'image de la reine Asa, au IXe siècle, meurtrière par sens de l'honneur lignagier, fille, femme et mère de rois.

La reine Asa

La reine Asa (IXe s.) est connue par un récit, l'*Ynglinga Saga*, de Snorri Sturluson (1179-1241) et par l'éventuelle attribution à cette souveraine de la tombe d'Oseberg. Fille de Harald Barbe Rousse, elle refuse d'épouser Gudröd (IXe s.) roi du Vestfold, région du sud de la Norvège. Ce dernier l'enlève, la prend pour femme de force. Ils ont un fils, Halfdan le Noir (v. 824-v. 864). Un soir de banquet, un serviteur dévoué à Asa profite de l'ivresse du roi pour lui planter un pieu dans le cœur, sur demande de la reine. Débarrassée de son époux, Asa a vengé son père et son frère, tués par Gudröd lors de la bataille qui s'était achevée par son rapt. Son fils conquiert plusieurs régions de Norvège, commence une unification achevée par son petit-fils, Harald Ier (v. 854-931), premier roi de toute la Norvège. Si la tombe d'Oseberg est bien celle de la reine Asa, elle est morte aux environs de 834.

UN PEU DE MYSTÈRE

Antonio Ibn Faldan, un ambassadeur arabe chez les Vikings

Ibn Faldan (Xe s.), émissaire du califat de Bagdad, est envoyé en 922 en mission auprès des *Rus*, les Vikings de l'Est. Issu d'une cour raffinée, attentive aux soins du corps et à la délicatesse d'expression des sentiments, Ibn Faldan est à la fois fasciné : « Jamais je n'ai vu des gens d'un physique plus parfait » et empli de répulsion : « Ce sont les plus répugnantes créatures de Dieu. Ils ne se lavent pas les mains après avoir satisfait leurs besoins naturels, ni les mains après les repas. » Ses descriptions sont la plus étonnante et la plus riche relation des mœurs vikings saisies par un observateur extérieur. Le personnage et les aventures d'Ibn Faldan inspirent le film *Le 13e Guerrier*, du réalisateur américain John Mc Tiernan, sorti en 1999. Le rôle d'Ibn Faldan y est interprété par Antonio Banderas.

Rollon

Rollon (v. 845-v. 925) écrit avec sa vie un roman et une page de l'histoire de France. Probablement viking norvégien plutôt que danois, il naît dans la famille d'un *jarl*, prince ou comte. Comme nombre de jeunes aristocrates vikings, il cherche à la fois gloire, richesse, puissance politique. Il fait ses premières armes en pillant le long des côtes de la Manche et de la mer du Nord. Définitivement banni de Norvège, il aborde l'embouchure de la Seine vers la fin du IXe siècle, après avoir ravagé celles du Rhin et de l'Escaut. Il s'y installe, retrouve des compatriotes en place depuis près d'un siècle, participe à des raids sur Paris, Bayeux, la Bourgogne. Car si, lors de rares batailles rangées, les Francs battent les Vikings, ils ne parviennent pas à les chasser de la vallée de la Seine. C'est d'ailleurs après avoir été repoussé de Chartres, en 911, que Rollon reçoit du roi Charles III le Simple (né en 879, co-roi avec Eudes Ier de 893 à 898, seul roi de 898 à 922, destitué en 922, meurt en 929) la région autour de Rouen, ébauche du futur duché de Normandie, par le traité de Saint-Clair-sur-Epte. Rollon est supposé renoncer à ses incursions, et contenir les autres bandes de Vikings tentées par les riches cités.

Rollon, devenu après son baptême chrétien Robert, épouse Gisèle, l'une des filles du roi Charles le Simple, mais conserve ses *frilla* (concubines), dont les enfants sont légitimes aux yeux du droit désormais normand. Sous le nom de Robert Ier, duc de Normandie pour les historiens, comte pour le roi franc, mais jarl des Normands pour ses contemporains, il fait de Rouen sa capitale, répartit les terres entre autochtones et Vikings. Les deux populations se fondent. Rollon résiste mal à quelques attaques contre les terres franques, qui le conduisent jusqu'à Arras, Amiens, Noyon, pillées consciencieusement. Il meurt vers 925, léguant le duché à son fils Guillaume Longue-Épée (?-942).

Erik le Rouge

De son vrai nom Erik Thorvaldsson, Erik le Rouge (v. 940-v. 1010), surnommé ainsi en raison du roux de sa chevelure, naît en Norvège vers 940. Son histoire familiale est marquée du sceau du meurtre. C'est pour en avoir commis un que son père doit quitter la Norvège pour l'Islande, dans sa petite enfance. Lui-même, vers 980, est banni pour une durée de trois ans, également pour meurtre, d'Islande. Il s'installe alors avec quelques centaines de personnes au Groenland (pays vert) qu'il découvre en naviguant vers le nord-ouest. Au terme de son temps de bannissement, il revient en Islande et prépare en plusieurs années l'établissement d'une colonisation durable. Il repart en effet en 988, à la tête d'une flotte d'environ 30 navires, et fonde deux établissements, celui de l'ouest et celui de l'est, à l'abri au fond de fjords groenlandais. Il semblerait que 2 000 à 3 000 personnes y aient vécu. Mais, à partir du XIVe siècle, le climat se modifie, et le « pays vert » devient de plus en plus inhospitalier. À la fin du siècle, les colonies sont abandonnées.

LE SAVIEZ-VOUS ?

La saga

La *saga*, terme islandais, est un récit consacré, en prose, aux hauts faits d'une personne ainsi qu'à ceux des membres son lignage. Ce genre littéraire s'épanouit au cours des XIIe et XIIIe siècles. Sont distinguées les sagas des Islandais, celles des expéditions vikings, comme la *Saga d'Egill, fils de Grimr le Chauve*, des sagas royales, consacrées elles aux souverains danois, suédois ou norvégiens. Ainsi la *Heimskringla*, ou *Saga des rois de Norvège*, des origines mythiques à la fin du XIIe siècle, collation de récits réalisée vers 1225 par le poète islandais Snorri Sturluson (1179-1241). La saga s'ouvre aux textes hors du monde scandinave, avec une *Saga de Charlemagne* et aux faits et gestes exemplaires des contemporains. L'une des sagas des Islandais la plus fameuse est la *Saga d'Erik le Rouge*, relatant l'exploration du Groenland et de l'Amérique du Nord.

Leif Erikson

Leif Erikson (v. 975-v. 1020), de son vrai nom Leiv Eriksson, est le fils d'Erik le Rouge. Né en Islande, il se convertit au christianisme lors d'un voyage à la cour du roi de Norvège. C'est en retournant au Groenland que les éléments contraires, alliés à sa soif de découverte, le conduisent à découvrir une terre inconnue.

Il y identifie trois régions, qu'il nomme *Vinland* (pays des pâturages, ou des vignobles), *Markland* (pays du bois) et *Helluland* (pays de la pierre plate). Il s'agit probablement de Terre-Neuve, des côtes sud et nord du Labrador. Mais il n'y fonde pas de véritables colonies, car il doit prendre la succession de son père au Groenland et les tentatives d'installation se heurtent à l'hostilité des indigènes. Cet explorateur islandais est donc, aux alentours de l'an 1000, le véritable découvreur de l'Amérique, Christophe Colomb, cinq siècles plus tard, ne fera que la redécouvrir.

Religion, mythes et légendes germano-nordiques

La religion viking tout comme les mythes et légendes se poursuivent dans leur équivalent nordique et germanique, le *Ragnarök* (la fin des dieux) devient « Crépuscule des dieux » chez Richard Wagner. La cosmogonie donne les clefs de la naissance mais aussi de la fin du monde, de l'apparition des dieux et des géants, des hommes enfin. Les mythes mettent en scène Tyr et le loup Fenrir, la traîtrise de Loki, dans un monde structuré par l'*Yggdrasil*, l'arbre cosmique, le *Puits de Mimir*, source de sagesse et la menace du *Ragnarök*, l'apocalypse.

La religion germano-nordique

La religion des Vikings est connue essentiellement par l'*Edda en prose* de Snorri Sturluson (1179-1241), récit reprenant et étoffant des poèmes plus anciens et difficiles à interpréter, regroupés dans l'*Edda poétique* ou *Edda ancienne*, datés parfois du VIIe siècle. Après la mise en place du monde, la rivalité des dieux *Ases* et *Vanes*, la fin du monde est déjà programmée. La cosmogonie présente le monde des origines scindé en trois régions : au nord, le *Niflheim*, froid, humide, pays des glaces ; au sud, le *Muspelheim*, chaud, sec, où s'épanouissent les flammes. Entre les deux s'étend un abîme, le *Ginnungagap*. Le rapprochement du Niflheim et du Muspelheim, de la glace et du feu engendre le géant Ymir, créature androgyne, père des Géants, ainsi que la vache Audhumbla, dont le lait nourrit Ymir. Audhumbla, léchant les pierres – ou la glace –, forme ainsi de sa langue râpeuse Buri, le premier dieu, qui engendre Bor. Ce dernier s'unit à la géante Bestla et ils ont trois enfants, les jeunes dieux, Odin, Vili, Vé. Aidés de Géants, ils tuent Ymir, le démembrent dans le *Ginnungagap*, utilisent les morceaux pour créer *Midgard*, le monde des hommes : « De la chair d'Ymir la terre fut façonnée. Et de ses os, les montagnes. De ses cheveux, les arbres. »

POUR ALLER PLUS LOIN

Yggdrasil, l'arbre cosmique

Le monde des hommes est structuré, soutenu par un arbre, un frêne, l'*Yggdrasil*. Ses branches sont le logis des trois maîtresses de la destinée, les *Nornes* : *Urd* ou *Wyrd*, le passé et le Destin ; *Verdande*, le présent ; *Skuld*, le futur. Car tout être, homme, dieu, géant, est soumis au Destin, le *Wyrd*. Les hommes naissent sculptés dans le frêne pour l'homme, dans l'orme pour la femme, par Odin et ses frères. La souche dans laquelle ils sont façonnés leur donne leur nom : *Ask* (frêne), pour le premier homme, *Embla* (orme), pour la première femme. *Odin* leur confère le souffle vital, *Vili*, l'intelligence et l'émotion, *Vé*, l'ouïe et la vue.

La guerre des dieux

La guerre des dieux oppose les *Ases*, les dieux de la force, plus récents, aux *Vanes*, les dieux de la fertilité, plus anciens. Elle s'achève par un accord entre les deux groupes, scellé par des échanges, des dieux Ases viennent vivre chez les Vanes et inversement. Mais le destin, inéluctable, prévoit une apocalypse, le *Ragnarök*, qui verra s'affronter deux clans. D'un côté les dieux, Ases et Vanes combattant ensemble, de l'autre les Géants et les puissances du Mal, conduites par le traître Loki, un Ase maléfique et destructeur. Au cours de cette réalisation du Destin, *Ragnarök* signifiant « Destin des puissances », le frêne Yggdrasil sera consumé par les flammes, la terre des hommes disparaîtra sous les eaux, dieux et Géants s'anéantiront mutuellement. Mais, plus tard, quand le Destin en aura décidé, un nouveau monde viendra à l'existence.

Les neuf mondes

L'univers germano-nordique est organisé en neuf mondes ayant l'*Yggdrasil* pour véritable colonne vertébrale. Chacun abrite une population particulière. Il s'agit de : l'*Asgard*, royaume des dieux Ases, comprenant le paradis des guerriers, le *Walhalla* ; le *Vanaheim*, royaume des dieux Vanes ; du *Ljösalfheim*, terre des Elfes blonds ; du *Midgard*, royaume des hommes avec le *Jötunheim*, royaume des Géants ; du *Svartalfheim*, terre des Elfes bruns ; de *Nidavellir*, le pays des nains ; du *Niflheim* avec Utgard pour forteresse, monde de glace ; du *Muspellheim*, monde du feu ; du *Helheim*, royaume des morts indignes. Les neufs mondes sont regroupés en trois zones géographiques : aux trois premiers le ciel, aux trois suivants la surface ou la profondeur de la terre, aux trois derniers les espaces inférieurs.

LE SAVIEZ-VOUS ?

Les créatures du *Seigneur des Anneaux*

L'écrivain britannique John Ronald Reuel Tolkien (1892-1973) popularise la mythologie germano-nordique dans ses ouvrages *Bilbo le Hobbit* (1937) et surtout les trois tomes du *Seigneur des Anneaux* (1954). Lexicologue, linguiste, il invente la langue imaginaire des Elfes, ou *quenya*. Sa riche imagination s'appuie sur une connaissance des créatures présentes dans les mythes issus du monde viking. Petite revue des troupes :

- Les Elfes sont à l'origine des divinités de la fertilité et du culte des morts. Ils deviennent avec Tolkien jeunes, beaux, immortels, dotés de pouvoirs magiques.
- Les Géants : de forme humaine, mais en plus grand, ils incarnent le désordre, le chaos. Géants et Géantes sont liés aux dieux et déesses par de multiples unions.
- Les Nains : nés des vers sur le cadavre d'Ymir, ils ne sont pas forcément petits, mais laids, susceptibles de fourberie. Habiles forgerons, ils vivent sous terre. On les appelle également Elfes noirs, ou *Nibelungen* dans la mythologie germanique.
- Les Trolls, symbole des forces naturelles, sont à l'origine des Géants vivant dans les montagnes. Peu à peu, au fil de l'évolution des mythes, leur taille s'amenuise, ils deviennent de petits farceurs, prêts à jouer les pires tours aux hommes.

Les mythes germano-nordiques

Trois mythes germano-nordiques sont particulièrement dignes d'attention : Tyr et le loup Fenrir, Balder et Loki, Idunn et l'éternelle jeunesse.

Balder et Loki

C'est dans l'*Edda en prose* que prend place le mythe de Balder et Loki. Balder, fils d'Odin et de Frigg est le plus beau et le plus aimable des dieux, il possède toutes les vertus. Mais un rêve prémonitoire lui annonce sa propre mort. Car les dieux germano-nordiques sont mortels, ils perdront presque tous la vie lors des combats du Ragnarök. Frigg, sa mère, est effondrée. Son père Odin interroge une prophétesse du royaume des morts, le *Hel*, qui lui révèle que Balder serait tué par son propre frère, l'aveugle Holder. Frigg, pour protéger son fils, fait jurer à toute chose, dans les neuf mondes, de ne jamais faire de mal à Balder. Toutefois, elle néglige le gui, trop jeune et trop faible pour représenter un danger. Loki, dieu des forces mauvaises, jaloux de Balder, l'apprend. L'usage s'est établi chez les dieux de bombarder Balder de toutes sortes d'objets, aucun ne parvenant à l'atteindre. Le cruel Loki persuade Holder, l'aveugle, de tirer une flèche sur son frère Balder, afin de prendre lui aussi part au jeu. Mais Loki a eu soin d'en réaliser une avec une branche de gui, Balder, transpercé, meurt.

Le désespoir de Frigg est immense, les obsèques de Balder et de son épouse Nanna, morte de douleur, sont grandioses, leurs corps brûlent sur un immense navire lancé sur la mer. Mais Frigg ne peut renoncer à son fils. Un autre frère de Balder, Hermod, est envoyé vers Hel, déesse à demi décomposée du royaume des morts éponyme, pour obtenir le retour de Balder parmi les vivants. Hel se laisse fléchir, mais à une condition : toute chose, tout être dans les neuf mondes doit pleurer Balder et souhaiter son retour. Même les pierres pleurent alors. Mais Loki ne renonce pas aussi facilement. Sous les traits de la vieille sorcière, ou géante des glaces Thokk, il répond : « Laisse Hel conserver ce qui lui appartient. » Balder demeurera aux Enfers. Il y attend le Ragnarök, à l'issue duquel, avec son fils Forsete, dieu de la justice et du courageux Hermod, il fondera un monde nouveau.

Et Loki ? Quand les dieux découvrent qu'il était Thokk, leur colère est terrible. Enchaîné à trois rochers, un serpent enroulé autour du corps déverse sur son visage un venin provoquant d'atroces souffrances. Son épouse, Sigyn, tente bien de le recueillir dans un bol, mais dès qu'elle doit le vider, le venin atteint Loki, dont les contorsions de douleur provoquent les tremblements de terre. Il trouve cependant le moyen de se libérer pour prendre la tête des forces du Mal, contre les dieux, pour le Ragnarök.

Idunn et l'éternelle jeunesse

Les dieux de la mythologie germano-nordique peuvent non seulement être blessés et mourir, mais ils vieillissent, tout comme les humains. Afin d'éviter un vieillissement les menant au trépas, les dieux doivent régulièrement rendre visite à Idunn, déesse du printemps, épouse de Bragi, dieu de la poésie. Idunn seule peut cueillir les pommes qui rendent à celui qui les mange sa jeunesse, conservées dans un coffret précieux. Le maléfique Loki, une fois encore, parvient à attirer Idunn hors d'Asgard, forteresse-royaume des dieux Ases, la fait enlever par un Géant. Menacé des pires supplices, il est contraint d'aller la rechercher et de la ramener à Asgard, où des dieux vieillissants croquent les pommes et redeviennent jeunes, dans l'attente du Ragnarök, où toutes leurs forces seront nécessaires. Cette histoire est également relatée par l'*Edda en prose*.

Tyr et le loup Fenrir

L'histoire du Tyr et du loup Fenrir est elle aussi relatée dans l'*Edda en prose*. Fenrir est un loup monstrueux, d'une taille gigantesque, fils de Loki et de la géante Angrboda. Il est élevé par Tyr chez les dieux Ases. Mais les prophéties désignent Fenrir comme un artisan principal de la destruction du monde des dieux lors du *Ragnarök*. Afin de le mettre hors d'état de nuire, les dieux emploient la ruse. Par deux fois, ils demandent à Fenrir de se laisser charger de chaînes afin de montrer à tous sa force en les brisant. Par deux fois Fenrir se libère. Une troisième tentative est menée : les nains fabriquent un lien magique, la corde *Gleipnir*, à partir de six ingrédients. Dans sa composition entrent les bruits de pas d'un chat, de la barbe de femme, des racines de montagne, des nerfs d'ours, de l'haleine de poisson et des crachats d'oiseaux. Toutefois, Fenrir est devenu méfiant, il explique aux dieux que ce lien est soit insignifiant, facile à rompre sans gloire pour lui, soit magique et fait par ruse. Pour le rassurer, les dieux promettent de le libérer. Fenrir pose une nouvelle condition : un dieu doit accepter de placer une main dans sa gueule. Seul Tyr l'accepte. Fenrir est lié, plus il se débat, plus Gleipnir se resserre. Tyr tente de se dégager, mais y perd une main. Fenrir est attaché au sommet d'un rocher, la gueule transpercée d'un glaive. Mais, lors du Ragnarök, il se libérera, tuera Odin, avant d'être définitivement éliminé à son tour.

UN PEU DE MYSTÈRE

Le jeu du pendu

Yggdrasil, l'arbre cosmique, colonne vertébrale des neuf mondes, est sacré dans la mythologie germano-nordique. Sa place, dans la religion, lui vient aussi du dieu Odin. Afin de connaître la sagesse, Odin se pend à Yggdrasil pendant neuf jours, meurt et connaît la résurrection. C'est déjà dans ce même but qu'il a sacrifié un œil pour pouvoir boire l'eau du puits de Mimir, source de sagesse. La pendaison est partie intégrante du culte rendu à Odin. En 842, après le raid viking sur Nantes, les captifs vaincus sont pendus aux branches des arbres. Il est même possible que nous ayons le corps d'une victime de ce type de sacrifice, celui de l'*Homme de Tollund*. Trouvé le 8 mai 1950, dans les tourbières de Tollund, au Danemark, il s'agit du corps d'un homme, parfaitement conservé, momifié dans la vase, ainsi que ses vêtements. Il porte encore autour du cou la corde qui a servi à le pendre. Âgé d'environ 40 ans, haut d'environ 1,60 m, il vivait vers le milieu du IVe siècle av. J.-C. Ses restes sont conservés dans le Jutland, au musée de Silkeborg, depuis 1952.

L'héritage viking

Les traces de la civilisation des Vikings vivent encore dans certaines langues européennes, comme le français, l'allemand ou l'anglais. Dans ce dernier cas, la filiation est assez prononcée pour des mots tels *mōna*, *moon* (la lune) ou *sunne*, *sun* (le soleil). La *toponymie*, c'est-à-dire le nom des lieux et leur origine, est riche en Normandie de l'héritage viking, ainsi : *tot* (le domaine rural) se retrouve dans Yvetot, *fleur* (l'estuaire) dans Honfleur, *bec* (le cours d'eau) dans Caudebec. Comme pour le vieil anglais, le nombre de termes d'origine scandinave est approximativement de 150.

Incontestablement, les Vikings ont aussi fait progresser l'art de la navigation. Leurs navires, rapides et maniables, de guerre et de commerce, leur permettent de traverser les mers, de remonter les fleuves. Vers l'an 1000, ils découvrent l'Amérique, bien avant Christophe Colomb. Ils fondent des États appelés à devenir majeurs dans l'Europe actuelle. Au IXe siècle, ils pénètrent au cœur de la Russie, ouvrent de nouvelles voies commerciales en remontant la Volga et le Dniepr, donnent naissance aux principautés de Kiev et de Novgorod, embryon du futur Empire russe.

LE SAVIEZ-VOUS ?

La poésie scaldique

Les sagas (ou *Eddas*) fixent par l'écriture des légendes, mythes, ou récits de la vie des grands personnages en reprenant une tradition orale beaucoup plus ancienne, celle des *scaldes*. Un scalde est un poète, souvent islandais, dont les œuvres se développent entre le IXe et le XIIIe siècle. Son art, très codifié, fondé sur la reprise de stéréotypes, recourt à des poèmes composés en strophes, privilégiant l'allitération et le compte des syllabes car ils facilitent l'exercice de mémorisation. Ce phénomène se retrouve chez ses auditeurs, qui connaissent certains passages par cœur et en attendent une restitution fidèle. Certains d'entre eux sont bien connus, comme Bjarni Hallbjarnarson dit *Gullbrarskald* (le scalde aux sourcils d'or), un Islandais, auteur, vers le milieu du XIe siècle d'une geste sur la vie du prince norvégien Kalfr Arnason, à la cour duquel il exerçait ses talents poétiques. La poésie scaldique fournit à Snorri Sturluson (1179-1241) une large partie du fonds de son *Edda en prose*.

Chapitre 15

Les Huns, entre Asie et Europe

Dans ce chapitre :

- Attila et la conquête de l'Ouest
- La bataille des champs Catalauniques
- Ildico, la reine tueuse

Venus probablement d'Asie centrale, les Huns s'établissent dans les steppes au nord du Caucase, avant d'apparaître sur la Volga en 374. Il s'agit de populations mêlées, mongoles, turques, regroupées en hordes redoutables par leur science du maniement de l'arc et du cheval. L'histoire des Huns, et surtout celle du roi Attila, le « fléau de Dieu », est tissée de combats : défaite aux champs Catalauniques en 441, victoire et sac de la plaine du Pô en 452. Brève, elle s'achève, en Europe, avec la fin du Ve siècle. Les Huns blancs, ou *hephtalites*, envahissent un temps l'Inde du Nord, avant d'être vaincus au milieu du VIe siècle. Toutefois, des survivances hunniques sont manifestes dans le Caucase jusqu'au début du VIIIe siècle.

Une histoire aussi brève et furieuse laisse peu de place aux personnages d'exception, en général la durée de vie est trop limitée pour laisser une trace durable. Cependant, deux hommes et deux femmes émergent du monde hunnique : les rois frères Bleda (v. 390-445) et Attila (406-453). Ildico (Ve s.), dernière épouse de ce dernier, son empoisonneuse peut-être, sert de modèle au personnage de Gudrun ou Kriemhild dans la mythologie germanique. Sainte Geneviève (423-512) enfin, protectrice de Paris car elle parvient à convaincre, au péril de sa vie, le terrible Attila de ne pas saccager la ville.

De nos jours, l'héritage des Huns, certes revendiqué par certains groupes minoritaires en Bulgarie ou en Hongrie, est surtout celui de la terreur qu'ils ont inspirée.

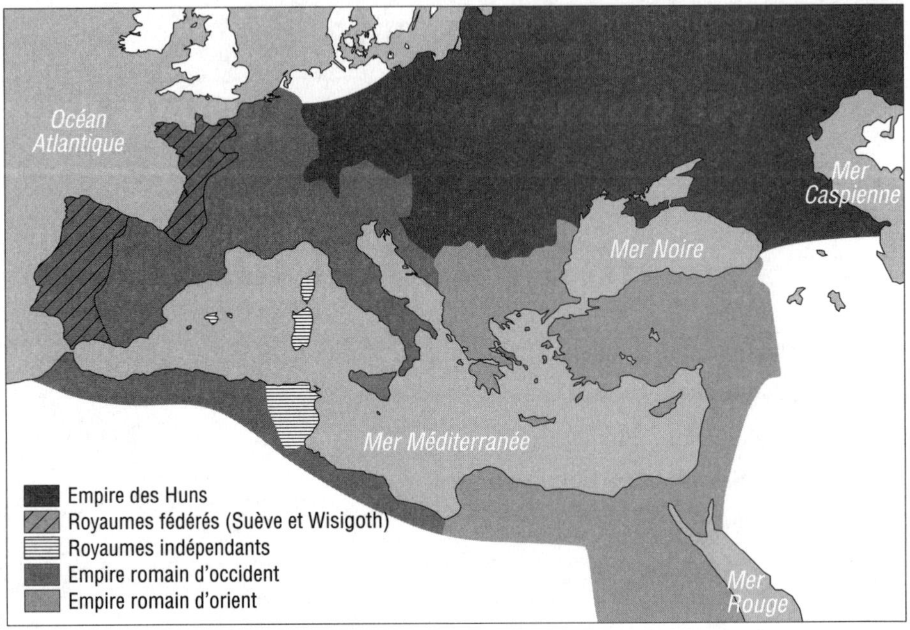

Figure 15-1 : L'empire hun sous Attila.

Les grandes étapes de l'histoire des Huns

L'histoire des Huns se présente en trois principales étapes : la lente progression des clans depuis la Chine jusqu'au *limes*, frontière de l'Empire romain, entre le IIIe siècle av. J.-C. et 408 ; l'apogée bref et foudroyant centré sur le règne d'Attila, de 441 à 453, la constitution d'un empire hun des Carpates à l'Oural ; l'effondrement, tout aussi rapide, la dissolution entre nord de l'Inde et Caucase aux VIe et VIIe siècles.

La conquête de l'Ouest

Cette période s'étend du IIIe siècle av. J.-C. à 408 de notre ère. Les *Xiongnus*, ou Huns d'Asie, nous sont connus par les textes chinois des IIIe et IIe siècles av. J.-C. Ils décrivent un regroupement de tribus itinérantes, vivant de la chasse, ignorant l'agriculture, les villes, les lois. Redoutables et redoutés, ces Xiongnus dominent la partie orientale de l'Asie centrale pendant deux siècles. C'est contre eux qu'est édifiée la Grande Muraille de Chine. Partis du centre de leur civilisation, les régions du nord de la Mongolie, la vallée de la Selenga, les Huns d'Asie se mêlent, dans leur migration vers l'ouest, aux populations turques, aux Huns européens futurs d'Attila, germaniques. À partir de 374, ils repoussent les Alains, Ostrogoths, Wisigoths aux marges, puis à l'intérieur de l'Empire romain. Vers 400, leur domination s'étend des Carpates à l'Oural, les Germains combattent dans leur armée. En 408, ils franchissent le *limes*, la frontière de l'Empire romain, multiplient les attaques éclair, sèment la terreur.

LE SAVIEZ-VOUS ?

Les guerriers huns

La tactique militaire redoutable des Huns s'explique par leur extrême habileté à manier l'arc à cheval. De petits groupes de cavaliers attaquent l'ennemi, font retraite après une volée de flèches, l'attirent dans des embuscades tendues par d'autres. La mobilité, la rapidité, la dispersion, outre leur efficacité, donnent l'impression d'une force plus considérable encore qu'elle ne l'est en réalité. De plus, ce système correspond bien au mode de gouvernement des Huns, chaque clan a son propre chef, les alliances sont momentanées, limitées à un objectif souvent immédiat, avant les règnes de Bleda et d'Attila. L'arc hun, composite à double courbure, est à la fois léger, maniable et puissant. Pour le combat rapproché, les Huns utilisent les lances et la longue épée à double tranchant.

L'empire d'Attila

L'empire du plus connu des souverains des Huns, celui d'Attila (406-453), prend ses racines dans l'installation des clans huns, au début du ve siècle, en Pannonie, actuelle Hongrie, et sur les rives du cours moyen du Danube. Dès lors, l'histoire des Huns se confond un temps avec celle de l'Empire romain d'Orient et de l'Empire romain d'Occident, entre alliance plus ou moins théorique et réel désir de conquête.

Bleda (v. 390-445), frère aîné d'Attila (406-453), règne avec lui de 434 à 445. Avec l'Empire romain d'Orient, il continue la politique entreprise par son oncle Ruga (395-434), Constantinople verse un tribut annuel, de plus en plus élevé, pour éviter une attaque. Bien en vain, d'ailleurs, en 441, Bleda fait une profitable incursion sur les terres impériales. Attila, après avoir assassiné son frère, devient seul roi des Huns de 445 à 453. En janvier 447, à la suite d'un tremblement de terre qui abat en partie les murailles de Constantinople, Attila attaque l'Empire romain d'Orient sans parvenir à s'en emparer. En revanche, le tribut cesse d'être versé à la mort accidentelle du *Basileus*, l'empereur byzantin Théodose II en 450, son successeur Marcien (règne : 450-457) refuse de payer des barbares.

Attila, en 451, se retourne alors contre l'Empire romain d'Occident. Ses armées franchissent le Rhin, ravagent l'est de la Gaule, connaissent la défaite lors de la bataille des champs Catalauniques, où elles affrontent le général romain Aetius (v. 395-454) et ses alliés Alains, Burgondes, Francs et Wisigoths, contournent Paris, un miracle attribué à l'intervention de sainte Geneviève (423-512). L'année suivante, en 452, les Huns envahissent l'Italie du Nord, saccagent Vérone, Padoue. Rome est menacée, mais Attila rencontre le pape Léon le Grand (pape de 440 à 461) à Mantoue et retourne en Pannonie. Il meurt en 453, mais son empire ne lui survit pas longtemps. Entre les révoltes des peuples soumis et la mésentente profonde entre ses fils et héritiers, l'édifice s'effondre lors de la défaite des Huns sur la Nedao, en 455, dans la province même de Pannonie qui vit leur puissance se construire, contre une coalition de Gépides et d'Ostrogoths. Désormais, les Huns ne sont plus une menace pour l'Europe occidentale, le « fléau de Dieu » a emporté la vague de terreur dans la tombe.

Le déclin

Les Huns blancs, ou *Huns hephtalites*, Indo-Européens appartenant au groupe Hephtalite, originaire d'Afghanistan, font parler d'eux en Inde du Nord. En 455, ils tentent d'envahir les plaines septentrionales de l'Inde, mais sont arrêtés par les forces du dernier grand empereur de la dynastie des Gupta (v. 320-550), Skandagupta (empereur de 455 à 467). Toutefois, lors d'une seconde tentative, en 465, ils s'emparent de la plaine du Gandhara. Cette base leur permet de multiplier les attaques contre l'empire Gupta, qui s'effondre sous leurs coups en 475. La puissance hunnique s'étend peu après, en 484, à la Perse. Mais, en 565, Perses et Turcs d'Asie centrale s'unissent, battent les Huns hephtalites, dont la puissance militaire disparaît. Les groupes huns sont toutefois encore attestés par des survivances dans le Caucase, jusqu'au début du VIIIe siècle.

UN PEU DE MYSTÈRE

Attila, le fléau de Dieu

Contrairement à une opinion répandue, le surnom d'Attila (fléau de Dieu) ne doit pas être entendu au sens de « catastrophe ». L'image est due au pape Léon le Grand, qui parle de l'invasion de l'Italie du Nord en termes de *flagellum Dei* (le fouet de Dieu). Il stigmatise ainsi le peu de piété de ses contemporains, punis du fouet symbolique divin, incarné par Attila. Isidore de Séville (v. 560-636), au VIIe siècle, parle d'Attila comme la *Virga furoris Dei* (verge de la colère de Dieu). L'expression française « fléau de Dieu », apparue tardivement au XIXe siècle, doit donc être comprise au sens premier du terme, celui du fléau, du bâton dont on use pour battre le grain.

Les principaux sites et monuments huns

Les Huns ne sont pas des bâtisseurs, ignorent la civilisation urbaine, fidèles à leurs racines de cavaliers des steppes en perpétuelle migration. Les sites les concernant sont donc, outre la forteresse d'Ivolga, dans la vallée de la Selenga, en Mongolie, le cimetière Derestuj, également en Mongolie et celui très controversé des champs Catalauniques qui a vu leur défaite en 451.

Les champs Catalauniques

La bataille des champs Catalauniques ou champs Catalauniens se déroule en 451. Longtemps, à la suite des récits des chroniqueurs grecs, elle est localisée à proximité de Châlons-en-Champagne, la romaine *Duro Catalaunum*, où la commune de La Cheppe conserve un « camp d'Attila ». Les recherches récentes amènent plutôt à songer à un lieu proche de Troyes, le *Campus Mauriacius* (les champs Mauriaques). Elle oppose le patrice romain Aetius et ses alliés, Wisigoths, Francs, Alains, Burgondes aux troupes d'Attila, renforcées par les Ostrogoths, Gépides et Hérules. Les forces en présence auraient représenté entre 30 000 et 50 000 hommes. L'affrontement dure toute la journée, la cavalerie des Huns ne parvient pas à s'imposer, les pertes sont énormes des deux côtés. Le lendemain, les Wisigoths, puis les Romains, quittent les lieux. Attila y demeure quelque peu encore, avant de revenir vers le Rhin. Il s'agit donc d'une bataille à l'issue indécise, sans véritable vainqueur ni vaincu. Mais la réputation d'excellence guerrière des Huns est telle que le simple fait de les arrêter se transforme peu à peu, dans les récits ultérieurs, en une victoire éclatante.

Le cimetière Derestuj

Le cimetière Derestuj, à environ 200 km d'Oulan-Bator, s'étend dans la vallée fluviale Jyda, sur des groupes de collines. La structure funéraire est toujours la même : autour d'une tombe centrale, celle d'un personnage important, se trouvent des tombes secondaires, celles des personnes exécutées pour accompagner le défunt dans l'au-delà, femmes et enfants notamment. Le mobilier funéraire a permis de retrouver des plaques de bronze, des boucles de ceinture.

La forteresse d'Ivolga

La forteresse d'Ivolga appartient à la civilisation du groupe hun connu par les annales chinoises sous le nom de *Xiongnu*. Située à environ une quinzaine de kilomètres d'Oulan-Bator, capitale de la Mongolie extérieure, elle garde la vallée de la Selenga. D'une superficie de 350 m sur 200 m du nord au sud et d'est en ouest, la forteresse était ceinte de remparts de près de 4 m de largeur. Les fouilles archéologiques ont révélé un habitat semi-souterrain. Les activités pratiquées sont l'élevage, l'agriculture, le travail des métaux tels le fer, le bronze ou l'or.

Tongwangchen, la seule ville hun

Si la civilisation des Huns est réputée ne pas édifier de cités, les travaux des archéologues chinois conduisent à mentionner l'indispensable exception à cette règle. C'est au début du ve siècle que les Xiongnu édifient la ville de *Tongwangchen* (Unifier toutes les contrées). D'une superficie d'environ 1 km^2, ceinte de murailles faites d'un mélange de sable, de terre, d'eau de riz gluante, d'une épaisseur de 16 à 30 m, elle est composée de quartiers différenciés : palais, quartiers populaires, ville extérieure. Enfouie sous les sables, elle a été rendue au jour dans le Jingbian, région située au nord-ouest de la province du Shaanxi, en République populaire de Chine.

Les grands personnages du monde des Huns

Les grands personnages du monde des Huns sont des rois guerriers conquérants, reculant peu devant l'assassinat de leurs proches pour demeurer seuls souverains : Ruga, premier prince régnant sur des hordes unifiées, puis ses neveux, Bleda et son frère le célèbre Attila. Une femme entourée de mystères fraie son chemin dans cet univers de soldats, Ildico, dernière femme d'Attila, elle sert de modèle au personnage de Gudrun/Kriemhilde dans la mythologie germanique.

Ruga

Ruga (ou Roas) le Grand (395-434) est le premier roi des Huns unifiés en 432. Il monte sur le trône en 408 et instaure une politique que ses neveux Bleda et Attila suivront, faite d'une alternance d'attaques et de moments de répit pour les empires romains d'Occident et d'Orient. Dès 422, Théodose II (empereur de 408 à 450), empereur romain d'Orient est contraint de verser un tribut aux Huns en échange de la paix. Il est fixé à 114 kg d'or en 430, 228 kg en 434. Dans l'empire d'Occident, après une phase d'affrontement, Ruga laisse incorporer 40 000 Huns dans l'armée romaine de Valentinien III (empereur de 424 à 455). Ruga, pour devenir seul roi, fait assassiner ses deux frères et son oncle. Dans la tradition hunnique, il est à son tour empoisonné par ses neveux.

Bleda

Désigné comme successeur par son oncle Ruga, Bleda (v. 390-445) partage le trône avec son frère cadet Attila, entre 434 et 445. Il reprend la politique hostile à l'Empire byzantin, inflige en Thrace une défaite à Théodose II, en 434. Les Huns incorporés à l'armée romaine défont en 436 les Burgondes, à Worms. En 440, Bleda franchit le Danube, en 441 il envahit les Balkans, se dirige vers Constantinople. Théodose II, qui a complété les murailles de la ville et rappelé ses troupes de province, rompt le traité l'unissant aux Huns. En 443, les Huns envahissent l'Empire byzantin, prennent Serdica (Sofia), Philippopolis (Plovdiv) et Arcadiopolis (Luleburgaz) avant d'écraser l'armée de Théodose sous les murailles de Constantinople. Seule l'inaptitude des Huns à mener un siège en règle, par manque de pratique poliorcétique autant que d'engins de siège, sauve la ville. Théodose est acculé à un humiliant traité : verser environ 2000 kg d'or pour avoir rompu le traité, le montant du tribut annuel est triplé, porté à près de 700 kg d'or, la rançon de chaque Byzantin prisonnier fixée à 12 sous d'or. Les circonstances exactes de la mort de Bleda sont inconnues. La tradition veut que son frère Attila l'ait assassiné lors d'une partie de chasse, vers 445.

Attila

Jeune frère de Bleda, Attila (406-453) partage avec lui le trône pendant onze ans, de 434 à 445, puis gouverne seul de 445 à sa mort, en 453. Roi des Huns, il porte probablement le titre turc de *Yabgu*, ou de *Basileus* en grec. Son empire s'étend du Rhin à l'Oural, et du Danube à la mer Baltique. En 447, Attila entreprend une seconde campagne contre Constantinople. Après des batailles victorieuses, il échoue de nouveau à prendre la ville, entame les négociations pour un nouveau traité. En 450, Attila se prépare à attaquer le riche royaume wisigoth de Toulouse, allié à l'empereur romain d'Occident Valentinien III. C'est alors que prend place un épisode rocambolesque. La sœur de Valentinien III, Honoria, refuse d'épouser un barbon sénateur, comme son frère l'exige. En secret, elle adresse un appel au secours à Attila, y joint un anneau. Pour Attila, c'est un anneau nuptial, il exige la moitié de l'Empire romain d'Occident comme dot. Valentinien, fou de rage, est prêt à étrangler sa sœur de ses mains. Seule l'intervention maternelle le dissuade, la mort est remplacée par l'exil. Attila n'en démord pas, réaffirme le bien-fondé de ses exigences. Heureusement pour Rome, son attention est détournée par la complexe succession du roi des Francs saliens. Attila, pour venir en aide au prince de son choix s'engage en Gaule. Il est arrêté à la bataille des champs Catalauniques en 451.

Dès l'année suivante, il est de retour en Italie du Nord, qu'il ravage. Valentinien III rassemble ses troupes en urgence, quitte Ravenne pour défendre Rome. Les destructions occasionnées par les Huns donnent naissance à Venise, les habitants préfèrent fuir et se réfugier dans les îles de la lagune vénitienne. Rentré sur les rives du Danube, Attila meurt au début de l'année 453, empoisonné par sa dernière et toute jeune épousée, Ildico, ou d'une hémorragie interne à la suite d'une beuverie. Son empire ne lui survit que peu d'années.

Le pape Léon le Grand avait rencontré Attila à Mantoue et obtenu son accord pour un départ d'Italie puis pour négocier un traité avec Valentinien III. Selon les versions, ce miracle est dû à l'intervention des saints apôtres, Pierre et Paul, à la peur superstitieuse d'Attila de mourir comme Alaric, qui rendit l'âme peu après avoir saccagé Rome en 410, ou à la proximité des armées impériales.

Ildico

Ildico (Ve s.), si elle a toutefois réellement existé, serait la dernière épouse du roi des Huns Attila. Le personnage connaît une postérité importante dans les mythes germano-nordiques, où elle est assimilée à Gudrun, ou Kriemhilde dans le *Chant des Nibelungen*. Gudrun est éprise de Siegfried, lui-même amoureux de la Walkyrie Brunehilde. Le frère de Gudrun, le roi Gunnar veut épouser de son côté Brunehilde. Siegfried boit un philtre d'amour, préparé par la mère de Gudrun, et oublie Brunehilde. Il parvient même à la vaincre en combat singulier, ou, selon une autre version, à lui faire franchir un anneau de feu tracé par Odin. Le même jour sont célébrées les noces de Gudrun et de Siegfried, de Brunehilde et de Gunnar. Mais Brunehilde se venge, fait tuer Siegfried. Gudrun, dans la version nordique, est contrainte d'épouser Attila, pourtant meurtrier de toute sa famille. Elle en tire vengeance lors d'un dîner préparé de ses mains, au cours duquel elle empoisonne le roi des Huns et ses deux fils. Puis elle met le feu à son campement. Elle tente ensuite, en vain, de se noyer en se jetant dans la mer chargée de pierres. Mais les vagues l'épargnent, la portent jusqu'en Suède où elle épouse le roi local et lui donne trois fils.

LE SAVIEZ-VOUS ?

Sainte Geneviève au secours des Parisiens

Tout travail sur les Huns, en particulier sur Attila, est incomplet sans une référence à Geneviève, patronne de la ville de Paris. La future sainte Geneviève (419-512) naît à Nanterre, dans une famille paysanne et se consacre très jeune à Dieu, encouragée par l'évêque Germain d'Auxerre (378-448). À la mort de ses parents, elle gagne Lutèce, la future ville de Paris où sa piété, les mortifications qu'elle s'impose forcent l'admiration des habitants. En 451, l'armée d'Attila approche de Paris. Paniqués, les habitants se préparent à fuir en abandonnant tous leurs biens. Geneviève parvient à les persuader de rester et entreprend des prières dont la ferveur aurait détourné Attila vers Orléans. Paris ne brûlera pas. En 464, c'est au tour du roi des Francs saliens, Childéric Ier (v. 437-v. 481), père de Clovis, d'assiéger Paris. Les Parisiens sont menacés de mourir de faim. Geneviève, déjouant la surveillance parvient à gagner Troyes et en revient avec un bateau chargé de blé. Plus tard, elle devient le guide spirituel du roi Clovis (v. 466-511) et de la reine Clothilde (475-545) qui se font inhumer à proximité de son tombeau. Sainte patronne de Paris et de la gendarmerie, Geneviève est honorée par une châsse en l'église Saint-Étienne-du-Mont, sur la montagne parisienne qui porte son nom.

Religion, mythes et légendes des Huns

La religion hunnique, peu connue, s'apparente à un mélange de pratiques chamaniques, de célébration des forces naturelles et d'influences des groupes turcs apportant le *tengrisme*, culte du dieu suprême Tengri. La divination par les entrailles, les os soumis au feu, la consultation des femmes élues par les divinités, la transe, font partie des rituels. Le mythe principal se fond avec la légende, qui fait référence à un enfant-loup, à la fois totem et ancêtre des Huns, récit d'origine turque.

La religion des Huns

En absence de textes laissés par les Huns eux-mêmes, les récits touchant à leurs pratiques religieuses sont dûs à des auteurs romains, tel Ammien Marcellin (v. 330-v. 395), grec d'origine, auteur de *Res Gestae*, ou *Histoire*. Sa vision s'apparente à une complexe alchimie de légendes et d'observations plus ou moins rapportées. Le phénomène est rendu plus difficile encore par le fait que les Huns ne sont pas constitués d'un peuple unique, mais d'un agrégat, chacun amenant avec lui sa forme de religion. Les deux influences centrales semblent bien être toutefois mongole et turque.

La religion des Huns est fondée sur le *chamanisme*, un animisme reconnaissant dans les forces de la nature une expression du divin. Pour entrer en contact avec elles, le *chaman*, ou la femme chaman, utilise des modificateurs de conscience afin de connaître la transe. Des haruspices interrogent la volonté des dieux dans les entrailles des animaux, ou par les craquelures formées sur les os plongés dans le feu. Le recours aux devins ou devineresses est attesté. Les sacrifices sanglants sont liés à une période exceptionnelle : entrée sur un nouveau territoire à conquérir, mort d'un puissant chef. Ils se composent de l'abattage de chevaux et de sacrifices humains.

Les rites funéraires consacrés aux rois tendent à montrer un ensevelissement nocturne, la mise à mort des accompagnateurs du souverain défunt. Puis, en signe de deuil, les guerriers se lacèrent le visage, font ruisseler le sang, entreprennent une chevauchée autour du tumulus, s'affrontent en combat rituel en hommage à la vaillance du disparu.

UN PEU DE MYSTÈRE

La déformation du crâne et les scarifications

L'un des aspects les plus spectaculaires et les plus effrayants pour les contemporains des coutumes des Huns est la déformation physique. Les Huns pratiquent, pour des raisons encore mal élucidées, esthétiques, religieuses, la déformation crânienne des enfants. La tête du bébé est placée entre des planchettes serrées par des bandelettes, provoquant un allongement de la boîte crânienne. Ce type de déformation, répandu également en Mésoamérique et dans l'Égypte du pharaon réformateur Aménophis IV-Akhenaton (règne : v. 1353-1337 av. J.-C.) semble très recherché pour les enfants des groupes dirigeants. Attila aurait eu lui-même un très beau crâne en forme de pain de sucre. Il convient d'ajouter les scarifications faciales. Il semble que les Huns s'entaillent menton et joues pour laisser de profondes cicatrices, provoquant, ainsi défigurés, une terreur d'autant plus grande chez leurs adversaires. Pratiquées dès l'enfance, ces scarifications pouvaient avoir pour but d'habituer à la souffrance, dans un univers fondé sur la guerre.

Mythes et légendes des Huns

Un mythe et une légende, tous deux venus de l'apport turc aux hordes de Huns, nous sont parvenus. Il s'agit de la création du monde par Tengri, le dieu suprême, et de l'enfant-loup ancêtre de tous les Huns.

La création du monde

La création du monde par Tengri, le Ciel bleu divinisé, se fait par étapes. À l'aube des temps immémoriaux, Tengri est une blanche oie survolant à coups d'ailes rapides une immensité aqueuse, infinie comme le temps, sans commencement ni fin. Dans cet océan primordial, *Ak Ana* (la Blanche Mère) veille et ne cesse de demander à Tengri de procéder enfin à la création du monde. Par ennui, Tengri finit par céder, donne forme à l'univers, aux hommes, se dote d'un dieu second, Er Kishi, lequel ne tarde pas à devenir la divinité du Mal. Désormais, ils se partagent le devenir *post mortem* de l'espèce humaine : les cieux azur de Tengri accueillent ceux voués au salut, les damnés rejoignent Er Kishi dans la nuit éternelle.

POUR ALLER PLUS LOIN

Le tengrisme, un monothéisme à facettes

Le *tengrisme* est la religion honorant le dieu suprême Tengri, répandue parmi les Xiongnu, les Mongols, les Turcs. La représentation de Tengri évolue entre celle d'un arbre cosmique lié aux quatre points cardinaux et celle du Ciel Bleu Infini. Il est doté d'une *parèdre,* une épouse divine, en la personne de Eje, la Terre-Mère. Dieu tout-puissant, Tengri est le créateur de toutes choses. Présenté parfois comme un monothéisme, le tengrisme l'est plutôt à facettes, toutes les divinités existantes sont des aspects particuliers de Tengri. Le tengrisme est aujourd'hui considéré comme l'une des sources possibles d'une branche de l'islam, l'*alévisme* turc, ou *islam alévi.* Cette secte, proche du *soufisme* qui recherche l'union mystique en Dieu, concilie le panthéisme, la multiplication des aspects du divin dans la nature, et le monothéisme, la référence à un dieu omniscient, origine de toute chose.

L'enfant-loup

L'enfant-loup, ancêtre de tous les Huns, est une légende d'origine turque. Un enfant sauvage est recueilli par une louve, qui l'élève, le nourrit avec ses louveteaux. Parvenu à l'âge adulte, le jeune homme engrosse la louve. Traqué par un groupe de paysans, il est rejoint et tué, mais la louve gravide parvient à s'enfuir. Elle donne plus tard naissance à dix enfants, les ancêtres des Huns d'origine turque.

L'héritage des Huns

Ce que nous devons aux Huns constitue un héritage pour le moins paradoxal : une sainte trouille ! La terreur répandue par les groupes de Huns au cours des IVe et Ve siècles, le surnom donné à Attila de « fléau de Dieu » contribuent à façonner dans l'inconscient collectif une image de la barbarie absolue. Le Hun se nourrirait ainsi de viande d'abord placée crue sous la selle, puis peu à peu cuite par la chaleur provoquée par la chevauchée. L'herbe ne repousserait pas sous les pas de son cheval. Les cavaliers huns chevaucheraient jour et nuit pendant des semaines, sans prendre un instant de repos…

Toutefois, l'image des Huns, et plus particulièrement celle d'Attila, n'est pas unanimement négative en Europe. Il est même considéré comme un héros national en Hongrie. Certains récits lui attribuent la fondation de Buda, vieille ville qui est à l'origine de l'actuelle Budapest, en font, par sa descendance, l'ancêtre de la dynastie royale. Les Huns et les Hongrois, les Magyars seraient selon une légende, issus d'un couple de la Bible établi dans le bassin des Carpates. Alors que dans les récits mythologiques germano-nordiques Attila est portraituré en prince cruel, capricieux, pervers et meurtrier, il devient dans les légendes hongroises un souverain fastueux, cultivé, dînant dans de la vaisselle d'or, à la fois courageux et généreux.

Cette image survit dans la Hongrie actuelle, puisqu'en 2005, environ 2 500 Hongrois manifestent pour se voir reconnaître par le gouvernement le statut officiel de minorité hun. L'échec de leur tentative ne semble pas les avoir découragés.

LE SAVIEZ-VOUS ?

Les onze mille vierges

Propagée par la *Légende dorée* de Jacques de Voragine (v. 1228-1298), la légende des onze mille vierges de Cologne naît au cours du XIIe siècle. Lors de l'édification de nouvelles murailles pour la ville de Cologne, en 1106, les terrassiers mettent au jour des ossements, aussitôt attribués à des vierges martyres victimes de la barbarie des Huns. Dans la *Légende dorée*, Ursule suivie de ses onze mille compagnes, toutes vierges, s'en retournent d'un pèlerinage à Rome. Elles rencontrent pour leur malheur une horde de Huns, et sont massacrées sans pitié. Les Huns sont à leur tour chassés par une armée de onze mille anges. L'épisode, aussi tragique que peu crédible, donne très vite lieu à un culte extrêmement populaire en l'honneur des vierges martyres.

Guillaume Apollinaire (1880-1918) détournera le nom de cette légende édifiante pour en faire le titre de son roman érotique, publié en 1907, *Les Onze Mille Verges*, où le héros, le prince roumain Mony Vibescu, a pour serment coutumier : « Que les onze mille vierges ou même les onze mille verges me châtient si je mens ! »

Cinquième partie

Filles du soleil : les civilisations mésoaméricaines et nazca

Dans cette partie…

Les civilisations mésoaméricaines se développent en Amérique centrale depuis les environs de 2000 av. J.-C. jusqu'au XIIIe siècle de notre ère, au moment où elles entrent dans l'orbite aztèque, qui étend sa domination sur la région. Il s'agit des civilisations olmèque du Mexique au Costa Rica, maya du sud-est du Mexique au Guatemala, toltèque sur le plateau central mexicain. Plus au sud, au Pérou, la civilisation nazca s'épanouit entre les environs de 400 et le Xe siècle de notre ère.

Monde inquiet, en proie à l'angoisse du renouvellement mal assuré de la course diurne du soleil et des cycles de l'existence, qui cherche à se concilier les dieux par des réalisations architecturales spectaculaires. Les grandes figures historiques sont celles des rois-dieux mayas et des rois-prêtres toltèques. Ainsi la civilisation toltèque se distingue-t-elle par deux règnes où histoire et légendes se fondent, ceux de Mixcóatl (Serpent de Nuages) (Xe s.) et son fils, Ce Acatl Topiltzin « 1-Roseau » (v. 980-v. 1000) qui se proclame Quetzalcóatl, le dieu « Serpent à plumes ».

Dans cet univers où les hommes vivent constamment sous le regard des dieux qui les ont créés et attendent d'eux les sacrifices sanglants, humains compris, destinés à la pérennité de leur état divin, la religion développe un terreau fertile de mythes. Les Olmèques rendent un culte à la Terre-Mère et au dieu-jaguar, créateur et destructeur à la fois. Les Mayas, parmi un grand nombre de divinités, consacrent une place primordiale au sang versé en offrande, aliment indispensable au mouvement des astres, etc.

Le legs mésoaméricain est pour l'essentiel maya, à la fois scientifique, avec l'astronomie et un système de numération à base 20, et gastronomique, avec le chocolat, déjà connu des Olmèques.

Chapitre 16

Les grands ancêtres : Olmèques, Mayas, Toltèques et Nazcas

Dans ce chapitre :

- Des pyramides inondées de sang
- Des rois jaguar ou serpent à plumes
- L'invention du chocolat

La Mésoamérique, du Mexique au Guatemala et au Costa Rica, ainsi que le Pérou, en Amérique du Sud, connaissent, entre les environs de 1200 av. J.-C. et 1300 apr. J.-C., l'épanouissement de civilisations fondatrices des futurs empires aztèque et inca. Pour le premier, les grands ancêtres sont les Olmèques, établis du Mexique au Costa Rica, dont l'apogée se situe entre 1200 et 600 av. J.-C., continués par les Mayas entre le sud-est du Mexique et le Guatemala, qui brillent de tous leurs feux entre le IIIe et le Xe siècle de notre ère. Ils inspirent les Toltèques, prédécesseurs immédiats des Aztèques. Ils s'installent d'ailleurs au nord de Teotihuacán, au Mexique. Les Incas, entre cordillère des Andes et océan Pacifique, sont devancés par les Nazcas entre 400 et 800 de notre ère environ pour leur période la plus faste.

Outre les textes en hiéroglyphes, les peuples mésoaméricains nous ont légué une architecture élaborée, des observations astronomiques, un système de numération, des calendriers lunaire, solaire ou eschatologique, annonciateurs de la fin du cinquième et dernier monde depuis l'aube des temps, le nôtre.

Figure 16-1 : Principaux sites pré-colombiens.

Les grandes étapes de l'histoire des peuples mésoaméricains et du Pérou

Si les Olmèques développent leur civilisation avant l'ère chrétienne, connaissant un apogée entre 1200 et 600 av. J.-C. environ, Mayas et Toltèques se croisent, les premiers se développent surtout entre le IIIe et le Xe siècle, les seconds leur succédant entre l'an 1000 et 1300 environ avant de s'incliner devant les Aztèques. En Amérique du Sud, au Pérou, les Nazcas dominent le sud de la côte péruvienne, des plaines littorales à la cordillère des Andes entre les environs de 300 à 800 de notre ère.

Les grandes étapes de l'histoire olmèque

L'histoire des Olmèques prend place dans la plaine littorale du golfe du Mexique, entre province de Veracruz et État de Tabasco actuels. Leur nom, Olmèques, a été transmis par le *nahuatl*, la langue des Aztèques et signifie « ceux du pays du caoutchouc ». Le nom qu'ils se donnaient eux-mêmes est inconnu. Apparu vers 1500 av. J.-C., l'apogée du monde olmèque se situe aux alentours de 1200 à 600 av. J.-C., même si des traces de leur culture perdurent jusqu'au IIe siècle de notre ère. Elle est marquée par la domination successive de centres urbains, dont les principaux sont La Venta dans le Tabasco et San Lorenzo dans le Veracruz. La civilisation olmèque est surtout connue par ses têtes de pierre sculptée, géantes, de parfois 20 tonnes. La société, hiérarchisée, était probablement soumise à des lignées de rois-dieux. Temples, palais, plates-formes cérémonielles, dont il ne reste que fort peu de chose, attestent d'un haut degré de maîtrise de la construction, à base d'argile et d'éléments de pierre. Les restes humains prouvent la pratique des déformations crâniennes, de diverses mutilations dentaires. La fin du monde olmèque se confond avec l'aire de civilisation voisine des Mayas.

Les grandes étapes de l'histoire maya

La civilisation maya se développe sur une aire géographique étendue, du sud-est du Mexique, la péninsule du Yucatán, au Honduras, Salvador, Guatemala. Elle couvre une longue période historique, du IIIe millénaire av. J.-C. au XVIe siècle marqué par la conquête espagnole. Cependant, le monde maya brille de tout son éclat surtout entre le IIIe et le Xe siècle de notre ère, dans les cités grandioses du Yucatán. Il est difficile, surtout pour les premiers âges, de séparer les influences olmèques de la mise en place de l'univers maya. Conventionnellement, l'histoire maya se scinde en trois périodes : la période préclassique (v. 2600 av. J.-C.-v. 150 apr. J.-C.), la période classique (v. 150-v. 900 apr. J.-C.), enfin la période postclassique (v. 900-1521). Après la mise en place des communautés des temps préclassiques, les royaumes mayas, centrés sur des cités-États, s'épanouissent durant l'ère classique, comme Tikal, Calakmul, Chichén Itza, Uxmal, chacune prenant le relais, au tout début de la dernière époque. Chaque cité-État, indépendante, est gouvernée par un roi divin associé à une caste sacerdotale et nobiliaire. Les militaires forment eux aussi un groupe au statut défini, puis viennent les artisans et commerçants, enfin les paysans, libres ou attachés à la terre. Le nom même des Mayas (ceux qui cultivent le maïs) indique une société agricole. Tout comme les Olmèques, ils ignorent la roue et les outils en métal. La période postclassique renferme le grand mystère de l'effacement du monde maya. Effacement et non disparition brutale : les cités sont lentement abandonnées de leur population, pour des raisons inconnues, à partir de la fin du VIIIe siècle de notre ère. Certes, Chichén Itza, Uxmal connaissent encore des moments de grandeur, mais déclinent inexorablement. Les conquérants espagnols, à partir de 1521, n'ont pas affaire à des cités puissantes, mais à de petites unités urbaines, des centres de moindre importance, disséminés sur un territoire devenu trop vaste pour eux.

UN PEU DE MYSTÈRE

La fin des Mayas

Pourquoi les Mayas ont-ils fui leurs propres cités et que sont-ils devenus ? La question, non résolue à ce jour, continue à susciter de vifs débats. Les Espagnols ne rencontrent guère que des groupes épars, ignorent l'existence des plus grandes cités mayas, déjà recouvertes par la forêt dense, elles ne sont redécouvertes qu'au XIXe siècle. Plusieurs explications ont été présentées : sécheresse prolongée, volcanisme, conséquence des guerres entre cités, millénarisme. Une période climatique marquée par un fort déficit en précipitations aurait incité les Mayas à quitter leurs villes pour se diriger vers les forêts denses, où leur trace se serait perdue. Reprenant à leur compte cette éventualité, nombre d'imprudents Espagnols y perdent la vie, à la recherche, déjà, du mythique Eldorado (la cité de l'or). Poussés par la faim, décimés par les sacrifices humains, persuadés de vivre l'agonie de leur monde, les Mayas auraient déserté cités et sanctuaires. Tous ces motifs, plausibles, demeurent des hypothèses. Les historiens devront encore, un certain temps, jouer à « colin-maya ».

Les grandes étapes de l'histoire toltèque

Les Toltèques, groupe de tribus nomades venues du nord, s'installent, au IXe siècle de notre ère, sur le plateau central du Mexique. Ils y développent, entre les environs de 1000 et 1300, une civilisation brillante, directement à l'origine de celle des Aztèques dans laquelle les Toltèques se fondent peu à peu. Occupant la plaine de Teotihuacán (la plaine des dieux), ils choisissent le site de Tula, au nord de l'actuelle Mexico, pour y donner naissance à leur capitale. Il faut distinguer deux moments dans l'histoire toltèque : le monde sacerdotal dominant, jusqu'au début du XIe siècle, puis l'apogée de la caste guerrière, jusqu'au XIVe siècle, quand les Toltèques s'inclinent pour être incorporés à l'Empire aztèque. Du IXe au début du XIe siècle, autour de Tula, les rois Mixcóatl et Ce Acatl Topilzin (1-Roseau) instaurent une théocratie se voulant pacifique, centrée sur le culte rendu au dieu civilisateur Quetzalcóatl (le Serpent à plumes). Mais la dynastie est renversée au profit d'une caste militaire, adoratrice du dieu Tezcatlipoca, souverain prince de la mort et du ciel nocturne, dont le culte repose sur la pratique des sacrifices humains. Si la première époque connaît un apogée, étendant le prestige toltèque jusqu'au Yucatán, avec la fondation, en territoire maya conquis, de Chichén Itza au Xe siècle, la seconde est marquée par des guerres incessantes qui finissent par miner la puissance toltèque. En 1168, Tula est prise et saccagée, amorce d'un déclin sans retour, les Toltèques, vaincus, sont incorporés dans la fédération des peuples soumis à l'autorité aztèque.

Les grandes étapes de l'histoire nazca

Les Nazcas, dont le nom est emprunté à celui de l'actuelle région du sud du Pérou où leur culture s'est épanouie, précèdent le monde inca, s'épanouissent entre environ 400 apr. J.-C. et les alentours du Xᵉ siècle. Leur territoire s'étend de la cordillère des Andes à l'océan Pacifique, autour du site principal de Cahuachi, proche de l'actuelle ville de Nazca. Cahuachi présente la particularité d'être une cité exclusivement vouée aux fonctions religieuses, sans habitat permanent d'une population. Après une période de développement, sans explication probante, les Nazcas renoncent à poursuivre l'utilisation cultuelle de Cahuachi et, vers le milieu du IVᵉ siècle de notre ère, l'abandonnent, non sans l'avoir au préalable protégée d'une épaisse couche d'argile. Des céramiques, des poteries, fruits d'un artisanat typiquement nazca attestent de leur existence jusqu'à la fin du VIᵉ siècle. Au cours du siècle suivant, les groupes nazcas se fondent avec leurs voisins, avant de tous connaître la domination inca. Les Nazcas sont surtout connus pour les *géoglyphes*, dessins géants d'animaux stylisés ou de figures géométriques, parfaitement visibles d'avion, tracés sur les terrains gypseux.

Les principaux sites et monuments mésoaméricains et nazca

Parmi les peuples mésoaméricains, les ressources archéologiques diffèrent notablement. Il reste relativement peu de traces des Olmèques, hormis les sites remarquables de San Lorenzo et de La Venta, là où les Mayas laissent des cités entières, dominées par d'impressionnantes pyramides à Palenque, Uxmal, Tikal, Chichén Itza ou Copán. Les Toltèques consacrent leur art monumental à Tula, leur capitale, veillée par des colonnes géantes en forme de guerriers, les Atlantes. En Amérique du Sud, les Nazcas péruviens s'installent à Cahuachi, dont il demeure peu de chose, mais marquent les contreforts des Andes de géoglyphes si vastes qu'ils semblent destinés aux regards des dieux du ciel plus qu'à ceux des humains.

Les grands sites olmèques

Les Olmèques, installés dans le Tabasco et au Veracruz, y fondent vers 1250 av. J.-C. deux centres urbains principaux, San Lorenzo et La Venta. Tous deux connaissent un développement pendant environ six siècles, avant d'être abandonnés par leurs habitants, tout comme les cités périphériques de moindre importance.

La pierre de Cascajal

La pierre de Cascajal est une stèle de serpentine de 36 cm de long sur 21 cm de large, pesant presque 12 kg. Elle a été découverte en 1999 lors de la construction d'une route, à Cascajal, à proximité du site olmèque de San Lorenzo. La pierre est gravée sur huit colonnes de 28 glyphes distincts, formant un total de 62 signes qui sont peut-être des hiéroglyphes. Ce n'est cependant qu'en 2005 que la stèle est étudiée par des archéologues. Les signes représentés, *pictogrammes* ou dessins figuratifs stylisés, ou *idéogrammes*, symboles graphiques représentant une idée, sont inconnus. Il pourrait s'agir d'un texte en langue olmèque, daté des environs de 900 av. J.-C. Datation largement contestée, d'ailleurs, car elle repose sur celle de tessons de céramique découverts à proximité de la stèle, sans certitude qu'ils appartiennent bien à la même période. Les olmécologues en sont donc toujours réduits à espérer leur *pierre de Rosette*. Il s'agirait, à ce titre, du plus ancien texte de Mésoamérique, ou, à tout le moins, de la plus ancienne écriture. La difficulté demeure grande, aucune écriture n'a été à ce jour formellement identifiée chez les Olmèques. Pourtant, certains signes se répètent sur la pierre de Cascajal, parfois à trois reprises, une piste tendant à prouver qu'il s'agit d'un langage plus que d'une simple représentation artistique.

La Venta

Le site de La Venta, situé dans l'État du Tabasco au Mexique, connaît son âge d'or entre les environs de 1100 et de 800 av. J.-C. Tout comme celle de San Lorenzo, la cité olmèque de La Venta, orientée nord-sud, répond à un plan rigoureux. L'espace est divisé entre les quartiers d'habitation aux maisons d'argile et les lieux réservés aux temples, pyramides, jeux de balle. Les plates-formes cérémonielles qui subsistent témoignent de l'importance à la fois des édifices et des cultes rendus. L'une des pyramides de La Venta s'élève à 30 m, pour un diamètre de 130 m. Édifiée en terre battue, elle est recouverte d'un pavage en mosaïque de pierres. Outre des têtes géantes, le site est émaillé de hautes stèles en moyen-relief, d'un autel sculpté dans une seule pierre de grande taille, en forme de niche, d'où émerge en haut-relief un personnage assis jambes croisées, d'une mosaïque représentant probablement un *were-jaguar* stylisé, de tombes formées de colonnes de basalte. Il est difficile aujourd'hui, compte tenu de la complexité d'un site étendu, réduit extérieurement le plus souvent à des amas de *tumuli* recouverts par la végétation, de définir exactement la fonction religieuse de La Venta. Nombre d'archéologues penchent toutefois en faveur d'une interface sacrée mettant en contact monde divin et monde humain. Le site a été déserté aux environs de l'an 400 av. J.-C.

San Lorenzo

Située dans l'État du Veracruz, au Mexique, San Lorenzo est une cité florissante entre les environs de 1250 à 900 av. J.-C., où elle occupe plusieurs centaines d'hectares pour le site complet. Tous les éléments principaux du monde olmèque, essentiellement caractérisé par l'art, faute de faits historiques nombreux et probants, sont présents : art monumental palatial, têtes géantes et organisation remarquable de la cité en fonction d'un système hydraulique exceptionnel. Des canaux de basalte, faits de pierres parfaitement taillées et jointes, assurent aux habitants une distribution permanente d'eau, stockée dans divers bassins et réservoirs. Le site a été aplani par des terrassiers, parsemé d'étangs artificiels. S'il ne reste guère que les soubassements de pierre des temples, l'architecture en brique crue ayant mal résisté à l'humidité du climat, des têtes colossales, des trônes rituels et des représentations du *were-jaguar*, dieu à la fois homme et jaguar, attestent d'un haut degré de maîtrise technique, transmis par la suite aux Mayas. Les évaluations amènent à penser à une cité de près de 2500 habitants. Le site aurait été abandonné vers 400 av. J.-C.

UN PEU DE MYSTÈRE

Les têtes géantes des Olmèques

La société olmèque est aujourd'hui encore bien mal connue. Elle semble avoir évolué vers des structures fondées sur la spécialisation des tâches, agriculteurs, commerçants, guerriers, prêtres. L'élite gouvernante est à la fois, semble-t-il, assimilable à une chefferie et à une théocratie. C'est d'ailleurs à propos de ces dynastes, que la querelle concernant les têtes géantes olmèques est toujours d'actualité. Entre 1862 et 1994, dix-sept têtes géantes olmèques sont découvertes sur la côte du golfe du Mexique, dix à San Lorenzo, quatre à La Venta et trois à Tres Zapotes et environs. Pesant plusieurs tonnes, en pierre sculptée en ronde-bosse, elles reproduisent des traits communs : nez épaté, pommettes marquées, yeux en amande, bouche lippue. Traits communs mais non identiques, les dix-sept têtes sont des portraits, chacun témoigne d'une spécificité faciale, ainsi parfois d'un sourire. Elles sont coiffées d'un casque ornementé, les lobes d'oreilles allongés de pendants. Certains archéologues y voient des souverains, d'autres des vainqueurs du jeu de balle, qui, repris par les Mayas, est un acte sacré reproduisant la course de l'astre solaire. Sont évoquées encore des têtes de chefs, d'ennemis vaincus, de grands prêtres. Il est probable qu'il s'agisse, en tout état de cause, de hauts personnages, de membres de l'élite politique et religieuse.

Les grands sites mayas

Les grands sites mayas sont ceux des cités implantées au Mexique, dans la péninsule du Yucatán et au Guatemala, dans le Petén. Elles répondent à un schéma d'organisation sacrée de l'espace : au centre, les bâtiments officiels, temples, palais, place de jeu de balle, puis les demeures de l'aristocratie, enfin, à l'extérieur, les quartiers populaires. Les constructions destinées à durer, celles dévolues aux dieux et rois, sont le plus souvent de calcaire, sculptées et peintes de vives couleurs, où bleu et rouge dominent.

Cinq grandes cités permettent d'entrevoir la complexité et la richesse de l'univers urbain des Mayas : Tikal, à partir du IIIe siècle, Palenque au Ve siècle, Chichén Itza à partir du milieu du VIe siècle, Copán au VIIe siècle, Uxmal, enfin, aux environs de l'an 1000.

Chichén Itza

Chichén Itza (dans la bouche du puits des Itza) est fondée vers 400 de notre ère, avant d'être laissée à l'abandon environ cent ans plus tard. Elle renaît au IXe siècle pour honorer le dieu Kukulcan, devenu Quetzalcóatl (le Serpent à plumes) pour les conquérants toltèques. Chassés de leur capitale, Tula, ils se fondent aux Mayas à Chichén Itza, cité qui mêle les deux civilisations. Elle se dresse dans la péninsule du Yucatán, au Mexique, couvre une superficie de 300 hectares environ. Les monuments les plus remarquables sont la grande pyramide, ou Castillo, le jeu de pelote, le temple des Guerriers. Il convient d'y ajouter un puits naturel, ou *cénote*, lieu de culte du dieu de la pluie, Chaac.

La grande pyramide haute de 24 m, ou Castillo (le château, en espagnol), est réservée au culte du dieu Quetzalcóatl, représenté par des têtes de serpent au bas de l'escalier d'accès. Sa construction respecte une division calendaire, 4 faces de 91 marches, soit 364 auxquelles s'ajoute la plate-forme formant un total de 365, celui des jours de l'année.

Le jeu de pelote, le plus grand de toute la péninsule du Yucatán, avec ses 90 m de long sur 30 m de large, est un terrain rectangulaire. Sur un mur, un anneau de pierre est scellé en hauteur. Deux équipes s'affrontent pour y faire passer une balle de caoutchouc, sans utiliser les mains ou les pieds. Tout repose sur l'habileté à projeter la balle à partir des hanches, coudes, avant-bras. Il s'agit d'un jeu sacré, en hommage à la course du soleil dans le ciel. Les forces du monde inférieur, de la mort, luttent contre les forces de vie du monde supérieur, terrestre. Certains archéologues supposent que l'équipe vaincue était sacrifiée. Le temple des Guerriers ou celui des Jaguars est plus nettement toltèque. Les fresques l'ornant illustrent les exploits de ce peuple guerrier. Au sommet de la pyramide, le temple lui-même est précédé d'un autel de sacrifice, ou *chaac-mol*, en forme d'homme semi-allongé, appuyé sur ses coudes, tête dressée, dont le ventre fait office de plateau sur lequel allonger le sacrifié.

Le dernier lieu essentiel de Chichén Itza n'est pas le fait de la main de l'homme. C'est un *cénote*, un puits à ciel ouvert, d'un large diamètre de 60 m, profond de 20 m environ, alimenté par des eaux souterraines. Les fouilles ont permis d'y découvrir, au fond du puits, des ossements humains, dont ceux d'enfants, des amulettes et bijoux faits d'or et de jade, matières réservées aux dieux et rois. Il est possible que des sacrifices y aient été effectués afin de s'attirer les bonnes grâces de Chaac, dieu de la pluie et des eaux.

Chichén Itza recouvre en fait deux histoires, celle de la cité des Mayas gouvernés par des rois-prêtres, adorateurs de Chaac, à partir de 400 de notre ère, puis la ville des Toltèques, arrivés en deux vagues, l'une vers 850, l'autre vers 1150, venus du Mexique central, vénérant le « Serpent à plumes ». Les luttes avec les cités rivales, dont Mayapán, hâtent probablement la fin de Chichén Itza, abandonnée à la fin du XIIIe siècle.

Copán

Copán (Coin-Paquet) selon son nom maya de *Xukpi*, cité édifiée en pleine jungle à l'ouest du Honduras actuel, émerge avec certitude au Ve siècle, connaît son apogée aux VIIe et VIIIe siècles, avant d'affronter un long déclin jusqu'à la fin du Xe siècle.

Comme toutes les cités mayas, son histoire politique est celle des conflits permanents avec les autres centres urbains d'importance. Copán domine la région occidentale du Honduras au VIIIe siècle, lors des règnes de Jaguar de Fumée (628-695) et de 18-Lapin (695-738).

Après la mort de ce dernier, capturé et sacrifié par un prince voisin, Copán perd de son unité politique, l'autorité incontestée du *K'uhul ajaw* (le Divin Seigneur) s'émiette entre les mains de l'aristocratie. De plus les excès de la déforestation, un possible réchauffement climatique, la perte de prestige militaire conduisent la population à diminuer, puis à abandonner le site.

Copán est particulièrement célèbre pour son acropole, ou place centrale bordée de pyramides surmontées de temples, d'une longue voie processionnelle le long de laquelle sont érigées des stèles-portraits de souverains, d'un jeu de pelote. Copán est, par excellence, la cité des scribes. Autels, stèles livrent de nombreux textes hiéroglyphiques qui permettent de connaître la langue et la culture mayas. Ainsi de l'*Autel Q*, le document historique le plus important de Copán. Sur ses quatre faces de pierre, 16 personnages sont représentés, assis sur 16 hiéroglyphes distincts. Il s'agit d'une liste des rois de Copán. Le dessus de l'autel relate l'accession au trône du premier souverain, K'inich Yax K'uk Mo, divin Seigneur de Copán de 426 à 437.

Palenque

Palenque, dont le nom maya est *Lakam Ha* (les Grandes Eaux), est située dans l'État du Chiapas, au Mexique. Fondée vers 100 av. J.-C., elle connaît son apogée entre le Ve et le Xe siècle de notre ère, puis elle est graduellement abandonnée. Son histoire est jalonnée des guerres menées avec plus ou moins de succès contre les cités voisines, Calakmul, principalement. Palenque, au sommet de sa gloire, est la redoutable capitale de la région de B'akaal, entre les environs du Ve et du IXe siècle. Tout comme à Tikal, dont Palenque recherche à plusieurs reprises avec succès l'alliance contre Calakmul, des listes de rois, porteurs du titre d'*ajaw*, sont parvenues jusqu'à nous : K'uk B'alam (roi de 431 à 435) (le Quetzal Jaguar) et plusieurs souverains du nom de Pakal.

Même si seule une partie infime du site, évaluée à seulement 10 % au mieux, est connue, Palenque livre déjà une profusion de monuments remarquables : pyramide des Inscriptions, palais, plusieurs temples – du Soleil, de la Croix, de la Croix feuillue – et un terrain de jeu de balle, la Pelote. Au sommet de la pyramide à degrés, à l'est, se dresse le temple des Inscriptions, qui donne son nom à l'ensemble. Il s'agit de panneaux gravés illustrant les exploits du roi Pakal (Bouclier-Jaguar). Sous le temple, dans la pyramide, le tombeau du souverain, orné de scènes exposant son passage du statut de dieu-roi incarné à celui d'immortel.

Le palais, en réalité une succession de bâtiments reliés les uns aux autres pendant plusieurs siècles, occupe le centre du site. Les temples, du Soleil, de la Croix, de la Croix feuillue, situés au sommet des pyramides à degrés, illustrent par des bas-reliefs des épisodes de la mythologie maya. Un jeu de balle, la Pelote, complète l'espace sacré.

Tikal

Tikal (Lieu des voix, en maya) est située au Guatemala, dans le Petén. Elle connaît son moment de splendeur entre le IIIe et le Xe siècle, puis est abandonnée par ses habitants. Seule une petite partie du site a été fouillée, permettant de redécouvrir des pyramides, des temples, des palais. La puissance de Tikal repose sur son art de la guerre et un subtil jeu d'alliances avec les cités voisines, la finalité étant peu à peu de les asservir. D'où l'importance de rois-dieux guerriers dont la liste est assez bien connue, aux noms évocateurs de « Ciel d'Orage », « Patte de Jaguar », « Double Oiseau » ou « Seigneur Chocolat ». Leurs tombes, en partie retrouvées, sont incorporées au complexe temple-pyramide, qui faisait aussi probablement office de palais du vivant du souverain.

LE SAVIEZ-VOUS ?

L'alliance du sacré et du profane

Les Mayas recouraient à l'architecture en faisant preuve d'une grande imagination. Ils ont non seulement multiplié les labyrinthes, en liaison avec les différents calendriers pour leur signification symbolique, mais aussi mis au point le *temazcal* (bain de vapeur), pratiqué à la fois pour des raisons d'hygiène corporelle et pour entrer en contact avec les dieux. Ainsi, chaque monument destiné à être tant soit peu pérenne joue sur une appartenance double, un rôle apparent, parfois pratique, un registre sacré, dans le désir d'interpeller le monde divin sur ses volontés et l'avenir. C'est à cette même préoccupation qu'il convient de relier la destruction rituelle de parties de temples et de statues, commémorant peut-être la fin d'une ère et le passage à la suivante.

Uxmal

Uxmal (Trois fois, en maya), sous-entendu reconstruite à trois reprises, s'élève dans la péninsule du Yucatán, au Mexique. Son occupation est relativement brève, puisqu'elle s'étend des environs de l'an 700 à ceux de 1200. Le culte principal y est rendu au dieu de la pluie, Chaac. Le raffinement des motifs, l'abondance des sculptures, la rigoureuse disposition des bâtiments en fonction de données astronomiques, font que la cité est souvent considérée comme représentative de l'apogée de la civilisation maya. Les monuments emblématiques d'Uxmal sont la pyramide du Devin, de forme ovale au lieu d'être rectangulaire ou carrée, le palais du Gouverneur, aux façades longues de près de 100 m, le quadrilatère des Nonnes ou palais du gouvernement, une cour centrale entourée de quatre bâtiments aux pièces richement décorées de sculptures, un jeu de pelote.

LE SAVIEZ-VOUS ?

Les routes blanches

Ce serait une erreur de croire que seuls les Romains (voir chapitre 10) ont conçu un réseau routier reliant grands centres urbains et lieux sacrés. Les Mayas réalisent eux aussi une *sacbe*, ou plutôt des *sacbeob* (routes blanches), car faites d'un pavement de pierres recouvert de stuc blanc. La plus célèbre d'entre elles relie, sur le site de Chichén Itza, le Castillo au cénote, mais elle est loin d'être la plus longue. Ainsi, la route blanche créée entre les cités de Coba, dans l'État de Quintana Roo au Mexique et Yakuna, dans la péninsule du Yucatán, est longue d'environ 100 km. Des tronçons, seuls vestiges encore existants, permettent même d'envisager des parcours de plusieurs centaines de kilomètres.

Le site toltèque de Tula

Situé à environ 80 km au nord de Mexico, le grand site toltèque est la capitale Tula, ou plutôt, en langue nahuatl (celle des Toltèques et des Aztèques), *Tollan-Xicocotitlan*. L'apogée du monde toltèque se situe entre le Xe et le XIIe siècle. Tula naît au moment où la plus grande cité mésoaméricaine, Teotihuacán, entre en déclin, lors du VIIe siècle. Le premier noyau urbain est appelé Tula Chico (la petite Tula). Le dieu-serpent Quetzalcóatl, associé à la planète Vénus, y est déjà adoré. Sa grandeur se développe à partir du règne de Ce Acatl Topilzin (1-Roseau), entre 980 et l'an 1000 environ. Considéré comme le fondateur de Tula Grande (la grande Tula), il la dote d'un nouveau centre religieux. La cité recouvre alors entre 10 et 16 km^2, pour une population qui a pu dépasser les 50 000 habitants. Sont édifiés les monuments les plus prestigieux, les pyramides à plates-formes surmontées d'un temple, comme La Quemada, ou Palacio Quemado, incluant le temple sis au sommet de la pyramide B. Cette pyramide B, ou pyramide de Tlahuizcalpantecuhtli, le dieu Serpent à plumes Quetzalcóatl sous sa forme de Vénus, est célèbre pour ses Atlantes, quatre colonnes en forme de guerriers toltèques, hautes de près de 5 m, qui soutenaient le toit du temple. Du Palacio Quemado lui-même demeurent de nombreux tronçons de colonnes de pierre, la séparation en trois salles hypostyles, longées de banquettes où hauts dignitaires et guerriers peuvent prendre place. Son nom lui-même, Palacio Quemado (palais brûlé), évoque la triste fin de Tula, ravagée par un incendie au moment où elle cède sous les coups d'envahisseurs voisins, peut-être des Chichimèques, vers le milieu du XIIe siècle.

Outre ses Atlantes, Tula est connue pour ses *chaac-mols* (jaguars rouges), statues blocs représentant un homme semi-allongé sur ses coudes, tête tournée pour faire face à l'arrivant, que l'on retrouve à Chichén Itza, autre cité toltèque. Toltèques, Chichimèques, Mixtèques, autant de peuples destinés à se fondre dans la grande fédération dominée par les Aztèques.

Teotihuacán, la Babel mésoaméricaine

Située à environ 50 km au nord de Mexico, Teotihuacán est la « Plaine du précieux sacrifice » : celui des dieux réunis pour donner leur vie au Soleil et fonder le cinquième et dernier monde, le nôtre. Véritable Babel de Mésoamérique, elle a vu se succéder les habitants mayas, zapotèques, mixtèques, avant d'être revendiquée par les Toltèques et les Aztèques. Fondée vers 200 av. J.-C., Teotihuacán aurait compté à son apogée, au Ve siècle, 130000 habitants, avant d'être abandonnée au VIIe siècle, redécouverte plusieurs siècles plus tard par les Aztèques qui lui donnent son nom actuel et en font l'un de leurs grands centres religieux. Le long d'un chemin processionnel central, la *Miccaohtli* (Allée des morts), large de 45 m et long de 4 km, s'alignent des pyramides parmi les plus majestueuses de Mésoamérique : pyramide de la Lune, pyramide du Soleil, aboutissant au temple de Quetzalcóatl.

La ville sainte des Nazcas

Située à quelques kilomètres de l'actuelle ville de Nazca, Cahuachi, est, pendant plusieurs millénaires, la ville sainte des Nazcas. Elle connaît son apogée aux premiers siècles de notre ère, avant d'être brutalement délaissée. De nombreuses buttes en forme de pyramide attestent de la variété et de la permanence du sanctuaire, comme le Grand Temple, pyramide haute d'environ 20 m. Des structures urbaines complexes demeurent des murs épais, couloirs, escaliers, un système hydraulique complet. Étendue sur environ 24 km^2, Cahuachi est une cité bien particulière, car limitée à un centre cérémoniel. Les fouilles démontrent que cette capitale théocratique et politique ne laisse pas de traces d'une vie quotidienne. En revanche, des sacrifices y sont pratiqués, les restes de 64 lamas ont été retrouvés, ainsi que des tombes contenant des momies encore drapées de tissus, des crânes humains enfouis, le front parfois percé pour y passer une cordelette permettant de les suspendre. Au IVe siècle, Cahuachi est abandonnée par les Nazcas, sans que la raison précise en soit connue, sécheresse, tremblement de terre, inondation ou peut-être crise religieuse.

UN PEU DE MYSTÈRE

Les géoglyphes, bestiaire des Nazcas

Les *géoglyphes*, signes gravés sur le sol de la pampa de l'Ingenio, sont l'expression la plus extraordinaire de la culture nazca du sud du Pérou. Profonds au maximum de 30 cm, mais longs de parfois 300 m, les dessins nazcas représentent une grande variété d'animaux : orque, lama, colibri, serpent, lézard, araignée, singe. Il s'agit aussi de tracés purement géométriques, lignes ou flèches qui se croisent ou courent en parallèle, forment un triangle, un trapèze. Leur signification exacte demeure inconnue, en dépit de nombreuses hypothèses, lieu de culte, figurations à la mesure du seul regard des divinités, parcours initiatique, évocation magique destinée à s'animer par la prononciation de formules appropriées. Même les extraterrestres sont appelés à la rescousse, parfois comme créateurs des géoglyphes, parfois en qualité de bénéficiaires de piste d'atterrissage pour leurs engins spatiaux. La seule certitude réside dans l'extrême importance des géoglyphes pour les Nazca, compte tenu de la précision et de l'importance du travail fourni pour les réaliser.

Les grands personnages mayas et toltèques

Les grands personnages reflètent les incertitudes et les blancs de la recherche historique. Si les lacunes des sources olmèques et nazcas empêchent de connaître les hauts faits des souverains, le monde maya et celui des Toltèques livrent des généalogies importantes pour le premier, et le nom des princes fondateurs pour le second. Plusieurs rois émergent des sites mayas : Waxaklajuun Ub'aah K'awiil (18-Lapin) à Copán, K'inich Janahb' Pakal (Bouclier-jaguar) à Palenque, Yik'in Chan K'awiil (K'awiil Obscurcisseur de Ciel) à Tikal. Les dirigeants toltèques sont représentés par les créateurs du royaume, Mixcóatl (Serpent de nuages), plus ou moins légendaire et son fils Ce Acatl Topiltzin (1-Roseau Topiltzin).

18-Lapin

Copán a pour 13e souverain Waxaklajuun Ub'aah K'awiil (695-738), connu sous le nom de « 18-Lapin ». Devenu roi de Xukpi, c'est-à-dire Copán, le 2 janvier 695, « 18-Lapin » est capturé et sacrifié aux dieux par son vainqueur, le roi de Quirigua, après la défaite du 3 mai 738. Après que « 18-Lapin » a été décapité, la cité de Copán peine à retrouver sa splendeur, son âge d'or est terminé. C'est lui qui a fait édifier de nombreuses stèles sur la Grande Place, agrandir le terrain de jeu de pelote, le temple 22 lui est consacré. Son nom de « 18-Lapin », encore couramment employé, remonte aux débuts des études consacrées aux Mayas et provient d'une altération de sens, le nom véritable du roi est : « Dix-huit sont les images de K'awiil », K'awiil étant le nom de l'un des principaux dieux mayas, associé à l'exercice de la royauté divine.

K'awiil qui obscurcit le Ciel

Tikal voit le soleil de la gloire se lever quand monte sur le trône Yik'in Chan K'awiil (734-760) (K'awiil qui obscurcit le Ciel). Il abat en effet la puissante cité rivale de Calakmul en 736, avant de défaire ses principaux alliés entre 743 et 744. Il prend pour épouse la Noble Dame Shana'Kin Yaxchel Pakal (Geai vert du mur) de Lakamha. Ces victoires assurent à Tikal, à la fin du VIIIe siècle, une emprise sur une partie étendue du monde maya. L'emplacement exact de la tombe de ce grand souverain est encore discuté.

Pakal le Grand

Palenque est dirigée par un prince d'exception en la personne de K'inich Janahb' Pakal (603-683) (Bouclier-Jaguar) connu aussi comme Pakal le Grand. Seigneur de Palenque dès l'âge de 12 ans, en 615, marié en 624, à la princesse Oktán, il rend non seulement sa puissance militaire à la cité-État, mais s'avère un roi bâtisseur, faisant ériger temples et pyramides. Parmi eux, le temple des Inscriptions, qui renferme sa tombe. Édifié entre 675 et 683, il se présente sous la forme d'une base pyramidale, surmontée du temple lui-même. Un escalier mène sous le temple à une crypte funéraire, où le roi Pakal, paré de ses attributs royaux de jade repose sous une impressionnante dalle sculptée, fermant un sarcophage de 3 m sur 2. Les représentations figurées sur le couvercle du sarcophage et dans le caveau relatent les étapes de la transformation de Pakal en un dieu immortel, vainqueur du monde inférieur, celui de la mort et des créatures démoniaques.

Serpent de nuages et 1-Roseau Topiltzin

Les Toltèques sont encore des migrants sans grande puissance quand deux princes vont les conduire à fonder Tula, leur capitale, puis, sous l'égide du second, à envahir une partie du monde maya pour s'établir à Chichén Itza. Mixcóatl (Serpent de nuages), premier important souverain toltèque, semble avoir été assassiné par son propre frère. Son épouse, Chimalman, met au monde Ce Acatl Topiltzin (règne : v. 980-v. 1000) (1-Roseau Topiltzin), qui, devenu adulte, renverse son oncle et se proclame roi-dieu, incarnation du dieu Quetzalcóatl (le Serpent à plumes), dont il ajoute le nom au sien. Son règne s'achève quand les partisans du dieu guerrier Tezcatlipoca prennent le pouvoir et le contraignent à l'exil avec ses partisans. Ici, histoire et mythe se rejoignent car Mixcóatl est le nom du dieu du Ciel, Chimalman celui de la déesse de la Terre. Elle aurait conçu Ce Acatl Topiltzin en avalant un morceau de jade sacré, forme de hiérogamie qui débouche sur une naissance divine. Topiltzin lui-même, sous sa forme divine de Quetzalcóatl, disparaît sur un radeau de roseaux s'éloignant sur la mer, non sans avoir prédit son retour, venant de l'est, sous la forme d'un homme barbu. Ce mythe du retour de Quetzalcóatl, transmis aux Aztèques, ébranlera dit-on le roi Moctezuma II (v. 1466-1520) quand Hernán Cortés (1485-1547) débarquera au Mexique.

UN PEU DE MYSTÈRE

La pyramide du Devin

La pyramide du Devin, à Uxmal, outre sa forme ovale très inhabituelle, serait le fruit de la création magique d'un nain devin. Né d'un œuf, le devin se révèle d'abord au monde par ses talents de musicien. Frappant sur un instrument de percussion de bois, le *tukul*, sa puissance est telle que le son en parvient jusqu'au palais du roi d'Uxmal. Ce dernier, mourant, espère qu'un nain doté d'un si prodigieux pouvoir peut être capable de lui rendre la santé. Afin de l'éprouver, il le fait venir à la cour, où il traverse victorieusement toutes les épreuves qui lui sont imposées par le souverain. Mais le nain est lassé de tant d'ingratitude. L'ultime épreuve consiste à s'écraser sur la tête des noix très dures avec une massue. Le nain accepte si le roi promet d'en faire autant. Là où le nain s'exécute sans problème, le souverain se fend le crâne au premier coup. Devenu roi, le nain érige en une nuit la pyramide du Devin.

Religions, mythes et légendes de Mésoamérique et du monde nazca

La Mésoamérique et le monde nazca regorgent de mythes et légendes nés des religions pratiquées. Un panthéon foisonnant se développe, depuis le culte olmèque de la Terre-Mère et du Jaguar, la complexité des mondes, des calendriers des Mayas, appuyée sur le livre sacré, le *Popol Vuh*, leur obsession des sacrifices sanglants transmise aux Toltèques, chez lesquels le pacifique Quetzalcóatl s'oppose au sombre seigneur de la guerre, Tezcatlipoca. Au Pérou, les Nazcas vénèrent trois divinités zoomorphes, l'Oiseau condor, le Ciel, le Félin, la Terre, l'Orque, la Mer. Ils pratiquent le culte des têtes coupées et la déformation crânienne.

La religion olmèque

La religion olmèque repose sur deux formes divines essentielles, pour le peu que l'on en sache. D'une part le principe féminin de la Terre-Mère, à la fois nourricière et dévastatrice, porteuse de récoltes et facteur de tremblements de terre; d'autre part un fauve, probablement le jaguar, qui féconde la Terre-Mère par la pluie, mais peut détruire par ses excès. Des statuettes représentent d'ailleurs souvent des nouveau-nés sous une forme composite, mi-humains et mi-jaguars. Les éléments de connaissance sont si ténus que certains historiens pensent qu'il ne s'agit pas d'une religion véritable, mais d'une variété de totémisme, la terre et le jaguar seraient alors des esprits, des forces de la nature.

Religion et mythes mayas

La religion maya, comme les autres religions mésoaméricaines dont elle est la source, repose sur l'angoisse fondamentale de la fin des temps. Selon les Mayas et leur système de compte long, le temps se répartit en cycles de 18980 jours, soit 52 ans, depuis l'origine du monde, très précisément datée du 11 août 3114 av. J.-C. Un monde, le nôtre en l'occurrence, bénéficie d'une durée de vie de 5128 ans, ce qui, pour les Mayas, place la fin du monde actuel en 2012. Cette conception cyclique des mondes qui se succèdent explique l'extraordinaire énergie que dieux et hommes doivent développer pour maintenir le monde en cours et plus encore assurer le passage d'un cycle à un autre. Le fluide vital de cette énergie est le sang animal et humain.

Les sacrifices humains

Selon la religion des Mayas, l'univers est divisé en trois parties : le monde inférieur, la terre, le ciel reliés par un arbre *Ceiba*, véritable *axis mundi*. Le monde inférieur, *Xibalba*, une pyramide inversée, divisé en neuf parties, est le séjour des morts du commun. Les rois défunts ne font que le traverser pour renaître en qualité de dieux. La terre plate et de forme carrée est dévolue aux hommes. Le ciel, réparti en treize étages occupés par les dieux, les rois, les sacrifiés, carré lui aussi, est soutenu par quatre dieux, les *Bacabs*. Les dieux, pour vivre, ont besoin de la précieuse énergie fournie par le sang humain. Le Dieu-Soleil parcourt la nuit les mondes souterrains où il s'épuise, renaît sous une apparence de squelette. L'offrande du sang lui rend ses forces et assure sa course diurne dans le ciel.

Au premier chef les rois-dieux sont impliqués, ainsi que les Nobles Dames, leurs épouses. Les rois se transpercent le pénis à l'aide d'une épine de cactus ou de l'aiguillon de la raie pastenague, recueillent le sang dans un bol sacrificiel tapissé de papier, lequel est ensuite brûlé cérémoniellement. Les Nobles Dames, elles, se transpercent la langue d'une corde hérissée d'épines de cactus. Ce sang, fût-il d'exception, ne suffit pas, les Mayas sacrifient enfants, prisonniers de guerre, esclaves achetés pour assurer la bonne marche des planètes, la succession harmonieuse des jours. À la fin de chaque période de 52 ans, la cérémonie du *Feu Nouveau* permet de clore le cycle et d'entamer le suivant, les prêtres alimentent un feu nouveau avec des fagots de bois symbolisant les vieilles années.

À la fin des temps, les jaguars qui peuplent le monde inférieur dévoreront les hommes, puis le Dieu-Soleil et la Déesse-Lune. Les principaux dieux mayas sont Itzamna (Lézard maison), Dieu-Soleil, protecteur des hommes auxquels il apporte la connaissance, l'écriture, représenté le plus souvent comme un vieillard à gros nez ; son épouse, Ix Chel (Arc-en-ciel), Déesse-Lune de la fécondité, de la naissance, de la médecine et du tissage ; tous deux forment le couple de démiurges, créateurs du monde. D'autres divinités les accompagnent : Ahau Kin est le soleil nocturne, qui traverse chaque nuit le monde inférieur sous la forme d'un jaguar ; Chaac, ou plutôt les Seigneurs Chaac sont quatre dieux de la pluie, qui se manifestent aussi par la foudre et le tonnerre ; Ah Mun, dieu du maïs ; Ah Puch, dieu de la mort ; Kukulcan, nom maya du Quetzalcóatl (Serpent à plumes) toltèque et aztèque.

Le mythe de Soleil et de Lune

Soleil, par hasard, aperçoit Lune en train de tisser et s'en éprend au premier regard. Mais il déplaît souverainement à la grand-mère de Lune, qui fait tout pour l'évincer. Chaque jour, il rapporte de la chasse un cerf, preuve de sa ruse et de son habileté, mais rien n'y fait, la grand-mère demeure inflexible. Soleil se transforme alors en colibri et vole de fleur en fleur dans le jardin de Lune. La grand-mère blesse l'oiseau, que Lune soigne avec un tel dévouement qu'il prend forme humaine. Les amoureux partent ensemble, en barque. Jaloux, Chaac, dieu de la pluie, les foudroie d'un éclair. Soleil se transforme en tortue pour se protéger, Lune en crabe. Mais sa carapace est moins solide, elle meurt avant d'avoir pu s'unir à Soleil. Ce dernier retrouve les treize morceaux du corps de Lune, les dépose dans treize bûches creuses. Treize jours après, douze bûches s'ouvrent, libérant serpents, araignées, scolopendres. Un cerf imprime de son sabot la dernière bûche, en forme de sexe féminin. Soleil peut enfin s'unir à Lune.

Le mythe de la création de l'homme

Le mythe maya de la création de l'homme reflète la perplexité des dieux devant leur créature et son avenir. Il ne faut pas moins de trois essais pour parvenir à quelque chose de satisfaisant. Une première fois, les hommes sont faits d'argile, mais ces créatures de terre ne peuvent pas bouger, ne voient pas, sont de ce fait incapables de rendre un culte aux dieux. De plus, ils ne résistent pas à la pluie et sont sans intelligence. Les dieux, déçus, les détruisent. Une seconde tentative est faite, avec un homme de bois, une femme de roseau. Le couple se déplace, voit, se reproduit. Mais ils n'ont ni âme ni sens du respect dû au monde divin. Ils sont punis de leur oubli des dieux par le déluge. Quelques rescapés, réfugiés sur les cimes des montagnes, se transforment en singes. Sans se décourager, les dieux font une troisième tentative. Une pâte de maïs blanc et jaune sert à façonner quatre hommes parfaits. Si parfaits que les dieux les jalousent et ne tardent pas à limiter leur intelligence, afin que certains savoirs ressortissent du seul monde divin. Ils leur adjoignent quatre femmes, pour les obliger à se reproduire car ils connaissent désormais la mort, autre punition divine. Toute l'humanité est née de ces quatre premiers hommes, qui honorent et nourrissent les dieux, dans la crainte permanente du châtiment si les rites ne sont pas respectés.

Hunahpu et Xbalanque

Hunahpu et son frère jumeau Xbalanque sont connus par un récit du *Popol Vuh*, le livre sacré des Mayas quichés des hauts plateaux du Guatemala. Habitants du monde inférieur, ils finissent par y irriter les dieux par leur continuelle pratique du jeu de pelote, où ils excellent. Jaloux, les dieux les défient à ce jeu. Auparavant, les jumeaux doivent triompher de diverses épreuves : franchir par magie la maison des Couteaux, inventer le feu pour traverser la maison du Froid, jeter des os aux fauves de la maison des Jaguars. Mais, dans la maison des Chauves-Souris, Hunahpu est décapité. Son frère remplace la tête par une tortue. La rencontre avec les dieux a lieu. Tout au long du jeu, Hunahpu et Xbalanque ne cessent de se couper en plusieurs parties et de se reformer aussitôt en un seul corps chacun. Éblouis, les dieux-jaguars du monde inférieur réclament la même expérience sur eux. Les jumeaux s'exécutent, les découpent proprement en morceaux qu'ils se gardent bien de rassembler ensuite. Définitivement maîtres de leur univers, les jumeaux se démembrent une ultime fois afin de se métamorphoser en Soleil et en Lune.

POUR ALLER PLUS LOIN

Le *Popol Vuh*

Le *Popol Vuh* est le « Livre des Temps » des Mayas quichés, un groupe installé à l'ouest du Guatemala actuel. Son originalité réside dans le fait qu'il est rédigé en langue maya en utilisant les caractères latins, après la conquête espagnole, aux environs de 1550. Il est parvenu jusqu'à nous grâce à une copie, elle aussi en langue maya, ainsi qu'une traduction en espagnol, dues à un dominicain, Francisco Jimenez, datées de la fin du XVIIe siècle. Le *Popol Vuh* retrace la cosmogonie maya classique, depuis l'origine du monde, les étapes de la création de l'homme, la bataille victorieuse des jumeaux Hunahpu et Xbalanque. Il est la principale source de connaissance de la religion maya, avec les textes de Chilam Balam, écrits en yucatèque, mais toujours en caractères latins, aux XVIe et XVIIe siècles. Chilam Balam est le nom du groupe des « prêtres-jaguars », connus pour leur don de prophétie, leurs pouvoirs surnaturels. Les livres de Chilam Balam présentent à la fois les mythes, les prophéties, dont l'arrivée des Européens et des recettes prophylactiques ou médicinales.

La religion toltèque

La religion toltèque, dans son ensemble, est largement reprise par les Aztèques, auxquels il conviendra ici de se référer dans le chapitre 17 qui leur est consacré. Toutefois, deux figures divines méritent une approche particulière, Tezcatlipoca (Seigneur du Miroir fumant) et Quetzalcóatl (Serpent à plumes).

Tezcatlipoca

Tezcatlipoca (Seigneur du Miroir fumant) est le démiurge mésoaméricain par excellence. Créateur du Ciel et de la Terre, il est le soleil-jaguar du tout premier univers. Dieu suprême, omniscient, tout-puissant, il est à lui seul toutes les divinités, le « Créateur », l'« Être de toute chose ». Invisible, omniprésent, il possède un miroir magique auquel fait écho le miroir de marcassite qui est son symbole, à l'aide duquel il prédit l'avenir et lit dans le cœur des hommes. Son culte se met en place lors de l'arrivée des Toltèques au cours du Xe siècle. Ses attributions sont infinies, dieu de la guerre, de la mort, de la nuit, de la Grande Ourse, inventeur du feu, protecteur des récoltes, mauvais génie des hommes, protecteur des sorciers et nécromanciens, incarnation des jeunes guerriers, de la beauté, de la connaissance, de la musique, etc. Insaisissable tant il est multiple, paradoxal et ambigu, Tezcatlipoca est le dieu noir, sa couleur, pour les Aztèques, corrupteur de son frère Quetzalcóatl qu'il initie à la boisson et aux plaisirs érotiques. Il est le plus souvent représenté le visage peint de bandes horizontales jaunes et noires alternées, le pied droit, perdu lors de son combat contre le Monstre de la Terre, remplacé par un miroir ou un serpent. Parfois, le miroir repose sur sa poitrine, et des volutes de fumée en émanent. Son représentant animal, ou sa forme animale, son *Nagual*, est le jaguar. Il est rapproché de plusieurs dieux mayas, le créateur suprême K'awiil, ou Tohil (Obsidienne), associé aux sacrifices.

Quetzalcóatl

Quetzalcóatl (Serpent à plumes de quetzal), le *quetzal* étant un oiseau tropical aux plumes de vives couleurs, bleues, vertes, rouges, est plus couramment nommé « Serpent à plumes ». Frère de Tezcatlipoca pour les Aztèques, il est aussi dieu créateur, protecteur des connaissances, des artisans, des scribes, Vénus, l'Étoile du Matin, celui qui donne la civilisation aux hommes, leur apprend l'art de l'agriculture, du commerce, du tissage et de la poterie. Quetzalcóatl est adoré des Mayas sous le nom de Kukulcan, sous celui de Quetzalcóatl à Teotihuacán, chez les Toltèques puis les Aztèques. Protecteur des prêtres, il serait à l'origine du régime des rois-prêtres de Tula, au Xe siècle. Il serait alors à rattacher à la figure du roi Ce Acatl Topiltzin Quetzalcóatl, chassé par les séides du dieu rival Tezcatlipoca. Quetzalcóatl, dieu pacifique, reçoit des sacrifices de fleurs, plumes de quetzal, jade, ou d'animaux, serpents, oiseaux, papillons. Sa chute à Tula inaugure l'ère des sacrifices humains exigés par son sombre opposé, Tezcatlipoca. La fin de l'homme-dieu Quetzalcóatl, peut-être inspirée par le prince toltèque Ce Acatl Topiltzin, est relatée de deux manières différentes selon les mythes. Chassé de Tula, il gagne le rivage du golfe du Mexique. Là, selon une première version, il érige un vaste bûcher sur lequel il s'immole par le feu, avant de renaître car son cœur rejoint les cieux et devient Vénus, l'Étoile du Matin. Dans une autre interprétation, un radeau fait de serpents entrelacés l'attend. Quetzalcóatl y prend place sur un trône, annonce à ses fidèles demeurés sur la plage son retour sous la forme d'un homme barbu, puis disparaît à l'est.

La religion des Nazcas

La religion des Nazcas demeure aujourd'hui encore bien mystérieuse. Le culte des forces naturelles, dotées de pouvoirs spirituels, ou *huacas*, se prolonge dans les représentations nombreuses de formes divines dominantes. Il s'agit d'un oiseau, peut-être un condor, dieu du Ciel, d'un félin, dieu de la Terre, et d'un épaulard, dieu de la Mer. Un autre dieu, anthropomorphe, revient avec régularité. Cet homme, vêtu d'une longue cape, tient dans une main une étoffe, dans l'autre une tête-trophée. Ces têtes-trophées semblent jouer un rôle important dans la pratique religieuse nazca. Elles ont été mises au jour particulièrement sur le site de Cerro Carapo, dans la Palpa Valley. Un total de 48 squelettes y a été retrouvé, présentant des traces de déformations crâniennes, parfois au crâne perforé à l'avant, pour y faire passer une corde et suspendre la tête. Certains dépôts contiennent à eux seuls plus d'une vingtaine d'exemplaires. Les individus étaient âgés de

15 à 40 ans. Il est très difficile de savoir s'il s'agit de sacrifices, de meurtres, d'exécutions, de trophées de guerre récoltés après une bataille. Sur un ensemble de 84 têtes, 85 % appartiennent à des hommes âgés de 20 à 45 ans, 6 % sont celles de femmes et environ 3 % d'enfants de moins de 12 ans. Pour le pourcentage restant, l'appartenance sexuelle n'a pu être clairement établie. L'on trouve aussi des têtes-trophées à Cahuachi, la métropole religieuse des Nazcas, où certains squelettes révèlent également une curieuse pratique, la bouche et la boîte crânienne ayant parfois été bourrées d'excréments, rituel dont la signification est totalement inconnue.

L'héritage mésoaméricain

Le legs des civilisations mésoaméricaines est pour l'essentiel celui des Mayas. Un héritage scientifique, dans les domaines de l'astronomie, des mathématiques et un don gastronomique délicieux, celui du chocolat.

L'astronomie

L'astronomie maya règle la vie quotidienne en raison de la nécessaire existence de plusieurs et complexes calendriers. Dès sa naissance, un Maya est placé sous l'influence de planètes et de dieux qui déterminent sa destinée future. Il en va de même pour chaque cycle de cinquante-deux ans. Les Mayas, grands observateurs des mouvements planétaires, utilisent le *gnomon*, le cadran solaire, disposent d'un calendrier solaire, calculent les éclipses, solstices, équinoxes. Les prêtres astronomes consignent leur savoir dans des ouvrages, les *Codex*, dont de nombreux exemplaires disparaissent au moment de la conquête espagnole.

L'année solaire de 365 jours leur est connue, ainsi que le *cycle synodique lunaire*, la période entre deux pleines lunes successives, évalué parfaitement à 29,53 jours. Les *Pléiades*, groupe d'étoiles de la constellation du Taureau, servaient à prévoir le moment où il convenait d'ensemencer les terres. Le plus important est encore de calculer et de prévoir les éclipses solaires, le Soleil étant le dieu principal.

Les mathématiques

Les mathématiques mayas reposent sur un système de numérotation à base 20. Il est composé d'un ensemble de points et de barres, dans lequel le point vaut 1 et la barre 5. Les calculs effectués par les Mayas sont d'autant plus précis qu'ils connaissent et utilisent le zéro. Cette connaissance explique leur parfaite maîtrise des plans de construction des bâtiments, édifiés à la fois sur des calculs mathématiques et astronomiques.

Le chocolat

Le chocolat, connu des Olmèques, occupe une place importante dans la culture maya, où les fèves de cacao servent même de monnaie tant leur valeur est grande. Certains mythes en font une création des dieux. Il est réservé à de grandes occasions, célébration du culte, mariage, offrande funéraire. Son nom lui viendrait du *chocol* ou *chacau haa* maya pour certains, de l'aztèque pour d'autres, du terme *nahuatl xocolatl* (eau amère). La préparation maya diffère en effet fondamentalement de la nôtre. Les fèves de cacao sont grillées et broyées pour obtenir une pâte qui est mélangée à des épices et des piments. Cette préparation est ensuite allongée d'eau pour être bue. Réservée aux rois, aux prêtres, destinée tout d'abord à un usage liturgique, les Aztèques étendent son utilisation en lui conférant les vertus d'une boisson qui apporte la force et le courage aux guerriers, sans compter ses propriétés aphrodisiaques réputées. Hernán Cortés (1485-1547) conquérant de l'Empire aztèque, apprécie, dit-on cette boisson et en expédie à la cour de l'empereur Charles Quint (1500-1558) où il est consommé additionné de miel. Puis le cacao passe en Italie à la fin du XVIe siècle, en France au début du XVIIe siècle et conquiert la cour, recommandé par les médecins pour son action fortifiante. L'Europe se prend peu à peu à son tour de passion pour le chocolat.

Chapitre 17

Le peuple du cinquième soleil, les Aztèques

Dans ce chapitre :

- Tenochtitlán, la Venise mexicaine
- Cuauhtémoc, dernier empereur aztèque
- Des dieux ivres de sang humain

Les Aztèques sont la dernière grande civilisation mexicaine avant l'arrivée des Espagnols au début du XVIe siècle. Leur nom provient de celui d'Aztlán, région septentrionale du Mexique, où vit cette tribu *nahua* avant de migrer plus au sud. Semi-nomades, les Aztèques ne fondent leur capitale Mexico-Tenochtitlán qu'en 1325. L'ethnonyme d'Aztèque (celui d'Aztlán) évoque le nomadisme, alors que Mexico indique le lieu de leur sédentarisation. Les mythes racontent effectivement qu'ils quittent leur cité d'origine pour aller s'installer autour du lac Texcoco, puis organisent dans un rayon de plus en plus large une confédération d'États, de cités-États, de villages tributaires. Se greffant sur le fonds toltèque, la civilisation aztèque ne cesse de s'enrichir jusqu'à sa brutale conquête par Hernán Cortés en 1519.

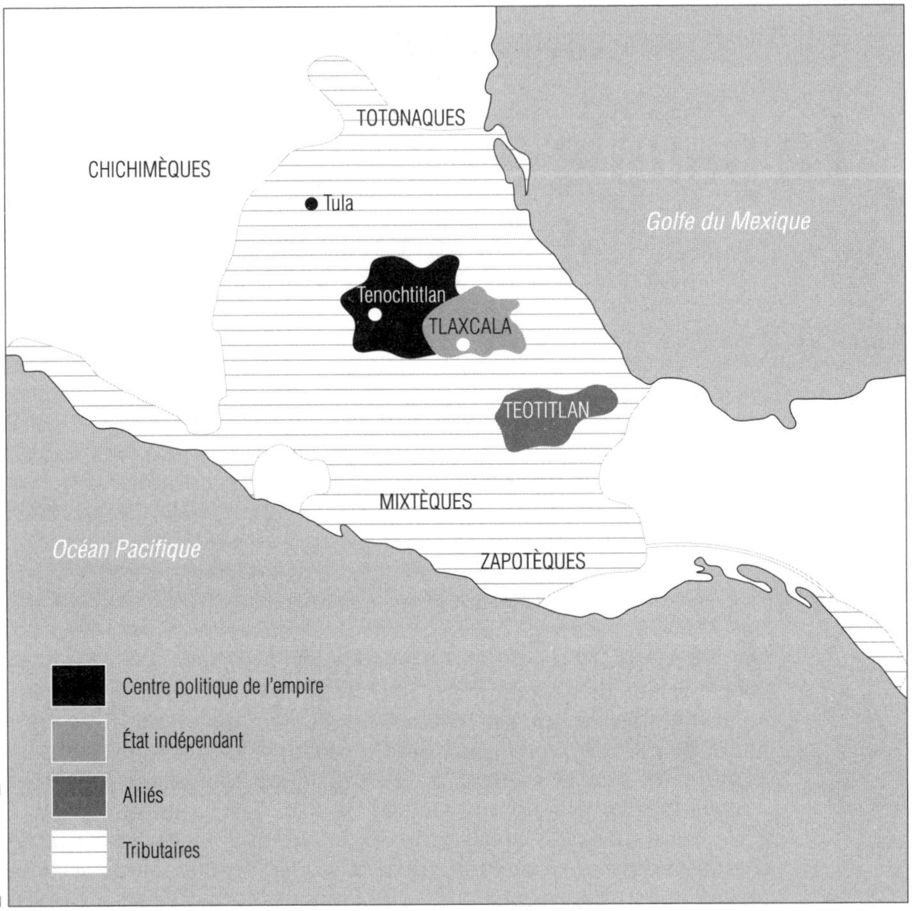

Figure 17-1 : L'Empire aztèque.

Les grandes étapes de l'histoire aztèque

Leur histoire s'étale sur un peu moins de deux cents ans depuis l'épisode où les Aztèques, connus aussi sous le nom de *Technocas* ou de *Mexicas*, arrivent vers le XIe siècle, afin de se mettre au service des Toltèques, jusqu'au moment où Cortés fait exécuter le dernier empereur Cuauhtémoc en 1525.

L'héritage toltèque

Peu de temps après le déclin de Teotihuacán, des Chichimèques venus du nord s'implantent dans la vallée de Mexico où ils érigent leur capitale, Tula.

Intégrant les autres tribus du nord, celle-ci se développe jusqu'en 1165, date à laquelle la cité est ravagée par un incendie, lors d'une ultime invasion. Au XIIIe siècle, un groupe de Chichimèques venus eux aussi du nord fait son apparition dans la vallée de Mexico. Ils portent le nom de *Mexicas* ou d'*Aztecas*. Ils revendiquent leur appartenance aux sept tribus nahuas, guidées par le dieu Huitzilopochtli, dieu de la guerre et du soleil, pour aller fonder une nouvelle capitale dès 1168. Certaines sources évoquent une sortie directement du mythique Chicomotzoc (lieu des Sept Cavernes), centre du monde.

UN PEU DE MYSTÈRE

Aztlán, le début de l'histoire

Aztlán, dans de nombreux ouvrages dont le *Codex Boturini*, nom d'un célèbre collectionneur du XVIIe siècle, aurait été une île située en plein milieu d'un lac. Son nom signifie « lieu de la blancheur » ou « île des hérons ». Aztlán était une ville pacifique, vouée à la déesse Coatlicue, déesse de la terre, mère de Huitzilopotchtli, dieu de la guerre et du soleil. Cet éden symbolique est recherché, dès le XVIe siècle sans avoir été retrouvé avec certitude. On cite souvent comme lieu possible l'île de Janitzio, au milieu du lac de Pátzcuaro, dans l'État mexicain de Michoacán ou celle de Mexcaltitan dans l'État de Nayarit.

Une longue période d'errance

Avant de fonder la ville de Tenochtitlán, les Aztèques occupent d'abord, à partir de 1256, la colline de Chapultepec sur les bords du lac de Texcoco. Mais chassés par les guerriers tépanèques d'Azcapotzalco, ils se réfugient sur les terres de la cité de Culhuacan et obtiennent en 1299 des terres dans la région de Tizapan. Mais c'est un cadeau empoisonné, le lieu est infesté de vipères, leurs hôtes pensaient ainsi les voir repartir vers d'autres horizons. Mais il n'en est rien, ils s'établissent et créent des liens de parenté, par les mariages avec les femmes de Culhuacan. Huitzilopochtli leur demande de prendre la fille du roi de Culhuacan pour en faire une déesse de la guerre. Son père croit à un mariage princier, mais elle est sacrifiée, écorchée et son père, arrivant pour célébrer les noces, voit un prêtre aztèque revêtu de la dépouille ensanglantée de sa propre fille. La guerre est alors déclarée. La fuite est une nouvelle fois nécessaire. C'est en 1325 que les Aztèques découvrent enfin le lieu promis par leur dieu Huitzilopochtli pour leur établissement, marqué par un aigle dévorant un serpent juché sur un cactus. La longue errance s'achève et là, sur un îlot du lac Texcoco, ils fondent la ville de Mexico ou Tenochtitlán. Peu de temps après, ils bâtissent, sur un îlot voisin, une cité jumelle appelée Tlatelolco.

Le début de la puissance aztèque

Selon la légende, les Aztèques, désireux d'assurer une descendance noble à leur ville, demandent au roi toltèque de Culhuacan son fils comme premier souverain. C'est ainsi que vers 1375, Acamapichtli (v. 1375-v. 1395) dont le nom signifie « Celui qui empoigne le bâton » ou encore « Poignée de roseaux » en nahuatl, devient roi, le premier roi-prêtre des Aztèques. Lorsque son fils Huitzilihuitl (1395-1417) (Plume de colibri) lui succède, les Aztèques se sont affirmés dans l'art de la guerre en combattant aux côtés des Tépanèques. Marié à l'une des filles de Tezozomochtli (règne : v. 1367-v. 1426), souverain d'Azcapotzalco, il obtient de ce dernier la diminution des tributs à lui verser. C'est aussi une période de consolidation, de paix avec leurs voisins. De ce fait, Tezozomochtli a pour petit-fils Chimalpopoca (v. 1417-v. 1427) troisième souverain aztèque, ce qui resserre les liens entre les deux puissances. Toutefois devant l'extension continue de Tenochtitlán, de nombreuses cités la regardent d'un mauvais œil et à la mort de ce dernier en 1427, l'hostilité est parvenue à son comble.

LE SAVIEZ-VOUS ?

La société aztèque

La pyramide sociale aztèque comprend à sa pointe les souverains, les nobles et les prêtres. Ensuite, viennent les nombreux fonctionnaires responsables administratifs. La majorité de la population est composée de fermiers et ouvriers agricoles. Les classes supérieures se distinguent des autres classes par leurs atours et par le port de sandales, important symbole de statut social. Les Aztèques sont soumis à un code moral très strict, ivresse et adultère sont sévèrement punis. Les individus handicapés ou malformés bénéficient de traitements de faveur et font l'objet de vénération. Les femmes mortes en couches sont considérées à l'égal des guerriers morts au combat. Elles jouissent comme eux du privilège de pouvoir accompagner le soleil dans sa course quotidienne.

L'affirmation de la puissance aztèque

L'affirmation de la puissance aztèque se prolonge, lorsque son quatrième souverain Itzcoatl (v. 1427-v. 1440) (Serpent d'obsidienne) monte sur le trône, pendant que Maxclatl (?-1428), fils de Tezozomochtli prend lui aussi le pouvoir. Il nourrit une haine féroce contre les Aztèques. Devant la menace immanente des Tépanèques, Itzcoatl s'apprête à reconnaître Maxclatl comme souverain tout-puissant de la vallée. C'est à ce moment qu'apparaît un homme qui va changer la destinée des Aztèques, Tlacaelel, neveu du souverain. Il réussit à convaincre les Aztèques de ne pas se soumettre et au contraire de lutter contre les Tépanèques. Il préconise aussi une politique d'alliance avec les villes de Texcocco et de Tlacopan. Cette coalition victorieuse inflige de lourdes pertes, puis abat la puissance tépanèque. Désormais, les Aztèques sont prêts à dominer leur monde, le *Cem-Anahuac*, le « Monde Unique ».

Le rayonnement de l'Empire aztèque

Le rayonnement de l'Empire aztèque commence à la mort d'Itzcoatl en 1440. Tlacaelel est toujours conseiller du nouveau roi Moctezuma Ier (1440-1469). Ils poursuivent l'expansion de l'Empire aztèque en affrontant les Huastèques du Nord-Est et les Mixtèques du Centre-Est. Jamais autant de richesses n'ont afflué vers la capitale, provenant des tributs imposés aux régions soumises. En 1449, toute une série de calamités s'abat sur les Aztèques, gel, sauterelles, inondation. Les Tlaxcaltèques proches opposent une farouche résistance. En 1448, pourtant, Moctezuma s'empare de Coixtlahuaca et soumet les Mixtèques et leurs alliés Chochos, victoire qui ouvre la voie du Guatemala aux Aztèques. Ils soumettent les Totonaques dans la région du golfe. En 1469 Axayacatl (1469-1481) succède à son père et comme lui se révèle être un grand conquérant et un grand réformateur. Il en va de même de son frère Ahuitzotl (1486-1502), lui aussi *tlatoani* (celui qui détient la parole), l'empereur.

POUR ALLER PLUS LOIN

Le *Codex Mendoza*

Le *Codex Mendoza* est un document essentiel pour la compréhension de la culture aztèque. Cet ouvrage de 72 pages, réalisé en 1541 sur du papier européen, est destiné à Charles Quint (1500-1558). Son nom lui vient de son commanditaire, Antonio de Mendoza (1495-1552), vice-roi de la Nouvelle-Espagne. Il comporte trois parties, la première évoquant l'histoire des Aztèques depuis la fondation en 1325 de Tenochtitlán, jusqu'à la conquête de Cortés en 1521. La deuxième partie évoque le nom des villes soumises par la triple alliance aztèque, qui regroupe Tenochtitlán, Texcoco et Tlacopan et la troisième concerne la vie quotidienne des Aztèques. Il existe d'autres codex comme le *Codex Aubin*, de 1576, racontant l'histoire aztèque depuis ses débuts légendaires jusqu'à la destruction de Tenochtitlán par les Espagnols, ou encore le *Codex Fejervary-Mayer*, le *Codex Borbonicus*. Les codex sont réalisés par des spécialistes, les *tracuilo*, mot qui désigne à la fois le scribe et le peintre. Lors de la conquête espagnole, beaucoup sont brûlés, considérés comme païens. Par la suite, ceux appelés « codex coloniaux » sont redessinés par les Indiens et annotés par des Espagnols.

L'arrivée de Cortés

L'arrivée des Espagnols a lieu le 8 novembre 1519 sous les règnes de Moctezuma II (1502-1520) et de Cuitlahuac (1520). Ils leur prêtent allégeance, persuadés de se retrouver en face du dieu Quetzalcóatl, revenu prendre possession de ses terres. Bien que les forces de la triple alliance aztèque soient plus nombreuses que celles des conquistadors, ceux-ci savent néanmoins se rallier les tribus Chalcas, Tépanèques et Tlaxcaltèques qui refusent la domination aztèque. Les Espagnols donnent l'assaut et rapidement la triple alliance est décimée. Quand Tenochtitlán est prise définitivement le 13 août 1521, l'Empire aztèque s'effondre. Le dernier *tlatoani* (empereur) Cuauhtémoc (1520-1525) est capturé, emprisonné, et pendu en 1525.

POUR ALLER PLUS LOIN

De conquête en conquête

En novembre 1519, Cortés rentre à Tenochtitlán, une trahison lui ayant permis de s'emparer du roi Moctezuma II comme otage. Diego Velázquez, gouverneur de Cuba envoie sous le commandement Pamphile de Narváez une expédition punitive contre Cortés pour lui retirer son commandement; le conquérant le vainc. Un soulèvement aztèque oblige Cortés à évacuer la capitale. Moctezuma est tué. Le 13 août 1521, Cortés entre de nouveau en vainqueur dans la ville, la rase et fonde Mexico, soumettant ainsi le Mexique central entre 1522 et 1524. De 1523 à 1525, Pedro de Alvarado (1495-1541) soumet les tribus des Quichés et celle des Cakchiquel. Le Panamá, le Honduras et le Costa Rica sont conquis de 1524 à 1526 à leur tour.

Les principaux sites et monuments aztèques

Les monuments aztèques sont gigantesques. À Tenochtitlán sont construits de vastes temples comprenant des pyramides monumentales. La statuaire aztèque produit des œuvres colossales dont la plus connue est celle de Coatlicue, déesse de la terre et de la mort, mesurant 2,60 m de hauteur et pesant environ douze tonnes.

Le Templo Mayor

Le Templo Mayor (grand temple) a subi sept étapes de construction, mais c'est sous le règne de Moctezuma Ier (v. 1398-1469) que les premiers travaux importants commencent. Le temple est construit sur une pyramide dont on atteint le sommet par trois escaliers au nombre de marches équivalant aux

360 jours de l'année, moins les cinq jours néfastes du bout de l'an. Axayacatl (règne : 1469-1479), son successeur, fait mettre en place le disque de pierre des aigles, la pierre de sacrifice. Au sommet de la pyramide se trouvent deux autels, l'un consacré à Huitzilopochtli et l'autre à Tlaloc. Comme la plupart des bâtiments de l'époque, le Templo Mayor est recouvert de stuc peint. De plus il est orné de sculptures monumentales. Les fouilles archéologiques révèlent une centaine de cachettes contenant plus de 60 000 objets. Les offrandes sont placées dans des sarcophages de pierre. À l'intersection des quatre quartiers de Tenochtitlán, la capitale, il figure symboliquement le centre du monde, tel que le représente le *Codex Mendoza*, ouvrage réalisé autour de 1541.

LE SAVIEZ-VOUS ?

Sacrifices au Templo Mayor

Le Templo Mayor est dédié au dieu Huitzilopochtli. Les Aztèques se considèrent comme un peuple élu, leur mission divine consiste à faire la guerre et à offrir le sang des captifs pour nourrir le dieu, afin que le cinquième soleil reste en mouvement. Leur cœur est extrait avec un silex ou un couteau en obsidienne. Il est offert au soleil puis brûlé dans le « vase de l'aigle ». Les corps sont ensuite jetés sur l'image de Coyolxauhqui, la déesse de la Lune, réactualisant ainsi la victoire de Huitzilopochtli à Coatepec, quand le dieu tue sa sœur Coyolxauhqui, ses frères, afin de protéger leur mère, la déesse de la Terre Coatlicue. Les guerriers morts au combat ou sur l'autel sacrificiel deviennent des *Cuauhteca* (peuple de l'aigle). Les Aztèques pensent que durant quatre ans, ceux-ci font partie du cortège lumineux du soleil, après quoi ils se transforment en colibris.

Tenochtitlán

Capitale des Aztèques, Tenochtitlán a été fondée en 1325. Elle l'aurait été sur une lagune d'eau salée, une île du lac Texcoco. Son nom, Tenochtitlán, s'explique aisément car *tenochtli* est le figuier de Barbarie, c'est donc le « lieu du figuier ». C'est en effet sur un figuier, ou un cactus, qu'un aigle tenant en son bec un serpent indique aux Aztèques où fonder leur capitale. Mais on trouve aussi une autre étymologie, *nochtli* (le cactus) et *tlan* (l'endroit), *tetli* (la pierre), soit « l'endroit du cactus qui se trouve sur la pierre », laquelle correspondrait au mythe de ses origines. La population comprend environ 200 000 habitants au moment de l'arrivée des Espagnols. Tous expriment leur émerveillement en découvrant la ville. Cortés écrit à son sujet « les rues sont très larges et très droites ; quelques-unes de celles-ci sont en pierres et toutes les autres sont à moitié en terre et l'autre moitié est un canal par lequel les Indiens circulaient dans leurs bateaux ». Les architectes ont réussi à tirer des prodiges d'un sol ingrat. Le système des *chinampas* est un moyen de se procurer de la terre à cultiver, une sorte de radeau sur lequel est mise de la boue du lac. Avec l'assèchement de la lagune, il y a de véritables îlots flottants ordonnés tout autour de deux centres principaux : le Grand Temple et la place de Tlatelolco. La ville est donc divisée en quatre quartiers, eux-mêmes subdivisés en 20 unités territoriales, les *calpullis*. Ainsi toute l'agglomération s'organise autour de ces centres principaux et secondaires. Quatre chaussées surélevées traversent la ville, mais elles ont aussi un rôle de digue. Au centre de la ville, les temples, les bâtiments publics sont regroupés. Le centre religieux est délimité par un mur de 300 m de côté, « le mur des Serpents ». À l'intérieur se trouvent le temple dédié à Tlaloc, dieu de la pluie et de la végétation et celui d'Huitzilopochtli, celui de Quetzalcoalt Serpent à plumes, décorés de crânes sculptés, peints en blanc sur fond rouge, le terrain de jeu de balle et quarante-cinq autres bâtiments publics.

Texcoco

Située à une trentaine de kilomètres à l'est de Mexico, Texcoco est une ancienne capitale aztèque. Elle fait partie de la triple alliance avec Tenochtitlán et Tlacopan. Fondée en 1318 par Quihnatzin, elle figure comme la seconde grande ville aztèque.

POUR ALLER PLUS LOIN

La Pierre du Soleil

Découverte à la fin du XVIIIe siècle, la *Piedra del Sol* (Pierre du Soleil) est aujourd'hui au Musée d'anthropologie de Mexico. Son nom aztèque est Cuauhxicalli (Demeure de l'Aigle). De 3,60 m de diamètre et pesant plus de 24 tonnes, elle porte une date : *13 acatl* (1479). Les sculptures dont elle est ornée font référence aux dieux aztèques et au calendrier sous la forme de huit cercles concentriques. Certaines unités du temps y sont représentées comme les glyphes calendaires des 20 jours. De nombreux symboles s'y ajoutent. En son centre figurent quatre glyphes, représentation des précédents âges où l'humanité a disparu à la suite de catastrophes : le soleil-jaguar, le soleil-vent, le soleil-pluie, le soleil-déluge. Les Aztèques vivent sous le cinquième soleil.

Tlatelolco

Tlatelolco, fondée en 1257 d'après les fouilles archéologiques, se trouve au nord de Tenochtitlán. À la veille de la conquête espagnole, c'est en fait le quartier du marché de la capitale aztèque. Cuauhtémoc s'y retranche et y livre son dernier combat, dans Tenochtitlán assiégée en 1521.

Les grands personnages aztèques

Parler des grands personnages qui ont marqué une civilisation revient souvent à évoquer à travers leur action la structure de la société à laquelle ils appartiennent. C'est d'autant plus vrai dans celle des Aztèques. À ses débuts, la société aztèque, composée de tribus, est assez simple, marquée par une même égalité dans la pauvreté. C'est surtout à partir du XVIe siècle qu'elle va considérablement se hiérarchiser. La prêtrise ne se confond plus avec l'autorité militaire ou civile, le commerce fait grandir ceux qui s'y adonnent, des fonctions distinctes apparaissent. Au-dessus de cet édifice, un homme brille de toute sa splendeur, le *tlatoani* (l'empereur). En dehors de l'homme d'exception que fut Tlacaelel, l'Histoire n'a retenu que le nom de ces souverains.

Tlacaelel

Tlacaelel (v. 1397-v. 1487) s'est imposé comme un homme d'une exceptionnelle lucidité ce qui lui permit de survivre à trois souverains. Fils d'Huiztlihuitl, il reçoit le titre de conseiller principal du roi, *Cihuacoatl*, sous le règne d'Itzcoatl en suggérant une triple alliance entre Tenochtitlán, Tlacopan et Texcoco, les trois cités. Il s'implique aussi dans une réforme complète de la société, tant sur le plan administratif que juridique. Le pouvoir aztèque se trouve consolidé aussi car il fait détruire les anciens codex des autres peuples et les remplace par ceux des Mexicas. Les livres d'histoire deviennent un instrument de justification de la domination. Sous le règne du roi Moctezuma, il l'aide à poursuivre l'expansion de l'Empire qui tente de faire reculer encore les frontières de sa domination.

Itzcoatl

Itzcoatl (v. 1427-v. 1440) dont le nom signifie « Serpent d'obsidienne » prend le pouvoir après la capture et le suicide de son neveu Chimalpopoca en 1427. Nombreux sont les changements sociaux dont il est à l'origine qui donnent naissance à un siècle d'expansion et de conquêtes. La société féodale, qu'il met au point, concentre le pouvoir entre les mains des classes dirigeantes. Il instaure également un système qui récompense la prise de captifs et fait du talent militaire le principal facteur de promotion sociale. Mais il est surtout connu pour avoir accepté la politique d'alliance inspirée par Tlacaelel avec les deux autres cités de Texcoco et de Tlacopan. Il soumet les Tépanèques en 1428, et confirme ainsi la puissance aztèque.

LE SAVIEZ-VOUS ?

L'écriture nahuatl

L'écriture *nahuatl* des Aztèques apparaît au XIIe siècle, mais n'a qu'une brève existence, puisqu'elle disparaît trois siècles plus tard avec la conquête espagnole. À la fois forgée entre la simple figuration pictographique, l'idéogramme et le symbole phonétique, elle est formée de trois éléments : des personnages aisément reconnaissables, des compositions symboliques, des signes arbitraires qui relient les deux précédents entre eux. Ces éléments très souples peuvent s'adapter aux différents contextes dans lesquels ils sont utilisés. Par exemple pour écrire le nom de la ville de Coatitlan (Près des serpents), on a recours au pictogramme du serpent (*coat*) et on y rajoute le pictogramme « dent » (*tlan*), homonyme de « près de ». Le contexte permet au lecteur de savoir s'il s'agit de « la dent du serpent » ou de la ville elle-même. C'est avec cette écriture que sont consignées la politique, l'histoire, l'économie dans les codex. Elle disparaît avec la conquête espagnole, en 1521, les codex sont largement détruits, et elle est remplacée par l'écriture des Européens.

Moctezuma II

Moctezuma II (v. 1480-1520), littéralement Moctezuma Xocoyotzin (Celui qui se fâche en seigneur le plus jeune), devient souverain en 1502 contre sa volonté. Il règne d'une façon autoritaire, réduit la classe des guerriers et les prétentions de la noblesse, mais sait nommer au sein de l'administration des hommes plus jeunes. Lorsque Cortés débarque avec ses troupes, il est persuadé d'assister au retour de Quetzalcóatl. À cette occasion, il fait de nombreux sacrifices humains, ce qui choque considérablement les Espagnols. La tradition raconte que, déjà prisonnier de Cortés à la suite de la prise de Mexico en 1520, poussé à haranguer la foule d'un balcon du palais, il est tué par une pierre lancée. Mais on n'a jamais su si celle-ci l'a été par un Espagnol ou un Aztèque, mécontent de la piètre représentation d'une autorité ou de la collaboration avec l'ennemi.

Cuauhtémoc

Cuauhtémoc (1502-1525), dont le nom signifie « l'aigle qui descend », est connu pour avoir été le dernier des rois aztèques, mais aussi pour sa forte personnalité. Il ne règne en fait que quatre-vingts jours. Succédant à Cuitlahuac, l'Histoire l'a retenu comme celui qui se dresse contre les conquérants espagnols. Après que Pedro de Alvarado a massacré à l'intérieur du *Templo Major* (le Grand Temple) prêtres et nobles, il supporte un siège de 75 jours, enfermé à l'intérieur de la capitale. Après avoir chassé les Espagnols de Tenochtitlán, au cours de la *Noche Triste*, il est obligé de se rendre. La tradition rapporte qu'étendu sur des braises pour qu'il avoue où se trouvent cachés les trésors de l'Empire, il aurait répondu à l'un de ses ministres lui aussi torturé, qui lui demandait l'autorisation de le faire pour mettre fin à ses tourments : « Et moi, suis-je sur un lit de roses ? » Avec sa mort, la dynastie aztèque disparaît complètement.

La *Noche Triste*

La *Noche Triste* (la nuit triste) est le nom que l'Histoire a laissé à un épisode tragique de la conquête mexicaine par Cortés. Le 30 juin 1520, les troupes commandées par Hernán Cortés sont massacrées par les Aztèques dans leur ville de Tenochtitlán. L'empereur Moctezuma II est capturé grâce à la Malinche (v. 1496-v. 1551), femme indienne qui joue un rôle important dans la conquête espagnole du Mexique en tant qu'interprète et conseillère. Elle donne à Cortés un fils. Le commandement est laissé à son lieutenant Pedro de Alvarado, Cortés inquiet va s'opposer au débarquement de Pamphile de Narváez. Alvarado croyant à un complot fait exécuter une partie du clergé et de l'aristocratie aztèques. Cuitlahuac, le nouveau roi ordonne à ses troupes d'assiéger le palais abritant les Espagnols. Du 30 juin au 1er juillet, les troupes de retour, Cortés effectue une sortie de Tenochtitlán, au prix de lourdes pertes. Celles-ci sont si importantes que le conquérant en aurait, dit-on, pleuré, donnant son nom à la fameuse « Noche Triste ».

Religion, mythes et légendes aztèques

La religion imprègne tous les moments de la vie privée et publique des Aztèques. Elle est fondée sur une vision cyclique du temps et sur le principe de dualité. Dans les associations d'éléments complémentaires, jour, nuit, ciel, terre, vie, mort, se manifeste la prise de conscience de l'interdépendance des contraires. Ainsi le dieu Ometeotl, dieu tout-puissant et unique peut être adoré sous son aspect aussi bien féminin *Omecihuatl* que masculin *Ometecuhtli*. Les Aztèques adorent une multitude de divinités souvent érigées en statues de plusieurs tonnes, et révélant les attributs du monde animal. Mais parmi celui-ci, le serpent est incontestablement le plus vénéré. Les Aztèques constituent leur panthéon en adoptant les dieux des peuples qui les précèdent, tel Tlaloc, dieu de la végétation ou Huehueteotl, dieu du feu.

LE SAVIEZ-VOUS ?

La symbolique des animaux

La symbolique animale est importante dans la culture aztèque car les dieux revêtent souvent les attributs du monde animal. Le cycle de la vie soumis au soleil, et l'aigle est son équivalent dans le règne animal, le plus puissant des oiseaux. Il est remplacé la nuit venue par le jaguar, fauve nocturne redouté. Même les sauterelles, les puces ont trouvé place au sein de ce bestiaire divin, les premières annonciatrices de la fin de la saison sèche et les autres, de par leur soif de sang humain qui leur confère un aspect sacré. Mais ils font aussi partie de la nourriture des Aztèques au même titre que les têtards, les œufs de fourmi ou les grenouilles. Le serpent y tient une place particulière car il bénéficie de la plus grande des vénérations. Considéré comme l'intermédiaire entre le monde des hommes et celui des ténèbres, il se déplace à mi-chemin des deux, et de ce fait est tenu pour l'incarnation vivante du cycle de la vie. Quetzalcóatl est ce serpent à plumes capable de voler et d'accompagner le soleil dans son déplacement quotidien.

Les dieux aztèques

Parmi les dieux les plus puissants se trouvent Huitzilopochtli, Tezcatlipoca, Tlaloc et Quetzalcóatl. Dieu du feu, le premier règne sur le midi. Le nord appartient au second, le dieu du froid et de la nuit, de la mort et de la guerre. De l'est, vient l'influence bienfaisante de Tlaloc, dieu de l'eau, de la fertilité. À l'ouest, se trouve Quetzalcóatl, le plus sage et le plus grand de tous. Chaque divinité essentielle est associée à un point cardinal et à une couleur qui indique sa nature. Au noir Tezcatlipoca, s'oppose le blanc Quetzalcóatl.

Coyolxauhqui

Coyolxauhqui, fille de Coatlicue, déesse de la Terre, est la déesse de la Lune. C'est aussi la sœur guerrière de Huitzilopochtli. La légende dit qu'elle a dressé les étoiles, ses frères, les 400 *Centzon Huitznaua*, contre leur mère, parce que celle-ci était enceinte, donc déshonorée. Ils projettent de la tuer, mais un dernier enfant, Huitzilopochtli, sort tout armé du ventre maternel et les massacres tous. Il décapite Coyolxauhqui, lance sa tête dans le ciel où elle se fixe pour devenir la Lune. Une de ses représentations a été trouvée sur le Templo Mayor.

Ehecatl

Ehecatl est associé aux quatre directions cardinales, le vent soufflant partout. Ses temples de forme circulaire offrent de la sorte moins de résistance aux vents. Il est parfois représenté avec un masque buccal en forme de bec. Après la destruction du quatrième soleil dans le mythe de création des Aztèques, les dieux se réunissent à Teotihuacán. Nanahuatzin et Tecuciztecatl se transforment respectivement en Soleil et en Lune en se jetant dans le feu sacrificiel. Ils restent immobiles jusqu'à ce qu'Ehecatl souffle sur eux avec force. D'abord seul, le Soleil bouge, mais lorsque ce dernier se couche, la Lune se déplace à son tour.

Huitzilopochtli

Huitzilopochtli (le colibri du Sud) est le fils de Coatlicue, déesse de la Terre. Il est la divinité la plus importante de la capitale aztèque, Tenochtitlán. Dans les codex, il est représenté avec des bandes bleues et jaunes, des plumes de colibri sur la jambe gauche. Les colibris représentent les âmes des guerriers morts, accompagnant le Soleil dans sa course quotidienne à travers le ciel.

Le sacrifice des dieux

À l'aube du cinquième et dernier monde, alors que les divinités sont réunies à Teotihuacán, deux dieux sont proposés pour le sacrifice, c'est-à-dire pour permettre au monde de renaître : Tecuciztecatl, jeune beau et riche et Nanahuatzin, vieux, couvert de bubons, pauvre et sans gloire. Ce dernier meurt avec courage donnant l'exemple à l'autre qui recule à chaque fois. Pourtant les deux luminaires, Nanahuatzin devenu Soleil et Tecuciztecatl, Lune ne bougent pas dans le ciel. Après avoir consulté le nouveau Soleil, Quetzalcóatl affirme : « Pour que le temps reprenne sa marche et que les nuits succèdent aux jours, il faut que nous mourions tous ! » Alors prenant son arc et ses flèches, il se met à tuer ses six mille six cents frères. C'est par leur sang versé, lors de ce sacrifice primordial, que les dieux permettent au monde nouveau de se dégager de l'abîme. Pour les Aztèques, c'est en renouvelant ce geste par les sacrifices humains, que les prêtres éloignent le chaos toujours menaçant.

Quetzalcóatl

Quetzalcóatl dont le nom signifie « Serpent à plumes » et « Jumeau précieux » a des origines archaïques. En tant que dieu créateur, il joue un rôle prépondérant dans le mythe des cinq soleils. Il revêt de nombreuses formes, les plus célèbres étant celle du dieu Ehecatl, dieu du vent, le dieu bienveillant du savoir et des artisans. C'est aussi le dieu des prêtres et des cérémonies religieuses. Ses symboles sont la massue, une barbe fournie inexistante chez les Indiens, le crâne, symbole de son frère obscur. Il est dit qu'il s'est embarqué sur la mer de l'Est, précédé de ses serviteurs, transformés en oiseaux. Les Aztèques, attendant son retour, ont pris les conquistadors pour lui. Serpent au corps paré de plumes vertes de l'oiseau quetzal, c'est un serpent, donc une divinité chtonienne, vert, car il évoque la luxuriance de la végétation. Il refuse les sacrifices humains, mais renouvelle son geste de démiurge des hommes en s'infligeant des blessures sacrificielles.

Tezcatlipoca

Tezcatlipoca (Miroir fumant) est sans conteste l'une des divinités les plus craintes du panthéon. Dieu de la nuit et de la mort, il est aussi celui des sorciers. La couleur noire le symbolise. Le collier qu'il porte lui sert à voir dans le cœur des hommes, et sa tête est celle d'un jaguar, rayée de noir et de jaune. Il est à la fois le frère de Quetzalcóatl et son pire ennemi. Sa statue est cachée dans son temple et seuls quelques prêtres peuvent l'admirer et lui rendre un culte. On lui consacre une fois par an le plus beau des captifs et quatre jeunes filles pour épouses symboliques.

Tlaloc

Tlaloc, dieu de la pluie et de l'eau, est le dieu le plus important de la fertilité parmi ceux qui forment le panthéon aztèque. Il est adoré dans toute la Mésoamérique mais sous différents noms : Chaac, chez les Mayas, Coujo chez les Zapotèques. La plupart des rites sacrificiels lui sont également dédiés. L'équation symbolique, sang, eau, sacrifice humain, fertilité est maintenue. Les tiges et les épis de maïs sont vénérés dans les maisons en tant que dieux et les guerriers, comme ornements rituels, arborent des plumes de quetzal. Tlaloc ne devient vraiment important qu'à l'époque aztèque, au XIVe-XVe siècle. Son lieu de culte situé en haut du Templo Mayor est peint en blanc et en bleu, édifié à côté de celui du dieu de la guerre, Huitzilopochtli. En tant que dieu de la fertilité, il donne son nom au ciel aztèque, le Tlalocan, paradis terrestre où nourriture, eau et fleurs abondent.

Xiuhtecuhtli

Xiuhtecuhtli (Seigneur du Feu) est le symbole des matins radieux. Il préside aux destinées du neuvième jour et protège le dixième mois. Sa présence fait disparaître les puissances des ténèbres. C'est aussi le dieu du feu des volcans. Il est représenté par un vieillard édenté, ridé, courbé, portant un brasero sur le dos. Son culte est l'un des plus anciens.

UN PEU DE MYSTÈRE

La couronne de Moctezuma

La couronne précieuse de Moctezuma, neuvième empereur aztèque, est formée de 400 plumes de l'oiseau quetzal, symbole de la sagesse et de la fertilité. Le nombre 400 représente l'éternité et l'immensité. Dans la société aztèque, c'est l'attribut du plus haut rang. À l'origine, elle est constituée d'un casque en or pur et est confisquée après l'invasion de Cortés. Le casque d'or est fondu et la couronne de plumes offerte à Charles Quint. Aujourd'hui, elle se trouve au Musée d'ethnologie à Vienne, en Autriche.

Mythes et légendes aztèques

L'univers des mythes et légendes aztèques est dominé par la prédestination absolue. Dès sa naissance, chaque Aztèque est marqué par le *Tonalli* (le destin) et ce, aussi bien durant sa vie que pour son devenir *post mortem*. Le livre des destins, le *Tonolamatl*, donne le signe et le chiffre du nouveau-né, ce qui permet de savoir ce que seront son existence et son devenir dans l'au-delà. Mais tous les mythes sont dominés par Quetzalcóatl, le « Serpent à plumes » jumeau de Xolotl, dieu de la salamandre et de la résurrection qui l'entraîne dans le monde des morts. Les Aztèques assimilent l'apport cultuel de ceux qu'ils ont vaincus. Il en résulte une mythologie complexe, riche de centaines de divinités.

La légende des soleils

Selon les mythes aztèques, notre monde est le cinquième, celui qui est au centre de la croix, le dernier. Les mondes précédents, un à chaque extrémité de la croix, ont disparu au cours de cataclysmes à l'échelle planétaire. Chaque âge est nommé en fonction du soleil, qui lui a donné encore le nôtre, le moyen de vivre :

- Le *soleil de jaguar* disparaît, lors d'une catastrophe et les jaguars en profitent pour dévorer les Géants qui peuplent la terre.
- Le *soleil du deuxième monde* est chassé par la violence d'un vent qui transforme les hommes en singes.
- Le *troisième soleil* prend feu et les hommes deviennent dindons.
- Le *soleil d'eau* est celui du déluge long de cinquante-deux ans, les hommes deviennent poissons. Par un miracle qui se renouvelle à chaque fois, un couple parvient à échapper à la destruction et fonde une nouvelle humanité.
- Le *soleil de mouvement*, le cinquième et dernier monde, doit finir quand l'équilibre qui assure le mouvement sera rompu.

Afin que le monde perdure, les dieux ont institué le sacrifice, vecteur d'énergie vitale.

L'au-delà

L'au-delà chez les Aztèques correspond à trois mondes : celui des guerriers et des femmes en couches est le plus enviable. Les deux autres sont le *Tlalocan* et le *Mictlan*. L'au-delà des guerriers et des femmes mortes en couches est solaire, les uns et les autres portent le palanquin du soleil, les femmes elles-mêmes devenant guerriers. Passé un cycle de quatre années au service du soleil, ils reviennent sur terre, sous la forme de colibris, oiseaux-mouches, papillons.

Le Tlalocan est l'au-delà de Tlaloc, dieu de la pluie, de l'eau, de la végétation. Il accueille les noyés et tous ceux morts d'un accident lié à l'élément liquide. Les défunts connaissent là une éternité de joie et de plaisirs au milieu d'une exubérante végétation.

Le Mictlan, au nord, accueille tous les autres trépassés, ceux qui ne sont ni guerriers, ni femmes mortes en couches, ni élus de Tlaloc. Après un voyage périlleux, le mort traverse les neuf fleuves des Enfers et gagne le monde des neuf terres de la mort avec lequel il se fond totalement.

Le monde des ténèbres est régi par Mictlantecuhtli, maître des Enfers, seigneur de la mort.

L'héritage aztèque

Tout en recueillant l'héritage des peuples qui les précèdent, les Aztèques savent développer une civilisation propre sur ce fonds commun.

Les plantes médicinales

Les Aztèques font prospérer la culture de plantes dont la liste est innombrable : le maïs, le manioc, l'igname, la pomme de terre, le cacao, l'ananas, le potiron, etc. Les vertus stimulantes de la coca sont connues et exploitées, ils fument et prisent le tabac. Les plantes médicinales et leurs vertus sont parfaitement maîtrisées des Aztèques. Les maladies les plus graves qu'ils affrontent, comme la vérole ou la rougeole, leur sont apportées de l'Ancien Monde. Une grande hygiène règle leur vie et Bernardino de Sahagun (1500-1590), un moine espagnol, rapporte que les Indiens enseignent à leurs enfants de se laver les mains et la bouche avant les repas.

Le calendrier

Fascinés par le déroulement majestueux du temps, les Aztèques élaborent un système complexe permettant à la fois de comprendre et de saisir l'évolution des phénomènes naturels, saisons, astres, mais aussi de déterminer le sort de chaque individu. En fait, il existe trois calendriers étroitement rattachés à la cosmogonie et aux dieux :

- **Le calendrier solaire :** Composé de 365 jours, il est divisé en 18 mois de 20 jours auxquels sont rajoutés cinq jours « creux », ou néfastes. Chacun des mois porte le nom d'un phénomène naturel, indique les rites devant être célébrés à cette époque. Les jours sont désignés par 20 symboles et des nombres de 1 à 13 toujours dans le même ordre. Après le nombre 13 on revient à 1, soit une semaine de 13 jours. On compte ainsi 20 treizaines placées sous la protection d'une divinité à chaque fois.
- **Le calendrier divinatoire :** Il comporte les mêmes 13 chiffres fondamentaux qui se combinent aux 20 jours. Chacun de ceux-ci possède un aspect divinatoire. Les 13 chiffres se mêlent avec les quatre signes intercalaires de l'année soit 13 x 4 = 52. À la fin de cette période, on retrouve le même chiffre et le même signe. Ces deux calendriers coïncident à nouveau tous les cinquante-deux ans, au moment où toutes les combinaisons du calendrier solaire et divinatoire sont épuisées. Ce moment s'appelait *Toximmolpilla* (ligature des années). Cette conception répétitive et cyclique permet aux prêtres aztèques de prédire l'avenir.
- **Le calendrier vénusien :** Les Aztèques avaient appris à observer la révolution de Vénus. Cinq années vénusiennes correspondent à huit années solaires et la coïncidence des deux se retrouve tous les cent quatre ans. Cette période de cent quatre ans appelée *Ueuetiliztli* (vieillesse) est la plus longue du système aztèque.

POUR ALLER PLUS LOIN

Le *Codex Borbonicus*

Dessiné vers 1507, le *Codex Borbonicus* constitue l'un des chefs-d'œuvre de l'art aztèque. Livre de divination ou *Tonolamatl* (Livre des jours), il a permis de comprendre le calendrier aztèque. À l'origine, il était entièrement pictural, mais des annotations en espagnol ont été rajoutées par la suite. Le manuscrit présente le cycle sacré des 260 jours et les fêtes extraordinaires marquant la fin de ce cycle de cinquante-deux ans, appelées « cérémonies du feu nouveau ». Il est entré dans les collections du Palais-Bourbon en 1826. Ce codex est aussi remarquable par sa taille, plus de 14 m de long.

Chapitre 18

L'empire des quatre directions : les Incas

Dans ce chapitre :

- Le Coricancha, temple du Soleil revêtu d'or
- Eldorado, pays de la richesse
- Túpac Amaru, le rebelle
- Le Machu Picchu, la cité perdue

À l'origine, les Incas sont probablement venus du lac Titicaca, à la frontière entre le Pérou et la Bolivie. À partir du Xe siècle, ils essaiment dans les vallées péruviennes, créant de nombreux petits royaumes rivaux. Regroupés au XIIIe siècle, ils commencent à préparer l'avènement, autour de Cuzco, de ce que sera l'Empire inca qui, à son apogée, au début du XVIe siècle, couvre environ 3 millions de kilomètres carrés. Les sites et monuments pré-incas et incas impressionnent par les dimensions d'une architecture cyclopéenne. Leur empire s'incarne dans un souverain, l'*Inca*, à la fois chef de guerre et plus haut dignitaire religieux, proche du divin. Le dieu dominant du panthéon inca est Inti, le Soleil, concurrencé puis supplanté sous le règne de Pachacutec par un nouveau démiurge, Viracocha (le Créateur). Les sacrifices humains, plus rares que dans le monde aztèque, font partie des rites. Leur civilisation perdure dans la célébration de la principale fête en l'honneur du Soleil, l'*Inti Raymi*, et la délicate mélancolie de la musique andine, même si les flûtes de roseau ont depuis longtemps remplacé les tibias humains percés de trous !

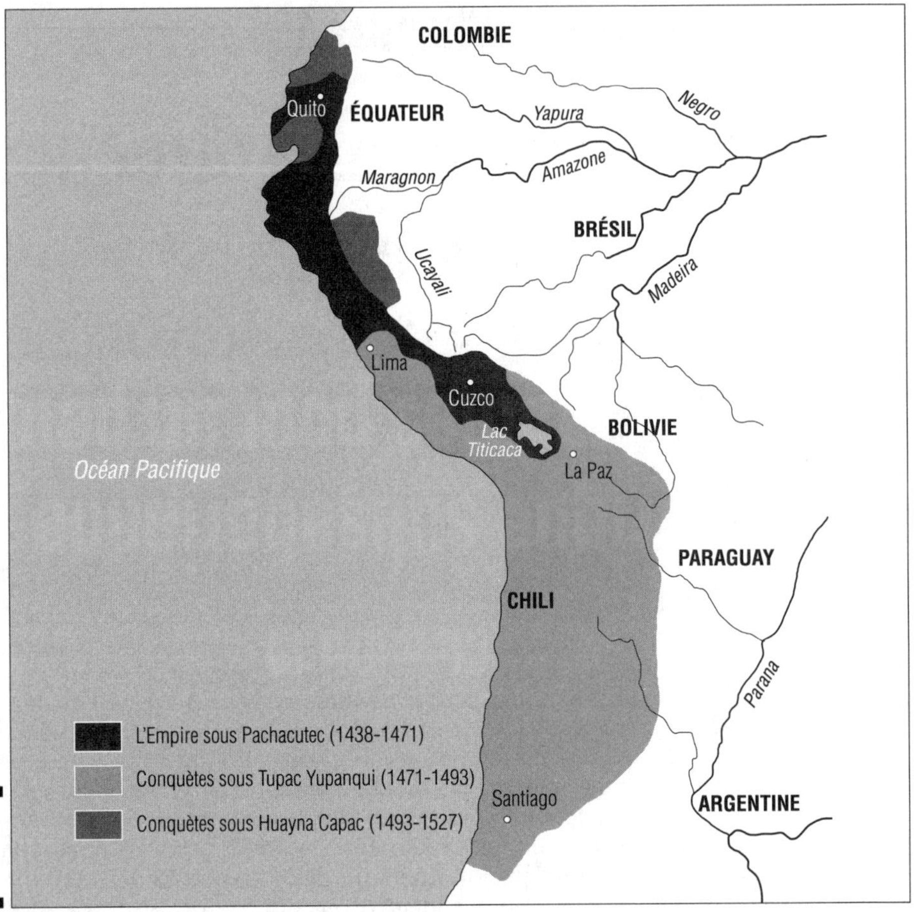

Figure 18-1 : L'Empire inca.

Les grandes étapes de l'histoire inca

L'histoire des Incas est celle d'une longue ascension pendant plusieurs siècles, suivie d'une brève domination éclatante, tragiquement terminée dans le sang lors de la conquête espagnole. Le monde inca est précédé des civilisations de l'ancien Pérou, *Châvin de Huantar*, vers 1000 av. J.-C., les civilisations de la côte, *Nazca* et *Mochica*, des environs de 100 av. J.-C. à 600 de notre ère, puis les empires *Tiahuanaco*, des débuts de notre ère au XIe siècle environ, *Huari*, entre ceux du VIIe et du XIe siècle, enfin l'État *Chimú* entre IXe siècle et fin du XVe siècle.

Le Pérou avant les Incas

Avant les Incas, le Pérou voit se développer des aires civilisationnelles prestigieuses. Chávin de Huantar tout d'abord, dans les Andes centrales, vers 1000 av. J.-C., avec son temple aux têtes clouées dans les murs, le culte de trois animaux divinisés, jaguar, condor, serpent-éclair. Lui succèdent les cultures de la côte, *Nazca*, présentée ici dans le chapitre 16, et Mochica, dans le nord du Pérou, célèbre pour son art consommé de la céramique, entre les environs de 100 av. J.-C. et ceux de 600 de notre ère. Mais il faut attendre le Ier millénaire de notre ère pour voir naître deux empires véritables, Tiahuanaco et Huari. Tiahuanaco se développe à proximité du lac Titicaca, sur l'actuelle Bolivie. Son grand temple célèbre le culte dû aux *huacas*, les forces spirituelles. Il disparaît au XIe siècle, sans que la cause exacte en soit déterminée. L'empire de Huari est centré sur l'actuelle ville d'Ayacucho, dans la province péruvienne du même nom, à plus de 2 700 m d'altitude dans la cordillère des Andes. Les Huaris, architectes, tisseurs, maîtres dans l'art de la céramique préfigurent les talents incas. La fin de l'Empire huari coïncide avec la constitution d'États régionaux dont le plus important est celui de Chimú, dans la région de l'actuelle ville de Trujillo. Né au IXe siècle, il perdure jusqu'à la fin du XVe siècle, moment où il est incorporé à l'Empire inca. Sa capitale, Chanchán, est révélatrice de l'organisation de la société en castes, chacune occupant le quartier qui lui est dévolu.

LE SAVIEZ-VOUS ?

La comptabilité quipu

Les Incas n'utilisent pas l'écriture. En revanche, ils mettent au point un système comptable d'une redoutable efficacité, fondé sur le *quipu* (nœud en langue *quechua*). Il s'agit d'un ensemble de cordelettes comportant des nœuds distincts : 9 nœuds simples qui valent 1, 9 nœuds plus complexes qui valent 10, 9 nœuds de 8, celui qui sert à bloquer un cordage, qui valent 100. Le chiffre 9 est un maximum, utilisé ou non en fonction des besoins. Pour exprimer des nombres de plus en plus grands, il suffisait d'ajouter une ou plusieurs cordelettes. Grâce aux quipus, l'Inca connaissait la population de l'Empire, l'importance des ressources alimentaires, ou en métal précieux. La gestion de cette comptabilité est confiée à des fonctionnaires, les *quipucamayocs*.

La montée du pouvoir inca

L'Empire inca domine le Pérou du XIe au XVe siècle. Les Incas quittent probablement les alentours du lac Titicaca au cours du XIe siècle, pour gagner peu à peu la vallée de Cuzco et s'y établir. Il leur faut d'abord combattre les groupes locaux, puis s'agréger à une coalition. Cette dernière est nettement organisée : le *Hanan* (le Haut) revient à ceux qui exercent les pouvoirs civils et religieux; le *Hurin* (le Bas) détient les pouvoirs militaires. Très vite, les Incas monopolisent le Hurin. Le premier à pouvoir véritablement être considéré comme empereur serait l'Inca Manco Cápac, au XIIe siècle. Les Incas dominent alors la fédération qu'ils ont servie un temps militairement. Un seul groupe s'oppose encore localement à leur pouvoir : les *Chancas*. En 1438, ils assiègent Cuzco, dont le nom signifie « nombril », ou « centre », du monde, quittée précipitamment par l'Inca Viracocha (v. 1400-1438). Son fils, Pachacutec (1438-1471) rassemble les forces armées, bat les Chancas, dépose son père et est proclamé inca. Avec son règne s'ouvre la période de l'apogée du monde inca.

Apogée rapide, chute fulgurante

L'Empire inca, sous Pachacutec, ne cesse de s'étendre, les Chimús sont incorporés, Quito est conquise. Puis les règnes suivants poussent les limites de l'Empire jusqu'à la Bolivie, l'Équateur, le nord du Chili. L'apogée se produit avec le règne de Huayna Cápac (1493-1527). Mais l'Empire inca repose sur des bases fragiles. Sa structure de base est l'*ayllu*, ou communauté villageoise. Les provinces sont gouvernées par des *Curacas*, nobles Incas qui les administrent. Le véritable ciment de cette mosaïque de groupes est religieux, c'est le culte du Soleil, *Inti*. En 1527, Huayna Cápac meurt sans désigner de successeur. Ses deux fils, Huascar et Atahualpa se disputent le territoire pendant cinq ans. En 1532, Huascar est éliminé, Atahualpa (1532-1533) est seul souverain. C'est à cette même date que Francisco Pizarro (v. 1475-1541) entre au Pérou. Par traîtrise, il s'empare d'Atahualpa. La perte de l'Inca est une catastrophe pour son peuple. Une énorme rançon, consistant en une pièce entièrement remplie d'objets en or est versée. Mais Pizarro fait exécuter Atahualpa quand même, le 29 août 1533. Il faut quinze ans aux Espagnols pour achever la conquête, facilitée par les ravages provoqués dans la population par les maladies apportées par les Espagnols. Un petit royaume inca, celui de Vilcabamba, survit un temps, jusqu'en 1572, avant de tomber à son tour.

Les Zapotèques incas

Afin de contrôler leur immense empire, les Incas ont construit 45000 km de routes royales, ou *Incañan* (le Chemin de l'Inca), reliant Pasto au sud de la Colombie au nord de l'Argentine. La principale de ces routes royales s'étend sur 6600 km. Des coureurs d'élites se relaient, apprenant par cœur les messages, les récitant au relayeur qui les apprend à son tour, capables, dit-on, de franchir par équipe 200 km par jour. L'autorité de l'Inca est ainsi permanente, tout soulèvement rapidement dénoncé à Cuzco. Il est dit même que la cour impériale pouvait consommer poissons et coquillages frais à volonté. Les voies, parfois larges de 3 m, sont faites de blocs de pierre maintenus par un mélange de graviers et de plâtre.

Les principaux sites et monuments incas

Les principaux sites et monuments incas, outre la capitale, Cuzco, sont Pachacamac, site pré-inca à environ 30 km de Lima, le Coricancha, le temple du Soleil, à Cuzco précisément, la forteresse de Sacsahuaymàn et le célèbre Machu Picchu.

Le Coricancha

Le Coricancha (cour d'or) est le Inti Cancha (temple du Soleil) de la capitale inca, Cuzco. Ses imposantes fondations demeurent, sur lesquelles est édifiée l'actuelle église de Santo Domingo. Sa description est fournie par les conquérants espagnols, émerveillés par la splendeur du bâtiment et celle de son contenu. Les murs du temple, peints en bleu, sont surmontés d'une corniche faite d'or, autels, portes sont ornés d'or, d'argent, incrustés de pierres précieuses. Les murs intérieurs, les pavements, sont recouverts de fines plaques d'or. À l'intérieur, au-dessus de l'autel, un vaste disque d'or matérialise le Soleil. Sa disposition est prévue de sorte que les rayons de l'astre s'y reflètent à son lever. C'est dans le Coricancha que sont précieusement déposées, dans des niches ouvertes, les momies des Incas décédés. Une telle abondance de métal précieux ne pouvait que susciter la plus extrême convoitise. Alors que l'or n'avait aucune valeur monétaire pour les Incas, il est la chair du Soleil, les Espagnols s'empressent de piller le temple et de le détruire.

UN PEU DE MYSTÈRE

L'Eldorado

El Dorado, ou *Eldorado* est le nom d'une mythique cité inca que les conquérants espagnols, les *conquistadores*, cherchèrent en vain. À l'origine, *El Dorado* (le doré) est un homme, un roi de la tribu des Chibcha, dans les actuelles montagnes de Colombie. Une fois l'an, recouvert de poussière d'or, il se baigne dans les eaux d'un lac sacré, pendant que des objets d'or sont lancés. Pour les Espagnols qui ont connaissance de ce rite, El Dorado devient vite la ville faite d'or, murs, rues, monuments, regorgeant aussi de pierres précieuses. Deux expéditions désastreuses sont lancées, l'une en 1541, l'autre de 1541 à 1545 pour retrouver la cité, en pure perte. De nos jours, l'Eldorado représente le lieu où tous les rêves les plus fous peuvent se réaliser.

Machu Picchu

Le Machu Picchu, ou « Vieille montagne » en langue quechua, est une cité inca perchée à plus de 2 400 mètres au-dessus de la vallée de l'Urubamba, à environ 70 km au nord-ouest de Cuzco. Construite vers 1450, la ville est abandonnée environ cent ans plus tard, pour une raison encore mal définie. Ignorée des conquérants espagnols, puis oubliée, la cité est redécouverte peut-être dès 1860, mais de façon sûre en 1911, et classée au patrimoine de l'Unesco en 1983.

À l'origine, Machu Picchu est peut-être un *Ilacta*, une cité destinée à contrôler de nouveaux territoires conquis. Il semble, aujourd'hui, qu'il s'agisse plutôt de la retraite privée de l'Inca Pachacutec (1438-1471). Comme nombre d'édifices incas, ceux du Machu Picchu sont dressés à partir de blocs de pierre assemblés sans mortier. Il s'agit de 140 constructions, maisons, temples, jardins clos reliés par un escalier de pierre de plus d'une centaine de marches. La ville, comme la société inca, est strictement divisée : un quartier sacré, un quartier réservé à la noblesse et aux prêtres, un quartier populaire. Le quartier sacré comprend l'Intihuatana, le temple du Soleil, et la maison des Trois Fenêtres. Dans celui de la noblesse et du clergé, les bâtiments des prêtres ont des murs rouges, ceux destinés aux femmes de haut rang des pièces trapézoïdales. En mai 2007, le site a été ajouté aux sept nouvelles merveilles du monde par la New Open World Foundation.

Pachacamac

Étendue sur presque 200 hectares, Pachacamac est une métropole religieuse pré-inca et inca, active du IIIe au XVe siècle, située à environ 30 km de Lima. Elle est renommée pour son oracle, ses temples, tels ceux de Pachacamac, dieu créateur et oracle ou de Pachamama, la Lune, également appelée *Acclahuasi* (maison des Femmes choisies), ou le temple des Pyramides en escalier. Au sud se trouve l'enceinte sacrée, avec les temples et le cimetière. La cité est divisée en quatre quartiers, délimités par deux avenues qui se croisent. C'est au centre que s'érigent les pyramides en escalier, faites d'*adobes*, briques crues séchées au soleil et de pierres. La ville est entourée de faubourgs où l'on suppose que résidaient les pèlerins venus consulter l'oracle de Pachacamac. Il semble que les pyramides en escaliers, surmontées de palais, servaient de résidence aux seigneurs locaux, uniquement pendant la durée de vie de chacun. Ensuite, le palais était abandonné, un autre édifice s'élevait. Les fouilles du cimetière révèlent la pratique de sacrifices humains, certaines victimes sont immolées au couteau, d'autres enterrées vivantes. Au XVe siècle, les Incas font de Pachacamac un site officiel de pèlerinage, y édifient un parcours destiné à la circumambulation des pèlerins. L'idole en bois du temple de Pachacamac a été retrouvée. Approchée seulement par les prêtres de haut rang, on lui prête des vertus de guérisseur.

Sacsahuaymàn

Gigantesque ensemble de trois murs cyclopéens parallèles, longs de plusieurs centaines de mètres, Sacsahuamàn se situe à un peu plus d'un kilomètre de Cuzco. Considéré longtemps comme une forteresse destinée à défendre la capitale inca, il s'agit plus probablement d'un temple, où est célébrée chaque 24 juin, moment du solstice d'hiver dans l'hémisphère sud, l'*Inti Raymi*, la fête honorant le Dieu-Soleil Inti. Disposées comme des vagues ondulantes, les trois lignes sont faites de blocs monolithiques parfaitement assemblés sans mortier, dont certains pèsent plusieurs centaines de tonnes. Commencé au XVe siècle, l'édifice est à peine achevé lors de la conquête espagnole. Les trois rangs de muraille sont reliés par des escaliers et des portes en forme de trapèze. Les fondations de trois tours demeurent, une pour l'Inca régnant, une pour le culte d'Inti, la dernière à la fois entrepôt et garnison.

Les grands personnages du monde inca

Les grands personnages du monde inca sont les souverains, portant le titre d'Inca, dieux vivants régnant sur un empire réparti en quatre grandes zones. Après eux viennent la haute noblesse, la famille de l'Inca, puis la petite noblesse et les prêtres, enfin le peuple. Les plus notables Incas sont Viracocha Inca, Pachacuti Yupanqui ou Pachacutec, le « Réformateur du monde », Huayna Cápac, Atahualpa, le dernier Inca.

Viracocha Inca

Viracocha Inca (v. 1400-1438) est d'abord connu sous le nom de Hatu Túpac Inca, qu'il change pour celui de Viracocha quand il a la révélation de l'existence de ce dieu. Il est le créateur véritable de l'Empire inca par sa politique d'assimilation des populations conquises, après les phases de conquêtes militaires. Alors que les Chancas assiègent Cuzco, il se réfugie dans une place forte, semble prêt à renoncer à se battre. Son fils, Pachacutec, prend la tête de l'armée, bat les Chancas, et le dépose.

Pachacutec

Fils de Viracocha Inca, Pachacuti Yupanqui, le futur Pachacutec (1438-1471) est un prince ombrageux. Son caractère indocile lui vaut d'être exilé par son père loin de Cuzco, à garder les troupeaux. C'est là qu'une vision divine l'avertit d'un danger menaçant l'Empire inca. Revenu à Cuzco, il y trouve une situation désespérée : les Chancas sont sur le point de battre les Incas, son père Viracocha s'est retiré en attendant la fin. Le jeune prince rassemble les forces incas et écrase les Chancas à Yahuar Pampa (la Plaine de sang, en quechua), puis se proclame Inca. Il prend le nom de Pachacutec (le Réformateur du monde). Souverain conquérant, il étend l'Empire à presque toutes les Andes. Sage administrateur, il crée un corps de fonctionnaires obéissant au seul Inca, promeut la culture en terrasses, donne son plein développement au culte du dieu Viracocha.

Huayna Cápac

Huayna Cápac (le Jeune Magnifique) (1493-1527) consacre par son règne l'apogée de la splendeur de l'Empire inca, le *Tahuantisuyu*. Ses conquêtes l'amènent à l'étendre considérablement vers le nord, jusqu'à l'actuelle Colombie et vers le sud, les actuels États du Chili et de l'Argentine. Cette élongation du territoire contrôlé le conduit à réaliser la position désormais excentrée de Cuzco, trop au sud. Il envisage donc l'établissement d'une seconde capitale, plus septentrionale, sur le site de Quito, capitale de l'Équateur. Son long règne s'achève sur une note tragique. En 1527, à la tête d'une expédition en Colombie actuelle, il meurt brutalement, peut-être de la variole, sans avoir formellement désigné l'un de ses fils comme Inca futur. Les luttes fratricides qui suivent ébranlent l'Empire, accentuent les dissensions entre peuples soumis et Incas, font le lit de la très proche et foudroyante conquête espagnole.

Atahualpa

Atahualpa (1532-1533) occupe le nord de l'Empire inca lorsque son père Huayna Cápac décède. Son demi-frère Huascar (1527-1532) est proclamé *Sapa Inca*, à Cuzco, appuyé par les membres de la famille royale et la noblesse. Mais Atahualpa refuse de l'accepter et rentre en guerre. Cinq années de manœuvres et d'affrontements suivent, avant que Huascar ne soit définitivement défait, non loin de Cuzco, en 1532. Atahualpa devient Inca, le dernier. Les Espagnols conduits par Francisco Pizarro (v. 1475-1541) sont à peine quelques dizaines, mais peuvent compter sur nombre de tribus soumises de force par les Incas. En novembre 1532, Francisco Pizarro invite Atahualpa dans le nord du Pérou, à Cajamarca. Il lui présente les Évangiles et réclame sa conversion au christianisme. Atahualpa refuse et aurait, dit-on, jeté les textes sacrés à terre. Les Espagnols massacrent l'escorte de l'Inca et l'arrêtent. Une rançon considérable, une pièce emplie d'objets en or est versée, mais Pizarro fait exécuter Atahualpa par le supplice du garrot le 29 août 1533. Éclatant et bref comme un rayon de soleil, l'Empire inca n'est plus. Les Espagnols s'y installent pour trois siècles.

POUR ALLER PLUS LOIN

Túpac Amaru, symbole de la lutte contre l'oppression

Túpac Amaru (1571-1572) est le dernier souverain inca de la dynastie des rois de Vilcabamba, tous descendants de Manco Cápac (1533-1545), un demi-frère de l'Inca Atahualpa. Un temps marionnette entre les mains de Pizarro, Manco Cápac s'évade et se réfugie dans la vallée andine de Vilcabamba, difficilement accessible. Là, ses descendants entretiennent des relations aux fortunes diverses avec les Espagnols, tantôt alliés, tantôt ennemis. Túpac Amaru, un fils légitimé de Manco Cápac II, rompt en 1571 avec les Espagnols, expulse les chrétiens de Vilcabamba, détruit les églises. Le nouveau vice-roi, Francisco de Toledo (1515-1582), entre en campagne en avril 1572. En juin, Vilcabamba est prise, Túpac Amaru en fuite. Capturé, il est amené à Cuzco, baptisé, jugé de manière expéditive et exécuté en septembre 1572 par décapitation. Héros de la résistance contre l'oppression, Túpac Amaru II reprend le flambeau de son illustre prédécesseur lors d'une tentative de soulèvement révolutionnaire indigène au Pérou, en 1780. C'est enfin le nom que se donne, en 1984, le Mouvement révolutionnaire Túpac Amaru (MRTA), au Pérou.

Religion, mythes et légendes incas

La religion inca repose sur le culte essentiel du Dieu-Soleil Inti et celui de divinités comme Mama Killa, la Lune ou Illapa, l'Éclair. Inti est supplanté au XVe siècle par Viracocha, le démiurge par excellence, qui devient créateur d'Inti lui-même. Les mythes évoquent la création du monde, celle des trois humanités successives, quand la plus belle légende rend hommage à Manco Cápac, fondateur du monde inca et de ses structures impériales.

Le panthéon inca

Le panthéon inca originel se compose de trois divinités principales, Inti, Mama Killa, Illapa. Inti est le Dieu-Soleil, ancêtre de tous les souverains incas. Représenté sous la forme d'un disque d'or à face humaine, il est adoré en premier lieu à Cuzco, dans son temple, le Coricancha. Le disque d'or, illuminant au matin les momies parées des Incas défunts placées dans des niches, se reflète sur les murs recouverts de feuilles d'or, la sueur du Soleil. Maître de la création, le jardin qui entoure son temple est orné de toutes les créatures, représentées en objets d'or. Mama Killa, déesse lunaire, sœur-épouse d'Inti est la mère du peuple inca. Adorée dans le Coricancha également, sa statue est entourée des momies des reines défuntes, dans une pièce aux murs recouverts d'argent.

Illapa, dieu du tonnerre, de l'éclair et de la pluie est vénéré surtout pour ce dernier aspect bienfaisant. L'eau du ciel est recueillie, à partir de la Voie Lactée, dans une jarre qu'Illapa brise d'un jet de pierre avec sa fronde, pour provoquer la pluie.

Viracocha, le démiurge suprême, s'impose par la volonté de deux souverains, Viracocha Inca (v. 1400-1438) qui porte le nom du dieu et son fils et successeur Pachacutec (1438-1471), qui étend et généralise son culte. Dieu créateur par excellence, Viracocha crée la Terre, le Ciel, plusieurs races humaines successives. Il devient ensuite héros civilisateur, donne aux hommes agriculture, artisanat. Représenté en homme blanc barbu, les conquistadores en tirent avantage lors de leur arrivée, car les Incas attendaient le retour de Viracocha. Viracocha présente de multiples visages : démiurge à l'origine, il devient *deus otiosus*, inactif, après la création ; il donne la civilisation aux hommes ; sous le nom des *Viracochas*, il désigne les conquistadores ; aujourd'hui, le même pluriel est utilisé pour indiquer tout détenteur d'une autorité.

Les sacrifices humains

La pratique des sacrifices humains, commune chez les Aztèques, est plus rare dans le monde inca. Il faut une occasion solennelle, comme le couronnement d'un nouvel empereur pour que des hommes soient sacrifiés en l'honneur du dieu Viracocha. En revanche, le sacrifice d'enfants, ou *capacocha*, à Viracocha ou aux différents *huacas,* semble avoir été une pratique plus courante, considérée comme particulièrement honorifique. Les enfants étaient choisis dans tout l'Empire, puis conduits dans les métropoles régionales ou à Cuzco pour y être sacrifiés, par exemple au Coricancha en l'honneur des momies des épouses défuntes des Incas.

POUR ALLER PLUS LOIN

Les *huacas*

Les *huacas* sont des lieux marqués par les esprits pour les Incas. Il peut s'agir de grottes, de sommets, de sources, de carrefours. Dans ce dernier cas, un tas de pierres, ou *apacheta*, les signale aux fidèles qui déposent des offrandes de coca, menus objets, en ajoutant à leur tour une pierre. Les *huacas* sont localisés sur des *ceque*, lignes rayonnant à partir du Coricancha, le temple du Soleil à Cuzco. Il y a ainsi, le long de 41 *ceque*, 328 *huacas* dans les environs immédiats de Cuzco. C'est également à proximité des *huacas* que sont pratiqués les sacrifices d'enfants, ou *capacocha*, ainsi que l'attestent les restes retrouvés, notamment dans les hautes Andes.

La création par Viracocha

La création par Viracocha suit plusieurs étapes. Le démiurge commence par une race d'hommes de pierre dans un monde nocturne. Furieux de leur désobéissance, il les engloutit sous les eaux. Une seconde tentative voit naître des hommes faits d'argile, vêtus différemment selon les nations, parlant des langues diverses. Viracocha leur fait don de l'agriculture et les installe sur la terre. Mais le monde est toujours plongé dans les ténèbres. Viracocha ordonne alors au Soleil, à la Lune, aux étoiles, de monter au firmament, après avoir quitté l'île du Soleil du lac Titicaca où ils demeuraient. Puis, parmi les hommes, Viracocha donne prééminence aux Incas en la personne de Manco Cápac qu'il fait roi, tout premier Inca mythique.

La légende de Manco Cápac

La légende de Manco Cápac poursuit la création de Viracocha. Armé d'une hache de guerre donnée par le dieu, coiffé d'or, des pendants d'oreilles de même métal l'ornant, Manco Cápac entraîne ses frères et sœurs dans le monde souterrain. Il s'agit de Manco Cápac lui-même et de ses trois frères, Kachi, Uchu, Ahuka et de leurs sœurs-épouses. Ils sortent à la lumière du jour par quatre cavernes, à Pacarictambo, au sud de Cuzco. Les quatre couples errent, à la recherche du lieu où s'installer. Les trois frères de Manco Cápac se transforment en se pétrifiant, indiquant des *huacas* particulièrement sacrés. Seuls demeurent Manco Cápac et sa sœur-épouse, Mama Occlo. Arrivé à la future Cuzco, Manco Cápac plonge dans le sol sa baguette d'or, qui s'enfonce profondément. C'est le signe attendu. Manco Cápac s'établit et fonde l'Empire inca avec Cuzco « nombril », ou « centre », du pouvoir politique et religieux. Il édifie pour Inti le Coricancha, le temple du Soleil.

LE SAVIEZ-VOUS ?

Les vierges du Soleil

Les vierges du Soleil, ou *accla,* sont choisies à l'âge de 8 ans pour devenir les compagnes du Soleil et les servantes de l'Inca et de la famille royale. Elles vivent recluses dans des bâtiments spéciaux, les *acclahuasi*, sous l'autorité de femmes plus âgées, les *Mama Cuna*. Leur vie se passe à tisser, préparer la nourriture de l'Inca et de sa famille ainsi que ses boissons, dont la bière de maïs. Elles accomplissent aussi le service du Dieu-Soleil Inti, notamment lors de la fête principale qui lui est consacrée, l'*Inti Raymi*, lors du solstice de juin. C'est parmi les *accla* que sont choisies les concubines de l'Inca, offertes également en mariage aux princes étrangers auxquels l'empereur est désireux de s'allier politiquement.

L'héritage inca

Nous devons certes aux Incas de délicieux moments d'enfance teintés de frayeur, à la lecture des *Sept boules de cristal* ou de *Tintin et le temple du Soleil*, mais leur monde demeure encore présent et vivant à la fois dans la langue *quechua*, toujours pratiquée, la célébration de l'*Inti Raymi* encore en vigueur et les airs nostalgiques de la musique andine dans la communauté de base, l'*ayllu*.

Le quechua

Le quechua, ou *runasimi* (langue des hommes) est la langue parlée dans les Andes, depuis le sud de la Colombie jusqu'au nord de l'Argentine. Il a statut de langue officielle au Pérou depuis 1975 avec l'espagnol. Si le quechua est la langue du peuple de l'Empire inca, ce n'est pas la langue officielle, qui est l'*aymara*, originaire du groupe *Colla* du lac Titicaca. La langue française a emprunté au quechua certains termes de vocabulaire, comme coca, lama, alpaga, condor.

L'Inti Raymi

L'Inti Raymi, la fête du Soleil, correspondant au solstice du 24 juin continue à être célébrée au Pérou, non loin de Cuzco, sur le site de Sacsahuaymàn. Chaque année, plusieurs centaines de milliers de personnes, Péruviens et touristes, viennent assister à la reconstitution en costumes d'époque des fêtes données autrefois par les Incas. Le point d'orgue de la cérémonie est le discours prononcé par le figurant incarnant l'empereur, le *Sapa Inca*, en langue quechua, avant d'être promené en procession sur un trône d'or.

La musique

De la musique inca nous sont parvenus les instruments. Il semble qu'elle prenait la forme de poèmes mythologiques ou retraçant les hauts faits des Incas, accompagnés par divers instruments de musique. Ces derniers sont aujourd'hui encore utilisés dans la musique andine : l'*antara*, ou flûte de Pan, composée de sept tuyaux de roseau ; l'*ocarina* (tête d'oie), soufflet en forme d'œuf percé de trous ; les tambours, tambourins, grelots et trompettes. Le plus curieux est peut-être la *quena*, ou flûte percée de cinq trous à l'origine, sept de nos jours, faite à partir de roseau, d'os de lama ou de tibia humain. La musique andine rythme la vie de l'*ayllu* ou communauté agraire déjà vivante au temps des Incas, fondée sur la parenté, le voisinage, mais aussi la propriété collective et un travail en commun des terres.

UN PEU DE MYSTÈRE

L'orgine de la quena

L'origine de la *quena* est fournie par une légende. Une belle jeune fille Chancay, Cusi Coyllur, est enlevée par les Incas pour en faire une *accla*, une vierge du Soleil. Or elle est éperdument amoureuse de son ami d'enfance. Leur amour étant désormais impossible, la belle se laisse dépérir. Elle est inhumée, sa momie placée à flanc de montagne. Désespéré, son amant éperdu lui rend régulièrement visite et constate que, par temps de grand vent, ce dernier siffle entre les ossements de sa bien-aimée, faisant retentir une plainte lugubre. Inspiré par cette complainte, il utilise un fémur de la momie pour y tailler la première quena.

Sixième partie

Les grands oubliés

Dans cette partie…

Les grands oubliés, peuples qui semblent n'avoir d'existence qu'à partir de leur premier contact avec le monde occidental, offrent ici la variété et la richesse de leurs civilisations. Cent royaumes d'Afrique fondent pour un peuple États, religions, légendes fondamentales au point de permettre d'apprendre enfin pourquoi les hommes ne sont pas immortels.

Les Indiens d'Amérique déploient, entre chasse du bison et culte du Grand Esprit, de multiples stratégies pour fonder une culture toute de fusion avec la nature.

L'Océanie, immense poussière d'îles éparpillées dans l'océan Pacifique, semble vouée à varier entre Paradis perdu et mythe du bon sauvage pour la Polynésie, cruauté et absence d'humanité véritable pour le cannibale de Mélanésie.

Ignorant frontières et États, les nomades entretiennent la mémoire des sables et des déserts. L'honneur personnel et celui du groupe cimentent les individus sous le regard d'Allah ou du Ciel Bleu Infini.

Chapitre 19

L'Afrique subsaharienne : cent royaumes pour un peuple

Dans ce chapitre :

- L'ère des Négus
- Le mythe du forgeron
- Vaudou et Zombi
- La divination Ifa

L'Afrique est un continent, mais plus encore la juxtaposition de civilisations formant un univers d'une exceptionnelle richesse, à la fois proches et individualisées. Un choix nécessaire s'y impose, faute de pouvoir tout dire. Dans un foisonnement historique émergent à peu près sur le territoire de l'actuel Nigeria la culture de Nok, entre VIIe siècle av. J.-C. et IXe siècle de notre ère, les cités-États yorubas et haoussas survivant jusqu'au XIXe siècle, le proche royaume du Bénin, du XIIIe au XIXe siècle, l'empire de Sokoto au XIXe siècle. Entre Mali, Mauritanie, Ghana s'épanouissent les royaumes du Ghana (IVe-XIe s.) et du Mali (XIIe-XIVe s.) avant les splendeurs de l'empire de Songhaï (XVe-XVIe s.). Dans la région du lac Tchad l'empire de Kanem-Bornou perdure du IXe au XIXe siècle. Pays à part, de par son christianisme et son indépendance presque ininterrompue, l'Éthiopie déroule ses fastes, entre royaume de Gondar (XVIIe-XVIIIe s.) et ère des *Négus* (XIXe-XXe s.). L'Afrique australe, enfin, resplendit des royaumes shonas du Zimbabwe (X^e^-XVIe s.) et du Monomotapa (XVe-XVIIe s.) avant l'union des *Zoulous* (les Gens du Ciel) au XIXe siècle dans un royaume.

Autant de royaumes, d'empires, de capitales un moment triomphantes, autant de fondateurs, de visionnaires pour leur donner naissance ou leur permettre d'atteindre l'apogée. Terre d'origine de l'Homme, l'Afrique développe, avant et après l'adoption du christianisme et de l'islam, un riche fonds religieux illustré de mythes élaborés et de légendes toujours vivantes. L'avancée technique de l'Europe au XVIe siècle semble devoir rejeter les autres continents dans son ombre. L'Afrique se rappelle à elle par l'exubérance et la provocation créatrice.

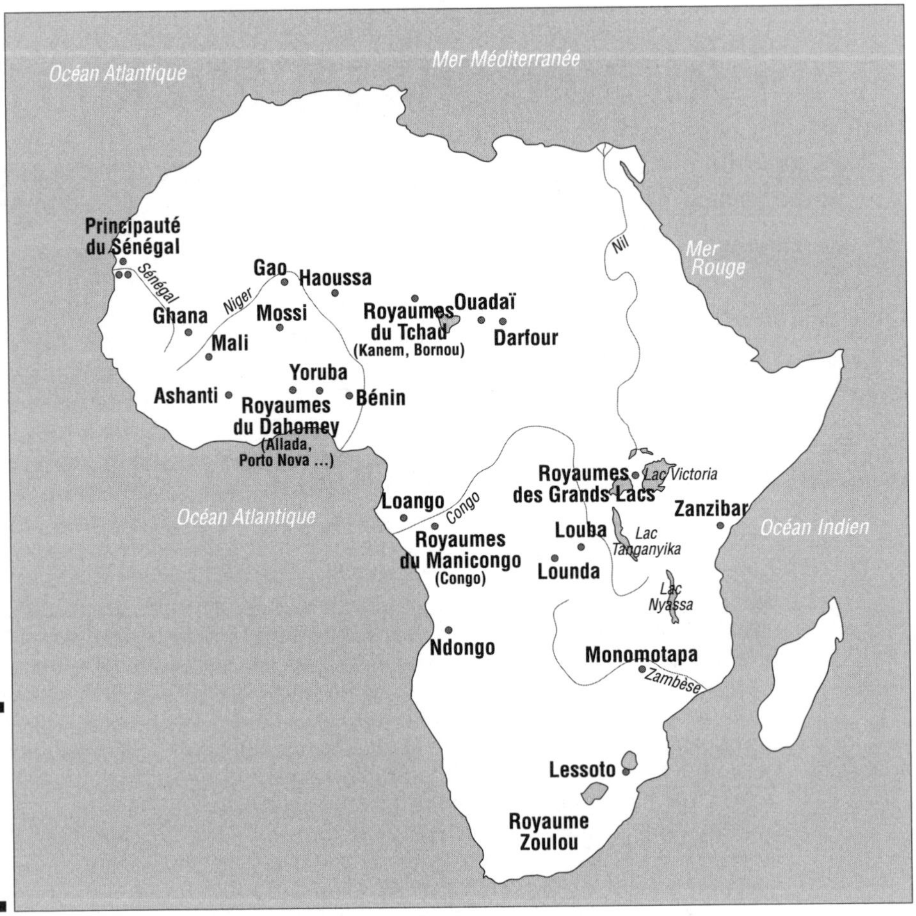

Figure 19-1 : Principaux royaumes de l'Afrique subsaharienne.

Les grandes étapes de l'histoire africaine

Plutôt qu'une histoire de l'Afrique subsaharienne, sont évoquées ici des histoires multiples, enchevêtrées, des principaux États, royaumes, empires, jusqu'au congrès de Berlin (1884-1885), partage du continent entre puissances européennes. L'espace géographique considéré est celui du développement des principaux moments des civilisations de l'Afrique noire, à savoir : la culture de Nok, les cités-États yorubas, le royaume du Bénin, l'empire de Sokoto, le royaume Ashanti, celui du Mali, l'empire de Songhaï, celui de Kanem-Bornou, le royaume de Gondar, ceux du Zimbabwe, du Monomotapa, Zoulou enfin.

La culture de Nok

La culture de Nok (VIIe s. av. J.-C.-IXe s. apr. J.-C.) doit son nom à Bernard Fagg qui découvre le site éponyme en 1943, au confluent du fleuve Niger et de la rivière Bénoué. Elle couvre le nord de l'actuel Nigeria, se développe entre le VIIe siècle av. J.-C. et le IXe siècle apr. J.-C. Sa richesse repose sur une statuaire en terre cuite, têtes personnalisées, cavaliers, animaux témoignant à la fois d'une épure de la forme et d'un grand soin du détail. L'extraordinaire de la culture de Nok réside dans l'extrême rareté, en Afrique, de la statuaire en terre cuite conservée. Elle s'éteint à l'aube de Ier millénaire, sans que les raisons précises de cette disparition soient connues.

Le royaume du Ghana

Le royaume du Ghana (VIIIe-XIe s.) est délimité par deux fleuves, le Sénégal à l'ouest et le Niger à l'est. Apparu au IVe siècle, il ne se développe réellement qu'à partir du VIIIe siècle, connaît son apogée vers l'an 1000, avant de disparaître à la fin du XIe siècle, détruit par les Berbères almoravides. Le système politique du royaume repose sur le roi. *Ghana* signifie d'ailleurs « roi guerrier ». Il porte également le titre de *Kayamagan* (le maître de l'or). Ce métal précieux assure au souverain richesse et contrôle politique. Royaume à la fois animiste et musulman, selon les ethnies qui le composent, le Ghana est dominé par une aristocratie, les *Wago* et une cavalerie d'élite. Dans les villes, les quartiers sont séparés entre animistes et musulmans, aux premiers les maisons de boue séchée, aux seconds les édifices en pierre. Parmi les musulmans, un groupe monte en puissance, celui des *Dyula*, marchands spécialisés dans le commerce caravanier. À l'apogée de sa puissance, la capitale du royaume, Koumbi Saleh, aurait compté près de 30000 habitants. Elle est détruite vers le milieu du XIIIe siècle par l'empereur du Mali Soundjata Keïta (1190-1255).

Le royaume du Mali

Le royaume du Mali (XIIe-XIVe s.) naît des décombres de celui du Ghana. Un roi du Sosso, actuelle région de Koulikoro, au Mali, s'impose quelques années, mais il est renversé par le souverain du Manding, petit État d'Afrique de l'Ouest, Soundjata Keïta (1190-1255). Fort de ce premier succès, Soundjata Keïta conquiert les anciennes provinces du royaume du Ghana, détruit sa capitale, se proclame empereur du Mali. Il reçoit le titre de *Mansa* (Roi des Rois), établit sa capitale à Niani, à la frontière entre Guinée et Mali.

Organisateur hors pair, il édifie une société répartie entre clans définis par leur fonction : artisans, griots, marabouts. Il établit la charte du Mandem qui abolit l'esclavage et reconnaît les droits fondamentaux des hommes. Ses fils lui succèdent, mais c'est avec le règne de Kankan Moussa (règne : 1312-1337) que l'empire du Mali atteint son apogée, son extension géographique maximale. Souverain pieux, il accomplit un pèlerinage remarqué à La Mecque, distribuant l'or à profusion sur son passage. Après lui, l'Empire amorce un long déclin, qui le conduit à devenir un petit État souvent attaqué après le XIVe siècle.

Les cités-États yorubas

Les cités-États yorubas (XIIe-XIXe s.) s'épanouissent au sud-ouest du Nigeria. Fortifiées, elles défendent leurs habitants contre les expéditions destinées à ravitailler le commerce des esclaves. Les plus importantes sont Ife, Oyo, Ijebu, Egba. Fondées par des dieux selon les récits mythiques, elles sont sacrées, gouvernées par des chefs religieux, comme l'*oni* à Ife, ou des descendants de dieux comme l'*alefin* à Oyo. Les Yorubas sont présents également au sud du Bénin, au sud du Togo. La société yoruba est très organisée. Un groupe de familles, *ebi*, forme l'*agbole* qui possède et met en valeur les terres communes. Les *bale*, chefs de clan, représentent les agbole au conseil du roi (l'*oba*), appelé l'*ogboni*. La religion yoruba repose sur le culte rendu aux *voduns*, les divinités, à l'origine du *vaudou*. Parmi elles Shango, dieu du tonnerre; Ogun, dieu de la guerre et des forgerons; Gelede, dieu de la fertilité. Un dieu suprême, démiurge, Olodumare règne sur toute la création.

Le système des cités-États se retrouve en pays Haoussas, entre fleuve Niger et lac Tchad, là où se développe également l'empire de Kanem-Bornou à partir du IXe siècle, décrit plus loin.

Le royaume du Bénin

Le royaume, puis empire du Bénin (XIIIe-XIXe s.), s'épanouit en deux périodes. Durant la première, au XIIIe siècle, le royaume du Bénin, fondé par les Edo s'installe à l'ouest du Niger. Puis, à partir du XIVe siècle et jusqu'à la conquête britannique du XIXe siècle, l'empire du Bénin se construit entre l'ouest du Dahomey et le fleuve Niger, à l'initiative des Yorubas. Actuellement, son territoire correspondrait au sud-ouest du Nigeria. La force du royaume réside dans la puissance du roi d'ascendance divine, l'*oba*, dont le pouvoir s'accroît sous le règne d'Ewuare le Grand, entre 1440 et 1473. L'oba s'enrichit par le commerce de l'ivoire, du poivre et celui des esclaves pour lequel il organise des *razzias*, expéditions de rafles de population, dans les États voisins. Roi sacré, il apparaît peu, voilé, le mythe veut qu'il ne consomme ni aliments ni boissons. Son palais, orné de plaques de bronze, relate les hauts faits de son existence, la cour, présente un art animalier raffiné. Le déclin s'amorce au XVIIIe siècle, parachevé au siècle suivant par la conquête britannique en 1897-1900. Le titre d'oba et la fonction existent toujours, mais associés aux pouvoirs d'un chef coutumier.

POUR ALLER PLUS LOIN

Les funérailles de l'oba

L'*oba* n'est pas seulement souverain du royaume, il en maintient, par son existence même, la cohésion. Sa mort est une catastrophe qui met en péril la société tout entière. Certes, le principe sacré passe dans le corps du nouvel oba, mais les rites funéraires appropriés doivent être accomplis afin que cette passation de pouvoir s'effectue dans de bonnes conditions. Le roi défunt doit être accompagné dans l'au-delà de sa cour, gardes, dignitaires, dames d'atour, tout le monde est enterré vivant pour suivre le prince et former sa cour dans l'au-delà. L'on comprend la sincérité des vœux prononcés lors de son anniversaire pour une longévité exceptionnelle...

L'Empire songhaï

L'Empire songhaï (XIVe-XVIe s.), à ses débuts dominé par l'empire du Mali, connaît une période d'expansion durant les deux siècles suivants. Riche du commerce transsaharien, il couvre le Niger, le Mali et une partie du Nigeria actuels. Ses villes fameuses sont Gao, Tombouctou qui attire les lettrés du monde musulman par son rayonnement intellectuel, et les caravanes par son commerce actif. Fondé au VIIe siècle, l'Empire brille de tous ses feux avec la dynastie des Sonni au XVe siècle. Au XVIe siècle, il centralise l'or venu du Soudan, le sel convoyé depuis les mines de Teghazza au Sahara. Mais l'édifice est fragile, en raison des luttes entre animistes et musulmans et de par la faiblesse structurelle que représente la succession au trône, régulièrement disputée. C'est ce problème qui finit par emporter l'Empire songhaï en 1591, écrasé par les armées marocaines à la bataille de Tondibi.

Le royaume Ashanti

Le royaume Ashanti, ou Asante (XVIIIe-XIXe s.), a son berceau au centre de l'actuel Ghana. Précédé, au XVIIe siècle, par le royaume de Denkyéra, au sud du Ghana, il est créé au XVIIIe siècle par une réunion de chefferies réalisée par le roi Osaï Tutu (règne : v. 1680-1712). Fondé sur la puissance militaire, le royaume prend un soin constant de l'armée et des moyens efficaces à trouver pour mobiliser le plus grand nombre d'hommes possible. Le souverain ou

Asantehene n'est pas un autocrate, il est élu après avis du Haut Conseil, l'*Asantenam hyia*. Riche de son agriculture, il l'est plus encore de l'or, les Britanniques qui le conquièrent en 1901 le nomment d'ailleurs *Gold Coast* (la Côte de l'Or). Une autre ressource provient de l'exportation de la *noix de kola*, un arbre de la famille du cacaoyer. En dépit de l'abondance d'or, la monnaie du royaume est un coquillage, le *cauris*, utilisé concurremment avec la poudre d'or. L'or de haute qualité est l'*or akannes*, celui mélangé à d'autres métaux, l'*or cracra*. Pour gouverner, le roi s'appuie sur un corps de fonctionnaires qu'il nomme et révoque, l'*esom-dwerma*. Ils rendent régulièrement compte de leur activité auprès des autorités de la capitale, Kumasi. Ils sont récompensés ou punis lors de la principale fête monarchique annuelle, l'*Odwira*, ou « fête de l'igname » au cours de laquelle le souverain distribue blâmes ou félicitations selon les circonstances.

La structure sociale de base est fondée sur la filiation maternelle ou *abusua*. C'est le clan maternel qui règle les rites de puberté, du mariage, du décès.

L'art ashanti s'exprime pleinement dans la réalisation d'objets en or, poids à peser anthropomorphes, ou masques représentant l'âme humaine d'un ancêtre ou du roi, l'*okra*.

UN PEU DE MYSTÈRE

Le tabouret d'or

Le symbole du royaume Ashanti est un tabouret d'or venu du ciel, le *sika dwa*. Renfermant à la fois le pouvoir royal et l'âme de la nation tout entière, les vivants, les morts, les enfants à naître, c'est un objet de culte sur lequel nul ne s'assoit. Le posséder confère autorité, prestige et force surhumaine. Il ne doit jamais toucher le sol, les dieux l'ont déposé directement sur les genoux du premier roi. C'est pourquoi, ordinairement, il est placé sur une couverture. Lors d'une intronisation, le roi est élevé au-dessus du *sika dwa* sans jamais le toucher. Trop sacré pour être exposé à la vue, quand il est déplacé, c'est entouré de tissu, porté par le souverain en personne. Il se présente sous la forme d'un tabouret incurvé, haut de 46 cm, long de 61 cm et large de 31 cm. Il est entièrement recouvert de plaques d'or gravées de cloches qui avertissent le roi en cas de danger. Il est taillé dans un seul bloc de bois et demeure caché en un endroit secret.

L'empire de Sokoto

L'empire de Sokoto (XIXe s.) est la création éphémère d'un seul homme, Ousman dan Fodio (1754-1817). Fondé en 1809, il disparaît en 1859. Ousman dan Fodio naît chez les Toucouleur, peuple d'Afrique occidentale installé le long du Sénégal et du Niger. Musulman très religieux, il entend lutter contre l'animisme des Haoussas. Il se veut *mujaddadi*, réformateur religieux qui permet un retour à la pureté de l'islam. Il développe ses idées, fondées sur le strict respect de la *charia*, la loi coranique, dans un ouvrage, le *Kitab-al-Farq*. En 1809, après une série de victoires, il fonde sa capitale, Sokoto, destinée à devenir la cité musulmane idéale. Son empire est immense, allant de l'*Aïr*, région du Sahara, au nord, à la limite de la forêt équatoriale au sud, des pays de la Volta à l'ouest, au lac Tchad à l'est. Le gouvernement est assuré par Ousman dan Fodio et ses successeurs avec le titre de *khalife* (successeur) de Mahomet ou de *sarkin musulmi* (commandeur des croyants), assisté d'un conseil de lettrés. C'est lui qui nomme les *émirs*, gouverneurs de province, qui chaque année se déplacent à Sokoto pour y verser le tribut prévu par la charia. Même après sa disparition, en 1859, les gouverneurs s'émancipant de sa tutelle, l'empire de Sokoto demeure dans l'importance de son commerce transsaharien et les métropoles régionales d'Agadès, Kano, Katsina.

Les royaumes d'Éthiopie

Les royaumes d'Éthiopie, Gondar puis empire d'Éthiopie des Négus sont précédés de deux périodes anciennes et brillantes : le royaume de D'mt au nord du pays, plusieurs siècles av. J.-C., puis celui d'Axoum qui lui succède au début du Ier siècle. L'étape suivante est l'arrivée du christianisme au IVe siècle, destiné à forger en Éthiopie une identité nationale particulière, sur un continent dominé par l'animisme et l'islam, à partir du VIIIe siècle pour ce dernier. Le royaume d'Axoum s'effondre au Xe siècle, suivi par une longue période d'anarchie, au cours de laquelle divers seigneurs de la guerre s'affrontent sans parvenir réellement à s'imposer à tous leurs rivaux.

Au XIIIe siècle une dynastie émerge, qui se réclame de Salomon et de la reine de Saba, contrôle trois provinces, Tigré au nord, Amhara au centre et Choa au sud. Le souverain prend le titre de Négus, *Negusa nagast* (Roi des Rois). La cour est itinérante, toujours à la merci d'une attaque.

LE SAVIEZ-VOUS ?

Le royaume d'Axoum

Le royaume d'Axoum, bénéficiant de sa position de carrefour entre la mer Rouge et le monde méditerranéen se serait développé dès 50 av. J.-C. C'est aux alentours de 330 de notre ère qu'il devient un véritable royaume, mettant fin à Méroé. Il est converti au christianisme ainsi que l'atteste le monnayage du roi Ezana, où les symboles païens du croissant et du disque lunaire sont remplacés par la croix. Après le VIIIe siècle, Axoum perd peu à peu sa prépondérance et doit finalement s'incliner au XIIe siècle devant la suprématie de la dynastie Zagoué, originaire du Lasta, la province située au sud du Tigré. La littérature du royaume d'Axoum est liée à la langue savante, le *guèze*. Celle-ci s'impose entre le IIIe et le Xe siècle de notre ère. À partir de cette date, victime du déclin d'Axoum, le guèze n'est plus employé que par les élites intellectuelles. Il survit jusqu'au cours du XIXe siècle. De nos jours, il n'est plus utilisé que dans la liturgie de l'Église d'Éthiopie.

Le Gondar

Le Gondar (1632-1769), après plusieurs guerres religieuses contre les musulmans puis les catholiques romains qui cherchent à s'imposer à une Éthiopie orthodoxe, naît avec le règne de Fasilidas (1603-1667), Négus en 1632. Il établit une capitale fixe, Gondar, au nord-est du lac Tana. Riche de son commerce, depuis l'or jusqu'aux armes à feu, Gondar est un centre intellectuel reconnu, où se croisent les érudits chrétiens et musulmans. Ses successeurs maintiennent le royaume jusqu'au milieu du XVIIIe siècle, moment à partir duquel il s'affaiblit en raison des querelles successorales et de l'autonomie des provinces, dont les gouverneurs, éloignés de la capitale, se comportent en potentats locaux. Mikael Sehul (v. 1691-1779), *Ras*, gouverneur du Tigré dépose et fait assassiner l'empereur en 1769, puis contrôle étroitement des successeurs à sa dévotion. S'ouvre une période dominée par les aristocrates de haut rang, les princes locaux, instrumentalisant des empereurs au pouvoir nominal, jusqu'au milieu du XIXe siècle.

L'ère des Négus

Trois empereurs mettent fin au gouvernement des princes et restaurent le pouvoir impérial, inaugurant une véritable ère des Négus (1855-1913) : Théodoros II (1855-1868), Johannès IV (1872-1889) et Ménélik II (1889-1913). Théodoros II connaît une destinée hors du commun par étapes qui le mènent de chef de pillards à « roi des rois » entre 1838 et 1855. Il fonde l'Éthiopie moderne, abaisse les grands feudataires, réorganise l'armée, entre en contact avec l'Occident. Ce dernier point, après une brève guerre contre l'Angleterre, en 1867-1868, ternit la fin de son règne, achevé par un suicide après la défaite. Johannès IV, né en 1831, monte sur le trône en 1872. Les débuts de son règne sont marqués par la guerre avec l'Égypte, qui tente vainement jusqu'à son humiliante défaite de 1875 de s'emparer du nord de l'Éthiopie. En 1878, les Italiens sont à leur tour repoussés, puis de nouveau en 1887. En 1889, Johannès IV meurt des suites de ses blessures lors d'une nouvelle bataille victorieuse contre l'armée religieuse du *mahdi* soudanais, désireux d'imposer l'islam. Ménélik II, sacré en 1889, installe sa capitale à Addis-Abeba. Il modernise l'Éthiopie, par le chemin de fer notamment, mais refuse toute ingérence occidentale : en 1896 il repousse une nouvelle fois les Italiens.

UN PEU DE MYSTÈRE

Hailé Sélassié, messie du rastafarisme

Le mouvement *rastafari*, ou *rasta*, naît en Jamaïque au début des années trente. Interprétant la Bible, les tenants de cette nouvelle vision religieuse font de l'empereur d'Éthiopie Hailé Sélassié Ier (règne : 1930-1975) la figure par excellence du « Roi des Rois, Seigneur des Seigneurs, Lion Conquérant de la Tribu de Juda ». Ils le vénèrent en qualité d'incarnation de Dieu, sous le nom de *Jah*. Il est également l'un des trois éléments de la sainte Trinité, le Messie. Le nom de *Rastafari* provient d'ailleurs de son titre, *Ras* ou gouverneur et de son nom avant l'accession au trône, Tafari Makonnen. Devenu Négus, empereur d'Éthiopie, il choisit pour son nom de règne Hailé Sélassié (Pouvoir de la Trinité). Il apparaît ainsi, entre deux épais nuages de fumée de cannabis, à la consommation rituelle, non seulement comme le seul souverain d'un État africain demeuré indépendant, sauf pendant la brève occupation mussolinienne (1935-1941), mais comme l'un des sujets centraux de la musique de Bob Marley (1945-1981), prophète rastafari.

L'empire de Kanem-Bornou

L'Empire de Kanem-Bornou (IXe-XIXe siècle) commence avec le royaume de Kanem, dans la région du lac Tchad. Depuis sa capitale, Ndjimi, le roi, ou *maï* de la dynastie des Sefawas contrôle une partie du commerce transsaharien. Aux XVe et XVIe siècles, le centre du pouvoir se déplace vers le Bornou, plus à l'ouest, fondant un vaste empire islamisé du Soudan central. Le maï gouverne appuyé par le Grand Conseil qui l'a choisi, mêlant membres de la famille royale et aristocratie militaire. Des conseillers participent aussi au gouvernement, choisis à la fois parmi les libres, les *kambé* et les esclaves, les *katchella*. L'aristocratie se voit confier par le roi l'administration des provinces. Au XVIe siècle, à son apogée, le Kanem-Bornou fonde sa prospérité sur les caravanes transsahariennes et le commerce des esclaves. Au XIXe siècle, face aux menaces des Peuls, le Kanem-Bornou perd sa souveraineté, disparaît en 1849.

L'Afrique australe

L'Afrique australe est dominée par les royaumes fondés par les peuples Karanga, ou Shona, arrivés au XIe siècle, celui du Zimbabwe (XIe-XVIe s.) et de Monomotapa (XVe-XVIIe s.) ou Zoulou, sous la conduite du roi Chaka (v. 1783-1828) au XIXe siècle. Le royaume du Zimbabwe se développe à partir du XIe siècle grâce au commerce de l'or et de l'ivoire, le travail du cuivre. Les Shona y réalisent une construction atypique, le Grand Zimbabwe, une cité ceinte de murailles de pierre, d'une superficie de plusieurs kilomètres carrés.

Déclinant, le royaume du Zimbabwe est relayé au XVe siècle par celui de Monomotapa. Le nom provient d'une transcription européenne du titre de *Mwene Mutapa* (Seigneur des Mines) porté par le roi. Le Monomotapa est en effet puissant par sa maîtrise du commerce de l'or, puis par celui des esclaves. L'arrivée des Portugais menace très vite le royaume, dont ils finissent par prendre le contrôle en 1629.

Le royaume zoulou

Le royaume zoulou (XIXe s.) s'étend en Afrique du Sud, en grande partie sur la côte orientale du Natal. Au XVIIIe siècle, l'État zoulou est composé de clans dirigés par des *agnats*, descendants par lignée masculine d'un ancètre commun. Le royaume zoulou est édifié par un homme, Chaka (v. 1783-1828), roi en 1816. Il constitue une puissante armée, la dote d'une sagaie, ou lance, à manche court et lame élargie, l'*assegai*. Cette armée, c'est une grande nouveauté, est permanente. Les jeunes recrues, à partir de 16 ans, s'entraînent trois ans dans des *kraal* ou casernes. Puis ils sont intégrés dans des régiments, les *impi*, où ils se mêlent aux vétérans. Chaka aurait ainsi disposé d'une armée estimée entre 30000 et 50000 hommes. Entre 1816 et 1820, il crée par les armes le royaume zoulou. Ce dernier se maintient exclusivement par la force militaire, avant de succomber à son tour en 1879 devant l'armée britannique. Le pouvoir royal est ensuite émietté entre treize nouveaux souverains.

Outre la guerre, activité fondatrice de la nation zoulou, la richesse provient de l'élevage bovin, les têtes de bétail *ilobolo* constituent la dot des jeunes filles. La société repose sur une stricte séparation des sexes et des tâches qui leur sont assignées. La religion repose sur le culte rendu à deux divinités, l'*Être primordial* et la *Princesse du Ciel*.

POUR ALLER PLUS LOIN

Le Mfecane

Le *Mfecane* (mouvement tumultueux de populations), en langue *sotho*, désigne une série de combats, de fuite de populations, entre 1818 et 1834. L'initiative en revient au roi zoulou Chaka (règne : 1816-1828) et à son frère, assassin et successeur, Dingaan (règne : 1828-1840). Par la force, des centaines de chefferies, comprises entre le littoral de l'océan Indien, le fleuve Limpopo et le fleuve Orange, sont soumises ou intégrées au royaume zoulou. Des milliers de personnes sont contraintes à fuir, le bétail et les cultures sont détruits. C'est à ce prix que toutes les petites entités politiques de la région sont contraintes de s'aligner sur le modèle zoulou. L'extrême brutalité de la conquête rejoint un trait de personnalité attribué à Chaka. Après la mort de sa mère, en 1827, il aurait imposé au royaume zoulou un deuil extraordinaire, interdisant les relations sexuelles pendant un an, ordonnant la mise à mort des coupables, notamment les femmes enceintes.

L'empire Toucouleur

L'empire Toucouleur (XIXe s.), déformation française du wolof *Tekrur*, s'étend du Mali jusqu'aux sources du fleuve Niger et du fleuve Sénégal. Fondé par El-Hadj Omar (v. 1796-1864), il annexe les royaumes bambaras et l'empire du Macina. Le pays Toucouleur, à l'origine, se situe sur le cours moyen du fleuve Sénégal. El-Hadj Omar veut relancer l'islam, dont l'expansion se ralentit au XIXe siècle, mais aussi assurer une suprématie à la confrérie religieuse *Tidjaniyya*, fondée au XVIIIe siècle par le *cheikh* (chef) Tidjani. Plus démocratique que sa rivale plus ancienne, la *Qadriyya*, née au XIIe siècle, elle établit un lien direct avec les fidèles, les *taalibe*. Entre 1848 et 1864, menant le *jihad*, la guerre sainte, El-Hadj Omar conquiert un vaste empire théocratique qu'il gouverne en qualité de khalife de la Tidjaniyya pour les pays noirs, depuis Ségou, sa capitale. Mais la construction politique et religieuse ne résiste pas à la colonisation européenne. Les Français mettent fin à l'empire Toucouleur en 1897.

LE SAVIEZ-VOUS ?

Le jihad

Le *jihad*, souvent traduit par « guerre sainte », ce qui est approximatif, signifie étymologiquement « effort tendu vers un but déterminé » ou « effort sur soi-même en vue du perfectionnement moral et religieux ». Le jihad est avant tout le combat que le fidèle livre contre lui-même, ses défauts, afin de devenir un bon musulman. Juridiquement, c'est le devoir d'étendre l'islam ou de le défendre. L'étendre, c'est réaliser le *dar al-Islam* (territoire de l'islam). Si polythéistes et animistes doivent se convertir sous peine d'être réduits en esclavage, ou exécutés, les « peuples du Livre », juifs et chrétiens sont libres de le demeurer, au prix d'un double impôt, par capitation, *djizya* et foncier *kharadj*. Tout prosélytisme est interdit et puni de mort.

Principaux sites et monuments africains

Les sites et monuments africains reflètent les activités profanes et religieuses, villes étapes des caravanes transsahariennes, capitales de royaumes telles Tombouctou, Djenné, Gao ; palais exaltant la splendeur du souverain, de l'oba du Bénin ou le château Fasilidas à Gondar ; mosquées et églises dont la surprenante église Beta Giorgis de Lalibela ; Grande Enceinte du Zimbabwe enfin, à la fois palais, lieu de culte et forteresse.

Le château Fasilidas

Gondar, capitale impériale éthiopienne est fondée par le roi Fasilidas (1603-1667) en 1635-1636. Négus (Roi des Rois) depuis 1632, le souverain entend créer une capitale permanente, rompant avec les cours errantes de ses prédécesseurs. Il y édifie le *Fasil Ghebbi*, un complexe-forteresse aux influences architecturales mêlées, arabe, indienne, baroque, qui renferme plusieurs églises, des écuries, une chancellerie, le château Fasilidas et le palais Iyasu.

Le château Fasilidas, construit en pierre basaltique et tuf rouge, suit un plan quadrangulaire, chaque angle marqué d'une grosse tour ronde. Elles sont reliées par des murailles crénelées. L'angle sud-ouest s'orne d'une grande tour-rempart carrée haute de 32 m. À l'est du château Fasilidas se trouve le palais Iyasu, du nom d'Iyasu Ier (1682-1706), petit-fils de Fasilidas. Bâti vers 1700, il reprend l'allure générale du château Fasilidas, mais son architecture est plus délicate, il comprend une chapelle. À l'intérieur des murailles du Fasil Ghebbi se trouvent encore les ruines du palais Dawit, un hall de banquet en forme de « V », le palais Mentwab, du nom de l'épouse du souverain au milieu du XVIIIe siècle. Il comporte deux étages, une tour carrée crénelée. Sa façade occidentale s'orne de tuf rouge en relief. Il est connu pour l'élégance de ses grandes fenêtres arquées. On accédait au Fasil Ghebbi, le complexe palatial, par douze portes, chacune portant un nom particulier : porte des Juges, porte des Gardes... Depuis 1979, l'ensemble du site est classé site d'héritage mondial par l'Unesco.

L'église Beta Giorgis de Lalibela

L'église Beta Giorgis (Saint-Georges) est l'une des onze églises monolithiques de Lalibela classées au patrimoine mondial de l'Unesco. Lalibela, souvent surnommée la « Nouvelle Jérusalem », est une ville de la province du Tigré, à 2 600 m d'altitude. Anciennement nommée Roha, elle doit son nom actuel au roi Lalibela qui, au XIIIe siècle, y fait sculpter, dans les rochers, onze églises monolithiques, reliées entre elles par des galeries creusées elles aussi à même le roc, afin de célébrer sa conversion au christianisme. Les églises auraient été taillées dans l'épaisseur du rocher pendant douze ans, nécessitant 60 000 hommes. Mais la légende veut que ce soit l'œuvre d'un ange en une seule nuit. Chaque église est formée d'un seul bloc de roche rouge. La plus grande, Medhane Alem (église du Saint-Sauveur), est longue de 30 m, haute de 11 m, large de 24 m. Beta Giorgis adopte la forme générale d'une croix.

La Grande Mosquée de Djenné

Djenné, au Mali actuel, abrite le plus important édifice construit en terre crue, ou *adobe*, la Grande Mosquée. Édifiée au XIIIe siècle sur l'emplacement d'un ancien palais royal, elle est détruite par un conquérant qui la remplace par un monument plus simple. C'est l'administration coloniale française qui rebâtit le lieu de culte d'origine, à l'identique, entre 1906 et 1907. La grande façade est formée de trois tours séparées par cinq colonnes en terre battue. Le mur d'enceinte est orné de cent piliers. L'architecture est dite de style soudano-sahélien, repose sur la terre crue appelée *banco*. Le banco est une technique exigeante d'autant qu'après chaque saison des pluies, il faut réhabiliter en partie la mosquée, dans une restauration-reconstruction permanente.

POUR ALLER PLUS LOIN

L'architecture soudano-sahélienne

Représentée à Tombouctou, Djenné et Gao, l'architecture soudano-sahélienne repose sur la maîtrise de la brique de terre crue, l'*adobe*, appelée *banco* en Afrique. La terre, choisie avec soin par les familles d'artisans du banco, est malaxée, foulée aux pieds. Afin de la rendre plus solide, on y adjoint de la paille. Puis on lui donne, à la main ou à l'aide d'un coffrage, une forme de petite brique ou de boule. Les murs sont ensuite édifiés par ajout de couches successives, séchées au soleil. Ils sont traversés de branches en saillie qui ont pour fonction de consolider l'édifice et de permettre d'y grimper plus aisément quand il faut le réparer après la saison des pluies.

La Grande Enceinte du Zimbabwe

La Grande Enceinte du Zimbabwe domine, depuis un plateau situé au sud-est d'Harare, l'Empire shona comprenant l'actuel Zimbabwe, l'Est du Botswana et le sud-est du Mozambique. C'est un vaste complexe de pierres de granite non cimentées, commencé vers 1100. La Grande Enceinte, haute de 10 m, englobait un espace de 250 m de diamètre. La réalisation de l'ensemble de la structure s'est étalée sur environ un siècle : complexe de la Colline, complexe de la Vallée, Grande Enceinte. Le premier est réservé au roi, ses conseillers, son médecin et les prêtres. Souverain et religieux y entrent en communication avec les dieux. Le complexe de la Vallée abrite les nobles, la Grande Enceinte est la demeure des épouses du roi. Au total, le complexe du Grand Zimbabwe couvre 27 000 m^2. Les gens du peuple vivent à l'extérieur de ces trois ensembles. La population totale est évaluée à environ 5 000 personnes. Cette impressionnante cité royale est abandonnée lorsque sonne le glas de la puissance du Grand Zimbabwe, au milieu du XVe siècle.

LE SAVIEZ-VOUS ?

La reine loup-garou des Lovedu

En Afrique australe, la reine magicienne des *Lovedu* est à la fois reflet de la Terre-Mère et partie de celle-ci. Elle doit présenter un corps exempt de tout défaut, afin de ne pas faire injure à la Terre. Il importe de s'efforcer de maintenir son humeur égale, car ce qu'elle ressent, la Terre le ressent. Elle accomplit les rituels bénéfiques, notamment ceux procurant la pluie, en usant de lambeaux de peaux prélevés sur les cadavres des reines qui l'ont précédée. La chair d'une reine magicienne, chair de la Terre elle-même, continue à nourrir la communauté, que ce soit dans ce monde ou dans l'autre. Quand la reine meurt, sa tombe est gardée, afin de surveiller la température de la Terre. En effet, la reine, maîtresse de la pluie et de l'humidité n'est plus là pour apporter ses bienfaits et la Terre est censée devenir dangereusement chaude à sa mort.

Le palais de l'oba du Bénin

Le palais de l'oba, ou roi divin, du Bénin, est situé à Edo, capitale du royaume, aujourd'hui Benin City, au Nigeria. Fait de bois, cet immense édifice reçoit le souverain, ses épouses, ses descendants, la cour, les serviteurs. Les murs sont ornés de plaques de bronze sculptées, ainsi que les piliers, les portes. Les représentations figurées sont multiples, voyageurs portugais à la longue barbe et moustachus ; animaux, poissons, ibis, panthères ; scènes de la vie du roi, chevauchant au milieu de ses guerriers ; têtes d'hommes. L'oba, divin dès son accession au trône, quitte rarement le palais, une véritable ville dans la ville. Ces plaques, au nombre de plusieurs centaines, constituent aussi une réserve financière, elles représentent la richesse du roi, tout en symbolisant sa longévité, semblable à celle du métal. Le British Museum en offre une riche collection, présentée en reprenant leur disposition originelle.

Le tombeau des Askia

Gao, située aussi au Mali le long du fleuve Niger, recèle un édifice de banco connu sous le nom de tombeau des Askia. Son architecture s'inspire du minaret de la mosquée de Sankoré, ses murs épais rappellent Djenné. À la fois mosquée et tombeau, il est édifié à la fin du XVe siècle par un souverain songhaï de la dynastie des Askia. Formé d'un bloc massif, le tombeau des Askia n'est pas sans évoquer un édifice à degrés, à la première plateforme très prononcée.

Tombouctou

Située le long du fleuve Niger, au Mali actuel, Tombouctou est connue comme la « perle du désert ». Fondée au Xe siècle par les Touaregs, son nom vient de *tin* (le lieu) et de *Bouctou*, nom d'une vieille femme qui vivait là, selon une étymologie populaire. Il provient probablement plutôt du berbère *buqt* (lointain), *tin-buqt* signifiant alors « le lieu lointain », « la lointaine ». Successivement capitale des royaumes et empires du Ghana, du Mali, Songhaï, elle passe sous domination marocaine, puis française. Centre du commerce transsaharien, Tombouctou est aussi la cité des lettrés, des érudits musulmans. En témoignent trois monuments d'exception : la mosquée Jingereber, l'université Sankoré, avec sa mosquée, et la mosquée Sidi Yahya.

- La mosquée Jingereber est bâtie en 1327 sur un ordre de l'empereur du Mali Kankan Moussa (règne : 1312-1337), qui verse 200 kg d'or à l'architecte et maître d'œuvre Abu es-Haq es-Saheli. Si l'on excepte une petite partie de la façade nord, tout l'édifice est en terre crue mêlée de paille hachée. Elle comprend deux minarets, trois cours intérieures, vingt-cinq rangs de piliers alignés est-ouest, peut accueillir 2 000 fidèles. Inscrite depuis 1988 comme site d'héritage mondial de l'Unesco, elle est également l'une des *madrasas*, ou écoles coraniques, de l'université de Sankoré.
- L'université Sankoré, ou *Sankoré Masjid* compose, avec les mosquées Jingereber et Sidi Yahya, l'université de Tombouctou. Elle est créée au XVe siècle, à l'initiative d'une pieuse femme. Bâtie de terre et de sable, elle accueille jusqu'à 25 000 étudiants qui suivent des formations en droit, médecine, théologie, histoire.
- La mosquée Sidi Yahya du nom du professeur pour lequel elle fut fondée, avec sa madrasa, date du début du XVe siècle. Sa forme générale rappelle celle des autres édifices religieux de Tombouctou, dont elle diffère toutefois par une ornementation des portes qui traduit une influence marocaine. Elle comporte trois rangs de piliers orientés nord-sud, une cour principale située au sud, dominée par un minaret.

Les grands personnages d'Afrique

Les grands hommes d'Afrique sont, le plus souvent, des bâtisseurs de royaumes et d'empires. Guerriers, ils savent devenir administrateurs, développer les arts et la culture, répandre la parole de Dieu. Confrontés à l'arrivée des Européens, ils tentent le plus longtemps possible de préserver leur indépendance, les structures sociales et politiques de leurs États.

Frumentius

Frumentius (?-v. 383) accompagne, avec son frère Edesius leur oncle Metropius, alors qu'ils sont encore enfants, dans son périple en Éthiopie. Le navire qui les amène accoste dans l'un des ports de la mer Rouge, où les habitants massacrent l'équipage mais épargnent les deux frères, vendus comme esclaves au roi d'Axoum. Leur intelligence surprend le roi, qui leur confie de hautes charges et les affranchit sur son lit de mort. Ils servent alors de mentors au futur roi, encore enfant. Leur influence grandit, ils en profitent pour répandre le christianisme. Frumentius retourne à Tyr, sa ville natale, devient prêtre, puis est sacré évêque d'Éthiopie par le patriarche alexandrin Athanase (v. 273-393). De retour en Éthiopie, il baptise le souverain, fonde les premières églises. La tradition le crédite d'une traduction du Nouveau Testament en langue *guèze*, ou éthiopien classique.

Soundjata Keïta

Soundjata Keïta (1190-1255) est le fondateur de l'empire du Mali. Fils d'un roi mandigue d'Afrique occidentale, Soundjata Keïta connaît, après la mort de son père, une jeunesse difficile. Handicapé, il ne commence à marcher qu'à l'âge de 7 ans et doit fuir en exil pour éviter les avanies imposées par son frère aîné, devenu roi. Une fois adulte, alors que son royaume est envahi, il forme une armée et entame sa reconquête. Il commence par battre son ennemi, le roi du Sosso, puis conquiert peu à peu tous les royaumes formant l'empire du Mali. Il installe sa capitale à Niani. Il fait proclamer la charte du Mandem le jour de son intronisation à l'empire, en 1222. Ce texte abolit l'esclavage et garantit les droits fondamentaux de l'homme. Administrateur, esprit tolérant, il parvient à maintenir les communautés animistes et musulmanes de son vaste empire.

Kankan Moussa

Kankan Moussa (règne : 1312-1337) fait connaître à l'empire du Mali un âge d'or. Il est célèbre pour le pèlerinage qu'il effectue à La Mecque entre 1324 et 1325. Sa richesse est telle que sa suite se compose de centaines de chameaux chargés d'or, de quelques milliers de personnes. Il distribue l'or à profusion sur son chemin, provoquant un effondrement durable du cours du métal précieux. Il revient de pèlerinage avec des érudits, des savants, des architectes. Il fait édifier la mosquée Jingereber à Tombouctou, ainsi que celle de Gao. Il fait de Tombouctou, sa capitale, un centre économique, commercial et intellectuel.

Ewuare le Grand

Ewuare le Grand (règne : v. 1440-v. 1473) est l'un des plus grands *obas*, ou rois sacrés, du Bénin. Fondateur de l'empire du Bénin, il est renommé pour sa vaillance militaire, aurait soumis des centaines de chefferies dans le sud du Nigeria. Il stabilise sa dynastie en instituant la succession héréditaire. Le pouvoir des chefs coutumiers, les *uzamas*, est diminué par la création de nouveaux titres, dépendants du roi. Il fait de Edo, Benin City, sa capitale, une forteresse capable de repousser les agressions éventuelles. Il inaugure un véritable âge d'or de l'empire du Bénin.

Mohamed Touré

Mohamed Touré (1493-1528) fonde la dynastie musulmane des Askia et conduit l'Empire songhaï à son apogée. Il parvient au pouvoir, alors que, général, il renverse le fils du dernier empereur de la dynastie Sonni. Soucieux de la pratique d'un islam pur, il entreprend une série de réformes pour l'enseignement et le respect du Coran et de la loi coranique. Il mène une guerre sainte sans succès contre les Mossi, en dépit de sa réorganisation de l'armée, devenue régulière, une armée de métier formée d'esclaves et de prisonniers de guerre. Il fait de Tombouctou, Djenné et Gao les centres d'une pensée musulmane qui attire des intellectuels du monde arabo-musulman.

Idris Alaoma

Idris Alaoma (règne : 1573-1603), roi guerrier du Kanem-Bornou, monte sur le trône dans des circonstances agitées. Il doit réprimer le soulèvement de plusieurs groupes Sao, peuplades des bords du lac Tchad, qui, vaincus, sont repoussés dans les zones marécageuses du nord-est. Portant le titre de *maï* (roi), il multiplie les expéditions militaires tout au long de son règne. Il bat successivement les Berbères de l'Aïr, les Haoussas de Kano, dans l'actuel Nigeria, parvient à s'allier aux Toubous, peuple du centre du Sahara, prend le contrôle du Kaouar, au Niger actuel. Son vaste empire l'autorise à contrôler le commerce transsaharien reliant le lac Tchad à la Libye. Sa supériorité militaire provient de la réorganisation de l'armée, devenue permanente, mais aussi de son équipement en armes à feu modernes, notamment des mousquets achetés aux Ottomans. Musulman pieux, il gouverne avec l'aide du *majlis*, conseil réunissant chefs militaires et dignitaires religieux. Idris Alaoma est connu aussi pour sa mansuétude à l'égard des vaincus, qui attire au sein de l'Empire de nouvelles populations désireuses de vivre sous son autorité.

Osaï Tutu

Osaï Tutu (règne : v. 1680-1712) est l'un des fondateurs de l'Asante, le royaume Ashanti. Il organise le royaume sur la base d'une confédération dont il prend la tête, avec le titre d'*Asantehene* (roi, ou plus exactement « premier entre ses pairs »). Par ses conquêtes, il triple la superficie du royaume, s'aidant d'une puissante armée. Son pouvoir se fonde également sur un élément religieux, car Osaï Tutu est appuyé par un prêtre et magicien de grande renommée, Okomfo Anokye. C'est ce dernier qui, par ses invocations, aurait fait descendre du ciel le *sika dwa* (le trône d'or), symbole de la monarchie et de la nation Ashanti. Osaï Tutu en profite pour développer une véritable mystique du roi et de ses fonctions.

Ousman dan Fodio

Ousman dan Fodio (1754-1817) naît dans une famille de lettrés musulmans. Après avoir enseigné, il proclame en 1804 le *jihad*, justifié dans son ouvrage, le *Kitab-al-Farq*, par les déviations des gouvernants qui ne respectent pas le droit coranique et la *charia*. Il fonde un immense empire peul, population d'éleveurs nomades, par la conquête, celui du Sokoto, qu'il gouverne avec le titre de *sarkin musulmi* (commandeur des croyants). Son autorité s'étend du Sahara au lac Tchad. Toutefois, c'est son fils et successeur, Muhamad Bello (1817-1837) qui l'organise du point de vue administratif : avec le titre de *khalife* (successeur) de Mahomet, il règne depuis Sokoto sur des *émirs*, gouverneurs des provinces. La loi commune est la loi coranique. Le territoire est sillonné de routes, reliant des villes plus nombreuses et plus riches.

Chaka

Chaka (v. 1783-1828) naît dans le groupe des Nguni, à une époque où le pouvoir est éparpillé entre chefferies locales rivales. Il est fils de Senzangakona et de la princesse Nandi (la Délicieuse). Selon la légende, son père les éloigne, lui et sa mère. Sa jeunesse est faite d'avanies, de mépris difficilement supportés. Devenu adulte, c'est un chef de guerre redouté, d'une force hors du commun, capable dit-on d'étouffer un lion. Il arrache à son frère la succession paternelle. Il réforme l'armée, la dote d'une *sagaie*, lance courte à lame large, plus efficace dans les combats au corps à corps. Devenue permanente, l'armée est composée de régiments, les *impis*, mêlant nouvelles recrues et vétérans. Il met en place une stratégie redoutable, fondée sur le harcèlement par les jeunes recrues de l'ennemi, puis sa prise en étau par les vétérans. Il lance le *Mfecane* (mouvement tumultueux de populations) en s'emparant de plusieurs centaines de chefferies, entre océan Indien et fleuve Zambèze. Pratiquant la politique de la terre brûlée, il sème la terreur. Premier roi d'un État zoulou véritable, Chaka règne en monarque absolu sur ses sujets, qu'il a baptisés du nom d'*Amazulu* (Ceux du Ciel). L'histoire en garde le portrait d'un souverain cruel et despotique. Il meurt en 1828 assassiné par son frère Dingaan (règne : 1828-1840), qui lui succède.

El-Hadj Omar

El-Hadj Omar (v. 1796-1834) naît Omar Seydou Tall dans une famille de marabouts, change de nom après son pèlerinage sur les lieux saints entre 1825 et 1828, pour devenir *El Hadj*, celui qui a effectué le pèlerinage à La Mecque. Représentant de la confrérie religieuse Tidjaniyya pour le pays des Noirs, il entreprend le *jihad* afin de restaurer l'islam dans sa pureté et fonde l'empire Toucouleur, entre 1852 et 1864. Il bat notamment les Bambaras païens et prend Ségou, leur capitale, puis occupe l'empire Macina. Lorsqu'il meurt, en 1864, ses conquêtes restent à administrer, tâche dévolue à son fils et successeur, Ahmadou (1864-1893). Le gouvernement est assuré par le khalife et un conseil composé de marabouts, de docteurs de la loi. Chaque province est défendue par une forteresse, *tata*, et les pouvoirs y sont partagés entre un gouverneur civil, le *pacha* et un gouverneur militaire, le *bey*, selon le modèle de l'Empire ottoman. L'empire Toucouleur, en dépit de la volonté de son fondateur de lui donner pour assises une foi réunissant tous les groupes, s'effondre entre 1890 et 1893 sous les coups des colonisateurs français alliés aux Bambaras.

Théodoros II

Fils d'un gouverneur régional, Théodoros II (règne : 1855-1868) naît Kassa Haïlou vers 1820. Sa jeunesse aventureuse en fait le chef d'une bande de pillards qui remportent plusieurs batailles, y compris contre l'impératrice régnante. Après une défaite contre les troupes égyptiennes, il parvient à capturer l'impératrice, se fait remettre des terres. C'est à partir de ce moment que sa puissance s'affirme. Il réduit un à un les *Ras* (gouverneurs), des grandes provinces. En 1855, il se fait proclamer empereur, avec le titre de Négus (Roi des Rois). Pour la première fois depuis des siècles, l'Éthiopie est unifiée sous une autorité unique. Il forme une armée de métier permanente. Mais il commet une erreur politique en provoquant l'ire de la Grande-Bretagne, dont il fait emprisonner le consul. Les Britanniques envoient un corps expéditionnaire qui prend la capitale, Magdala. Théodoros II, vaincu, se suicide.

LE SAVIEZ-VOUS ?

Yaa Asantewaa, la pasionaria Ashanti

Yaa Asantewaa (v. 1840-1921) est la pasionaria ashanti. Reine-mère de l'Esiju, la confédération ashanti, elle voue sa vie à la lutte contre le colonisateur britannique. En 1896, ces derniers exilent une partie de la famille régnante aux Seychelles et le gouverneur britannique ose réclamer le *sika dwa*, le trône d'or symbole de la nation et du pouvoir royal. Alors que les membres du Conseil royal tergiversent, elle leur reproche leur lâcheté, fomente un soulèvement qui débute en mars 1900. Mais la supériorité militaire britannique est écrasante. Yaa Asantewaa est capturée, exilée à son tour aux Seychelles. Avec elle, c'est l'âme de la nation ashanti qui disparaît. En 1902, le royaume devient un protectorat britannique. Elle meurt en 1921 sans avoir pu réaliser son rêve.

Ménélik II

Ménélik II (règne : 1889-1913), « Roi des Rois d'Éthiopie, Lion Conquérant de la Tribu de Juda, Élu de Dieu », naît en 1844 sous le nom de Sahla Maryam dans la famille royale de la province du Choa. Il se veut descendant direct de Salomon et de la reine de Saba. Il passe une partie de sa jeunesse emprisonné par l'empereur Théodoros II (v. 1820-1868). Après son évasion, il s'allie, par ses divers mariages, avec de puissants clans aristocratiques. Après le règne de Johannès IV, de 1868 à 1889, il élimine les autres prétendants au trône et devient Négus (Roi des Rois), sous le nom de règne de Ménélik II. Il fait d'Addis-Abeba sa capitale. Son règne est marqué par la modernisation du pays, chemin de fer d'Addis-Abeba à Djibouti, télégraphe. En 1896, il repousse les Italiens à Adoua, se libérant de toute tutelle européenne. La société est réformée en profondeur par l'interdiction de l'esclavage, la mise au pas d'une noblesse encore féodale. La fin du règne est assombrie par la maladie, l'empereur ne gouverne plus que d'une manière nominale entre 1909 et 1913.

Religions, mythes et légendes de l'Afrique

Religions, mythes et légendes de l'Afrique, sont l'écho de l'immensité du continent, comme lui multiple, riches d'une variété infinie. Si, de nos jours, les religions du Livre (judaïsme, christianisme, islam) sont largement répandues, les cultes des origines et plus encore les mythes et légendes qui leur sont liés perdurent. Ainsi de la naissance du monde chez les Dogons ou les Bambaras, de celle de l'homme pour les Bantous. Le forgeron se voit assigner presque partout une place essentielle, ainsi que certains animaux tel le Renard pâle dogon. Tout l'art de la divination des Ifa ne peut éviter aux hommes d'être victimes des manigances moqueuses ou cruelles d'Eshu le Rusé, d'être les grands perdants de la lutte contre la mort.

Le mythe de création dogon

Le mythe de création dogon, groupe installé sur le territoire du Mali actuel pour l'essentiel est transmis par le *hogon*, roi-prêtre qui arbore autour du cou la pierre de sa fonction et le bâton de commandement. Le démiurge est un œuf, *Amma*. Après avoir vibré sept fois, il se brise, libérant les jumeaux Nommo, un garçon et une fille. Des amours d'Amma et de la Terre naît Renard. Ce dernier, devenu amant de sa Terre-Mère menace de peupler le monde de ses seuls descendants. Amma crée donc quatre couples de *Nommo*, garçons et filles, ancêtres directs des Dogons. Cette place sacrée des couples de jumeaux, un garçon et une fille, conduit les Dogons à se penser comme ayant deux âmes, l'une masculine, l'autre féminine. Afin de devenir un homme, le garçon abandonne son âme féminine lors de la circoncision.

Le mythe de création bambara

Le mythe de création bambara, autre groupe ethnolinguistique implanté surtout au Mali actuel se présente d'emblée sous une forme plus conceptuelle. *Fu* (le vide cosmique primordial) donne naissance à *Gla gla zo* (le savoir). Par leurs mouvements alternés de contraction et d'expansion, Fu et Gla gla zo provoquent la venue à l'existence de la conscience. L'esprit *Faro* crée le ciel, l'esprit *Pemba* la Terre. L'essentiel de la création revient à Faro : le premier couple, des jumeaux, la végétation, les eaux, tous les animaux. Faro met en place l'alternance du jour et de la nuit, dépose chez tout humain une partie masculine et une autre féminine, physiquement et psychologiquement. Enfin, il achève la création en nommant et donnant sa place à toute créature, dont le destin est inscrit dans son propre sang. Ceci fait, Faro rejoint le ciel.

L'origine de l'homme bantou

L'origine de l'homme bantou, groupe répandu du Sahara à l'Afrique australe, répond à un cas bien connu des mythes, celui d'une création en plusieurs étapes, des essais nécessaires avant de parvenir au résultat escompté. *Wele* (le démiurge) crée le monde en six jours ; le premier, le ciel ainsi que *frère-soleil* et *frère-lune* ; le second les astres, les eaux ; le troisième la Terre ; le quatrième le premier couple, l'homme puis la femme ; le cinquième, la flore et la faune ; le sixième, la reproduction. Le septième jour, Wele se repose. Cependant, dans certaines ethnies bantoues, l'homme n'est pas créé en une seule fois. Le premier essai débouche sur les *Nzondo*, redoutables magiciens, mais moitiés d'hommes, n'ayant qu'un œil, un bras, une jambe.

Ils sont repoussés sous terre. La seconde tentative pèche en un excès contraire : chaque membre du nouveau couple est macrocéphale, doté d'une tête énorme, et de 24 doigts. La femme-sœur du couple, une fois encore des jumeaux, est enlevée par un Nzondo qui l'entraîne sous terre. Son frère-époux parvient à l'y retrouver, la ramène sur le sol des vivants. Ensemble, ils bâtissent une case, ont des enfants ayant l'apparence actuelle des hommes, lesquels organisent le premier village. Toutefois, afin d'éviter les problèmes, les hommes n'auront plus qu'exceptionnellement des jumeaux, la norme de l'enfantement sera d'un descendant à la fois.

UN PEU DE MYSTÈRE

L'origine des sexes

L'un des mythes les plus originaux, très répandu en Afrique, porte sur l'origine de la sexualité, bien avant les interrogations du bon docteur Freud (1856-1939). Dans ce récit, le dieu créateur façonne des êtres, mais sans organes sexuels. L'harmonie règne quelque temps, puis les créatures sentent qu'il leur manque quelque chose, sans pouvoir déterminer exactement quoi. Ils s'ennuient. Le démiurge leur envoie alors les organes sexuels masculins et féminins, mais en qualité d'êtres eux aussi parfaitement autonomes. Ils vivent au milieu des hommes. Un jour, il est nécessaire de se répartir les tâches quotidiennes à accomplir. Le premier peuple demande aux organes sexuels de les aider. Les organes masculins se fixent sur certains individus, les organes féminins sur d'autres. Depuis, hommes et femmes ne se comprennent plus…

La mise à mort du roi

La mise à mort du roi, attestée chez les Shilluk du Sud Soudan ou au Monomotapa, royaume du Zimbabwe, permet de préserver le royaume et ses habitants. Les relations entre monde des vivants et monde des morts se présentent, le plus souvent, comme unissant deux mondes inversés, où les morts dorment dans la journée, reliés par un arbre cosmique. Le roi, de son vivant, est l'élément central qui maintient chacun à sa place. Malade, affaibli, il met l'univers en danger, favorise le chaos. Il est alors rituellement mis à mort. Son successeur, jeune et vigoureux, assure de nouveau l'ordre avec la force nécessaire. Pour les sujets du *mambo* (roi) des Monomotapa, la mise à mort rituelle du roi repose sur le mythe de *Mwesti* (Lune), le tout premier homme. Marié successivement à Étoile du Matin puis Étoile du Soir, il enfante par elles, outre les hommes, toutes les créatures qui peuplent le vaste monde. Mais Étoile du Soir prend le serpent pour amant, qui mord Mwesti quand il s'approche de son épouse. Miné par le venin, Mwesti ne peut maintenir, faute de forces suffisantes, l'équilibre du monde. Ses fils l'étranglent alors, choisissent un nouveau souverain.

Le mythe du forgeron

Le mythe du forgeron, lui aussi très répandu en Afrique, fait du forgeron divin le civilisateur des hommes, celui qui les arrache à l'état sauvage pour leur enseigner les rudiments de la civilisation. Pour les Fon du Bénin, les jumeaux démiurges, l'un masculin, l'autre féminin, Mawu et Lisa ont pour fils le forgeron Gu. Transformé par son père en épée, Gu est envoyé sur terre. Il enseigne aux hommes la métallurgie, mais aussi l'agriculture. Chez les Dogons, le forgeron vole au soleil le feu et le rapporte aux hommes. Il descend du ciel par une chaîne de métal. Pour les nourrir, il leur apporte le mil. Après le déluge, c'est d'ailleurs à partir du mil, précieuse céréale, qu'une nouvelle race d'hommes est constituée.

Eshu le Rusé

Eshu le Rusé, en yoruba, Legba au Bénin, est le messager entre les dieux et les hommes. Tout son art réside dans sa capacité à tromper, à duper. Il s'agit à la fois d'enseigner aux hommes qu'il convient de se méfier des apparences, tout en se moquant d'eux copieusement. Eshu n'hésite d'ailleurs guère à en faire autant avec les dieux. L'un de ses tours les plus pendables faillit provoquer la guerre entre deux villages. Situés de part et d'autre d'une même route, leurs habitants respectifs s'entendent fort bien. Cette situation ne convient pas à Eshu le Rusé. Coiffé d'un chapeau rouge d'un côté et noir de l'autre, il chemine sur la route, se faisant bien remarquer. Le soir, dans les villages, les langues vont bon train, certains affirment que le couvre-chef est noir, les autres qu'il est rouge. La discussion s'envenime, les habitants s'arment, se préparent à en découdre. Eshu vient en personne montrer le tour employé, ridiculise les hommes si certains de ce qu'ils ont cru voir. Sous le nom de Legba, ou de Papa Legba, il est intégré au panthéon vaudou.

Les sorciers vodous

Le *vaudou*, ou *vodou*, *vodoun* est le culte des forces naturelles, les *Loas*, esprits ou divinités secondaires, permettant d'entrer en contact avec elles. Le *vaudou* (le dieu) selon le sens premier est une force de la nature, tonnerre, éclair, mer, mais aussi un lieu, rocher, mare d'eau… Au sommet du panthéon trône le démiurge Mawu, incréé, éternel, il est « l'inaccessible », jamais représenté, mais souvent invoqué. Parmi les Loas, Erzulie, déesse de l'amour, Papa Legba, messager des dieux, Hebieso, dieu de la foudre, Gu, dieu des forgerons et de la guerre. Originaire des pays du golfe du Bénin, Ghana, Togo, Bénin, Nigeria, le vaudou se répand, par la traite des esclaves, en Haïti, en République dominicaine actuelle où il porte aussi le nom de *Macumba*, à Cuba, sous celui de *Santeria*, au Brésil où il est le *Candomblé*.

Le personnage le plus célèbre du vaudou est le *Zombi*. Plongé par un prêtre-sorcier vaudou dans un état présentant toutes les caractéristiques de la mort, il est déterré pour devenir l'esclave du sorcier. La pratique semble fondée sur l'utilisation du poison issu d'un poisson, le *tétraodon* ou *fugu* des Japonais. Ce poison donne l'apparence de la mort à un individu qui reste tout à fait conscient. Le traumatisme lié au fait de se croire mort, d'être enterré vivant, puis déterré et devenu un « cadavre » esclave expliquerait le comportement des victimes, persuadées d'être des morts-vivants.

Les animaux

Les animaux dans les mythes africains jouent un rôle important. Faute de pouvoir ici présenter un bestiaire complet, deux d'entre eux représentent dignement le règne animal, renard et mante. Renard pâle, de son nom *Yurugu* est, pour les Dogons, fils d'Amma le dieu créateur et de son épouse la Terre. Renard pâle s'unit à son tour à sa mère, qui donne naissance aux génies de la brousse. Dans une autre version, Renard pâle vole à Amma son père le mil, dont il ensemence la Terre, sa mère.

Ce premier inceste est puni, la Terre est frappée de stérilité. Amma pardonne aux hommes, leur donne lui-même du mil, rend à la Terre sa fertilité. Mais Renard pâle est exilé au désert, où les traces de ses pattes sur le sable continuent d'indiquer aux hommes le chemin vers le futur.

Mante (la mante religieuse) est un insecte sacré en Afrique. Pour les San du Kalahari, elle a donné le feu aux hommes. Mante, selon les versions, aperçoit un charbon ardent sous l'aile d'Autruche, ou est attirée par la bonne odeur des aliments que cette dernière fait cuire. Plus rusée, Mante conduit Autruche à un arbre aux fruits délicieux, la persuade que plus ils sont haut placés sur les branches, meilleurs ils sont. Autruche, les pattes tendues à l'extrême, ouvre les ailes afin de se donner un élan supplémentaire. Le charbon incandescent tombe alors. Mante s'en empare et l'apporte aux hommes. Depuis, les San du Kalahari coupent les branches de l'arbre pour en faire des bâtons à feu par frottement.

La divination ifa

La *divination ifa* (dieu de la prophétie, de la médecine, du monde organisé, de l'ordre et de l'équilibre) des Yorubas, groupe représenté au Bénin et au Nigeria, se pratique avec seize noix de palmier à vin. Sur un plateau, les noix sont mélangées, l'officiant en prend ensuite huit dans chaque main. Puis l'opération est répétée, les noix mélangées jusqu'à ce que presque toutes soient passées dans la main droite, la gauche n'en conservant qu'une ou deux. Pour une seule noix dans la main gauche, le devin trace deux marques dans la poussière laissée sur le rebord du plateau par la manipulation des noix. S'il lui reste deux noix, une seule marque est faite. Cela constitue la première étape, reproduite huit fois pour une divination complète. Au bout de huit fois, les marques dessinent une figure, l'*odu*. Le devin reconnaît alors en elle une succession de contes symboliques. Il entreprend de les narrer à son client jusqu'à ce que le conte exposant le but de sa requête soit donné, fournissant ainsi la solution à la question posée.

L'héritage africain

L'héritage africain repose entre autres sur l'art sous toutes ses formes. Art des objets tout d'abord, nommé « art nègre » au début du XXe siècle, puis « art primitif » avant d'être aujourd'hui art africain, puis celui d'écrire, avec la *négritude* d'après la Seconde Guerre mondiale, concept né sous les plumes de Léon-Gontran Damas, Léopold Sédar Senghor et d'Aimé Césaire. Enfin la musique, traditionnellement transmise par les griots, dont Mory Kanté ou réinterprétée avec Johnny Clegg et ses groupes zoulous Juluka et Savuka.

L'art africain

L'art africain, découvert en Europe sous le nom d'art nègre, puis classé parmi les autres arts primitifs, choque selon les sens multiples du terme. Il choque par son aspect inconnu ou jugé terrifiant par le grand public, il provoque chez de nombreux artistes un choc salutaire, leur permettant d'entreprendre une nouvelle période de création. Il en va ainsi de Pablo Picasso (1881-1973) dont les *Demoiselles d'Avignon* (1907) traduisent l'influence des masques africains dans le visage des deux prostituées situées à droite, ainsi que dans le choix de souligner les formes d'un contour blanc ou noir. Masques, statues, reliquaires, fétiches, bronzes, bijoux, témoignent d'une recherche de l'esthétique qui bouleverse les conceptions traditionnelles du beau en Occident.

Dans une attitude de renversement du terme dépréciateur, tout comme les Flamands du XVIe siècle s'honorent et font un titre du *Gueux* méprisant du duc d'Albe, Léopold Sédar Senghor (1912-1978) crée en 1966 le Festival mondial des Arts nègres, destiné à réunir culture occidentale et culture africaine pour la réalisation d'un creuset universel. Il se tient à Dakar, réunit écrivains, cinéastes, chanteurs, danseurs, dans le désir de voir tous les arts représentés collaborer. La seconde édition a lieu à Lagos, au Nigeria en 1977, la troisième à Dakar, en décembre 2009, consacrée à la « Renaissance africaine ».

La négritude

La *négritude* est le nom donné en 1935, dans la revue des étudiants martiniquais *L'Étudiant noir*, par Aimé Césaire (1913-2008) à la revendication à la fois d'une identité et d'une culture noires. Le concept est repris par Léopold Sédar Senghor dans ses poèmes, avant de parvenir au grand public grâce à la revue *Présence africaine* en 1947. La négritude est pour Aimé Césaire le refus de l'image d'un Noir sans civilisation propre, ayant comblé ce manque par acculturation, empruntant celle du colonisateur. Léopold Sédar Senghor y voit une culture, propre à tous les peuples d'Afrique et aux communautés noires dans le monde. Léon-Gontran Damas (1912-1978) trouve dans la négritude l'affirmation du refus à la fois de l'acculturation et de l'assimilation. Mouvement culturel et politique, la négritude permet de s'affirmer en tant que Noir, porteur d'une culture et d'une civilisation propres.

LE SAVIEZ-VOUS ?

Wole Soyinka, le premier Prix Nobel de littérature noir

Wole Soyinka, de son vrai nom Akinwande Oluwole « Wole » Soyinka, naît en 1934 à Abeokuta au Nigeria. Anglophone, il baigne également dès son enfance dans la culture yoruba par son père. Après des études universitaires consacrées au théâtre au Nigeria et en Angleterre, il mêle direction d'une troupe et écriture tout en critiquant les dysfonctionnements politiques de son pays, indépendant depuis 1960. Cela lui vaut de s'exiler à plusieurs reprises, sans nuire à une activité créatrice soutenue, pièces de théâtre, *La Mort et l'Écuyer du roi* (1975) ; récits autobiographiques, *Un homme est mort* (1972) ; essais, *Mythe, littérature et le monde africain* (1976) où il critique la négritude : « Un tigre ne crie pas sa tigritude, il dévore sa proie. » Il publie en 1981 *Aké : les années d'enfance*, marqué par les traditions yorubas. En 1986, il est le premier, et le seul à ce jour, Africain noir à recevoir le prix Nobel de littérature. Il se partage aujourd'hui entre des universités américaines du Nevada et de Californie où il dispense son enseignement.

Les griots

Les griots, appelés *djéli* en pays mandingue, *guéwël* en pays wolof ou *gawlo* en pays toucouleur sont à la fois conteurs, historiens, généalogistes, musiciens. En l'absence d'écriture, le griot est la mémoire vivante du groupe. Il accompagne ses chants de la *kora*, une harpe à 21 cordes, se produit seul ou avec une consœur. À l'origine, les griots forment une caste à part, qui garde jalousement son savoir et ne le transmet pas aux étrangers, au groupe. Aujourd'hui, notamment par l'influence due à la renommée internationale de certains d'entre eux, le monde des griots se montre plus ouvert, même s'il nécessite toujours un long et complexe apprentissage auprès d'un maître. L'un des plus célèbres griots, ou *djéli* contemporains est le Malien Mory Kanté, né en 1950 en Guinée, mais initié au rôle de griot au Mali par sa mère. Maître dans l'art de la kora, il connaît un succès planétaire avec la chanson *Yéké Yéké* en 1987. Il reçoit en 1994 le « Griot d'or ».

Jonathan « Johnny » Clegg (né en 1953) est surnommé le « Zoulou blanc » pour son adaptation de la musique zouloue d'Afrique du Sud, sa contestation du régime de l'apartheid. Mêlant mélodies occidentales et musique zouloue, il fonde deux groupes, Juluka en 1979, puis Savuka en 1985, avec lequel il connaît un triomphe mondial en interprétant *Asimbonanga*, titre hommage à Nelson Mandela (né en 1918) alors encore emprisonné.

Tous les ans, depuis 1994, les Kora Music Awards récompensent les meilleurs musiciens, auteurs et interprètes de l'Afrique subsaharienne, sur le modèle américain des Grammy Awards. Le nom de cette distinction met à l'honneur la kora, sorte de harpe à 21 cordes, utilisée par les griots.

Chapitre 20

Les Indiens d'Amérique, du bison au Grand Esprit

Dans ce chapitre :

- La piste des Larmes
- Pocahontas
- La danse du serpent
- Les quatre mondes des Hopis

Les diverses tribus indiennes regroupent au XVIe siècle environ 12 millions de personnes qui vivent aussi bien de la chasse, de la pêche que de la cueillette. On les appelle Amérindiens ou Indiens d'Amérique, termes qui désignent les premiers occupants du continent d'Amérique du Nord et leurs descendants. L'arrivée au cours du XVIe siècle des divers groupes d'Européens ne bouleverse pas tout de suite les sociétés en place. Ces tribus ne vivent pas isolées les unes des autres, elles entretiennent même des contacts fréquents, utilisant près de deux mille dialectes différents. Une époque de troubles, de rivalités et de guerres entre les tribus couvre l'ensemble de la première partie du XVIIe siècle jusqu'au moment où naissent les premières confédérations indiennes.

Figure 20-1 : Le monde indien de l'Ouest américain.

Les grandes étapes de l'histoire amérindienne

Une seule et même histoire pour l'ensemble de ces multiples tribus amérindiennes est impossible. Pourtant, elles partagent leur culture avant l'arrivée des Européens, la colonisation et leur exil en réserve.

Les premiers Indiens

Les plus anciens habitants de l'Amérique du Nord, les paléo-indiens se sont installés, il y a environ 30 000 ans après avoir franchi le détroit de Béring. Deux cultures émergent vers 3000 av. J.-C., l'une au Sud des Grands Lacs, les peuples de l'ancienne culture du cuivre et l'autre dans les provinces maritimes du Canada, le peuple à culture rouge, qui enduisait ses morts d'hématite. À partir du Ier millénaire, apparaissent les *mound builders* (bâtisseurs de tumuli, pluriel de tumulus), culture qui se développe jusqu'au XIVe siècle de notre ère. Ces tumuli ainsi que de grandes palissades, d'une largeur atteignant la centaine de mètres, sont l'œuvre des Adenas qui vivaient dans l'Ohio actuel. Vers 200 de notre ère vient se substituer à cette culture celle des Hopewell dans cette même région. Leurs tumuli pouvaient mesurer jusqu'à 12 m de haut, comme celui du Grand Serpent qui avait 400 m de long. L'influence des Hopewell s'étendit de New York au golfe du Mexique. Cahokia, première ville véritable, située à la lisière de Saint Louis dans le Missouri vers 1200 de notre ère compte déjà environ 30 000 habitants.

La colonisation

L'arrivée, au cours du XVIe siècle, des divers groupes d'Européens ne bouleverse pas tout de suite les sociétés en place. Des contacts commerciaux rapprochent colons et Indiens. C'est même de là que vont naître les principaux problèmes et ce, dès le XVIIe siècle. Les colons utilisent d'abord les Amérindiens comme instructeurs pour la tactique, éclaireurs, traducteurs. Mais les 1 200 Amérindiens qui servent dans les rangs français à Québec en 1759 sont inefficaces pour sauver la Nouvelle-France, c'est-à-dire le territoire des colonies françaises de l'Amérique du Nord contre les rivaux britanniques. Les conventions qui régissent l'art de la guerre européenne semblent aux Indiens bien éloignées de leur mentalité. Le siège de Fort William Henry en 1757, après lequel le marquis de Montcalm (1712-1759) accorde les honneurs de la guerre aux vaincus, s'achève par le fait de scalper les prisonniers britanniques. D'autre part, les Européens organisent à leur profit le commerce des fourrures et chargent, une fois les ressources animales littéralement épuisées, les Indiens d'aller à l'intérieur des terres pour se procurer par le troc, les précieuses fourrures. En échange, ils offrent de la verroterie, mais surtout des armes d'abord utilisées pour la chasse, ensuite pour la guerre. Une époque de troubles, de rivalités, et de guerres entre les tribus couvre l'ensemble de la première partie du XVIIe siècle, jusqu'au moment où naissent les premières grandes confédérations indiennes.

L'indépendance des États-Unis

La guerre d'Indépendance des États-Unis d'Amérique, entre 1775 et 1783, est précédée ou accompagnée par la création de confédérations indiennes. Celle des Iroquois, des Delaware, en 1778, et des Creeks plus tard. Il s'agit d'unions très lâches, mais qui permettent aux Indiens de se regrouper au sein des Nations indiennes et de ne plus affronter les Européens dans le cadre isolé de la seule tribu. Ces dernières se partagent au moment de la guerre d'Indépendance entre les troupes britanniques et les *Insurgents* ou patriotes américains sans qu'il soit possible de déterminer clairement une ligne de fracture entre tribus pour expliquer le choix d'un camp plutôt que d'un autre. George Washington (1732-1799) ordonne que le territoire des Iroquois alliés des Britanniques soit conquis et dévasté. En dépit de l'affirmation de l'égalité entre les hommes dans la Constitution de 1787, la *Northwest Ordinance*, la même année, autorise la colonisation des territoires du Nord-Ouest et en 1871, le statut des nations indigènes est aboli à un moment où la conquête de l'Ouest promeut la politique des réserves.

LE SAVIEZ-VOUS ?

L'alphabet cherokee

Au contraire de la plupart des tribus indiennes qui ne se sont jamais servies d'un alphabet, les Cherokees, dès le début du XIXe siècle, en utilisent un. Ils le doivent à George Gist (v. 1767-1843), dont le nom cherokee est Sequoya. Né d'un père allemand ou anglais et d'une mère indienne, il est élevé selon la tradition cherokee, dans le clan de sa mère. Il crée un alphabet, d'environ quatre-vingts caractères syllabiques aux alentours de 1820 qui connaît un succès immédiat auprès des Indiens. Il est utilisé, outre des traductions de textes religieux chrétiens, pour, dès 1828, un hebdomadaire.

Les guerres indiennes

En fonction de certains critères économiques, politiques, les guerres sont devenues inévitables entre Indiens et Européens. Ainsi les Iroquois qui, souvent réduits à l'esclavage, entreprennent de se révolter à partir de 1650. Leur but est d'arracher aux Européens le quasi-monopole exercé sur le commerce des peaux de castor, revendues contre des fusils. Au moment des combats entre la France et l'Angleterre, les Iroquois deviennent les auxiliaires fidèles des Anglais. Les Algonquins, après s'être battus des deux côtés pendant la guerre opposant les Français et les Anglais, connaissent un répit jusqu'à la proclamation de l'Indépendance américaine. De même pendant la guerre de Sécession (1861-1865), les Navajos sont installés dans la réserve de Bosque Redondo. Les Creeks aussi connaissent la défaite après avoir été un temps les alliés des Britanniques au cours du XVIIIe siècle. Après avoir essayé vainement de réunir toute la nation au sein d'une confédération, ils engagent en 1813-1814 la guerre contre les États-Unis. Défaits par le général Andrew Jackson (1767-1845), ils doivent abandonner leur territoire.

POUR ALLER PLUS LOIN

La guerre des Séminoles

La première guerre menée par les Séminoles contre les colons entre 1817 et 1819 fait d'eux les victimes désignées des désirs d'expansion des tout nouveaux États-Unis. Voulant prendre possession de la Floride qui appartient à l'Espagne, les Américains prennent pour *casus belli* (cause de guerre) l'asile offert par les Séminoles aux esclaves noirs en fuite. Vainqueurs, les États-Unis obtiennent la Floride par le traité transcontinental de 1819. Dès 1830, les Américains entreprennent des manœuvres pour s'emparer des territoires séminoles et conduire les Indiens dans des réserves. Après une cession de leurs terres, décidées par la minorité des chefs, les Séminoles, menés par le chef Osceola, entrent en guerre. Elle dure de 1836 à 1846. Réfugiés dans les marais des Everglades, au sud-est de la Floride, les Séminoles entretiennent la guérilla jusqu'à la capture du chef Osceola, venu parlementer et qui se trouve arrêté. Déplacés de force, les Séminoles rejoignent les Creeks en Oklahoma. La dernière guerre limitée à des escarmouches a lieu entre 1855 et 1858, opposant les plus irréductibles des Séminoles, restés dans les marais des Everglades et l'armée fédérale. Peu désireux de s'engager dans une guérilla longue et coûteuse, après les 50 millions de dollars environ dépensés entre 1836 et 1848, le gouvernement fédéral opte pour le versement d'une indemnité de départ aux Indiens.

La déportation

Dès le début du XIXe siècle, les Indiens sont parqués. La construction du premier chemin de fer transcontinental et l'arrivée des colons accentuent encore la dévastation des territoires des Indiens des Plaines. En 1830, l'*Indian Removal Act*, loi des États-Unis du 26 mai 1830 proposée par le président des États-Unis Andrew Jackson (1757-1845), ordonne la déportation des Indiens d'Amérique. Celle-ci concerne 60 000 Indiens qui sont exilés dans les territoires compris entre les treize États fondateurs du quart nord-est et le Mississippi. L'un des rares opposants à cette loi est le trappeur, colonel et député au Congrès, Davy Crockett, de son vrai nom David Stern Crockett (1786-1836). L'épisode le plus célèbre reste celui de la « piste des Larmes » : le déplacement de cinq tribus vivant à l'est du Mississippi, appelées « tribus civilisées » car elles avaient adopté les principes fondateurs des États-Unis. Il s'agit des Cherokees, des Séminoles, Choctaw, Creeks et Chickasaw.

POUR ALLER PLUS LOIN

La piste des Larmes

Le malheur des Cherokees, qui entretenaient jusque-là de bonnes relations avec les Européens, commence en 1830 avec la découverte de gisements aurifères sur leur territoire. La division de la Nation cherokee en sept groupes principaux favorise la signature en 1825, du traité de New Echota par lequel les États-Unis acquièrent les territoires cherokees. En effet, ce document n'est signé que par certains chefs et non tous, mais aux yeux du gouvernement américain, il engage la Nation cherokee dans son ensemble. En 1838-1839, les Cherokees sont déplacés, au cours d'une marche épuisante vers l'Oklahoma, quatre mille d'entre eux trouvent la mort, sur environ dix-huit mille partants : c'est la *piste des Larmes*. Lors de cet exode, certains Cherokees refusent d'être déportés et fuient pour s'installer à l'ouest des deux Carolines.

Le « problème indien »

La loi Dawes de 1887 (*Dawes Severalty Act*) prévoit de mettre fin aux réserves en assurant un lopin de terre à chaque famille indienne. Dans l'esprit du législateur, une telle mesure est destinée à favoriser une intégration plus rapide, fondée sur la sédentarité. Si le premier aspect caractéristique de cette loi est agraire, le second se veut éducatif. En fait, de par la politique d'acculturation forcenée menée au début du XXe siècle, ce qui est demandé aux Indiens est de renier leur identité et elle se traduit le plus souvent par des expropriations et un déracinement plus grand. À la fois chassés de leurs terres, honteux de leur passé, considérés comme des citoyens de seconde classe, les Indiens doivent attendre l'entre-deux-guerres pour que s'ouvre une ère plus libérale. La citoyenneté américaine leur est accordée en 1924 par le vote au Congrès de l'*Indian Citizenship Act*. Plusieurs mesures aident à cette prise de conscience, ainsi quatre ans plus tard le rapport *Meriam* alerte le gouvernement américain sur l'état dramatique dans lequel se trouvent les Indiens. Puis en 1934, l'*Indian Reorganization Act* et en 1944 la création du *National Congress of American Indians* soutiennent leurs intérêts. Mais c'est réellement en 1968, alors que l'*American Indian Movement* à Minneapolis se constitue, que les Indiens, en s'organisant, commencent à faire bouger des mentalités statiques.

POUR ALLER PLUS LOIN

Le massacre de Wounded Knee

Le massacre de Wounded Knee, le 29 décembre 1890, est considéré comme la fin de 400 ans d'hostilité entre les Indiens et les Américains bien que d'autres événements militaires par la suite, d'autres escarmouches eurent encore lieu. Si l'on parle de « massacre » à Wounded Knee dans le Dakota du Sud, c'est pour reprendre les termes mêmes employés par le général Nelson A. Miles dans une lettre écrite à l'intention du commissaire aux affaires indiennes le 13 mars 1917. En effet, 150 Amérindiens de la tribu des Sioux, désarmés et encerclés, furent la cible de mitrailleuses. Les avis divergent sur le massacre lui-même, mais tous s'accordent à dire que les Indiens étaient sans armes quand les tirs commencèrent.

Les principaux sites et monuments indiens

Presque toutes nomades, les tribus amérindiennes se sont déplacées volontairement ou par la force des choses. Lorsqu'il y a des villes comme chez les Cherokees, ce ne sont en réalité que des villages de huttes de bois. On reconnaît la société en guerre ou en paix aux sites d'implantation, villes rouges pour la guerre, villes blanches pour la paix. L'architecture ne se différencie pas, mais le mode d'organisation varie d'une tribu à l'autre.

Le grand tumulus du Serpent

Le grand tumulus du Serpent du comté d'Adams, dans l'Ohio, est généralement attribué à la culture Adena (800 av. J.-C.-100 apr. J.-C.). Situé sur un promontoire qui domine le lac Rice c'est une structure sinueuse en terre d'une longueur de 59,1 m et d'une hauteur de 1,5 à 1,8 m. Il mesure 400 m de long, depuis la queue entièrement enroulée sur elle-même, jusqu'à la mâchoire renfermée sur un petit tumulus conique. Datant de l'ère chrétienne, il n'est pas réellement typique de la culture hopewell, mais il est sans doute à l'origine des nombreuses effigies qui se trouvent dispersées sur une vaste région à l'ouest du pays.

Le Pueblo de Taos

Le Pueblo de Taos, dans la vallée du Rio Grande, est un ensemble d'habitations, réalisées en briques séchées au soleil, l'adobe. Vers 1540, les premiers occupants réalisent des villages, les *pueblos*, constitués de maisons avec un premier étage. Des *Anasazi* (les Anciens), les pueblos conservèrent le type de la maison fosse circulaire, formée de rondins consolidés par de l'argile. Si la maison carrée ou rectangulaire, rapidement à étage, est conservée pour l'habitation, la maison fosse circulaire ou *kiva* demeure pour servir à la fois de lieu de réunion pour les hommes de la communauté, mais aussi de chambre de cérémonies pour y célébrer des rites secrets. Au centre de la kiva est creusé un trou, le *sipaapu* qui matérialise le lieu par lequel l'homme est, selon la geste cosmogonique pueblo, issu de la Terre-Mère. C'est vers le milieu du XIe siècle que les Anasazi commencent à émigrer, en direction du Texas. Ils quittent des cités très importantes regroupant tel le Pueblo Bonito huit cents pièces d'habitation. Le nouvel habitat se développe dans les falaises sous forme de maisons troglodytes jusqu'au XIVe siècle au moment où les constructions de brique et de pierre prennent le relais.

LE SAVIEZ-VOUS ?

Gens d'hiver et Gens d'été

L'essentiel du pouvoir chez les Pueblos est aux mains de sociétés : de guerriers, de chamans, de femmes où elles jouent un rôle central en possédant les maisons et les terres agricoles. Chaque village est commandé par un conseil, comprenant les chefs de ces différentes sociétés. Il n'existe pas de fédérations pueblos, chaque village, chaque tribu gardant son autonomie de décision. Ce principe de gouvernement collégial est aboli par les Espagnols qui imposent un gouverneur dans chaque village que les Indiens doivent nommer en leur sein. Chez les Pueblos de l'Est, ceux du Rio Grande, une organisation sociale particulière est en place. Le village est divisé en deux parties, les « Gens de l'hiver » et les « Gens de l'été ». En fonction de leur appartenance à une saison dominante, chaque groupe à son tour gère l'ensemble du village.

Les grands personnages amérindiens

Parmi les populations tribales amérindiennes, deux personnages jouent un rôle prépondérant dans l'histoire et le développement : le *sachem*, le chef suprême, conseiller et souvent un ancien, et le chef religieux, le sorcier dont le nom ne nous est pas parvenu.

Massasoit

Chef de la confédération des Wampanoag, Massasoit (v. 1581-1661) dit « Plume Jaune » est connu pour avoir aidé les colons du Mayflower en 1620 et les avoir sauvés de la famine. Les Européens du Mayflower sont les premiers colons à venir pour s'installer en Nouvelle-Angleterre. Sans l'aide des Indiens qui leur ont appris la culture du maïs, ils seraient morts de faim.

Pocahontas

Fille du chef Wahunsunacock, Pocahontas (1595-1617) appartient à la tribu des Powhatan, en Virginie. Sa vie est sujette à de nombreuses légendes. On lui suppose une relation amicale avec John Smith (1580-1631), capitaine des colons anglais de Jamestown. Il est dit même qu'elle l'aurait sauvé plusieurs fois de la mort. En 1613, elle est faite prisonnière, afin de l'échanger contre des prisonniers anglais détenus par le chef powhatan. Elle est retenue dans une colonie anglaise où elle apprend les bonnes manières. Une fois baptisée, elle change son nom pour celui de Rebecca. Elle rencontre John Rolfe (v. 1585-1622) et l'épouse en 1614. Son départ pour l'Angleterre a pour but d'attirer de nouveaux colons et de les rassurer sur les Indiens. Sa notoriété est telle qu'elle est reçue au palais de Whitehall, principale résidence des souverains anglais jusqu'en 1698. En 1617, de retour en Virginie, elle succombe à une pneumonie contractée sans doute pendant le voyage.

Osceola

Osceola (1804-1838) est le chef séminole qui participe à la résistance contre les États-Unis, afin de conserver ses terres. Le traité de Payne's Landing, en 1832 n'est signé que par quelques chefs séminoles, lesquels acceptent de laisser leurs terres en Floride contre d'autres à l'ouest du Mississippi. Ceux qui refusent sont menacés de perdre leur statut de chef. Osceola se révolte, mais est emprisonné à Fort King. Aussi accepte-t-il de signer le traité. Deux ans plus tard, pour avoir tué Wiley Thompson (1781-1835), l'agent détaché à la question indienne, le 28 décembre 1835, il est capturé par traîtrise. Lorsqu'il meurt en 1838, il reçoit les honneurs militaires.

Cochise

Chef apache accusé d'avoir enlevé un enfant blanc par les autorités américaines, Cochise (1812-1874) voit, à la suite de cela, une partie de sa famille faite prisonnière par traîtrise. La conséquence en est dix ans de guerre. Pourtant l'amitié qu'il noue avec Thomas Jeffords (1832-1914), chargé de traverser le Territoire apache pour acheminer le courrier, amène à des négociations de paix avec le général Oliver O. Howard (1830-1909).

Geronimo

Geronimo ou Gokhlayeh (Celui qui bâille) (1829-1909) est le nom donné à la naissance au grand homme des Apaches. Le nom de Geronimo lui vient des appels à saint Jérôme (*Geronimo*) des soldats mexicains attaqués. Il est *medecine man* (homme-médecin) et admis au conseil de guerre apache chiricahuas, dès 1848. Il sème la terreur des deux côtés de la frontière mexicaine. La guerre avec les Américains commence en 1860, lorsque ces derniers essayent par traîtrise de capturer le chef Cochise autre grand guerrier apache. La guerre dure dix ans jusqu'à ce qu'aboutisse un accord de paix en 1871. Mais la réserve qui leur est attribuée par la suite est fermée et les Apaches déportés vers celle de San Carlos en plein désert. En 1886, épuisé de se battre, il finit par se rendre. Mais il survit encore assez longtemps pour dicter ses mémoires à un journaliste en 1906 et participer à une inauguration organisée par Théodore Roosevelt (1858-1919), président des États-Unis de 1901 à 1909.

Sitting Bull

Connu sous le nom de Sitting Bull (Taureau assis), Tatanka Iyotake (1831-1890) apparaît comme l'un des principaux résistants à l'armée américaine. Il dirige la révolte des Sioux après la rupture du traité de Fort Rice, du 2 juillet 1868, stipulant que son peuple devait être déplacé et qu'il avait cependant accepté. C'est le vainqueur du général George Armstrong Custer (1839-1876) à Little Big Horn le 25 juin 1876, même s'il ne conduit pas l'attaque, dirigée par le chef Crazy Horse (Cheval fou) (1839-1877), car il était parvenu à unir tous les Indiens des Plaines. Après un séjour au Canada, il revient aux États-Unis et meurt tué par la police indienne chargée de l'interpeller le 15 décembre 1890. Les autorités l'accusent d'être à l'origine de la *Ghost dance* (Danse des esprits) qui regroupait de plus en plus d'Indiens.

Religion, mythes et légendes amérindiens

Les sociétés amérindiennes, dépendantes dans une large mesure de leur environnement, sont celles de chasseurs nomades ou d'agriculteurs sédentaires, imprégnées par la religion dans chacun des aspects de leur vie. Le *chaman* y joue un rôle primordial pour l'ensemble de la société, même si des milliers de tribus éparpillées sur le territoire américain possèdent chacune leur espace de subsistance et de mode cultuel et religieux propre.

Le monde des Esprits

Ce qui réunit les Indiens, c'est leur conception de vie, dans laquelle toutes les vies sont interdépendantes et liées comme dans un cercle. La prière se fait en cercle, ainsi que la danse. Les *wigwams* ou *tipis* sont agencés en cercle. La nature est un cycle d'éternel retour. Ils croient en un dieu créateur unique, le Grand Esprit qui porte autant de noms que de tribus : *Manito, Wakan Tanka, Tshemdo.* Ce dernier est accompagné de multiples divinités secondaires, représentées par des animaux, végétaux, ancêtres. Pour entrer en contact avec eux, il faut en passer par des rites de purification pour obtenir des visions avec « les herbes sacrées », tabac, écorce de bouleau, peyotl (un cactus) ou à l'intérieur des loges de sudation qui permettent d'éliminer les impuretés du corps.

LE SAVIEZ-VOUS ?

Le sac médecine

La croyance spirituelle du sac médecine est toujours pratiquée et se trouve rattachée au rôle des chamans. Ce sac était fabriqué après un rêve dans lequel apparaissait un animal. Il devait être confectionné avec la peau de l'animal rêvé et rempli d'objets sacrés. Ainsi les membres de la Société de la Grande Médecine, *Midewiwin*, se réunissaient une fois par an dans une hutte mesurant jusqu'à 21 m de long. Ils y accomplissaient des rites. Le matériel des membres comprenait un sac constitué d'une seule peau de loutre et contenant un coquillage, par exemple chez les Algonquins, sac qui aurait conduit la tribu à l'ouest de la côte atlantique. Chez les Pawnees Skidis, le premier « sac médecine » était censé contenir le premier crâne humain.

Les danses sacrées

La finalité des danses sacrées était de rentrer en contact avec les Esprits. Accompagnée du rythme sourd des tambours, la musique sacrée est monophonique. Les mélodies conçues à partir de la répétition strophique de couplets brefs et de rythmes simples étaient connues à partir de cinq notes, ce qui permettait de mémoriser sans l'aide de partition écrite, les paroles litaniques. En psalmodiant de la sorte, la transe pouvait avoir lieu.

La danse du soleil

Les Sioux comme les autres Indiens des Plaines encourageaient les jeunes gens à rechercher les visions qui devaient guider leur vie et aider la tribu tout entière. Éloignement, rite de séparation momentanée, jeûnes, mutilations, sont les moyens de parvenir à la vision. L'essentiel du rite demeure « la danse du soleil » interdite par les Blancs en 1881. Il s'agissait de rendre grâce au Grand Esprit après une période de préparation magique confiée aux sociétés rituelles. Un tronc d'arbre placé au centre d'un cercle recouvert de branchages est surmonté d'un sac sacré. Pendant huit jours, les jeunes guerriers dansent autour de lui, parfois se torturent pour l'arroser de leur sang, le plus souvent se mutilent à l'aide d'épingles prises dans la chair de la poitrine, reliées à des cordes pendues au mât auquel ils sont suspendus. Les mouvements du danseur le conduisent alors à se déchirer les chairs. Dans la tribu des Mandan la cérémonie prend le nom d'*Okipa*.

La danse du serpent

La danse du serpent se pratique lors des réunions des sociétés religieuses pueblos. Les officiants portent des masques, se peignent le corps afin d'incarner totalement un *Kachina* (un esprit). Chez les Hopis, cette cérémonie particulière occupe une grande place dans la célébration annuelle. Elle prend place à la fin de l'été et appelle la pluie bienfaisante pour la récolte de l'année future et dure neuf jours pleins. C'est au crépuscule du neuvième jour que se déroule la cérémonie proprement dite. Sur l'un des côtés de la place se trouve une hutte de branchages, abri des serpents, le *kisi*. Celui-ci est précédé d'une planche, porte du monde des Esprits. Chaque danseur vêtu d'un pagne et le corps peint frappe la porte pour avertir les esprits chtoniens dont le serpent est le symbole, s'agenouille et se redresse, un serpent tenu entre les dents. Il entreprend sa danse, balançant la tête pour y faire participer le reptile. Lorsque tous les serpents ont dansé, ils sont jetés sur une figure symbolique et géométrique, tracée au sol avec de la fleur de maïs. Ils seront récupérés et lâchés par les danseurs dans les alentours du village.

Les grands mythes amérindiens

Si les mythes des populations des Plaines présentent certaines caractéristiques proches de celles des habitants des parties boisées de l'Est, c'est que certaines d'entre elles comme les Cheyennes, ont émigré sous la poussée des premiers colons européens. La croyance en un Grand Esprit tout-puissant est largement répandue, il est appelé Wakan Tanka chez les Lakotas. Le pouvoir du soleil est attesté également. Dans certains mythes, des esprits dispensent aux premiers humains l'art de la chasse pour survivre, mais sont aussi à l'origine sacrée de certains objets comme le calumet ou le sac médecine des chamans.

L'origine du monde

Paradoxalement, il existe peu de variété dans les mythes de création, en dépit de l'extraordinaire diversité cultuelle qu'offrent ces tribus d'Amérique du Nord. En effet, la plupart des Amérindiens attribuent la conception de l'univers à un être suprême, un Grand Esprit appelé Kitch Manitou par les Algonquins et chez les Lakotas, Wakan Tanka. Son rôle se borne souvent à engendrer Mère-Terre, Père-Ciel ou le Soleil et la Lune. Au nombre des divinités actives dans les mythes de création, il faut compter l'intervention de figures animales. Dans les régions de l'Ouest, Araignée tisse une toile qui deviendra la Terre. Mais le mythe d'Oiseau-Plongeon est le mythe le plus fréquent. C'est à partir de la boue rapportée du fond de la mer que se forme la Terre déposée sur le dos de Grand Mère-Tortue. La boue continue de s'épaissir et c'est ainsi qu'émerge la première Terre.

Les Pawnees expliquent comment leur divinité primordiale *Tirawa* ordonne au Dieu-Soleil et à la Déesse-Lune de s'accoupler pour donner naissance au premier homme. De celui d'Étoile du Matin et du Soir, naît la première femme chez les Navajos, la divinité suprême donne naissance à Mère-Terre et Père-Ciel qui engendrent à leur tour les premiers êtres vivants, animaux et hommes. Selon les Hopis, ce sont des divinités jumelles qui créent les animaux puis les hommes en les façonnant dans l'argile. Iroquois et Hurons conçoivent que le premier humain apparu était une femme, Aataensic. Pour les Pueblos et d'autres peuples de sociétés agraires et installés dans les Plaines, la terre est conçue comme mère toute-puissante à l'origine des hommes et des bêtes. Tous ces mythes comportent des préceptes moraux expliquant que la condamnation des hommes est le résultat de la non-observation de ces enseignements. Ceux qui ont survécu ont continué leur route vers le haut, destinés à peupler la terre, conduits soit par Mère-Maïs, soit par un héros.

LE SAVIEZ-VOUS ?

Maître de vie et gardien de la foi

Les Iroquois placent au-dessus de tous les esprits deux frères, l'un incarnation du Mal, l'autre du Bien. Ce dernier porte le nom de *Maître de vie*. Un culte particulier est rendu aux plantes nourricières, le maïs, le haricot, la courge, regroupées sous le vocable des « trois sœurs ». Il s'agit de cérémonies appelant la fertilité sur la tribu tout entière. Par ailleurs, ils croient en un esprit universel, répandu aussi bien parmi les minéraux, les végétaux que les animaux et les hommes. Rester en accord avec cet esprit *Orenda* est primordial. Quant à l'organisation religieuse, elle est confiée aux « Gardiens de la foi », assistés de nombreux chamans. La religion des Iroquois exigeait aussi le sacrifice de prisonniers précédé de séances de tortures réalisées par les femmes.

Coyotte

Coyotte est l'un des personnages les plus populaires de l'ensemble de la mythologie amérindienne. Il apparaît dans la région des Plaines centrales et à l'ouest, assumant tour à tour un grand rôle, soit sorcier, *trickster*, héros civilisateur ou créateur. La version navajo du mythe des origines pueblo met en scène trois créateurs, Premier Homme, Première Femme et Coyotte. Elle raconte comment les tribus naissent quand Coyotte distribue des graines, rapportées des quatre mondes souterrains pour les leur offrir.

LE SAVIEZ-VOUS ?

La fête du Maïs vert

La religion des Cherokees connaît une célébration particulièrement importante, celle de la *fête du Maïs vert* qui a lieu en été au moment où s'effectue la récolte du maïs nouveau, c'est-à-dire en juillet et en août. Lors de cette cérémonie, les feux sont éteints, les instruments aratoires et de cuivre brûlés, puis un feu nouveau est allumé, de nouveaux ustensiles sont distribués. Un grand banquet se déroule au cours duquel on consomme du maïs et de la viande de cerf puis sont pratiqués des jeux d'adresse et de force et des danses appelant la fertilité.

L'oiseau-tonnerre

L'oiseau-tonnerre, chez les Lakotas, est une manifestation de l'être suprême auquel on rend un culte important fondé sur la rencontre des hommes avec celui-ci. Le pouvoir qu'on lui attribue est à la fois protecteur et destructeur. Pour les Iroquois, il n'a pas cet aspect d'aigle avec ses yeux, son bec, mais une forme humaine sous les traits d'Hino, gardien du ciel. Les peuples de l'Ouest croient qu'il existe quatre oiseaux-tonnerre, un pour chaque point cardinal. Pour tous ces peuples, cette créature gigantesque mène un combat constant contre les esprits malveillants tels la panthère sous-marine ou les serpents du monde souterrain. Les cataclysmes, tremblements de terre, inondations sont la conséquence de leurs terribles combats.

LE SAVIEZ-VOUS ?

Windigo

La légende du *Windigo* est attestée chez les Algonquins, mais varie chez d'autres tribus. Elle relate que toutes les personnes s'adonnant au cannibalisme pour survivre deviennent des windigos et habitées par cet esprit devront continuer à s'alimenter de la sorte. Les windigos apparaissent surtout comme une menace face aux périodes de famine, de froid extrême où le cannibalisme pourrait être envisagé pour survivre.

L'héritage amérindien

L'apport des Amérindiens à notre culture s'évalue dès le XVIe siècle. Son influence va jouer le rôle de catalyseur dans les mouvements contestataires européens en faisant naître dès le XVe siècle une utopie sociale et ce n'est pas un hasard si Thomas More (1478-1535) rédige son roman politique et social *Utopie* en 1515. Pourquoi, si les hommes du Nouveau Monde vivent dans la liberté, ne pourrions-nous le faire, reste l'une des questions centrales qui se posent à travers le mythe du bon sauvage jusqu'au XIXe siècle. Jean-Jacques Rousseau (1712-1778) prône que l'Éden est accessible dans les sociétés premières et John Locke (1632-1704) fait de l'état de Nature, l'idéal des hommes libres. C'est en découvrant ces autres ailleurs que le Siècle des lumières relativise à leur contact et à la découverte de leurs traditions les concepts relatifs à l'homme. Les mentalités se transforment et la supériorité de la civilisation européenne tend à être remise en question. Aujourd'hui nous pouvons encore évaluer l'impact de leur civilisation sur la nôtre par l'apport d'un grand nombre de mots désignant des plantes, tabac, peyotl, pécan ou des animaux, opossum, wapiti ou encore l'usage de termes liés à la vie quotidienne, mocassin, squaw, totem.

POUR ALLER PLUS LOIN

Le code navajo

Lors de la Seconde Guerre mondiale, la langue navajo fut choisie par l'État-Major américain, car réputée impossible à décrypter pour les opérateurs radio japonais. Tout au long du conflit, la langue indienne assure la transmission d'informations dans des conditions de parfaite sécurité. Un lexique de 274 mots est forgé, ainsi qu'un alphabet pour épeler les mots difficiles. Le général en chef des renseignements japonais n'a jamais pu percer le code, un des rares à n'avoir jamais été brisé. En 1968, le code navajo est libéré du secret-défense et en 1982 le gouvernement américain institue pour célébrer les crypteurs navajos une journée d'honneur tous les 14 août.

Chapitre 21

L'Océanie : peuples des eaux, gens des îles

Dans ce chapitre :

- Longues et courtes oreilles
- Les tablettes indéchiffrables, Rongo-Rongo
- Le rituel du saut

Notre vision de l'Océanie repose sur les premiers contacts que les Occidentaux ont eus avec cette multitude d'îles et de peuples. Peu à peu, le travail acharné des chercheurs nous a permis de la modifier tant sur le plan culturel qu'historique. Nous n'avons pas une civilisation océanienne mais une multitude d'isolats qui ont donné naissance à une grande variété de cultures endémiques. Pourtant, toutes celles-ci ont en commun d'avoir une origine première en Asie, l'absence quasi-totale d'écriture, de métaux, des sociétés autarciques peu stratifiées mais éminemment complexes.

POUR ALLER PLUS LOIN

L'origine du mot Océanie

L'Océanie ne tire pas son nom d'Océan, l'aîné des Titans dans la mythologie grecque, mais du fait que les terres n'y tiennent qu'une place restreinte : 9 millions de kilomètres carrés, dont 90 % pour l'Australie, 5,4 % pour la Papouasie-Nouvelle-Guinée et 3,1 % pour la Nouvelle-Zélande.

Ses îles sont regroupées en trois grands ensembles :

- La Mélanésie avec les archipels du Sud-Ouest pacifique : Papouasie, Nouvelle-Guinée, îles Salomon, Nouvelle-Calédonie, Fidji...
- La Polynésie qui comprend toutes les îles du Pacifique central : Samoa, Tonga, Cook, Wallis-et-Futuna, Polynésie française...
- La Micronésie constituée de petites îles, îles Mariannes, Marshall, Carolines à l'ouest de l'océan Pacifique et au nord de l'Équateur.

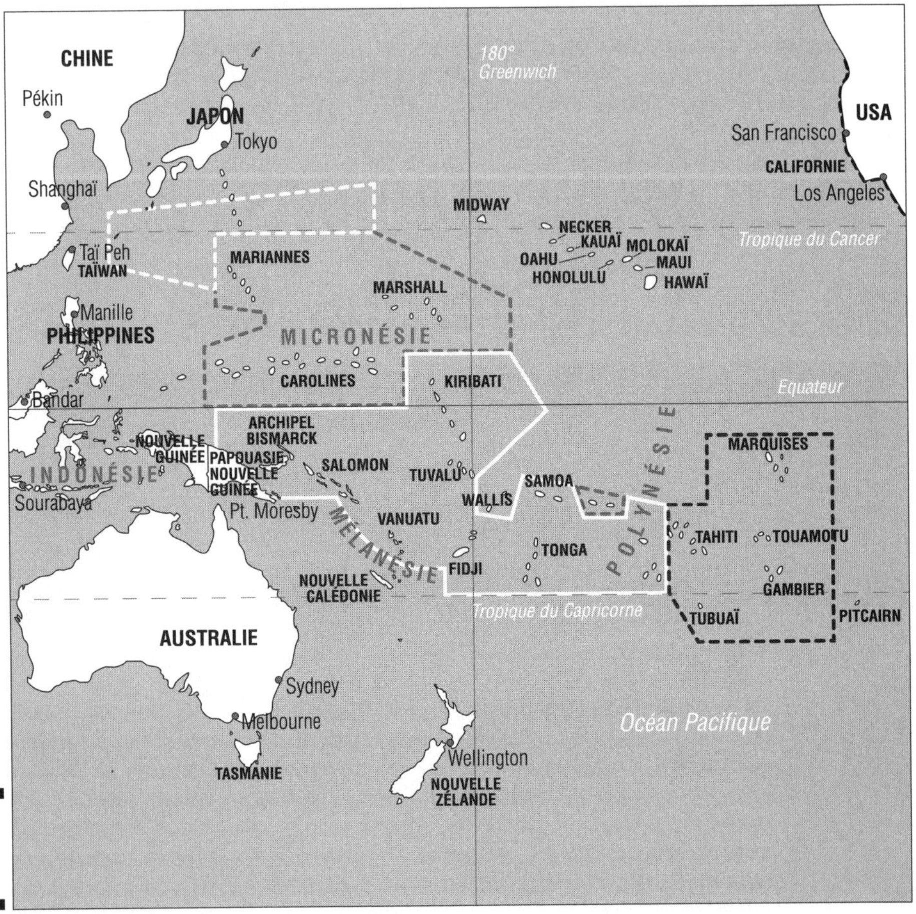

Figure 21-1 : Le monde océanien.

Les grandes étapes de l'histoire océanienne

L'histoire de l'Océanie, c'est l'histoire à partir du XVe siècle que les Européens ont voulu montrer. Les grandes découvertes sont motivées par des raisons économiques mais aussi par le développement de la pensée en Occident. Jusqu'au XVIIIe siècle, le mécénat, les cabinets de merveilles s'alimentent des résultats d'expéditions, chez ceux que l'on considère comme de bons sauvages. À partir du XVIIIe siècle, l'histoire naturelle domine et les résultats des expéditions de Bougainville, La Pérouse, Cook nourrissent les cabinets des savants. Les missionnaires entreprennent une évangélisation à outrance de ces peuples. Mais c'est aussi au début du XIXe siècle, le tour des sciences ethnologiques, anthropologiques. Le XXe siècle utilise l'artisanat, s'en inspire pour son propre art de création.

Des premiers hommes aux premiers découvreurs

L'apport conjoint de l'archéologie, de l'anthropologie, de la linguistique permet de nous éclairer sur les premiers peuplements de l'Océanie (60000 av. J.-C.-1600 apr. J.-C.). Deux vagues eurent lieu. Une première entre 60000 et 40000, le niveau de la mer étant bien plus bas, ce qui lui permet de passer du continent, de l'Asie du Sud-Est vers l'Australie et la Tasmanie. Sous l'effet du réchauffement climatique vers 10000, une seconde vague de peuplement est à nouveau possible. Les Mélanésiens développent des techniques d'horticulture complexes remontant à 9000 av. J.-C. Une culture émerge vers 4000 av. J.-C., dont le rayonnement va se répandre dans tout le Pacifique insulaire, la culture Lapita, nom désignant les poteries et le complexe cultuel, répartis entre la Nouvelle-Guinée et les îles Tonga et Samoa. Les premiers marins quittent les côtes de Nouvelle-Guinée vers le milieu du IIe millénaire pour se diriger vers la Polynésie, puis un millénaire plus tard, la Micronésie. Ces Austranésiens qui appartiennent à la même souche linguistique sont sans doute les plus anciens navigateurs au monde.

POUR ALLER PLUS LOIN

Longues Oreilles et Courtes Oreilles

Les autochtones de l'île de Pâques, ou *Rapa Nui*, traditionnellement appartenaient à deux tribus : les Longues Oreilles et les Courtes Oreilles. Les premiers seraient venus d'Amérique du Sud, les seconds de Polynésie. Pour soutenir cette thèse d'une origine amérindienne, Thor Heyerdahl (1914-2002) tenta en 1947 l'aventure du *Kon-Tiki*, ce bateau sommaire destiné à prouver que la traversée était possible. Mais les origines de ce peuplement sont aujourd'hui controversées. La différence entre les deux appellations, « Longues Oreilles », « Courtes Oreilles », réside pour les premiers dans l'habitude de suspendre des poids aux lobes des oreilles. L'une et l'autre tribus ont donc une origine mythique, chacune guidée par un héros fondateur. Les « Longues Oreilles » seraient venus de l'Est conduits par Hotu Matua. Trente générations plus tard selon un comput mythique précis arrivent les seconds venus de l'Ouest sous la direction de Tuu-Ko-Iho. Il semble qu'ils se soient installés sans problème, mais dans un statut social inférieur aux précédents qui les obligeaient à travailler pour eux. Une révolte des dominés met fin à la suprématie de l'autre tribu qui est exterminée.

Premiers contacts avec l'Occident

Le contact qui s'établit à partir du XVIe siècle avec les Européens se fait de façon inégale durant la période allant du XVIe au XIXe siècle. Les Occidentaux qui viennent dans le Pacifique entre le XVIe et le XIXe siècle sont d'appartenance très diverse : marins envoyés par leurs gouvernements pour découvrir de nouvelles terres ; expéditions scientifiques destinées à rapporter des informations d'ordre géographique, ethnologique, astronomique ; aventuriers et trafiquants, missionnaires, marchands et planteurs venus exploiter coton, café, canne à sucre.

Les premiers explotareurs

Les premières explorations (XVIe-XVIIe s.) en Océanie sont faites, d'abord par Vasco Nuñez de Balboa (1475-1519) qui se limite à découvrir l'existence de l'océan Pacifique, en 1513, pour le compte de Ferdinand II d'Aragon (1452-1516), roi de Castille. En 1520-1521, Fernand de Magellan (v. 1480-1521) franchit le détroit qui porte son nom aujourd'hui. Il navigue plusieurs mois, atteint les îles Mariannes, les Philippines où il trouve la mort. D'autres navigateurs lui succèdent, l'Espagnol Alvaro de Mendaña (1541-1595) qui découvre les îles Salomon, puis en 1595 échoue dans sa tentative d'établir une colonie aux îles Marquises. Miguel López de Legazpi (1502-1572) va fonder Manille en 1571. Les richesses espagnoles importées des îles suscitent des convoitises parmi les autres États européens. Les Hollandais contournent le continent américain plus au sud que le détroit de Magellan et baptisent ces terres cap Horn en 1616. Abel Tasman, en 1647, laisse son nom à la Tasmanie. Tardivement, les Français se mêlent à la course et Nicolas de Frondat est le premier à traverser l'océan Pacifique en 1708.

Les expéditions scientifiques

Le XVIIIe siècle s'inscrit parmi le siècle des découvertes et des expéditions scientifiques. La cartographie du Pacifique est fixée. Le mythe du continent austral, équilibrant la masse de terre émergée dans l'hémisphère nord, est délaissé, mais celui de Montaigne sur les bons sauvages est maintenu. Ces expéditions sous l'autorité de sociétés savantes permettent de situer la quasi-totalité des archipels, et leur position exacte est déterminée sur les cartes maritimes. La boussole, en 1779, est perfectionnée.

Le gouvernement français finance plusieurs expéditions. Louis Antoine de Bougainville (1729-1811), après avoir traversé les Tuamotu, fait escale à Tahiti et poursuit sa route aux Samoa, jusqu'au Vanuatu actuel. La vision selon laquelle les indigènes rencontrés sont des hommes naturellement bons, se modifie à chaque escale au fur et à mesure que s'enveniment les rapports entre les membres de l'équipage et ces populations. Marc Joseph Marion-Dufresne (1724-1772) connaît ces mêmes difficultés avec les Maoris. Mais le nom de Jean-François de Galaup, comte de La Pérouse (1741-1788) reste lié à la plus grande des expéditions françaises. Il emmène avec lui un grand nombre de savants de diverses disciplines. Ils font escale à l'île de Pâques, à Hawaï, et La Pérouse s'affirme comme l'un des découvreurs de la côte orientale de la Nouvelle-Calédonie. Il disparaît avec ses navires au large des îles Salomon en 1788.

L'Anglais James Cook (1728-1779) se voit confier par le ministre de la Marine une expédition pour explorer de nouvelles terres dans l'océan Pacifique et observer le passage de la planète Vénus, celle-ci permettant selon l'hypothèse d'un savant, Edmund Halley (1656-1742), de pouvoir ainsi calculer la distance entre le Soleil et la Terre. Il entre dans les eaux du Pacifique de 1769 à 1771 et fait halte à Tahiti où il s'initie à la culture locale en 1771, pour se rendre ensuite en Nouvelle-Zélande et en Australie. Il effectue entre 1772-1775, une seconde expédition qui le mène en Nouvelle-Calédonie et au Vanuatu. Enfin de 1776 à 1779, il tente de franchir le détroit de Béring, infranchissable et meurt à Hawaï après une altercation avec les habitants. Un autre grand nom est accolé à celui de Cook, celui du navigateur anglais Samuel Wallis (1728-1795) qui recueille aussi de précieuses informations lors de son escale de découverte de Tahiti.

Les missionnaires

Les missionnaires s'implantent en tentant d'imposer la christianisation à l'Océanie. Ainsi Tahiti devient le foyer d'une évangélisation importante. Les efforts se concrétisent par l'intermédiaire d'écoles que les missions créent partout. L'Ancien et le Nouveau Testament, traduits dans les langues locales, servent aussi à alphabétiser les populations. Les Églises chrétiennes, protestante et catholique, mènent un combat acharné pour convertir les Océaniens, d'île en île. La London Missionary Society, fondée en 1795, s'implante dès 1797 à Tahiti. Pourtant c'est à partir de 1830 qu'elle rayonne vers Samoa, les îles de Cook et plus tard aux Nouvelles-Hébrides (actuel Vanuatu) et aux îles Salomon. La Boston Mission s'établit à Hawaï en 1820. En France, les catholiques veulent évincer les protestants. Les Maristes ou Petits Frères de Marie s'installent aux îles Salomon en 1870, l'Océanie occidentale leur est confiée, l'Océanie orientale revient aux Picpuciens, membres de la Congrégation des Sacrés-Cœurs de Picpus dès 1833. Rapidement la religion, la culture des îliens sont transformées. Beaucoup d'insulaires, en Mélanésie particulièrement, font cohabiter foi chrétienne et croyances traditionnelles.

LE SAVIEZ-VOUS ?

Les sanctuaires, lieux tabous

Les sanctuaires, lieux tabous, renferment des objets de toutes sortes et parmi eux des tambours et autres instruments de musique. Les sons qu'ils produisent sont souvent considérés comme étant la voix des dieux ou des êtres responsables de la création. Dans la plupart des sanctuaires d'Hawaï, l'endroit le plus sacré est la Maison du Tambour. En Mélanésie, c'est le *rhombe*, pièce de bois conique, percé d'un trou à l'une de ses extrémités par lequel passe une corolle. En faisant tournoyer cet instrument au-dessus de sa tête, on obtient un son grave, interprété comme la voix d'un esprit. C'est pourquoi ces lieux de culte que sont les sanctuaires abritent les tambours des dieux, qui servaient à transmettre des messages, signaler des changements.

La période coloniale

La colonisation des îles de l'Océanie se fait difficilement au XIXe siècle. Ces îles tentent bien peu les colonisateurs à l'exception de l'Australie à partir de 1788, la Nouvelle-Zélande à partir de 1837 qui sont des colonies anglaises de peuplement. Ce sont les ressources économiques qui motivent un attrait en deux époques : la chasse à la baleine dans la première moitié du XIXe siècle, l'exploitation d'huile de coco dans la seconde. Outre les perles, la nacre, la découverte de mines d'or provoque une nouvelle vague migratoire au milieu du siècle.

France et Royaume-Uni sont les deux puissances coloniales dominantes. La France s'assure le contrôle de la Nouvelle-Calédonie (1853), de Tahiti (1880), des îles Gambier (1881), Wallis-et-Futuna (1887), Sous-le-Vent (1897). Mais le Royaume-Uni se taille la part du lion : Nouvelle-Zélande (1840), Australie (1840), îles Fidji (1874), îles Cook (1888), Kiribati (1892), Salomon (1893), Tonga (1900). Arrivée plus tardivement, l'Allemagne s'empare cependant des îles Marshall (1878), Samoa (1880), les Mariannes (1885), Nauru (1888). Il faut un traité, celui de Berlin en 1899 et une convention, celle de Londres en 1906, pour que les diverses appropriations soient entérinées par les colonisateurs entre eux.

LE SAVIEZ-VOUS ?

La fin des Tasmaniens

Proches des Aborigènes australiens, les Tasmaniens s'en distinguent toutefois par un niveau de maîtrise technique moins avancé. Découverte en 1642 par le Hollandais Abel Tasman (1603-1659), qui lui donne son nom, l'île n'est réellement colonisée qu'à partir du XIXe siècle par les Britanniques. Leur disparition commence à partir de 1836, à l'initiative du pasteur George Robinson (1791-1866) qui entend les catéchiser et les acculturer. Les Tasmaniens sont déportés sur une petite île, située au nord de la leur, l'île de Flinders. Sédentarisés, occidentalisés dans la mesure du possible, les Tasmaniens connaissent une hausse foudroyante de la mortalité entre les maladies et l'alcool, l'incompréhension d'un mode de vie radicalement inconnu. C'est en 1847, soit onze ans après leur installation sur l'île de Flinders que les Britanniques les rapatrient en Tasmanie. Ils ne sont plus alors que 47, vivant dans une réserve. Le dernier Aborigène de Tasmanie, une femme, nommée Truganini (v. 1812-1876) entraîne par sa mort la disparition totale du groupe, le 8 mai 1876.

Les principaux sites et monuments océaniens

C'est surtout dans la sculpture, parfois le dessin, que se sont exprimés les artistes océaniens. Aucun monument ne nous est parvenu, que des objets, des statues, des œuvres d'art. Celles-ci, en intégrant les mythes à la vie quotidienne, ont toujours eu dans les sociétés primitives pour rôle d'assurer un équilibre au groupe. Ce n'est pas l'expression d'un individu que l'on saisit, mais celle d'une communauté tout entière à travers peintures, tatouages, parures, instruments de musique. Figures et masques aux reliefs accentués se trouvent surtout en Nouvelle-Calédonie. En Polynésie, les tailleurs de pierres destinées aux enclos œuvrent rarement sur plus d'un mètre de haut, rien à voir avec les statues de l'île de Pâques de plus de 15 m de haut. Quant aux habitations, de bois, de nattes, rien n'évoque dans leur construction ce qu'on appelle en Occident une architecture, mais les fondements d'une société très structurée.

LE SAVIEZ-VOUS ?

Les hommes de talent

Chez les Samoans, en Mélanésie, il n'existe pas de sculpteurs au sens traditionnel du terme, mais un groupe d'hommes dont les qualités techniques sont reconnues de tous. Experts dans la construction des maisons ou la réalisation des pirogues, ils sont appelés « les hommes de talent ». Leur équivalent féminin existe dans l'art de la vannerie ou du tatouage. La sculpture occupe une grande place dans la vie quotidienne. Elle permet une démarcation commode en fonction de son style et des types de représentations entre les îles occidentales et orientales. À l'ouest, il s'agit essentiellement d'une représentation d'homme nanti d'un groin de cochon, à l'est, de bois de forme ovale, ornés d'oiseaux ou de poissons. Sculptures anthropomorphes et bois sont ensuite peints et incrustés de coquillages.

La sépulture du chef Roy Mata

Le chef Roy Mata est un héros mythique dont les traditions orales ont néanmoins maintenu vivace l'existence. Venu en pirogue, accompagné de compagnons, il aurait abordé l'île d'Efaté. Peu à peu, il réussit à dominer toutes les populations côtières de l'île et à transformer les structures sociales de cette région. On suppose qu'il vivait autour du XIIIe siècle de notre ère et que son règne se serait déroulé aux alentours de la grande éruption du volcan Kuwai dans les îles Shepherds, un archipel de l'actuel Vanuatu. À la suite de cette éruption, l'île principale a été dispersée en une multitude de petites îles. C'est après celle-ci que Roy Mata aurait régné. Il réussit à imposer la paix malgré les oppositions régnant d'île en île. À sa mort, son corps aurait été transporté sur un îlot corallien, Eretoka, non loin de la côte nord-est d'Efaté. Une grande partie de sa suite et des membres de différents clans, 49 personnes furent enterrées avec lui, sacrifiés. Cette légende permet aux archéologues de retrouver sa sépulture lors des fouilles entreprises à Eretoka, en 1967. De nombreux corps, 49, hommes et femmes sont mis au jour, certains recroquevillés, d'autres droits, certains avaient été tués avant l'inhumation, d'autres pas. De nombreux objets, parures, outils sont retrouvés auprès des dépouilles.

LE SAVIEZ-VOUS ?

La fabrication des tapas

La fabrication du *tapa*, étoffe végétale se pratique dans de nombreux archipels d'Océanie. Le travail, exclusivement celui des femmes, consiste à prélever sur des arbres arrivés à maturité de longues bandes verticales d'écorce. L'écorce est mise à tremper plusieurs jours pour l'assouplir puis grattée pour ne conserver que le *phloème*, le tissu conducteur de la sève. Elle est ensuite battue sur une enclume et on replie la partie supérieure sur la partie inférieure afin d'obtenir l'épaisseur voulue. Des motifs géométriques semblables à ceux des tatouages sont alors peints. Les plus extraordinaires tapas se trouvent en Polynésie et aux îles Fidji. Ils sont utilisés comme vêtements lors des cérémonies, ou même comme nattes.

Les statues de l'île de Pâques

Les statues de l'île de Pâques, les *Moai*, constituent encore un mystère. Comment des hommes dénués de tout ou presque sont-ils parvenus à ériger des statues colossales ? Des 800 statues sculptées dans le tuf du volcan Rano Raraku, la moitié gisent inachevées, la plus grande mesurant 22 m de haut et pesant 160 tonnes. L'explication plausible à la disparition de la végétation reste une grande sécheresse. Après la période trouble de la fin du XVIIe siècle, alors qu'un grand nombre avait été jetées à bas, elles furent relevées. L'emplacement, la plate-forme cérémonielle, ou *ahu*, sur laquelle doit se dresser la statue est soigneusement aménagée à partir de larges dalles de pierre. La morphologie de ces quelque trois cents plates-formes a permis d'isoler deux périodes : celle depuis le peuplement de l'île jusqu'en 1680, période Ahu Moai et de 1680 à 1868, période Huri Moai, statues renversées. La statue, dégagée de sa carrière est roulée sur des patins. Il semble ensuite qu'elle soit élevée jusqu'à son socle par paliers : les hommes la soulèvent par des leviers et glissent en dessous des pierres qui forment un monticule jusqu'à la hauteur de la plate-forme. À l'origine, ces statues sont surmontées d'un chapeau de pierre, en tuf rouge, le *pukao* mesurant 2 m de diamètre et 1,5 m de hauteur. Le dernier s'est effondré au milieu du XIXe siècle et ceux qui sont en place aujourd'hui ont été posés par les missions archéologiques. Dressées face à la mer, elles représentent les rois et les chefs des « Longues Oreilles » dont elles portent les caractéristiques physiques.

LE SAVIEZ-VOUS ?

L'écriture rongo-rongo

En 1870, les missionnaires Hippolyte Roussel (1867-1928) et Eugène Eyraud (1820-1868) découvrent aux mains des habitants de l'île de Pâques des tablettes de bois sur lesquelles sont incisées des lignes d'une écriture inconnue. On les appelle *Ko hau rongo-rongo* (bois portant des renseignements). Au moment de l'évangélisation, beaucoup d'entre elles furent détruites. Une quinzaine aujourd'hui sont conservées. On a soutenu que les espèces de bois dont elles sont faites n'étaient pas originaires de l'île, mais les données se contredisent. Les signes gravés sur les tablettes représentent des personnages, des objets identifiables : oiseaux, plantes, lézards, ou sont fortement stylisés. Le nombre des caractères en est important et avoisine les 500 et il s'agit d'une écriture idéographique. Sa caractéristique est d'être *boustrophédon* (système d'écriture qui change alternativement de sens ligne après ligne) inversé, il faut retourner la tablette à chaque nouvelle ligne. La première est à l'endroit, la seconde à l'envers, la troisième à l'endroit, etc. En d'autres termes, cela signifie que si les lignes impaires sont orientées de gauche à droite, les paires le seront de droite à gauche. Chaque signe est placé la tête en bas.

Le rocher sacré Uluru

Rocher sacré pour les Aborigènes d'Australie, Uluru, connu sous le nom de Ayers Rock, se trouve dans les territoires du Nord, dans le parc d'Uluru-Kata Tjuta. Le monolithe de 3600 m de long et de 348 m de haut est en fait une formation rocheuse émergée. C'est une montagne-île, lieu de croyance des Anangus pour lesquels le serpent arc-en-ciel doit encore vivre dans l'un des bassins du sommet. Uluru aurait été créé pendant le « temps du rêve », l'origine du monde. Il serait la conséquence du jeu dans la boue de deux enfants mythiques.

Les grands personnages de l'Océanie

Les noms de personnages illustres caractéristiques des sociétés océaniennes n'ont pas traversé l'Histoire pour parvenir jusqu'à nous. Nous n'avons d'indications que générales sur le fonctionnement des tribus. Très structurées, très hiérarchisées, elles ne nous ont laissé aucune mention sur un individu en particulier, mais sur des ensembles d'individus les composant avant le XXe siècle.

La société hawaiienne traditionnelle est divisée en trois groupes : les nobles, les prêtres, et les gens du commun. Au sommet de la société, les *ali'i*, les nobles, descendent des dieux et leur origine divine leur interdit le mariage avec les femmes du peuple. Un système complexe d'interdits, le *Kapu*, règle les rapports et les attitudes réciproques entre les nobles et les gens du peuple. Les prêtres, les *Kahunas*, occupent également une haute position dans la hiérarchie sociale, surtout les plus importants, les *Kahunas nuis*, les grands prêtres. Ils veillent au strict respect du Kapu et choisissaient les victimes humaines qui seraient offertes aux dieux. Pour diriger la noblesse, un chef plus prestigieux que les autres porte le titre d'*Ali'i Kapsu*, assisté d'intermédiaires. Les nobles tout comme les prêtres ne cultivent pas la terre et vivent des redevances.

Religions, mythes et légendes de l'Océanie

Il n'existe pas d'unité religieuse ou mythologique en Océanie, laquelle se manifeste en une multitude d'îles, d'îlots, d'atolls, éparpillés au cœur du Pacifique. Du polythéisme polynésien au totémisme mélanésien, en passant par les héros civilisateurs maoris et le temps des rêves australien, chaque lieu semble avoir fécondé ses propres rituels et mythes. Pourtant, tous ont en commun de rattacher la notion de sacré à l'environnement, de consacrer une attention extrême aux ancêtres, de croire en une force surnaturelle, le *mana*, le besoin de respecter les interdits, garants de la bonne marche de la société.

POUR ALLER PLUS LOIN

Le mana

Le terme de *mana*, employé dans toute l'Océanie, a fait l'objet de discussions tant sur son sens que sur sa traduction exacte. Il signifie « pouvoir », « puissance », « vérité », « efficacité » et appartient au monde de la religion ou de la magie. Les nouveau-nés le reçoivent des esprits du clan par transmission ou l'obtiennent des dieux. Il se vérifie par la réussite de quelqu'un dans une activité, un sculpteur fera de belles sculptures parce qu'il a du mana. On peut l'obtenir en mangeant la chair d'un animal ayant fait l'objet de sacrifice. Certains objets, tels les masques, les statues, les armes détiennent du mana. Pour le conserver, il faut accomplir les rites, les prières demandées.

Le panthéon maori

Le panthéon maori est dominé par deux créateurs suprêmes : Rangi le Ciel et Papa la Terre. Au commencement du temps, ceux-ci étaient unis dans le vide primordial, retenant prisonnière leur progéniture : Rongo le dieu des plantes cultivées, Tangaroa, le dieu de la mer et des poissons, Haumia, le dieu des racines et des fougères, Tu le dieu de la guerre, Tawhui, dieu des vents et des autres éléments. Tane, dieu des forêts et des arbres, plutôt que de tirer leurs parents chacun d'un côté comme ils le projetaient, a proposé de séparer le ciel et la terre. Ainsi tous se sont mis au travail pour activer leur séparation. Mais leur entreprise a échoué. Seul Tane, en exerçant une forte poussée sur son père et sa mère y est parvenu ce qui a provoqué la jalousie de Tawhui. Tane s'unit avec divers esprits féminins de qui il aura différents rejetons, pierres, animaux, herbes, cours d'eau. Mais désireux d'avoir une vraie épouse, il en a façonné une à partir de l'argile et a donné ainsi la vie à Hine-hau-one (la jeune fille créée de la terre), premier être humain.

Le saviez-vous ?

L'art maori

Originaires de Nouvelle-Zélande, les Maoris pratiquaient le tatouage particulièrement sur le menton, selon une symbolique qui réservait les formes courbes aux hommes. Aujourd'hui les tatouages sont remplacés par l'utilisation de dessins peints, lors de cérémonies, lors de funérailles. L'art maori est très développé, aussi bien la sculpture sur bois en ronde-bosse que la fabrication de bijoux en métal ou les vastes couvertures drapant les femmes, ornées de motifs géométriques tressés. Depuis leur contact avec les Européens, les Maoris ont renoncé au cannibalisme. Auparavant, les victimes étaient gardées dans des enclos et engraissées jusqu'au moment où elles étaient jugées bonnes à manger.

Lono, Ku et les autres

À l'époque précoloniale, l'archipel d'Hawaï regroupait une des sociétés les plus complexes d'Océanie. Le dieu Ku, dieu de la terre et de la guerre, appelé Tu dans le reste de la Polynésie, ainsi que le dieu Lono, appelé ailleurs Rongo, dieu du ciel, de la paix par le cycle rituel, déterminaient l'année hawaïenne. Au début de l'hiver hawaïen, la venue du dieu Lono, célébrée quatre mois durant était annoncée par l'arrivée des pluies. C'est avec la constellation des Pléiades apparaissant au-dessus de l'horizon, au coucher du soleil, au début de l'automne, que commençait le rituel du dieu Lono. Les fêtes de Makihiki qui le célébraient, s'ouvraient sur le transport de l'image du dieu à travers l'archipel. Il était promené dans le sens des aiguilles d'une montre et sur son passage de nombreuses offrandes lui étaient faites. Puis une fois son périple achevé, il était replacé dans son sanctuaire, où il mourait rituellement avant de repartir pour des terres invisibles.

LE SAVIEZ-VOUS ?

James Cook, homme-dieu

Lors de son arrivée aux îles Hawaï, en 1778, James Cook (1728-1779), le navigateur anglais a été identifié au dieu Lono par les Hawaïens qui croyaient que ce dernier était venu en personne. Lorsque Cook débarque à Kealakekua, ses hôtes lui apprennent les paroles sacrées du dieu. Ignorant le sens de ce rite, il prononce les mots de Lono, confirmant les Hawaïens dans leur croyance. Lorsque vient l'époque où Lono doit « mourir », les Hawaïens sont rassurés d'apprendre que le départ de Cook est imminent. Or, quelques jours après son départ, Cook décide de revenir à Kealakekua pour réparer son mât de misaine alors que les rituels de Ku battent leur plein. Les Hawaïens stupéfaits le voient réapparaître, alors qu'ils supposaient Lono mort. C'est lors de ce débarquement qu'il est tué, les chefs hawaïens voulant maintenir le cycle rituel d'équilibre entre la fertilité Lono et la guerre Ku qui avait été brisé.

Rites, cultes et initiations

Les rituels et initiations ont un langage symbolique qui traduit les conceptions du monde et marque les rôles sociaux des hommes. Funérailles, naissances, récoltes, tout événement est marqué par un rite particulier.

Le rituel du saut

Ce rituel pratiqué à Bunlap dans un village du sud de l'île de Pentecôte (Vanuatu) a une origine mythique. En effet, un nain irascible et brutal aurait escaladé l'arbre servant de refuge à son épouse. Cette dernière prévoyante aurait noué à ses cheveux des lianes et n'aurait pas hésité à se précipiter dans le vide plutôt que d'être rattrapée. Le mari voulant la suivre, aurait sauté à son tour dans le vide et se serait tué. Les habitants renouvellent cet acte mais en le réservant aux hommes qui semblent prendre ainsi leur revanche par rapport au mythe. La première étape est constituée par la réalisation d'une tour faite de troncs d'arbres maintenus par des lianes, jusqu'à hauteur d'environ une vingtaine de mètres au-dessus du sol. Chaque tour est composée de plusieurs étages matérialisés par des plates-formes à partir desquelles les sauteurs s'élancent dans le vide. Le saut est précédé de danses. Le sauteur escalade la tour, des assistants lui nouent des lianes autour des chevilles puis il s'élance dans le vide, sa tête doit frôler le sol à l'arrivée. Le saut dans le vide tient une place essentielle à la fois comme rite de fertilité agraire et preuve de virilité des hommes.

Les rites de puberté

Chez les Aborigènes d'Australie, l'entrée du garçon se fait par la circoncision très largement pratiquée dans les tribus. Couverts de boue, le corps peint de motifs géométriques, de dessins, les hommes accueillent les novices après que les femmes et les enfants se sont éloignés. La séparation s'effectue lorsque ces derniers entendent le son des *drarunga*, les *bull roarers*, ou rhombes, celui-ci étant assimilé aux voix des divinités. La danse revêt plusieurs aspects depuis un simple mime des gestes de la vie quotidienne jusqu'aux hauts faits des ancêtres au commencement du temps. Les rites de puberté occupent une grande place chez les Abelam. Pour la jeune fille, après une série d'incisions, elle est emmenée par les femmes loin du regard des hommes pour une initiation secrète. Elle prend fin à son mariage. Le jeune homme connaît une initiation parallèle au cours de laquelle lui sont révélés les esprits classiques, les *nggwalndu*. Les hommes leur apprennent la gestuelle de ces esprits primordiaux à l'aide de scènes mimées et dansées.

LE SAVIEZ-VOUS ?

Danse avec les Esprits

Les danses ont une importance capitale au sein des initiations. Elles nécessitent beaucoup de préparatifs et d'accessoires comme les amulettes, les talismans et les bâtons de danse, les vêtements. Dans certains clans, on frotte les lèvres des danseurs avec du gingembre pour leur donner force et précision. Le bâton de danse, utilisé dans les îles de Nouvelle-Irlande et Salomon, est à l'effigie d'animaux et sert à exécuter des thèmes définis comme celui du serpent arc-en-ciel. Les danseurs avant de commencer se parent le corps de plantes odorantes, se maquillent, décorent leurs cheveux de plumes. Le chef de danse marque le tempo à l'aide d'une crécelle et les danseurs marquent le rythme en frappant le sol de leurs pieds munis de sonnailles. En Papouasie-Nouvelle-Guinée, les oiseaux de paradis sont imités, leur plumage mobile reconstitué pour pouvoir entrer en communication avec la forêt. Ces danses sont faites pour se relier aux Esprits, lors de rituels, de mariages, de funérailles.

Les rituels funéraires

La mort est omniprésente en Océanie. Elle prend place constamment dans la vie quotidienne comme dans les rituels funéraires. Pour les Kanaks de Nouvelle-Calédonie, la mort continue la vie, elle n'est qu'un simple changement de support, l'être étant toujours vivant. Le support peut être un animal, une plante. Les Jalé de Nouvelle-Guinée donnent une importance considérable à l'esprit des morts. Il s'agit à la fois des esprits qui quittent le mort, d'où le recours à la crémation et des esprits des guerriers tués au combat qu'il faut apaiser, la guerre ayant chez eux une grande importance. Les rites funéraires divergent d'une tribu à l'autre. Chez les Kurelu de

Nouvelle-Guinée, les funérailles revêtent une solennité particulière surtout s'il s'agit d'un homme tué au combat. Ils pratiquent une cérémonie particulière, le *mauwe*. Les anciens sortent de leur cachette les pierres sacrées transmises par les ancêtres mythiques du clan. Le mauwe symbolise la puissance d'une tribu et de son chef, la bonne gestion des ressources. Elle s'évalue au nombre de cochons égorgés à l'occasion.

Le saviez-vous ?

La terre de Matang

La terre de Matang est selon les habitants des îles Gilbert et Ellice (actuels Kiribati et Tuvalu), un lieu mythique situé au-delà des limites de l'Océan. Ce paradis serait peuplé de divinités, gardé sévèrement par le dieu Nakaa. Si les rites funéraires n'ont pas été accomplis convenablement par les descendants du défunt, Nakaa l'étrangle impitoyablement alors qu'il tente de se diriger vers la terre de Matang. Cette dernière n'est pas tout à fait un lieu de félicité : les premiers ancêtres en ont été chassés par Nakaa car ils s'abandonnaient à l'amour des femmes sous l'arbre de la mort. Depuis, les morts ne peuvent accéder à la terre de Matang, mais attendent sur le chemin à Marira, Miwaiku ou Neineaba, en espérant que le Dieu-Soleil viendra les y chercher.

Les mythes des origines

Les mythes de création ou des origines du monde se retrouvent essentiellement en Polynésie ou en Micronésie. On y trouve une *cosmogonie*, relatant la création du monde, une *théogonie*, une genèse des dieux, ainsi que la création de l'homme. Dans les sociétés micronésiennes, les mythes font une grande part à l'arrivée d'étrangers venus d'outre-mer et qui ont constitué l'élite dirigeante. Ces récits relatent la division actuelle de ces sociétés. Le plus répandu parmi les mythes de création est celui qui décrit la séparation primordiale du ciel et de la terre ce qui aura pour conséquence la libération de leurs progénitures. L'univers selon les mythes polynésiens a été divisé en deux sphères : celle de droite, habitée par les humains, celle de gauche par les esprits, les esprits des morts, les esprits du ciel, les hommes-dieux. En revanche, les mythes mélanésiens n'abordent que rarement le thème de la création du monde et de l'humanité par des divinités primordiales. On rencontre souvent surtout dans les montagnes de Papouasie et de Mélanésie de nombreux mythes concernant les esprits. Pourtant certains d'entre eux relatent l'origine de l'humanité, issue d'un animal, d'une plante. Mais la plupart insistent sur le fait que l'humanité n'a pas d'origine discernable. L'ordre actuel aurait été mis en place par des héros civilisateurs.

LE SAVIEZ-VOUS ?

Le temps des rêves

Le temps des rêves est l'un des thèmes centraux des Aborigènes australiens et est à rattacher avec l'initiation qui met les hommes en contact avec les ancêtres mythiques, les animaux totémiques protecteurs du clan. Il s'agit d'une période indéfinie, celle de l'origine du monde et des hommes, considérée par les Aborigènes comme « le temps des rêves ». Par la pratique de rituels, les initiés maintiennent une filiation entre cette époque originelle et les hommes actuels. Selon eux, effectivement, ce temps est toujours présent et il est possible de l'atteindre pour des besoins spirituels. Presque l'ensemble des tribus aborigènes pense qu'il existe une interaction entre toutes les formes de vie, humaines, animales, végétales et dont l'origine se situerait à l'époque de ce temps.

Le mythe du « serpent arc-en-ciel »

Le nom de « serpent arc-en-ciel » a été donné en 1926 par un anthropologue anglais à un mythe commun à de nombreux Aborigènes mettant en scène un gigantesque serpent. Ce dernier vivait dans les eaux australiennes les plus profondes. Descendu sur terre, c'est sous la forme d'un arc-en-ciel qu'il pénètre dans l'eau. Sa fonction est multiple, il façonne les paysages, peut faire tomber la pluie, noyer les gens, les anéantir complètement.

L'héritage océanien

Sans les Océaniens, les collections de nos musées n'auraient pas été aussi riches ! Depuis les premiers cabinets d'antiquités ou de curiosités où étaient exposés aux Européens du Siècle des lumières les innombrables objets rapportés par les explorateurs jusqu'aux collections d'aujourd'hui, l'Océanie a toujours été omniprésente dans nos cultures. Elle n'a pas seulement permis de féconder les imaginations de nos artistes ou savants, elle a aussi bouleversé la conception que nous pouvions avoir de l'autre. Elle a suscité le développement des premières cartes, fait avancer l'astronomie.

LE SAVIEZ-VOUS ?

Les masques

Leur utilisation varie, certains font partie des vêtements rituels, portés lors de cérémonies ou de moyens de protection évoquant des esprits. Même si l'emploi de ceux-ci est fréquent, la forme varie, mais il existe néanmoins des traits communs propres à l'Océanie. Les matériaux pour les confectionner proviennent de la nature : dents, coquillages, argile, bois, écorce, feuilles, graines. Certains ont un symbole, ainsi de la nacre à Tahiti, celui de la mort. Ils sont fabriqués, loin des femmes et des enfants non initiés, mais pas conçus pour durer. En fonction de la manière de les tenir, on délimite une dizaine de catégories : ceux fixés sur la face, tenus par une main, ceux qui ne cachent qu'en partie le visage ou au contraire ont l'apparence d'un heaume. De nombreux types de masques se trouvent dans les régions des Sepik dans le golfe de Papouasie, ou dans la péninsule de la Gazelle au nord du Vanuatu. Leur armature peut atteindre plus de trois mètres. Ils sont réalisés dans un long bambou, évidé dans sa partie basse afin d'y glisser la moitié supérieure du corps. Feuillages et graines décorent le pourtour du masque. Des masques d'ancêtres-oiseaux décorent aussi l'intérieur des grandes maisons d'armes. Sur les masques polychromes, les motifs en cercles ou *curvilignes* caractérisent les différents lignages d'un clan ou le clan lui-même.

Chapitre 22

Les nomades, mémoire des sables et des déserts

Dans ce chapitre :

- Tamerlan, le « Boiteux de fer »
- La légende de Tarvaa
- L'Empire mongol, le plus vaste empire au monde

Les principaux groupes de nomades sont les Bédouins d'Arabie et du Moyen-Orient arabe, les Touaregs, fameux « hommes bleus » du Sahara central, et les Mongols en Asie centrale. Être nomade, c'est poursuivre une incessante quête de nourriture, motif des déplacements. La vie itinérante étant par définition contraire aux implantations durables, il ne sera pas ici question, c'est une particularité du nomadisme, des sites et monuments évoqués dans les autres chapitres. En revanche, de riches personnalités tissent l'histoire du monde nomade, tel Abd al-Aziz ben Abd al-Rahman al-Saoud, plus connu sous le nom d'Ibn Séoud, roi d'Arabie Saoudite.

La religion des Bédouins marie polythéisme, judaïsme, christianisme avant le triomphe de l'islam. *Djinns*, ou démons y côtoient pratiques magiques et fatalisme. Les Touaregs, islamisés également, gardent une place pour les amulettes prophylactiques et les prières pour ramener les animaux égarés dans le désert. Les Mongols, adeptes du chamanisme, du culte du feu, sont peu à peu convertis au bouddhisme lamaïste.

Les Bédouins sont aujourd'hui encore célébrés pour leur poésie, les Touaregs pour la vie caravanière. Les Mongols façonnent la Chine avec la dynastie des Yuan au XIIIe siècle, diffusant leur savant art militaire. Tous laissent une opportunité de liberté des grands espaces, de vie consacrée aux chameaux, aux chevaux, sous la tente ou la yourte.

Figure 22-1 : La péninsule Arabique.

Les grandes étapes du monde nomade

L'histoire des principaux groupes nomades diffère selon la population concernée. Celle des Bédouins est immémoriale, fondée sur les fidélités de personne à personne, les liens familiaux, une tendance à la sédentarisation contrainte depuis le milieu du XXe siècle. L'exemple choisi est celui des Mutair d'Arabie, qui comptent encore plus d'un million d'individus. Les Touaregs, organisés jusqu'au début du XXe siècle en chefferies et confédérations, vivent eux aussi des adaptations douloureuses, dans un monde fait de frontières dépourvues de sens à leurs yeux. Les Mongols, peut-être venus de Sibérie centrale au cours du Ier millénaire de notre ère, conquièrent au XIIIe siècle la Chine et y fondent la dynastie Yuan.

L'histoire des Bédouins Mutair

Les Bédouins, dont le nom provient de l'arabe *badawi*, au pluriel *badu*, occupent une vaste ère géographique, étendue de la côte atlantique du Sahara jusqu'au désert Arabique. Ils vivent organisés en tribus où chaque individu est lié aux autres par des attaches hiérarchisées : la famille d'abord, la tribu, le groupe linguistique commun enfin. L'unité fondamentale est la tente domestique, ou *bayt*. Plusieurs tentes groupées forment un *goum*. L'organisation sociale est patriarcale, fondée sur les liens de parenté, principalement le *ibn amm* (cousinage), regroupant plusieurs générations. L'autorité est détenue par un *cheikh* (ancien). Depuis le milieu du XXe siècle, les gouvernements incitent fortement les Bédouins à se sédentariser, allant jusqu'à les y contraindre, en Syrie par exemple.

Les Mutair sont une coalition de tribus de la péninsule Arabique, à l'origine installés dans les montagnes du Hedjaz. Ils se présentent comme les descendants d'une tribu qui aida Mahomet à prendre Médine en 627. Ils se déplacent au cours du XVIIIe siècle pour se répandre en Arabie au XXe siècle. À partir de 1912, ils rejoignent la cause d'Ibn Saoud (1880-1953), qui en fait des musulmans de stricte obédience et les installe dans des villages, ou *hijras*. Ils l'aident à conquérir le Hedjaz en 1924. Ils sont aujourd'hui largement sédentarisés à Riyad ou Burayda, forment une notable partie de la population du Koweit.

UN PEU DE MYSTÈRE

La loi coranique

Dans les tribus bédouines, la justice est définie et rendue en fonction du code de l'honneur en vigueur. Il en existe un pour les hommes, le *Sharaf*, un pour les femmes, l'*Ird*. Le Sharaf consiste pour l'essentiel à protéger les biens de la tribu, son honneur, l'Ird des femmes. Il peut, au fil des actions, s'accroître, diminuer, voire être perdu. L'Ird féminin consiste en un comportement, un respect des principes, de l'honneur, une virginité préservée jusqu'au mariage. Une fois perdu, il ne peut être récupéré. À ces deux conceptions, proprement bédouines, se superpose la pratique de la *charia*, la loi coranique.

Dans le cadre judiciaire, Sharaf et Ird forment toutefois la base. C'est ainsi qu'un recours à l'ordalie par le feu, la *Bisha'a*, peut-être exigé. Il s'agit pour le sujet concerné de lécher une surface de métal chauffée, puis de se rincer la bouche. Si la langue est brûlée, le témoin ment ou l'accusé est coupable. Dans les cas de crime de sang, le Sharaf des parents masculins de la victime les oblige à une vengeance par le sang également, selon le principe du *Dum butlab dum* (le sang engendre le sang), comparable à la loi du Talion de l'Exode biblique.

L'histoire des Touaregs

L'histoire des Touaregs, qui se nomment eux-mêmes *Imajaghen* ou *Kel tamasheq* (ceux qui parlent touareg) est celle de nomades berbères, vivant dans les montagnes du Sahara central. Ils contrôlent les pistes caravanières du Sahara. À la fin du VIIIe siècle, ils sont dominés par les Arabes, mais continuent à maîtriser les grandes caravanes qui traversent le Sahara d'est en ouest. En 1902, ils sont soumis par les colonisateurs français. Ils occupent aujourd'hui encore le Sahara central, l'Algérie, la Libye et les marges du Niger, du Mali et du Burkina Faso. Leur nom provient du berbère *atargi*, ou de l'arabe *tawwareq*. Leur organisation sociale est fondée sur les tribus, regroupées en confédérations. On compte aujourd'hui environ un million et demi de Touaregs. Ils sont vêtus d'une ample gandoura, *bazin* en berbère, coiffés d'un turban, le *taguelmust*, le visage voilé. Ces vêtements, teints à l'indigo, déteignent, d'où le surnom « d'hommes bleus » qui leur est donné. Chaque confédération désigne à sa tête un chef, ou *amenokal*. Leur langue orale est le *tamacheq* et ils utilisent l'écriture *tifinagh*, idéographique, qui dériverait du phénicien antique.

Depuis le XXe siècle, leurs activités caravanières sont concurrencées par le transport par camions et les États qu'ils traversent tentent de les sédentariser, profitant de leurs activités d'éleveurs pasteurs. Au Niger, les accords de Ouaga II, en mai 2003, tentent de pacifier les rapports entre la république du Niger et la résistance touarègue de l'Organisation de la Résistance armée (ORA). La société touarègue repose sur une organisation sociale pyramidale : au sommet l'*amenokal*, dont l'insigne est l'*ettebel*, le tambour de guerre, puis l'aristocratie guerrière, *imajeghen*, les religieux, *ineslement*, les serviteurs enfin, *iklan*. Les artisans, *inadan*, sont une catégorie à part. L'élément de base est la tribu, *tawshit*. Le comportement est régi par le *Tekarakayt*, code valorisant la réserve, la *takarakit*, dignité touarègue.

L'histoire des Mongols

L'histoire des Mongols est celle d'un peuple nomade quittant peu à peu la Sibérie centrale pour se déplacer en partie sur le territoire de l'actuelle Mongolie, au cours du Ier millénaire de notre ère. Jusqu'au Xe siècle, l'histoire des Mongols est inséparable de celle des peuplades turques, notamment les Xiongnu, nom des Huns pour les Chinois. Les siècles voient l'alternance de la domination des Mongols un temps, remplacés par les Turcs, avant le retour des Mongols. C'est au début du Xe siècle, vers 920, que les Mongols Khitan chassent de Mongolie les Turcs Kirghiz. Le centre du pays est alors livré aux luttes incessantes entre les hordes mongoles. En revanche, aux marges de la Chine, naissent des royaumes qui durent jusqu'au XIIIe siècle. Le grand moment de l'histoire mongole est le règne de Gengis Khan (v. 1155-1227). Il unifie les clans mongols, les lance à la conquête de la Chine du Nord en 1215, puis anéantit l'Empire turc, avant de défaire les Bulgares de la Volga et les Russes. À sa mort, en 1227, l'Empire mongol, étendu de la Corée à la Russie, est l'un des plus vastes ayant jamais existé jusqu'à nos jours. Ses fils sont incapables de maintenir l'unité impériale, les Mongols perdent la Chine, la dynastie Yuan mongole est remplacée par celle des Ming chinois en 1368.

Les derniers feux de la puissance mongole brillent avec le règne de Tamerlan (1336-1405), dont le rêve est de restaurer l'empire de Gengis Khan, dont il revendique l'héritage politique. Musulman, il reprend la tradition de guerre sainte, s'empare de la Perse, de l'Irak, pousse jusqu'à Delhi en Inde et en Pologne. Il meurt en 1405 sans avoir pu réaliser son projet de reconquête de la Chine. De grands États mongols vont encore subsister au XVIe siècle, comme l'État oïrat d'Esen Taïji (1439-1455) ou la principauté de Dayan Khan (1483-1543), celle des Tümets d'Altan Khan (1543-1582), mais ils demeurent divisés, rivaux, incapables de recréer l'unité passée. Aux XVIIe et XVIIIe siècles, les Mongols doivent affronter à la fois les Russes et les Mandchous, dont la dynastie Qin (1644-1911) vient de renverser les Ming. Dans les deux cas, les Mongols ne sont plus à même de résister. Ils se placent sous domination mandchoue, en dépit d'une apparente autonomie. En 1924, la Mongolie devient une République populaire. Aujourd'hui, les Mongols sont divisés entre habitants de la Mongolie-Extérieure, indépendante, ayant Oulan Bator pour capitale et les Bouriates, Oïrats et Kalmouks, minorités en Russie, la Mongolie-Intérieure en Chine, qui a le statut de région autonome.

POUR ALLER PLUS LOIN

La lutte traditionnelle

Les guerriers mongols, de Gengis Khan (v. 1155-1227) à Tamerlan (1336-1405), sèment la terreur dans les rangs de leurs adversaires. La pratique martiale du jeune Mongol repose sur le souhait d'exceller en trois disciplines : la course de chevaux, le tir à l'arc, également à cheval, et la lutte traditionnelle ou *bokh*. Cette dernière se pratique n'importe où, oppose deux adversaires dont le vaincu est celui qui en premier tombe à terre. Le vainqueur mime alors la « danse de l'aigle ». De nos jours encore, pour la grande fête nationale, le *Nadaam*, le bokh regroupe à Oulan Bator les plus grands champions venus de toutes les régions du pays.

Les grands personnages du monde nomade

Au nombre des grands personnages du monde nomade, certaines figures se détachent particulièrement. Pour les Bédouins, le règne fondateur d'Ibn Saoud, premier roi d'Arabie Saoudite ; Tin-Hinan, reine légendaire à l'origine du peuple touareg ; Hoelun, femme de tête, mère de plusieurs souverains dont Gengis Khan fondateur de l'Empire mongol, Sorghagtani Beki, mère de Kubilaï Khan, premier souverain mongol de la dynastie Yuan en Chine. Tamerlan enfin, leur lointain et admiratif successeur.

Tin-Hinan

Tin-Hinan « Notre Mère à tous » pour les Touaregs est une reine à l'existence largement mythique. Son nom signifie « celle qui se déplace ». Originaire, selon les récits oraux, du Sud marocain, c'est une femme d'une grande beauté, faite pour régner grâce à une autorité naturelle qui émane de sa personne. Son courage est légendaire, elle traverse le Sahara en compagnie de sa seule servante Takamat. Toutes deux se joignent à une caravane pour gagner la région du Hoggar, chaîne de montagnes du Sud algérien. C'est là qu'elles choisissent de s'installer, dans l'oasis d'Abalessa. Le matriarcat dominant dans la société touarègue ignore le nom du compagnon de Tin-Hinan, mais livre en revanche celui de ses filles : Tinert (l'antilope), ancêtre des Inemba ; Tahenkot (la gazelle), ancêtre des Kel Rela ; Tamérouelt (la hase), femelle du lièvre, ancêtre des Iboglân.

En 1925, un caveau renfermant les restes d'une femme, à Abalessa, est découvert. Les archéologues, au vu des parures d'or et d'argent qui ornent le squelette, des tours de cou et ceinture de pierres semi-précieuses, l'attribuent à Tin-Hinan. Elle est datée du IVe ou Ve siècle.

Hoelun

Mère de Temujin, le futur Gengis Khan (v. 1155-1227), Hoelun (XIIe s.) naît dans le clan Olkuhunut (Celui de la forêt). Alors qu'elle chemine avec son escorte vers son futur époux, Yesugei Baghatur (v. 1134-1175), chef du sous-clan Kiyad (Celui des torrents), l'enlève et la prend pour épouse principale. Ce statut assure à ses enfants une légitimité par rapport aux prétentions des descendants des épouses secondaires. Hoelun et Yesugei ont quatre fils : Temujin, Khasar, Khajun, Temuge et une fille, Temulin. L'aîné, Temujin, n'a que 9 ans quand son père meurt empoisonné. Sa mère et ses frères sont abandonnés par le clan. C'est grâce à l'énergie et au courage d'Hoelun que la famille survit. Femme de tête, politique, elle enseigne à ses fils la valeur de l'union : un jour, elle donne à Temujin une flèche à briser. Le jeune homme y parvient aisément. Puis, elle lui tend quatre flèches liées ensemble. Temujin puis ses trois frères ont beau s'escrimer, ils ne parviennent pas à les casser. Le futur Gengis Khan comprend alors la valeur de l'unité des quatre frères. Momentanément du moins, il n'en tuera pas moins lui-même l'un d'entre eux.

Hoelun bénéficie de la place certaine de la femme dans la société mongole. Son avis doit être écouté et respecté par les hommes, à tel point qu'il est bien vu d'épouser une femme plus âgée que soi, donc dotée de plus de sagesse, pour un jeune Mongol.

Gengis Khan

Fils de Yesugei, Gengis Khan (v. 1155-1227) s'appelle Temujin Uge (le meilleur fer) avant de se faire connaître au monde sous son nom. Outre les querelles intestines incessantes, le monde du jeune Temujin est fragilisé par les menaces que Turcs et Tatars font peser sur les Mongols. Chasseur habile, excellent cavalier, archer d'élite, Temujin présente toutes les qualités requises pour devenir un *khan*, un souverain mongol. Il procède par étapes, rallie certains clans, vainc les autres. En 1201, il bat à la fois les Turcs, les Tatars, les derniers clans mongols non ralliés. Reconnu en 1206 par le *Kouriltaï*, le Grand Conseil, comme unique chef des hordes mongoles, il est désormais pour l'Histoire Gengis Khan, *Tchinkkiz Khan*, c'est-à-dire le « Souverain universel » ou « Empereur suprême ». Ses exploits à venir sont éblouissants. Il conquiert en 1215 la Chine du Nord, prend Pékin, en 1218 une partie de l'Empire turc, en 1220 le reste, les troupes mongoles sévissent sur la Volga et le Danube. Il meurt en 1227, à la tête d'une expédition punitive, au soir d'une nouvelle victoire. À titre posthume lui est décerné le titre de *Kaghan* (empereur) des Mongols.

POUR ALLER PLUS LOIN

Le Yassak

En 1206, devenu unique souverain de tous les Mongols, Gengis Khan (v. 1155-1227) promulgue le *Yassak*, un code de lois, le tout premier pour les différents clans soumis à son autorité. En effet, le Yassak ne s'applique pas aux peuples vaincus et soumis. Véritable fourre-tout, le Yassak interdit d'uriner en public, autorise à s'enivrer une fois par mois, condamne l'adultère, mais insiste également sur un sens aigu de la justice. Tout fort opprimant plus faible que lui doit être condamné avec une sévérité exemplaire. Avant d'accuser quiconque, trois témoins doivent attester du délit. L'hospitalité est un devoir sacré, le Mongol doit partager son repas avec tout voyageur. Écrit politique, le Yassak affirme la souveraineté absolue de Gengis Khan sur tous les Mongols, insiste sur leur indispensable unité.

Sorghagtani Beki

Belle-fille de Gengis Khan et mère de Kubilaï Khan, Sorghagtani Beki (?-1252) fonde la dynastie mongole des Yuan en Chine. Elle parvient à convaincre les différents khans de ne pas détruire les villes conquises, de ne pas imposer le nomadisme aux vaincus. Ainsi, chaque peuple soumis continue ses activités, bénéficie de la liberté religieuse, accroît ses activités économiques et de ce fait verse au souverain en place un tribut de plus en plus important. L'Empire mongol, le plus vaste au monde à l'époque, est source pour le khan d'une accumulation incessante de richesses. C'est dans le même esprit de Sorghagtani Beki oblige chacun de ses fils à apprendre l'une des langues dominantes de l'Empire. Cette femme d'exception, grâce notamment à son influence sur l'adaptation de la cour aux usages chinois, prépare une véritable sinisation, concrétisée par le brillant règne de son fils Kubilaï Khan, premier empereur de Chine de la dynastie mongole des Yuan (1280-1368).

Kubilaï Khan

Petit-fils de Gengis Khan (v. 1155-1227), Kubilaï Khan (1215-1294) devient Grand Khan des Mongols en 1260. C'est à cette date qu'il entreprend d'achever la conquête de la Chine, son grand-père s'était rendu maître du seul nord du pays. La dynastie chinoise des Song du Sud s'effondre sous ses coups en 1279. L'année suivante, en 1280, Kubilaï se proclame empereur de Chine et fonde la dynastie des Yuan (1280-1368). Conquérant Corée et Birmanie, l'armée mongole échoue au Vietnam et au Japon. Kubilaï fait édifier, à proximité de Pékin, ravagée en 1215 par son grand-père, une nouvelle Cité impériale, Khan-Balik (la ville du Khan), connue en Occident sous le nom de Cambaluc. C'est là qu'en 1275 parvient le Vénitien Marco Polo (v. 1254-1324). Souverain éclairé, Kubilaï développe le réseau routier, fait réaliser le Grand Canal reliant Pékin à la côte, répand l'emploi du papier-monnaie, encourage les rencontres entre tenants des principales religions. Son règne peut être considéré comme l'apogée du pouvoir mongol.

LE SAVIEZ-VOUS ?

La prise de Pest

C'est le 11 avril 1241 à Mohi, sur la rivière Sajo, en Hongrie, que les troupes du roi hongrois Béla IV (roi de 1235 à 1270) affrontent l'armée mongole confiée à l'un des petits-fils de Gengis Khan, Batu Khan (v. 1205-1255), assisté du plus grand général mongol de l'époque, Subotaï (v. 1176-1248). La bataille se déroule en trois étapes, opposant les 20 000 Hongrois aux 30 000 Mongols de l'*ordu*, l'armée en ordre de marche. Au petit matin, une pluie de flèches, de bombes incendiaires, de naphte brûlant s'abat sur les Hongrois. Le roi Béla IV quitte son campement en proie à la panique. Les Mongols s'en emparent et le saccagent. Les fuyards sont attaqués sur leur retraite par la cavalerie mongole qui les massacre. Béla IV parvient à grand-peine à s'enfuir. Maîtres du terrain, les Mongols prennent sa capitale, Pest, future Budapest, exterminent la population, brûlent la cité.

Tamerlan

Tamerlan (1336-1405), ou Timour Lang (Timour le Boiteux ou le Boiteux de fer), naît non loin de Samarcande, en Ouzbékistan, dans un clan de nomades turco-mongols convertis à l'islam. Si Tamerlan se réclame de l'empire fondé par Gengis Khan, le sien est davantage turc et musulman, fondé sur des raids et le pillage que sur l'organisation durable d'un ensemble politique. Devenu à la mort de son père émir de Transoxiane, à peu près l'actuel Ouzbékistan et le sud-ouest du Kazakhstan, Tamerlan entreprend peu à peu de servir, puis de supplanter les descendants de Gengis Khan qui sont ses souverains. Son empire s'étend d'est en ouest de l'Indus à la Syrie, et du nord au sud du lac Baïkal à la mer d'Oman et l'océan Indien. En 1394, il a conquis l'Iran, l'Irak, l'Arménie, la Géorgie, ravagé Lituanie et Russie jusqu'à Moscou. En 1398, il entre en Inde du Nord, prend Delhi, qu'il pille et livre au massacre. En 1401, c'est au tour de la Syrie et de Damas. Tamerlan est renommé pour sa cruauté, n'hésitant pas à jeter les vaincus dans l'eau bouillante, à faire bombarder les villes assiégées de cadavres de pestiférés, ou à édifier des pyramides avec les crânes des ennemis. Il aurait gardé en cage, jusqu'à ce que mort s'ensuive, le sultan Bajazet Ier (règne : 1389-1402) vaincu à la bataille d'Ankara, le 28 juillet 1402. Toutefois, Tamerlan est aussi un protecteur des arts islamiques, son petit-fils édifie à Samarcande le mausolée de Gur-Imir, où il est inhumé.

Ibn Saoud

Ibn Saoud (1880-1953), de son nom complet Abd al-Aziz ben Abd al-Rahman al-Saoud, naît à Riyad en 1880. Il est le fils de l'émir du Nedjd, région centrale de l'Arabie future Saoudite, auquel il succède en 1902. Il commence par reconquérir sa ville natale, embryon de son futur royaume. Son lignage, celui des Saoud est étroitement lié à la région du Nedjd. C'est là qu'au milieu du XVIIIe siècle son ancêtre, Muhammad ibn Abd al-Wahhab (1703-1792) crée un État fondé sur une volonté de retour à la pureté de l'islam incarnée dans un mouvement religieux, le *wahhabisme*. Les Saoud prennent La Mecque en 1802, Médine en 1804, mais en sont expulsés en 1818 par Mohammed Ali (1769-1849) vice-roi d'Égypte. Le XIXe siècle voit l'affrontement récurrent entre les Saoud et les Ottomans. Réfugiés à Riyad, les Saoud en sont chassés en 1865.

C'est cet héritage qu'Ibn Saoud réinvestit peu à peu. Après le Nedjd, il reconquiert La Mecque et Médine en 1927, se proclame roi du Hedjaz, région montagneuse qui borde le Nedjd, en 1926. Il s'appuie sur une force armée originale, composée en partie d'agriculteurs-soldats, les *Ikwans* (Frères). Pour reprendre La Mecque, il a dû en chasser le *chérif,* chef religieux et politique, Hussein ibn Ali (v. 1854-1931), principal allié des Anglais contre l'Empire ottoman pendant la Première Guerre mondiale, au moment du célèbre épisode de la vie de Lawrence d'Arabie (1888-1935), ce qui explique que les fils du chérif, régnant en Irak et Jordanie, conservent à l'égard d'Ibn Saoud une solide inimitié. L'Empire ottoman disparaît en 1919 et le 23 septembre 1932, Ibn Saoud fonde le royaume d'Arabie Saoudite. À partir de 1938, l'exploitation des gisements pétroliers, confiée à des compagnies américaines, marque le début d'une considérable fortune. L'armée saoudienne, au sein d'une coalition de pays arabes, tente en vain d'empêcher la création de l'État d'Israël en 1948. Ibn Saoud meurt en 1953.

Lawrence d'Arabie

Espion anglais pendant la Première Guerre mondiale, Thomas Edward Laurence, plus connu sous le nom de Lawrence d'Arabie (1888-1935), contribue par son action à la création du futur royaume d'Arabie Saoudite. Pourtant, ses alliés ne sont pas les Saoud, mais les troupes de Hussein (v. 1854-1931), chérif de La Mecque et de son fils Fayçal (1885-1933), le futur roi d'Irak Fayçal Ier (1921-1933), qui aide l'armée britannique à prendre Damas aux Ottomans en 1918. C'est en participant à l'effondrement de leur empire que Lawrence d'Arabie contribue à permettre à Ibn Saoud d'unifier l'Arabie Saoudite. Les exploits de Lawrence d'Arabie donnent naissance, en 1962, au film du même nom, de David Lean (1908-1991), où l'acteur Peter O'Toole (né en 1932) incarne Lawrence. L'inspiration en est fournie par le récit autobiographique de Lawrence, *Les Sept Piliers de la sagesse*.

Religions, mythes et légendes du monde nomade

La religion bédouine ante-islamique est un mélange de pratiques magiques, de rites sociaux, interprété alternativement comme un animisme ou un polythéisme. Allah est déjà le dieu suprême d'un panthéon fourni, avant de devenir le dieu unique. Il en va sensiblement de même pour les Touaregs, islamisés, qui conservent cependant des prières particulières pour la protection de leur bétail, usent d'amulettes, cultivent la mystique. Avant leur conversion au bouddhisme lamaïste, les Mongols pratiquent le chamanisme, le culte du feu et des forces naturelles.

Religion, mythes et légendes des Bédouins

La religion des Bédouins d'Arabie, du Sinaï et du Negev nous est connue par des sources indirectes quand il s'agit de la période précédant les VIIe et VIIIe siècles et la conversion à l'islam. Les auteurs grecs rapportent qu'ils vénèrent des pierres, phénomène commun au Proche-Orient. Il ne s'agit pas d'adorer la pierre en elle-même, mais la divinité ou la force qu'elle renferme. Les ancêtres reçoivent un culte, animaux sacrifiés sur leur tombe, bœuf, mouton, dromadaire, davantage un hommage social pour l'homme du commun, un objet de vénération quand il s'agit d'un chef important, d'un grand guerrier. L'islam intègre ces coutumes en élevant les ancêtres au rang de *wali*, hommes à honorer.

Un grand nombre de forces de la nature divinisées sont l'objet de marques de dévotion, mais demeurent difficiles à appréhender, faute de sources. Il s'agit de la foudre, du vent, de l'orage. Les astres bénéficient d'un rôle religieux mieux connu. À l'époque ou Allah est le dieu suprême, mais non unique, il a pour filles ou déesses compagnes, Al-Allat (la Déesse) forme féminine d'Allah et Al-Uzza (la Puissante), deux phases de Vénus et Al-Manat, déesse de la destinée et de la chance sans identification à une planète. Allah, *Al-Ilah* (le Dieu), sous sa forme pré-islamique, est à la fois démiurge, en voie de devenir unique par les influences mêlées du judaïsme et du christianisme, dieu suprême ou encore dieu du ciel et des pluies bienfaisantes. Les pratiques religieuses, prières, rôle de prêtres éventuels, sont largement ignorées, preuve de la variété infinie de la société bédouine, riche en individualisme et d'un système social et politique souple.

UN PEU DE MYSTÈRE

Le djinn

Dans le monde de la péninsule Arabique d'avant l'islam, celui des Bédouins, le *djinn* est un esprit malin et souvent redoutable. Tapi dans les lieux sombres, les plus isolés, à proximité des points d'eau, le djinn attend les hommes pour les entraîner dans les pires aventures, infliger les maladies et la mort. Masculin, il peut prendre forme humaine et égarer sa malheureuse victime en plein désert; féminin, lui faire miroiter les délices de la chair et le laisser en pénible état livré à la solitude. Parfois, le djinn préfère revêtir une forme animale, souvent celle du serpent, se glisser sous les tentes et mordre les imprudents. Créatures dangereuses, prenant également l'apparence d'un feu sans fumée, le djinn du monde arabique ante-islamique s'adoucit avec l'islam, devient inspiration pour les poètes, conseiller pour les hommes.

Religion, mythes et légendes des Touaregs

La religion touarègue avant l'islam est encore mal connue. Hérodote (484-420 av. J.-C.) puis plus tard Ibn Khaldoum (1332-1406) évoquent des groupes de Berbères, donc de Bédouins, mais ce serait également vrai des Touaregs, adorateurs de la Lune et du Soleil, des idoles, des *bétyles*, pierres sacrées, ou qui s'étaient convertis au judaïsme ou au christianisme. Les ancêtres reçoivent un culte, sous forme d'images rupestres ou par la pratique de l'*incubation*, rite de divination par les songes sur la tombe des morts, là où se prêtent aussi les serments. Les animaux du cheptel sont protégés par des prières particulières, notamment pour retrouver ceux qui sont perdus dans le désert. Les tatouages prophylactiques perdurent également, ainsi que le port des amulettes, que l'islam a adapté en les remplaçant par un verset du Coran. Les *ineslem* sont des Touaregs convertis à l'islam, d'où leur nom, *ineslem* (les musulmans). Parmi les bijoux touaregs, les plus célèbres sont les croix, associées à un lieu, une tribu, une caste, un chef, un guerrier, la plus célèbre étant la croix d'Agadès. La mystique touarègue est conservée vivante dans la confédération touarègue des Kel Ahaggar, implantée dans le Sahara algérien, qui s'affirme comme celle des descendants de Tin-Hinan.

Le saviez-vous ?

Chinguetti, Sorbonne du désert

Chinguetti, ville du nord de la Mauritanie, sur le plateau désertique de l'Adrar est fondée au VIIIe siècle. Centre de culture nomade, elle est fameuse pour ses manuscrits, traitant de sciences, de littérature, réunissant exemplaires du Coran ou de ses commentaires. Plus d'une dizaine de bibliothèques y conservent dans des conditions difficiles des ouvrages remontant parfois au IXe siècle. C'est un des principaux centres d'étude du monde musulman, une ville considérée à ce titre comme sainte. En 1996, l'Unesco classe le site au rang de patrimoine culturel mondial. Outre la religion, les écoles de Chinguetti formaient des étudiants en rhétorique, droit, astronomie, mathématiques et médecine. La cité lutte aujourd'hui quotidiennement pour ne pas être engloutie par les sables du désert.

Religion, mythes et légendes des Mongols

La religion mongole, avant la conversion au bouddhisme lamaïste, d'origine tibétaine introduit au XIIIe siècle, puis répandu au cours des XVIe et XVIIe siècles, se fonde sur le culte rendu aux forces naturelles et les pratiques chamaniques. Un dieu suprême gouverne l'univers, appelé Tengri comme chez les Huns. Sous sa forme de Köke Möngke Tengri (le ciel bleu éternel), il préside un groupe de 99 royaumes, 55 à l'ouest et 44 à l'est. Mère-Terre, quant à elle, règne sur 77 royaumes. Tengri domine le Haut, Mère-Terre le Bas. Chacun de leurs royaumes place à sa tête une divinité secondaire, appelée comme le royaume en question. Haut et Bas sont reliés par un arbre cosmique, l'*Arbre de Vie*, chemin emprunté par le chaman lors de ses transes. Créateur, ordonnateur du monde, Tengri est adoré partout. Des figurines représentant la vache ou la jument sont au nombre des dieux domestiques. Le Feu, la Terre, l'Eau, le Soleil et la Lune sont honorés. Une place importante est réservée aux magiciens, aux devins, aux astrologues. Toutefois, après le XVIIe siècle, la religion traditionnelle s'efface au profit du bouddhisme importé par les lamas venus du Tibet, qui se livrent à un intense prosélytisme. Interdit à son tour en 1920 dans une république mongole communiste, le bouddhisme lamaïste reprend son essor depuis les années quatre-vingt.

Le chaman est un individu capable d'être en communication avec les esprits, qu'ils soient bienveillants ou malveillants. Il est initié lors d'une première transe qui morcelle corps et esprit dans un éclatement de la physiologie et de l'âme. Son esprit se réfugie dans un nid, au sommet de l'Arbre de Vie et reçoit la connaissance de l'univers : les cinq dieux du vent, cinq dieux de la foudre, sept dieux des nuées, etc. Grâce au rythme de son tambour, il convoque les esprits, appelle la protection, lutte contre les maladies, apaise les esprits des morts et des ancêtres.

LE SAVIEZ-VOUS ?

L'impératrice ivre

Les khans mongols pratiquent une grande tolérance à l'égard des pratiques religieuses des peuples soumis. Gengis Khan tout comme son petit-fils Kubilaï Khan non seulement favorisent bouddhisme, nestorianisme, islam, mais assistent volontiers au culte de chaque religion, le vendredi à la mosquée, le dimanche à l'église pour la messe. Cette attitude, imitée par une partie de leurs proches, a parfois de fâcheuses conséquences. Pleine de bonne volonté, une impératrice se rend régulièrement à la messe dominicale, bien que n'étant pas chrétienne, mais son zèle semble l'induire en erreur, sans doute en raison d'une interprétation erronée de la transformation du vin en sang du Christ, elle s'enivre abominablement à chaque fois, ce qui nuit un peu à sa dignité et à celle du culte célébré…

La naissance mongole de l'humanité

La naissance mongole de l'humanité, dans l'un des récits qui lui est consacré, s'ouvre sur la réalisation d'une figurine d'homme et d'une autre de femme, à partir d'argile, par le dieu créateur. Afin de les protéger du froid, il les recouvre de fourrure. Mais, pour les doter d'une âme, il doit aller quérir l'eau d'immortalité d'une source sacrée. La garde des statuettes est confiée à un chien et à un chat. C'est alors qu'un esprit démoniaque parvient à les attirer avec de la viande et du lait. Profitant de leur inattention, il urine sur la fourrure des figurines, tête et chevelure exceptées.

Quand le démiurge revient, il ordonne au chat de réparer les dégâts commis en léchant homme et femme. Le félin s'acquitte de sa tâche un peu vite, oublie les aisselles et le pubis. L'excès de poils sert à recouvrir la peau du chien. L'eau lustrale asperge le premier couple, mais, en raison de la souillure subie, ils reçoivent la vie animée, mais se voient refuser l'immortalité.

Les animaux interviennent souvent dans les mythes et légendes mongols, comme Dobun-Mergan, le loup roux, ancêtre de tous les Mongols, ou la chauve-souris pendue la tête en bas afin de prévenir les hommes si le ciel s'effondre.

L'aigle, la guêpe et l'hirondelle

Selon une légende mongole, l'aigle domine, en qualité de roi des cieux, toutes les créatures volantes. Un jour, il s'interroge sur ce qui sied le mieux à un semblable monarque pour nourriture. Il confie donc à la guêpe et à l'hirondelle la mission de parcourir le vaste monde et d'y goûter toute chair, afin de lui rapporter laquelle est la plus succulente, seule digne de sa majesté. Alors que la guêpe prend sa tâche à cœur, l'hirondelle se laisse aller aux joies du vol sous le ciel immense, sans guère se préoccuper de sa quête. Proches du retour auprès de l'aigle, guêpe et hirondelle se retrouvent. L'hirondelle demande à la guêpe son opinion. Cette dernière lui répond que rien n'est supérieur à la chair humaine. Horrifiée, l'hirondelle lui arrache la langue d'un coup de bec. Parvenue devant l'aigle, l'abeille en est réduite à un bourdonnement incompréhensible. Fort mécontent, le roi des airs se tourne vers l'hirondelle qui lui affirme que la chair de serpent est un mets insurpassable. Depuis les aigles en raffolent, paraît-il.

La légende de Tarvaa

La légende de Tarvaa retrace la vie du tout premier chaman. Tarvaa est adolescent encore lorsque, à la suite de fièvres, il entre en catalepsie. Dans cet état, il présente la rigidité du cadavre et les apparences de la mort. Les membres de son clan se débarrassent du corps en le jetant. Or, l'âme de Tarvaa vit la scène dans un grand désarroi. Mortifiée de voir son support ainsi maltraité, elle le quitte et se rend volontairement au royaume des morts. Le dieu des morts s'étonne de voir arriver un si jeune homme et plus encore de sa folle témérité : il est le seul vivant à avoir osé s'aventurer sur son domaine. Un tel courage mérite récompense, Tarvaa obtiendra ce qu'il demande. Les biens de ce monde n'intéressent pas l'adolescent, qui reçoit en revanche du dieu des morts le pouvoir de communiquer avec les esprits, de connaître l'avenir, d'interpréter les signes invisibles au commun des mortels. Le dieu y joint l'éloquence. L'âme réintègre le corps de Tarvaa, devenu aveugle car des corbeaux lui ont picoré les yeux pendant qu'elle séjournait chez les morts. Aveugle doué de double vue Tarvaa est le premier d'une longue lignée de chamans auxquels il transmet son savoir.

Le chaman

Le chaman, du toungouse *saman*, une langue altaïque de Sibérie, est « celui qui bondit », danse, s'agite. Le terme apparaît au XVIIIe siècle en Russie, donnant naissance au substantif *chamanisme*, la pratique du chaman. Car le chamanisme est avant tout une pratique, danse, sauts, soubresauts, bonds, au son du tambour. Rythme et paroles chantées ou psalmodiées intensifient le contact permanent du chaman avec les esprits. Le chamanisme est perçu alternativement comme une transe, un rituel magique, une possession. Il est difficile en revanche d'y voir une religion. Le chaman, intermédiaire entre les esprits et les hommes, intervient dans tous les domaines de la vie quotidienne. Il demande l'approbation des esprits pour un voyage, une chasse fructueuse, la venue de la pluie, sollicite leur protection pour une naissance. Le chamanisme, tout du moins sous sa forme sibérienne, est en voie de disparition aujourd'hui.

L'héritage du monde nomade

Ce que nous devons aux nomades diffère selon le groupe considéré : poésie et musique pour les Bédouins, tradition caravanière et commerce pour les Touaregs, art militaire et dynastie Yuan pour les Mongols.

Poésie et musique des Bédouins

Si l'arabe littéral n'est pas la langue première des Bédouins mais avant tout le verbe divin du Coran, il sert aussi à conserver la trace d'une riche poésie bédouine, développée avant l'islamisation. Les thèmes traités sont enracinés dans la vie bédouine : le désert, l'aimée, la guerre entre tribus, les passions humaines. La forme courante en est la *qasida*, née au VIe siècle, poème fait de strophes dans lesquelles les rimes du début de la première strophe riment ensemble, puis la deuxième partie de chaque strophe rime avec le premier couplet selon le rythme AA, BA, CA, DA… la métrique du vers est la même pour tout le poème.

Les sept plus fameux poèmes forment l'ensemble appelé *Muallaqat* (Suspendus), car il est dit que leur perfection leur a valu l'honneur d'être rédigés en lettres d'or et suspendus sur les murs extérieurs de l'enceinte sacrée de la *Kaaba*, à La Mecque. Outre ces pièces illustres, la poésie bédouine est une tradition toujours vivante aujourd'hui, notamment sous la forme des *ghinnawas*. Ces courts poèmes, deux à trois vers en général, souvent chantés par les femmes, plus rarement par les hommes, sont la trame de mélopées évoquant les vicissitudes de la vie quotidienne. À partir du thème évoqué, amour, désespoir, haine, impossible autrement à exprimer publiquement, les femmes brodent à l'infini des variations, souvent à partir de leur propre expérience.

La musique bédouine fait une place essentielle au texte, à la poésie chantée. Les instruments accompagnent la voix, la flûte en roseau *gasba*, le tambourin, *bendir*, le tambour long en poterie ou *guellal*. La musique bédouine est appelée *bedaoui* ou *sihraoui*.

Le commerce caravanier touareg

Le commerce caravanier touareg traverse le Sahara comme s'il s'agissait d'un vaste océan. Au Moyen Âge, la réalisation d'une caravane peut prendre plusieurs mois, rassembler un millier de dromadaires, improprement appelés chameaux. Les produits transportés sont le sel, l'or, le trafic d'esclaves noirs en direction des royaumes d'Afrique du Nord. Aujourd'hui, les camions menacent le transport caravanier, les États comme le Mali, le Niger sont désireux de développer un réseau routier remplaçant les anciennes pistes caravanières. Toutefois, une caravane touarègue connaît encore le succès, à la fois pour son utilité pratique et en qualité d'attraction touristique, l'*Azalaï*, la caravane du sel. Les Touaregs parcourent environ 600 km, entre les mines de sel gemme de Taoudeni pour le rapporter à Tombouctou. Il faut près de quarante jours pour faire le voyage, à raison d'un déplacement quotidien du lever au coucher du soleil, sans halte avant le soir. Chaque chameau porte une charge de 180 à 200 kg de sel gemme, découpé en plaques de 40 kg environ chacune. Le retour de l'Azalaï à Tombouctou commence à s'inscrire dans les circuits touristiques, ou la possibilité d'en accomplir une ou deux étapes.

Cette fascination pour le désert et le mode de vie touareg ressortit d'un mythe d'espaces infinis propices à la liberté, d'autant plus facilement véhiculé dans l'imaginaire des anciens colonisateurs qu'il rejoint la vision des pelotons de *méharistes*, soldats engagés dans les armées pour patrouiller dans le désert, assurer surveillance et renseignement. Sous le nom de Compagnies sahariennes, elles font partie de l'armée française du Levant dès les années vingt. Une *méharée*, ou compagnie à dromadaires, est chargée de surveiller les frontières, souvent en liaison avec la Légion étrangère.

LE SAVIEZ-VOUS ?

Charles de Foucauld, l'ermite des sables

Charles de Foucauld, de son nom complet Charles-Eugène de Foucauld de Ponbriand (1858-1916) consacre une partie de son existence, au tout début du XXe siècle, à comprendre les Touaregs, dont il parle la langue, afin de les amener petit à petit au Christ. Auteur d'un lexique touareg-français, d'une traduction ébauchée des Évangiles en langue *tamachek*, idiome des Touaregs, il partage sa vie entre un ermitage dans le désert et Tamanrasset, en Algérie. C'est d'ailleurs devant son ermitage qu'il est assassiné le 1er décembre 1916 par des fanatiques musulmans. Charles de Foucauld laisse une trace immortelle par sa dévotion à l'imitation du modèle de pauvreté et de charité christique, ainsi que par sa volonté de compréhension du monde arabo-musulman. Le 13 novembre 2005, le pape Benoît XVI, pape depuis le 19 avril 2005, procède à sa béatification, le reconnaissant en qualité de « Bienheureux » qui contemple la face du Christ, première étape vers la canonisation ou inscription sur la liste officielle, ou Canon, des saints de l'Église catholique.

Les Mongols et la vie en plein air

Les Mongols occupent encore une place à part dans l'art de la stratégie militaire. Ils combattent à cheval, en groupes très mobiles, criblant l'adversaire de flèches, un bon archer à cheval peut en tirer trois en quelques dizaines de secondes avec une force rare grâce à l'arc à double courbure, puis disparaissant avant de voir se reconstituer une formation en ordre de bataille. Cette tactique de harcèlement reflète moins un choix concerté que l'individualisme des chefs de horde avant l'unification de Gengis Khan (v. 1155-1227). Même si cette dernière, sa célèbre Horde d'or ne se plie à un commandement unifié que par fidélité personnelle des généraux à leur khan et à sa lignée.

En dépit du fait qu'une partie des hordes s'installe en Chine du Nord sous le règne du petit-fils de Gengis, Kubilaï Khan (1215-1294), au moment où il fonde la dynastie Yuan (1280-1368), la grande majorité préfère repasser la Muraille de Chine et reprendre le mode de vie nomade. Il se présente alors tel qu'il apparaît encore. Quelques familles groupées élèvent des chevaux et se déplacent au gré de leurs besoins en pâturage. L'habitat est la *yourte*, tente de feutre percée d'un trou au sommet pour laisser passer la fumée. Les meubles sont rares, quelques coffres de vives couleurs où le rouge domine. Les hommes prennent soin des chevaux, traient les juments pour fabriquer le *kumiss*, boisson alcoolisée faite à partir de lait de jument fermenté.

Dans les sociétés industrielles, ce mode de vie extrêmement rude devient le symbole d'une adéquation de l'homme à son milieu. Les préoccupations écologiques mettent la yourte à l'honneur, quelques dizaines de ces tentes sont importées en France chaque année pour servir d'habitat permanent.

Septième partie

La partie des dix

Dans cette partie...

Place aux ferments de toute civilisation : grandes reines, rites funéraires et textes sacrés !

Si l'histoire semble parfois être écrite par les hommes pour les hommes, les femmes y jouent, dans l'ombre ou en pleine lumière, un rôle essentiel – on est tenté de dire le rôle principal. Ainsi des amantes, de Sémiramis à Mumtaz Mahal, en passant par Cléopâtre ; des guerrières telles que Boudicca et Zénobie de Palmyre ; ou des femmes politiques, comme les impératrices Cixi et Suiko.

Les rites funéraires attestent du passage d'un statut à un autre : corps exposés des Parsis de Bombay, retournés tous les dix ans dans le famadine malgache, mangés par les Papous Foré de Nouvelle-Guinée ou réduits en boulettes au Tibet.

L'adieu aux défunts s'inscrit dans une perspective eschatologique le plus souvent liée à une pratique religieuse. L'un des liens entre les hommes se manifeste par la religion, la référence commune à un texte sacré : Torah, Évangiles, Coran, les plus connus, mais aussi Bardo Tödol ou Livre des Morts tibétain, Kebra Nagast ou Livre des Rois éthiopien, Adi Granth du sikhisme.

Chapitre 23

Dix grandes reines

Dans ce chapitre :

- Des femmes de tête
- Des guerrières
- Des amantes

Les grandes reines existent dans la mémoire collective par le pouvoir d'évocation de leur seul nom, comme Cléopâtre, l'amour infini qu'elles ont suscité, telle Mumtaz Mahal et son grandiose tombeau, le Taj Mahal, ou encore l'évocation de la sensualité d'une reine de Saba. Elles sont aussi femmes de pouvoir, conquis à la pointe du sexe ou de l'épée, Boudicca d'Angleterre, Théodora de Byzance, Zénobie de Palmyre ; femmes de tête, enfin, Suiko du Japon ou Cixi de Chine.

La reine de Saba

C'est sous ce nom fabuleux, reine de Saba, que se cache l'une des femmes les plus énigmatiques au monde. Alliant beauté, intelligence, don pour la magie, elle est Makeda pour les Éthiopiens, Balkis pour les musulmans, et reine de Saba pour les juifs et les chrétiens. Le seul repère chronologique est fourni par sa rencontre présumée avec le roi Salomon (v. 966-v. 926). Son royaume, Saba, aurait couvert l'Éthiopie et une partie du Yémen, peut-être l'un ou l'autre. La réputation de sagesse de Salomon lui parvient. La reine païenne est aussi intriguée par ce dieu unique. Une caravane somptueuse la conduit auprès de Salomon. Elle éblouit le roi par ses qualités intellectuelles, la cour et la ville par ses richesses dispensées à profusion. Salomon la séduit au cours de leurs multiples entretiens par l'étendue de sa sagesse. Mais si l'esprit succombe, le corps se refuse. Salomon use alors de ruse : la veille de son départ, il offre à la reine un somptueux banquet, lui fait promettre de ne toucher à rien dans le palais préparé pour son ultime nuit, faute de quoi elle sera sienne. Offensée d'être soupçonnée de pouvoir voler, la reine promet. Or les mets servis étaient très épicés. En pleine nuit, la reine saisit l'aiguière d'eau fraîche déposée à son chevet, pour se désaltérer. Salomon, jusqu'alors dissimulé par une tenture, apparaît et lui rappelle sa promesse. La reine s'abandonne. De leur union naîtra un fils, Ménélik, roi d'Éthiopie, fondateur de la dynastie des Salomonides. Et Makeda ? Elle disparaît à jamais dans la nuit d'oubli de l'histoire.

Sémiramis

Sémiramis (IXe s. av. J.-C.), ou plus exactement Sammuramat, est une reine semi-légendaire d'Assyrie. Veuve du roi Shamshi-Adad V (règne : 823-811 av. J.-C.), Sammuramat assure la régence pour son fils, entre 811 et 806 av. J.-C. Sa personnalité semble avoir marqué ses contemporains et plus encore les auteurs grecs qui vont, plusieurs siècles plus tard, tisser sa légende, Ctésias de Cnide (Ve-IVe s. av. J.-C.) et Diodore de Sicile (v. 90-v. 30 av. J.-C.). Grâce à leur imagination, *Sammuramat* devient en grec Sémiramis et son destin prend une tournure fabuleuse. Née dans le désert de la déesse Atargatis, Sémiramis est dotée d'une éblouissante beauté et d'une intelligence aiguë. Après avoir épousé le gouverneur de Ninive, elle séduit le roi Ninos. Le premier époux une fois contraint au suicide, la voici reine. Elle fonde Babylone, mais souhaite y régner seule. Ninos commet l'erreur de lui confier, pour une journée, le pouvoir. Elle en profite pour le faire exécuter. Guerrière, Sémiramis entreprend de nombreuses campagnes victorieuses contre l'Arménie, la Médie, l'Égypte, jusqu'aux rives de l'Indus. Ardente amante, elle prend chaque nuit pour compagnon un soldat, systématiquement mis à mort au matin pour éviter tout risque de volonté de régner à ses côtés. Après quarante-deux ans de règne, de retour du champ de bataille, elle remet le pouvoir à son fils, Ninyas qui s'empresse de la faire assassiner. Elle est connue pour avoir fait réaliser les jardins suspendus de Babylone, probablement situés d'ailleurs à Ninive.

Cléopâtre VII

Dernière reine d'Égypte, Cléopâtre VII (69-30 av. J.-C.) appartient à la dynastie grecque des Lagides. À la différence de ses prédécesseurs, elle parle couramment l'égyptien, parmi d'autres langues. Contrairement à sa légende, bustes et monnaies restituent des traits lourds, un nez proéminent. La beauté de Cléopâtre naît de son charme, de son intelligence plus que de son physique. Elle est assez habile pour survivre dans une cour pleine de chausse-trappes où fleurissent les complots et les tentatives d'assassinat. Mariée successivement à deux de ses frères, Ptolémée XIII et Ptolémée XIV, son règne personnel commence en 44 av. J.-C. Il lui a fallu tout d'abord attendre que le premier se noie dans les marais du delta, poursuivi par les troupes romaines, puis ordonner le meurtre du second. Elle séduit successivement César puis Marc Antoine et conserve par eux l'indépendance de l'Égypte. Tout bascule après la défaite navale d'Actium, en septembre 31 av. J.-C., où sa flotte réunie aux vaisseaux de Marc Antoine est écrasée par celle d'Octave-Auguste. En août 30 av. J.-C., Marc Antoine se suicide. Cléopâtre sait-elle son charme inopérant sur Octave-Auguste, est-elle lasse de tenir l'Égypte par sa seule volonté à bout de bras, nul ne le sait. Elle choisit de rejoindre Marc Antoine et met fin à ses jours en plongeant, dit-on, les mains dans un panier de figues où se dissimulent des serpents venimeux. Avec elle disparaît l'Égypte indépendante, désormais province romaine.

Boudicca

Reine des Icéniens, en Bretagne romaine (la Grande-Bretagne actuelle), Boudicca ou Boadicée (?-v. 60) est l'épouse de Prasutagus. En 60 de notre ère, ce dernier décède. Son royaume est partagé, selon ses vœux : une moitié pour Boudicca, l'autre pour Rome. Mais les légats romains envoyés pour prendre possession de leur partie du royaume laissent leurs troupes se comporter en soudards conquérants. La reine et ses deux filles sont fouettées et violées. L'offense provoque la révolte des Icéniens, dont Boudicca prend la tête. Elle s'avère vite un général redoutable, prend et brûle la ville de Camulodunum, près de Colchester, défait la 9e légion Hispania. Poussant son avantage, elle s'empare de Verulamium, près de Saint-Albans, Hertfordshire et de Londinium, Londres future. Alertée, Rome envoie des troupes fraîches et aguerries. Boudicca et les siens sont écrasés dans une dernière bataille. Désespérée, la reine se donne la mort en s'empoisonnant. Pendant quelques mois, cette femme hors du commun a tenu tête et fait trembler Rome pour venger son honneur.

Zénobie

Zénobie (règne : 267-272) est la seconde épouse du roi Odenath (règne : 260-267) de Palmyre, souverain d'une partie de l'Orient romain. Elle n'est peut-être pas étrangère à son assassinat en 267, exerce la régence au nom de son fils mineur Wahballat. Maîtresse de l'Orient romain, Zénobie feint un temps de demeurer une alliée fidèle de Rome. Mais ses ambitions politiques la poussent à conquérir l'Égypte. Elle assoit sa domination sur une prétendue parenté avec la prestigieuse reine Cléopâtre VII. Rome, livrée à la guerre civile, est momentanément incapable de réagir. Mais Zénobie interprète cette inaction comme une preuve de faiblesse et provoque son mentor. En 272, elle bat monnaie et s'octroie le titre impérial d'*Augusta* (impératrice), celui-là même porté par Livie, la femme d'Auguste. C'en est trop pour Rome.

L'empereur Aurélien (règne : 270-275) qui a entre-temps rétabli à son profit le pouvoir à Rome, débarque avec ses légions. Les armées de Zénobie subissent deux défaites, à Antioche et à Émèse. Capturée, l'orgueilleuse reine figure au triomphe d'Aurélien, en 274, couverte de chaînes d'or. Toutefois, magnanime, Aurélien l'autorise à finir ses jours en Italie, en résidence surveillée. Femme politique, Zénobie, cultivée et curieuse, favorise en son royaume la tolérance religieuse entre manichéens, chrétiens et païens.

Théodora

Théodora (v. 500-548) de Byzance connaît une ascension sociale difficile à croire. L'une des nombreuses filles d'un montreur d'ours du cirque de Constantinople, elle suit le destin de ses sœurs plus âgées et participe, dès 7 ans, à des intermèdes érotiques offerts aux spectateurs, avant de devenir courtisane. Sa beauté est telle, qu'elle éblouit le propre neveu de l'empereur Justin Ier (450-527), Justinien (483-565). En dépit des réserves de la cour et du clergé, il l'épouse en 523. Tous deux montent sur le trône en 527, Théodora devient *Basilissa*, impératrice. Mais son incroyable destin ne fait que commencer. En 532, la ville de Byzance se révolte contre l'empereur Justinien, c'est l'épisode connu sous le nom de sédition Nika, du nom de *niké* (victoire) en grec, cri de ralliement des insurgés. Effondré, Justinien est prêt à fuir, voire à abandonner le trône. Théodora intervient alors, lui redonne courage, galvanise les troupes demeurées fidèles. La révolte est écrasée. Courageuse, énergique, Théodora poursuit seize ans encore son règne aux côtés de l'empereur, favorisant la tolérance religieuse, multipliant les fondations pieuses et caritatives. Après sa mort, en 548, Justinien règne encore dix-sept ans, mais il n'est plus que l'ombre de sa chère Théodora.

Suiko

Suiko (554-628) est la première femme au Japon à porter le titre de *tenno* (empereur) lors de son accession seule au trône en 592. Fille d'empereur, elle épouse son demi-frère et devient *okisaki*, épouse officielle du Tenno. Son autre frère devient empereur à la mort de son mari, mais décède à son tour peu après. La cour se déchire alors en clans rivaux soutenant chacun un prince impérial différent. Finalement, en 587, le prince Hatsuseba est proclamé empereur Sushun (587-592), mais il est assassiné en 592. Faute d'héritier mâle incontestable, Suiko monte sur le trône, chapeautée par un régent, le prince Shotoku (574-622). Profondément influencée par le bouddhisme qu'elle légalise au Japon, Suiko se fait nonne peu après son accession, tout en demeurant Tenno. Femme politique, elle se rapproche de la Chine, promulgue une constitution en dix-sept articles, le second promouvant le bouddhisme, la construction de temples et de monastères. Cette constitution semble bien être due à l'influence de l'impératrice, car elle est mise en œuvre après la mort du régent Shotoku en 622. Suiko reste l'exemple d'une femme accédant au pouvoir pour éviter le chaos politique et les guerres intestines de succession.

Mumtaz Mahal

Mumtaz Mahal (1593-1631), dont le nom signifie « Ornement précieux (ou aimé) du palais », marque l'histoire de l'indélébile empreinte de l'amour éternel. De son vrai nom Arjumand Banu, elle naît en 1593 à Agra, dans le nord de l'Inde, dans une noble famille musulmane. En 1612, elle épouse le prince Khurram, héritier du *Takht-e-Tavous* (le Trône des Paons), futur empereur moghol Shah Jahan (1592-1666). Ce dernier est amoureux d'elle depuis 1607, mais il doit patienter pour pouvoir l'épouser en raison de son jeune âge, elle n'a que 14 ans. Bien que troisième épouse du prince, elle est d'emblée sa préférée. Il lui accorde le titre de *Begum*, altesse, lui confie son propre sceau une fois devenu empereur. Mumtaz Mahal s'avère la compagne idéale, capable de le suivre dans les campagnes militaires, gaie et prévenante en dépit de ses maternités rapprochées, quatorze en tout, charitable et généreuse. Dénuée d'ambition politique personnelle, elle conseille sagement l'empereur sur lequel elle exerce toute sa vie une grande et bénéfique influence. Elle meurt, en 1631, en donnant naissance à son quatorzième enfant, en ayant demandé au souverain de ne jamais se remarier et d'élever un monument à la grandeur de leur amour. Mumtaz Mahal est inhumée provisoirement. Shah Jahan, devenu neurasthénique, porte un deuil immense pendant un an, reclus en ses appartements. Lorsqu'il reparaît, c'est un homme vieilli, ses cheveux sont devenus blancs, il est courbé comme un vieillard. Seule sa fille aînée parvient peu à peu à le ramener à la vie. En mémoire de la lumière de sa vie, Shah Jahan fait édifier le somptueux Taj Mahal à Agra, où il repose aux côtés de sa bien-aimée.

Pomaré IV

Reine de Tahiti, Pomaré IV (1813-1877), de son nom complet Aimata Pomaré IV Vahine-o-Punuatera'ita, monte sur le trône à la mort de son frère Pomaré III (1820-1827), pour un long règne de cinquante ans. Elle n'est pas préparée à régner et va devoir affronter une mutation profonde de la société tahitienne. Depuis le début du XIXe siècle, l'influence des missionnaires protestants anglais ne cesse de croître. Quand Pomaré devient reine, une large partie de la population est convertie. Toutefois, elle n'est pas prête à accepter l'arrivée d'autres religieux. Les prêtres et religieuses catholiques, arrivés à leur tour en 1834 de France, sont expulsés en 1842. La France en profite pour intervenir militairement et imposer un protectorat. À peine signé, Pomaré IV le dénonce. Trois ans de guerre s'ensuivent, elle doit se réfugier aux îles Sous-le-Vent avant d'être autorisée à revenir. Mais son pouvoir est désormais limité aux affaires intérieures tahitiennes, un gouverneur français exerce la réalité de la conduite politique. Dans sa résidence de Papaoa, la reine continue jusqu'en 1877 une existence dorée, grâce à une confortable liste civile. Elle est la dernière souveraine indépendante de Tahiti. Son fils, Pomaré V (1839-1891) fait en effet don de son royaume à la France le 29 juin 1880.

Cixi

Selon le titre du roman que lui a consacré Pearl Buck (1892-1973), Cixi (1834-1908) demeure à jamais *L'Impératrice de Chine* par excellence. Née en 1834 dans une famille de petite noblesse mandchoue, elle maintient, contre vents et marées, la dynastie mandchoue des Qin (1644-1912) au pouvoir. Cette dernière s'effondre d'ailleurs peu de temps après sa mort. En 1852, sa beauté lui permet de devenir l'une des nombreuses concubines de l'empereur Xianfeng (1831-1861) auquel elle est la première à donner un fils. De ce fait, son statut à la cour s'élève, elle devient co-impératrice, puis, en 1861 impératrice douairière au nom de son fils mineur, l'empereur Tonghzi (1856-1875). Ce dernier meurt à 19 ans sans héritier. Commence alors pour Cixi une odyssée véritable qui la conduit à exercer le pouvoir au travers d'un empereur fantoche, marionnette entre ses mains : Guangxu (1872-1908). Ce dernier, majeur en 1898, tente de gouverner par lui-même. Cixi suscite un conseil de régence afin de le faire reconnaître incapable de régner, l'enferme dans son propre palais, au secret, jusqu'à sa mort en 1908. Elle exerce ensuite, une fois encore, la régence, pour le dernier empereur de Chine, Puyi (1906-1967), pour une ultime journée, car elle meurt le lendemain de sa désignation. Persuadée de la supériorité de la Chine, Cixi mesure mal le danger représenté par les puissances occidentales, s'engage après le désastre précédent des deux guerres de l'Opium, entre 1839 et 1842, puis de 1856 à 1860, toutes deux perdues, dans la révolte des Boxers (1898-1901). Elle est obligée de fuir à la hâte la Cité interdite, où elle n'est autorisée à revenir par les Occidentaux qu'en 1902. Son refus de moderniser et de réformer le gouvernement de la dynastie mandchoue est l'une des causes de la révolution de 1911 et de l'avènement de la République en 1912.

Chapitre 24

Dix rites funéraires insolites

Dans ce chapitre :

- Les morts retournés
- Les morts mangés
- Les morts pas morts

Les rites funéraires marquent la considération des vivants pour les défunts, l'espoir d'une forme de continuation de l'existence après le trépas. Il s'agit aussi de continuer à maintenir un lien avec les disparus. Ce dernier peut passer par l'exposition des cadavres, leur retournement, leur réduction en boulettes, leur consommation ou bien encore leur séjour à la maison.

Les rites funéraires de la préhistoire

Les rites funéraires de la préhistoire s'inscrivent dans la volonté de ne plus laisser le corps à l'abandon. Les plus anciens remontent à environ 80 000 ans. Les néandertaliens creusent des fosses, disposent sur le corps des pierres plates, déposent des pointes de flèches ou de lances, ainsi que des offrandes alimentaires. Puis, il y a 30 000 ans environ, des traces de pollen attestent que des fleurs ont été laissées sur les corps. Le matériel funéraire s'enrichit d'os sculptés, de coquillages perforés, de colliers, de bijoux. Le mort est parfois recouvert d'ocre rouge. Les restes sont alignés dans un même sens, squelettes alignés dans le sens est-ouest, tête à l'est par exemple. La célèbre tombe de Grimaldi, près de Menton, montre une femme et un adolescent blottis ensemble, jambes repliées.

Les tours du Silence à Bombay

Les tours du Silence à Bombay sont les lieux d'exposition des corps des défunts selon le rite *parsi*. Le *parsisme* est une religion née en Perse du zoroastrisme. Après la conquête arabe et l'islamisation du VIIIe siècle, les *Parsis* (les Perses) fuient leur pays et fondent des communautés à l'étranger. La principale est installée aujourd'hui en Inde, à Bombay. Après la mort, le corps, impur, ne peut être ni brûlé, il souillerait le feu, sacré, ni inhumé, il corromprait la terre. Confié au groupe des Nasasalar, seuls autorisés à approcher un cadavre, il est dénudé et exposé dans une *Dakhma* ou tour du Silence. Construite en pierre, entourée d'un parement de pierre, elle évite à la terre nourricière tout contact impur. Les vautours le dévoreront, puis les os finiront par tomber dans un puits central, le sommet de la tour étant légèrement incliné vers le centre évidé.

Le mort pas mort des Toradjas

Les Toradjas sont une population de l'île de Sulawesi, en Indonésie. Quand un homme important meurt, ses enfants s'occupent de lui durant une année avant d'organiser ses funérailles. Nul n'a le droit de le dire mort, il est simplement considéré comme « malade », susceptible à tout moment de reprendre sa place et ses activités dans le monde des autres vivants. Lavé, revêtu de ses plus beaux atours, il est installé dans sa chambre, reçoit des visites. Chaque jour de la nourriture et des boissons lui sont apportées. Enveloppé dans des bandelettes végétales, le corps se momifie peu à peu. L'année est mise à profit pour choisir les funérailles les plus dignes du défunt, le meilleur doit être prévu afin de lui rendre hommage. Elles ont enfin lieu, avec sacrifice d'un buffle et de porcs, organisation de combats de coqs. Famille et villageois se séparent alors officiellement du trépassé, admis dans le monde des morts.

Le corps en boulettes du Tibet

Au Tibet, les gens aisés et les lamas sont brûlés. Pour les autres, il faut séparer l'âme du corps. La mort s'effectue en quatre étapes, chacune correspondant à un principe vital qui s'éloigne, rattaché à la terre, à l'eau, au feu et au vent. L'homme se couche pour mourir, c'est la terre qui lui fait défaut, puis il lui semble ne plus sentir son corps flotter sur l'eau, enfin il ressent le dessèchement, l'élément feu, et rend son dernier soupir, le vent. Pour préparer sa renaissance, un lama vient lui réciter le *Bardo Tödol*, le Livre des morts tibétain. L'étape du *bardo* dure quarante-neuf jours, précédant la renaissance future. Puis le corps est confié aux *ragyapas* (les faiseurs de morts). Afin d'être certain que le principe conscient et le corps se séparent, un lama vient réciter les formules liturgiques pour que le premier sorte par le sommet du crâne. Le corps réduit à une enveloppe charnelle est emporté sur un lieu pour le découpage. Plusieurs *ragyapas* agissent ensemble, maniant le *sha-gri*, couteau à découper les chairs, et le *rus-gri*, plus robuste, pour les os. Les morceaux de corps sont broyés à la pierre, puis réduits à l'état de boulettes lancées aux vautours. Tout doit être consommé afin que l'âme ne soit plus rattachée à aucun fragment de chair.

Les têtes réduites des Jivaros

Les Jivaros sont des populations établies en Équateur et au Pérou dans les forêts amazoniennes. Ce nom, signifiant les « Barbares », leur est donné par les conquérants espagnols, choqués par les formes d'expression des rituels funéraires, notamment celui des *têtes réduites*. Ces trophées, ou *tsantza*, répondent à une nécessité : emprisonner dans la tête réduite de l'adversaire tué toute idée de vengeance. Sa fabrication requiert une maîtrise d'étapes complexes. Le crâne est ôté, ne sont conservés que la peau et les cheveux. Les yeux sont cousus, la bouche fermée par des piques de bois. Puis la peau macère dans une préparation à base de baies sauvages, pour peu de temps. Enfin, une à une, des pierres chauffées sont introduites par le nez, la tête tournée sur elle-même pour que la peau ne soit pas trouée par une brûlure. Ceci fait, du sable est ajouté, la tête réduite est mise à boucaner. Elle est prête à être portée en pendentif.

Le famadine de Madagascar

Le *famadine*, ou retournement des morts, est un rite pratiqué sur les hauts plateaux de Madagascar. La cérémonie n'est pratiquée que tous les cinq ou dix ans, en raison de son coût. Elle réunit plusieurs familles, la population d'un ou plusieurs villages. Tout commence par un banquet en l'honneur des ancêtres. Puis hommes et femmes se dirigent vers le cimetière. Les anciens prononcent un discours d'éloge aux défunts, le *kabary*. Les hommes ouvrent ensuite les caveaux, vont chercher les corps et les placent côte à côte. Tous ne sont pas objet du famadine. Pour ceux qui le sont, le mort est débarrassé de la vieille natte qui l'enferme. Les parents lui mettent alors un linceul neuf, par-dessus l'ancien. Le corps est cajolé, on lui donne des nouvelles des vivants. Puis, délicatement, il est retourné plusieurs fois sur lui-même. Porté en triomphe, il fait sept fois le tour du tombeau, avant d'y être replacé. La tombe est refermée, chants et danses clôturent le famadine. Vivants et défunts, satisfaits, reprennent leur place respective jusqu'au prochain famadine.

Le double enterrement des Sénoufos

Le double enterrement des Sénoufos, dont le pays s'étend sur la Côte d'Ivoire, le Burkina Faso et le Mali, répond à la nécessité de faire passer le défunt au statut d'ancêtre. Car le disparu peine à quitter ce monde, son souffle, le *pil*, persiste à rôder, peut attirer maladies et mauvais génies. Peu de temps après le décès, quelques jours en général, le mort est enseveli une première fois. Seuls les proches et les villageois participent à la cérémonie. Afin de le conserver aussi bien que possible, il était autrefois boucané. Puis, à la saison sèche, les funérailles *poro* prennent place. L'affluence est grande : parentèle complète, villages voisins se sont déplacés. Le décès est officiellement annoncé à tous. Des confréries dont les membres arborent des masques-heaumes d'animaux mythiques effraient les mauvais esprits. L'un d'entre eux expulse le pil du mort par des incantations scandées au tambour et aux grelots. L'étape suivante se déroule, comme toute la cérémonie, dans la joie, les manifestations d'allégresse. Il s'agit d'amadouer les ancêtres, de les persuader d'accueillir parmi eux le nouveau venu. De nouveaux danseurs multiplient sauts et facéties. Le corps est conduit en procession sur le lieu d'inhumation définitive, un alvéole. Pour y introduire le corps, le forgeron lui casse les jambes, brisant ainsi l'ultime résistance du défunt. Désormais, il fait partie définitivement du monde des ancêtres.

L'exocannibalisme des Falatekas

Les Falatekas de Mélanésie pratiquaient lors des funérailles l'*exocannibalisme*, c'est-à-dire le fait de consommer les victimes capturées d'un autre clan. La pratique a pour but de nouer un dialogue avec les ancêtres, de prouver la valeur guerrière du groupe. L'*endocannibalisme* qui consiste à consommer les membres de son propre clan était, lui, pratiqué par les Indiens Guayaki du Paraguay. Toutefois les règles de prohibition liées à l'inceste demeurent après la mort, il est interdit aux enfants de manger leurs parents, aux frères leurs sœurs.

Les troncs des Aborigènes d'Yirrkala

Les troncs des Aborigènes d'Yirrkala, en terre d'Arnhem, sur la côte nord de l'Australie, font partie des rites funéraires, ou *dupun*. Lors d'un décès, le cadavre lavé et peint est laissé dans un premier tronc d'arbre creux. Une fois le processus de décomposition achevé, les ossements sont récupérés, peints, déposés dans un tronc évidé. Le tronc est alors orné de figures animales totémiques et de motifs géométriques, hachettes entrecroisées nommées *dhulang.* Si les animaux totémiques assurent la protection du mort, les motifs géométriques créent une vibration d'énergie qui lui assure une existence dans l'au-delà.

Les cires de deuil basques

Les *cires de deuil* basques sont des silhouettes tressées à partir de plusieurs chandelles. On les place dans des paniers d'osier tressés, les *ezkochaïa*, ornés de rubans noirs. Lors d'un enterrement, toutes les cires de deuil sont réunies dans une grande corbeille, placée au pied du cercueil du défunt par la gardienne des cires. Elle les allume et les déroule au fur et à mesure qu'elles se consument. Puis, pendant neuf jours, après l'inhumation, elle va avec son panier, qui représente par chaque cire de deuil un *eskouak*, un esprit défunt à la maison du mort et à l'église pour y réciter des prières. La cire provient des ruches familiales, et à chaque décès, les abeilles sont rituellement prévenues.

Chapitre 25

Dix grands textes sacrés

Dans ce chapitre :

- Les textes de bonne vie
- Le passage de la vie à la mort

Les textes sacrés représentent l'expression de la foi humaine en un Dieu, le moyen de conduire l'âme du défunt de ce monde dans l'autre, l'affirmation des principes religieux qui guident la conduite de chacun. Qu'il s'agisse de la Torah, des Évangiles, du Coran, ou du Bardo Tödol ou bien encore de l'Avesta ou de l'Adi Granth, ils expriment la place de l'homme face à son créateur.

La Torah

Pierre angulaire du judaïsme, la Torah, regroupe les cinq textes du Pentateuque relatifs aux origines du monde et du peuple élu : la Genèse, l'Exode, les Nombres, le Lévitique et le Deutéronome. Comme son nom l'indique, la « Loi » en hébreu, elle enseigne la tradition et dirige les aspects pratiques de la vie quotidienne : le culte, les règles de conduite morale, les exemples à suivre ou à proscrire. Longtemps, la tradition juive a vu en Moïse son auteur. Toutefois, les cinq rouleaux qui la constituent ne forment pas une unité absolue : les récits présentés sont variés et leur rassemblement en une collection unifiée ne s'est fait qu'après le retour de l'exil à Babylone (568-538). Voici en quoi ils consistent :

- **La Genèse** relate les tout débuts de l'humanité. Les principaux épisodes sont la création du monde, l'épisode d'Ève et d'Adam dans le Jardin d'Éden, la chute, le Déluge, la descendance de Noé, la tour de Babel, puis l'histoire des Patriarches, Abraham, Isaac, Jacob et ses douze fils…
- **L'Exode** raconte la sortie du peuple de la terre d'Égypte, sous la conduite de Moïse, puis l'alliance de Dieu avec son peuple sur le mont Sinaï.
- **Les Nombres** relate le dénombrement du peuple juif durant son séjour dans le désert.

- **Le Lévitique**, ou livre des Lévites, contient un grand nombre de prescriptions rituelles et morales.
- **Le Deutéronome**, ou deuxième Loi, reproduit le discours de Moïse aux tribus d'Israël, avant l'entrée en Terre promise, dans le pays de Canaan. Moïse y rappelle les principales prescriptions fixées pour vivre dans le respect de l'alliance avec Dieu.

Les livres prophétiques ou *Neviim* (hommes de la parole de Dieu) constituent le deuxième groupe du canon juif. La première section, dite des « premiers prophètes », constitue un ensemble historique, qui s'ouvre après la mort de Moïse, et se termine avec la chute de Jérusalem, en 586. La seconde section, « des derniers prophètes », comprend les textes et discours prophétiques proprement dits. À l'intérieur de chaque section, les livres sont classés en fonction de leur longueur : pour la première, le Livre de Josué, le Livre des Juges, le Premier Livre de Samuel, le Deuxième Livre de Samuel, le Premier Livre des Rois, le Deuxième Livre des Rois, pour la seconde : Isaïe, Jérémie, Ézéchiel, Osée, Joël, Amos, Abdias, Jonas, Michée, Nahum, Habaquq, Sophonie, Aggée, Zacharie, Malachie.

Outre la Loi et Les livres prophétiques, la Bible hébraïque présente une troisième collection de livres assez hétéroclites, inclassables dans les deux précédentes catégories. Les Autres Écrits, ou *Ketouvim*, regroupent des livres historiques, des livres de sagesse, des écrits narratifs, du lyrisme liturgique. On y trouve : les Psaumes, le Livre de Job, les Proverbes, le Livre de Ruth, le Cantique des cantiques, *Qohélet* (l'Ecclésiaste), les Lamentations, le Livre d'Esther, le Livre de Daniel, le Livre d'Esdras, le Livre de Néhémie, ainsi que le Premier et le Second Livre des Chroniques.

Le Nouveau Testament

Marquant la rupture avec l'Ancien Testament de la culture hébraïque, le Nouveau Testament a presque entièrement été écrit en grec. Les textes qui le composent ont été rédigés aux Ier et IIe siècles de notre ère. Ces livres composent le canon du christianisme, d'autres évangiles et épîtres étant en effet considérés comme apocryphes. Au IVe siècle, saint Jérôme traduisit la Bible en latin. Cette traduction, appelée la *Vulgate*, fut longtemps la seule traduction reconnue par l'Église.

Texte de référence du corpus chrétien, le Nouveau Testament contient les quatre Évangiles de Matthieu, Marc, Luc et Jean, les Actes des Apôtres écrits par Luc, les Épîtres de Paul au nombre de quatorze, et l'Apocalypse : la « mise à nu » ou « révélation » du grec *apokalupsis*, que Dieu fit à saint Jean dans l'île de Patmos et dont les visions annoncent la fin des temps.

Les quatre Évangiles

Reconnus par l'Église vers 450, les quatre Évangiles relatant les faits et gestes de Jésus-Christ restent toutefois fragmentaires et sont parfois contradictoires, notamment sur le début de la vie du Christ. Marc et Matthieu font ainsi de Nazareth la « patrie » de Jésus, quand Luc parle de Bethléem en Judée. Pour sa date de naissance, on retient la version de Matthieu, qui situe la Nativité en l'an 6 ou 7 av. J.-C. Les paroles de Jésus et le récit de ses actes commencent à circuler trente ou quarante ans après sa mort, soit environ vers l'an 70 de notre ère.

Les trois Évangiles de Matthieu, Marc et Luc sont dits *synoptiques* parce qu'ils peuvent être disposés côte à côte sur une même page. Ils racontent l'histoire de Jésus d'un point de vue semblable, souvent en utilisant les mêmes histoires et les mêmes mots. L'explication des similitudes et des différences entre ces trois textes est un domaine privilégié de l'exégèse du Nouveau Testament :

- **L'Évangile de Marc** serait le plus ancien. Composé vers l'an 40, en vue de la prédication en Égypte, il consigne quelques événements de la vie de Jésus : récit de la Passion, de la Résurrection, description du triomphe de Jésus sur Satan. C'est un évangile messianique, car sa finalité est de faire savoir que Jésus est fils de Dieu. La tradition faisant de lui le disciple de Pierre, Marc n'est pas cité parmi les apôtres.
- **L'Évangile de Matthieu** décrit surtout les événements de la Passion et de la Résurrection et montre que Jésus est le Messie annoncé par les Écritures. Le recueil primitif des *logia*, « dits » ou « paroles » de Jésus, s'adresse « aux croyants venus du judaïsme ». Matthieu, qui exerçait à la fin de sa vie la charge de receveur d'impôts pour les Romains, l'aurait rédigé avant de quitter la Palestine, approximativement entre sept et douze ans après la mort de Jésus.
- **L'Évangile de Luc** insiste sur l'universalité du message de Jésus. Il décrit la destruction de Jérusalem, en 70, comme un fait accompli et connu vers 80. D'origine grecque, Luc l'aurait rédigé pour les Grecs à Alexandrie, les dernières années de sa vie. Médecin originaire d'Antioche, converti par saint Paul, il le suivait dans la plupart de ses voyages.
- **L'Évangile de Jean**, considéré comme plus « spirituel » et poétique que les précédents, a été rédigé à Éphèse, en grec, vers la fin du Ier siècle. Né en Galilée, Jean a suivi Jésus jusqu'au Calvaire, dont il retrace les scènes douloureuses avec plus de détails que les autres écrivains sacrés. Arrêté et relégué dans l'île de Patmos, il y compose, à la suite de visions prophétiques, son Apocalypse. Il a également laissé trois Épîtres, écrites pour contrer les hérésies concernant la divinité du Christ et mettre en garde contre les faux docteurs.

Les Actes des Apôtres

Écrits pendant les premiers temps du christianisme, les Actes des Apôtres constituent le cinquième livre du Nouveau Testament. Rédigés par Luc, ils démarrent à la Pentecôte et relatent les débuts de l'Église primitive.

Les Épîtres de Paul

Paul de Tarse (ou saint Paul) se revendique comme l'un des principaux disciples de Jésus-Christ, qui lui serait apparu et l'aurait converti, quelques années après sa mort. Il a eu un rôle de première importance dans le développement et la diffusion du christianisme primitif, au point que certains théologiens, estimant que Paul donne un enseignement différent de celui de Jésus de Nazareth, le considèrent comme le fondateur du christianisme.

L'Apocalypse

Dernière partie du Nouveau Testament, écrite à la fin du Ier siècle dans une forme très symbolique et mystérieuse, l'Apocalypse décrit le triomphe final du Christ, après la venue de l'Antéchrist, et prédit le Jugement de Dieu et son triomphe sur les forces du Mal. Attribuée à saint Jean, elle a donné lieu à plusieurs interprétations, comme celle de la persécution des chrétiens par l'Empire romain, symbolisant le Mal dont Dieu triomphera.

Le Coran

Principal livre sacré de l'islam, le Coran, en arabe *Al Qũran* (la récitation), code révélé, religieux et social, définit avant tout la règle, *charia*, qui s'applique aux croyants. Il se compose de 114 *sourates* (chapitres), soit en tout 6 200 versets, *Ayat*, et rassemblés par ordre de longueur décroissante. Le Coran s'ouvre par la sourate dite liminaire, *la Fatiha*, la plus récitée par les croyants.

Le Coran n'a pas été établi dans sa version définitive du vivant de Mahomet. À cette époque, seuls ses compagnons reproduisent quelques fragments de la révélation. Il n'est pas nécessaire de les retranscrire dans leur totalité, puisque les croyants connaissent par cœur les sourates. En 652, le troisième successeur du Prophète ordonne que soit rédigée la version finale du texte. Celle-ci donne lieu à de nombreux commentaires. Le texte ultime n'est fixé que vers 680 après avoir été noté sur des matériaux de fortune : pièces de cuir, parchemin, étoffe… Mais le Coran n'est pas une œuvre humaine aux yeux des croyants.

La Baghavad-Gita

La Baghavad-Gita (Chant du Seigneur) est l'une des parties d'un long poème sacré, le *Mahabharata* (Geste de la dynastie Bhãrata), « Grand récit des Bhãrata », rédigé à partir du VIe siècle av. J.-C. Elle est considérée par beaucoup comme le texte le plus sacré de l'hindouisme. Longue de plusieurs centaines de vers, la Baghavad-Gita met en scène Krishna, le huitième avatar du dieu Vishnu. *Krishna* (le Noir) y est narrateur, présenté en qualité de *Bhagavan* (le Dieu). Le récit prend place au moment où la bataille va commencer entre le prince Arjuna, l'un des cinq frères Pandava et leurs cousins les Kauravas, sur le champ de bataille de Kurukshetra. Arjuna réalise qu'il s'apprête à combattre ses propres parents, ses amis et le doute l'étreint. Il s'adresse alors à Krishna pour solliciter ses conseils, savoir s'il entreprend un combat juste, conforme au *Dharma* (l'action droite).

Krishna développe un argumentaire reposant sur le respect des vérités essentielles : *Ishvara*, le Seigneur ; *Jiva*, l'essence immortelle ou âme ; *Praktri*, la matière ; *Karma*, l'action ; *Kala*, le temps. Le combat d'Arjuna est juste car il prend en compte ces catégories : bien que fratricide, il se propose de rétablir l'ordre social et moral ; un guerrier doit combattre car c'est conforme à son devoir d'état, le *Svadharma* ; Arjuna le fait d'un cœur pur, sans en attendre de profit. Il suit ainsi le Dharma et peut agir sereinement. Tuer ou être tué n'a pas d'importance. Krishna poursuit son enseignement en évoquant les voies d'accès à l'âme universelle, l'*Atman*, que sont la dévotion, l'action, la méditation, la connaissance. Toutes permettent de renoncer aux illusions de l'ego pour se fondre dans le Tout universel, l'Atman.

Le Bardo Thödol

Le Bardo Thödol ou Livre des morts tibétain date du XIVe siècle. Il est attribué à Padmasambhava qui introduit au Tibet le bouddhisme tantrique vers le VIIIe siècle. Il ne s'agit pas réellement d'un Livre des morts, mais d'un guide pour éviter aux vivants de mal gérer leur passage dans l'au-delà, de rater leur libération. C'est un récit des étapes de l'agonie, suivi de visions d'épouvante et enfin du chemin vers la réincarnation, à défaut de pouvoir y échapper. Le *Bardo* est à la fois la période de quarante-neuf jours entre la mort et la renaissance et l'état intermédiaire dans lequel se trouve le défunt. Pratique du bouddhisme lamaïste tibétain, le Bardo Thödol est récité par un lama pendant l'agonie, ou peu après le trépas.

Plusieurs états sont vécus par le mort :

- **Le *Chikhai Bardo* et le *Chönyid Bardo* :** Bardo du moment de la mort, vision de la claire lumière primordiale, possibilité pour les âmes élevées de cesser le cycle des réincarnations. Pour les autres, visions karmiques, c'est le *Chönyid Bardo*, Bardo de l'expérience de la réalité, celle tout d'abord des « Divinités paisibles », symboles des sentiments les plus élevés entre le premier et le septième jour ; puis les « Divinités irritées », du huitième au quatorzième jour. Alors que les premières s'accompagnent d'une lumière éblouissante, les secondes attirent le mort dans les stades inférieurs, vers les lieux d'incarnation.
- **Le *Sidpa Bardo*, le monde d'après la mort :** Le défunt possède un corps mental, cinq sens. Il passe en jugement en fonction de ses bonnes et mauvaises actions. Puis *Chos-rgyal*, le dieu des Morts le dévore, la chair d'abord, puis les os. L'ultime étape du Bardo est la renaissance.

L'Avesta

L'*Avesta* (Éloge) est une collection d'hymnes, ou *gãthã* réunis pendant plusieurs siècles, entre le VIIe et le IIIe siècle av. J.-C. pour former le livre saint du *mazdéisme* ou *zoroastrisme*. Il comprend plusieurs parties : le *Yasna* (les offrandes), qui comprend les gãthã, la partie la plus sainte de l'ensemble, car ces hymnes sont attribués à Zoroastre lui-même ; le *Visperad* (hommage aux maîtres spirituels), un prolongement du Yasna, avec lequel il est toujours récité ; le *Vendidad* (la Loi), ici les moyens donnés aux fidèles pour obliger les démons à se démasquer. Il s'agit d'un dialogue entre Zoroastre et le dieu suprême Ahura Mazda. On y trouve à la fois les interdits, les prières pour éloigner les maladies, mais aussi la création d'un monde dualiste, dû à un créateur bon et à un autre mauvais, ou le déluge. Les *Yasht* sont un ensemble de 21 hymnes consacrés aux divinités, anges, idées divinisées. Le Yasht est un bienheureux, honoré par la prière. Le *Siroza* (Trente jours) énumère et invoque les trente divinités qui président chacune à un jour du mois. Le *Khordeh Avesta* (Petit Avesta) regroupe des textes moins importants, une version plus populaire du texte sacré, quand *Yasna*, *Visperad* et *Vendidad* renferment davantage des pièces liturgiques plus appropriées aux besoins du clergé zoroastrien.

L'Avesta a fait l'objet de commentaires en perse moyen ou *Pahlavi*, regroupés dans les écrits *Zend* (interprétation), réalisés entre le IIIe et le Xe siècle. Il s'agit d'éclairer les passages essentiels du texte originel, rédigé en *langue avestique*, perse ancien, et qui ne peut être récité que dans cette langue considérée elle-même comme sacrée.

De nos jours, l'Avesta demeure le livre saint des communautés parsis en Inde, guèbres en Iran, qui perpétuent le culte zoroastrien.

Le Sutra du diamant

Le bouddhisme ne connaît pas de livre sacré unique, comparable à la Bible ou au Coran, mais un ensemble de textes, les *Sutra*, considérés comme la retranscription des paroles du Bouddha ou *Bouddhavacana*. Parmi ces derniers, l'un des plus révérés est le *Sutra du diamant*. Le nom complet de l'œuvre est *Vajracchedika-prajnaparamita Sutra* (Discours sur la sagesse transcendantale qui coupe comme le diamant). *Vajra* (le diamant ou la foudre) est ce qui coupe, tranche tout au monde, la foudre, la force capable de tout détruire. Le diamant tranche dans les illusions, les manifestations phénoménales pour permettre de distinguer l'Ultime Réalité. Il permet de prendre conscience de l'impermanence des choses, des êtres, des pensées, des états d'esprit, ainsi que de leur vacuité.

Plus ancien texte imprimé au monde, le *Sutra du diamant* commence comme les autres *Sutra* (Corbeille des sermons) par la formule : « Ainsi ai-je entendu… » Il s'agit des paroles d'Ananda, le plus proche des disciples de Bouddha, qui, par cœur, récite les mots de « l'Éveillé » – traduction du terme Bouddha – peu après sa mort.

L'Adi Granth

L'*Adi Granth* (Premier Livre) est le livre saint du *sikhisme* (de *sikh* : disciple), religion fondée par Guru Nãnak (1469-1539) au Penjab, dans le nord-ouest de l'Inde. Le lieu saint du sikhisme est le temple d'or d'Amritsar, là où est déposé l'*Adi Granth* ou *Granth Sãhib*. Le texte comprend 15 575 vers répartis en milliers d'hymnes ou *shabhads*, arrangés en 31 *ragas*, œuvres musicales indiennes traditionnelles pour une présentation de 1 430 pages. Il présente une synthèse entre hindouisme et islam, ou plus exactement le courant mystique musulman du *soufisme*. L'existence d'un dieu unique, omniscient, omnipotent, est affirmée. De l'hindouisme, le sikhisme garde le *Samsara*, la transmigration des âmes ; le *Karma* ou effet des actes dans les vies futures ; la libération finale qui met fin au cycle des renaissances par la fusion en Dieu. De l'islam, les sikhs prennent le Dieu créateur dont la volonté gouverne tout. L'*Adi Granth* a été rédigé à partir de la compilation faite par le cinquième *Guru* (représentant) du dieu unique qui s'exprime à travers lui, Guru Arjan Dev (1563-1606), jusqu'aux ajouts de Guru Gobind Singh (1675-1708), le dixième qui déclare l'ouvrage définitivement achevé. Le sikhisme développe un idéal moral fondé sur l'oubli de soi, de l'égoïsme, du renoncement à soi-même au profit de la fraternité, la générosité, le tout dans la stricte observance de l'obéissance exigée par le guru.

Le nom de Guru Granth Sãhib donné à l'*Adi Granth* consacre le fait que le dernier guru de chair et de sang, Guru Gobind Singh (1675-1708), a fait le

7 octobre 1708 du livre saint, le onzième, dernier et éternel guru du sikhisme, qui compte aujourd'hui environ 20 millions d'adeptes dans le monde.

Le Tao-tö-king

Le *Tao-tö-king* ou *Daodejing* est le *Livre de la Voie et de la Vertu*, maître ouvrage de Laozi (v. 570-v. 490 av. J.-C.) au nom européanisé de Lao-tseu. Composé de 81 chapitres pour un peu plus de 5 000 caractères, d'où son autre nom de « Livre des cinq mille caractères », écrit en vers, l'ouvrage prône la vertu nécessaire, la pratique de la rectitude morale qui permettent à l'homme de réunir le Ciel et la Terre, l'humain et le surnaturel pour parvenir à l'union avec le cosmos. Morale individualiste qui enseigne le détachement de toute chose, le taoïsme devient une religion, Laozi un immortel.

L'interprétation du *Tao-tö-king* s'avère ardue, car les formulations, à la fois poétiques et elliptiques sont fréquemment laconiques, se prêtent à des analyses ambiguës. L'un des thèmes les plus importants à être abordés est celui de la vacuité, du *Wu wei* (non-agir). C'est en laissant les forces agir et en les suivant que l'individu devient un avec l'univers.

Le Kebra Nagast

Le *Kebra Nagast*, ou Livre de la Gloire des rois d'Éthiopie est rédigé au XIVe siècle en langue *guèze*, ou éthiopien classique, langue littéraire. Comprenant 117 chapitres d'inégale longueur, le *Kebra Nagast* mêle mythes, légendes, histoire dynastique depuis Makeda reine de Saba. De ses amours avec le grand roi Salomon naît Ménélik, ancêtre des empereurs d'Éthiopie. Il y est aussi question du transfert de l'Arche d'alliance de Jérusalem en Éthiopie. L'ouvrage est présenté comme une controverse entre 318 pères orthodoxes du 1er concile de Nicée (325 apr. J.-C.), portant sur ce qui fait la grandeur ou la gloire des rois. Selon la tradition, Ménélik ramenant l'Arche d'alliance et Hélène, mère de l'empereur Constantin, qui a trouvé la croix du Christ, sont les seuls à avoir connu la gloire des rois.

Le *Kebra Nagast*, qui prétend que l'Arche d'alliance est en Éthiopie, est à rapprocher du *Dersane Sion*, ou *Homélie à Sion*, une homélie adressée à l'Arche d'alliance pour lui rendre gloire. Il s'agit de glorifier Sion selon les trois sens du terme, la ville de David, l'Arche d'alliance, Marie. Selon une légende, l'Arche d'alliance serait cachée dans la cathédrale d'Axoum. Il s'achève sur la certitude que Rome devra céder devant la puissance spirituelle de l'Éthiopie. Le *Kebra Nagast* est considéré par certains chrétiens éthiopiens comme un livre saint, dont le contenu est authentique, une attitude partagée par les *rastafaris*.

Index

B

C

D

E

F

G

J

K

L

M

N

O

P

Q

R

S

T

U

V

W

X

Y

Z

Disponibles dans la collection Pour les Nuls

Pour être informé en permanence sur notre catalogue et sur les dernières nouveautés publiées dans cette collection, consultez notre site internet www.efirst.com

Pour les Nuls **Pratique**

ISBN	Titre	Auteur
2-75400-124-7	Guitare (La)	M. Philipps, J. Chappell
2-75400-123-9	Poker (Le)	R. D. Harroch, L. Krieger, F. Montmirel
2-75400-152-2	Éduquer son chien	J. et W. Volahrd
2-75400-137-9	Tai Chi (Le)	T. Iknoian
2-75400-151-4	Musique classique (La)	D. Pogue, C. Delamarche
2-75400-150-6	Franc-Maçonnerie (La)	C. Hodapp, P. Benhamou
2-75400-169-7	PNL (La)	R. Ready et K. Burton
2-75400-182-4	Catholicisme (Le)	Révérend J. Trigilio
2-75400-184-0	Napoléon	J. David Markham, B. Miquel
2-75400-185-9	Dessin (Le)	B. Hoddinot
2-75400-193-X	Couture (La)	J. Saunders Maresh
2-75400-212-X	Chinois (Le)	W. Abraham
2-75400-246-4	Thérapies comportementales et cognitives (Les)	R. Willson, R. Branch
2-75400-229-4	Histoire de l'art (L')	J.-J. Breton, P. Cachau, D. Williatte
2-75400-230-8	Climat et Météo	J.D. Cox
2-75400-245-6	Géographie française (La)	J.-J. Julaud
2-75400-256-1	Égypte ancienne (L')	F. Maruéjol
2-75400-244-8	Opéra (L')	D. Pogue, C. Delamarche
2-75400-257-X	Mythologie (La), nouvelle édition	A. Blackwell, G.Van Heems
2-75400-287-1	Chanson française (La)	B. Dicale
978-2-7540-0276-9	Bridge (Le)	E. Kantar, D. Portal, P. Marmion
978-2-7540-0277-6	Culture générale (La)	F. Braunstein, J.-F. Pépin
978-2-7540-0288-2	Guitare basse (La)	P. Pfeiffer
978-2-7540-0300-1	Rugby (Le)	F. Duboisset, F. Viard
978-2-7540-0313-1	Néerlandais (Le)	M. Kwakernaak, M. Hofland, A. Christiaens
978-2-7540-0321-6	Europe (L')	S. Goulard

Disponibles dans la collection Pour les Nuls

Pour être informé en permanence sur notre catalogue et sur les dernières nouveautés publiées dans cette collection, consultez notre site internet www.efirst.com

Pour les Nuls **Pratique**

ISBN	Titre	Auteur
978-2-7540-0312-4	Arabe (L')	A. Bouchentouf, A. et S. Chraibi
978-2-7540-0322-3	Zen ! La méditation	S. Bodian
978-2-7540-0323-0	Améliorer sa mémoire	J.B. Arden
978-2-7540-0335-5	Politique (La)	P. Reinhard
978-2-7540-0351-3	Économie (L')	M. Musolino
978-2-7540-0353-7	Coaching (Le)	J. Mumford
978-2-7540-0352-0	Batterie (La)	J. Strong, L. Bataille
978-2-7540-0462-6	Chant (Le)	P.S. Philips, M. Jost
978-2-7540-0492-3	Créer sa boîte	L. de Percin
978-2-7540-0460-2	Philosophie (La), nouvelle édition	C. Godin
978-2-7540-0461-9	Vin (Le), nouvelle édition	Collectif
978-2-7540-0495-4	Japonais (Le),	E. Sato
978-2-7540-0494-7	Dessiner des mangas	K. Okabayashi
978-2-7540-0489-3	Histoire de la Suisse (L')	G. Audrey
978-2-7540-0586-9	Solfège (Le)	M. Pilhofer, J.-C. Jollet
978-2-7540-0553-1	Justice (La)	E. Pierrat
978-2-7540-0563-0	Moyen Âge (Le)	P. Langevin
978-2-7540-0564-7	Grammaire anglaise (La)	G. Woods
78-2-7540-0688-0	Marketing (Le), nouvelle édition	A. Hiam
978-2-7540-0647-7	Confiance en soi (La)	K. Burton
978-2-754-00621-7	Payer moins d'impôts	R. Matthieu
978-2-7540-0530-2	Immobilier (L'), nouvelle édition	L. Boccara, C. Sabbah
978-2-7540-0620-0	Ve République (La)	N. Charbonneau, L. Guimier
978-2-754-0531-9	Islam (L')	M. Clark, M. Chebel
978-2-7540-0732-0	Équitation (L')	A. Pavia, M. Martin
978-2-75400-596-8	Judaïsme (Le)	T. Falcon, J. Eisenberg
978-2-7540-0707-8	Vivre écolo	M. Grosvenor
978-2-7540-0707-8	Années 60 (Les)	S. Benhamou

Avec les Nuls, apprenez à mieux vivre au quotidien !